全国电子商务教育与发展联盟推荐用书

电子商务手册

E-commerce Handbook

覃 征 帅青红 贺盛瑜 潘 勇 张荣刚 李文立 曹 杰 左 敏 方美玉 范 静 著

重庆大学出版社

图书在版编目(CIP)数据

电子商务手册 / 覃征等著. -- 重庆 : 重庆大学出版社, 2024.6

ISBN 978-7-5689-4599-8

Ⅰ. F713.36-62

中国国家版本馆 CIP 数据核字第 202480MY51 号

电子商务手册

DIANZI SHANGWU SHOUCE

覃 征 帅青红 贺盛瑜 潘 勇 张荣刚
李文立 曹 杰 左 敏 方美玉 范 静 著

责任编辑:龙沛瑶 版式设计:龙沛瑶
责任校对:王 倩 责任印制:张 策

*

重庆大学出版社出版发行
出版人:陈晓阳
社址:重庆市沙坪坝区大学城西路 21 号
邮编:401331
电话:(023) 88617190 88617185(中小学)
传真:(023) 88617186 88617166
网址:http://www.cqup.com.cn
邮箱:fxk@cqup.com.cn(营销中心)
全国新华书店经销
重庆市国丰印务有限责任公司印刷

*

开本:787mm×1092mm 1/16 印张:28 字数:662千
2024 年 6 月第 1 版 2024 年 6 月第 1 次印刷
ISBN 978-7-5689-4599-8 定价:98.00 元

前言

在百年未有之大变局的新时代,信息科学及相关科学技术领域产生了丰硕的科研成果。尤其是近几十年来,科学技术新成果在世界范围内的广泛应用推动了社会诸多领域的变革。这也使得人们的日常生活发生了天翻地覆的变化。当今,大数据、物联网、区块链、人工智能、云计算等先进科学技术成果的大量应用更是为数字经济、网络经济、平台经济、共享经济等领域提供了许多新的发展机会。也正是在这种时代背景下,电子商务学科实现了由量到质的跨越式建设与发展。中国电子商务始于20世纪90年代。经过二十多年的发展,中国电子商务领域产生了许多科学技术成果。与此同时,电子商务全球性的快速发展也引起了世界各国的高度关注。

随着数字化浪潮的席卷,电子商务正以前所未有的速度改变着我们的商业世界。在这个信息爆炸的时代,了解和掌握电子商务的基础知识变得至关重要。为了满足广大读者对电子商务深度理解的需求,我们荣幸地推出了《电子商务手册》。这本手册由十位在电子商务领域具有丰富经验和显著成就的专家担纲不同章节的写作,他们都是全国电子商务教育与发展联盟(50人论坛)的杰出成员,以其丰富的学术背景和实践经验为本手册的撰写奠定了坚实的基础。这些专家涵盖了电子商务的多个方面,从基础知识到专业领域,为读者提供了全面而深刻的学习体验。

通过这本手册,我们希望读者能够系统地了解电子商务的方方面面,从而更好地应对现代商业带来的机遇和挑战。愿本手册成为您电子商务学习和实践的得力助手。本手册排名不分先后、按照章节顺序来展开;本手册分为10个章节,每个章节由一位资深专家撰写,旨在为读者提供系统、全面的电子商务知识。以下是各章节的主要内容框架及作者介绍:

第1章:电子商务基础与科学研究(覃征博士、清华大学教授,全国电子商务教育与发展联盟理事长)。本章将为读者提供电子商务的基本概念、发展历程以及当前的状况,帮助建立对电子商务的整体认识。

第2章:电子商务与金融支付(帅青红博士、西南财经大学党委委员、教授、博导,全国电子商务教育与发展联盟常务副理事长)。本章将深入探讨电子商务与金融支付的关系,解析支付体系的发展趋势和未来发展方向。黄若璇博士参与撰写。

第3章:农村电子商务(贺盛瑜博士、四川社会主义学院正厅级领导、教授,全国电子商务教育与发展联盟副理事长)。本章将关注农村电子商务的发展现状和前景,为农村经济注入新动力。

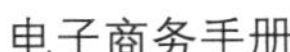

第 4 章:电子商务与物流(潘勇博士、河南财经政法大学电子商务与物流管理学院院长、教授,全国电子商务教育与发展联盟副理事长)。本章将深入剖析电子商务与物流的紧密联系,探讨物流体系对电子商务的影响和挑战。李龄蕊、吕征宇、宋浩源、刘嘉乐、李振华参与撰写。

第 5 章:电子商务与法律法规(张荣刚博士、西北政法大学副校长、教授,全国电子商务教育与发展联盟副理事长)。本章将对电子商务领域的法律法规进行详尽解读,帮助读者了解合规经营的重要性。

第 6 章:农村电子商务理论与应用——典型案例(李文立博士、大连理工大学教授,全国电子商务教育与发展联盟副理事长)。本章将通过典型案例深入剖析电子商务理论与实践的结合,为读者提供宝贵经验。

第 7 章:电子商务与大数据(曹杰博士、南京财经大学教授,全国电子商务教育与发展联盟副理事长)。本章将介绍大数据在电子商务中的应用,揭示数据驱动决策对企业成功的关键作用。

第 8 章:电子商务与数字化(左敏博士、北京物资学院院长、教授,全国电子商务教育与发展联盟副理事长)。本章将关注数字化趋势对电子商务的影响,帮助企业适应数字化时代的挑战。

第 9 章:跨境电子商务理论与实践(方美玉博士、浙江外国语学院国际商学院、创业学院副院长、教授)。本章将介绍跨境电子商务的挑战与机遇,为有意进军国际市场的企业提供实用建议。

第 10 章:电子商务与国际化(范静博士、北京外国语大学教授)。本章将探讨电子商务国际化的趋势和策略,帮助企业在全球范围内拓展业务。

特别感谢清华大学覃征教授团队、西南财经大学黄若璇博士、北京工商大学宋绍义老师、西昌学院李思教授、大连理工大学李瀛老师、南京财经大学关苏阳和丁达、浙江外国语学院金贵朝和刘睿倪、西北政法大学高夏媛,以及提供帮助与便利的相关机构、老师、同学。尤其感谢西南财经大学帅青红教授团队以及其博士黄若璇等同学提供的统稿与协调完善,感谢重庆大学出版社的辛勤付出。

作　者

2024 年 2 月

目　录

第 1 章　电子商务基础与科学研究 ………………………………………………… (1)

1.1　本领域国内外研究前沿 ………………………………………………………… (1)

1.2　本领域的重要科学研究问题 …………………………………………………… (14)

1.3　理论与实践结合(案例) ………………………………………………………… (25)

1.4　未来展望 ……………………………………………………………………… (36)

参考文献…………………………………………………………………………… (39)

第 2 章　电子商务与金融支付 ……………………………………………………… (42)

2.1　本领域国内外研究前沿 ………………………………………………………… (42)

2.2　本领域的重要科学研究问题 …………………………………………………… (50)

2.3　理论与实践结合(案例) ………………………………………………………… (54)

2.4　未来展望 ……………………………………………………………………… (59)

2.5　电子商务与金融支付技术体系 ………………………………………………… (63)

参考文献…………………………………………………………………………… (76)

第 3 章　农村电子商务…………………………………………………………… (79)

3.1　本领域国内外研究前沿 ………………………………………………………… (79)

3.2　本领域的重要科学研究问题 …………………………………………………… (83)

3.3　理论与实践结合(案例) ………………………………………………………… (94)

3.4　未来展望 ……………………………………………………………………… (100)

参考文献 ………………………………………………………………………… (106)

第 4 章　电子商务与物流 …………………………………… (110)
4.1　本领域国内外研究前沿 …………………………………… (110)
4.2　本领域的重要科学研究问题 …………………………………… (120)
4.3　理论与实践结合(案例) …………………………………… (146)
4.4　未来展望 …………………………………… (158)
参考文献 …………………………………… (160)

第 5 章　电子商务与法律法规 …………………………………… (165)
5.1　电子商务法律法规概述 …………………………………… (165)
5.2　电子商务合同 …………………………………… (174)
5.3　电子商务消费者权益保护 …………………………………… (183)
5.4　电子商务监管 …………………………………… (192)
5.5　理论与实践结合(案例) …………………………………… (201)
参考文献 …………………………………… (206)

第 6 章　农村电子商务理论与应用——典型案例 …………………………………… (208)
6.1　农村电商概述 …………………………………… (208)
6.2　农村电商平台及运营 …………………………………… (212)
6.3　农产品物流管理 …………………………………… (224)
6.4　农村电商数据化分析 …………………………………… (227)
6.5　农村电商典型案例 …………………………………… (229)
参考文献 …………………………………… (239)

第 7 章　电子商务与大数据 …………………………………… (243)
7.1　大数据驱动的商务智能研究 …………………………………… (243)
7.2　电子商务大数据的重要科学研究问题 …………………………………… (249)
7.3　电子商务大数据技术体系 …………………………………… (255)

7.4 电子商务大数据理论与实践案例 …… (263)
7.5 电子商务大数据未来展望 …… (271)
参考文献 …… (277)

第 8 章 电子商务与数字化 …… (282)
8.1 本领域的国内外研究前沿 …… (283)
8.2 本领域的重要科学研究问题 …… (289)
8.3 理论与实践结合(案例) …… (321)
8.4 未来展望 …… (326)
参考文献 …… (331)

第 9 章 跨境电子商务理论与实践 …… (340)
9.1 跨境电商的发展历程 …… (340)
9.2 本领域的重要科学研究问题 …… (353)
9.3 理论与实践结合案例 …… (377)
9.4 未来展望 …… (384)
参考文献 …… (396)

第 10 章 电子商务与国际化 …… (398)
10.1 本领域国内外研究前沿 …… (398)
10.2 本领域的重要科学研究问题 …… (415)
10.3 理论与实践结合——国际化电子商务企业案例 …… (426)
10.4 未来展望 …… (436)
参考文献 …… (437)

第 1 章 电子商务基础与科学研究

1.1　本领域国内外研究前沿

当今世界正在经历新一轮的工业革命与商业变革,高新科技成果在商业中的广泛应用推动了电子商务的产生和发展。在经济全球化的浪潮中,各国之间的贸易往来更加紧密,平等、互利、和谐,发展已经成为国际经济交往的主旋律。科技的不断创新为各国贸易往来与经济发展注入新活力的同时,也呼唤着新秩序、新方式的诞生,而电子商务就是这种新方式的一种表现形式。一方面,互联网的广域性可以打破时间和空间上的双维约束,以互联网为依托的电子商务自然具有随时性和全球性的天然优势。另一方面,电子商务可以融合工业革命带来的科技成果,使其更加与时俱进,实现科技与生活的衔接与交融。

1.1.1　世界各国大力发展电子商务

电子商务在促进经济增长的同时,还激励着传统商业模式不断变革、升级和转型。目前,电子商务已经在世界经济中占据很大的比重,其发展也受到世界各国的高度关注,这不仅表现为各国对本国电子商务发展蓝图的规划,还表现为各国为实现国家间电子商务合作的努力。

1)美国

美国作为当今全球电子商务应用的重要国家,在推动全球贸易变革和重塑世界贸易格局等方面扮演着重要角色。相较于其他国家,美国的网络基础设施较为完善,电子商务也起步较早。网络技术与数字技术的巨大优势使得美国在全球电子商务发展中处于十分重要的地位。近年来,美国除不断出台本国电子商务发展议程和规划外,还力求将电子商务的相关议题纳入全球贸易的谈判之中。

1997 年出台的《全球电子商务框架》是美国政府关于电子商务发展策略的首次尝试和探索。正如该策略的重要参与者,时任美国政府高级政策顾问的 Ira Magaziner 所说的那样:"美国政府也并不能确定电子商务在未来几十年里将如何发展,这完全是一个全新的领域,人类的经验并没有为电子商务时代的到来做好充分的准备。即便如此,美国政府也还是有责任制定相应的电子商务发展政策。”

《全球电子商务框架》确立了美国电子商务发展的基本原则(图 1-1),并为美国电子商务的发展奠定了基础,指明了方向。可以说,在此之后的美国电子商务政策均是以《全球电子商务框架》为基础而制定的。

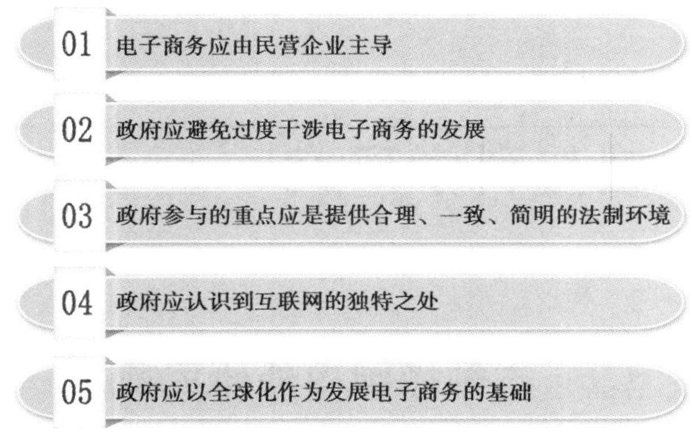

图 1-1 《全球电子商务框架》五大基本原则

2002 年,美国国会通过的《贸易促进授权法案》涉及 IT 产品贸易、数字服务贸易、数字产品的电子商务和相应的知识产权保护等问题。与 1997 年的《全球电子商务框架》相比,《贸易促进授权法案》侧重于扩大美国电子商务政策在全球规则制定中的影响,其主要是为了实现在数字服务贸易、信息自由流通、数字贸易的非歧视和透明度等问题上的电子商务谈判目标。世界贸易组织(World Trade Organization,WTO)在 1998 年启动了“电子商务工作计划”(Work Programme on Electronic Commerce),于是美国便希望通过 WTO 机制来实现这些目标。然而,由于各国在电子商务的商品归类、规则适用等基础问题上尚存分歧,WTO 的电子商务谈判工作并无太大进展。多边规则制定的阻碍使美国逐渐将推行贸易政策的目标寄托于双边规则的谈判与制定上。2003 年,美国在与智利和新加坡所签署的贸易协定中开始将电子商务条款纳入其中,这也为美国以后的双边贸易协定创立了范本。2015 年,《贸易促进授权法案》重新获得美国国会的授权,这反映了美国国会希望美国政府在贸易谈判中保持电子商务政策持续性的态度。新《贸易促进授权法案》的谈判目标远远超过了 2002 年的《贸易促进授权法案》。根据这些谈判目标,美国贸易代表办公室于 2015 年 5 月出台了一系列有关电子商务的贸易谈判议程,①这些议程后来构成美国在《跨太平洋伙伴关系协定》

① 该议程主要包含 12 条,故而被称为“数字 12 条”,具体指:促进免费开放的互联网、禁止数字海关关税、确保基本的非歧视原则、确保跨境数据流通、防止本地化障碍、禁止强制技术转让、确保技术选择、采用先进的认证方法、提供可行的消费者保护、保障网络竞争、开发创新的加密产品、建立自适应数字框架。“数字 12 条”在 2016 年 2 月被更新拓展至 24 条,又被称为“数字 24 条”。新增加的规则包括:保护换件源代码、促进网络安全合作、维护市场驱动的标准化和全球交互操作性、消除所有制造产品的关税、对投资和跨境服务(包括数字交付)达成稳健的市场准入承诺、确保更快更透明的海关程序、促进透明度和利益相关者参与制定法规和标准、确保与国有企业的公平竞争、促进严格和平衡的版权保护和执行、推进现代专利保护、打击贸易秘密盗窃、确认合格评定程序。

(Trans-Pacific Partnership,TPP)谈判中的主要标准。

TPP 对电子商务进行了专章规定,在很大程度上满足了电子商务行业的发展需求。尽管特朗普上台后,美国退出了 TPP,但美国通过各种贸易协定谈判来表达、主张和实现其电子商务政策的方式并未发生改变。2018 年 10 月,美国、墨西哥、加拿大三国达成了《美墨加协定》(U.S.-Mexico-Canada Agreement, USMCA)。USMCA 不仅承袭了 TPP 的电子商务规则,还将对电子商务的规制范围拓展至了数字贸易的范畴。USMCA 是目前为止美国电子商务谈判的最新范本,也是最高水准。2019 年,美国和日本专门就电子商务等数字贸易达成《美日数字贸易协定》。就内容来看,《美日数字贸易协定》与 USMCA 相似。但这种以独立的协定文本来进行贸易协商的方式足以反映美国对电子商务全球化发展的高度重视。

目前,美国不但制订了较为完善的电子商务规制体系,还努力通过自由贸易协定(Free Trade Agreement,FTA)等手段来扩大电子商务的国家间合作。

2)欧盟

欧盟将电子商务当作推行全球经济一体化和主导世界经济的重要手段之一,把电子商务的发展看作欧盟在未来全球经济中赢得竞争优势的关键因素。因此,自 1997 年起,欧盟便从战略层面来规划和制定电子商务发展的框架及配套政策,用以指导欧盟成员国电子商务的一体化发展。图 1-2 为欧盟 2000 年以来发布的系列相关规划。

1997 年 4 月,欧盟出台了《欧盟电子商务行动方案》。该方案就欧盟的信息基础设施、电子商务的发展及管理等事项的一体化建设提出了行动原则。同年 7 月,在德国波恩召开的欧洲电信部长级会议上通过了《波恩部长级会议宣言》。就内容而言,《波恩部长级会议宣言》同美国的《全球电子商务框架》相仿,主要涉及电子商务企业的自主发展、限制政府的不必要干涉,以及扩大电子商务的具体应用等。

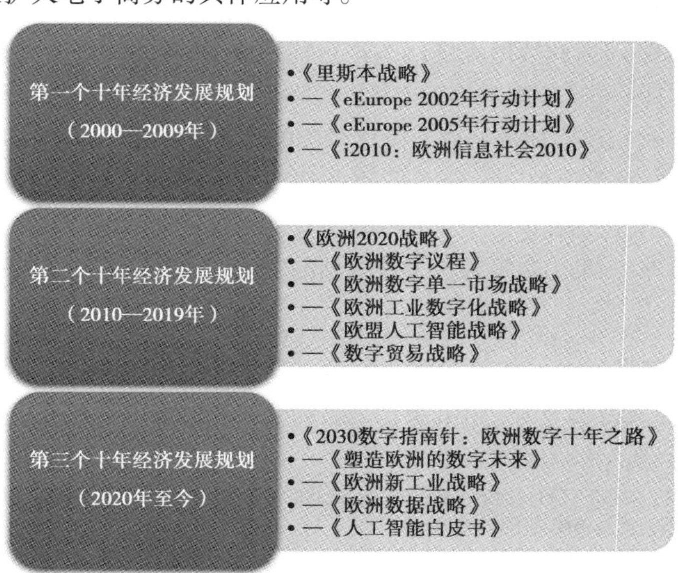

图 1-2　2000 年之后欧盟的十年规划及主要发展策略

2000 年,欧盟成员国领导人在葡萄牙首都里斯本召开特别首脑会议,会议通过了《里斯本战略》,这是指导欧盟迈入 21 世纪后首个十年经济发展的纲领性文件。为落实《里斯本战略》,欧盟于 2000 年 6 月发布了有关信息化和数字贸易的《eEurope 2002 年行动计划》(eEurope 2002 Action Plan,以下简称《eEurope 2002》)。在《eEurope 2002》的指导下,欧盟实现了互联网接入的快速增长和电信、电子商务领域法律框架的统一。之后,欧盟又于 2002 年发布了《eEurope 2005 年行动计划》(eEurope 2005 Action Plan,以下简称《eEurope 2005》),力求建立一个以电子政务、电子教育、电子医疗为代表的在线公共服务系统,营造富有活力的电子商务环境。在 2005 年初召开的欧盟高峰会议上,欧盟委员会对《里斯本战略》进行了中期评估和调整。根据新调整的《里斯本战略》,欧盟出台了新的五年信息化和数字贸易发展规划——《i2010:欧洲信息社会 2010》(i2010:European Information Society 2010),其目标是完善欧盟现有的政策手段,从而推动数字经济的发展。

2010 年,欧盟发布了第二个十年经济发展规划,即《欧洲 2020 战略》。同年 5 月,《欧洲数字议程》发布。作为《欧洲 2020 战略》的七大旗舰计划之一,①《欧洲数字议程》是欧盟数字战略第二个十年的首个纲领性文件。建设依托开放、公平、无缝的网络环境,能够实现消费者对所有欧盟成员国提供的产品与服务进行自由选择的数字单一市场(Digital Single Market,DSM)是《欧洲数字议程》的核心目标。为此,欧盟委员会于 2015 年 5 月发布了《欧洲数字单一市场战略》。《欧洲数字单一市场战略》明确了建立单一市场的三大举措:其一,为消费者和企业提供更好的数字商品和服务;其二,为数字网络和服务的发展创造良好的商业环境;其三,尽可能提升欧洲数字经济的增长潜力。2017 年 11 月,欧洲议会国际贸易委员会通过了《数字贸易战略》报告。该报告旨在建立欧盟数据贸易战略,加快制定相关政策来确保跨境数据信息自由流动。②

2020 年以来,欧盟更是制定了一系列应对数字时代的总体规划,如《塑造欧洲的数字未来》《欧洲新工业战略》《欧洲数据战略》《人工智能白皮书》等。2021 年 3 月,欧盟发布了又一个十年纲领性文件——《2030 数字指南针:欧洲数字十年之路》(2030 Digital Compass:the European way for the Digital Decade,以下简称《2030 数字指南针》)。《2030 数字指南针》从数字技能、数字基建、数字商业和数字公共服务四个方面明确了欧盟在数字时代的发展方向,其涉及的内容主要包括建设安全可靠的数字基础架构、公共服务的数字化和商业部门的数字化转型等。此外,为助力数字经济发展规划的实施,欧盟还制定了一系列相关法律。

3)日本

日本较高的经济发展水平和较为发达的信息技术为电子商务的发展奠定了坚实的基础。目前,日本已经成为继中国、美国、英国之后的全球第四大电子商务市场。③ 20 世纪末,

① 《欧洲 2020 战略》的七大旗舰计划分别为:创新型联盟、流动的青年、欧洲数字议程、能效欧洲、全球化时代的产业政策、新技能和就业议程、欧洲消除贫困平台。

② 驻欧盟使团经商参处.欧洲议会国际贸易委员会通过《数字贸易战略报告》[EB/OL].(2017-11-29)[2023-11-01].中华人民共和国商务部.

③ 数据来源于全球知名市场研究机构 eMarketer 发布的调查报告《Global Ecommerce 2019》。

日本政府就认识到信息技术对经济发展的重要作用，于是大力推进信息化网络体系的建设。1993 年至 1996 年日本政府先后投入了约 500 亿日元用于建立高校等科研机构之间的电子网络系统。电子网络信息系统的建立实现了各科研单位之间信息技术研发资源的共享，这大大提高了日本信息技术的整体研发水平。在政府的鼓励和推动下，日本的通信公司以及索尼、松下等跨国企业纷纷加大了对网络信息通信和信息技术研发的投入，这很大程度上提升了日本的信息技术和互联网发展水平。

2000 年 6 月，日本政府出台了《日本电子数字化发展纲要》。同年 7 月，日本政府召开 IT 战略会议，成立了国家信息化研究组织——IT 战略总部。2021 年以来，日本更是将数字化的推进作为促进经济发展的三大支柱之一。① 图 1-3 为 2000 年以来日本出台发布的一系列相关规划文件。

此外，在国际合作层面，日本政府曾在 2018 版的《通商白皮书》中明确要在不同层面的电子商务规则谈判中表明立场。近年来，日本政府在国际规则领域努力不断。就国际组织的合作而言，日本政府积极参与 WTO 的合作协商与规则制定，其关注的议题主要涉及电子商务关税、跨境数据流通、关键源代码保护、在线消费者保护及网络安全等方面。另外，日本政府还积极同其他国家或地区就电子商务合作进行沟通。例如，2019 年 1 月，日本、美国、欧盟三方贸易部长在华盛顿发表联合声明：日美欧三方对数字贸易和电子商务持共同关切的立场，将积极推动在数字贸易和数字经济领域的合作，并通过提升数据安全来改善商业环境。目前，日本已经成为世界电子商务发展规则制定的重要参与国之一。

4）**中国**

自 1994 年互联网行业在中国发展以来，中国的电子商务经历了飞跃式发展。这一方面得益于中国庞大的电子商务市场，另一方面得益于电子商务发展的国家规划。总体来看，中国的电子商务发展经历了三个阶段，见图 1-4 。而在这三个阶段中，国家又基于不同的发展目标制定了一系列的发展规划。

第一个阶段是信息化建设的起步期（1994—2002 年）。该阶段中，由于互联网刚刚引入中国，信息化基础建设尚不完备。因而，此时的国家策略主要集中于对信息化基础设施的建设与发展上，例如移动通信产业的发展、空间信息基础设施的发展以及软件产业的发展等。在众多国家发展规划的倡导和支持下，②中国的互联网行业开始崛起，一大批互联网企业先后创立，如新浪、搜狐、网易、阿里巴巴、京东等。

---

① 李沐航.日本经济再生大臣指出今后经济发展的 3 大支柱领域[EB/OL].(2021-01-19)[2023-11-01].人民网.

② 如 1999 年的《国务院办公厅转发信息产业部、国家计委关于加快移动通信产业发展若干意见的通知》、2001 年的《国务院办公厅转发国家计委等部门关于促进我国国家空间信息基础设施建设和应用若干意见的通知》、2002 年的《国务院办公厅转发国务院信息化工作办公室关于振兴软件产业行动纲要的通知》等。

2000
出台《日本电子数字化发展纲要》，召开IT战略会议，并成立IT战略总部。

2001
出台《E-Japan战略》，旨在促进日本的信息化基础建设以及相关技术研发，为电子商务发展搭建网络基础。

2004
出台《U-Japan战略》，并提出进行新商业和新服务的创新，计划在2010年实现日本国民在任何时间、任何地点都可以上网。

2009
出台《I-Japan战略》，聚焦政府服务、健康医疗和人才教育三大领域，提出了一系列政策措施，力争在五年内打造一个以人为本的数字化社会体系。

2012
出台《日本复兴战略》，要求通过信息技术与产业相结合的方式来发展和振兴日本经济。

2013
出台《创造世界最先进的IT国家宣言》，明确IT政策的核心在于对大数据资源的运用，推动大数据的应用以振兴日本经济。

2015
日本经济产业省举办首届“日本跨境电子商务节”，要求日本企业加速推进线上业务的转型，大力发展对外电子商务。

2018
发布《综合创新战略》、《第2期战略性创新推进计划》等战略和计划，以加大大数据、人工智能等技术的研发与应用，从而推动数字经济的发展。

2019
敲定《IT新战略》，旨在拓展5G网络的普及与应用。

2020
全力推进“数字新政”，加大“后5G”信息通信基础设施、中小企业信息化、信息与通信技术研发及应用等方面的资金投入，全面推动社会数字化、智能化转型。

图 1-3　日本数字经济发展规划

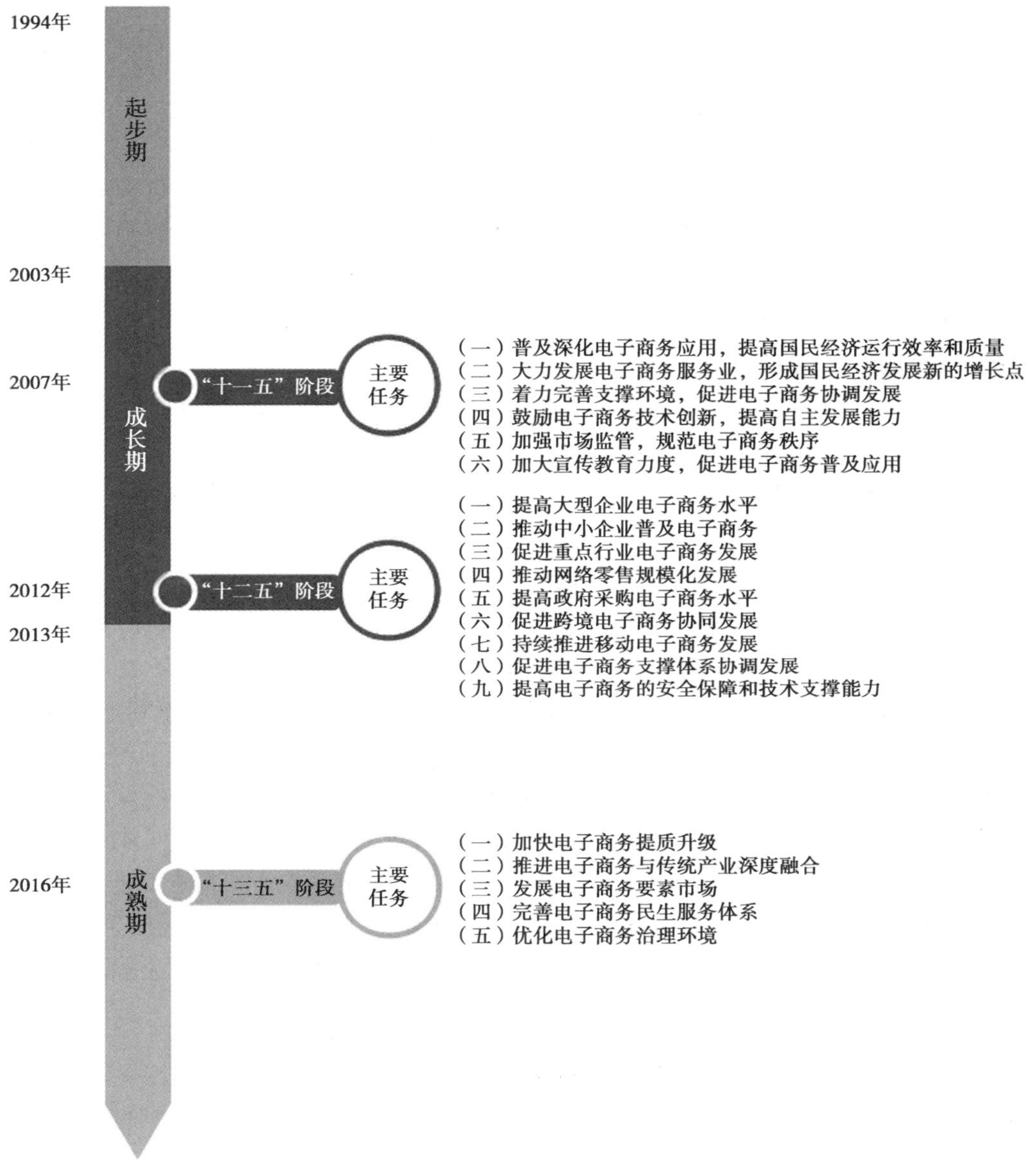

图 1-4　中国电子商务的发展阶段与总体规划

第二个阶段是电子商务的成长期（2003—2012 年）。该阶段中，以电子商务为代表的网络经济开始高速发展。2003 年，淘宝问世，京东也开始涉足电子商务。现代意义上的电子商务开始在中国形成并崛起。2005 年，国务院办公厅发布《关于加快电子商务发展的若干意见》，将电子商务的发展提升到了国家战略的高度。为贯彻该文件的实施，2007 年国家发展和改革委员会、国务院信息化工作办公室联合发布《电子商务发展"十一五"规划》，这是中国首个电子商务五年发展规划。它明确了"十一五"期间中国电子商务的发展原则、主要目标和任务、重大引导工程，以及配套的保障措施。

第三个阶段是电子商务的成熟期(2013年至今)。2013年以来,中国的电子商务逐渐步入了成熟和创新的阶段。2015年3月5日,李克强总理在政府工作报告中首次提出制订"互联网+"行动计划,推动互联网、云计算、大数据、物联网等与现代制造业结合,促进电子商务、工业互联网和互联网金融健康发展,引导互联网企业拓展国际市场。2015年7月,国务院发布《关于积极推进"互联网+"行动的指导意见》,这是推动互联网由消费领域向生产领域拓展,加速提升产业发展水平,增强各行业创新能力,构筑经济社会发展新优势和新动能的重要举措。随后国务院又相继发布《关于深化制造业与互联网融合发展的指导意见》《关于加快推进"互联网+政务服务"工作的指导意见》等一系列国家策略,以指导电子商务等数字经济在各领域的运用与发展。

2020年9月,国务院办公厅发布《关于以新业态新模式引领新型消费加快发展的意见》,为电子商务的发展制定短期目标,即"经过3~5年努力,促进新型消费发展的体制机制和政策体系更加完善,通过进一步优化新业态新模式引领新型消费发展的环境、进一步提升新型消费产品的供给质量、进一步增强新型消费对扩内需稳就业的支撑,到2025年,培育形成一批新型消费示范城市和领先企业,实物商品网上零售额占社会消费品零售总额比重显著提高,'互联网+服务'等消费新业态新模式得到普及并趋于成熟"。为贯彻落实该意见,国家发展和改革委员会、商务部等28个部门和单位联合印发《加快培育新型消费实施方案》,力求推动服务消费线上与线下的融合,进一步实现电子商务在其他领域的推广和运用。

另外,在一些具体领域,中国政府不断出台一系列政策和措施来推动电子商务的全面发展。例如,2017年中共中央、国务院发布的《关于深入推进农业供给侧结构性改革加快培育农业农村发展新动能的若干意见》提出了推进农村电商发展的目标,并指明了农村电商的发展方向,为农村电商发展提供了政策支持;2018年国务院批复新设了一批跨境电子商务综合试验区,并明确逐步完善促进综合试验区发展的监管制度、服务体系和政策框架,以推动跨境电商的进一步发展;①2021年国务院办公厅发布的《关于加快发展外贸新业态新模式的意见》为电子商务在外贸领域的发展提出了要求、明确了方向。

1.1.2 电子商务相关技术研究前沿

1)大数据与电子商务

在2012年,英国学者维克托·迈尔-舍恩伯格(Viktor Mayer-Schönberger)就在《大数据时代》一书指出:大数据是指需要新处理模式才能具有更强的决策力、洞察力和流程优化能力的海量、高增长率和多样化的信息资产。对于大数据的研究,维克托·迈尔-舍恩伯格提出大数据具有"4V"特性(图1-5),分别为:Volume(规模性),Velocity(高速性),Variety(多样性)和Value(价值性)。从大数据的底层架构来看,大致分为数据源层、数据采集层、数据整合层、数据中心层、数据分析层、数据应用层和数据可视化层。

① 中华人民共和国国务院.关于同意在北京等22个城市设立跨境电子商务综合试验区的批复[EB/OL].(2018-07-24)[2023-11-01].中华人民共和国中央人民政府官网.

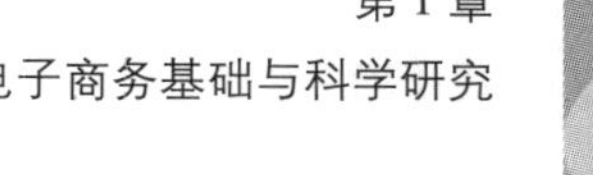

图1-5　大数据的"4V"特点

电子商务与互联网紧密集成，在运作过程中将产生大量消费数据、运营管理数据和商品数据。基于深厚的数据积累基础和天然的数据收集优势，电子商务相关企业可以充分利用大数据技术提炼出新的数据价值，并将分析结果运用于具体业务环节，实现理论分析与实践应用的高效对接，加快推动形成全新的商业模式①。

大数据在电子商务领域的应用主要体现在以下4个方面：一是提升信息检索服务精准度，实现营销精准化。电子商务企业依托大数据技术实现关键词与产品信息快速精准匹配，使得消费者可以准确获得满足自身需求的产品。二是通过消费数据分析消费者与商品的相关性，实现个性化推荐。三是优化资源配置，细化服务领域，快速响应市场需求。四是预测未来市场走向，调整创新服务模式②③，如图1-6所示。

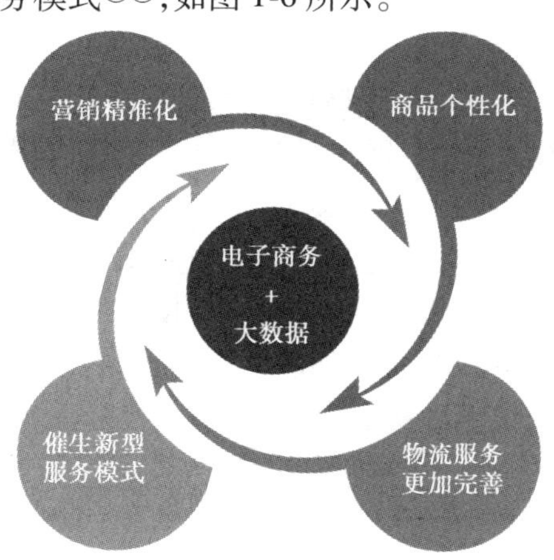

图1-6　大数据在电子商务领域的应用

2）云计算与电子商务

将云计算技术运用于现代电子商务领域，既是传统电子商务模式变革创新的必然要求，

① 谭风雨.大数据背景下企业电子商务运营探索[J].中国集体经济，2022(19)：112-114.

② 王珊，王会举，覃雄派，等.架构大数据：挑战、现状与展望[J].计算机学报，2011，34(10)：1741-1752.

③ 陈冬梅，王俐珍，陈安霓.数字化与战略管理理论：回顾、挑战与展望[J].管理世界，2020，36(5)：220-236，2.

也是数字经济时代下电商企业发展的重要趋势①。电子商务作为现代至关重要的互联网技术领域之一，将其与云计算技术相结合，利用云计算的优势，能够使电子商务及其相关产业链条充分发展。在此背景下，电子商务人才应该掌握云计算的底层逻辑、运行流程，具备云计算系统的运行维护能力，掌握故障排除的方法和技能；还应掌握数据存储与管理技术，具备多种系统环境的数据资源管理能力；电子商务人才还应了解云安全防护技术，掌握云安全管理基本技能，具备安全风险评估、分析与安全应急处理能力，并且能够创新性地将云计算技术运用于电子商务领域，如图 1-7 所示。

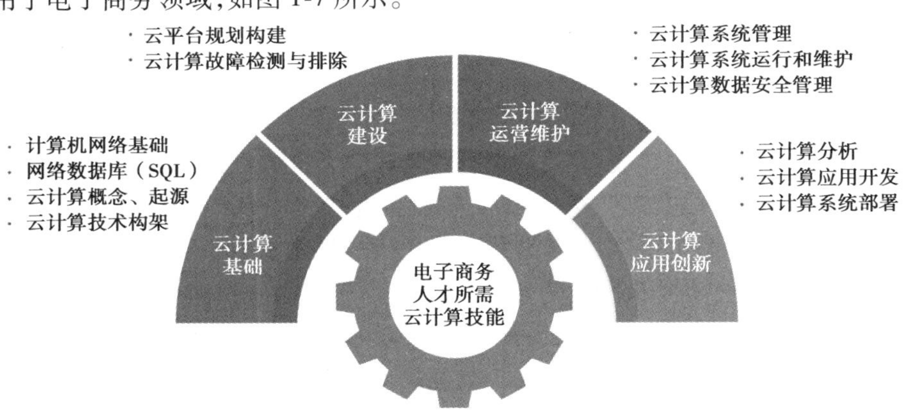

图 1-7　电子商务人才所需云计算能力

3）物联网与电子商务

物联网（Internet of Things，IoT）最早出现于 1995 年比尔·盖茨的《未来之路》中，但受限于无线网络、硬件及传感设备的发展，物联网并未实现快速兴起②。直到 2005 年 11 月 27 日，国际电信联盟（ITU）在突尼斯举行的信息社会峰会上正式提出物联网的概念：物联网是一个基于互联网、传统电信网等信息承载体，让所有能够被独立寻址的普通物理对象实现互联互通的网络③。目前，对于物联网的定义基本达成共识，作为新一代信息技术的重要组成部分，它并非颠覆传统的技术革新，而是对现有多种技术的综合和运用，是基于互联网技术所进行的延伸和扩展④。中国正不断加大物联网布局，《信息通信行业发展规划物联网分册（2016—2020 年）》及《关于深入推进移动物联网全面发展的通知》等政策导向进一步推动了中国物联网产业的发展⑤。

电子商务的核心是交易，交易又与“物”的转移紧密联系。从“人、货、场”三要素来看，物联网技术对电子商务的创新主要集中在“货”，允许联网设备共享数据，为电子商务运营商

① 范嵩.大数据时代基于物联网和云计算的电子商务发展策略研究[J].中国市场，2017(12)：279-280.

② GATES B.The Road Ahead[M].New York：Viking Adult，1995.

③ ITU.InternetReports2005：The Internet of thing[EB/OL].(2005-11-17)[2022-06-24].International Telecommunication Union.

④ 刘强，崔莉，陈海明.物联网关键技术与应用[J].计算机科学，2010，37(6)：1-4，10.

⑤ 工业和信息化部办公厅.关于深入推进移动物联网全面发展的通知.[EB/OL].(2020-04-30)[2022-09-16].中华人民共和国工业和信息部.

提供了联网平台，成为连接“电子商务”线上线下的桥梁，是电子商务交易闭环形成的重要技术保障，具体包括以下 3 个方面（图 1-8）。

①提高服务水平，增强用户体验。物联网技术基于编码技术或 IP 技术，完成商品唯一标识，能够实现商品追踪溯源系统的搭建。

②获得商品数据，扩大贸易范围。物联网芯片能够自动在系统中存储产品类型、制造商名称和批次标识等信息，通过分析可以预测贸易走势，为企业扩大贸易规模提供支持①。

③提升物流效率，保障交易安全。基于 RFID 技术、传感器技术和远距离无线技术，电子商务平台可以对商品出库情况、物流运输情况进行监控②。

图 1-8　物联网在电子商务的应用

4）人工智能与电子商务

1956 年的美国达特茅斯“人工智能夏季研讨会”被学术界认为是人工智能的起源，标志着“人工智能”这一概念的诞生。此次会议就“自动计算机、如何为计算机编程使其能够使用语言、神经网络、计算规模理论、自我改造、抽象、随机性与创造性”7 个议题进行了讨论，并对“人工智能”进行定义：尝试找到如何让机器使用语言，形成抽象和概念，解决现在人类还不能解决的问题，提升自己等。

随着人工智能理论、技术的成熟以及应用领域的拓展，人工智能已经成为世界各国提升国际竞争力的主要驱动力之一③。目前，人工智能在电子商务的应用主要体现在以下 4 个方面（图 1-9）：

①智能推荐营销。在电子商务交易过程中，基于深度学习算法，收集消费者行为数据，分析并预测消费者偏好，挖掘客户潜在需求④。

②智能分拣配送。智能分拣系统能够减少货物搬运次数，保障货物的安全性与完整性。同时，通过对订单数量、拣货效率、配送效率数据进行深度分析，能够形成合理高效的拣货和配送派单建议。

③智能库存预测。智能仓储系统能够通过模型构建，对订单周转因素进行有效识别和分析，进一步提升电子商务企业库存预测准确性。

---

① 邵泽华.物联网与电子商务［M］.北京：中国经济出版社，2021.

② 刘强，崔莉，陈海明.物联网关键技术与应用［J］.计算机科学，2010，37（6）：1-4，10.

③ 林剑宏.浅析人工智能技术在电子商务领域中的应用［J］.中国商论，2019（2）：19-20.

④ 党婧.人工智能在提升电子商务营销技术服务的应用研究［J］.现代工业经济和信息化，2020，10（10）：66-68.

④智能商品定价。电子商务企业可以利用深度学习算法,对市场销售数据的深度分析,实现市场价格持续性评估,提升定价合理性和准确性①。

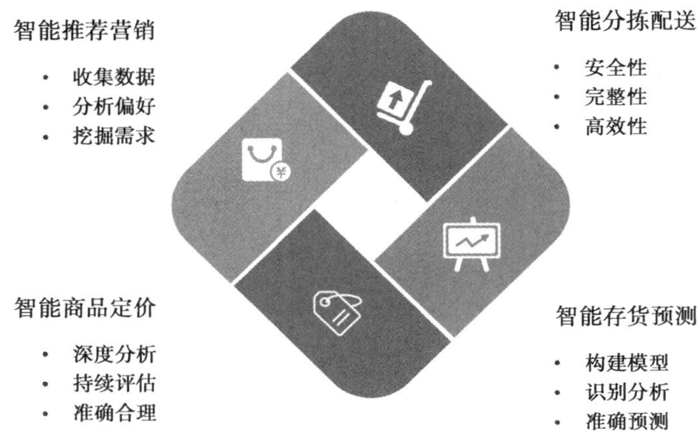

图 1-9　人工智能在电子商务领域的应用

5)区块链与电子商务

区块链(Block Chain)是用分布式数据库识别、传播和记载信息的智能化对等网络,也称为价值互联网。2021 年 5 月 27 日,中国发布的《关于加快推动区块链技术应用和产业发展的指导意见》对区块链定义如下:区块链是分布式网络、加密技术、智能合约等多种技术集成的新型数据库软件②。区块链具有去中心化、不可篡改、开放性等特点(图 1-10)。

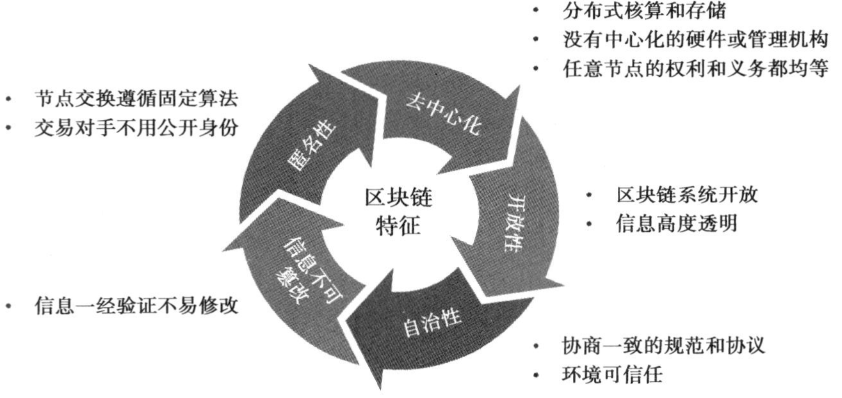

图 1-10　区块链的特征

区块链在电子商务的应用主要体现在以下 3 点(图 1-11)。

①商品溯源,保障交易安全性。区块链技术在"防伪溯源"方面展现出极强的能力,确保交易过程所有信息透明且不可篡改,在提升了消费者信誉度的同时,为交易提供了安全保障。

① 鞠晓玲,樊重俊,王梦媛,等.人工智能在电子商务中的应用探讨[J].电子商务,2020(10):21-22.

② 工业和信息化部,中央网信办.关于加快推动区块链技术应用和产业发展的指导意见[EB/OL].(2021-06-07)[2022-06-27].中央网络安全和信息化委员会办公室.

②提供信息，完善供应链系统。区块链技术不仅可以提供详细的商品信息，还可以为供应链上的金融机构提供信息查证服务，通过将商品、物流、资金、信息有机地结合在一起，建立了一个新型的电商平台，使得供应链上的信息对等，交易双方能在公开、可信任的环境中进行交易，供应链系统得以完善①。

③智能合约，降低交易成本。智能合约是一种无中介、自我验证、自动执行条款的计算机交易协议，可灵活嵌入各类数据和资产，帮助实现安全高效的信息交换、价值转移和资产管理②③。交易时，智能合约能够自动执行预先设定的规则条款，降低了电子商务系统运作维护成本。同时，通过减少信任机制的使用，有效降低了电子商务交易中的摩擦成本。

图 1-11　区块链在电子商务领域的应用

6）元宇宙与电子商务

元宇宙英译为“Metaverse”，“Meta”代表超越，“Verse”代表宇宙，两者结合意为“超越于现实宇宙的另外一个宇宙”。元宇宙概念最早出现于 1992 年的科幻小说《雪崩》。“戴上耳机和目镜，找到连接终端，就能够以虚拟分身的方式进入由计算机模拟、与真实世界平行的虚拟空间。”这是《雪崩》中对元宇宙描述④。元宇宙目前尚无公认定义。准确地说，元宇宙像是经典概念的重生，是在扩展现实（X 区块链、云计算、数字孪生等新技术）下的概念具化。

“元宇宙”概念为人类社会的数字化转型带来了新思路。元宇宙与电子商务的结合也将形成全新的交互式购物环境，见图 1-12。消费者在网络上购物的体验也将更加生动⑤。

①沉浸式购物体验。电商企业能够通过 3D 建模、实时渲染等技术，搭建虚实融合的平台，重现真实购物场景，为商家提供了能更广泛触达消费者的渠道。

②虚拟 IP 代言人。基于元宇宙技术，电商企业能够以较低成本创造虚拟 IP，通过长期可控的虚拟人物，实现“内容+产品+渠道”的私域闭环。

③虚拟资产。在元宇宙背景下，“货”的含义从实体商品拓展至虚拟商品，如数字产品。NFT（全称为 Non-Fungible Token，指非同质化代币）凭借唯一性和不可篡改性等特征，未来将

① 焦良.基于区块链技术的跨境电子商务平台体系构建[J].商业经济研究，2020(17)：81-84.
② 欧阳丽炜，王帅，袁勇，等.智能合约：架构及进展[J].自动化学报，2019，45(3)：445-457.
③ 钱卫宁，邵奇峰，朱燕超，等.区块链与可信数据管理：问题与方法[J].软件学报，2018，29(1)：150-159.
④ STEPHENSON N.Snow Crash[M].New York：Bantam Books，1992.
⑤ 杨勇，窦尔翔，蔡文青.元宇宙电子商务的运行机理、风险与治理[J].电子政务，2022(7)：16-29.

应用于广泛的领域中①。

④数字美妆。美妆领域已不再单一发展传统线下导购试妆,而是开始布局未来 AI 人工智能引擎,从"数字化"走向"数智化"。ModiFace 的 AI 虚拟试妆功能、虚拟空间 3D 互动游乐屋等实践,都是元宇宙与美妆的深度融合②,美妆电商将迎来全新发展。

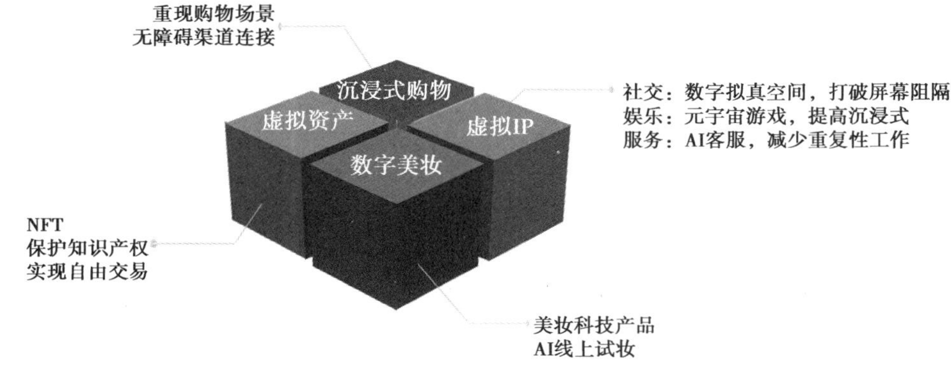

图 1-12　元宇宙在电子商务领域的应用

1.2　本领域的重要科学研究问题

当前,全球电子商务的市场渗透率持续攀升,电子商务市场持续扩容。尤其在我国,电子商务已深度融入生产生活各个领域,并在经济社会数字化转型方面发挥举足轻重的作用。与此同时,电子商务的发展也面临着一系列新的问题与挑战,亟须我们通过相关科学理论与技术的研究来提供解题思路与应对方案。

1.2.1　电子商务基础理论研究

新的技术与相关概念、理论的出现是永不停息的,这是社会发展和进步的不竭动力。同样,电子商务是一个不断发展的事物。它在产生以及发展的过程中,逐渐形成了特有的及相关领域的重要概念、独特体系和相关系统等,掌握电子商务基本概念、体系结构等理论基础是学习电子商务的重要环节。

1)电子商务的定义

电子商务的概念是在 1996 年开始被提出并广泛传播的。此后很多国际组织或者公司都对其给出了具体的定义,诸如 WTO 在 1998 年的《电子商务工作计划》中将电子商务定义为:"通过电子方式生产、分销、营销、销售或交付货物和服务。"经济合作与发展组织(Organization for Economic Cooperation and Development, OECD)对于电子商务的定义为:"通过互联网,在企业、家庭、个人、政府和其他公共或私人组织之间销售或购买产品或服务。

① 盘和林.三大协会发文规范 NFT 数字藏品投资需谨慎[N].每日经济新闻,2022-04-19(6).

② 祝秀萍,刘文峰,张海峰.人脸虚拟化妆系统的研究[J].计算机与信息技术,2008(8):38-39,42.

产品和服务通过互联网订购,但付款和最终的产品或服务的递交可能通过也可能不通过网络进行。"[①]这也是被广泛接受的一种定义。

本书认为:电子商务是在信息化网络平台上进行贸易的一种商业行为,它具有虚拟性、海量性、实时性、可记忆性等鲜明特性,是一种虚拟社会和现实社会有机融合的新贸易模式。

2)电子商务基础模型研究

电子商务可以按照交易实体分为 6 种不同的基础模型:商业机构对商业机构电子商务、商业机构对消费者电子商务、商业机构对政府电子商务、政府对政府电子商务、消费者对消费者电子商务、线上商业机构对线下商业机构和线上线下一体化。如果用 B 代表商业机构(Business),用 C 代表消费者(Consumer),用 G 代表政府机构(Government),O 作为线上(Online)和线下(Offline)的一种表示,用 2(two)谐音代表英文中的"对"(to),用 $2O^n$ 代表英文中的"一起"(together),那么这 6 种不同的基础模型可以简单地表示为:B2B、B2C、C2C、O2O、G2G、$O2O^n$。

(1)B2B

电子商务一开始就是以 B2B 方式出现的,该模式具有较长的存在历史。其理论和实践在长期的实践发展中愈发成熟,对未来电子商务运作具有丰富的指导意义。B2B 模式是以企业为主体,在企业之间进行电子商务活动的一种模式。在该模式下,企业与企业之间使用企业内部网络及外部网络,建立起产业上下游厂商之间的沟通,从而达到简化企业间交流、加快交易流程、减少成本以及实现供应链整合的目的。B2B 模式的实现以及运作过程可以概括为以下 4 个阶段[②③]:

①实现企业与企业间之间供应链与配销商的管理自动化。

②进行电子资料交换(EDI),即将电子表格的内容以一对一的方式对应于商业交易书面表格中。

③进行电子资金转移,即完成银行与企业间的资金自动转账。

④处理出货需求,自动完成物流配送。

B2B 模式根据关联企业之间的关系可以再细分为 4 种类型:垂直 B2B、水平 B2B、自建 B2B 和关联行业 B2B。垂直 B2B 就是生产商、零售商和供应商之间所形成供货关系,在市场上也可以看成生产商和经销商之间形成销货关系;水平 B2B 就是把相近的交易流程都集中在一个平台上,从而为采购方和供应方提供一个沟通及合作的机会;自建 B2B 是指大型企业,以自身产品供应链为核心,来打造一个自己的电子商务平台;关联行业 B2B 整合了前面所说的综合 B2B 模型和垂直 B2B 模型,以建立一种更广泛且准确的跨行业电子商务平台的模型。

(2)B2C

B2C 模型以企业和消费者为主体,是一种通过网络的方式,在企业或者商业机构与消费

①② 覃征.电子商务概论[M].6 版.北京:高等教育出版社,2019.

③ 覃征,李顺东,阎礼祥,等.电子商务与国际贸易[M].北京:人民邮电出版社,2001.

者进行电子商务活动的模型，它建立了企业或商业机构与消费者的直接联系，能够减少商家寻找消费者、推销产品的成本，对消费者而言也方便快捷，从长远来看，这种模型最终将在电子商务领域占据重要地位。

B2C 模型的典型运作过程通常也可以分为以下 3 个阶段①：

①企业或者商业机构通过网络发布商品、服务或者其他的宣传信息。

②消费者通过广告或者主动搜索找到合适的商品或者服务，然后选购下单，通过在线支付完成付款。

③商家确认订单以及付款资料后，通过物流进行商品配送。

B2C 模型还可以根据企业和消费者的买卖关系，细分为卖方企业—买方个人和买方企业或卖方企业—卖方个人，两种 B2C 模型。第一种 B2C 模型的典型实例是亚马逊网上书店(http://www.amazon.com)以及淘宝网(http://www.taobao.com)，在这里企业是卖方，消费者个人是买方，它们为企业提供了建立虚拟商店的平台，并让他们能够通过自己的虚拟商店直接与买方个人建立联系，最终达成企业与个人的交易关系，同时也给了消费者个人挑选的不同企业商品的平台；而第二种 B2C 模型中，企业属于买方，而个人属于卖方，它的典型应用就是各类招聘网站，它为企业提供向个人求购劳动力的平台，而个人也可以通过平台选择相应的工作。目前，B2C 模型展现了极强的生命力，将成为互联网经济增长的强大动力。

(3)C2C

C2C 模型是以消费者为主体，在消费者之间进行电子商务活动的一种模型，由于商品的买卖双方都是消费者，因此 C2C 模型类似于现实世界中的跳蚤市场，而电子商务平台就是为消费者提供线上交易场所的平台，不过它不受时间和空间的限制，节省了大量的市场沟通成本。C2C 模型的典型运作过程也可以分为以下 4 个阶段：第一，卖方将产品发布在电子商务平台上；第二，买方通过电子商务平台搜索并浏览产品，找到合适的产品；第三，买方与卖方进行沟通并达成一致，通过电子商务平台完成交易记录，并进行资金管理与转账；第四，通过物流机制进行产品的配送。

当前，C2C 模型是最能体现互联网精神和优势的电子商务模型，因为它在数量巨大、地域不同、时间不一的买家和卖家之间，建立了联系，而买家同时也能是卖家，交易非常快捷自由，因此具有很大的潜力。

(4)O2O

O2O 模型是将线下商务和互联网结合，让互联网成为线下交易前台的一种模型，它为线下店面与线上消费者之间建立联系，在线下门店的信息方面，消除了线下服务与消费者之间的时间和空间距离。

O2O 模型的典型运作过程也可以分为以下 4 个阶段：

①线下店面的商家在 O2O 平台发布线下服务信息。

②消费者通过搜索或者平台推广找到提供所需服务的线下店面。

① 白东蕊，岳云康.电子商务概论[M].3 版.北京：人民邮电出版社，2016.

③消费者对服务进行预约或者购买,并进行付款,产生订单。

④消费者前往线下店面得到所需服务,完成订单。

O2O 模型也具有很大的优势。对于线下店面而言,通过平台的宣传以及精准营销,一定程度上降低了地理位置对商家知名度的影响;对于消费者而言,平台在线上即可提供丰富、全面的商家信息,消费者通过简单的筛选、排序,能够快速选择合适的商品和服务,节省了时间成本;对于平台而言,可以通过对商家的宣传得到利润,同时也获得大规模高黏度的消费者等。O2O 模型的实例就是当前的美团平台以及大众点评,它们把旅游、餐饮、美容美发等线下服务信息,通过一定的营销策略推送给消费者,从而将线上的消费者转成实体消费者。

当前,在"互联网+"热潮的催动下,O2O 模型在中国市场发展较为迅速,行业呈现着正向发展趋势,具有很大的市场潜力。

(5)G2G

G2G 模型是以政府机构为主体,在政府机构之间进行电子政务活动的一种模型,它是电子政务的基础性应用,结合了电子信息技术与管理技术,在线上高速度、高效率、低成本地实现行政、服务以及内部管理等功能,是在政府、社会和公众之间建立有机服务系统。更具体地说,G2G 模型的目的主要体现在以下 5 个方面①②:

①政府机构各部门之间实现电子化、网络化,能够有效提高行政、服务和管理效率,同时也能够起到推动简化办公、精减机构的作用。

②政府能够更加主动地服务于企业、公民,企业和公民也可以不受地点、时间的限制,掌握和了解方针政策,更好地接受管理。

③利用政府建立的网络和信息系统,能够为社会公众提供优质、权威的多元化服务。

④以政府的信息化的发展来切实地推动和加速整个社会的信息化发展。

⑤适应数字经济的发展,引导、规划和管理电子商务活动,建立电子商务的支撑环境。

当前,为了更好地服务公众并实现政府职能,政务活动的电子化主要包括以下几个方面:监督电子化、资料电子化、沟通电子化、办公电子化、市场规范电子化等。对于具体的应用实例,可以归纳为政府内部网络办公系统、电子法规、政策系统、电子公文系统、电子司法档案系统、电子财政管理系统、电子培训系统、垂直网络化管理系统、横向网络协调管理系统、网络业绩评价系统、城市网络管理系统等方面。

(6)$O2O^n$

$O2O^n$ 模型,也叫作线上线下一体化,是一种把用户体验和用户服务纳入电子商务中的新的电子商务模型。它结合了 O2O 模型和 B2C 模型的特点,将线下实体店和线上商城更紧密地结合。要将这两者相结合,需要两个方面的信息融合,第一,数据的融合,指的是线上商城和线下实体店数据时刻保持一致且同步,使得用户能够更好地了解信息并体验服务;第二,资源的融合,其中最重要的是线下的仓储资源和物流资源,能够快速、高效地完成物流配送。

---

① 覃征.软件文化基础[M].北京:高等教育出版社,2016.

② 覃征.电子商务概论[M].6 版.北京:高等教育出版社,2019.

目前，$O2O^n$ 模型还是一种新兴的电子商务模型，其应用还没有大规模普及。它的一个实例是苏宁易购，不仅在线上有商城，对商品翔实的介绍和展示，在线下也有实体店面，实体店面以服务和辅助为主，为消费者提供产品的体验，同时通过线下与消费者的交互，也可以做新产品的推广并搜集消费者的意见。

1.2.2　电子商务体系结构研究

电子商务体系结构借鉴了建筑学、计算机体系结构、软件体系结构等相关设计领域中的体系结构设计思想，用以实现商品或服务的各项交易活动的电子化、信息化、数字化、无纸化、国际化。

从技术的角度来看，它可以认为是一系列网络信息技术的集成，包括网络通信技术、计算机技术等；从系统的角度看，它是一个集成的信息系统，是基于企业内部网络系统构建的管理系统以及对外拓展网上市场的电子商务平台；从应用的角度看，它包括了进行电子商务活动过程中所需要的各类功能，比如，面向用户提供各种商业经营和管理服务等。

1）电子商务基础结构框架

电子商务最顶层的结构实际上由多个电子商务实体以及电子商务应用系统组成，通过电子商务应用系统来进行各类商务活动。这些电子商务实体包括企业、消费者、政府机构等，他们中的任意两个实体之间都可以进行电子商务活动，这将在 2.1.3 节中进行介绍。实体之间进行电子商务活动就是电子商务顶层框架，其示意图如图 1-13 所示，它可以表述为

$$S^{EC} = \sum_{i=1}^{\infty} (S_A^{EC})_i + \sum_{j=1}^{\infty} (S_E^{EC})_j + \sum_{k=1}^{\infty} (S_O^{EC})_k \tag{1-1}$$

其中，S^{EC} 为电子商务基础结构，S_A^{EC} 为任意类型的电子商务应用系统，能够提供电子商务活动所需的各种服务，S_E^{EC} 为参与电子商务业务的电子商务实体，S_O^{EC} 为参与、影响电子商务活动的外部环境，如银行、协议、网络等。

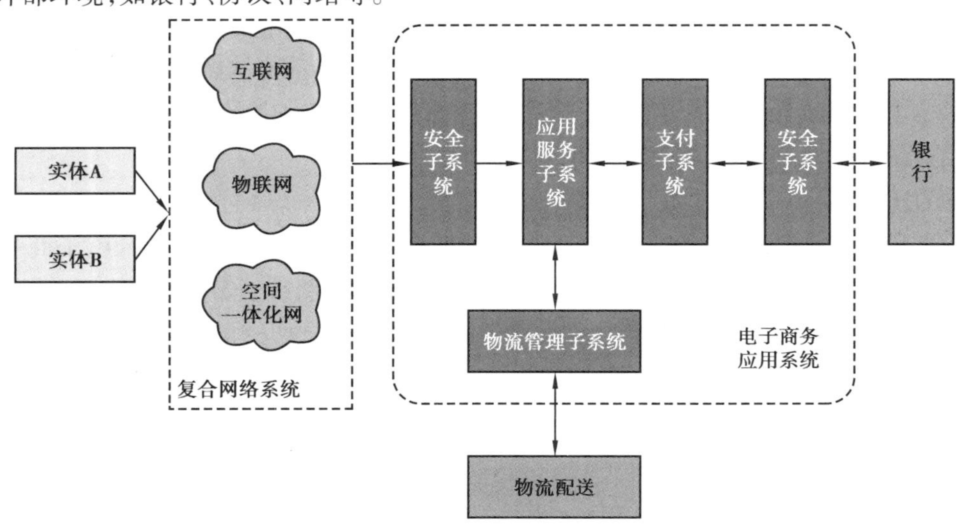

图 1-13　电子商务体系结构图

实际上，电子商务顶层结构上的电子商务应用系统简单地囊括了所有相关的部分，但其实需要进一步细分，因为一个电子商务系统实际上涉及安全、物流、银行交易等因素，从功能上分，主要包括了如下几个子系统：安全子系统、应用服务子系统、物流管理子系统、支付子系统，分别用字母 S、D、G、P 来表示这几个子系统，那么一个电子商务应用系统 S_A^{EC} 的组成可以用以下的式子来表示：

$$S_A^{EC} = \{S, D, G, P\} \tag{1-2}$$

将这几个子系统组合在一起以满足电子商务活动的需要，就能够得到一个细化了的电子商务的体系结构图，如图 1-13 所示，其中复合网络系统为电子商务活动的外部环境，主要包括互联网、物联网及空间一体化网，银行以及物流配送也为外部要素，属于第三方实体。分析电子商务的商务过程，如果是两个电子商务实体 A、B 之间发生电子商务活动，那么可以将其过程总结为：

①电子商务实体 A 提出商务业务请求后，系统将请求信息和用户信息通过复合网络系统经过安全子系统加密后，发送到电子商务应用服务子系统。

②智能搜索引擎在复合网络系统找到合适的交易实体 B，并将请求信息通过复合网络系统发送给实体 B。

③实体 B 得到实体 A 的请求信息后，经过分析处理，响应交易请求，并将响应信息和自身的用户信息发送给电子商务应用服务子系统。

④收到实体 B 的交易信息后，电子商务应用服务子系统通过支付子系统对交易双方进行身份认证，将认证合格的银行账户信息发送给交易双方的开户银行，从而完成资金转移。

⑤将转账后的信息返回到应用服务子系统，然后通过物流管理子系统完成配送。

2）新型体系结构与电子商务

近年来，随着信息技术的不断发展，新的体系结构在不断产生，如云体系结构、柔性软件体系结构等。这些体系结构都已经或即将在未来应用到电子商务中。

（1）云体系结构

云体系结构也称为共享体系结构，是在当今云计算技术日益发展成熟的背景下，产生的一种软件体系结构。可以认为采用了云计算技术的应用系统就是使用了云体系结构。

云体系结构实际上是对依托于云计算平台的软件进行抽象，从而得到的一种新型体系结构，其核心在于利用分布式计算机来为互联网应用提供计算、存储等资源。其中关键的云计算技术就是把普通的服务器、计算机连接起来以获得类似超级计算机的计算和存储能力，而成本更低，也有效提高了对软硬件资源的利用效率。

云体系结构如图 1-14 所示，云用户端主要是为用户和企业提供服务的交互式操作界面，也是他们使用云的一个接口，通过这个接口能够直观地访问服务的目录，即企业和用户在获得权限之后就可以选择需要使用的服务列表；管理系统主要负责授权、认证、登录等信息进行管理，同时也负责管理可用的计算资源和服务；部署工具主要用于自动化调度资源，以智能、动态的方式来部署、配置和回收资源；资源监控主要用于实时监控和分析计量云计算中资源的使用情况，从而更好地完成节点配置以及负载均衡配置等，确保资源顺利分配；

服务器集群被视为云体系结构的核心，用于高并发地进行计算、存储和数据处理。

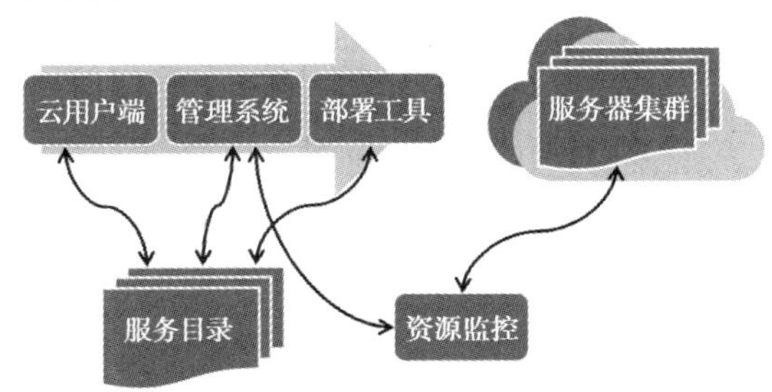

图 1-14 云计算体系结构

(2)柔性体系结构

柔性体系结构的产生与发展，出自软件工程在面对复杂系统工程进行重复设计时，系统资源共享化的一种软件体系结构设计思想，主要表现在系统平台可以实现插件式的动态管理，将不同应用的插件根据用户的需求进行动态调整，使系统保持完备的应用功能，因此柔性软件体系结构在当今的电子商务平台应用中，受到了广泛的重视。柔性体系结构满足以下 4 个条件：

①使用运行时可以改变的体系结构。

②能感知上下文，如用户指令、用户操作模式、网络情况、工作负载等。

③为用户或者开发人员留下可操作的接口。

④在一定范围内可用，避免额外的工作和开销。

柔性体系结构也早已应用于电子商务中，例如，目前在电子商务中普遍使用的推荐系统中，就有柔性体系结构的影子，它就是要求系统能够针对不同的用户，根据用户的偏好和需求，个性化地向用户推荐产品，这在当今电子商务大型平台中都有广泛的应用。

1.2.3 电子商务推荐系统研究

从商业角度来看，推荐系统需要解决好两个问题①：一是用户需求和产品痛点相结合；二是基于用户兴趣和产品特征相结合。同时解决两个问题也会带来两种不同的应用场景选择以及具体效果评估问题。用户需求，我们主要考虑以下几个方面：满足用户需求：用户需求主要指基于用户兴趣的需求和推荐系统提供给用户的信息服务。即基于用户兴趣推荐信息。对用户需求把握准确：准确把握用户推荐系统用户使用价值，进而提高用户使用体验。准确把握用户推荐信息与产品推荐时所提供产品类型与价格之间关系；准确把握用户推荐系统提供信息与产品推荐时所选择产品类型与价格之间关系；准确把握用户推荐系统提供信息与产品推荐时所选择产品类型之间关系；准确把握用户推荐系统提供对产品进行综合评价的技术要求。

推荐系统的作用是从海量的数据中为用户匹配最感兴趣的内容，省去用户查询的时间。

① AGRAWAL A, CATALINI C, GOLDFARB A. Crowdfunding: Geography, social networks, and the timing of investment decisions [J]. Journal of Economics & Management Strategy, 2015, 24(2): 253-274.

前文提到，随着互联网的高速发展，互联网上的数据体量是非常惊人的。用户自然无法从如此海量的数据中获取自己感兴趣的信息。因此推荐系统极大地提升了线上服务的效率。推荐系统的研究目标是用户和物品，基于用户的交互历史记录，为用户匹配感兴趣的物品，即预测新的交互记录。

为用户匹配物品，推荐系统领域积累了大量成功而高效的推荐算法，其中最为流行和广泛使用的是协同过滤推荐算法。“协同”的核心思想在于利用其他用户的行为（群体智慧）来辅助当前用户做出决策，“过滤”则表示从大量候选信息中筛选出合适的物品。该算法的基本假设是“过去兴趣相似的用户在未来仍然会保持类似的兴趣”，具体来说，协同过滤算法分为“基于记忆的方法”和“基于模型的方法”。

基于记忆的方法又可以细分为基于用户和基于物品两个类型，如图 1-15 所示。在基于用户的方法中，为了计算一个用户 u 对物品 i 的喜好程度，首先需要找到和 u“最像”的 K 个用户，然后根据这 K 个用户对目标物品 i 的打分行为或者隐式反馈来推断 u 对 i 的兴趣。这里用户之间的相似度有很多种计算方法，一种典型的方法是将每个用户交互过的物品表示成一个向量，然后利用余弦相似度或皮尔森相关系数等方法计算用户之间的相似程度。

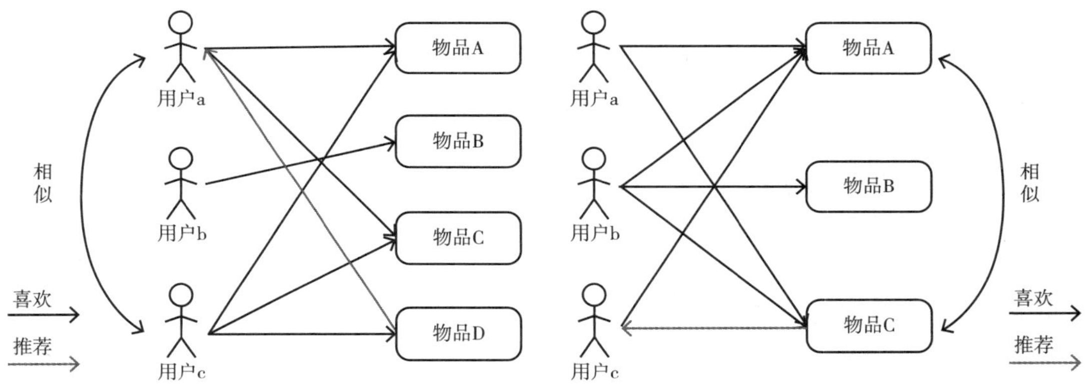

图 1-15　基于用户的协同过滤和基于物品的协同过滤

这种方法的好处在于可以反映用户群体的喜好，但在系统内用户过多的情况下，计算“最像”的 K 个用户将会非常耗时。另外，对于新来的用户，由于还没有行为记录，因此没有办法计算他和其他用户的相似度，也就不能为他准确地找到相关物品。

基于模型的方法一般是在用户物品的交互数据上训练一个机器学习模型，然后基于这个模型来预测用户对物品的评分。其中，最为流行和通用的方法是矩阵分解模型，这种方法通常基于“低秩假设”，直观上讲，虽然用户和物品的数目可能成千上万个，但决定最终评分结果的因素可能很少。比如电商平台中，人们买东西可能就只考虑“价格”“质量”“款式”“流行度”这些因素。基于这个直观的想法，本来一个庞大的用户-物品评分矩阵，就可以被表示成两个低维度的用户子矩阵和物品子矩阵相乘的形式，其中用户子矩阵和物品子矩阵分别表示用户的喜好和物品的特征，而它们之间的乘积则表示用户对物品感兴趣程度（即打分），如图 1-16 所示。尽管这类算法在实际的应用中取得了不错的效果，但模型中的线性假设却过于牵强，这使得他们只能建模比较简单的用户行为模式，不能很好地反映用户的真实兴趣。

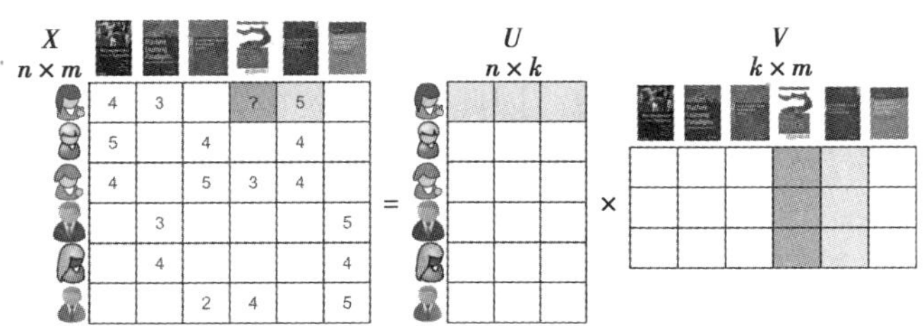

图 1-16　矩阵分解模型

近年来,随着深度学习的突破,推荐模型能够利用深度模型强大的表征学习能力来更好地发现用户的行为模式和物品的属性信息,更好地处理多模态信息。例如,将图形信息和用户评论信息都输入到模型中,辅助模型学到更好的表达。

1.2.4　电子商务支付系统研究

电子商务支付系统(Source Payment System,SP),主要包括企业间支付结算系统、企业间资金清算系统。在该系统中,企业间支付结算由企业间的 POS 机支付完成,并通过银行代理机构向各大银行传送资金;企业间支付结算由银行代理机构完成支付结算。企业间支付结算采用银行集中式或系统式支付方式和清算模式,实现了资金清算的网络化和扁平化。企业间资金清算采用银行网银在线支付结算。在电子商务中,企业间支付结算采用银行间支付结算方法。电子支付系统是采用数字化电子化形式进行电子货币数据交换和结算的网络银行业务系统,它是实现网上支付的基础。电子支付系统的发展方向是兼容多种支付工具,但目前的各种支付工具之间存在较大差异,分别有自己的特点和运作模式,适用于不同的交易过程。因此,当前的多种电子支付系统通常只是针对某一种支付工具而设计的。电子商务系统由以下部分组成:一个具有统一通信接口的企业内外网支付结算系统;一个用于处理银行业务的专用网络;一个统一的网络信息交换中心和交易服务器;两个资金清算系统;一套与商业清算系统相匹配的资金清算体系和资金清算系统。系统采用统一网络架构,通过统一计算机通信实现系统的网络连接,并由多个用户组成服务系统提供商提供服务。服务提供商与银行之间采用物理接口建立关系,并在其自身网络中提供服务。为满足企业间支付结算需求,各银行向企业提供网上支付服务,即由网上支付平台直接提供服务,通过网上支付平台提供交易结算服务。银行与企业双方之间的服务属于金融机构间业务往来,包括银企往来、企业间资金结算及相关业务处理等。电子商务系统具有一定的独立性和灵活性,能够根据需要灵活处理业务;具有良好和完善、安全、高效等特点;有针对性地满足客户及银行在资金支付等金融服务等方面的需要;并可在不增加银行业务成本的前提下有效地满足各用户业务需求,满足电子商务发展对支付结算系统和网络支付管理要求等多方面需要。支付系统是指由提供支付服务的中介机构、管理货币转移的法规以及实现支付的技术手段共同组成的,用来清偿经济活动参加者在获取实物资产或金融资产时所承担债务的一种特定方式与安排。因此,支付系统是重要的社会基础设施之一,是社会经济良好运行的基础和催化剂。

1)电子支付系统的构成

基于互联网的电子交易支付系统由客户、商家、认证中心、支付网关、客户银行、商家银行和金融专用网络7个部分组成。

①客户。客户一般是指利用电子交易手段与企业或商家进行电子交易活动的单位或个人。它们通过电子交易平台与商家交流信息,签订交易合同,用自己拥有的网络支付工具进行支付。

②商家。商家是指向客户提供商品或服务的单位或个人。在电子支付系统中,它必须能够根据客户发出的支付指令向金融机构请求结算,这一过程一般是由商家设置的一台专门的服务器来处理的。

③认证中心。认证中心是交易各方都信任的公正的第三方中介机构,它主要负责为参与电子交易活动的各方发放和维护数字证书,以确认各方的真实身份,保证电子交易整个过程的安全稳定进行。

④支付网关。支付网关是完成银行网络和互联网之间的通信、协议转换和进行数据加、解密,保护银行内部网络安全的一组服务器。它是互联网公用网络平台和银行内部的金融专用网络平台之间的安全接口,电子支付的信息必须通过支付网关进行处理后才能进入银行内部的支付结算系统。

⑤客户银行。客户银行是指为客户提供资金账户和网络支付工具的银行,在利用银行卡作为支付工具的网络支付体系中,客户银行又被称为发卡行。客户银行根据不同的政策和规定,保证支付工具的真实性,并保证对每一笔认证交易的付款。

⑥商家银行。商家银行是为商家提供资金账户的银行,因为商家银行是依据商家提供的合法账单来工作的,所以又被称为收单行。客户向商家发送订单和支付指令,商家将收到的订单留下,将客户的支付指令提交给商家银行,然后商家银行向客户银行发出支付授权请求,并进行清算工作。

⑦金融专用网络。金融专用网络是银行内部及各银行之间交流信息的封闭的专用网络,通常具有较高的稳定性和安全性。

2)电子支付分类

目前的电子支付系统可以分为四类:大额支付系统、联机小额支付系统、脱机小额支付系统和电子货币。

(1)大额支付系统

大额支付系统是一个国家支付体系的核心应用系统,它通常由中央银行运行,采用RTGS模式。该系统主要处理银行间大额资金转账,通常支付的发起方和接收方都是商业银行或在中央银行开设账户的金融机构。

(2)联机小额支付系统

联机小额支付系统是指POS机系统和ATM系统,其支付工具为银行卡(信用卡、借记卡或ATM卡等)。它的主要特点是金额小、业务量大,交易资金采用净额结算。

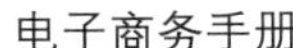

(3)脱机小额支付系统

脱机小额支付系统也被称为批量电子支付系统，它主要指自动清算所(ACH)，主要处理预先授权的定期借记(如公共设施缴费)或定期贷记(如发放工资)。支付数据以磁介质或数据通信方式提交清算所。

(4)电子货币

伴随着银行应用计算机网络技术的不断深入，银行已经能够利用计算机网络将“现金流动”“票据流动”进一步转变成计算机中的“数据流动”。资金在银行计算机网络系统中以人类肉眼看不见的方式进行转账和划拨，是银行业推出的一种现代化支付方式。这种以电子数据形式存储在计算机中(或各种卡中)并能通过计算机网络而使用的资金被人们越来越广泛地应用于电子交易中，这就是电子货币。目前，常用的电子货币有以下几种：

①储值和信用卡型：如储蓄卡(deposit card)和信用卡(credit card)；

②智能卡型：如 IC 卡(IC card)；

③电子支票型：电子支票(electronic check)指启动支付过程后，计算机屏幕上出现的支票图像，出票人用电子方式做成支票并进行电子签名而出票；

④数字现金型：依靠 Internet 支持在网络上发行、购买、支付的数字现金(digital cash)。

⑤比特币[①②]：说到电子货币，就不得不提基于区块链技术的比特币，不同于上述以真实货币为基础的电子货币，比特币是一种完全虚拟的，不受第三方发行和控制的货币。比特币的出现完全颠覆了传统意义上货币的概念，同时也带来了很多问题，目前对于比特币合理性、合法性的认可，尚存在较大争议。

3)电子支付交易模型

电子支付不是新概念，从 1998 年招商银行率先推出网上银行业务之后，人们便开始接触到网上缴费、网上交易和手机银行业务。目前，我国主要存在四种模式：支付网关型模式、自建支付平台模式、第三方垫付模式、多种支付手段结合模式。

(1)支付网关型模式

支付网关型模式是指一些具有较强银行接口技术的第三方支付公司以中介的形式分别连接商家和银行，从而完成商家的电子支付的模式。这样的第三方支付公司包括网银在线、上海环讯、北京首信等。

(2)自建支付平台模式

自建支付平台模式是指由拥有庞大用户群体的大型电子商务公司为主创建或它们自己创建支付平台的模式，这种模式的实质是以所创建的支付平台作为信用中介，在买家确认收到商品前，代替买卖双方暂时保管货款。

---

① 全国金融标准化技术委员会.中国金融移动支付　支付标记化技术规范[EB/OL].(2016-11-09)[2023-01-01].全国金融标准化技术委员会官网.

② 中国人民银行数字人民币研发工作组.中国数字人民币的研发进展白皮书[EB/OL].(2021-07-16)[2023-01-01].中国人民银行官网.

(3) 第三方垫付模式

第三方垫付模式是指由第三方支付公司为买家垫付资金或设立虚拟账户的模式。它通过买卖双方在交易平台内部开立的账号,以虚拟资金为介质完成网上交易款项支付,这样的公司有 99bill、Yeepay 等。

(4) 多种支付手段结合模式

多种支付手段结合模式是指第三方电子支付公司利用电话支付、移动支付和网上支付等多种方式提供支付平台的模式。在这种模式中,客户可以通过拨打电话、手机短信或者银行卡等形式进行电子支付。

1.2.5 电子商务供应链研究

随着电子商务的蓬勃发展,物流组织的地位逐渐凸显,组织的外包发展不断壮大,现存供应链在此环境下的短板日益突出。因此,第四方物流应运而生并在物流体系处于领导地位。第四方物流更像是供应链的组织管理者,尽管没有实物性的物流资源,却可以对所有的资源、技术、设施等进行调配和管理,为整个供应链提供相对完善的解决方案,还可以通过电子商务将所有程序集结,为消费者提供更多的增值服务,具有集约化、信息化、综合性的特点。此外,第四方物流可以通过模块化创新,构建高效而灵活的服务创新模式,在发挥自身服务专业化优势的同时,也为供给侧结构性改革下的生产商提供物流创新条件,这是电子商务环境下一种重要的流通组织模式创新。

1.3 理论与实践结合(案例)

本章所借鉴、参考和选用的电子商务案例均是在特定历史背景下中国电子商务发展和创新中的重要总结,它们具有时代性、创新性、未来性。本书仅对这些案例进行重点分析,目的在于对本书知识理论体系的具体应用进行阐述,并验证知识理论体系与社会实践发展的关系,这种研究方式对电子商务理论的发展与梳理具有重要的意义。

从整体上来看,本章的三个案例分别代表了不同时代、不同类型、不同社会需求下的中国电子商务企业。京东诞生于中国电子商务成长初期,是中国较早探索电子商务的企业之一。小红书出现于中国电子商务发展成熟阶段,是为满足人们海外购物需求的跨境电子商务企业之一。而以美团为代表的新零售电子商务企业则代表了电子商务在下一阶段发展的应有态势。这三类企业正是不同生态背景下的产物,它们代表着电子商务的演进与迭代。虽然三类企业诞生于电子商务发展的不同历史阶段,但都离不开社会生态、工程生态和创新生态理论的支撑①。

1.3.1 经典电子商务案例——京东

21 世纪初,随着互联网的普及与科技的进步,电子商务逐渐兴起并以颠覆性的姿态重

① 清华大学全球产业研究院.中国企业数字化转型研究报告(2020)[EB/OL].(2020-12-31)[2023-01-01].搜狐网.

塑了整个商业生态体系。在经历了 EDI 电子商务、互联网电子商务、e 概念电子商务、全程电子商务后,我们已经进入智能电子商务的时代。经历了 20 多年的发展,中国电子商务不仅实现了从无到有的转变,还在新一轮的商业变革中引领着世界电子商务的发展。在这一过程中,中国产生了一大批经典的电子商务企业,京东就是其中之一。2021 年,京东第六次入选《财富》世界 500 强排行榜,位列第 59 位,是排名仅次于亚马逊、Alphabet 的世界第三大电子商务企业。

1)京东的发展概述

21 世纪初,以 B2C 电子商务为代表的网络经济在中国兴起。2002 年,"非典"的暴发为电子商务的发展带来了契机。2003 年,为了迎合商业发展的趋势,京东开始试水电子商务。一年后,京东正式涉足电子商务。

2005 年,国务院办公厅发布《国务院办公厅关于加快电子商务发展的若干意见》,将发展电子商务提升到国家战略的高度。在这一背景下,京东于 2006 年 1 月宣布进军上海,成立上海全资子企业。京东于 2009 年 2 月尝试推出特色上门服务,此举成为京东探索 B2C 增值服务的重要突破,也是对商品多元化的又一次尝试。2010 年 6 月,京东推出全国上门取件服务,很大程度上解决了网络购物的售后之忧。11 月京东开始销售图书产品,逐渐实现从 3C(计算机类、通信类和消费类)垂直型零售商向综合型网络零售商的转型。

中国电子商务经历了近 10 年的发展,在 2013 年左右开始步入成熟阶段。该年 4 月,京东宣布注册用户突破 1 亿名。年底,京东正式获得虚拟运营商牌照。2014 年 5 月 22 日,京东在美国纳斯达克挂牌上市,美国也迎来了中国最大的赴美 IPO(首次公开募股)。

经历了近 20 年的探索与发展,京东目前已经成为中国电子商务领军企业之一。在数字经济高速发展的今天,任何电子商务的发展都离不开新兴技术的支持。一直以来,京东都十分重视科技在电子商务中的运用。在新兴技术的支持下,目前京东的业务已经涉及零售、科技研发、医疗健康、保险等领域。作为兼具实体企业基因和属性、拥有数字技术和能力的新型实体企业,京东在各项实体业务上全面推进,并以扎实、创新的新型实体企业发展经验助力实体经济高质量发展,铸就持续增长力。

2)京东的商业运营

(1)经营策略

京东能够在激烈的电子商务行业竞争中逐渐成为中国电子商务行业的引领者之一,一方面得益于时代的红利、政策的支持,另一方面也得益于京东合理的经营策略与发展理念。

京东专注垂直 B2C 业务的精准商业定位,使其在 3C 领域很快占领市场,并积攒了相当丰富的电子商务运营经验。以此为基础,京东开始将 3C 领域的运营理念与经验运用至其他品类的产品销售中,进而向综合类 B2C 模式转变。如今来看,京东综合类 B2C 模式的构建是成功的。通过强大的供应链、技术以及营销能力,京东的 B2C 自营商城已经完成电脑、手机、家电、消费品、家居、生鲜、生活服务、工业品等全品类覆盖,拥有数百万 SKU 的自营商品。京东商业模式见图 1-17。

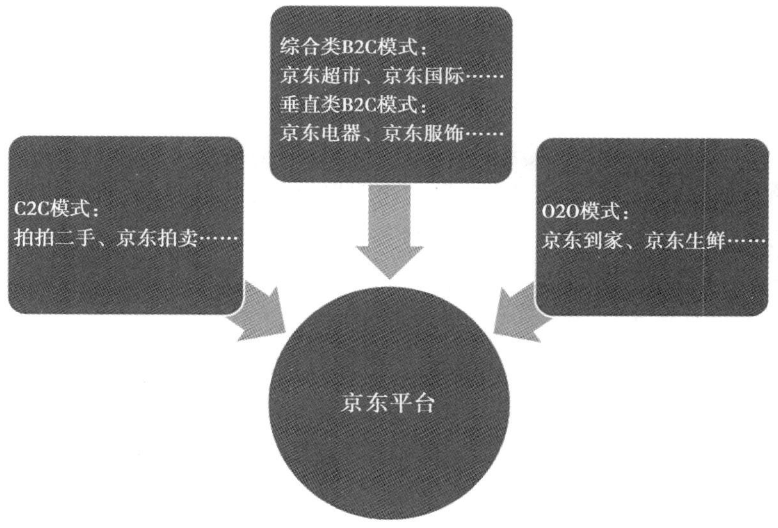

图 1-17　京东平台商业模式图

(2)营销策略

电子商务的新型营销理念也决定了企业应当制定以消费者为中心的营销策略。就电子商务的营销策略而言,目前较为常见的有产品策略、价格策略和促销策略等(图1-18)。

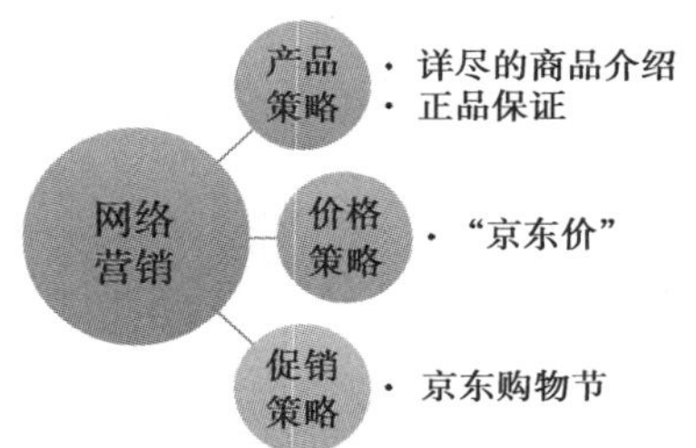

图 1-18　京东的网络营销策略

对电子商务而言,产品策略至关重要。其一,电子商务中,消费者并不能接触到商品实物,因而需要商家在商品的销售页面中以文字、图像、视频等方式尽可能详尽地介绍质量、特征、用途等商品信息。其二,电子商务中,消费者并不能确定商品的来源,因而对产品的质量,尤其是真伪存有很大的疑虑。针对这些问题,京东在商品链接的商品详情中以文字、图像、视频等方式尽可能详尽地介绍商品信息。同时,京东还推出了"正品保障"、自营生鲜商品的"优鲜赔""保鲜活"、第三方生鲜商品"足斤足两"等一系列产品质量保证服务。针对自营商品,京东承诺是由品牌商授权,并对产品的品质进行保证。尤其是对于跨境进口商品,京东国际跨境进口商家承诺出售商品均为100%海外原装正品,并承诺提供"正品保障服务"。对于一些自营生鲜商品,如果客户在收到商品后发现鲜活商品存在个别死亡的情况,京东会提供相应的补贴或退款。

3)京东的商业创新

(1)支付便利化

就在线支付而言,京东通过与多支付平台合作,已经实现了多元在线支付机制。用户可以在京东平台下单时选择京东支付、微信支付、银联支付、Apple Pay、华为 Pay 等渠道进行支付。在具体的付款方案上,京东还推出了京东白条这一互联网信用支付产品,用户可以享受到"先消费、后付款,实时审批、随心分期"的消费体验。京东白条是一款通过大数据进行信用评估，为信用等级较高且有消费需求的用户提供的信用支付服务。使用京东白条进行付款，用户可以享受最长 30 天的延后付款期或最长 24 期的分期付款。目前，京东白条已经打通了京东体系内的 O2O、全球购等领域，从赊购服务逐渐延伸到提供信用消费贷款，覆盖更多生活场景，为更多消费者提供信用消费的服务。随着京东白条的服务推广，京东已经与线上线下众多商户取得了合作，涵盖生活娱乐、商旅出行、教育培训、通信及租赁等行业。与银行合作联名的电子账户"白条闪付"，通过 NFC 技术将白条支付拓展至线下，并且通过绑定微信支付，进一步拓宽了白条支付使用场景。

(2)仓储、配送及服务

与中国绝大多数电子商务企业不同，京东是拥有自建物流体系的现代化电子商务企业。经过多年的探索，京东在仓储、配送及服务等方面的优势已经成为其核心竞争力之一。对于电子商务，尤其是自营式电子商务而言，强大的仓储能力是商业活动的基础和保障。目前，京东在国内拥有超过三十座的"亚洲一号"大型智能仓库。另外，京东物流还建立了覆盖超过 220 个国家及地区的国际线路，拥有 30 多个保税仓及海外仓库。强大的仓储能力俨然已经成为京东全球化商业布局的坚实基础，见图 1-19。

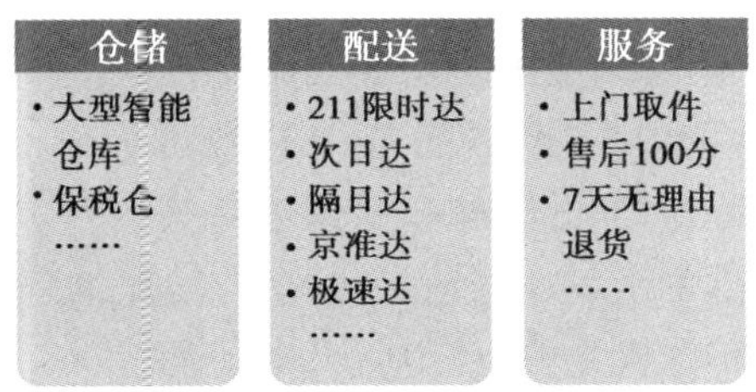

图 1-19　京东的仓储、配送、服务项目

对于现代商业来说，物流已经成为不可或缺的部分①。不论是传统的线下实体销售，还是线上的电子商务，物流都是商品流通的重要方式。高效、安全的物流不仅是企业生产的有力保障，更是商品销售的重要依托。从消费者角度看，物流的服务与效率直接影响着消费者的购物体验。为了尽可能满足客户，京东推出了 211 限时达、次日达、隔日达、极速达、京准达、京尊达等一系列配送服务。即使是针对一些偏远地区或交通不甚便利的地区，京东也基本能够实现商品的次日达或隔日达。此外，针对一些生鲜、急需品，京东甚至还能够实现 1 小时送达。

1.3.2　跨境电子商务——小红书

在中国，生活水平的提高使得人们更加重视生活品质，对出国旅游、出国购物的需求逐渐增加。然而，大部分人对出国旅游和购物是比较陌生的。由于缺乏足够的信息和经验，人们在出国旅游和消费的过程中难免会走一些"弯路"。正是觉察到这种社会需求，小红书等一批跨境电子商务企业开始孕育、诞生并成长。

① 尤西·谢菲.大物流时代：物流集群如何推动经济增长[M].岑雪品，王微，译.北京：机械工业出版社，2019.

1）小红书的发展概述

小红书是中国较早探索跨境电子商务领域的企业之一。与其他电商企业不同，小红书起源于社区平台。2013 年，小红书推出海外购物分享社区。小红书平台联合具有丰富海外旅游或购物经验的消费者在社区内分享自己的海外旅游和购物攻略。面对庞大的市场，小红书社区一经推出，便拥有了大量的用户。小红书的跨境商品销售流程见图 1-20。

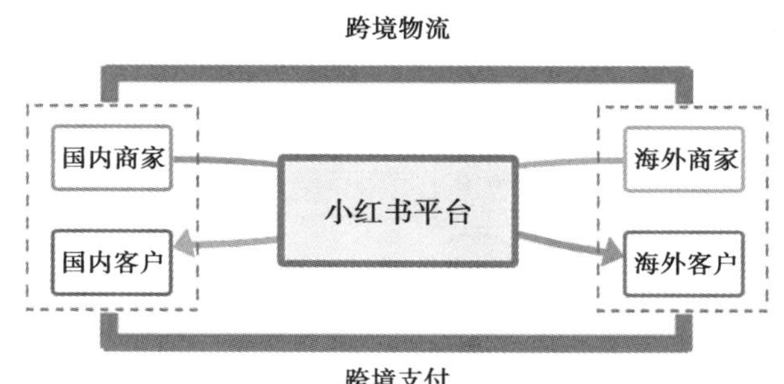

图 1-20　小红书的跨境商品销售

在平台经济中，用户的数量往往是决定平台成功与否的关键，大量的用户意味着巨大的商业价值和商业潜力。基于此，2014 年小红书开始布局电子商务平台的建设。年底，小红书平台推出了"福利社"，这标志着小红书开始从社区平台向电子商务平台转型，完成了从种草、分享到购买的商业闭环。

2015 年，中国提出"互联网+"的概念，力争推动互联网、云计算、大数据、物联网等与现代制造业结合，促进电子商务、工业互联网和互联网金融健康发展，引导互联网企业拓展国际市场。小红书也开始以云计算、大数据等高新技术为突破口，来实现平台的转型升级。2016 年初，小红书社区平台实现由人工运营模式向机器分发模式的转变，通过大数据和人工智能将平台内容精准匹配给相应的用户，优化了用户的体验。在销售平台中，小红书开始拓展第三方平台和品牌商家。一年间，小红书的精选商品 SKU 从 1 万增长至 15 万，其用户量也大幅增加。事实证明，不断吸纳高新科技成果是电子商务平台发展的方向，也是保持核心竞争力的关键所在。在经历了科技换代之后，小红书实现了商业领域的高速发展。

2）小红书的商业运营

（1）跨境商品销售

与传统的实体平台不同，依托互联网的数字平台最大的特征就是广域性。在平台之上，不同国家、不同地区的商家与消费者均可以实现信息的交换与商品的销售，这也使跨境电子商务的实现成为可能。正是依托数字平台，小红书才能实现与海外商家的合作，进而开展跨境电子商务。

小红书通过品牌授权和品牌直营并行的销售方式，将海外商品销售至国内消费者手中。随着小红书平台影响力的提升，越来越多的商家入驻小红书。近年来，小红书已经与澳大利亚 Blackmores、Swisse 和日本药妆店集团麒麟堂、松下电器、卡西欧、虎牌等众多品牌达成战略合作。另外，随着"一带一路"倡议的不断推进，小红书不但能够实现国外商品"引进来"，还可以助力国内商品“走出去”。通过小红书,中国消费者可以了解更多的国外品牌商品,小红书已经成为国外优秀商家连接中国消费者的重要纽带。同时,小红书也通过将国内高质量的商品引入平台并推荐给外国用户的方式,助力国内企业海外业务的开展。

(2)跨境仓储与物流

就具体的商品配送,小红书提供了两种物流服务方式,即海外直邮和国内保税仓发货(图 1-21)。针对海外直邮,小红书于 2017 年建成 REDelivery 国际物流系统,确保国际物流的每一步都可以被追溯,用户甚至可以在物流信息里查找到商品是由哪一列航班抵达中国的。

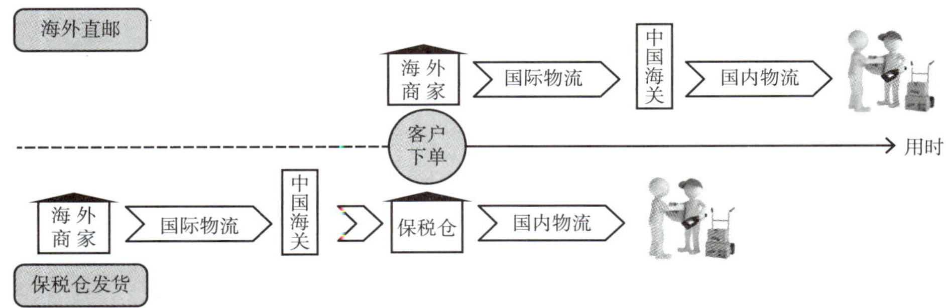

图 1-21 海外直邮与保税仓发货流程对比图

与海外直邮等方式相比,国内保税仓发货具有一定的优势。首先,保税仓发货可以缩短用户与商品的距离,减少物流耗时。如果通过海外直邮的方式,由于需要清点、检验、报关等手续,用户往往需要等待较长时间才能收到商品。而从保税仓发货,可以实现提前办理通关手续,用户下单后大概两三天就能收到商品。其次,从保税仓发货可以打消用户对产品质量的顾虑。保税仓里的商品,只有经过海关清点、检验、报关和缴税后才可放行。可以避免通过其他不法运输途径而导致商品品质不好的情况。最后,大批量同时运输也可以节省运费、摊薄成本,从而降低商品的价格。在除去中间价和跨境运费后,小红书平台能够做到所售商品价格与其来源地价格保持基本一致,甚至有时还会因为出口退税等原因,出现低于当地价格的情况。

(3)社交电商平台的建设

小红书“社交+购物”的商业模式主要得益于其社交电商平台的建设。目前,小红书平台主要由三个模块构成:社区、福利社、企业号。通过三个模块的有机联动,小红书实现了发现商品、购买商品和分享体验的商业闭环(图 1-22)。

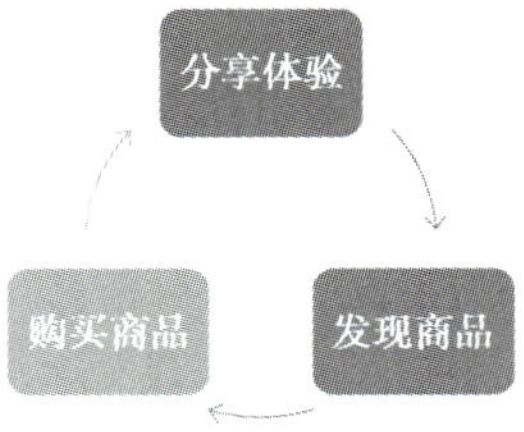

分享体验
发现商品
购买商品

图 1-22 小红书的运营模式

小红书社区是小红书的生活分享与互动板块,用于分享购物体验、旅游体验及生活体验,内容覆盖时尚、个人护理、彩妆、美食、旅行、娱乐、读书、健身、母婴等各个生活领域。目前,小红书社区每天产生超过 70 亿次的笔记曝光,其中 95%以上为 UGC 用户。

3)小红书的商业创新

(1)内容电商

与大多数电子商务平台不同的是,小红书塑造的是“社交+购物”的新型电商模式。京

东、淘宝等是典型的交易型电商，而小红书则属于内容电商的范畴。在互联网信息碎片化的时代，电商企业可以采取直播、短视频、小视频等手段，通过优秀内容的传播来激发用户的兴趣和购买欲望，这就形成了内容电商。与其他交易型电商相比，小红书这一内容电商具有较为明显的特点与优势。首先，在交易型电商环境下，消费者往往是主动搜索，故而对希望购买的产品的信息更为敏感。而用户在浏览小红书社区时，对于商品信息往往是被动接收的状态，由于被内容所吸引，因此产生了购买的欲望。故而，内容电商更容易吸引消费者，更能够实现消费生活化，淡化商业意图。其次，交易型电商中的商品是联合评估，消费者往往会较为理性地货比三家。而小红书社区中对于商品的介绍属于单独评估，消费者往往是因为对产品设计、理念、情怀等方面的主观认同而进行消费，故而较为感性。这就决定了在小红书这种内容电商环境下，消费者更加注重对商品或品牌的情感认同，而非性价比。反过来，这种对于商品或品牌的认可也更有利于提升用户黏性。最后，在交易型电商平台中，由于产品孤立且数据庞大，消费者难以迅速对比和评价商品，因此往往不太会接受商家的推荐。而在小红书中，产品种类繁多，消费者可以各取所需。由于降低了认知闭合需求，消费者也往往更容易接受相对复杂的决策信息和社区推荐。因此，一些新奇、难以比较参数的商品也更容易销售。

(2)短视频营销与口碑营销

对于京东等电子商务平台来说，营销的方式多围绕产品、价格以及促销等方面展开。而在小红书这一社交电商平台中，凭借社交平台的优势可实现营销手段的多元化。

短视频营销。在很多人看来，小红书不仅是一个电商平台，更是一个分享和交流平台。2020 年，小红书用户已经超过 2.5 亿人，最为活跃的用户年龄集中在 20～35 岁，这些用户更喜欢通过短视频、图文等形式记录日常生活，也愿意花时间在平台中探寻优质商品并与其他用户进行分享。庞大的用户体量和年轻人全新的生活与消费习惯，使得 UGC 模式更加契合小红书平台的建设与发展。而短视频就是 UGC 模式的一种重要表达方式。与长视频和图文不同，短视频强调轻量级的表达和内容消费，能够给用户带来立体、直观的感受，在产品形态、用户体验等方面都与小红书平台的特征相匹配。短视频营销很好地吸收了互联网所带来的便利优势，呈现出互动灵活、沟通方便的特点。几乎所有的短视频都可以实现单向、双向甚至多向的互动与交流。这种互动型的营销模式不仅可以提升用户的交流与购物体验，还可以帮助小红书获取用户反馈的信息，从而更有针对性地对平台和商品进行改进。另外，小红书的短视频营销还具有“成本低、效率高”的优势。与传统的广告营销动辄上百万元的资金投入相比，短视频营销的制作成本、传播成本及维护成本都比较低。短视频能否快速和广泛地传播也并不取决于投入的资金，而是取决于短视频的内容。内容是否能够满足用户的需求、是否能够吸引用户的眼球是短视频效果的决定因素。小红书的短视频营销不仅继承了视频营销的优势，还具备自己独特的、符合快节奏时代需求的特点，可以更好地为平台赋能，拉动产品的销售。对小红书来说，通过短视频占据用户高频使用场景，丰富内容生态，并进一步提升品牌商业化变现能力，是流量红利触顶，智能终端进入存量时代背景下运用成败的关键。

用户口碑营销。网络营销的本质是用最小的投入准确连接目标客户，用完美的创意实现强大的口碑，以影响目标群体。源源不断的用户真实消费体验使小红书成为全球最大的消费类口碑库，也被视为品牌方看重的“智库”。对小红书来说，它是一个电商平台，也是一个共享平台，还是一个网络社区，更是一个口碑库。在小红书平台上，用户可以根据自己的真实体验发布相关的购物笔记，而这些购物笔记又会通过大数据、云计算等手段精准发布给对其感兴趣的潜在客户。从某种程度上来说，小红书的“口碑广告”取之于用户，并用之于用户，这也大大增加了用户对小红书中的口碑的信赖度。

1.3.3　新零售电子商务——美团

新零售是未来电子商务发展的方向，是一种完全实现线上、线下、物流三位一体的发达商业形态，属于 $O2O^n$ 商业模型的电子商务。目前，$O2O^n$ 新零售仍处于探索阶段，并未实现大规模普及。尽管如此，中国依然是世界范围内新零售发展较为领先的国家之一。中国企业在 2016 年以前就已经开始探索 O2O 电子商务。O2O 电子商务也属于线上与线下的融合，但与 $O2O^n$ 电子商务相比有一定的差异。不可否认的是，O2O 电子商务已经具备了 $O2O^n$ 电子商务的一些特征。因此，从某种程度上说，O2O 电子商务是新零售电子商务的初级阶段。在中国众多进行新零售探索的电子商务企业中，美团是较早涉猎 O2O 电子商务的企业之一。目前，美团平台也已经成为中国较为先进的 O2O 电子商务平台之一。

1）美团的发展概述

2010 年，世界范围内平台经济蓬勃发展，中国也不例外。一种新兴商业模式开始在零售领域出现，并逐渐在中国消费者，尤其是年轻群体中流行，那就是“团购”。正是在那一年，美团成立。在不到一年的时间里，美团上海站、美团武汉站、美团西安站、美团广州站、美团无锡站、美团南京站、美团石家庄站陆续上线。随后，中国的团购平台如潮水般涌现，大众点评、百度糯米、京东团购等一大批团购平台涌入市场，出现了“百团大战”的场景。美团凭借着 2011 年 7 月阿里巴巴和红杉资本 5 000 万美元的融资，在众多团购平台的激烈竞争中生存了下来。2014 年，美团又推出旅游门票预订服务。多元化业务的拓展使美团的发展进一步壮大。2014 年，美团全年交易额突破 460 亿元，同比增长了 180%以上，市场份额占比超过 60%，同比增长了 7 个百分点。2015 年 7 月，美团全资收购在线旅游搜索引擎企业——酷讯。收购酷讯之后，美团开始布局酒店旅游，进一步完善产业链。同年 10 月，美团与大众点评宣布合并，致力于打造中国 O2O 领域的领先平台。2016 年，美团与华润创业联合基金建立全面战略合作，在外卖平台领域探索“互联网+零售”的新业态。9 月，美团收购第三方支付公司钱袋宝，并获得了第三方支付牌照。为进一步提升新零售商业模式下的即时配送能力，2020 年美团与法国汽车零部件供应商法雷奥合作，并推出首款电动无人配送原型车，进而实现了“无接触派送”。一个月后，美团收银升级“手机点餐”功能，实现了“无接触点餐”和“无接触取餐”。2021 年 7 月，美团宣布腾讯认购事项已经完成，约 4 亿美元将用于技术创新。

纵观整个发展历程，新兴技术被源源不断地运用到中国电子商务的发展之中。不论是从中国电子商务起步时一直走过来的京东，还是在中国电子商务发展成熟阶段产生的小红书，无一不在探索新兴技术的研发与融入，美团亦是如此。

2）美团的商业运营

（1）新零售的理念

新零售电子商务的核心在于建立线上、线下一体的新商业模式，从而满足消费者对更高消费体验的追求。

新零售的发展离不开智慧平台的搭建。美团也正是从该理念出发，不断将新兴技术融入自己的平台当中。例如，美团利用自身的大数据优势，布局人工智能，将人工智能与自身运营深度融合，打造出能够实现毫秒级调度与最优级配送路径选择的 O2O 实时物流配送智能调度系统。该调度系统能够在接到用户订单后，经过数以亿计的运算，综合考虑实时路况、天气情况、商家出餐时间和消费者期望送达的时间等因素，为每一张订单制订最优的配送路线，进而大大缩短配送时间，提高送餐效率，以实现 30 分钟之内派送到位的承诺。

如图 1-23 所示，新零售的目的是利用数字平台实现线下实体零售向线上销售渠道的拓展。新零售的发展理念使得传统线下企业不得不考虑向线上转型。例如，在餐饮行业，美团凭借其强大的电子商务平台取得绝对的话语权，众多线下餐厅也与美团合作进行线上与线下融合的探索。目前，美团正在利用其“智慧餐厅”的服务来提升餐饮商家的运营效率。美团平台已经运用于排队、预订餐位、点餐与结账等众多环节。用户可以在美团平台上进行远程排号，从而缓解热门餐厅排队、等位等问题。美团平台还能够通过大数据来分析和预测排队的时间，为用户推荐优质餐厅，帮助消费者进行决策。另外，用户也可以通过美团平台进行线上预订餐位，并在约定的时间段内到店用餐消费。在点餐环节，美团能够实现在线推荐菜品和在线点餐。美团的智能收银系统不但能够完成在线结账，还能够实现点餐时前厅与后厨的对接，大大提升了餐饮商家的智能化运营效率。

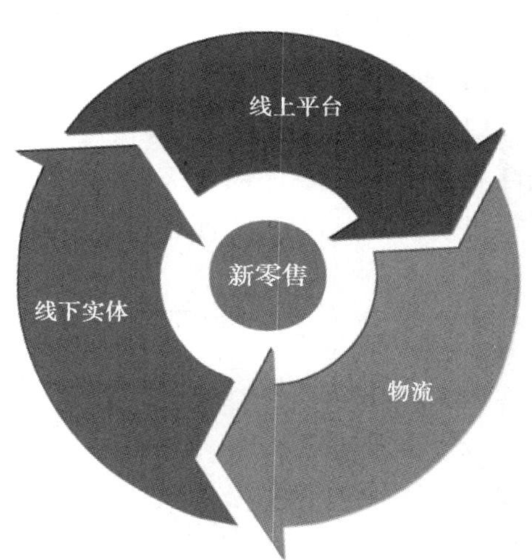

图 1-23　新零售的组成

（2）新零售的构建

在线下维度方面，新零售对于线下平台的改造是多方面的。

其一，在销售渠道上，线下实体商家应当打造线上与线下的二元渠道。在过去，对于众多商家来说，线下零售平台一直是主要甚至唯一的销售渠道。而在新零售模式下，线上渠道俨然也会成为重要的销售渠道之一。从本质上来说，美团的 O2O 商务模式就是利用自己的数字平台为用户拓展线上销售渠道。

其二，在功能定位上，线下实体店承担一定的体验功能。在线下实体店中，商家可以通过营造场景与消费者互动，让消费者参与，从而增进消费者对商品的了解，提高消费者对商品的满意度。同时,实体店的口碑和体验感也会在线上平台中得以显示,进而决定消费者的选择,例如,美团平台中商家的评价是消费选择商家和商品的主要依据。此外,一些企业已经开展了线下体验式购物,例如,宜家家居、苹果、小米、华为等企业都推出了自己的体验店,消费者可以进入体验店来体验商品,然后通过线上或线下的方式进行商品的选购。

其三,在物流维度方面,不论是传统的线下实体零售,还是线上的电子商务,物流都是商品流通的重要方式。高效、安全的物流不仅是企业生产的有力保障,更是商品销售的重要依托。新零售模式下,高效和快捷的物流系统是实现线上与线下智能化销售的重要保障。传统商业模式下,企业需要对商品进行统一的仓储。而在新零售模式下,企业可以将商品零散地储存于较为方便的仓库,并通过线上平台实现对不同仓库的统一管理与调配。这就需要物流行业建立完善而成熟的网络系统,以满足新零售生产与流通的需要。美团正是凭借自己强大的配送体系满足客户需求并且实现业务拓展。可以说,美团的O2O新零售模式始终建立在其强大的即时配送体系之上。

3)美团的商业创新

(1)即时配送

即时配送是一种能够实现快速、准时配送的新型物流模式。在以新零售为代表的新一轮商业变革中,消费不断升级、线上线下融合也必然成为一种趋势。以消费者体验为核心的新零售模式亟需高品质、便利化、多元化的服务体系。

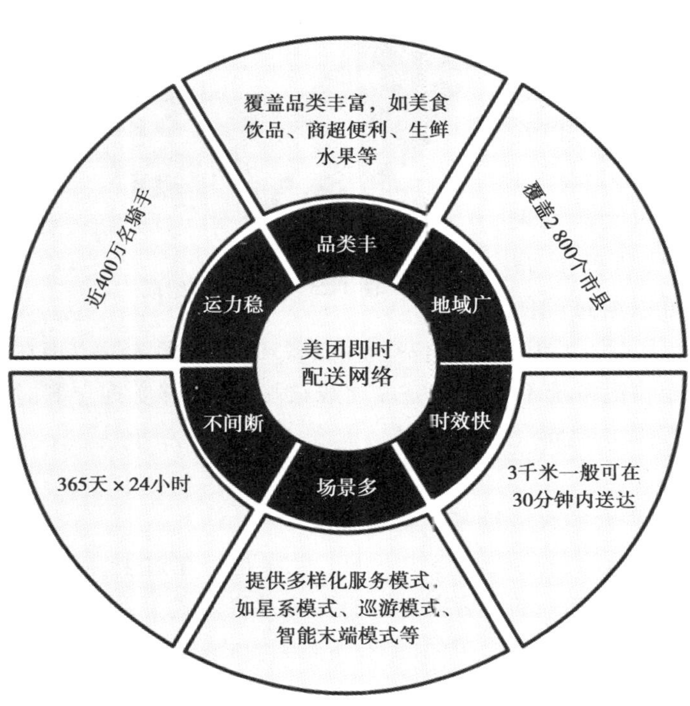

图1-24 美团即时配送网络特点

在2016年11月召开的互联网大会上,美团着重强调了即时配送这一新型物流服务的重要性和前景。当年,即时配送行业订单量超过了56亿单,环比增长102.2%。到2017年,这一数据得到了进一步提升,突破了90亿单。近些年,中国的即时配送行业不论是在体量上,还是在质量上都实现了快速的发展,并且还拥有较大的市场发展空间。目前,美团已经成为中国即时配送的主流企业之一。不论是商业应用的探索,还是科技研发的投入,美团都积极参与。即时配送也成为美团的核心竞争力之一。

如图1-24所示,目前,美团已经拥有了强大的即时物流配送体系。在具体业务上,美团主

推 3 千米内 30~60 分钟送达的服务。即使超过 3 千米，在 8 千米范围内也能够实现 30~90 分钟送达。另外，新零售商业模式下的物流应满足不同行业、不同客户的个性化服务需求。为此，美团制订了一系列匹配各种行业的即时配送方案，见表 1-1。

表 1-1　美团即时配送服务项目

行业类型	行业痛点	美团即时配送方案
美食饮品	①配送范围有限； ②配送不及时； ③配送装备不专业； ④运营能力缺乏。	①配送覆盖广泛：已覆盖全国 2 800 个市县； ②运力调配灵活：实现毫秒级智能调度，满足高峰与闲时配送运力科学合理调配； ③物料、装备专业：配备专业配送装备，支持冷热分离配送； ④合作赋能：提升商家运营效率，实现合作共赢。
商超便利	①大件、重件配送难度大； ②配送成本高； ③商品保鲜要求高； ④货损、退换货频率高。	①大、重商品配送：打造专属配送方案，升级支架与配送箱承载力，提升商超大件商品配送能力； ②动态配送优化：通过动态时效、智能集单方式，合理调配运力，提效降本； ③全程保温保鲜：提供专业保鲜配送箱、温控计、保温箱、冰板等设备，满足商品保鲜要求； ④保障用户体验：提供专业运营团队、一对一客服、上门退换等特色服务，保障体验。
生鲜果蔬	①配送不及时； ②货损严重； ③特殊品类无法配送； ④配送成本高。	①商圈专属配送：基于商圈属性，对线上、线下推广策略和配送关键因素进行优化，提升整体时效； ②优化操作、减少货损：根据生鲜果蔬产品特性，制定从取货至送货全环节标准化操作流程，减少货损产生； ③特殊品类配送：针对商户对鲜活、冰品等特殊品类配送要求，提供定制化解决方案； ④配送成本优化：通过不同运力模式搭配，提升效率，优化各环节成本。
鲜花绿植	①订单集中度高； ②配送模式单一； ③服务体验不稳定。	①细化配送区域：针对鲜花订单配送时段集中特点，将配送区域细分成路区，利用路区编号，对订单集中分拣配送，提升路区范围内订单配送准确性和效率； ②定制配送模式：针对鲜花配送的特殊性，支持预约及固定时间等多场景交接； ③针对鲜花配送的礼物属性，在确保配送准时率的同时保障配送过程中鲜花的安全性。
医药健康	①夜间配送难度大； ②远距离配送难度大； ③配送不及时。	①24 小时全天候服务：核心地点可开通 24 小时业务，定价合理，满足商户需求； ②差异化服务产品：根据不同距离提供差异化配送服务产品，保障履约时效； ③多种配送方式：开启混合配送模式，专送+众包运力相结合。

(2)新零售与共享经济

近年来，新零售的商业模式不断融入共享经济的发展之中，在共享交通、共享空间、共享

美食、共享物流等领域均有应用。尤其是共享物流，其在新零售的建设中起到十分重要的作用。一方面，追求线上、线下和物流三位一体的新零售本身就包含着物流建设。高效、节能、便捷的共享物流自然是新零售建设的应有之义。另一方面，物流作为连接线上平台和线下实体的重要纽带，是新零售的重要支撑。美团外卖这一主要的商业板块，就是依靠美团强大的即时派送体系得以运营与发展。外卖配送共享是美团探索共享经济的第一步。2018年，在中国物流与采购联合会的指导下，美团外卖、UU跑腿、闪送等生活服务商家共同发起成立了共享配送工作委员会，并建立了共享配送联盟。目前，美团已经将共享模式业务拓展至住宿、交通、教育、家政、物品等众多领域，见表1-2。

表1-2　美团共享业务板块

共享领域	共享模式介绍	业务板块
共享物流	通过物流信息资源、物流基础设施、物流配送资源、物流技术与装备资源等诸多物流资源的共享，促进资源优化配置，重构供需结构，降低物流成本，提升系统整体效率。	美团外卖 美团买菜
共享空间	通过共享，实现住宿空间、办公空间等领域空间价值的最大化。以共享的理念，利用数字化平台打破信息壁垒，实现供需双方信息的对称，帮助双方快速建立联系并促成交易。	美团民宿
共享交通	通过将闲置自行车、汽车等交通工具出租给他人，以提高交通工具的利用率。此外，共享出租车、共享驾乘等也都属于共享交通的范畴。目前，共享交通是世界范围内推广范围最大的共享经济模式。	美团单车 美团打车
共享教育	通过数字化平台，将教育资源和知识共享，以供更多的用户分享、学习和使用。共享教育可以打破时间和空间上的限制，使用户随时随地学习自己感兴趣的知识。	美团大学
共享物品	通过数字平台，实现书籍、充电宝、雨伞等常用物品的共享，进而大大降低供需双方的交易成本，提升社会资源对接和配置效率。目前，共享物品已经在中国随处可见，尤其是在生活区、商场等人流密集区域。	美团充电宝

目前，中国的共享经济在世界范围内处于领先地位。除表1-2中提到的美团所涉及的领域外，共享经济还涉及医疗、金融、家政等领域。例如，在共享医疗领域，2020年末京东推出了京东健康的商业板块，立足于打造以供应链为核心、以医疗服务为内容、线上线下融合式的O2O健康医疗商业平台。

1.4　未来展望

随着电子商务相关技术的进一步发展，尤其是互联网技术、人工智能技术的普遍应用，电子商务还将继续对世界各国的经济发展，乃至社会变迁产生不可忽视的重要作用。电子商务仍将成为各国大力发展的重点领域，相关理论基础将进一步完善，相关技术创新与发展将继续得到各界的大力关注与支持，同时，电子商务的应用也将进一步拓展，更深层次地融

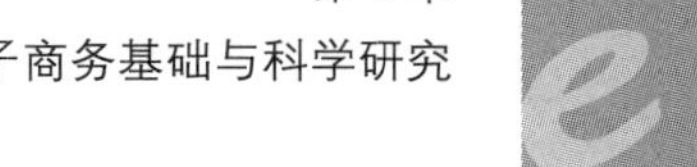

入社会经济社会的方方面面。

1.4.1 电子商务的理论发展

电子商务对整个人类来说都是一个新生事物。电子商务的产生将挑战人类到目前为止所形成的知识体系、法律体系、价值体系、社会组织体系。随着电子商务技术的发展，将会出现许多基于电子商务体系的新的知识体系、法律体系、价值体系、社会组织体系理论。比如，在传统经济条件下的经济学，对于资源、商品、价值、价格、社会必要劳动时间、商品交换的规律等指导经济活动的规律，都有一套成熟的理论和计算方法。这些理论在网络经济环境下将不再适用，我们将无法用传统的经济学理论来揭示电子商务条件下的经济规律，取而代之的将是电子商务条件下的新的经济学。电子商务的发展要有新的经济理论来指导，电子商务的发展又推动了新经济理论的产生。可以预见，在不久的将来，将会建立起一套全新的电子商务理论体系。

电子商务独特的运作方式向现有的商务规范模式提出了技术、财务和交易安全等方面的重大挑战，没有法律规范的电子商务将难以正常发展。及时制定并出台相应的法律、法规，鼓励、引导、维护电子商务沿着健康轨道发展，成为当前我国立法工作的一项重要任务。电子商务的发展对传统的法律体系提出了挑战，既推动新的法律体系的建立，又要靠新的法律体系来规范。

据预测，电子商务将引起的新型产业革命，将在今后20~30年的时间内完成，这样电子商务革命自从诞生到完成也就是30~40年的时间，在完成的速度上大大快于前面的几次产业革命。在这次产业革命完成时，将会同时完成经济理论、法律理论的革命，将形成全新的电子商务经济学、电子商务法学、电子商务管理学、电子商务组织学等电子商务条件下的理论体系。

1.4.2 电子商务的技术发展

从电子商务的技术发展趋势看，将有如下几个方面出现面向对象整体的解决方案。这包括广泛采用计算机协同工作技术、依赖协同作业体系等（计算机协同工作将计算机技术、网络通信技术、多媒体技术以及各种社会科学紧密地结合起来，给人们提供一种全新的交流方式，包括工商、税务、银行、运输、商检、海关、外汇、保险、电信、认证等部门以及商城、商户、企业客户等单位按一定的规范与程序相互配合、相互衔接、协同工作、共同完成有关的电子商务活动）；将开发面向中小用户的解决方案（目前的电子商务平台大多是企业—企业电子商务解决方案，还没有好的面向小用户的电子商务平台）；将出现移动嵌入式可自动生成的电子商务技术，采用这种技术，可以在各个企业、部门和个人的计算机系统中自动生成可嵌入的电子商务小型系统；将出现可定制的柔性电子商务系统，采用这种技术，用户可以对电子商务的应用提出具体的要求，运用该系统可生成符合用户要求的可伸缩的柔性电子商务系统。同时随着应用范围的扩大，也会不断地对电子商务提出新的技术要求，电子商务技术也可能会有现在还无法预见的新发展。比如，电子商务和新材料的结合、电子商务和生物工

程技术结合,将会形成新的学科和新的应用。

1.4.3 电子商务的应用发展

电子商务由于其经济效益显著,其前景必然广阔。它可以使企业增加经济效益,可以使默默无闻的小公司名扬天下,可以使大公司竞争力更强。总之可以使企业的TOC(Total Ownship Cost)大大降低。因此,电子商务的发展速度惊人,增长迅猛(电子商务的发展基本上同Internet用户的发展同步,而Internet的发展速度在我国达250%,在全世界也达50%以上)。具体来说电子商务的应用将出现如下特点:

第一,电子商务的深度将进一步拓展。目前受限于技术创新和应用水平,企业发展电子商务仍处于起步阶段。随着这两个方面水平的提高以及其他相关技术的发展,电子商务将向纵深挺进,新一代的电子商务将浮出水面,取代目前简单地依托"网站+电子邮件"的方式。电子商务企业将从网上商店和门户的初级形态,过渡到将企业的核心业务流程、客户关系管理等都延伸到Internet上,使产品和服务更贴近用户需求。互动、实时成为企业信息交流的共同特点,网络成为企业资源计划、客户关系管理及供应链管理的中枢神经。企业将创建、形成新的价值链,把新、老、上、下利益相关者联合起来,形成更高效的战略联盟,共同谋求更大的利益。

第二,电子商务将向各行各业迅速渗透。电子商务的倡导者是世界的IT业的巨人IBM、HP、Microsoft,电子商务的实施首先是金融服务业(包括银行系统、股票买卖系统、保险系统还有图书销售的Amzon等服务业公司),接着是大型的跨国公司(如DELL、通用汽车,在我国尚无几家大型跨国公司的条件下,我国家电行业的巨人春兰、海尔、TCL等都积极推进电子商务计划),然后才是传统的加工制造业、零售企业和中小企业,从而实现电子商务对传统产业、零售业和中小企业的嫁接和改造。最后还要扩大到政府部门、军事部门、医疗卫生部门、教育部门等公用事业部门。目前,电子商务在我国的情况是金融业已经全面开展,并不断地深入;其他的服务业尚未进入这一领域;大型企业刚刚开始进入,有待进一步的发展;其他部门的应用目前还没有。今后的发展将是向这些行业不断渗透,不断发展。这是进一步扩大对外经贸合作和适应经济全球化、提升中国企业国际竞争力的需要。随着中国加入WTO,电子商务将渗透到国内的各行各业,这是我们国家必然的、唯一的选择,也是我国各行各业所能做出的必然的、唯一的选择,对中国的传统经济也是一个严峻挑战。

第三,电子商务应用的地域范围也将迅速扩大。电子商务技术起源于美国,美国在电子信息技术方面有独特的优势。美国之所以倡导电子商务活动免关税,是因为美国的电子信息技术是美国经济的支柱,几乎垄断了全球市场,而电子信息技术的交易都非常适用于网上交易。如果全球的电子商务活动免关税,那就等于美国的电子信息技术可以获得一个无国界、无关税的全球市场。从这一点来说美国不遗余力地推进电子商务,有其经济殖民和技术霸权的目的。各个国家不得不防备。但是不管你喜欢还是不喜欢英语和蒸汽机,蒸汽机已在全世界普及、英语已成为世界的通用语言。这就是优胜劣汰、弱肉强食的国际竞争。正因为看到了这一点,所以在对待电子商务这件事物的态度上,发达国家也好,发展中国家也罢,没有一个国家消极抵制，而是你争我抢，争取在电子商务技术方面占有一定的优势（中国香港的数码港计划、马来西亚的超级多媒体走廊、新加坡的电子信息港计划正是各个国家和地区争夺电子商务制高点的产物），不被国际社会所淘汰。正是由于这样的争先恐后的竞争和各国政府的大力支持，电子商务将会迅速地从发达国家扩展到发展中国家，包括最不发达的国家。

第四，电子商务网站将会出现兼并热潮。首先是同类兼并，目前互联网上大大小小的网站有上千万个，为数不少的网站，定位相同或相近，业务内容趋同（特别是在我国，这种问题更为严重）。由于资源有限，并且在 Internet“赢家通吃”原则下，最终胜出的只是名列前茅的网站；那些处于领先地位的电子商务企业在资源、品牌、客户规模等诸方面具有很大的优势。这些具备良好基础和发展前景的网站要发展，必然采取互补性收购策略，结成战略联盟。由于个性化、专业化是电子商务发展的两大趋势，而且每个网站在资源方面总是有限的，客户的需求又是全方位的，因此不同类型的网站以战略联盟的形式进行相互协作将成为必然趋势。

第五，行业电子商务将成为下一代电子商务发展的主流。电子商务进入迅猛发展时期的典型特征是风险资金、网站定位等将从以往的“大而全”模式转向专业细分的行业商务门户。电子商务企业也必须进行认真的市场细分的研究，才能适应消费者对电子商务的不同需要。第一代的电子商务专注于内容，第二代专注于综合性电子商务，而下一代的行业电子商务将增值内容和商务平台紧密集成，充分发挥 Internet 在信息服务方面的优势，使电子商务真正进入实用阶段。

参考文献

[1] See Ira C.Magaziner, et al, The Framework for Global Electronic Commerce: A Policy Perspective [J].Journal of International Affairs, 1998, 51(2): 527-538.

[2] 中华人民共和国国务院.关于同意在北京等22个城市设立跨境电子商务综合试验区的批复[EB/OL].(2018-07-24)[2023-11-01].中华人民共和国中央人民政府官网.

[3] 谭凤雨.大数据背景下企业电子商务运营探索[J].中国集体经济，2022(19)：112-114.

[4] 王珊，王会举，覃雄派，等.架构大数据：挑战、现状与展望[J].计算机学报，2011，34(10)：1741-1752.

[5] 陈冬梅，王俐珍，陈安霓.数字化与战略管理理论：回顾、挑战与展望[J].管理世界，2020，36(5)：220-236，2.

[6] 范嵩.大数据时代基于物联网和云计算的电子商务发展策略研究[J].中国市场，2017(12)：279-280.

[7] GATES B.The Road Ahead[M].New York: Viking Adult, 1995.

[8] ITU. InternetReports2005: The Internet of things [EB/OL]. (2005-11-17) [2022-06-24]. International Telecommunication Union.

[9] 刘强，崔莉，陈海明.物联网关键技术与应用[J].计算机科学，2010，37(6)：1-4，10.

[10] 工业和信息化部办公厅.关于深入推进移动物联网全面发展的通知.[EB/OL].(2020-04-30)[2022-09-16].中华人民共和国工业和信息化部.

[11] 邵泽华.物联网与电子商务[M].北京:中国经济出版社,2021.

[12] 林剑宏.浅析人工智能技术在电子商务领域中的应用[J].中国商论,2019(2):19-20.

[13] 党婧.人工智能在提升电子商务营销技术服务的应用研究[J].现代工业经济和信息化,2020,10(10):66-68.

[14] 鞠晓玲,樊重俊,王梦媛,等 人工智能在电子商务中的应用探讨[J].电子商务,2020(10):21-22.

[15] 工业和信息化部,中央网信办.关于加快推动区块链技术应用和产业发展的指导意见[EB/OL].(2021-06-07)[2022-06-27].中央网络安全和信息化委员会办公室.

[16] 焦良.基于区块链技术的跨境电子商务平台体系构建[J].商业经济研究,2020(17):81-84.

[17] 欧阳丽炜,王帅,袁勇,等.智能合约:架构及进展[J].自动化学报,2019,45(3):445-457.

[18] 钱卫宁,邵奇峰,朱燕超,等.区块链与可信数据管理:问题与方法[J].软件学报,2018,29(1):150-159.

[19] STEPHENSON N.Snow Crash[M].New York:Bantam Books,1992.

[20] 杨勇,窦尔翔,蔡文青.元宇宙电子商务的运行机理、风险与治理[J].电子政务,2022(7):16-29.

[21] 盘和林.三大协会发文规范 NFT 数字藏品投资需谨慎[N].每日经济新闻,2022-04-19(6).

[22] 祝秀萍,刘文峰,张海峰.人脸虚拟化妆系统的研究[J].计算机与信息技术,2008(8):38-39,42.

[23] 覃征.电子商务概论[M].6 版.北京:高等教育出版社,2019.

[24] 覃征,李顺东,阎礼祥,等.电子商务与国际贸易[M].北京:人民邮电出版社,2001.

[25] 白东蕊,岳云康.电子商务概论[M].3 版.北京:人民邮电出版社,2016.

[26] 覃征.软件文化基础[M].北京:高等教育出版社,2016.

[27] AGRAWAL A,CATALINI C,GOLDFARB A.Crowdfunding:Geography,social networks,and the timing of investment decisions[J].Journal of Economics & Management Strategy,2015,24(2):253-274.

[28] ROCHET J C,TIROLE J.Platform competition in two-sided markets[J].Journal of the european economic association,2003,1(4):990-1029.

[29] 中国人民银行.中国人民银行发布金融行业移动支付技术标准[EB/OL].(2012-12-14)[2023-01-01].中国人民银行官网.

[30] 中国人民银行数字人民币研发工作组.中国数字人民币的研发进展白皮书[EB/OL].(2021-07-16)[2023-01-01].中国人民银行官网.

[31] 清华大学全球产业研究院.中国企业数字化转型研究报告(2020)[EB/OL].(2020-12-31)[2023-01-01].搜狐网.

[32] 中国物流与采购联合会,中国物流学会.中国物流发展报告 2020—2021[M].北京:中国财富出版社,2021.

[33] 国家发展和改革委员会经济运行调节局,南开大学现代物流研究中心.中国现代物流发展报告 2020[M].北京:中国经济出版社,2020.

[34] 何黎明.中国物流技术发展报告 2020[M].北京:中国财富出版社,2021.

[35] 尤西·谢菲.大物流时代:物流集群如何推动经济增长[M].岑雪品,王微,译.北京:机械工业出版社,2019.

第 2 章
电子商务与金融支付

2.1　本领域国内外研究前沿

2.1.1　金融支付领域现状

金融支付领域是近年来发展迅速的领域之一，随着互联网技术的不断进步和普及，移动支付、网上银行等金融支付工具在现代社会中被应用在越来越多的场景中，为人们的生活提供了极大的便利。本章节将从业务规模、市场结构、应用场景等方面对金融支付领域的现状进行详细阐述。

1）业务规模实现平稳增长

在交易总量上，电子商务的蓬勃发展带动了电子支付、网络运营和管理等一系列商务性网络活动，对网络经济的发展起着巨大的驱动作用。根据中国人民银行数据①②，2012—2022 年，中国银行业金融机构电子支付业务笔数从 202.38 亿笔增至 2 789.65 亿笔，金额则从 830.50 万亿元增至 3 110.13 万亿元，增速同比变化情况分别如图 2-1 和图 2-2 所示。

自 2010 年起，在网络购物、社交媒体等不同媒介的推动作用下，第三方支付交易规模经历高速发展，在 2022 年，中国第三方移动支付市场规模已达到 245 万亿元，同比增长了 20.8%③。其中，支付宝和微信支付两大巨头的市场份额占据绝对优势，而其他第三方支付机构的市场份额较小。同时，网上银行等传统金融支付工具也在持续增长，预计未来几年金融支付领域的规模将继续扩大。

---

① 杜晓宇，巴洁如.我国支付产业发展的现状、价值及挑战[N].金融时报，2023-08-28.

② 中国人民银行.2022 年支付体系运行总体情况[EB/OL].(2023-03-24)[2023-10-07].中国政府网.

③ 艾瑞咨询.2022 年中国第三方支付行业研究报告[EB/OL].(2022-11-16)[2023-10-07].艾瑞网.

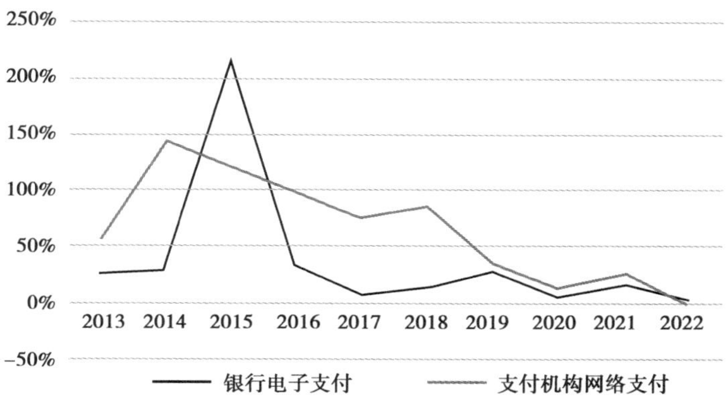

图 2-1　2013—2022 年电子支付交易笔数增速同比变化情况

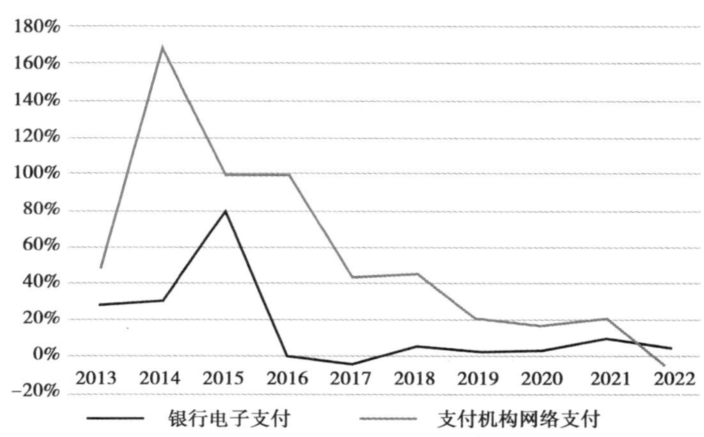

图 2-2　2013—2022 年电子支付交易笔数增速同比变化情况

数据来源:中国人民银行

2)市场结构复杂且多元化

一方面,由于监管政策、地域差异等因素的影响,金融支付领域的市场分割成多个小块,导致每个市场的竞争都非常激烈,比如平台之间的相互分割,排斥竞争对手进入平台提供相应支付服务,部分 App 支付存在单一化等。平台之间的相互分割,会进一步造成信息、资金、人员和数据等一系列要素的分割,形成商户成本提高和企业创新阻碍等潜在问题①。另一方面,金融支付机构数量众多,但市场份额主要被几家大型机构所占据,其他机构的市场份额较小。由于大型支付机构具备金融基础设施特征,极易造成市场交易中资金流、信息流、物流的垄断现象,从而造成信息系统的不可靠与不稳定性,影响金融行业和电商行业的可持续发展②。

金融支付领域的竞争非常激烈。目前,市场上的主要竞争者包括支付宝、微信支付、银

① 经济参考报.存量时代　银行卡竞争比拼"数字化""精细化"[EB/OL].(2022-09-16)[2023-10-08].新华网.

② 董希淼.非银行支付服务市场垄断问题及治理初探[J].银行家,2021(4):30-33.

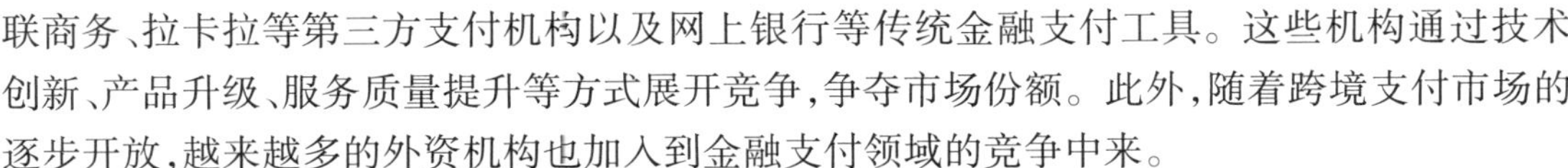

联商务、拉卡拉等第三方支付机构以及网上银行等传统金融支付工具。这些机构通过技术创新、产品升级、服务质量提升等方式展开竞争,争夺市场份额。此外,随着跨境支付市场的逐步开放,越来越多的外资机构也加入到金融支付领域的竞争中来。

因此,需进一步维护市场竞争公平性①。金融支付领域的规范性和公平性仍然需要监管机构的介入。如果没有监管,一些不良竞争行为可能会发生,如恶意低价战、滥用市场优势、虚假宣传等。监管机构可以制定相关规则,要求支付平台遵守市场竞争规范,维护公平竞争环境,防止垄断现象发生,保护市场参与者的利益。

3)商业应用场景广阔丰富

伴随着科学技术的快速发展和人民日益增长的物质文化需求,金融支付领域应用在多个商业场景中。首先,跨境支付的快速发展,即随着全球化的不断深入,越来越多的消费者和企业开始进行跨境交易,这给跨境支付市场带来了巨大的发展机遇。支付宝、微信支付等第三方支付机构以及银行等金融机构都在积极布局跨境支付市场,提供更加便捷、快速、安全的跨境支付服务。其次,数字货币的兴起,即比特币等数字货币的兴起对传统金融体系产生了冲击,同时也给金融支付领域带来了新的机遇。央行数字货币的推出将进一步推动数字货币的普及和应用②,第三方支付机构和金融机构需要积极应对这一变化,加强数字货币的研发和应用。最后,金融科技创新持续推进,即人工智能、区块链、云计算等技术的不断进步将为金融支付领域带来更多的创新机会和发展空间。第三方支付机构和金融机构需要紧跟科技创新的步伐,加强技术研发和应用,提高服务质量和效率。

总的来说,金融支付领域是一个具有巨大潜力和发展前景的产业。未来几年将是该领域发展的重要时期,竞争将更加激烈,市场结构和应用场景也将不断创新和发展。对于电子商务行业和相关金融支付机构来说,需要紧跟时代发展潮流,加强科技创新和业务创新,提高服务质量和效率,以适应市场需求的变化和监管政策的要求,实现可持续发展。

2.1.2 电子商务与金融支付的内涵

近年来,中国电子商务快速发展,已成为"数字经济和实体经济的重要组成部分",是"催生数字产业化、拉动产业数字化、推进治理数字化的重要引擎,是提升人民生活品质的重要方式,是推动国民经济和社会发展的重要力量"。根据商务部电子商务和信息化司发布的《2022 年中国网络零售市场发展报告》,2022 年中国网上零售额已达 13.79 万亿元,比上年增长 4%。其中,实物商品网上零售额达 11.96 万亿元,增长 6.2%,占社会消费品零售总额的比重上升为 27.2%,较上年提升 2.7 个百分点③。同时,伴随网民数量增长红利的逐步趋减,电子商务消费渗透率的不断提升,电子商务发展速度也逐年趋缓。未来,产业互联网的发展过程中,电子商务与消费需求的精准连接将会为电子商务未来的发展带来新的方向和增长

① 帅青红,李忠俊,彭岚,等.互联网金融[M].2 版.沈阳:东北财经大学出版社,2020.

② 宋爽,熊爱宗.数字货币全球治理的进展、挑战与建议[J].国际经贸探索,2022,38(9):96-112.

③ 网络交易监督管理司.商务部发布 2022 年中国网络零售市场发展报告[EB/OL].(2023-03-03)[2023-10-08].国家市场监督管理总局网络交易监督管理司.

空间。如何促进传统消费的数字化转型,服务于供给侧、产品创新及品牌建设等,这既是电子商务自身发展的必然趋势,也是传统行业数字化转型的第一驱动力①。在新技术革命和产业变革的推动下,电子商务的发展被赋予了更丰富的内涵,电子商务企业重视以消费者为中心,把握、理解、预测用户的需求,接着系统地创造产品和场景,满足不同消费层的真正需求和潜在需求。

在此背景下,金融支付的内涵不再是普通消费场景和金融业的简单结合,是以数字经济时代的技术为基础,为适应新的需求而产生的新模式及新业务,是传统金融行业与数字化转型相结合的新兴领域。与传统金融的区别除了金融业务所采用的媒介不同,更重要的是金融参与者深谙数字经济发展背景下开放、平等、协作、分享的精髓,通过电子商务、网络营销等渠道,使得传统金融业务呈现出透明度更强、参与度更高、协作性更好、中间成本更低、操作上更便捷等特征。

1)电子商务与金融支付相关定义

新的技术与概念的出现是永不停息的,这是社会发展和进步的不竭动力。同样,电子商务与金融支付是不断发展的概念。它们在产生以及发展的过程中,逐渐形成了特有的及相关领域的重要概念等,掌握电子商务与金融支付基本概念、基本定义、基础知识是学习这一领域的重要环节,本章将对这些重要的基础知识展开论述。

(1)电子商务的定义

电子商务的概念是在 1996 年开始被提出并广泛传播的。此后很多国际组织或者企业都对其给出了具体的定义,如 WTO 在 1998 年的《电子商务工作计划》中将电子商务定义为:“通过电子方式生产、分销、营销、销售或交付货物和服务。”经济合作与发展组织(Organization for Economic Cooperation and Development,OECD)对电子商务的定义为:“通过互联网,在企业、家庭、个人、政府和其他公共或私人组织之间销售或购买产品或服务。产品和服务通过互联网订购,但付款和最终的产品或服务的递交可能通过也可能不通过网络进行。”②这也是被广泛接受的一种定义。部分学者认为③,电子商务是在信息化网络平台上进行贸易的一种商业行为,它具有虚拟性、海量性、实时性、可记忆性等鲜明特性,是一种虚拟社会和现实社会有机融合的新贸易模式。

总之,电子商务可以被认为通过电子技术的手段所进行的商业贸易活动。

(2)金融支付的定义

随着互联网技术和通信技术的迅速发展,传统的金融支付结算体系已经发生了根本性变革。当前,现金、传统支付结算票据、电话支付的使用率逐渐下降,而移动支付、电子货币甚至数字货币等新兴支付工具层出不穷。

---

① 帅青红,李忠俊,张赟,等.电子商务基本原理[M].北京:清华大学出版社,2023.

② OECD.Electronic and Mobile Commerce[R].Paris:OECD,2013.

③ 覃征,等.电子商务学[M].北京:清华大学出版社,2022.

金融支付是指通过金融机构或第三方支付平台，使用电子货币、银行卡或其他支付工具来完成交易结算的过程。这个过程可以是消费者对商家的支付，也可以是商家之间的支付，而且这个过程不需要现金或支票等传统支付工具。金融支付的核心在于通过电子化方式传递资金，实现快速、安全的资金转移。金融支付的优点包括方便快捷、高效安全、省时省力等，它也促进了商业的快速发展。在现代社会中，金融支付已经成为不可或缺的一部分，它改变了我们的生活方式和消费习惯，也推动了电子商务的发展。常见的金融支付方式包括支付宝、微信支付、银联支付等。

中国人民银行于 1997 年颁布的《支付结算办法》第 3 条将支付定义为，单位、个人在社会经济活动中使用票据、信用卡和汇兑、托收承付、委托收款等结算方式进行货币给付及其资金清算的行为。此外，这一流程还涉及交易的货币流动管理与交易的记录和跟踪，以及相关的法律、规则和安全性的考虑，强调了金融支付的核心是资金转移的过程，涉及金融机构、支付工具和交易的参与方等多个方面。

2）信息流、资金流、物流三者融合

从产业发展的角度来看，电子商务与金融支付不仅涉及网络基础设施的建设和网络设备、网络产品、网络服务的供给等经济活动，还包含电子交易、电子支付、网络企业的运营与管理等一系列商务性网络活动。同时，电子商务对网络经济的产生与发展也具有很大的驱动作用，颠覆了传统的经济运营模式，塑造了网络经济。总的来说，电子商务和金融支付实现了信息流、资金流和物流在互联网上的融合，使互联网成为经济活动的主要场所，进而形成了网络经济的基本架构。信息流、资金流和物流存在于电子商务活动的始终。随着现代信息技术的发展，建设现代物流，使其协同信息流、资金流进行高效的系统化运作已成为优化电子商务生态体系的一个重要方向。

电子商务平台一般可视作一个电商与物流协同的信息服务平台，信息流、资金流和物流均汇集在该平台。电商企业根据平台所反映的信息进行采购、库存及销售管理。相对应地，物流服务企业完成入库、仓储、出货及配送等活动。在金融支付和交易的视角，以信息流、资金流、物流这“三流”为出发点，将交易分为贸易磋商、交易准备、合同签订及支付清算与合同履行四个环节，如图 2-3 所示。

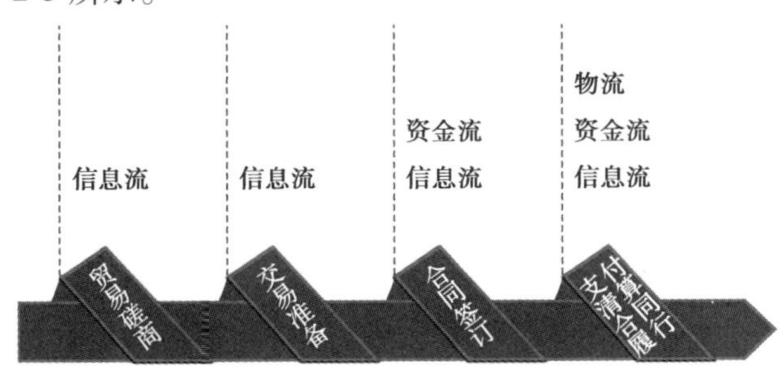

图 2-3　电子商务交易的“三流合一”

电子商务的任何一笔完整交易，都包含几种基本的“流”，即信息流、资金流、物流。信息流是指商品相关信息、资金信息等。资金流主要是指付款、转账等资金的转移过程。物流则是指物质实体(商品或服务)的流动过程。电子商务的互联网特性,将流通领域中的经济行为进行了分化,信息流(F^I)、资金流(F^F)和物流(F^L)相较于传统的商品流通也呈现出新的特征。

在电子商务与金融支付的运作过程中,商品和服务的信息流脱离传统市场,信息通过网络平台进行流通,不仅克服了传统信息流的时空限制,还克服了信息传递的层级限制,实现了点对点的直接传递和信息共享。电子商务的资金流则更多通过网络进行流通,逐渐脱离传统市场,电子支付的广泛使用也颠覆了传统的面对面资金流交易,传统流通模式下的资金流向与电子商务流通模式下的资金流向如图 2-4 所示。

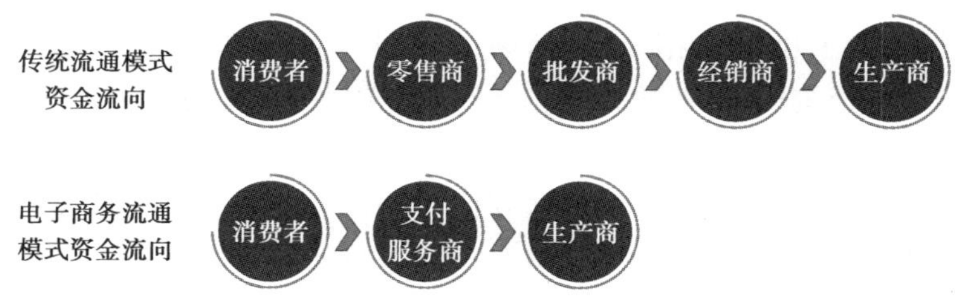

图 2-4　传统流通模式与电子商务流通模式的资金流向

电子商务的物流则不再完全依靠传统物流的统一配送方式,而是出现了信息化、网络化和自动化的新特点。物流的核心是“货物的流动”,不局限于“货物运输”,还包括货物的时间状态和空间状态。现代电子商务物流是通过信息化、网络化、自动化手段,将运输、仓储、配送的各个环节紧密结合起来,实现全链条的高效一体化。

总的来说,电子商务与金融支付的信息流、资金流和物流融合可以实现交易的快速、安全、高效。通过金融支付平台的支持,可以实现信息的快速传递和交流,资金的及时到达和确认,以及商品的快速配送和安全送达。这种融合不仅可以提高电子商务的效率和便利性,也可以提高金融支付的安全性和可靠性。

2.1.3　电子商务与金融支付特点

中国的电子商务与金融支付系统在基础设施、客户规模和运营经验方面已经有了比较成熟的基础。本章认为其具有便捷性、全球性、强监管性的特点,具体阐述如下:

1)数智化发展为客户提供便捷

电子商务中,在交易准备阶段,需要进行交易的产品的相关信息都可以通过互联网进行发布和检索,通过互联网手段进行对比,且商品种类的可选范围、商品信息的可比范围更广,信息匹配呈现出快速、高效、精准、个性化的特点。在贸易磋商阶段,纸面贸易单证依托互联网特性变成了电子化的记录、文件,并通过互联网实现传递。在合同签订阶段,纸面合同不再是主流,而是用第三方授权的电子合同取而代之。在支付阶段,可采用信用卡、电子支票、电子货币等网上支付方式,更加便捷;同时,合同履行实现透明化,可通过互联网或物联网大数据实时追踪交易参与方的履约情况,比如是否支持货款、是否发货、是否正常运输商品、是否拒收等。在数智化发展的背景下,数据的整合、叠加、处理和深度挖掘促进大数据交易市

场和交易平台的快速发展，催生新业态和新模式。电商平台与金融支付系统借助推荐算法、广告媒体等工具引导和影响人们的生产、生活方式、消费习惯等，从而重塑供应链和产业链。

2）加速全球化市场的开发拓展

当今世界经济蓬勃发展，全球化的浪潮极大地推动了贸易的发展，新的消费需求不断涌现。电子商务作为一种新兴业态也在不断成长并深刻影响着世界。同时，新一轮的工业革命与商业变革也在推动着世界不断发展，以大数据、云计算、物联网、人工智能、区块链等新技术为主的科技创新在商业中的广泛应用推动了电子商务的发展。电子商务与金融支付的全球化为消费者和商家提供了更广阔的市场和商机。通过互联网，消费者可以在全球范围内寻找商品和服务，商家也可以拓展全球市场，与全球消费者进行交易。

在经济全球化的浪潮中，科技的不断创新呼唤着新秩序、新方式的诞生，而电子商务和金融支付的发展与出现就是新方式的重要表现形式之一。一方面，互联网的广域性可以打破时间和空间上的双维约束，以互联网为依托的电子商务和金融支付体系自然具有随时性和全球性的天然优势。另一方面，电子商务与金融支付体系可以融合工业革命带来的科技成果，使其更加与时俱进，实现科技与生活的衔接与交融。

3）相关监管体系持续强化创新

目前，随着数字经济的迅猛发展，电子商务与金融支付对经济社会发展、生产生活方式和全球治理体系都产生了深远的影响。在数字经济时代，金融与科技融合发展是全球性趋势，科技向善是人类命运共同体的内在要求。作为中国的核心金融基础设施，电子支付是金融业乃至整个国民经济运行的基础，如何在提升金融业创新能力的同时防范支付体系的负面效应是一个挑战，应确保电子商务的正常运作。坚守科技道德，真正保护公平和促进创新，合理定义数字产权，从而实现包容性增长。自 2016 年起，中国相继颁布《中华人民共和国网络安全法》《中华人民共和国数据安全法》和《中华人民共和国个人信息保护法》等法律法规，对信息收集和“霸王条款”进行了严格的整治，要求各大金融机构按照合法、正当、最小必要的原则对客户的信息进行收集、使用和保存，以保证客户的合法权利，包括客户的知情权、同意权、异议权、申诉权等。2021 年 9 月，中国人民银行发布的《征信业务管理办法》①在征信领域对个人信息保护及信息主体各种合法权益进行了规范。

2.1.4 电子商务与金融支付发展

伴随全球电子商务市场规模不断扩大，消费者和企业之间的在线交易呈现出快速增长的趋势，这一发展推动了全球数字经济的繁荣。数字支付方式如移动支付、电子钱包、虚拟信用卡等已成为电子商务中的主要支付工具，这些工具提供了便捷、快速和安全的支付方式，增强了购物体验。各国政府积极采取政策措施来促进电子商务的发展，包括减税政策、建设电子商务试验区、提供财政和金融支持等。同时为了满足不断增长的电子商务需求，物

① 中国人民银行.中国人民银行发布《征信业务管理办法》[EB/OL].(2021-10-01)[2023-03-29].中华人民共和国中央人民政府官网.

流和供应链也在不断优化，物流公司和电商平台通过引入新技术和提高效率，提高了产品的交付速度和可追溯性。围绕这些现状，本章主要从技术创新、海外市场发展、数字货币应用进行阐述。

1）**技术创新**

中国电子商务与金融支付的迅猛发展离不开技术的创新，“技术驱动”对我国电子商务及整个体系的发展都具有重要作用，比如 5G 环境下的虚拟现实（VR）和增强现实（AR）技术能够在更加复杂的商业情境下开展客户身份识别与客户信息管理，进一步提升支付安全管理能力。除此之外，物联网、区块链、人工智能、云计算等新技术的综合应用都能够有效满足客户的高端需求，并加强风险管理控制，带来由点到面的突破。伴随经济社会发展与科技进步，支付领域也出现了新业态，比如线上线下场景进一步融合，扫码点单与外卖等新支付情景都对服务商的综合技术能力提出了更大的考验，新冠疫情的到来也让全民开启了远程办公、上网课等新生活情景，软件即服务（SaaS）转型也加快了支付数字化的进程，监管科技的落地，支付技术在智能交通、智能医疗、智能社区新领域的应用也能为国家治理现代化奠定良好的基础。

2）**海外市场发展**

2022 年以来，针对跨境电商与跨境支付的政策文件频出，比如在 6 月，中国人民银行发布《关于支持外贸新业态跨境人民币结算的通知》①，明确了银行、支付机构等相关主体的业务管理及风险防控要求，切实发挥跨境人民币职能，推动跨境支付持续创新发展。人民币跨境支付系统（CIPS）的开发进一步促进境内外金融机构提供人民币跨境支付清算的发展。截至 2022 年 10 月，CIPS 系统在全球共有 1 353 家参与者②。我国跨境支付领域也将进一步结合自身的独特优势，通过“一带一路”倡议、粤港澳大湾区等利好政策形势，构建更为丰富的跨境业务生态圈，助力人民币国际化建设的进程。

3）**数字货币应用**

中国是全球最早进行央行数字货币研发的国家之一，在数字货币领域具有重要地位。2021 年 7 月，中国人民银行发布了《中国数字人民币的研发进展白皮书》③，披露了数字人民币研发情况，指出经济社会发展需要更为安全、通用、普惠的新型零售支付基础设施作为公共产品，以此提升基础金融服务水平与效率。当前，中国人民银行发行的数字人民币已在全国多个城市开展大规模试点及场景推广，覆盖了教育、医疗、消费多个领域，这也将给我国电子商务领域带来一次全面升级。因此，未来应进一步加强数字人民币的推广及相关理论研

---

① 中国人民银行.中国人民银行关于支持外贸新业态跨境人民币结算的通知[EB/OL].（2022-06-16）[2023-10-08].中华人民共和国中央人民政府官网.

② 移动支付网.人民币跨境支付系统 CIPS 新增 1 家直接参与者、6 家间接参与者[EB/OL].（2023-05-10）[2023-10-08].移动支付网.

③ 中国人民银行.中国数字人民币的研发进展白皮书[EB/OL].（2021-07-16）[2023-10-08].中华人民共和国中央人民政府官网.

究，充分发挥数字人民币的优势所在，助推我国信息化、数字化发展，建设数字中国，数字人民币未来可期。

2.2 本领域的重要科学研究问题

2022年10月10日，党的二十大新闻中心举行第五场集体采访。中国人民银行党委书记潘功胜表示，金融系统将深入贯彻落实党的二十大精神，坚持党对金融工作的坚强领导，坚持金融工作的政治性、人民性，坚持走中国特色的金融发展之路，为全面建成社会主义现代化强国贡献金融力量。在过去十年中，以习近平同志为核心的党中央高度重视金融工作，作出了一系列重大决策部署，金融事业取得重大成就。中国人民银行持续提升金融服务和金融管理实效，支付产业高质量发展稳步推进，支付清算市场格局进一步优化，支付基础设施在稳定经济运行和提升金融服务质量方面作用更加凸显。随着中国金融体系的不断发展和技术的快速演进，电子商务和金融支付领域正在取得令人瞩目的进展。数字普惠金融、网络货币、第三方支付、移动支付和互联网金融等领域的研究和实践不仅在国内产生了深远影响，也在国际舞台上备受关注。

2.2.1 数字普惠金融

数字普惠金融是在全球范围内崭露头角的金融模式，它强调通过数字技术和创新来解决传统金融体系中存在的各种障碍和限制。随着互联网和移动技术的普及，数字普惠金融已经在发展中国家和发达国家广泛崛起，并取得了显著的成就。Xi 和 Wang(2023)验证了数字普惠金融对经济增长质量具有正向影响，并且数字普惠金融能够促进邻近地区经济增长质量的提升。通过扩大数字普惠金融的覆盖广度和使用深度，可以显著提升经济增长质量。

数字普惠金融的研究领域涵盖了多个方面，包括金融包容性、支付技术、借贷创新、风险管理和监管政策等。研究者关注数字普惠金融如何改善金融服务的可及性，特别是针对贫困人口、农村居民和小微企业等群体。他们还研究数字支付、电子钱包、移动支付、网络货币等技术在金融领域中的应用，以及这些技术如何影响金融市场和消费者行为。

一个关键的研究方向是数字普惠金融对金融包容性的影响。研究表明，数字普惠金融对包容性增长有明显的正向影响，数字普惠金融能有效促进中国收入分配和机会公平，田红宇和王晶(2023)研究了数字普惠金融能够有效减缓农户的相对收入剥夺程度，进而缩小农村内部收入差距，数字普惠金融指数每上升1%，农户相对收入剥夺水平下降7.87%。数字金融技术的推广可以显著提高那些没有银行账户或信用记录的人的金融可及性，Li, Lv and Han(2023)研究了数字普惠金融(DFI)对中国家庭债务的影响，通过实证分析证明DFI促进了更多中国家庭通过正规渠道借贷，此外，DFI的发展刺激了中国城市家庭更多的贷款。此外，数字支付和电子钱包的使用也有助于减少现金交易，提高支付的安全性和便捷性，Agur, Ari and Dell(2019)阐述了中央银行数字货币(CBDC)的优化设计原理，代理人根据其对匿名性和安全性的偏好排序选择现金、CBDC 和银行存款支付，在网络用户数量激增的今天，网络效应提升了数字货币的便利性和安全性，使得数字支付更受用户青睐。

然而，数字普惠金融也面临一些挑战，包括数据隐私和安全性、监管问题、数字鸿沟等。因此，研究者也关注这些挑战，并试图提出解决方案，以确保数字普惠金融的可持续发展和社会效益。Mehlkop，Neumann and von（2023）指出，世界各国政府越来越认识到引入新的数字货币的机遇和挑战，除关于中央银行数字货币（CBDC）对竞争的影响、对金融稳定的影响以及对 CBDC 的完整性和技术实施的质疑的监管不确定性之外，还存在数据隐私问题。

总的来说，数字普惠金融是一个快速发展的领域，吸引了全球范围内的学者、政策制定者和金融从业者的关注。通过推动金融包容性和提高金融服务的可及性，数字普惠金融有望对全球金融体系产生深远的影响，推动经济和社会的可持续发展。

2.2.2 网络货币

网络货币是一种数字化或虚拟的货币形式，它们存在于网络环境中，以数字代码或加密技术进行存储和传输。网络货币不依赖于传统的纸币或硬币，而是通过电子方式进行交换和记录。最著名的网络货币是比特币，它于 2009 年首次推出，并以区块链技术为基础，成为全球范围内最知名的加密数字货币之一。网络货币的概念也包括其他加密数字货币，如以太坊、莱特币等，以及中央银行数字货币（CBDC）。

网络货币代表了金融领域中数字化革命的重要一环。它们的兴起为金融交易和货币传输提供了一种全新的方式，不仅在国际范围内引发了广泛讨论，还引发了有关货币的本质、监管和技术创新的深刻思考。颜卉和朱刚（2022）对区块链智能合约诈骗犯罪案件中数字货币的概念、特征、属性及价值认定展开探讨。赵磊（2022）主张对虚拟货币（以 Bitcoin 为代表）、商业数字货币（以 Libr 为代表）、数字法定货币（以 DCEP 为代表）三种类型的数字货币采取不同的法律规制思路：严格管制虚拟货币，谨慎观察商业数字货币，大力发展数字法定货币，并结合物权法、合同法等相关规定，在未来立法中，根据现实中出现的问题有针对性地将其纳入现行法律框架之中。

比特币作为网络货币的代表，引领了这一领域的发展。其去中心化特性、区块链技术的应用以及加密算法的保障，为比特币提供了高度的安全性和透明性。研究者们对比特币的去中心化和分布式账本进行了广泛研究，以探讨其如何改变传统金融体系的结构和功能。Hoque，Soo-Wah，Tiwari and Akhter（2023）考察了金融压力指数（FSI）类别、区域 FSI、黄金和比特币之间的关联性和溢出性，证实了黄金和比特币与全球分类和区域金融压力之间的相互依赖和联系，从短期来看，黄金和比特币是分类和区域金融压力的净冲击接受者，但从长期来看，它们是净冲击的传播者，研究结果拓展了对黄金和比特币在投资者寻求全球金融压力保护中的作用的理解。

此外，以太坊等智能合同平台的兴起使网络货币的应用领域进一步扩展。智能合约允许编程性货币交易，使金融和非金融领域的合同和交易能够自动执行，从而提高了效率和可信度，但智能合约也存在一些不足。邵怡敏，赵凡，王轶和王保全（2023）基于区块链技术及应用的可视化研究，对近五年的相关文献进行系统的总结与梳理，认为智能合约需要专业人士编程实现，也使得智能合约的可读性比较差，可视化技术可以帮助用户快速创建智能合约，也可以使得智能合约更便于用户理解，需要探索更加多样且更加便捷的可视化方式，比如将可视化编程和可视化合约相结合，使得智能合约既便于创建也便于阅读。

然而，网络货币也伴随着一系列挑战。监管问题一直备受争议，因为网络货币的去中心化性质使得传统金融监管变得复杂。Yang, Liu and Li(2023)指出，随着全球反洗钱(AML)协议和技术的加强，传统的洗钱方法日益受到严格的审查，网络货币因其不受扣押、难以追踪和无缝跨境交易的特性，对非法资金洗钱的吸引力也被放大，这就需要为网络货币设计专门的反洗钱策略，以应对这一新兴的非法货币流通渠道。此外，网络货币的价值波动性引发了有关其可持续性和作为货币储备的适用性的疑虑。

最近，中央银行数字货币(CBDC)的兴起进一步推动了网络货币的研究和探讨。多个国家的中央银行正在积极探索发行数字法定货币的可能性，这引发了有关数字货币和传统货币的未来关系的重要问题。贾鹏飞(2023)通过构建新货币主义理论模型，发现央行数字货币的引入将增加公共货币的收益率，使得消费者持有更多的公共货币，使得经济体中的货币总量增加，同时放松消费者的流动性约束并提高交易效率，促使消费者购买更多的商品，商品的生产也会增加。总体来说央行数字货币将对支付系统和宏观经济产生正面影响，国家应积极推动央行数字货币的发行和落地进程。

网络货币代表了金融创新和技术进步的前沿，它们引发了有关货币、金融体系和社会经济的广泛讨论。网络货币领域的研究不仅涉及技术和经济层面，还涉及法律、监管和社会影响等多个方面，为我们理解数字时代货币的未来提供了宝贵的见解。

2.2.3 第三方支付

第三方支付已经成为全球金融体系中的重要组成部分，为消费者和商家提供了灵活、高效和安全的支付方式。随着数字技术的不断发展，第三方支付在过去几十年里迅速崛起，并已在全球范围内广泛普及，国内外研究者们在该领域不断深入探索和创新。

在数字金融生态系统研究领域，研究者越来越关注第三方支付在数字金融生态系统中的角色，探究支付公司如何与银行、电子商务平台、社交媒体和其他金融机构合作，以提供综合的金融服务，这种合作模式的研究有助于了解数字化时代金融体系的互联互通性和协同作用。罗暘洋，王洁，李存金和罗斌等(2023)基于商业银行通过与第三方支付机构合作来推动自身数字化转型大环境，构建双渠道风险传染模型，全面讨论了第三方支付机构对银行系统的风险传染问题。

随着移动技术的普及，移动支付和无接触支付的研究日益重要。在移动支付和无接触支付研究领域，研究者深入探讨移动支付应用的用户体验、安全性、采用率和影响。Jaiswal, Mohan and Deshmuk(2023)以用户体验为核心，基于利益-信任-行为联系模型，对金融科技主导下的移动支付用户进行细分与画像，为移动支付战略营销实践者和政策制定者提供了理论依据[13]。此外，随着新冠疫情大流行，无接触支付的兴起引发了有关数字支付在公共卫生和社会距离方面的作用的研究。Al-Sharafi, Al-Qaysi, Iahad and Al-Emran(2021)在整合保护动机理论(PMT)和期望确认模型(ECM)的基础上发展了一个理论模型,并扩展了感知信任(PT),探讨了在 COVID-19 大流行期间和之后移动支付非接触技术的可持续使用问题。

随着技术的进步,区块链技术已经开始影响第三方支付领域。研究者研究了区块链在支付清算和跨境支付方面的应用,以及如何提高支付的透明度和安全性。王思轩(2020)探讨了区块链技术在支付结算领域内应用的可行性以及实施路径。此外,一些研究还探讨了中央银行数字货币(CBDC)与第三方支付的关系,以及 CBDC 如何影响支付市场。Bian, Ji and Wang(2021)构建了一个简单且可推广的支付组合模型,来考察央行数字货币(CBDC)对银行存款的潜在挤出效应,证实了 CBDC 的发行是把双刃剑:以更有效率的支付体系取代实物现金的好处,是以扰乱商业银行存款基础为代价的。

总的来说,第三方支付领域在国内外的研究前沿涵盖了技术、金融包容性、监管政策、创新合作等多个方面。这些研究有助于深化我们对数字金融领域的理解,为未来的支付技术和政策提供有益的见解。随着技术的不断演进和全球支付市场的发展,第三方支付仍将是一个备受关注的前沿领域。

2.2.4 移动支付

移动支付是一种通过移动设备进行的数字支付方式,允许用户使用智能手机、平板电脑等设备来完成购物、转账、支付账单等金融交易。这种支付方式已经在全球范围内广泛应用,通过特定的移动支付应用程序或使用近场通信(NFC)技术,提供了便捷、快速和安全的支付方式,深刻地改变了人们的消费和支付习惯。

移动支付的成功与移动技术的不断创新密不可分,包括智能手机的普及、NFC 技术、二维码支付、生物识别技术等。这些技术的不断进步提升了支付的效率、便捷性和安全性,激发了消费者广泛采用移动支付的动力。Thammarat and Kurutach(2019)提出了一个 NFC 移动支付协议,它具有信息安全和公平交换的综合性能,同时使用对称和非对称加密、哈希函数和离线会话密钥生成技术,在提高安全性的同时保持轻量级特性。

移动支付应用的用户界面、易用性和用户体验备受关注。研究者探讨了用户采用移动支付的因素,包括便捷性、信任度、安全性、成本效益等。深入了解用户需求和行为有助于提供商不断改进其移动支付服务。Liebana-cabanillas 等(2021)研究了近场通信(NFC)支付服务的现状以及用户持续意愿的决定因素,结果表明主观规范、风险、感知有用性、顾客品牌参与度和信任是 NFC 支付持续意愿的最显著前因。

移动支付已经成为数字时代金融生态系统的关键组成部分,引领了支付方式的演变。移动支付的研究和创新将继续推动其发展,以适应不断变化的消费者需求和技术趋势。

2.2.5 互联网金融

互联网金融是一种基于互联网、大数据、云计算、移动通信、社交平台及搜索引擎等信息技术,实现资金融通、支付、结算等金融相关服务的金融业态。互联网金融是现有金融体系的进一步完善和普惠金融的重要内容,其表现形式既包括以互联网为主要业务载体的第三方支付、金融超市等新兴新型金融业态,也包括持牌互联网金融机构,以及各类持牌金融机构设立的主要从事互联网金融相关业务的法人机构。互联网金融的内涵不是互联网和金融业的简单结合,是以互联网时代的技术为基础,为适应新的需求而产生的新模式及新业务,是传统金融行业与互联网精神相结合的新兴领域。互联网金融与传统金融的区别除了金融业务所采用的媒介不同,更重要的是金融参与者深谙互联网开放、平等、协作、分享的精髓,通过互联网、移动互联网等渠道,使得传统金融业务呈现出透明度更强、参与度更高、协作性更好、中间成本更低、操作上更便捷等特征。互联网金融的研究前沿包括了多个方面,反映了这一领域不断发展和演进的复杂性。

互联网金融不断受益于技术创新,包括区块链、人工智能、大数据分析、云计算等,研究者关注这些新技术如何改进金融服务的提供和管理。He and Xue(2023)通过实证研究证实了人工智能背景下数字金融对能源行业经济效率产生了有利影响。Gupta, Modgil, Choi, Kumar and Antony(2023)探讨了新兴技术如人工智能(AI)和区块链技术(BT)在供应链金融弹性中的作用,研究结果表明与人工智能相比,在环境动态性的调节作用下,区块链技术对供应链财务弹性的促进作用更强,人工智能更适合感知商业环境,促进区块链部署。

互联网金融领域涌现出许多金融科技公司(FinTech)和初创企业,它们提供新的金融产品和服务,研究者研究这些公司的商业模式、市场份额和竞争策略。Jiao, Wang and Yang(2023)研究了多个补数器基于经验的设计特征的配置如何影响补数器在众筹平台上的参与,通过内容夹带、互动参与和社会连接性提高了数字平台上的众筹成功率。

互联网金融也越来越关注可持续发展和环境问题,研究者关注数字技术如何促进可持续金融、环保投资和社会责任。Guo, Qi, Wang and Li(2023)从减排(污染排放指数;ERI)和效率收益(绿色全要素生产率;GTFP)两个角度分析数字普惠金融(DIF)产生的生态效应及其作用机制,实证检验了 DIF 在 ERI 和 GTFP 方面具有显著的双重生态效应,但在 DIF 的各个维度上存在差异。

总的来说,互联网金融领域的研究前沿涵盖了技术、商业模式、金融包容性、监管政策、金融稳定性、社会影响、可持续性等多个方面。这些研究为了解互联网金融的发展趋势、问题和机会提供了有益的见解,反映了金融领域不断演变的动态性。

2.3 理论与实践结合(案例)

电子商务与金融支付应用的结合在实践中起着重要的作用。随着科技的迅速发展和人们对便捷支付方式需求的不断提高,电子商务平台与金融支付系统相结合,为用户提供了更加便利、安全的购物和支付体验。

首先,电子商务平台与金融支付系统的结合使得在线购物更加方便快捷。用户只需在电子商务平台上选择商品、填写收货地址等信息,然后通过金融支付系统进行支付即可。这种方式省去了传统实体店购物的烦琐流程,用户可以随时随地通过互联网购买所需商品。

其次，电子商务与金融支付的结合提供了更多种类的支付方式。除了传统的银行卡支付，电子商务平台还支持支付宝、微信支付、Apple Pay 等诸多电子支付方式，方便用户根据自己的需求和偏好选择合适的支付方式进行交易。最后，电子商务与金融支付应用结合还提高了支付安全性。金融支付系统利用加密、风控等技术手段，保障用户的交易信息和资金安全。电子商务平台配合金融支付系统的安全措施，使得用户在进行在线交易时没有后顾之忧。

总之，电子商务与金融支付应用的结合给用户带来了更加便捷、多样化和安全的购物和支付体验，同时也推动了商务活动的数字化发展。在未来，随着科技的进一步发展，电子商务与金融支付应用的结合将会更加紧密，为用户和商家带来更多的便利和机遇。以下是电子商务与金融支付相结合的实践案例。

2.3.1 支付宝与淘宝

支付宝是中国最大的第三方支付平台，由阿里巴巴集团创立。它通过与银行和支付机构合作，为用户提供在线支付、转账等服务。支付宝还提供了多种理财产品，如余额宝和定期理财，以帮助用户管理资金。支付宝还与许多电商平台合作，如淘宝、小红书、苏宁易购等，为用户提供便捷的支付服务。此外，支付宝还推出了口碑和饿了么等在线外卖平台，使用户可以通过支付宝完成在线点餐和付款。

淘宝平台是中国电子商务巨头阿里巴巴旗下的在线购物平台，它成立于 2003 年，是全球最大的在线零售市场之一。淘宝以其庞大的商品种类、低廉的价格和便捷的购物体验而深受消费者的欢迎。淘宝平台上有数百万家商家，销售各种商品，包括服装、电子产品、家居用品、美妆产品、食品等。消费者可以通过淘宝平台搜索商品、比较价格、查看商品评价和购买商品。淘宝平台还提供了在线客服和售后服务，以保障消费者的购物体验。支付宝与台淘宝相结合，形成了一个完整的电子商务生态系统。用户通过淘宝平台购物后，可以直接通过支付宝进行支付，保证了交易过程的安全性与便捷性。同时，支付宝还提供了信用评级、花呗分期等金融服务，为用户提供更多的支付选择和信用支持。通过与支付宝的紧密结合，淘宝平台在支付便捷性、交易安全性、信用体系和营销促销等方面得到了极大的提升。这种结合不仅为用户提供了便利的购物和支付体验，也促进了淘宝平台的发展和增加了用户黏性。

1）支付方式

淘宝平台可以直接集成支付宝作为其默认的支付方式。当用户在淘宝平台上购买商品时，可以选择使用支付宝进行支付。这种无缝的支付方式，使得用户可以在购物过程中轻松快速地完成交易，省去了烦琐的付款步骤。

2）交易安全与保障

淘宝与支付宝的结合也提供了更加安全的交易保障措施。支付宝一直在提升自身的安全性保障水平，采用了多层次的风险控制系统，可以对交易进行实时的风险评估和判断。比如，通过启用安全控件、短信校验服务、数字证书、第三方证书、安全保护问题、手机安全设

置、面部识别技术应用等措施，提高安全系数，保障用户的账户、交易和隐私等的安全。在淘宝平台上，用户可以通过使用支付宝进行交易，享受到支付宝的交易担保和退款保障，提高了用户对交易的信心和安全感。此外，支付宝的风险控制系统可以很大程度地保障账户安全，根据策略对交易风险进行评分，直接拒绝风险较大的交易。

3）**信用体系**

淘宝与支付宝还通过共享信用体系，为用户提供了更加便利的购物和支付体验。用户在淘宝平台上的交易行为可以积累信用分，并在支付宝中得到体现，解锁相应的特权。这种信用体系可以帮助消费者建立良好的信用记录，获得更多的信用优惠和额度，同时也可以降低交易风险和减少欺诈行为。

4）**营销与促销**

支付宝与淘宝还在营销活动和促销策略上进行了整合。支付宝经常推出各种优惠活动，提供红包、满减、优惠券等形式的优惠。这些优惠措施可以在淘宝平台上直接使用，并与商品价格绑定在一起，吸引用户购买。这种促销方式不仅增加了用户的购买热情，也提高了淘宝平台的交易量。

依托于淘宝网的发展壮大，支付宝逐步拓展为其重要的合作伙伴，发展成为独立、可靠的支付平台，专注于网上支付与具体行业相结合的应用，为电子商务服务提供商、互联网内容提供商、中小商户以及个人用户创造了一个快捷、安全和便利的在线支付平台。随着移动购物用户数量不断增加，移动支付市场交易规模迅速增长，支付宝打通消费、城市生活、金融理财等多个领域，建设移动支付的应用场景生态链。开创了从担保交易模式到快捷支付业务，以及指纹支付、刷脸支付等一系列创新型支付方式。

2.3.2 亚马逊与亚马逊支付（Amazon Pay）

亚马逊是一家美国的跨国电子商务公司，成立于 1994 年。它是全球最大的在线零售商之一，销售范围涵盖了图书、电子产品、家居用品、服装、食品等各个领域。亚马逊通过其网站和移动应用程序为消费者提供便捷的购物和快速的物流服务。亚马逊支付是亚马逊公司提供的一种在线支付服务，它允许消费者在亚马逊网站上购物时使用其亚马逊账户进行支付。亚马逊支付支持信用卡、借记卡、礼品卡和亚马逊支付余额等多种支付方式。

提高用户支付体验是亚马逊的核心业务，而支付业务最关键的一点是提高公司的现金效率，同时使客户体验无摩擦支付，因此亚马逊一直积极投资于支付基础设施和服务。亚马逊的最新支付产品为亚马逊支付（Amazon Pay），它是一个包含消费者数字钱包、在线支付和线下实体商家支付的支付平台。自 2019 年以来，亚马逊投资于使 Amazon Pay 不断发展的市场，包括与收单行 Worldpay 建立合作伙伴关系等。亚马逊作为全球最大的电子商务平台之一，通过亚马逊支付提供了一种无缝的结账体验。用户可以在亚马逊上选择并购买商品，然后通过亚马逊支付系统进行支付，无须输入烦琐的个人信息。亚马逊支付还支持一键结账、信用卡支付、预付款账户等功能，使得用户在购物过程中更加方便快捷。

1)一键结账

亚马逊支付是亚马逊最新的支付产品,是一个面向消费者的数字钱包,可以实现线上和线下的购物支付功能。亚马逊支付在170个国家和地区拥有3 300万名客户,覆盖的地区包括大部分的亚太地区,以及法国,意大利和西班牙等国家,涉足的垂直行业包括政府支付、旅行、保险、娱乐和慈善捐赠等。亚马逊支付提供了一键结账的功能,允许用户存储和管理其支付信息,并可以将其与亚马逊支付和其他在线支付服务集成在一起,使用户可以在购物过程中轻松完成支付。当用户在亚马逊网站或应用中选择商品并放入购物车时,可以直接选择亚马逊支付进行结账。用户无须重新输入收货地址和支付信息,通过一键结账即可快速完成支付过程。

2)信用卡支付与银行绑定

亚马逊支付支持信用卡支付,用户可以将信用卡信息与亚马逊支付账户绑定,从而在购物时直接使用绑定的信用卡进行支付。这种方式极大地方便了用户,减少了支付环节的烦琐操作。此外,用户可以利用他们在亚马逊账号上存储的支付信息,通过亚马逊支付在其他网站和应用上进行购物和支付。这消除了用户在每个商家网站都输入信用卡信息的烦琐步骤,使支付过程更加简单方便。

3)预付款账户

亚马逊支付还支持预付款账户功能,用户可以将资金充值到自己的预付款账户中,然后在购物过程中使用预付款进行支付。这种方式可以提高支付的便捷性,同时也可以更好地控制和管理自己的资金。

4)支付安全保障

用户的支付信息存储在亚马逊账户中,而不是在各个商家的服务器上。亚马逊支付采用多种安全措施来保障支付的安全性。包括数据加密、风险评估和欺诈检测等技术手段,保护用户的支付信息和交易安全。用户在使用亚马逊支付进行支付时,可以放心享受到安全可靠的支付体验。

5)商家集成与买家保护

亚马逊支付还提供了一套完整的开发者工具和API,允许商家将亚马逊支付集成到自己的网站和应用中。商家可以借助亚马逊支付,为其客户提供便捷的支付方式,并利用亚马逊强大的支付解决方案来处理交易事务。通过使用亚马逊支付,买家还能享受到亚马逊买家保护计划提供的额外保障。该计划确保了用户在使用亚马逊支付购买商品时享有无忧退款和损失赔偿的权益,以提高用户对购物过程和支付过程的信心。

通过与亚马逊支付的紧密结合,亚马逊提供了便捷、安全和一体化的购物和支付体验。用户可以在亚马逊网站或应用中选择商品,并通过亚马逊支付进行快速、便捷的支付。亚马逊支付的结合不仅提高了用户的购物体验,还为用户提供了多样化的支付选择和安全保障,推动了亚马逊的发展,提高了用户的满意度。

2.3.3 PayPal 和 eBay

PayPal 是一家美国的在线支付公司，成立于 1998 年。它提供了在线支付、转账和货币兑换等服务，用户可以通过 PayPal 账户向其他用户或商家付款。PayPal 还与许多电商平台合作，如 eBay、Amazon 等，为用户提供便捷的支付服务。PayPal 还推出了 PayPal Credit 服务，允许用户在购买商品时分期付款。此外，PayPal 还推出了 Venmo 应用程序，使用户可以通过手机向其他用户发送和接收付款。

eBay 是一家美国的在线购物和拍卖公司，成立于 1995 年，它是全球最大的在线拍卖市场之一，也是一家在线零售商。eBay 的业务范围涵盖了各种商品，包括服装、电子产品、家居用品、美妆产品、食品等，其中核心业务是在线拍卖和固定价格销售。在 eBay 平台上，卖家可以通过发布商品信息和设定价格来进行销售。消费者可以搜索商品、比较价格、查看商品描述和评价，并通过 eBay 平台购买商品。通过与 PayPal 合作，为 eBay 的用户提供了安全、可靠的支付解决方案。最初，eBay 和 PayPal 是同一家公司旗下的，它们是一体化的平台。自 2015 年起，eBay 和 PayPal 被分拆成两家独立的公司，但它们之间仍保持着合作关系，用户可以在 eBay 上购买商品，并使用 PayPal 进行支付。PayPal 提供了多种支付方式，包括信用卡支付、银行转账和余额支付等，为用户提供了灵活的支付选项。

1)默认支付方式

PayPal 最初是 eBay 平台上的默认支付方式。用户在 eBay 上购买商品时，可以选择使用 PayPal 进行支付。这种无缝的支付方式整合为用户提供了便利和安全的支付体验。在分拆后，eBay 和 PayPal 虽然成为两家独立的公司，但是 PayPal 仍然是 eBay 的一个可选支付方式之一，同时，eBay 也允许使用其他支付方式进行交易。用户可以选择使用 PayPal、信用卡、借记卡等多种支付方式进行购物。

2)账号集成与交易保护

PayPal 和 eBay 账号可以互相集成，用户可以使用同一个账号登录 eBay 和 PayPal，方便管理和跟踪购买和支付记录。用户可以在 eBay 上查看和管理 PayPal 余额、交易历史等信息，简化了账户管理流程。同时，PayPal 为 eBay 上的交易提供了一定程度的保护。买家和卖家可以通过 PayPal 的交易保护机制，解决交易纠纷和问题，这种保护措施增强了用户对于在 eBay 上进行交易的信心和安全感。

通过分析电子商务与金融支付相结合的实践案例可知，两者的结合具有重要意义。第一，能够提升便捷性和效率。电子商务与金融支付的结合使得购物和支付过程更加便捷、高效。用户可以通过电子商务平台随时随地浏览和购买商品，并通过金融支付系统实现即时支付，省去了传统实体店购物的时间和空间限制。第二，能够控制风险，提高安全性。电子商务与金融支付的结合提供了更高的支付安全性和风险控制。金融支付系统通过加密、身份验证、风控等技术手段保障用户的交易信息和资金安全。同时，电子商务平台配合金融支付系统的安全措施，减少了交易中遭受欺诈和风险的可能性。第三，能够为用户提供多样化

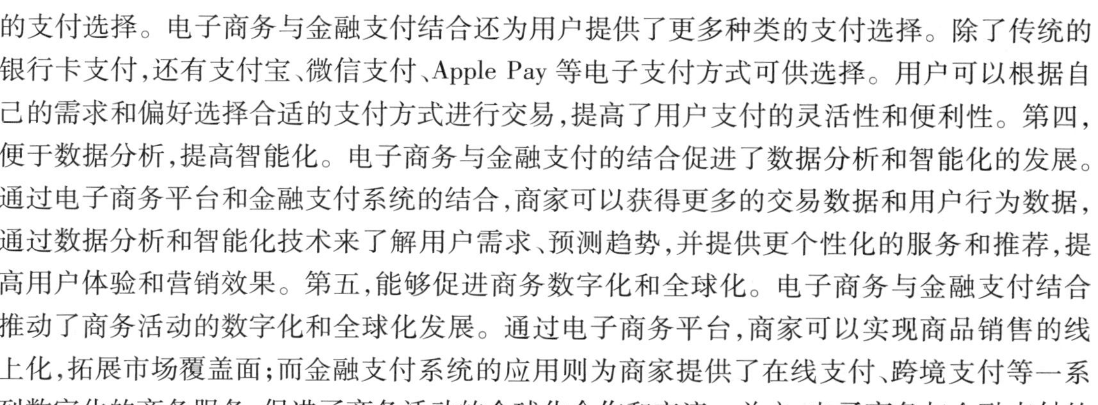

的支付选择。电子商务与金融支付结合还为用户提供了更多种类的支付选择。除了传统的银行卡支付,还有支付宝、微信支付、Apple Pay等电子支付方式可供选择。用户可以根据自己的需求和偏好选择合适的支付方式进行交易,提高了用户支付的灵活性和便利性。第四,便于数据分析,提高智能化。电子商务与金融支付的结合促进了数据分析和智能化的发展。通过电子商务平台和金融支付系统的结合,商家可以获得更多的交易数据和用户行为数据,通过数据分析和智能化技术来了解用户需求、预测趋势,并提供更个性化的服务和推荐,提高用户体验和营销效果。第五,能够促进商务数字化和全球化。电子商务与金融支付结合推动了商务活动的数字化和全球化发展。通过电子商务平台,商家可以实现商品销售的线上化,拓展市场覆盖面;而金融支付系统的应用则为商家提供了在线支付、跨境支付等一系列数字化的商务服务,促进了商务活动的全球化合作和交流。总之,电子商务与金融支付的结合为用户提供了便利、安全、灵活的购物和支付体验,推动了商务活动的数字化和全球化发展。它不仅提高了交易效率和用户满意度,也促进了支付领域的创新和发展。

2.4 未来展望

伴随全球电子商务市场规模不断扩大,消费者和企业之间的在线交易呈现出快速增长的趋势,这一发展推动了全球数字经济的繁荣。数字金融支付方式如移动支付、电子钱包、虚拟信用卡等已成为电子商务中的主要支付工具,这些工具提供了便捷、快速和安全的支付方式,增强了购物体验。各国政府积极采取政策措施来促进电子商务的发展,包括减税政策、建设电子商务试验区、提供财政和金融支持等。同时,为了满足不断增长的电子商务需求,物流和供应链也在不断优化,物流公司和电商平台通过引入新技术和提高效率,提高产品的交付速度和可追溯性。

2.4.1 保障信息安全

虽然电子商务与金融支付领域正处于快速发展和不断变化的阶段,但仍存在一些挑战,如支付体系的构建、支付风险的防范以及政策法规的制定等。随着数字支付的广泛应用,支付安全和个人数据隐私成为关键问题,保护用户的金融信息和数据安全变得愈发重要,以防范支付风险和数据泄露。

1)防范支付风险

电子商务中存在多种金融支付风险,这些风险涉及消费者、商家和支付服务提供者,并可能导致财务损失和安全问题。这些支付风险提供了丰富的研究领域,可以开展以下研究:

欺诈检测和防范:研究可以集中在开发更智能的欺诈检测系统,以识别不诚实的交易和欺诈行为。这可能涉及机器学习和数据分析技术的应用,以便更好地识别欺诈模式。

支付安全和隐私:为了保护支付信息的安全和用户隐私,研究可以集中在开发更强大的支付安全措施,包括数据加密、生物识别技术和区块链等。

支付风险建模:研究可以着重于开发数学模型和算法,以量化和预测支付风险。这可以

帮助支付服务提供者更好地了解风险，及时采取措施降低损失。

消费者教育：研究可以关注如何提高消费者的支付安全意识和数字素养，以减少个人信息泄露和社交工程等欺诈行为。

支付体验优化：研究可以探讨如何改进支付流程，以降低支付失败率，提高用户体验，并降低由于技术问题引起的支付风险。

退款和争端解决：研究可以研究有效的退款政策和争端解决机制，以保护消费者权益，同时确保商家也能获得公平待遇。

法规和合规性：研究可以关注电子商务支付领域的法规和合规性问题，以确保平台和支付服务提供者遵守相关法律法规，减少法律风险。

跨境支付风险：跨境电子商务涉及不同国家和地区的支付和法律体系，因此研究可以探讨跨境支付风险和解决方案，以促进国际电子商务的发展。

电子商务支付领域存在多种风险，相关研究可以帮助开发更安全、高效和可信赖的支付系统，提高消费者和商家的信任度，推动电子商务行业的可持续发展。这些研究领域不仅涉及技术和数据分析，还包括法律、政策和用户行为等多个方面。

2）保护用户数据

电子商务中用户数据泄露问题是一个严重的安全挑战，它可能导致用户个人信息泄露、隐私侵犯及金融损失等问题。以下是与用户数据泄露问题相关的研究方向：

隐私保护技术：研究可以集中在开发更强大的隐私保护技术，包括数据加密、身份验证方法、数据匿名化和访问控制等。这些技术有助于保护用户敏感信息，即使在数据泄露事件发生时也能最大程度地减少风险。

数据泄露检测：研究可以关注如何更早地检测数据泄露事件。这包括监控数据访问、异常行为检测和使用机器学习算法来识别潜在的数据泄露威胁。

用户教育和认知：一部分研究可以侧重于提高用户对数据隐私和安全的意识。这可能涉及用户培训、隐私政策可读性改进以及用户友好型的隐私设置界面的设计。

法规和合规性：研究可以关注电子商务平台和企业如何遵守数据保护法规，包括 GDPR（通用数据保护条例）等法律法规。这方面的研究有助于了解法规对业务的影响，以及如何制定更好的合规策略。

威胁情报和攻击追踪：研究可以关注从数据泄露事件中获取的威胁情报，以帮助追踪和识别数据泄露源头。这可以有助于打击数据泄露事件的发生。

安全文化和组织管理：研究可以探讨如何在电子商务企业内部建立安全文化和管理实践，以确保员工和供应商对数据安全的重要性有清晰的认识，并采取相应的安全措施。

技术合作：跨行业和跨国际的技术合作可以加强对抗数据泄露的能力。研究可以关注国际合作、信息共享和联合防御策略。

用户数据泄露是电子商务中的严重问题，需要多领域的研究来提高数据安全性，降低潜在的风险，并确保用户和企业的数据隐私得到充分保护。这些研究领域涉及技术、法规、组织管理和用户教育等多个方面，有助于构建更安全的电子商务环境。

2.4.2 结合新兴模式

电子商务领域的技术创新迅猛,新兴模式如社交电商、直播电商等不断涌现,企业需要不断升级技术、提高创新能力,以应对竞争压力。

1)社交电商

社交电商是一种融合了社交媒体和电子商务的商业模式。它基于社交媒体平台,允许用户在社交网络上浏览、购买和分享商品或服务。社交电商的核心特征包括:

社交互动:用户可以在社交媒体上分享购物经验、评论和推荐产品,与其他用户互动,并从他们的社交圈中获得购物建议。直播销售:社交电商常包括实时直播销售活动,商家或卖家通过直播向观众展示产品,并提供在线购买选项。社交分享奖励:用户分享购买链接或邀请朋友参与购物时,通常可以获得奖励,如折扣、积分或佣金。个性化推荐:社交电商平台使用用户的社交数据和购物历史来提供个性化的产品推荐。

社交电商目前正处于快速增长的阶段,得益于社交媒体平台的庞大用户基础和直播销售的繁荣。社交媒体平台如 Facebook、Instagram、微信和抖音等拥有庞大的用户基础,为社交电商提供了巨大的潜在市场。直播销售成为社交电商的热门趋势,许多卖家和名人通过实时直播展示产品,吸引观众购买,直播带货在中国等地尤为盛行。社交电商平台鼓励用户分享购买链接和邀请朋友参与购物,通常提供折扣、积分或佣金等奖励机制。同时,社交电商利用用户的社交数据和购物历史来提供个性化的产品推荐,提高购物体验。而跨境社交电商则允许消费者从其他国家和地区购买商品,促进了国际贸易和消费。

社交电商的研究方向包括且不限于以下领域。

社交媒体和电商融合:社交电商平台将更加深入地与社交媒体整合,允许用户在社交媒体上浏览和购买产品,从而提高购物的社交性。研究可以关注如何更好地整合社交媒体和电子商务,以提供更无缝的购物体验和社交互动。

用户行为和社交购物:研究可以分析用户在社交电商平台上的行为,包括购买决策、社交分享和评论等,以深入了解用户需求和行为模式。

直播销售和社交互动:未来社交电商将更加注重用户互动,包括虚拟现实(VR)和增强现实(AR)技术的应用,使用户能够更直观地体验产品。直播销售是社交电商的重要组成部分,研究可以关注直播销售的有效性、用户参与度和商业模式。

个性化推荐算法:社交电商将继续利用人工智能(AI)和机器学习算法来改进个性化推荐、欺诈检测和用户服务。研究可以探讨如何开发更智能的个性化推荐算法,以提供用户感兴趣的产品和服务。

社交影响力和购买决策:社交网络上的影响因素对购买决策有重要影响,可以研究社交影响力的机制和效应。

数据隐私和安全:社交电商平台涉及用户个人信息和支付数据,因此研究可以关注如何保护用户的数据隐私和安全。

跨文化和跨国际社交电商:社交电商将继续扩张到全球市场,特别是在新兴市场,以满

足不同国家和地区的消费者需求。研究可以探讨不同文化和国家背景下的社交电商行为和市场特点，以及国际社交电商的发展趋势。

社交电商的商业模式和可持续性：消费者越来越关注可持续性和环保问题，未来社交电商将更多地关注这些议题，并提供可持续产品选项。研究可以关注社交电商平台的商业模式、盈利策略和可持续性发展，以确保其长期成功。

2）**直播电商**

直播电商是一种将实时直播与电子商务相结合的商业模式。在直播电商中，主播通过实时直播平台向观众展示产品或服务，并提供在线购买选项，观众可以在直播过程中与主播互动、提问、评论并即时购买商品。直播电商在全球范围内经历了迅猛的增长，尤其在中国，成为电商领域的一大亮点，许多主播通过实时直播向观众展示产品，并提供在线购买选项。直播电商涵盖了各种产品类别，包括服装、化妆品、食品、电子产品等，满足了多种消费者需求。同时，直播电商强调社交互动，观众可以在直播过程中与主播互动、提问和评论，并即时购买产品。一些受欢迎的主播具有广泛的粉丝群体，他们的推荐和演示对产品销售产生重大影响。研究直播电商可以涉及以下方向。

用户行为和购物习惯研究：研究观众在直播电商平台上的行为，包括他们的观看习惯、购物决策过程以及对不同产品和主播的偏好。

主播影响力分析：调查受欢迎的主播对产品销售的影响力，包括他们的粉丝群体、影响力指数和推荐效应等方面的研究。

内容创作和娱乐价值研究：研究直播电商中的内容创作，包括如何制作吸引人的直播内容、如何提高娱乐价值以吸引观众，并提高购物体验。

技术和平台研究：调查不同直播电商平台的技术架构、用户界面、推荐算法等方面的研究，以理解它们对用户体验和销售的影响。

跨界合作研究：研究品牌、名人和主播之间的合作，以及不同行业之间的跨界合作如何影响直播电商的发展和销售。

消费者洞察和用户满意度研究：通过调查和分析消费者的意见和反馈，研究他们对直播电商的满意度、诉求和需求。

法规和合规性研究：研究直播电商领域的法规和合规性问题，包括数据隐私、消费者权益、广告监管等方面的研究。

市场分析和趋势预测：分析直播电商市场的发展趋势、竞争格局、增长潜力以及未来可能的创新和变化。

2.4.3 探索深层价值

此外，更多探索深层价值的研究和创新将有助于解决电子商务与金融支付领域遇到的挑战，推动电子商务和金融支付领域的可持续发展。这一领域的研究方向包括了多个关键议题，为理解和探讨电子商务与金融支付的未来趋势和影响提供了有力的指导。首先，数字货币和加密支付是备受关注的研究方向，包括探讨中心化和去中心化数字货币，如比特币和

以太坊，以及稳定币等数字货币的发展和应用。这些数字货币如何改变了传统金融体系，以及它们在电子商务中的作用，都是重要的研究议题。其次，区块链技术的应用也是研究的焦点。区块链技术具有去中心化、不可篡改和安全的特性，因此可以应用于电子商务中的供应链管理、身份验证、合同执行等领域。如何最大限度地利用区块链技术来提高效率和安全性，以及如何解决其在可扩展性和能源消耗方面的挑战，是值得研究的课题。此外，金融科技（FinTech）创新一直在引领行业发展。研究可以涵盖移动支付、数字银行等金融科技领域的创新和应用。这些技术如何改进了支付体验、金融服务的可获得性以及金融体系的稳定性，都是需要深入研究的领域。跨境支付和国际贸易问题也是一个备受关注的领域。随着电子商务的国际化，如何解决货币兑换、国际支付规则和支付清算等问题对于促进全球电子商务的增长至关重要。在支付安全和欺诈预防方面，研究可以关注支付安全技术、生物识别、机器学习和人工智能在欺诈检测和预防方面的应用。如何保护用户和商家的支付信息，确保支付安全和信任，是一个不容忽视的研究课题。数字身份和隐私保护方面的研究将关注数字身份管理、个人隐私保护、法规合规性等问题。随着用户数据的不断生成和传输，如何平衡个人隐私和数据使用的合法性将成为一个关键议题。最后，可持续金融和绿色支付是与社会责任和可持续发展相关的议题。研究可以关注电子商务和金融支付对可持续发展和环保的影响，以及如何推动绿色支付和消费。

总未来深层价值研究将在电子商务与金融支付领域拓展新的认知领域，为决策者、企业家和学者提供关于如何更好地应对技术和市场变化的见解和建议。这些研究方向将有助于解锁电子商务和金融支付领域的创新潜力，推动行业的发展和可持续性。

2.5 电子商务与金融支付技术体系

2013 年至 2023 年是电子商务高速发展时期，大量的新技术以及模式和传统的金融支付手段结合在一起，层出不穷的新概念也纷纷进入人们的视线，在高速发展的互联网金融的背后，是一个个支撑着行业和模式发展的技术，这些技术的来源是什么？它们是如何发展的？这些技术的核心和原理是什么？

谈到电子商务与金融支付，就必须提起最近被广泛关注的一个概念——金融科技。金融科技（Fintech），顾名思义就是金融（Financial）与科技（Technology）的结合。Fintech 在金融方面是比较新的发展，随着大数据、云计算、人工智能等新一代信息技术的发展和应用，金融和科技发展正在融合。Fintech 能有效提供金融服务的可获得性和便捷性，降低金融交易成本。毕马威对 Fintech 的理解是：非传统企业以科技为尖刀切入金融领域，用更高效率的科技手段抢占市场，提升金融服务效率及更好地管理风险。

电子商务的兴起，得益于金融科技的迅速发展。由于高科技产业和金融产业同样是高风险高回报的支付业务，由此产生的新模式和高额的回报又反馈促进了相关技术的发展，这样的良性循环使得基于金融支付的电子商务的发展大大加快。大数据、云计算、区块链和人工智能等一系列技术相互串联和交互，由技术实现功能，功能推出产品，金融和技术相互促

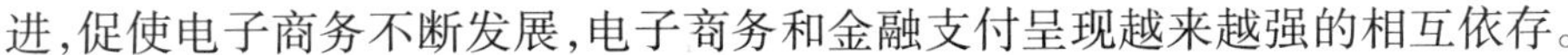
进，促使电子商务不断发展，电子商务和金融支付呈现越来越强的相互依存。

1）**互联网**

互联网发展到今天，已经不仅仅是一项技术或者一种工具，作为信息时代社会变革的核心载体，经过了数十年的发展和丰富，就像当年的工业革命的发展轨迹，互联网也如同电力一般，逐渐从高举神坛到司空见惯，深入到大众生活的各个领域。要了解互联网，首先，你就要了解互联网的发展，要写出完整的互联网的发展史，可能要几本书才能做到，我们这里只做一些简单的阐述。

互联网（Internet）是与局域网相对应的一个概念，互联网是它的通俗称谓，完整的概念应该指的是全球信息系统。

互联网包括三个方面的含义：一是互联网通过全球唯一的地址有逻辑地联结起来。这个唯一的地址空间是基于互联网协议（IP）或其后续的扩展协议工作的。二是互联网能够通过协议进行通信。这个协议是传输控制协议/互联网协议（TCP/IP）及其后续的扩展协议。三是互联网能够提供、使用或者访问公众或私人的高级信息服务，这些信息服务是建构在上述通信协议和相关的基础设施之上的。

（1）*互联网的基本工作原理*

互联网使用一种专门的计算机语言（协议）以保证数据能够安全可靠地到达指定的目的地。这种语言分为两部分，即 TCP（Transfer Control Protocol，传输控制协议）和 IP（Internet Protocol，网络连接协议），通常将他们放在一起，用 TCP/IP 表示当一个 Internet 用户给其他机器发送一个文本时，TCP 将该文本分解成若干个小数据包，再加上一些特定的信息（可以类比为运输货物的装箱单），以便接收方的机器可以判断传输是正确无误的，由 IP 在数据包上标上有关地址信息。连续不断的 TCP/IP 数据包可以经由不同的路由到达同一个地点。有个专门的机器，即路由器，位于网络的交叉点上，它决定数据包的最佳传输途径，以便有效地分散 Internet 的各种业务量载荷，避免系统某一部分过于繁忙而发生“堵塞”。当 TCP/IP 数据包到达目的地后，计算机将去掉 TP 的地址标志，利用 TCP 的“装箱单”检查数据在传输过程中是否有损失，在此基础上将各数据包重新组合成原文本文件。如果接收方发现有损坏的数据包，则要求发送端重新发送被损坏的数据包。由于互联网发展迅猛，IPv4 地址数量已经接近枯竭。IPv6 应运而生，成为下一代互联网协议。IPv6 较 IPv4 来说，其地址是 128 位编码，能产生 2 的 128 次方个 IP 地址，地址容量上升了数倍，并有更好的安全性和效率。由于 IPv4 和 IPv6 不兼容，互联网在过渡时期需要同时支持两种协议。在 IPv6 建设和应用方面，中国已经成为全球的领导者之一。截至 2022 年底，我国 IPv6 活跃用户数超 7 亿人，移动网络 IPv6 流量占比近 50%，IPv6 已经成为我国互联网发展的重要支撑。未来，IPv6 将继续发挥着重要的作用连接全球、连接未来。

（2）*互联网在中国的发展*

网络的发展从不同的角度可以有不同的分法，本书主要从 web1.0、web2.0、web3.0 这条主线来阐述网络的发展。互联网传入中国不到 20 年，在互联网迅速崛起的历程里，大体上有着三个不同特征的阶段，所谓的 web1.0、web2.0、web3.0，就是对这三个发展阶段的称谓，

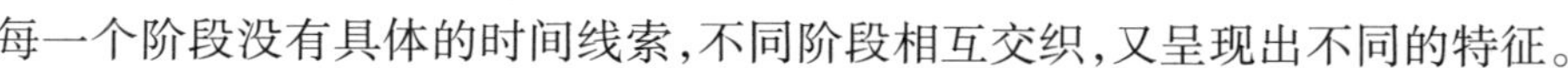

每一个阶段没有具体的时间线索,不同阶段相互交织,又呈现出不同的特征。

①web1.0(门户时代)。web1.0 的特征是信息共享。

1994 年,中国正式接入 Internet 网,同年开始了 Internet 的商业化阶段开启了 web1.0 的阶段。web1.0 的特征是信息共享。web1.0 时代是一个群雄并起,逐鹿网络的时代,虽然各个网站采用的手段和方法不同,但第一代互联网有诸多共同的特征,表现在:一是 web1.0 基本采用的是技术创新主导模式,信息技术的变革和使用对于网站的新生与发展起到了关键性的作用。新浪的最初就是以技术平台起家,搜狐以搜索技术起家,腾讯以即时通信技术起家,盛大以网络游戏起家,在这些网站的创始阶段,技术性的痕迹相当之重。二是 web1.0 的盈利都基于一个共同点,即巨大的点击流量。无论是早期融资还是后期获利,依托的都是为数众多的用户和点击率,以点击率为基础上市或开展增值服务,受众群众的基础,决定了盈利的水平和速度,充分地体现了互联网的眼球经济色彩。

web1.0 的发展出现了向综合门户合流现象,早期的新浪与搜狐、网易等,继续坚持了门户网站的道路,而腾讯、MSN、GOOGLE 等网络新贵,都纷纷走向了门户网络,尤其是对新闻信息有着极大的、共同的兴趣。这一情况的出现,在于门户网站本身的盈利空间更加广阔,盈利方式更加多元化,占据网站平台,可以更加有效地实现增值意图,并延伸由主营业务之外的各类服务。

web1.0 的合流同时,还形成了主营与兼营结合的明晰产业结构。新浪以新闻+广告为主,网易拓展游戏,搜狐延伸门户矩阵,各家以主营作为突破口,以兼营作为补充点,形成拳头加肉掌的发展方式。

web1.0 不以 html 为言,在 1.0 时代,动态网站已经广泛应用,如论坛等。这类网站的代表主要有:新浪、网易、搜狐等。

②web2.0(搜索/社交时代)。Web2.0 的特征是信息共建。

web2.0 是相对 web1.0 的新的一类互联网应用的统称,是一次从核心内容到外部应用的革命。由 web1.0 单纯通过网络浏览器浏览 html 网页模式向内容更丰富、联系性更强、工具性更强的 web2.0 互联网模式的发展已经成为互联网新的发展趋势。“web2.0”的概念开始于一个会议中,展开于 O’Reilly 公司和 MediaLive 国际公司之间的头脑风暴部分。双方就互联网泡沫的崩溃达成一些共识,认为互联网公司那场泡沫的破灭标志了互联网的一种转折,web2.0 会议由此诞生。在那个会议之后的一年半的时间里,“web2.0”一词已经深入人心,从 Google 上可以搜索到 950 万以上的链接。但是,至今关于 Web2.0 的含义仍存在极大的分歧,一些人将 web2.0 贬低为毫无疑义的一个行销炒作口号,而其他一些人则将之理解为一种新的传统理念。

web2.0 注重用户的交互作用,用户既是网站内容的消费者(浏览者),也是网站内容的制造者。以前是那些大的网站在给互联网制造内容,现在是用户以个人身份参与进了网络内容的制造。在 web2.0 中,网络是平台,用户提供信息,其他用户通过网络获取信息,Web2.0时代开始,“关系为王”逐渐取代了 Web1.0“内容为王”的特点,更强调内容的生产,内容生产的主体已经由专业网站扩展为个体,从专业组织的制度化的、组织把关式的生产,

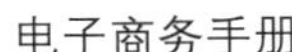

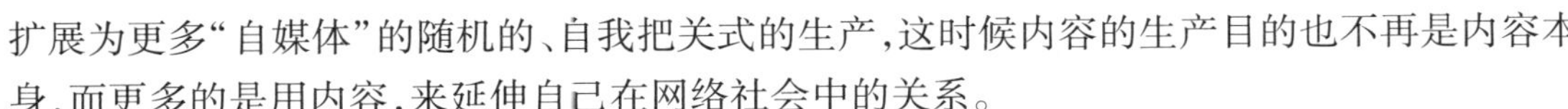

扩展为更多“自媒体”的随机的、自我把关式的生产，这时候内容的生产目的也不再是内容本身，而更多的是用内容，来延伸自己在网络社会中的关系。

这类网站的代表主要有：百科全书、网摘、黄页、论坛、博客、搜索引擎、社交媒体（微博、facebook……）等。

③web3.0（大互联时代）。web3.0 的特征是知识传承。

web3.0，这是我们正在经历的阶段，仅是依据目前的技术和发展趋势作出了预测。如果一定要说个时间，应该是从智能手机以及相应移动应用逐渐开始普及开始，那可以大约定在2011—2013 年这段时间，中国进入的 web3.0 时代。

web3.0 是以主动性、数字最大化、多维化为特征，以服务为内容的第三代互联网系统。主动性即强调网站对用户主动提取，并加以分析处理，然后给用户所需要的信息。通过数字最大化可以将商品或者服务以数据的方式进行统计，帮助决策者做出更准确的分析，同时可解决不同业务场景上在时空方面的矛盾问题。多维化是指更丰富的多元化媒体技术或者播放形式，如在线视频、虚拟现实、网络直播、网络教育等。

web3.0 的典型特点是多对多交互，不仅包括人与人，还包括人机交互及多个终端的交互。由以智能手机为代表的移动互联网为开端，在真正的物联网时代将盛行。网络成为用户需求理解者和提供者，网络对用户了如指掌，知道用户有什么、要什么以及行为习惯，进行资源筛选、智能匹配，直接给用户答案，大互联的形成，即将一切进行互联，如语义网、物联网和可穿戴设备。这个时代将实现了“每个个体、时刻联网、各取所需、实时互动”的状态，也是一个“以人为本”的互联网思维指引下的新商业文明时代。

典型代表：微信公众号、网络自媒体、网络直播、智能手环。

（3）互联网的未来发展——web4.0

我们正处于知识富集的 web3.0 阶段，但技术的发展允许我们做出一定程度上的预测和展望，早在 web3.0 这个概念被提出的时候，就有学者提出了 web4.0 的概念，我们虽然无法准确地预测 web4.0 到来的时间，但大部分的人在 web4.0 的特征上达成了共识。在经历了web3.0 的知识获取之后，随着技术的发展，web4.0 也会随之到来，其主要的特征就是知识分配。在 web3.0 里，人类可以随心所欲地获取各种知识，当然这些知识都是先人们即时贡献出来的。这里的即时性，指的就是学堂里老师教学生的即时性。从 web3.0 开始，网络就具备了即时特性。但人们并不知道自己应该获取怎样的知识，即自己适合于学习哪些知识。比如，一个 10 岁的孩子想在 20 岁的时候成为核物理学家，那么他应该怎样学习知识呢？这些问题就是 web4.0 的核心——知识分配系统所要解决的问题了。可以说 web4.0 就是人人平等的网络时代。

2）大数据

大数据（big data/mega data），或称巨量资料，指的是需要新处理模式才能具有更强的决策力、洞察力和流程优化能力的海量、高增长率和多样化的信息资产。在维克托·迈尔-舍恩伯格及肯尼斯·库克耶编写的《大数据时代》中，对大数据不用随机分析法（抽样调查）这样的捷径，而采用所有数据进行分析处理。对于“大数据”（Big data）研究机构 Gartner 给出

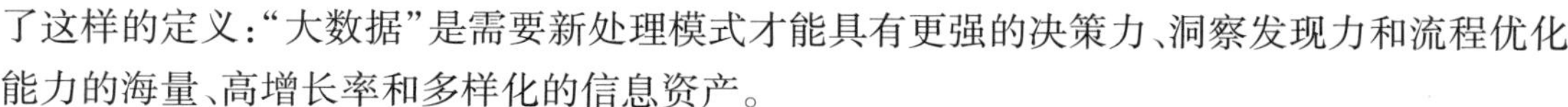

了这样的定义："大数据"是需要新处理模式才能具有更强的决策力、洞察发现力和流程优化能力的海量、高增长率和多样化的信息资产。

(1)大数据的特征

具有以下五大特征(4V+1O)的数据才称为大数据：

①数据量大(Volume)。第一个特征是数据量大，包括采集、存储和计算的量都非常大。大数据的起始计量单位至少是P(1 000个T)、E(100万个T)或Z(10亿个T)。

②类型繁多(Variety)。第二个特征是种类和来源多样化。包括结构化、半结构化和非结构化数据，具体表现为网络日志、音频、视频、图片、地理位置信息等，多类型的数据对数据的处理能力提出了更高的要求。

③价值密度低(Value)。第三个特征是数据价值密度相对较低，或者说是浪里淘沙却又弥足珍贵。随着互联网及物联网的广泛应用，信息感知无处不在，信息海量，但价值密度较低，如何结合业务逻辑并通过强大的机器算法来挖掘数据价值，是大数据时代最需要解决的问题。

④速度快时效高(Velocity)。第四个特征数据增长速度快，处理速度也快，时效性要求高。比如，搜索引擎要求几分钟前的新闻能够被用户查询到，个性化推荐算法尽可能要求实时完成推荐。这是大数据区别于传统数据挖掘的显著特征。

⑤数据是在线的(Online)。数据是永远在线的，是随时能调用和计算的，这是大数据区别于传统数据最大的特征。现在我们所谈到的大数据不仅仅是大，更重要的是数据变得在线了，这是互联网高速发展背景下的特点。比如，对于打车工具，客户的数据和出租司机数据都是实时在线的，这样的数据才有意义。如果是放在磁盘中而且是离线的，这些数据远远不如在线的商业价值大。

关于大数据特征方面，特别要强调的一点是数据是在线的，因为很多人认为数据量大就是大数据，往往忽略了大数据的在线特性。数据只有在线，即数据在与产品用户或者客户产生连接的时候才有意义。如某用户在使用某互联网应用时，其行为及时地传给数据使用方，数据使用方通过某种有效加工后(通过数据分析或者数据挖掘进行加工)，进行该应用的推送内容的优化，把用户最想看到的内容推送给用户，也提升了用户的使用体验。

大数据技术的战略意义不在于掌握庞大的数据信息，而在于对这些含有意义的数据进行专业化处理。换言之，如果把大数据比作一种产业，那么这种产业实现盈利的关键，在于提高对数据的"加工能力"，通过"加工"实现数据的"增值"。

(2)大数据的典型应用

大数据的类型大致可分为三类：①传统企业数据(Traditional enterprise data)：包括CRM systems的消费者数据、传统的ERP数据、库存数据及账目数据等。②机器和传感器数据(Machine-generated/sensor data)：包括呼叫记录(Call Detail Records)、智能仪表、工业设备传感器、设备日志(通常是Digital exhaust)、交易数据等。③社交数据(Social data)：包括用户行为记录、反馈数据等，如Twitter、Facebook这样的社交媒体平台。

大数据挖掘商业价值的方法主要分为四种：①客户群体细分，然后为每个群体量定制特

别的服务。②模拟现实环境，发掘新的需求同时提高投资的回报率。③加强部门联系，提高整条管理链条和产业链条的效率。④降低服务成本，发现隐藏线索进行产品和服务的创新。

从三大产业的角度将大数据的核心商业价值分类讨论。大数据应用，是利用大数据分析的结果，为用户提供辅助决策，发掘潜在价值的过程。从理论上来看：所有产业都会从大数据的发展中受益。但由于数据缺乏以及从业人员本身的原因，第一、第二产业的发展速度相对于第三产业来说会迟缓一些。

大数据最典型的应用还是在电子商务领域，每天有数以万计的交易在淘宝上进行，与此同时相应的交易时间、商品价格、购买数量会被记录，更重要的是，这些信息可以与买方和卖方的年龄、性别、地址，甚至兴趣爱好等个人特征信息相匹配。淘宝数据魔方是淘宝平台上的大数据应用方案，通过这一服务，商家可以了解淘宝平台上的行业宏观情况、自己品牌的市场状况、消费者行为情况等，并可以据此进行生产、库存决策，而与此同时，更多的消费者也能以更优惠的价格买到更心仪的宝贝。而阿里信用贷款则是阿里巴巴通过掌握的企业交易数据，借助大数据技术自动分析判定是否给予企业贷款，全程不会出现人工干预。

（3）大数据发展面临的挑战

随着云计算和人工智能的发展，大数据的应用虽然日渐成熟，但仍然存在一些问题，其中主要的问题有两个：一是数据孤岛问题，从技术层面看，大数据的主要挑战是采集和分析。不同部门的数据储存在不同地方，大数据来源众多、数量巨大、形式各异。大数据最高的层次就是用数据来形成智慧，这需要从中获得一目了然的信息。做数据分析先要整合数据，整合数据需要真正高效、可靠的数据管理和分析平台。阻碍数据共享的另一个主要原因是缺乏动力和担心安全。不少企业以保护商业机密或节省数据整理成本等为理由，不愿意交易自身数据。二是底层技术差距很大，即便解决了数据共享问题，数据可供随时取用，每天所产生的海量数据需要有一个强有力且安全的平台来对这些数据进行收集、分析。数据智能并非那么触手可及。要想从来源众多、数量巨大、形式各异的大数据获得一目了然的信息，就需要真正高效、可靠的数据管理和分析平台，从而为用户提出一个切实可行的方案。

3）云计算

说起云计算（cloud computing），就必须提到分布式计算技术，最初的云计算也属于大规模分布式计算技术的一种，其最基本的概念，是透过网络将庞大的计算处理程序自动分拆成无数个较小的子程序，再交由多部服务器所组成的庞大系统经搜寻、计算分析之后将处理结果回传给用户。透过这项技术，网络服务提供者可以在数秒之内，达成处理数以千万计甚至亿计的信息，达到和“超级计算机”同样强大效能的网络服务。

云计算（cloud computing）是由分布式计算（Distributed Computing）、并行处理（Parallel Computing）、网格计算（Grid Computing）发展来的，是一种新兴的商业计算模式。目前，对云计算的认识在不断地发展变化，云计算没有普遍一致的定义。

中国网格计算、云计算专家刘鹏给出如下定义：“云计算将计算任务分布在大量计算机构成的资源池上，使各种应用系统能够根据需要获取计算力、存储空间和各种软件服务。”

通俗的理解是，云计算的“云”就是存在于互联网上的服务器集群上的资源，它包括硬件资源(服务器、存储器、CPU等)和软件资源(如应用软件、集成开发环境等),本地计算机只需要通过互联网发送一个需求信息,远端就会有成千上万的计算机为你提供需要的资源并将结果返回到本地计算机,这样,本地计算机几乎不需要做什么,所有的处理都由云计算提供商所提供的计算机群来完成。

狭义的云计算是指IT基础设施的交付和使用模式,指通过网络以按需、易扩展的方式获得所需的资源(硬件、平台、软件)。提供资源的网络被称为“云”。“云”中的资源在使用者看来是可以无限扩展的,并且可以随时获取,按需使用,随时扩展,按使用付费。这种特性经常被称为像水电一样使用IT基础设施。广义的云计算是指服务的交付和使用模式,指通过网络以按需、易扩展的方式获得所需的服务。这种服务可以是和IT、软件、互联网相关的,也可以是任意其他的服务。最简单的云计算技术在网络服务中已经随处可见,如搜寻引擎、网络信箱等,使用者只要输入简单指令即能得到大量信息。

(1)云计算的特点

①大规模、分布式。“云”一般具有相当的规模,一些知名的云供应商(如Google云计算、Amazon、IBM、微软、阿里等)也都拥能拥有上百万级的服务器规模。而依靠这些分布式的服务器所构建起来的“云”能够为使用者提供前所未有的计算能力。

②虚拟化。云计算都会采用虚拟化技术,用户并不需要关注具体的硬件实体,只需要选择一家云服务提供商,注册一个账号,登录到它们的云控制台,去购买和配置你需要的服务(如云服务器、云存储、CDN等),再为你的应用做一些简单的配置之后,你就可以让你的应用对外服务了,这比传统的在企业的数据中心去部署一套应用要简单方便得多。而且你可以随时随地通过你的PC或移动设备来控制你的资源,这就好像是云服务商为每一个用户都提供了一个IDC(Internet Data Center)一样。

③高可用性和扩展性。那些知名的云计算供应商一般都会采用数据多副本容错、计算节点同构可互换等措施来保障服务的高可靠性。基于云服务的应用可以持续对外提供服务(7×24小时),另外,“云”的规模可以通过动态伸缩来满足应用和用户规模增长的需要。

④按需服务,更加经济用户。可以根据自己的需要来购买服务,甚至可以按使用量来进行精确计费。这能大大节省IT成本,而资源的整体利用率也将得到明显的改善。

⑤安全。网络安全已经成为所有企业或个人创业者必须面对的问题,企业的IT团队或个人很难应对那些来自网络的恶意攻击,而使用云服务则可以借助更专业的安全团队来有效降低安全风险。

(2)云计算应用领域

①物联网。物联网是互联网的发展和延伸,由原来的人与人,人与物,发展到物与物的互联。物联网的运用和发展是科技进步、社会不断发展的产物,云计算在对信息进行处理和运用上,发挥着相当重要的作用。

②云安全。云安全(CloudSecurity)是一个由“云计算”演变而来的新词。云安全的构想策略是:使用者越多,每个使用者就相对越安全,这是因为如此庞大的用户群足以覆盖互联网的每一个角落,只要某个木马或某个新病毒一出现,立刻就会被发现并截获。

③云存储。云存储是指通过虚拟化、网格技术或分布式文件系统等技术功能，将网络中各种不同类型大量的硬件存储设备通过特定软件集合起来协同工作，共同对外提供数据存储和业务访问功能的系统。当云计算系统的主要工作是对大批量数据进行存储和管理时，云计算系统中就需要配置大量的存储设备，那么云计算系统就转身变成一个云存储系统，所以云存储是一个以数据存储和管理为核心的云计算系统。

④云游戏。云游戏是以云计算为技术支撑基础的一种游戏方式，在云游戏的运行模式环境下，所有游戏都在服务器端运行，并将实时渲染完毕后的游戏画面经压缩后通过网络传送给游戏用户。在客户端，用户的游戏设备不需要更换任何高端处理设备，只需要具备基本的视频解压能力就可以得到视觉效果顶尖的游戏画面。

⑤云计算。从技术上看，云计算与大数据的关系就像一枚硬币的正反面一样密不可分。大数据必然无法用单一的计算机进行处理，必须采用分布式计算架构体系。它的特色在于对海量数据的深刻挖掘，但它必须依托云计算的分布式处理技术、分布式数据库管理、云存储技术和虚拟化技术。

在云计算的应用方面，从全球市场来看，主要是亚马逊 AWS，微软 Azure，谷歌 GCE，IBM 的 Softlayer 以及阿里云，其中从云计算服务的市场规模来看，亚马逊无疑是该领域最强的云计算服务商。虽然，相比于微软、谷歌技术研究领域比较弱。但是，亚马逊在市场上具有暂时的胜利，其最大的竞争优势在于其丰富的细分产品和它的应用市场，AWS 一家独占了云计算全球超过 50%的市场份额。

从国内来看，国内的云计算起步较晚，阿里云算是占得先机，目前，阿里云在国内的云计算领域是绝对的巨头，IaaS 层面的市场占有率超过 50%，紧随其后，国内的其他云计算产品有中国电信的天翼云，腾讯的腾讯云，联通的沃云及华为的华为云。

(3)云计算发展面临的挑战

当前尽管云计算模式具有许多优点，但是也存在的一些问题，如数据隐私问题、安全问题、软件许可证问题、网络传输问题等。

数据隐私问题：如何保证存放在云服务提供商的数据隐私，不被非法利用，不仅需要技术的改进，也需要法律的进一步完善。

数据安全性：有些数据是企业的商业机密，数据的安全性关系到企业的生存和发展。云计算数据的安全性问题解决不了会影响云计算在企业中的应用。

用户使用习惯：如何改变用户的使用习惯，使用户适应网络化的软硬件应用是长期而艰巨的挑战。

网络传输问题：云计算服务依赖网络，目前网速低且不稳定，使云应用的性能不高。云计算的普及依赖网络技术的发展。

4)区块链

区块链(Blockchain)是一种分布式共享数据库(数据分布式储存和记录)，利用去中心化和去信任方式集体维护一本数据簿的可靠性的技术方案。该方案要让参与系统中的任意多个节点，通过一串使用密码学方法相关联产生的数据块(即区块，block)，每个数据块中都包含了一定时间内的系统全部信息交流的数据，并生成数据“密码”用于验证其信息的有效性和链接下一个数据库块。

区块链系统根据应用场景和设计体系的不同，一般分为三类：公有链、联盟链和专有链。其中，公有链的各个节点可以自由加入和退出网络，并参加链上数据的读写，运行时以扁平的拓扑结构互联互通，网络中不存在任何中心化的服务端节点。联盟链的各个节点通常有与之对应的实体机构组织，通过授权后才能加入与退出网络。各机构组织组成利益相关的联盟，共同维护区块链的健康运转。专有链的各个节点的写入权限收归内部控制，而读取权限可视需求有选择性地对外开放。专有链仍然具备区块链多节点运行的通用结构，适用于特定机构的内部数据管理与审计。

(1) 区块链的特点

区块链具有去中心化、时序数据、集体维护、可编程和安全可信等特点。

去中心化：区块链数据的验证、记账、存储、维护和传输等过程均是基于分布式系统结构，采用纯数学方法而不是中心机构来建立分布式节点间的信任关系，从而形成去中心化的可信任的分布式系统。

时序数据：区块链采用带有时间戳的链式区块结构存储数据，从而为数据增加了时间维度，具有极强的可验证性和可追溯性。

集体维护：区块链系统采用特定的经济激励机制来保证分布式系统中所有节点均可参与数据区块的验证过程（如比特币的“挖矿”过程），并通过共识算法来选择特定的节点将新区块添加到区块链。

可编程：区块链技术可提供灵活的脚本代码系统，支持用户创建高级的智能合约、货币或其他去中心化应用。

安全可信：区块链技术采用非对称密码学原理对数据进行加密，同时借助分布式系统各节点的工作量证明等共识算法形成的强大算力来抵御外部攻击、保证区块链数据不可篡改和不可伪造，因而具有较高的安全性。

因为区块链有着以上的一些特点，所以和传统的中心化系统相比，区块链系统有着自己独特的优势。

(2) 区块链的应用场景

区块链技术不仅可以成功应用于数字加密货币领域，同时在经济、金融和社会系统中也存在广泛的应用场景。根据区块链技术应用的现状，本文将区块链目前的主要应用笼统地归纳为数字货币、数据存储、数据鉴证、金融交易、资产管理和选举投票共六个场景。

①数字货币。以比特币为代表，本质上是由分布式网络系统生成的数字货币，其发行过程不依赖特定的中心化机构。

②数据存储。区块链的高冗余存储、去中心化、高安全性和隐私保护等特点使其特别适合存储和保护重要隐私数据，以避免因中心化机构遭受攻击或权限管理不当而造成的大规模数据丢失或泄露。

③数据鉴证。区块链数据带有时间戳、由共识节点共同验证和记录、不可篡改和伪造，

这些特点使得区块链可广泛应用于各类数据公证和审计场景。例如,区块链可以永久地安全存储由政府机构核发的各类许可证、登记表、执照、证明、认证和记录等。

④金融交易。区块链技术与金融市场应用有非常高的契合度。区块链可以在去中心化系统中自发地产生信用,能够建立无中心机构信用背书的金融市场,从而在很大程度上实现了"金融脱媒";同时利用区块链自动化智能合约和可编程的特点,能够极大地降低成本和提高效率。

⑤资产管理。区块链能够实现有形和无形资产的确权、授权和实时监控。无形资产管理方面已经广泛应用于知识产权保护、域名管理、积分管理等领域;有形资产管理方面则可结合物联网技术形成"数字智能资产",实现基于区块链的分布式授权与控制。

⑥选举投票。区块链可以低成本高效地实现政治选举、企业股东投票等应用,同时基于投票可广泛应用于博彩、预测市场和社会制造等领域。

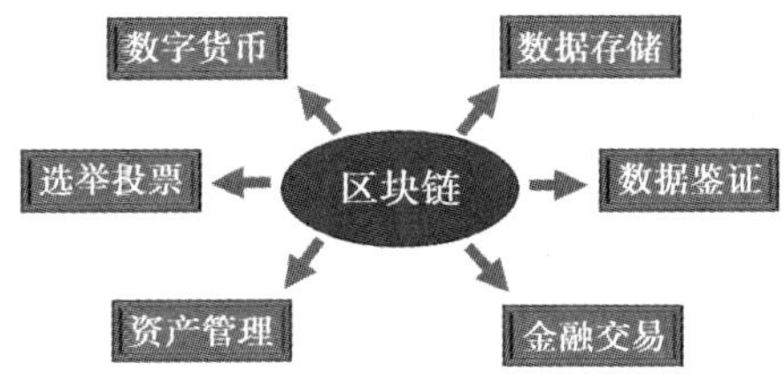

图 2-5　区块链的应用场景

目前,在国内的区块链应用领域中,首先肯定是比特币行业较为成熟,在比特币市场,比特大陆科技有限公司占有很大的市场,除了比特币,在其他的领域,也有很多的区块链产品和场景出现,比如中国平安通过区块链技术进行资产交易和征信,银联的跨行积分兑换系统也是基于区块链技术,京东的数字票据和 ABS 云,蚂蚁金服的区块链公益平台,以及百度的战略投资 Circle,都是国内比较有影响力的区块链应用。

(3)区块链发展面临的挑战

虽然区块链处于技术和行业高速发展的阶段,但也显现出了不少问题。其中,有些问题对区块链行业的发展会产生非常不利的影响:一是尚未建立统一的标准,这极易造成在涉及区块链的项目谈判、实施过程中出现问题,更谈不上区块链的大规模推广和应用。二是衍生市场混乱,目前市场上出现了大量涉嫌打着数字货币旗号进行传销、诈骗、非法集资的假数字货币,这些假数字货币,除给广大投资者带来经济损失之外,也让区块链技术不明不白地背了黑锅,阻碍了区块链行业的正常有序发展。三是在技术快速发展的同时,技术的安全问题没有得到相应的关注。从原理上讲,区块链技术具有很高的安全性和可信性,然而在工程实现上和实际应用中,未必能达到期望的效果。四是监管难度空前,区块链技术采用"去中心化"的技术设计,避免了传统中心化经济系统结构中的诸多问题,但去中心化也意味着主体不明确,监管难以对主体进行有效控制。

5)人工智能

人工智能(Artificial Intelligence),英文缩写为 AI。它是研究、开发用于模拟、延伸和扩

展人的智能的理论、方法、技术及应用系统的一门新的技术科学，它的目标就是用机器去实现所有目前必须借助人类智慧才能实现的任务。

人工智能是计算机科学的一个分支，它企图了解智能的实质，并生产出一种新的能以人类智能相似的方式做出反应的智能机器，该领域的研究包括机器人、语言识别、图像识别、自然语言处理和专家系统等。人工智能从诞生以来，理论和技术日益成熟，应用领域也不断扩大，可以设想，未来人工智能带来的科技产品，将会是人类智慧的“容器”。人工智能可以对人的意识、思维的信息过程进行模拟。人工智能不是人的智能，但能像人那样思考，也可能超过人的智能。

经过超过半个世纪的发展，人工智能已经度过了简单地模拟人类智能的阶段，发展为研究人类智能活动的规律，构建具有一定智能的人工系统或硬件，以使其能够进行需要人的智力才能进行的工作，并对人类智能进行拓展的学科，就像上文提到的那样，它是一门交叉发展的综合学科。

虽然人工智能是一门涉及众多领域的尖端学科，但是从应用的技术上看，人工智能技术主要有着四个分支。

①模式识别。模式识别是指对表征事物或者现象的各种形式(数值、文字、逻辑关系等)信息进行处理分析，以及对事物或者现象进行描述分析分类解释的过程，例如汽车车牌号的辨识，在模式识别的过程中，以图像处理分析技术为主的一类技术是它的核心。

②机器学习。机器学习是研究计算机如何去模拟或者实现人类的学习行为的一门学科，通过对人类学习行为的模拟，以获取新的知识或者技能，重新组织已有的知识结构，实现不断完善自身性能的目标，达到操作者的特定要求。

③数据挖掘。数据挖掘的兴起得益于大数据和云计算技术的发展，全新的数据结构和数据处理方式使得数据价值的实现有了新的目标。数据挖掘就是依靠算法搜索在海量的数据中挖掘出有用的信息，应用于市场分析、科学探索、疾病预测等各个领域。

④智能算法。智能算法是人工智能领域的核心，前三种技术分支都是人工智能的应用技术领域，而智能算法是前三种分支的重要基础，其研究目标就是计算机在处理和解决问题时的一些特定模式算法，我们可以将其理解为计算机的思维方式。

(1)人工智能的核心技术

人工智能的核心技术，由三个部分组成，分别是以云计算为代表的计算机发展带来的庞大计算能力，以大数据为代表的数据采集和处理，以及以深度学习算法为代表的机器学习的发展。

第一，人工智能对计算能力的要求很高，而以前研究人工智能的科学家往往受限于单机计算能力，需要对数据样本进行裁剪，让数据在单台计算机里进行建模分析，导致模型的准确率降低。伴随着云计算技术和芯片处理能力的迅速发展，可以利用成千上万台的机器进行并行计算，尤其是 GPU、FPGA 以及人工智能专用芯片(如 Google 的 TPU)的发展为人工智能落地奠定了基础计算能力，使得使用类似于人类的深层神经网络算法模型的人工智能应用成为现实。

第二,伴随着互联网的飞速发展,在线数据变得异常丰富,多来源、实时、大量、多类型的数据可以从不同的角度对现实进行更为逼近真实的描述,而利用深度学习算法可以挖掘数据之间的多层次关联关系,为人工智能应用奠定了数据源基础。正如阿里巴巴集团技术委员会主席王坚博士的观点所述,人工智能是互联网驱动下的一个重要领域,能够发展到今天,不是靠着自身内部的驱动力,而是因为互联网在不断完善,数据变的随处可得,因此,人工智能的进步来源于互联网基础设施的不断进步,离开互联网孤立地来看人工智能是没有意义的。

第三,算法的发展尤其是 Geoffrey Hinton 教授 2006 年发表的论文,开启了深度学习在学术界和工业界的浪潮,以人工神经网络(ANN)为代表的深度学习算法成为人工智能应用落地的核心引擎。

计算能力,数据及算法三者相辅相成、相互依赖、相互促进,使得人工智能有机会从专用的技术变为通用的技术,融入各行各业之中。

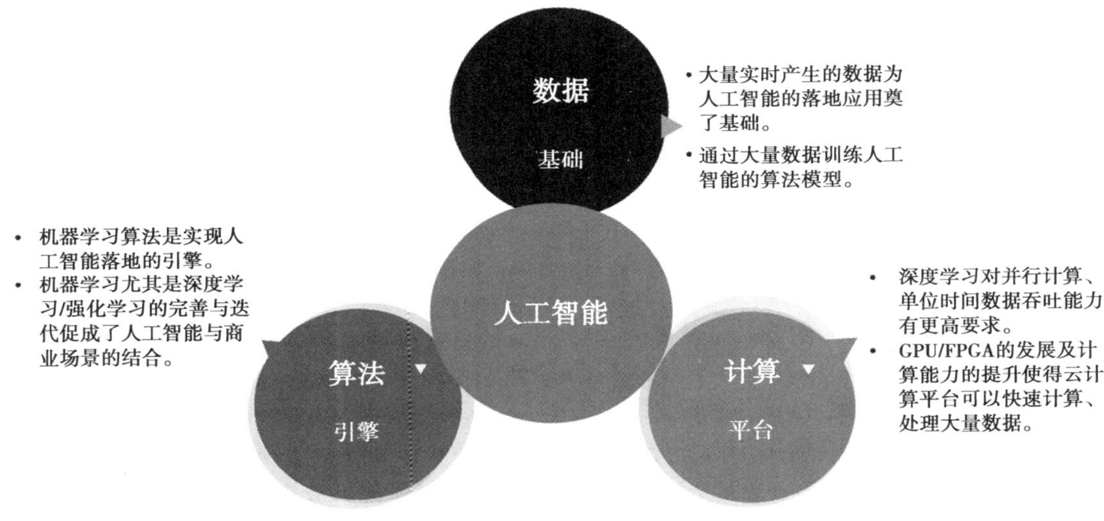

图 2-6 人工智能的核心技术

(2)人工智能的应用

目前,人工智能的快速发展使其已经渗透到了诸多领域当中,其主要的应用领域包括计算机视觉、自然语言处理、智能机器人等。

①计算机视觉领域。计算机视觉领域主要是指利用现今快速发展的计算机技术对人类的视觉系统进行模拟,使其具有确定物体位置、运动状态以及识别物体的功能,以此代替人类的眼睛。一般情况下,计算机视觉领域对人工智能技术的应用需要经过三个步骤,即检测目标、识别目标、识别行为。现阶段,人工智能在计算机视觉领域的应用比较典型的应该为人脸识别系统、瞳孔识别系统和指纹识别系统。此外,人工智能在计算机视觉领域的物体场景识别方面并不具有比较成熟的技术和系统,主要由于物体的种类具有复杂的多样性,虽然可以利用人工智能技术进行物体外貌、特征的识别,但是并不具有较高准确性,因而仍旧需要对人工智能视觉技术在物体准确且精确地区分方面开展更加深入的研究。

②自然语言处理领域。自然语言处理领域属于人工智能应用领域的重要组成部分,占有十分重要的应用位置,主要研究的内容为人机可以通过自然语言实现有效的互动,主要应用的为自然语言信息处理技术。现阶段,人工智能自然语言信息处理技术主要体现为语言工程、数据处理和语言学等,比较典型的应用领域则包括客服服务、机器人聊天、机器同声传译等。自然语言识别技术现已经具有较高的成熟度,基本上具有 95%以上的自然语言准确识别率,百度、科大讯飞企业等知名企业对该技术均进行了积极且有效的应用。由 OpenAI 团队提出的 ChatGPT 可以追溯到 2018 年,当时 OpenAI 发布了一篇名为《Improving Language Understanding with Unsupervised Learning》的论文,介绍了一种新的自然语言处理模型 GPT(Generative Pre-trained Transformer)。该模型采用了无监督学习的方式进行训练,通过大规模的语料库自动学习自然语言的模式和规律,进而生成各种自然语言文本,如文章、对话等。它使用了一个深度神经网络,以前面给定的对话内容为基础,在加入多个层级的上下文信息后生成回复,从而实现人机对话的自然流畅性。随着深度学习技术的不断发展和优化,OpenAI 不断改进和扩展 GPT 模型,推出了一系列版本,如 GPT-3、GPT-3.5、GPT-4 等,在知识搜索、语音生成、语言翻译、文本摘要、自动写作等方面流行应用。

③智能机器人领域。智能机器人主要是指通过人类进行操控,但实际其自身具有比较发达的“大脑”,能够进行独立性的自我控制的机器人。在智能机器人当中主要包括了感觉要素,用于对外部的环境进行识别,也包括了运动要素,以便与外部环境产生有效的互动。此外,智能机器人当中也包括了思考要素,以便对所接收到的外部信息进行处理,进而采取准确的回应。现阶段,服务机器人、工业机器人等均已经得到了一定的应用,未来也会具有比较广阔的应用市场和发展空间,主要原因在于其能够为人类的生活创造较大便利性。

目前,我国起步较早、技术较为成熟的人工智能技术公司主要以百度、阿里巴巴和腾讯三家互联网企业为代表(以下简称“BAT”)。BAT 不仅开展人工智能技术的基础性研究工作,而且本身具备强大的智能金融应用场景,因此处于人工智能金融生态服务的顶端。阿里巴巴旗下的蚂蚁金服在人工智能金融领域的应用最为深化。蚂蚁金服已将人工智能运用于互联网小贷、保险、征信、智能投顾、客户服务等多个领域。根据蚂蚁金服公布的数据,网商银行在“花呗”与“微贷”业务上,使用机器学习把虚假交易率降低了近 10 倍;基于深度学习的 OCR 系统使支付宝证件校核时间从 1 天缩短到 1 秒,同时提升了 30%的通过率。此外,蚂蚁金服联合华为、三星等共同发起了互联网金融身份认证联盟(IFAA),现已成为国内市场上支持设备与用户最多的互联网金融身份认证行业标准。

除 BAT 等金融智能生态企业外,一些传统金融机构、金融科技公司在人工智能领域加大投入,在人工智能的垂直细分领域得到了快速发展。同花顺、网信集团、恒生电子、东方财富、东吴在线等金融科技公司开发的产品已应用于证券行业的智能投顾、量化交易等金融细分领域;第四范式、佳都科技、银之杰、科大讯飞的产品主要应用于风险管理、信用评估、远程开户、票据影像识别等方面。

(3)区块链发展面临的挑战

目前,人工智能发展中所面临的难题就研究解释和模拟人类智能、智能行为及其规律这

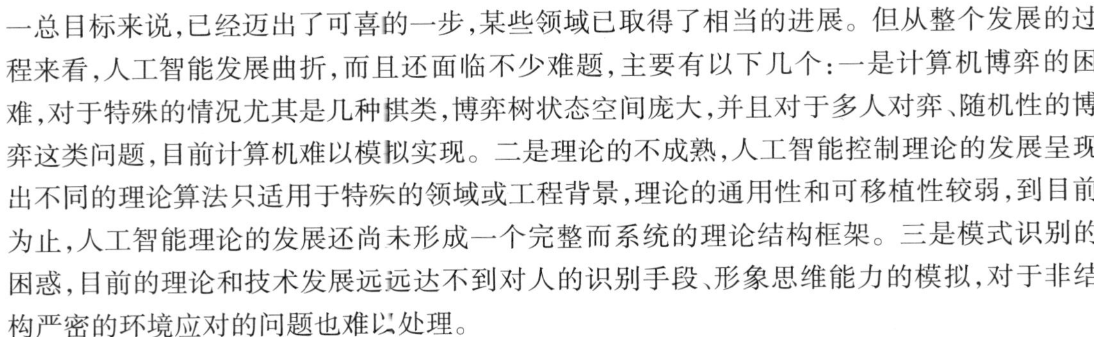

一总目标来说，已经迈出了可喜的一步，某些领域已取得了相当的进展。但从整个发展的过程来看，人工智能发展曲折，而且还面临不少难题，主要有以下几个：一是计算机博弈的困难，对于特殊的情况尤其是几种棋类，博弈树状态空间庞大，并且对于多人对弈、随机性的博弈这类问题，目前计算机难以模拟实现。二是理论的不成熟，人工智能控制理论的发展呈现出不同的理论算法只适用于特殊的领域或工程背景，理论的通用性和可移植性较弱，到目前为止，人工智能理论的发展还尚未形成一个完整而系统的理论结构框架。三是模式识别的困惑，目前的理论和技术发展远远达不到对人的识别手段、形象思维能力的模拟，对于非结构严密的环境应对的问题也难以处理。

参考文献

[1] XI W Z, WANG Y D. Digital financial inclusion and quality of economic growth[J]. Heliyon, 2023, 9(9): e19731.

[2] LI G H, LV X, HAN X. Digital financial inclusion and household debt in China[J]. Applied Economics Letters, 2023, 30(19): 2862-2866.

[3] AGUR I, ARI A, DELL'ARICCIA G. Designing Central Bank Digital Currencies[J]. CEPR Discussion Papers, 2019(1065): 1-41.

[4] Mehlkop Guido, Neumann Robert, Hermanni Hagen-von. Privacy and the acceptance of centralized digital currencies in the U.S., India and Germany[J]. Scientific Reports, 2023, 13: 8772.

[5] 颜卉，朱刚.区块链智能合约涉诈骗犯罪中数字货币的定性及价值衡量[J].人民检察，2022(18): 73-74.

[6] 赵磊.数字货币的类型化及其法律意义[J].学海，2022(5): 98-106.

[7] 邵怡敏，赵凡，王轶，等.基于区块链技术及应用的可视化研究综述[J].计算机应用，2023, 43(10): 3038-3046.

[8] YANG G Y, LIU X X, LI B X. Anti-money laundering supervision by intelligent algorithm[J]. Computers & Security, 2023, 132: 103344.

[9] 贾鹏飞.央行数字货币替代现金的经济影响[J].经济学家，2023(9): 66-76.

[10] 罗暘洋，王洁，李存金，等.第三方支付机构与商业银行双渠道风险传染机理研究[J].中国软科学，2023(5): 147-157.

[11] AL-SHARAFI M A, AL-QAYSI N, IAHAD N A, et al. Evaluating the sustainable use of mobile payment contactless technologies within and beyond the COVID-19 pandemic using a hybrid SEM-ANN approach[J]. Emerald, 2021(5): 1071-1095.

[12] 王思轩.区块链技术对支付结算的挑战与对策：以“技术治理”为视角[J].现代经济探讨，2020(1): 93-100.

[13] BIAN W L, JI Y, WANG P. The crowding-out effect of central bank digital currencies: A

simple and generalizable payment portfolio model[J]. Finance Research Letters, 2021, 43:102010.

[14] THAMMARAT C, KURUTACH W. A lightweight and secure NFC-base mobile payment protocol ensuring fair exchange based on a hybrid encryption algorithm with formal verification[J].International Journal of Communication Systems,2019,32(12):1-21.

[15] LIEBANA-CABANILLAS F, SINGH N, KALINIC Z, et al. Examining the determinants of continuance intention to use and the moderating effect of the gender and age of users of NFC mobile payments: a multi-analytical approach[J]. Information technology & management, 2021,22(2):133-161.

[16] HE Q, XUE Y. Research on the influence of digital finance on the economic efficiency of energy industry in the background of artificial intelligence[J]. Scientific Reports, 2023, 13(1):14984.

[17] GUPTA S, MODGIL S, CHOI T M, et al. Influences of artificial intelligence and blockchain technology on financial resilience of supply chains[J]. International Journal of Production Economics, 2023, 261:108868.

[18] JIAO H, WANG L D, YANG J F. Standing head and shoulders above others? Complementor experience-based design and crowdfunding success on digital platforms[J]. Technovation, 2023, 128:102871.

[19] GUO D, QI F Y, WANG R K, et al. How does digital inclusive finance affect the ecological environment? Evidence from Chinese prefecture-level cities[J]. Journal of Environmental Management, 2023, 342:118158.

[20] 杜晓宇,巴洁如.我国支付产业发展的现状、价值及挑战[N].金融时报,2023-08-28.

[21] 中国人民银行.2022 年支付体系运行总体情况[EB/OL].(2023-03-24)[2023-10-07].中国政府网.

[22] 艾瑞咨询.2022 年中国第三方支付行业研究报告[EB/OL].(2022-11-16)[2023-10-07].艾瑞网.

[23] 经济参考报.存量时代　银行卡竞争比拼“数字化”“精细化”[EB/OL].(2022-09-16)[2023-10-08].新华网.

[24] 董希淼.非银行支付服务市场垄断问题及治理初探[J].银行家,2021(4):30-33.

[25] 帅青红,李忠俊,彭岚,等.互联网金融[M].2 版.沈阳:东北财经大学出版社,2020.

[26] 宋爽,熊爱宗.数字货币全球治理的进展、挑战与建议[J].国际经贸探索,2022,38(9):96-112.

[27] 网络交易监督管理司.商务部发布 2022 年中国网络零售市场发展报告[EB/OL].(2023-03-03)[2023-10-08].国家市场监督管理总局网络交易监督管理司.

[28] 帅青红,李忠俊,张赟,等.电子商务基本原理[M].北京:清华大学出版社,2023.

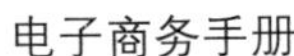
[29] OECD.Electronic and Mobile Commerce[R].Paris:OECD,2013.
[30] 覃征,等.电子商务学[M].北京:清华大学出版社,2022.
[31] 中国人民银行.支付结算办法[EB/OL].(1997-09-19)[2023-10-08].中华人民共和国中央人民政府官网.
[32] 中国人民银行.中国人民银行发布《征信业务管理办法》[EB/OL].(2021-10-01)[2023-03-29].中华人民共和国中央人民政府官网.
[33] 中国人民银行.中国人民银行关于支持外贸新业态跨境人民币结算的通知[EB/OL].(2022-06-16)[2023-10-08].中华人民共和国中央人民政府官网.
[34] 移动支付网.人民币跨境支付系统 CIPS 新增 1 家直接参与者、6 家间接参与者-移动支付网[EB/OL].(2022-11-02)[2023-10-08].移动支付网.
[35] 中国人民银行.中国数字人民币的研发进展白皮书[EB/OL].(2021-07-16)[2023-10-08].中华人民共和国中央人民政府官网.

第 3 章

农村电子商务

近年来，随着互联网技术的发展和普及，农村电商在中国迅速兴起，为农村经济发展提供了新的思路和模式，推动了农业供给侧结构性改革，促进了农业产业化、标准化、品牌化、质量化、绿色化、智能化的转型升级，提高了农业生产效率和农产品附加值，也为农村社会发展提供了新的动力和机遇。

3.1　本领域国内外研究前沿

农村电商作为推动乡村振兴战略的重要手段和有效途径，已经成为当前我国农业农村发展的新动力和新引擎。已有研究从不同角度和层面，对我国农村电商的定义、功能、存在问题、影响因素、发展建议等进行了综合分析和总结，为我国农村电商高质量发展提供了一定的理论参考和政策建议。

3.1.1　关于农村电商的定义

在当今时代，互联网和信息技术快速发展，农村电商应运而生，成为推动农村经济发展的重要途径。在相对滞后的农村地区，农村电商扮演着不可或缺的角色。从广义上讲，农村电商是指应用电子商务技术提升农村交易、生产、经营、管理及相关活动的效率和效果的过程。① 这些电子商务技术包括互联网技术、信息技术、大数据、人工智能、云计算等，涵盖了三农领域的各个方面。农村电商的服务范畴包括农产品网络交易市场、田园农家乐经济、乡村特色旅游等产业内容。经过一定时期的发展，农村电商在中国呈现出更贴切和更丰富的含义。武晓钊(2016)指出农村电商可理解为一种基于互联网和移动互联网，通过建设农村电商平台和农产品流通公共服务平台，实现内外部供应链、交易、信息、服务、金融、统计、预警等功能，以实现农村商贸体系的重构和升级。② 主要以面向城市销售农产品（农产品上

---

① 刘鲁川.电子商务概论[M].2 版.北京：清华大学出版社，2016.

② 武晓钊.农村电子商务与物流配送运营服务体系建设[J].中国流通经济，2016，30(8)：99-104.

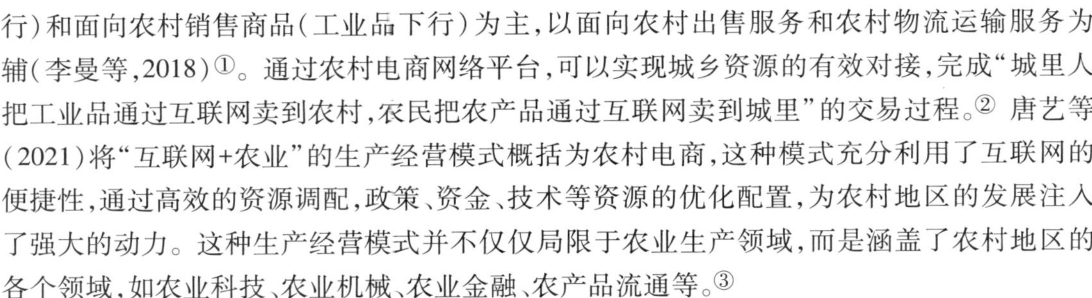

行）和面向农村销售商品（工业品下行）为主，以面向农村出售服务和农村物流运输服务为辅（李曼等，2018）①。通过农村电商网络平台，可以实现城乡资源的有效对接，完成“城里人把工业品通过互联网卖到农村，农民把农产品通过互联网卖到城里”的交易过程。② 唐艺等（2021）将“互联网+农业”的生产经营模式概括为农村电商，这种模式充分利用了互联网的便捷性，通过高效的资源调配，政策、资金、技术等资源的优化配置，为农村地区的发展注入了强大的动力。这种生产经营模式并不仅仅局限于农业生产领域，而是涵盖了农村地区的各个领域，如农业科技、农业机械、农业金融、农产品流通等。③

3.1.2 关于农村电商的功能

宋常迎等（2021）明确指出，农村电商作为一种现代化的商业模式，借助各种先进的信息科技和管理手段，通过市场化的运作方式，将农业产业与电子商务深度融合，形成一种商业集成体。这种集成体不仅能够帮助农民降低农业生产与运营成本，提高农产品的附加值，还能进一步扩大农产品的市场覆盖面，提高农村产业的经济效益。更为重要的是，这种模式的推行可以极大地促进城乡经济一体化发展，让广大农村居民享受到更为优质、便捷的商品和服务，从而真正实现惠及农村居民的目标。④ 王志辉等（2021）进一步指出，农村电商作为实现农村地区一、二、三产业融合发展的重要途径，正日益受到广泛关注。农村电商能够有效地缩短城乡差距，优化资源配置，促进农业产业升级，以及推动农村地区的经济发展。此外，农村电商还可以带动相关产业的发展，如物流、金融等，从而形成产业集群效应，推动农村经济的持续增长。⑤ 宫中怡、姜克银（2022）指出，农村电商发展是释放农村经济潜力的重要途径，在“溢出效应”带动下，会激励更多农村居民积极参与乡村振兴战略，最终实现乡村振兴良性循环发展。农村电商产业发展与乡村振兴之间具有内在耦合性，通过空间耦合及资源耦合作用，产生经济叠加效应，助力乡村振兴发展。⑥ 刘羽萌（2023）谈到实施乡村振兴战略以来，我国对农村电商行业的政策支持力度逐渐加大，农村电商市场的主体不断壮大，市场规模持续扩大。推动我国农村电商高质量发展有利于促进农村经济可持续发展、提高农产品市场竞争力、丰富农产品生产经营模式。⑦ 闫琼（2023）也指出，发展农村电商是释放农村经济潜力的重要途径，为促进乡村振兴注入了新鲜血液。乡村振兴和农村电商相互促进，通过空间耦合及资源耦合作用，产生经济叠加效应，最终实现农民增收，农村生产生活条件改善，农业产业化发展的良好格局。⑧ 王小莉则指出，农村电商已成为我国科技助力乡村振兴

---

① 李曼，李征坤，刘东阳.农村电商论［M］.北京：经济管理出版社，2018.

② 周畅.“互联网+”中农村电子商务的发展探讨［J］.智库时代，2019(35)：50，55.

③ 唐艺，刘昊，徐建奎.基于农村电商融资的创新思维模式研究：以江苏省沭阳县花木行业为例［J］.农业经济问题，2021，42(9)：97-105.

④ 宋常迎，郑少锋.农村电商产业集群对区域经济发展的协同效应及机制研究［J］.农业经济问题，2021(5)：2.

⑤ 王志辉，祝宏辉，雷兵.农村电商产业集群高质量发展：内涵、困境与关键路径［J］.农村经济，2021(3)：110-118.

⑥ 宫中怡，姜克银.农村电商助力乡村振兴发展研究［J］.农业经济，2022(11)：131-134.

⑦ 刘羽萌.乡村振兴视域下我国农村电商高质量发展研究［J］.山西农经，2023(16)：36-38.

⑧ 闫琼.乡村振兴背景下农村电商发展路径探究［J］.广东蚕业，2023，57(8)：101-103.

的重要力量，从助力农技推广、促进“工业产品下行”与“农产品上行”、加速土地流转、促进农业规模化与现代化、培养农村创业人才等多个视角，阐述农村电商在科技助力乡村振兴中的作用机制。①

一些学者基于实证研究也分析了农村电商的作用机制。比如，陈霏璐等（2022）以 2014—2019 年全国 31 个省份为样本，构建中介效应模型，对农村电商发展水平、农村人力资本和农民收入之间的作用逻辑进行研究，并对高经济发展地区和低经济发展地区进行异质性检验。结果表明：农村电商、农村人力资本均正向影响农民收入，对工资性收入的提升作用强于对经营性收入的提升作用，农村电商发展对低经济发展地区作用更加显著。② 余佳豪（2023）基于 2018—2022 年我国 30 个省（区，市）的面板数据，通过熵值法综合测算得到我国各省数字乡村发展水平总指数，利用双向固定效应模型实证检验了我国农村电商发展对数字乡村建设的影响效应和区域异质性。③ 郭伟良，黄泽珍（2023）基于中国 2017—2020 年省级面板数据，利用固定效应模型分析了我国农村电商发展对城镇居民收入的影响，发现农村电商发展水平对城镇居民收入具有显著的促进作用。④

3.1.3 关于农村电商的影响因素

刘俊杰等（2020）认为信息技术在农村地区的广泛应用是形成农村电商的基础。随着信息技术的不断发展，电子商务逐渐成为农村地区商业活动的重要形式之一。信息技术在农村电商中的应用，改变了传统农业商业运作的方式，提高了农业产业的效率，并且推动了农村经济的发展。⑤ 崔凯等（2018）指出，对于农村电商的发展来说，获取信息渠道的完善程度及市场需求程度有着至关重要的影响作用。完善的信息渠道可以提供准确的市场信息，帮助农民更好地把握市场需求，从而做出更明智的商业决策。同时，市场需求程度也是农村电商发展的关键因素之一。⑥ 杨路明等（2019）认为农产品电商中的农产品供应主要是由若干要素相互依赖、相互结合，从而形成的一个有机整体，并且贯穿农产品生产流通的全过程。各个要素之间相互协作、相互支持，形成了一个完整的供应链条。这一链条从农产品的生产、流通、销售等各个环节入手，实现了农产品供应的高效运作。同时，杨路明等还提出了农产品电商供应的八大要素：生产、科技、品牌、金融、物流、渠道、营销及运营。这些要素相互作用、相互促进，形成了完整的农产品电商供应体系。⑦ 另外，我国农村电商的发展受到多方面的影响和制约，其中最主要的是政府、平台和农民三个主体的作用。政府作为引导者和监管者，通过制定相关政策法规、提供资金支持、完善基础设施、加强培训教育等方式，为农

① 王小莉.农村电商助推科技振兴乡村作用机制研究[J].价格理论与实践，2023，(2)：166-169，204.

② 陈霏璐，刘昱麟，袁浩洋，等.农村电商对农民增收中介效应分析[J].合作经济与科技，2022(19)：88-91.

③ 余佳豪.农村电商发展对数字乡村建设的影响效应[J].河北农业大学学报(社会科学版)，2023，25(4)：118-126.

④ 郭伟良，黄泽珍.农村电商发展对城镇居民收入的影响[J].生产力研究，2023，(7)：106-110.

⑤ 刘俊杰，李超伟，韩思敏，等.农村电商发展与农户数字信贷行为：来自江苏“淘宝村”的微观证据[J].中国农村经济，2020(11)：97-112.

⑥ 崔凯，冯献.演化视角下农村电商“上下并行”的逻辑与趋势[J].中国农村经济，2018(3)：29-44.

⑦ 杨路明，施礼.农产品供应链中物流与电商的协同机制[J].中国流通经济，2019，33(11)：40-53.

村电商创造良好的外部环境和条件。平台作为服务者和协调者,通过提供技术支持、搭建交易平台、整合资源要素、促进产业融合等方式,为农村电商提供有效的内部机制和动力。农民作为参与者和受益者,通过提高自身素质、增强创新意识、拓展销售渠道、提升产品品质等方式,为农村电商提供稳定的供给基础和需求动力。

3.1.4 关于农村电商面临的挑战

我国农村电商的发展也面临着一些挑战。一方面,农村电商基础设施建设相对滞后,物流体系不完善,一些偏远地区的快递物流难以覆盖,导致商品配送时间长、成本高;另一方面,农村电商人才匮乏,缺乏专业的运营团队和技术人才,难以满足日益增长的消费者需求和产品质量提升的要求。阮晓文(2023)在分析江苏省苏北农村电商发展情况时,指出目前江苏省农村电商整体发展良好,苏北农村电商发展迅速,但在农产品品牌建设、物流基础设施、经营主体能力、人才和地方治理等方面还存在诸多瓶颈和挑战,①吴加权(2023)也指出,江苏省区域泰州市农村电商趋向内涵式发展,但其发展目标定位模糊,引发产业融合度不足、发展模式同质化等问题,影响着乡村振兴的引擎功效。② 陈临奇(2023)在谈到农村电商迎来了蓬勃发展的同时,也面临配套体系不完善、产业带动能力有待增强、消费潜力仍未释放等问题与挑战。③ 曾玲(2023)也同样看到了农村电商面临着农产品物流供应体系欠缺,专业人才匮乏,农产品品牌建设滞后,以及质量监管缺失等挑战。④ 员雯洁,黄镕川(2023)则从农村电商人才培养的方面分析了农村电商的问题,认为农村电商人才的培育面临着农村基础设施欠佳、农民思想观念落后、人才留存困难及校企供需错位等问题。⑤

3.1.5 关于农村电商的发展建议

高超民等(2018)认为农村电商的快速成长路径主要分为三个环节:首先,货源组织要结合当地特色产品及企业特点进行模式选择;其次,在销售交易环节要摆脱价格战、同质化经营,走品质、差异化路线,销售渠道要线上线下组合并进;最后,物流配送环节要做好前端工作,预防运输损失,后端售后服务也要跟上。依据研究结果,文章对农村电商成长路径提出相关建议。彭小珈等(2021)对农村电商经营效率研究进行了分析,认为农村淘宝店在纯技术效率方面要优于传统便利店,且大部分农村淘宝店仍处于规模报酬递增阶段;环境因素无论对农村淘宝店还是对传统便利店的经营都会起到促进作用,传统便利店受到的环境变量影响要小于农村淘宝店。研究建议以大数据研究为依据,制定适应农村电商经营效率最优的投入规模,结合各地的实际情况推广农村社会消费品零售的电商模式,适当增加经营性投

---

① 阮晓文.乡村振兴背景下苏北农村电商发展的瓶颈及对策[J].江苏农业科学,2023,51(18):259-264.

② 吴加权.乡村振兴视域下农村电商高质量发展的目标定位与路径选择:以江苏省泰州市为例[J].山西农经,2023(16):45-47.

③ 陈临奇.中国农村电商的创新实践经验、问题以及建议[J].智能社会研究,2023(1):147-156.

④ 曾玲.乡村振兴背景下农村电商高质量发展路径探讨[J].中国农业会计,2023,33(18):112-114.

⑤ 员雯洁,黄镕川.乡村振兴背景下农村电商人才培育路径探究[J].中国集体经济,2023,(24):28-31.

入，培育农村居民进行电商交易的消费习惯。① 严敏等（2022）对数字乡村建设对城乡商贸流通一体化融合发展赋能效应进行检验后，发现城镇化水平的提升以及人口规模和金融发展等要素能够助力城乡商贸流通一体化融合，而城乡居民收入差距的扩大不利于城乡商贸流通一体化的融合发展，最后基于《乡村建设行动实施方案》，从加快推进数字乡村建设、着力推动农村电商发展和增加农村居民收入视角提出了相关建议。②

总体上说，我国农村电商要实现高质量发展，需要从多个方面进行改进和创新。具体而言，可以从以下 4 个方面着手：一是加强顶层设计，完善政策法规体系，明确权责分工，形成政府引导、市场主导、社会参与的多元治理格局。二是推进数字化转型，利用大数据、云计算、物联网等新技术，提升信息化水平，优化运营管理，增强市场竞争力。三是培育产业集群，打造特色品牌，促进农村电商与农业、旅游、文化等产业的深度融合，形成区域特色和优势。四是加强人才培养，建立多层次、多渠道、多形式的教育培训体系，提高农村电商从业者的专业技能和职业素养。

综上所述，我国农村电商在乡村振兴战略的推动下，取得了显著的发展成效，但也面临着不少的发展困境。要实现农村电商高质量发展，需要政府、平台和农民等多方主体共同努力，从完善制度、推进技术、培育品牌、加强人才等方面入手，构建农村电商发展的新格局，为乡村振兴战略的实施贡献力量。我国农村电商市场规模将持续扩大，我们应当把握机遇、迎接挑战，加强政策引导和支持，推动农村电商高质量发展，为促进乡村振兴和城乡融合发展作出更大的贡献。

3.2 本领域的重要科学研究问题

3.2.1 农村电商的相关概念

农村电商，是农村电子商务的简称。它是我国经济地理格局不均衡、城乡二元发展结构等国情的产物，是具有中国特色的概念。显然，农村电商概念是依据经济地理而不是依据主营商品来定义的，农村电商不仅经营本地农产品和制成品（农产品上行），也经营城市的工业品及其他区域的商品（工业品下行）。

1998 年，联合国经济和发展组织（OEDC）在相关报告中提出了经典的电子商务概念，主要是指发生在开放网络上的包含企业之间（business to business）、企业和消费者（business to consumer）之间的商业交易。

2001 年，《中国电子商务蓝皮书》正式发布，将电子商务定义为通过电子方式进行货物和服务的生产、销售、买卖和传递。这一定义基本与世界贸易组织（WTO）一致。

① 彭小珈，周发明．农村电商经营效率研究：基于消费品下行的模型分析［J］．农业技术经济，2018（12）：111-118．

② 严敏，嵇正龙．数字乡村建设对城乡商贸流通一体化融合发展赋能效应检验：以农村电商发展为中介变量［J］．商业经济研究，2022（24）：105-108．

2019 年 1 月 1 日，历时五年四次审议的中国《电子商务法》正式实施。《电子商务法》专门设立了“电子商务促进”章节，明确了国家发展电子商务的重点方向。其中，农村电商和电商扶贫成为促进的重点。

3.2.2 农村电商相关支持政策

互联网发展深刻地影响着我们的行为和思维模式，而基于互联网的电子商务，也以惊人的速度在世界、在中国迅猛发展，并极大地改变了原有的经济发展模式和传统的经济增长方式。中国是农业大国，电商在农村市场具有很大的发展空间，农村的经济发展有利于提高我国大国农业竞争力，如何推动互联网与农业之间的有效连接，大力发展“互联网+农业”则成为改变传统农业的发展模式以及推动农业现代化发展的重要途径，并最终促进农业增效、农民增收及农村繁荣。

近年来，我国政府在农村电商政策支持方面保持了较好的连续性与稳定性，从 2010 年中央一号文件提及大力发展电子商务等现代流通方式后，后续年份几乎每年都强调发展农村电子商务，且内容不断深化和发展。在中央一号文件的指导下，国家及各级相关部委密集颁布农村电商相关文件，保持了较好的连续性和稳定性，这些政策建议为农村电商发展提供了资金基础、人才基础、设施基础、产品基础、环境基础、政策基础，以推动农村电商持续、健康地发展，进一步完善了农村电商政策体系。

2010 年的中央一号文件提出要大力开拓农村市场。针对经济发展和农民生产生活需要，适时出台刺激农村消费需求的新办法新措施。加大家电、汽车、摩托车等下乡实施力度，大幅度提高家电下乡产品最高限价，对现行限价内的产品继续实行 13%的补贴标准，超出限价的实行定额补贴，允许各省（自治区、直辖市）根据本地实际增选一个品种纳入补贴范围，补贴对象扩大到国有农林场（区）职工。改善售后服务，加强市场监管，严禁假冒伪劣产品流入农村。大力发展物流配送、连锁超市、电子商务等现代流通方式，支持商贸、邮政等企业向农村延伸服务，建设日用消费品、农产品、生产资料等经营网点，继续支持供销合作社新农村现代流通网络工程建设，提升“万村千乡”超市和农家店服务功能质量。鼓励农村金融机构对农民建房、购买汽车和家电等提供消费信贷，加大对兴办农家店的信贷投放。

2012 年的中央一号文件提出要创新农产品流通方式。充分利用现代信息技术手段，发展农产品电子商务等现代交易方式。探索建立生产与消费有效衔接、灵活多样的农产品产销模式，减少流通环节，降低流通成本。大力发展订单农业，推进生产者与批发市场、农贸市场、超市、宾馆饭店、学校和企业食堂等直接对接，支持生产基地、农民专业合作社在城市社区增加直供直销网点，形成稳定的农产品供求关系。扶持供销合作社、农民专业合作社等发展联通城乡市场的双向流通网络。开展“南菜北运”“西果东送”现代流通综合试点。开展农村商务信息服务，举办多形式、多层次的农产品展销活动，培育具有全国性和地方特色的农产品展会品牌。

2013 年的中央一号文件提出要大力培育现代流通方式和新型流通业态，发展农产品网上交易、连锁分销和农民网店，这些新型流通业态的发展不仅有助于提高农产品的质量安全水平、扩大农产品的销售范围，而且能推动农村经济的快速发展和繁荣。

2014 年的中央一号文件提出要加强农产品市场体系建设。着力加强促进农产品公平交易和提高流通效率的制度建设，加快制定全国农产品市场发展规划，落实部门协调机制，加强以大型农产品批发市场为骨干、覆盖全国的市场流通网络建设，开展公益性农产品批发市场建设试点。健全大宗农产品期货交易品种体系。加快发展主产区大宗农产品现代化仓储物流设施，完善鲜活农产品冷链物流体系。支持产地小型农产品收集市场、集配中心建设。完善农村物流服务体系，推进农产品现代流通综合示范区创建，加快邮政系统服务“三农”综合平台建设。实施粮食收储、供应安全保障工程。启动农村流通设施和农产品批发市场信息化提升工程，加强农产品电子商务平台建设。加快清除农产品市场壁垒。

2015 年的中央一号文件提出“支持电商、物流、商贸、金融等企业参与涉农电子商务平台建设，开展电子商务进农村综合示范”的指导意见。乡村振兴战略下的农村电商的发展对整合农村区域自然资源要素、促进农村产业升级、带动农村劳动人口就业产生了巨大的积极影响力。农村电商成为乡村经济发展的重要助推器，成为解决农村脱贫攻坚、促进产业兴旺、实现生活富裕的有力突破点，成为乡村振兴的重要引擎。

国务院在 2015 年 7 月 4 日印发的《关于积极推进“互联网+”行动的指导意见》将“互联网+”现代农业列入 11 项重点行动中，并指示要让农业搭上“互联网+时代”的便车，大力提高农业在生产经营全过程中的水平。

商务部等中央 19 部委于 8 月下发的《关于加快发展农村电子商务的指导意见》从 5 个方面提出 18 条具体意见和五大配套工程；农业部、国家发展改革委、商务部于 9 月下发《推进农业电子商务发展行动计划》，从 5 个方面提出 20 项推进农业电子商务的专项行动；国务院扶贫办也加快了电商扶贫的试点，共青团中央与商务部共同推进实施青年电商培育工程，供销总社的全国性涉农电商平台也于 9 月底上线试运行。

国务院在 2015 年 11 月 9 日发布的《关于促进农村电子商务加快发展的指导意见》中指出：农村电子商务是农业发展方式的重要手段和精准扶贫的重要载体，要大力将农村电子商务与实体经济发展融合在一起，来推动三农建设。农村电商将是未来农村经济发展的新兴业态，如何发展好农村电子商务，攸关着国家发展社会主义新农村建设这一重大举措的进度。

2016 年，中央一号文件提出，要加强农产品流通设施和市场建设。健全统一开放、布局合理、竞争有序的现代农产品市场体系，在搞活流通中促进农民增收。加快农产品批发市场升级改造，完善流通骨干网络，加强粮食等重要农产品仓储物流设施建设。完善跨区域农产品冷链物流体系，开展冷链标准化示范，实施特色农产品产区预冷工程。推动公益性农产品市场建设。支持农产品营销公共服务平台建设。开展降低农产品物流成本行动。促进农村电子商务加快发展，形成线上线下融合、农产品进城与农资和消费品下乡双向流通格局。加快实现行政村宽带全覆盖，创新电信普遍服务补偿机制，推进农村互联网提速降费。加强商贸流通、供销、邮政等系统物流服务网络和设施建设与衔接，加快完善县乡村物流体系。实施“快递下乡”工程。鼓励大型电商平台企业开展农村电商服务，支持地方和行业健全农村

电商服务体系。建立健全适应农村电商发展的农产品质量分级、采后处理、包装配送等标准体系。深入开展电子商务进农村综合示范。加大信息进村入户试点力度。要在“互联网+”现代农业的浪潮下，大力发展农村电子商务。同年，农业部办公厅发布了关于印发《农业电子商务试点方案》的通知。

2017 年，中央一号文件提出要加强农业供给侧结构性改革，逐步完善农业供给体系以促进电商发展，让农产品经营者、中间商与物流、电商企业充分沟通、交易，推动线上与线下的互动发展。从平台建设、物流配送、电商标准以及品牌培育等方面，全面勾勒出了中国农村电商行业的整体发展方向。

2017 年 8 月，《国务院关于积极推进“互联网+”行动的指导意见》指出积极发展农村电子商务。开展电子商务进农村综合示范，支持新型农业经营主体和农产品、农资批发市场对接电商平台，积极发展以销定产模式。完善农村电子商务配送及综合服务网络，着力解决农副产品标准化、物流标准化、冷链仓储建设等关键问题，发展农产品个性化定制服务。开展生鲜农产品和农业生产资料电子商务试点，促进农业大宗商品电子商务发展。

2017 年 8 月，商务部、农业部为大力促进农村电商的发展，联合发布《关于深化农商协作大力发展农产品电子商务的通知》，提出了十项重点任务，要求建立农村电商基地，搭建农产品电商供应链，促进农产品销售，培育农业农村品牌，推动农业转型升级，最终达到带领农民脱贫增收的目的。

2018 年的中央一号文件再次强调指出，要鼓励基于互联网的新型农业产业发展模式，推进“电商进农村”综合示范的深入实施，这个进一步为我国农村电商发展指明了方向。

2018 年 3 月，《2018 年农业部网络安全与信息化工作要点》一文指出，要加强“互联网+”现代农业等的推行，加快农业电子商务发展进程，保证农产品线上市场的畅通。

2018 年 5 月，财政部办公厅、商务部办公厅、扶贫办综合司联合发布《关于开展 2018 年电子商务进农村综合示范工作的通知》，强调“贯彻落实改进考核评估体制、更多地体现省负总责的新精神新要求，强化支出责任，推动地方因地制宜开展工作”。

2019 年的中央一号文件指出要实施数字乡村战略。深入推进“互联网+农业”，扩大农业物联网示范应用。推进重要农产品全产业链大数据建设，加强国家数字农业农村系统建设。继续开展电子商务进农村综合示范，实施“互联网+”农产品出村进城工程。全面推进信息进村入户，依托“互联网+”推动公共服务向农村延伸。同年，国务院扶贫办综合司会同商务部办公厅、财政部办公厅印发《关于开展 2019 年电子商务进农村综合示范工作的通知》。

2019 年 2 月，中共中央办公厅、国务院办公厅印发《关于促进小农户和现代农业发展有机衔接的意见》支持小农户发展康养农业、创意农业、休闲农业及农产品初加工、农村电商等，延伸产业链和价值链。开展电商服务小农户专项行动。深化电商扶贫频道建设，开展电商扶贫品牌推介活动，推动贫困地区农特产品与知名电商企业对接。合理配置集贸市场、物流集散地、农村电商平台等设施。

2020 年是我国完成全面建成小康社会目标的实现之年，也是实现全面打赢脱贫攻坚战的收官之年。发展富民乡村产业是完成乡村振兴战略的重要任务，农村电商是促进乡村产业发展的重要途径。

在2020年中央一号文件明确提出要大力促进农村电商发展规模，发展富民乡村产业。支持各地立足资源优势打造各具特色的农业全产业链，建立健全农民分享产业链增值收益机制，形成有竞争力的产业集群，推动农村一二三产业融合发展。加快建设国家、省、市、县现代农业产业园，支持农村产业融合发展示范园建设，办好农村“双创”基地。重点培育家庭农场、农民合作社等新型农业经营主体，培育农业产业化联合体，通过订单农业、入股分红、托管服务等方式，将小农户融入农业产业链。继续调整优化农业结构，加强绿色食品、有机农产品、地理标志农产品认证和管理，打造地方知名农产品品牌，增加优质绿色农产品供给。有效开发农村市场，扩大电子商务进农村覆盖面，支持供销合作社、邮政快递企业等延伸乡村物流服务网络，加强村级电商服务站点建设，推动农产品进城、工业品下乡双向流通。强化全过程农产品质量安全和食品安全监管，建立健全追溯体系，确保人民群众“舌尖上的安全”。引导和鼓励工商资本下乡，切实保护好企业家合法权益。制定农业及相关产业统计分类并加强统计核算，全面准确反映农业生产、加工、物流、营销、服务等全产业链价值。2020年2月，商务部办公厅和财政部办公厅联合出台《积极发展农村电子商务拓宽农产品销售渠道工作督查激励措施实施办法》。

2021年的中央一号文件提出要全面促进农村消费。加快完善县乡村三级农村物流体系，改造提升农村寄递物流基础设施，深入推进电子商务进农村和农产品出村进城，推动城乡生产与消费有效对接。促进农村居民耐用消费品更新换代。加快实施农产品仓储保鲜冷链物流设施建设工程，推进田头小型仓储保鲜冷链设施、产地低温直销配送中心、国家骨干冷链物流基地建设。完善农村生活性服务业支持政策，发展线上线下相结合的服务网点，推动便利化、精细化、品质化发展，满足农村居民消费升级需要，吸引城市居民下乡消费。

2022年的中央一号文件提出要持续推进农村一二三产业融合发展。鼓励各地拓展农业多种功能、挖掘乡村多元价值，重点发展农产品加工、乡村休闲旅游、农村电商等产业。支持农业大县聚焦农产品加工业，引导企业到产地发展粮油加工、食品制造。推进现代农业产业园和农业产业强镇建设，培育优势特色产业集群，继续支持创建一批国家农村产业融合发展示范园。实施乡村休闲旅游提升计划。支持农民直接经营或参与经营的乡村民宿、农家乐特色村（点）发展。将符合要求的乡村休闲旅游项目纳入科普基地和中小学学农劳动实践基地范围。实施“数商兴农”工程，推进电子商务进乡村。促进农副产品直播带货规范健康发展。开展农业品种培优、品质提升、品牌打造和标准化生产提升行动，推进食用农产品承诺达标合格证制度，完善全产业链质量安全追溯体系。加快落实保障和规范农村一二三产业融合发展用地政策。

党的二十大报告中指出：“全面建设社会主义现代化国家，最艰巨最繁重的任务仍然在农村。坚持农业农村优先发展，坚持城乡融合发展，畅通城乡要素流动。加快建设农业强国，扎实推动乡村产业、人才、文化、生态、组织振兴。”习近平总书记同时指出：“电商不仅可以帮助群众脱贫，而且还能助推乡村振兴，大有可为。”

2023年的中央一号文件提出要加快发展现代乡村服务业。全面推进县域商业体系建设。加快完善县乡村电子商务和快递物流配送体系,建设县域集采集配中心,推动农村客货邮融合发展,大力发展共同配送、即时零售等新模式,推动冷链物流服务网络向乡村下沉。发展乡村餐饮购物、文化体育、旅游休闲、养老托幼、信息中介等生活服务。鼓励有条件的地区开展新能源汽车和绿色智能家电下乡。

培育乡村新产业新业态。继续支持创建农业产业强镇、现代农业产业园、优势特色产业集群。支持国家农村产业融合发展示范园建设。深入推进农业现代化示范区建设。实施文化产业赋能乡村振兴计划。实施乡村休闲旅游精品工程,推动乡村民宿提质升级。深入实施"数商兴农"和"互联网+"农产品出村进城工程,鼓励发展农产品电商直采、定制生产等模式,建设农副产品直播电商基地。提升净菜、中央厨房等产业标准化和规范化水平。培育发展预制菜产业。

在这样密集出台农村电商相关政策的情况下,可以说,充分释放了进一步加快农村电商发展的政策信号。

3.2.3 农村电商产业发展

依据农村电子商务发展的阶段性特征并结合与之相关的政策文件发布时间,我国农村电子商务发展演化历程可划分为涉农电子商务阶段(1994—2004 年)、农产品电子商务阶段(2005—2012 年)、农村电子商务阶段(2013 年至今)三个阶段,如图 3-1 所示。

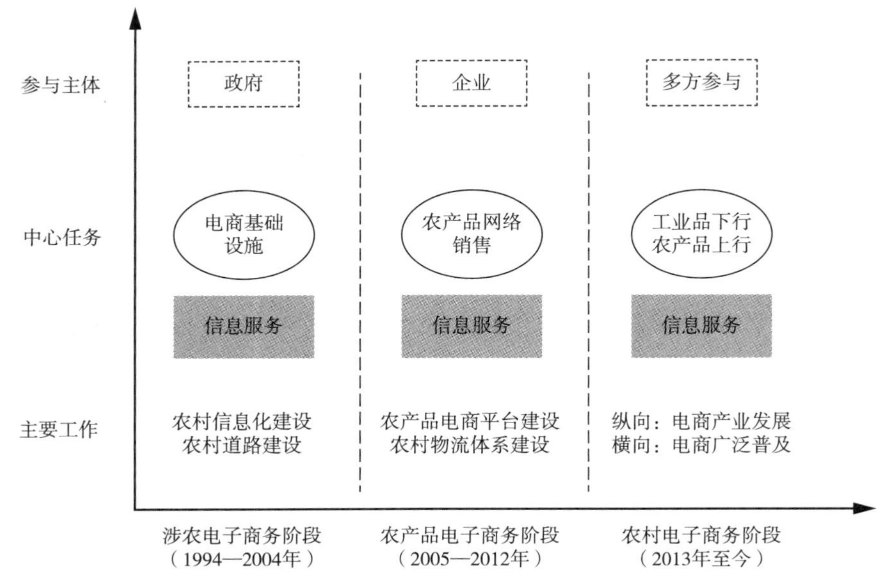

图 3-1 农村电子商务发展阶段

1)涉农电子商务阶段(1994—2004 年)

我国的农村电子商务发展起源于 20 世纪 90 年代实施的"金农工程"。除一些大宗交易,如粮食、棉花可以实现在线交易之外,绝大多数农产品,尤其是以农民为主体的交易行为并没有能够在线上完成。该阶段是农村电子商务的基础阶段,中心任务是电商基础设施建

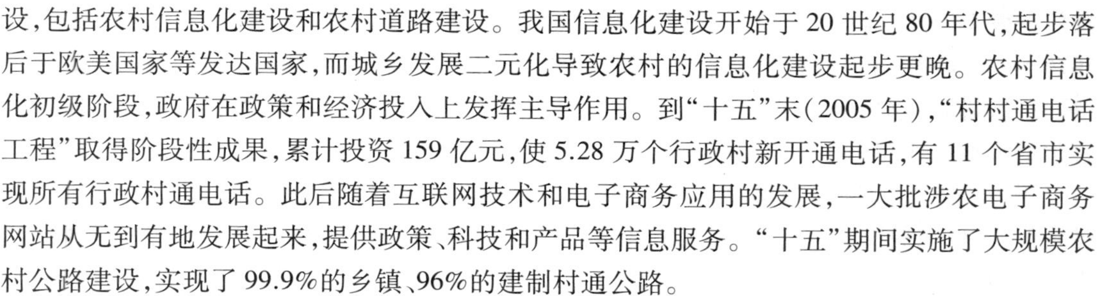

设，包括农村信息化建设和农村道路建设。我国信息化建设开始于20世纪80年代，起步落后于欧美国家等发达国家，而城乡发展二元化导致农村的信息化建设起步更晚。农村信息化初级阶段，政府在政策和经济投入上发挥主导作用。到“十五”末（2005年），“村村通电话工程”取得阶段性成果，累计投资159亿元，使5.28万个行政村新开通电话，有11个省市实现所有行政村通电话。此后随着互联网技术和电子商务应用的发展，一大批涉农电子商务网站从无到有地发展起来，提供政策、科技和产品等信息服务。“十五”期间实施了大规模农村公路建设，实现了99.9%的乡镇、96%的建制村通公路。

2）**农产品电子商务阶段**（2005—2012 **年**）

中央从2004年起每年下发关于“三农”的中央一号文件，为农村现代化发展指引方向。信息化是农村现代化的重要组成部分，有关部门先后出台了旨在提升农村信息化水平的系列政策并配套资金予以支持。在政策支持下，农村信息基础设施得到了快速发展。农民可以更加方便地获取信息，更好地了解市场需求和趋势，进而提高农产品的产量和质量。此外，信息基础设施的完善也为农村经济的发展提供了更多的机会和可能性。

同时，农产品电商也得到了快速发展。电商平台的出现为农产品提供了更广阔的市场和销售渠道，也为消费者提供了更加便捷的购物体验。农产品电商的发展不仅带动了农村经济的发展，也为农民增加了更多的收入来源。

该阶段农村基础设施建设投入巨大、农民收入不断增长、农村“触网”比例快速提高。到“十一五”末，99%的乡镇和80%的行政村已具备宽带接入能力。这些为农村电子商务的发展提供了良好支撑。2005年被广泛认为是中国农产品电子商务发展元年。企业开始涉足农产品电商领域，从信息服务转为交易服务，创新了商业模式，促进了农产品网上交易。

农产品电商是继图书、服装、3C电商之后的新热点。2009年起，大量资本、企业进入农产品电商行业，但盈利困难。截至2015年，国内农产品电商接近4 000家，但盈利仅1%。但随着政府政策的不断支持和农产品电商行业的发展，农产品物流体系不断健全。2012年，我国农产品物流总额达到1.77万亿元，同比增长4.5%，农产品物流初具规模，市场化程度不断提高。

3）**农村电子商务阶段**（2013 **年至今**）

农村电子商务是电子商务在农村地区发展的第三阶段，也是演化的高级阶段，从原来侧重其经济意义转向助力农村经济社会的全面转型。农村电子商务影响了社会变革，在农民增收、产业融合和扶贫方面起到重要作用。

居民消费升级，社会化媒体及移动互联网的发展也催生了生鲜农产品电商。2013年，生鲜农产品开始网上交易，首个淘宝网“特色中国遂昌馆”运营上线，首个农村电商“遂昌模式”形成，农村电子商务处于探索启动期。

2014—2018年农村电子商务处于快速发展期，得益于多方参与的市场环境以及政府扶持的服务环境，农村电商发展的生态逐步完善。2014年，商务部开始实施“电商进农村综合示范”项目，国内电商巨头相继进入，农村电商市场开始启动。2015年，中共中央、国务院各

部门下发系列扶贫政策，推动电子商务、互联网新兴技术在农村、农业领域的应用与发展。2016 年，商务部出台《农村电子商务服务规范》（试行）和《农村电子商务工作指引》（试行），电商进农村综合示范开始偏向贫困地区。2017—2018 年，农村电商稳定增长，电商进农村综合示范工程更加注重考核农产品上行。

2019 年至今，农村电子商务进入规模化、专业化发展阶段，趋于不断成熟稳定。市场经过调整，实现平稳发展，监督更加规范，格局稳定。越来越多的“电商县”“电商镇”“电商村”正在全国各地诞生。电子商务进农村综合示范对全国 832 个国家级贫困县实现全覆盖，电商扶贫对接、“三品一标”认证深入实施，工业品下行、农产品上行的双向渠道进一步畅通，“下沉市场”的消费潜力得到释放。电商企业开始探索新的运营及盈利模式。农村电子商务对各地产业的直接和间接促进作用愈发明显，已形成产业集聚发展态势。

3.2.4 农村电商专业建设与人才培养

电子商务是 2000 年教育部批准设置的普通高等学校本科专业，属于电子商务类专业，基本修业年限为四年，授予管理学或经济学或工学学士学位，是以互联网等信息技术为依托、面向现代经济社会领域商务活动的新兴专业。目前，全国有 600 余所本科院校开设电子商务及相关专业，主要的专业方向有电子商务、电子商务及法律、跨境电子商务等。湖南农业大学、四川农业大学、玉林师范学院、西昌学院等本科院校，先行先试，在电子商务本科专业中开设农村电子商务类课程，瞄准乡村振兴的现实需求，将农业农村与电子商务紧密结合，将课堂开在田间地头，让电商在广大农村开花结果、落地生根。

2021 年，“农村电子商务”被教育部列入《职业教育专业目录》（教职成 20212 号），四川财经职业学院、广西工商职业技术学院等职业院校正式开设农村电子商务专业，根据国家乡村振兴战略和电子商务发展规划，面向农村电商领域，根据农村电商企业及相关服务企业实际人才需求，从农村电商核心岗位能力要求出发，逐步培养学生具有农产品电商品牌营销推广能力、农产品网店运营能力、农产品美工设计能力、农村电商数据化运营能力、农产品新媒体运营能力、农村电商服务能力等专业知识和技能，具备扎实的专业岗位能力和良好的职业素质。通过技能实训和岗位实践，培养学生农村电子商务实操能力和创新能力，提升学生的综合素质。培养学生成为能够在农村电商企业及相关服务企业从事设计、网上销售、营销、物流、客户服务、数据分析等工作，满足用人单位需求的高技能、复合型农村电子商务人才。

3.2.5 农村电商发展成就

1）产业现状

（1）农村电子商务发展速度快

网民城乡结构如图 3-2 所示。截至 2022 年 6 月，我国农村网民规模为 2.93 亿人，占网民整体的 27.9%；城镇网民规模为 7.58 亿人，较 2021 年 12 月增长 1 039 万人，占网民整体的 72.1%。

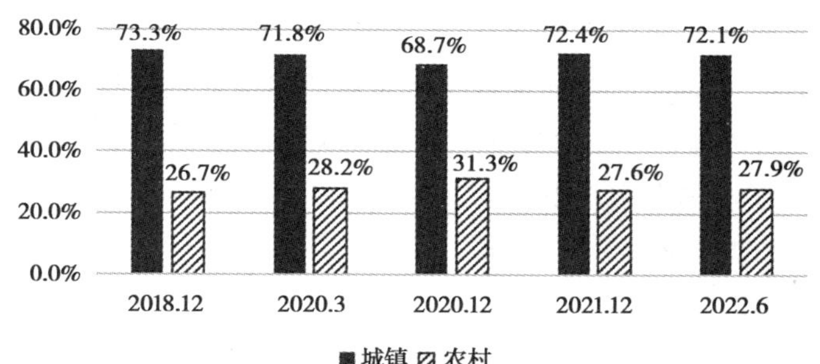

图 3-2　2018—2022 年网民城乡结构(数据来源:CNNIC)

城乡地区互联网普及率逐步上升、差距逐渐缩小。截至 2022 年 6 月,我国城镇地区互联网普及率为 82.9%,较 2021 年 12 月提升 1.6 个百分点;农村地区互联网普及率为 58.8%,较 2021 年 12 月提升 1.2 个百分点。光纤和通信网络基本实现全覆盖。目前,我国已建成全球最大的规模光纤和移动通信网络,实现“城市光纤到楼入户,农村宽带进乡入村”。电信普遍服务试点累计支持超过 13 万个行政村,新建数万个 4G 基站,其中约 1/3 的任务部署在贫困村;2021 年我国现有行政村实现“村村通宽带”,超额完成“十三五”规划纲要要求的宽带网络覆盖 90%以上贫困村的目标。

快递物流体系加快建设。截至 2022 年,全国超过 55 万个建制村直接通邮,全国乡镇快递网点覆盖率超过 96%。

农村信息化建设基本完成。近年来我国已有 32 个省、自治区、直辖市建成了农业信息化网站,多数省份还建有农业信息中心,另有部分省份正在建设中。自 1994 年至今,我国农业信息网和农业科技信息网相继开通及运行,主要发布农业政策、介绍农业文化、推广农业技术等。还有一些平台开始关注农业市场与经济,提供农产品价格及市场趋势,引导农业生产。个别农业网站单独设置电子商务板块,便于进行网上交易。随着农业信息数据库综合化,各种应用系统相继建成,我国农业信息化技术的应用也已经成熟。

农村电子商务站点基本成熟。在农产品上行领域,销售规模保持高速增长。淘宝村从最初的 20 个增加至超过 7 000 个。

农村网络零售额增长迅速。据商务部发布数据,2022 年我国农村网络零售额 2.17 万亿元,同比增长 3.6%;其中,农村实物商品网络零售额 1.99 万亿元,同比增长 4.9%。全国农产品网络零售额 5 313.8 亿元,同比增长 9.2%,增速较 2021 年提升 6.4 个百分点。

(2)农村电子商务覆盖范围不断扩大

2009 年全国仅有 3 个淘宝村;截至 2022 年,已经发展到了 7 780 个淘宝村,覆盖范围不断扩大;吸纳超 1 000 万人口就业,成为农民工返乡创业的沃土。

(3)农村电子商务经营模式不断丰富

农村电子商务经营模式包括电商平台自营模式(以京东自营为主要代表,即电子商务平台按照自己设定的标准,从农产品供应商获得农产品,然后进行统一的营销和物流配送),商家入驻平台模式(典型的如淘宝、苏宁等,即农产品供应商通过与电子商务平台签订协议,入驻平台开设店铺营销,而由第三方负责物流配送),供应商自建电子商务平台模式(即产品供

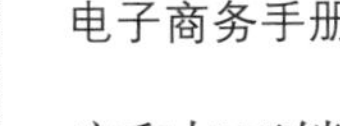

应和加工销售等环节全部由生产商自己负责,不依赖于现有电商平台而是另外开拓新的平台,这种模式相对较少,主要原因是大多数从事农村电子商务的主体不具备相应的资金和能力),微商模式(即利用微信朋友圈等社交平台或者明星网红等直播带货的方式,主要依靠明星的流量和影响力来带动消费者消费)。

(4)涉农电商多元化发展

随着电子商务的发展,涉农电商平台逐步发展壮大并呈现多元化发展。根据中国电子商务研究中心的分析,涉农电商平台可以分为七类,见表 3-1。

表 3-1 涉农电商平台类型

涉农电商类型	代表企业
综合类	农村淘宝、京东、苏宁易购、惠农网、乐村淘等
社交类电商平台	拼多多、达令家、云集、萌店、钉钉等
生鲜类平台	易昊生鲜、美菜、天天果园、果实汇、鲜直达、盒马鲜生等
零售品牌类	壹号餐桌、干货宝、良品铺子、三只松鼠、胡须先生等
信息与技术服务类	大丰收、村村乐、中农网、南泥湾、小农女、链农等
农资类电商平台	农商 1 号、田田圈、草帽网等
金融类电商平台	聚土地、土流网、乐钱、农发货等

数据来源:中国电子商务研究中心

(5)农村电商产业链基本形成

目前,我国农村电商已经形成了由农产品电商、农资电商、综合平台电商、网络品牌电商、生鲜电商、信息服务类电商、农业众筹类以及支撑链构成的产业布局。电商扶贫成效显著。

2)**产业成就**

经历 20 多年的持续创新发展,我国已经成为世界第一大农村电子商务国家。电子商务专业已有电子商务、电子商务及法律、跨境电子商务等专业方向,农村电商类课程逐步普及。电商专业毕业生从事农村电商行业人数不断增加,效果愈加明显。

近年来农产品网络零售额保持两位数的增长速度,取得了超出预期的好成效。特别是新冠疫情发生以来,农村电商凭借线上化、非接触、供需快速匹配、产销高效衔接等优势,在稳产保供、复工复产和民生保障等方面的功能凸显。尤其是特色农产品电商在脱贫县持续快速发展,为脱贫攻坚取得全面胜利作出了独特的历史性贡献。

(1)农村电商成为活跃城乡市场的重要渠道

2021 年全国县域数字农业农村发展水平评价报告显示,2020 年全国县域农产品网络零售额为 7 520.5 亿元,占农产品销售总额的 13.8%,比上年增长了 3.8 个百分点。农村居民通过电商更加注重个性化、品牌化、多元化的消费体验,农村市场的消费潜力不断释放;城镇居民通过电商选择全国各地特色优质农产品,减少交易环节,同时不受地域、时间限制,方便快捷。目前,我国电商物流农村业务量指数保持增长态势,全年均高于电商物流指数。农村电商促进了农产品上行和工业品下行,开辟出了一条方便、快捷,促进城乡商品"双向流通"的重要渠道。

(2)农村电商成为发展农村数字经济的突破口

电子商务从流通端切入,逐步向农业产业链上游延伸,渗透到农业生产、加工、流通等环节,推进农产品在生产、组织、管理、加工、流通、储运、销售、营销、品牌、服务等环节互联网化,提升全要素生产率,节本增效,优化资源配置,促进农业全产业链数字化转型。2022 年,全国各类返乡入乡创业创新人员超过 1 100 万人,形成了农民工、大学生、退役军人、妇女四支创业队伍。据统计,返乡入乡创业项目中,55%以上运用信息技术,开办网店、直播直销、无接触配送等,打造了"网红产品";85%以上属于一二三产业融合类型,广泛涵盖产加销服、农文旅教等领域。

(3)农村电商成为打赢脱贫攻坚战、有效应对新冠疫情对农产品保供影响的超常规武器

农村电商极大增强了农产品供应链的稳定性,促进了农民收入较快增长,特别是对打赢脱贫攻坚战、在新冠疫情防控期间农产品稳产保供起到了独特作用。商务大数据监测显示,2020 年全国 832 个脱贫县农产品网络零售额为 406.6 亿元,同比增长 43.5%。《阿里巴巴脱贫基金三年报》显示,从 2017 年 12 月至 2020 年 12 月,832 个国家级脱贫县共在阿里平台销售商品超 2 700 亿元。2020 年,拼多多农产品订单的年成交额超过 2 700 亿元,同比涨幅超 100%。疫情期间,农业农村部组织 3 场农产品产销对接视频会商活动,网络签约销售金额达 6.9 亿元;一亩田搭建"保供稳价安心平台"销售农产品超 10.3 亿元;拼多多上线"抗疫开拼、爱心助农"专区,覆盖全国近 400 个农产区、230 多个国家级贫困县,帮助贫困地区和部分农产区解决农产品滞销问题。电子商务已成为许多家庭购买农副产品的日常方式,疫情重塑了城乡居民消费习惯和消费场景,服务线上化、产品线上化的"宅经济"需求持续增长,电子商务成为激活县域消费潜力的重要引擎。

(4)农村电商成为构建新发展格局的重大引擎

农村电商充分发挥产销高效对接、供需精准匹配、联通国内国际市场及创新能力持续活跃等优势,在服务新发展格局建设中发挥重要作用。农业农村网络零售激活国内大循环,2022 年全国农村网络零售额达 2.17 万亿元,同比增长 3.6%,农业农村网络零售市场为推动消费增长、打通国内经济大循环提供了有效支撑。直播电商、社区团购、生鲜电商、跨境电商、订单农业、众筹农业等新业态新模式蓬勃发展,为拉动农产品上行、促进乡村消费升级、扩大农民就业、带动农业数字化转型、促进电商脱贫长效机制建设等提供了坚实保障。农产品跨境电商畅通国内国际双循环,2020 年全国农产品跨境电商零售进出口总额达 63.4 亿美元,同比增长 19.8%,农产品跨境电商加快释放"双循环"连接纽带价值,展现了巨大活力。依托农产品跨境电商进口,满足了我国农业高质量发展和人民对美好生活的需求;依托农产品跨境电商出口,李子柒、大益茶、三只松鼠等知名农食电商品牌加快"走出去",更加深入地参与全球分工,加快融入全球农产品供应链。

3.3 理论与实践结合(案例)

3.3.1 大凉山“四得”电商人才培养与乡村振兴

1)案例概述

大凉山是脱贫攻坚的“重中之重,坚中之坚”,2020 年 11 月在全国最后脱贫摘帽,是诠释国家脱贫攻坚战略的示范样本。电子商务是脱贫奔康的重要抓手,但大凉山电商人才匮乏,下不去、留不住,培养本土化复合型电子商务人才迫在眉睫。西昌学院汇聚学校 80 余载在民族高等教育领域的卓越贡献,瞄准大凉山电子商务人才培养的突出问题,从人才培养目标、特色课程群、质量过程管控体系、制度保障、产学合作协同育人平台和教师团队 6 个方面出发,成功探索出“一核心、二抓手、三支柱”人才培养模式,为大凉山培养了一大批具有中华民族共同体意识,熟悉农业农村、民族民俗,掌握信息技术的“下得去、留得住、用得上、干得好”的电子商务复合型“四得”人才。

2)改革思路

“大凉山电子商务复合型‘四得’人才培养改革与实践”依托省级重大、重点教改项目、“电子商务”创新创业核心课程(群)等项目,以培养复合型“四得”人才为核心,以特色课程群和质量过程管控为抓手,以“省部委”共建、产学合作协同育人平台、大凉山最美教师团队为支柱,旨在培养具有家国情怀、扎根大凉山的“四得”人才。

3)创新举措

①明晰大凉山电子商务复合型“四得”人才培养目标(一核心)。既需要具备电子商务专业知识和技能,熟悉大凉山民族民俗、农业农村,掌握信息技术,又“下得去、留得住、用得上、干得好”。

②构建契合大凉山需要的电子商务特色课程群(一抓手),围绕人才培养目标,重构课程体系,与学校办学特色有机契合。依托计算机科学与技术、作物学、民族学等优势学科,设置特色思政、民族文化、农村电商、创新与信息技术四大特色课程群。

③建立完善复合型“四得”人才培养质量过程管控体系(二抓手)。围绕教学质量主线,以人才培养为目标,构建“四维一线”人才培养质量过程监控体系,贯穿学生入学到毕业的全过程。

④“省部委”共建铸牢大凉山复合型“四得”人才培养的制度保障(一支柱)。依托四川省、教育部和国家民委“省部委”三方共建西昌学院的重大支持政策,民族学、作物学获国家民委重点建设学科,为电子商务复合型“四得”人才培养奠定了坚实的学科专业基础。

⑤构建适应复合型“四得”人才培养的产学合作协同育人平台(二支柱)。通过建立国家级“民族地区‘信息技术+农业’应用型人才培养大数据实践创新平台”、签订电子商务协同育人协议和共建“人才输送基地”合作项目,实现将实践课程开在周末课余,开在实训机

房，开在田间地头，开在大凉山乡村振兴的村村寨寨。

⑥打造服务大凉山高水平电商教师团队（三支柱）。针对大凉山教学团队基础薄弱的情况，笔者进行了大量调研，向全国政协提交提案，得到国家相关部委高度重视和采纳。

借助教育部电子商务教指委和四川省电子商务教指委等平台，提升教师教育教学改革能力和专业教学能力，着力打造一支“又红又专”的高水平教学团队。2020 年大凉山电商教师团队被评为“四川省最美教师团队”（四川省高校仅两所）。

4）建设成效

该成果在西昌学院电子商务专业研究并开展实践，提出的“一核心、二抓手、三支柱”人才培养模式在学校 20 余个文科类专业中进行推广应用，取得良好成效。已被四川、云南、河南等 8 省市的西北政法大学、华中师范大学等 20 余所兄弟院校借鉴推广，复合型“四得”人才培养模式得到有关高校的一致认可。广州大学、贵州民族大学等 30 余所兄弟院校多次来校学习、考察，交流人才培养经验。

电子商务专业获批民族地区首批国家级一流本科专业建设点，大凉山电商教师团队获评四川省“最美教师团队”，建成大凉山电子商务省级实验教学示范中心，立项多项教育部高等教育司产学合作协同育人项目，学生参与各类国家级、省级创新创业竞赛，获奖 150 余项。电子商务专业一次就业率达 95%以上，选择在大凉山扎根就业和在异地从事大凉山特色农产品电商、物流的学生超过 50%。

专家、企业、社会、学生、教师等对该成果给予高度评价，认为“一核心、二抓手、三支柱”的电子商务复合型人才培养模式培养的人才“下得去、留得住、用得上、干得好”，对民族地区同类院校的电子商务教学具有良好的示范和借鉴作用。近年来，中央电视台、新浪网、四川政协报等先后报道电商扶贫、学生竞赛和创新创业活动。成果负责人贺盛瑜教授作为全国政协委员，多年来积极投身民族高教事业，助推民族地区乡村振兴和电商产业发展，为地方经济以及电子商务发展积极建言资政，近三年提案达 10 余个，其中关于加快民族地区旅游发展，助推进乡村振兴的提案得到文化和旅游部办理，多项关于农村电商、快递物流的提案经国家邮政总局办理并回复。

该成果历经 4 年多的探索、实践、推广，在民族地区特别是大凉山产生重大影响，具有显著的创新性、引领性和示范推广价值，并获得 2021 年四川省教学成果奖特等奖。

（供稿：西昌学院）

3.3.2 云上村官：人在校园，心在村上

1）云上村官及其发展历程

（1）简介

“云上村官”是重庆师范大学电子商务专业师生在全面实施素质教育，服务川渝区县农村经济建设过程中逐渐形成的一种社会实践教学模式，旨在培养大学生的“三农”意识和解决乡村人才匮乏的问题。

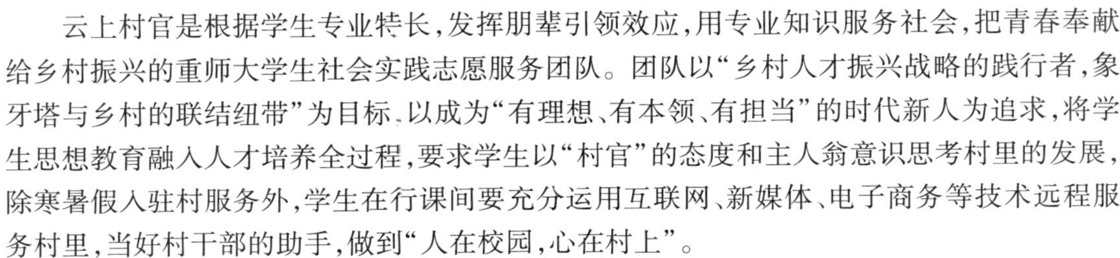

云上村官是根据学生专业特长，发挥朋辈引领效应，用专业知识服务社会，把青春奉献给乡村振兴的重师大学生社会实践志愿服务团队。团队以“乡村人才振兴战略的践行者，象牙塔与乡村的联结纽带”为目标，以成为“有理想、有本领、有担当”的时代新人为追求，将学生思想教育融入人才培养全过程，要求学生以“村官”的态度和主人翁意识思考村里的发展，除寒暑假入驻村服务外，学生在行课间要充分运用互联网、新媒体、电子商务等技术远程服务村里，当好村干部的助手，做到“人在校园，心在村上”。

(2)发展缘由

云上村官团队发源于2010年电商助农服务团。2010年，国内电子商务迎来了前所未有的暴发，重庆师范大学电子商务专业提出“把专业建在街道、建在园区、建在村上”的改革思路，成立“大学生电商助农服务团”，开展农村电商研究和实践服务。2010—2017年，在电商专业教师引导下发挥学生朋辈引领效应，学生们走进乡村调研同村干部共谋乡村电商发展，与农户一起打造农产品网货品牌，手把手地教农民上网营销，得到了村干部和村民的热烈欢迎。在实践中我们发现一个不可忽视的现象：助农团队一离开乡村，村干部和村民的电商热情便迅速消退，也鲜有大学生会持续关注该村发展。究其根源在于村干部手中没有可依赖的电商人才，高校缺少持续服务地方的人才培养机制。为此，我们于2017—2019年，在长江沿线重庆辖区内的10个区县的部分乡村试行“大学生电商信息员”制度，从大学生电商助农服务团中择优选拔志愿者，每名志愿者固定持续服务一个村，充当村干部和高校教师的联络员。同时，组织电商专业教师成立农村电商专家顾问团，为学生提供帮助和支持。这一实践机制促进了我校电子商务专业师生长期稳定的农村电商服务，多名教师被地方政府和企业聘为电子商务发展专家，大学生社会实践得到村民肯定和各级地方政府好评。为鼓励学生把青春奉献给乡村振兴，提升大学生政治待遇，2020年7月重庆师范大学将“大学生电商信息员”正式命名为“云上村官”，重庆市巫溪县徐家镇人民政府率先向服务于徐家镇的7个脱贫村的在校大学生颁发“云上村官”聘书。

2)主要特点与服务模式

(1)扎根乡村，发挥所长，做有价值的事

2013年国家提出精准扶贫，2020年脱贫攻坚决战在即，2021年乡村振兴全面推进，“云上村官”团队在时代召唤下产生和不断更新迭代，无论是脱贫攻坚时期的电商精准扶贫，还是乡村振兴年代的“互联网+”服务，团队都有一个共同的方向，那就是到乡村去，到偏远的地方去，到祖国和人民需要的地方去，用自己的所学奉献乡村，为家乡“代言”，为振兴服务，重庆开州、万州、城口、云阳、巫溪等27个区县都有团队的足迹。2016年，第六代团队的兰明祥、朱凌等学长去到了云阳，穿梭在无量山李子地，在农和集团的一间小小办公室里，用大学生前卫的营销视角，为一款西梅取名“蒙娜丽莎李”，并利用专业技术创建了电商平台，只用了三天时间，就把价值180万元的“蒙娜丽莎李”全部销售一空！后来，党的十九大代表、农和集团负责人杨大可老师曾回忆到，更让他惊奇的是，电商服务团的同学们还在果园找到1 000多颗一枝双果的成对李子，取名“情侣果”，限于七夕发售，每对售价13.14元，寓意一生一世，这个创意，让“蒙娜丽莎李”的价格提高到上百元一斤，还供不应求，很多电商客户主动联系他，要求发货。2018 年，第八代团队的肖春玲、程远等去到距离主城 200 多千米的彭水苗族土家族自治县，将电商服务与非遗传承和推广连接，早上 5 点 30 分坐车赶了两个多小时山路去到黄家镇寻访市级非遗灰豆腐技艺传承人马树成老人，在草灰弥漫中学习灰豆腐制作技艺；前往“蚩尤九黎城”探寻即将失传的郎溪竹板桥造纸技艺；走访彭水苗绣非遗馆，探讨苗绣与中国风时尚的有效融合；前往郁山三香馆，拍摄郁山三香、鸡豆花的制作过程及技艺，连生在长在彭水的同学们都说，我从来不知道自己的家乡有这么有底蕴、有历史、有意思的非遗文化，更不知道它们有的正在失传，当服务团在鞍山苗寨前与传承人一起唱响《娇阿依》，当把灰豆腐带到家乡的饭桌，当设计出一款苗绣笔记封面，服务团脸上洋溢的除了喜悦，更多的是对中国传统文化的无比自信，对家乡的无比热爱。

(2)传承精神，创新发展，勇担时代使命

十年扎根乡村，让我们了解到专业人才缺乏是乡村振兴的痛点，服务缺乏可持续性是当下“三下乡”等高校社会服务的难点。历代服务团就是在探索痛点和难点的解决之道。涌现的一批批电商人才：第二代至五代服务团成员 10 余名成员针对非标农产品营销困难，开发了“乡镇天地信息化平台”，解决农产品本地化营销问题，该平台已在深圳市落地并成立深圳市乡镇天地电子商务有限公司；第六代团队的兰明祥服务云阳、第八代团队的肖春玲服务彭水、第十代团队的张新蕾创立“云上村庄”线上系统，他们都是先进事迹报告团成员；朱凌、第七代团队的孙宇，后来都成为西部计划志愿者的一员；肖春玲、服务巫溪的第九代团队王洛，他们也成长为研究生支教团的一员。

2020 年 7 月，“云上村官”正式命名，通过自愿报名、人才选拔、培训实践，有 80 名重师学子加入到团队，通过“发现一个帮扶项目、录制一段探村视频、完成一份社会调研、达成一个合作意向”回到家乡，回到乡村，走上前辈们走过的路，去挖掘中国乡村故事，去传承服务精神。2020 年至 2022 年，面对新冠疫情的两年间，团队成员仍然辗转在重庆大大小小的十余个村落，每次下乡实践的时候同学们都惊叹于当地得天独厚的美景好物、文化故事。通过挖掘当地村民和一线工作者的故事，以当地村干部为原型设计村 IP 形象，打造属于各村自己的品牌，助力当地农产品增售增收。同学们通过返乡实践和云上平台，通过技术手段和远程培训帮助乡村发展。2022 年夏天，团队成员三顾南川鸣玉镇，在 39 摄氏度的热浪中，居住在没有空调的农家，行走在崎岖陡峭的山路间，帮助当地政府开发、推广和应用小程序平台助力农产品销售。通过“造血式”扶持和培训村民，帮助村民成为直播带货网红和营销达人。

云上村官团队已汇聚越来越多有着共同志向和热血的青年，越来越多的青年大学生愿意到乡村到基层，将社会实践与服务“上云下地”，把大学生的所学所得回馈给社会，为国家乡村振兴助力！

(3)电商引领，三创融合，促进乡村发展

云上村官团队在开展农村电商服务的社会实践过程中，始终坚持与大学生创新创业相结合，运用所学专业知识，通过整合“政产学研用”多方资源，帮助当地村民致富发展。结合地方实际需要解决的问题打造竞赛项目，参加全国大学生电子商务“创新、创意及创业”挑战赛选拔，以获得教育部高等学校教学指导委员会专家及电商界企业家评委的智力支持。

2016 年以来,云上村官团队成员结合"三农"需求开展电商服务,打造助农项目 50 多个,其中有 40 项获重庆市级奖,19 项全国性奖项。

3)云上村官的社会评价与启示

(1)社会评价

重庆师范大学电商助农团成立十余年来,累计参与电商助农服务学生人数达 800 余名。2020 年正式命名为"云上村官"后,团队发展更为迅速,目前有学生成员 100 余人,8 名专业教师担任顾问和指导老师,由 8 名学生干部作为团队领导核心,管理和组织 100 名云上村官服务渝东南、渝东北及川东地区二十多个区县,服务老百姓上千人,得到地方政府和当地村民的一致好评。央视新闻、人民网、新华网、华龙网、中国共青团杂志微博、重庆共青团、上游新闻等媒体报道"云上村官"团队事迹 50 余次,给予充分肯定。

(2)实践启示

大学生电商助农服务团十年社会实践及云上村官三年社会实践,让我们充分认识到:

重庆农村地区以山地农业为主,农产品品质优良,但不成规模,非标农产品较多,加上交通相对落后,物流成本高,因而应强化农产品本地化营销,加强重庆主城与区县对接,对优质农产品实施 O2O 营销。

人才和信息是重庆山区发展的瓶颈,人才和信息是乡村振兴的关键。云上村官实践教学模式的开展,增强了大学生对农村、农业的了解,极大地增进了大学生对农民的感情,既解决了当下乡村电商人才匮乏的现实难题,也实现了高校为乡村振兴国家战略培养人才的目的。

将电子商务专业学生社会实践课与服务地方经济相结合,将电子商务专业建设与乡村振兴相结合,将大学生社会服务与创新创业竞赛相结合,让学生在真实环境中磨炼,对地方高校电子商务专业发展具有重要作用。

(供稿:重庆师范大学)

3.3.3 电商扶贫与乡村振兴

围绕国家脱贫攻坚的重大需求,南京大学电商扶贫成效显著,依托南京大学电子商务和市场营销相融合的专业优势,立足攻坚脱贫国家重大需求,开展了一系列电商扶贫与乡村振兴服务。

1)开展对口帮扶,入选典型案例

为深入贯彻落实习近平总书记关于脱贫攻坚重要指示精神和党中央、国务院、教育部脱贫攻坚部署要求,南京大学电子商务专业负责人陈曦教授从 2018 年开始,组织老师并带领团队对国家级贫困县云南楚雄州双柏县进行电子商务培训和帮扶工作,开设"电商精准扶贫培训班",培训千人次,同时通过线上线下相结合方式,帮助销售农产品,打造特色销售渠道,全县网络销售额达 5 600 万元,助力其成功脱贫,参与的扶贫工作被教育部作为典型案例宣传,并在 2020 年被中国教育报报道,为国家脱贫攻坚工作作出贡献。

2）成立电商研究院，推动产业发展

与地方政府共同投资 2 000 万元打造电子商务研究院，举办农村电商创新创业孵化活动上百次，培养各类农村电商创新创业人才 2 万余人次，为农村地区培育市场主体，成功孵化好百邻、云端创享等电商企业近百个，为农村电商人才发展与相关产业集聚提供重要支撑。

将脱贫攻坚工作中的问题和实践融入学生思政教育中，将立德树人与专业知识教育结合，鼓励学生利用所学知识参与贫困地区支教活动，鼓励毕业生参与扶贫工作，开展电商创业，帮助当地成为了电子商务示范镇，并帮助全国 200 多个农村地区销售农产品。

3）优秀毕业生扎根乡村，夯实农村电商成长土壤

南京大学电子商务专业毕业生施文杰作为中央组织部选调生在赣县区基层长期从事电商扶贫工作，彭洁作为中央组织部选调生在湘西驻村扶贫等，毕业生陈润杰案例入选了 2019 年共青团中央《中国青年志愿服务优秀项目汇编》和 2020 年国务院扶贫办《志愿者扶贫 50 佳案例》，并作为“2019 年学雷锋志愿服务先进典型”被中央宣传部表彰。这些优秀毕业生为振兴乡村，夯实农村地区产业成长土壤贡献电商才智。

（供稿：南京大学）

3.3.4 农产品质量溯源和可信农业电商

北京工商大学电子商务专业依托农产品质量安全追溯技术及应用国家工程研究中心（北京工商大学）建设。电子商务专业教师团队依托研究中心在农产品质量安全大数据挖掘与溯源、智能决策与预警等方面取得了大量技术成果，参与建设 PB 级农产品质量安全大数据综合分析平台等示范应用，承担了多项国家重点研发计划、国家自然科学基金等重大科研项目，形成了产学研协同创新机制，实现了农产品的“来源可追溯、去向可查询、责任可追究”，促进了农产品质量安全追溯相关产业快速发展。

同时，电子商务专业作为全国电子商务产教融合创新联盟理事单位和全国高校电子商务与电子政务联合实验室成员单位，将人才培养的重心聚焦于可信农村电子商务交易技术及平台研发和新一代数智媒体营销理论和技术的创新，近 50%的本科学生参与到研究中心的国家级和省部级产学合作项目中。近年来，专业以能力培养为核心，将“创新创业”人才培养作为专业发展的抓手。在坚持推进科技成果产业转化过程中，将创新创业活动聚焦于农村电商与乡村振兴，依托“电子商务创新、创意及创业挑战赛”电子商务专业成功孵化多个学生创业团队，连续两年荣获国家级特等奖；在中国国际“互联网+”大学生创新创业大赛“青年红色筑梦之旅”专项赛道中，乡村振兴项目荣获北京市级奖项。

未来，北京工商大学电子商务专业将继续驰骋在国家数字经济快速发展的经济赛道上，为农产品的高质量消费和农村的高质量发展的目标实现培养专业人才。

（供稿：北京工商大学）

3.4 未来展望

3.4.1 农村电商产业发展对策

当前农村电子商务发展增长速度快、发展潜力大,但出现的痛点、不足点需尽快解决与完善。为探索符实性高、前瞻性强的农村电商产业发展路径,应当立足于国情并结合农村电商现实发展过程中存在的问题,提出切实可行的对策和改进措施,以提高农村电商的发展质量和经济效益。

1)主体方面

以各级政府为代表的农村电商管理主体,为保障电子商务流程的顺利进行提供了政策和法律层面的支持。接下来从宏、微观两个角度,针对农村电商发展过程中出现的问题提出了相应的对策和建议。

从宏观层面而言,首先要注重农村电商产业的顶层设计,确保农村电商顶层设计符合时代发展趋势。地方政府要注重农村地区一二三产业的融合,以农业与服务业融合、工业与服务业融合为两个重要基础,推动乡村特色农产品由生产型导向过渡为需求型导向,避免农产品因不符合市场需求而出现滞销的问题。同时推进工业与服务业在农村地区的融合程度,优化农村产业结构,将农村优秀的自然资源与工业资源相融合,构建生产、加工、销售一条龙的供给体系,促进农村地区电子商务产业朝着多元化方向健康发展。

其次,要加强农村电商产业的统筹规划,制订一套完整的发展规划。各地政府应当加强农村电商产业发展战略、总体布局和品牌创立等方面的建设,重点做好优化政策供给、完善基础设施、提升公共服务水平等,打造良好电商运营环境和消费环境。

最后,要保持政策倾斜角度。对于起步晚、历程短、基础差、经验少的农村电商来说,政策依然在很大程度上左右着农村地区电子商务发展的方向、能力、水平。保持政策倾斜不仅是指中央大政方针层面延续三农政策的一贯性与持续性,也是指地方政府要结合本地实际情况保持对农村电商各种支持性政策的个性优化。尤其是当农村电商发展到不同阶段面对各种新问题或新挑战时,地方政府就需要及时针对发展瓶颈出台针对性的帮扶策略。同时,要完善监督和管理机制,保证相关扶持政策落到实处,从而推进农村电商相关项目的落地和实施。

从微观层面而言,首先要加强组织领导。健全中央统筹、省负总责、市县抓落实的工作机制,优化部门间分工与协调机制,不断完善政策支持体系。各地政府建立多部门参与的工作协调机制,加大政策协同力度,从本地实际出发,研究出台土地、税费、人才等配套措施,推进政策落地。同时,要深挖农村电商潜力,做大做强特色产业,积极探索农村电商发展新路径新模式。由于个体农户能力资源有限,可通过政府构建农村电商创业孵化园,吸引人才集聚,对资源进行耦合,构建集采摘、加工、仓储、物流、售后于一体的服务体系。

其次,要健全监督和管理机制。一方面,省级主管部门应当因地制宜制定实施方案,细化资金支持方向和奖补标准,明确各类项目建设标准、要求和验收办法,做好政策的承上启下,定期组织开展绩效评估;市、县级政府要结合本地实际,自主安排资金和项目,建立台账制度,明确责任人和进展时限,确保资金安全、方案落地、农民受益。另一方面,国家市场管理机关还需充分发挥市场监管职能。建构政府监管、行业规范、企业自律之间协作配合的共治体系,对农村电子商务进行多元化监管,促进农村电商行业整体持续快速健康发展。

最后,要加大宣传推广力度。各地政府要善于利用各种媒体,并通过培训等活动大力宣传农村电子商务,加大农村电商政策成效的宣传力度,积极营造正向舆论氛围,调动农民群众学电商、用电商、促增收的积极性,不断提升农村地区的电子商务参与度。此外还需及时总结前期综合示范工作的实施成效,发现并推广典型经验做法,加强地区间交流与借鉴,增强综合示范辐射效应。

对于农村电商企业而言,应当将原本处于分散经营状态的散户进行集中,发挥集体优势,以标准化、规模化的生产提升产品品质,以良好的品质以及优秀的口碑为品牌形象背书。此外,农村电商企业要积极提升农村电商品牌的知名度,具有良好口碑以及较高知名度的产品会形成溢价,提升消费者对该品牌的忠诚度,构建可持续发展的农村电商网销新模式。同时,要制定一套科学的合理的生产标准,推动农产品的标准化生产,并优化对生产运输的标准,完善定价体系。

根据我国农业生产经营主体小、散,生产方式粗放的典型特征,与之相应的物流模式也应"因地制宜",以期做到降成本、升效率。农村电商经营者可以将电商平台上收集的分散农产品订单汇聚为较大规模的农产品生产计划清单,并通过组织农户进行集约化经营的方式来分摊网络定制农产品成本,在满足分散的电商客户个性化需求的同时降低网络定制农产品生产成本。

第三方物流平台,在实践过程中应从客户角度出发,在订单交付、产品配送及产品签收环节,要增强服务质量的管理,确保能够让消费者享受到高质量的服务待遇,提升网购模式的吸引力和用户满意度,为经营策略的调整和优化提供依据。同时,要注重对物流配送人员的培训,以规范化、公司化的方式,提升岗位服务意识和优质服务能力,无论是在冷链运输还是常温保鲜运输中,都必须遵循严格的管理规范,确保精准服务、精准管理、精准配送。通过全方位的物流配送管理,真正为规模化、产业化的生鲜农产品电商化提供支持,提升消费者的重复购买率,实现电子商务环境中生鲜农产品物流配送的战略推进,全面体现以客户为中心的新型服务理念。

2)环境方面

(1)硬环境

对农村交通基础设施进行翻新与延伸,为农村电商产业发展提供良好的交通运输环境。农村电商产业的发展不仅需要将优秀的产品快速销往城市,也需要利用便捷的交通,降低原材料、设备采购成本,因此需要统一城乡道路标准,并对运输、仓储及配送等环节进行统一的规划与布置,确保网购、网销等活动能够顺利开展。此外,重点要加快完善农村物流体系的建设,支持老少边穷地区物流设施建设,提高流通效率,加强农产品产地集配和冷链等设施建设。

提高农村宽带普及率，推进农村网络建设。一是要完善农村网络覆盖工程，宽带入户，提升互联网运营速度，实施宽带减免优惠政策，使农户在完善的互联网环境下经营电子商务。二是要加大财政扶持力度，推进农村电网改造升级工程，提升农村地区电网供电能力和质量，推动农业经济发展。并持续推进信息进村入户工程，加快农村信息化服务普及，缩小城乡“数字鸿沟”，促进“互联网+”农产品出村进城。

加强农村信息化管理，搭建多渠道电商销售平台，引入社会力量支持地方经济的发展。例如，帮助农村电子商务企业加强与物流、冷凝运输、大型餐饮企业之间的联系。引进互联网先进技术，及时分类和传递信息，加快农产品的销售与购买。同时，不断完善支持线上交易的农村特色电子商务产业基地、园区、综合运营服务中心的建设。

重视乡村金融产业的多元化发展。积极尝试在乡村地区推广第三方支付模式，让农村居民感受到电子交易的实用性与便捷性。同时，当地政府可以与涉农银行进行合作，一方面为农村电商企业设计不同额度、不同种类的融资服务，另一方面要不断提升涉农银行服务水平，从而缓解农村电商企业面临的资金难题。

(2)软环境

加大政策扶持力度。制订出台相关农村电子商务服务规范和工作指引，指导地方开展工作；拓展政府职能与农村电商平台功能相结合，探索乡村治理新机制；加大对农产品上行以及农业产业化扶贫领域的资金支持力度，包括财政补助、税收优惠、贷款优惠等。此外，可以把电子商务纳入扶贫开发工作体系，以建档立卡贫困村为工作重点，提升贫困户运用电子商务创业增收的能力，鼓励引导电商企业开辟革命老区和贫困地区特色农产品网上销售平台，与合作社、种养大户等建立直采直供关系，增加就业和增收渠道。

加快农产品信息标准化建设。着力打造特色化农产品，为农产品构建身份信息，从源头起全面杜绝制假、造假问题，避免以次充好情况发生。还应注重构建农业品牌体系，深入推进品牌强农。完善品牌发展机制，创建农业品牌目录制度，推进品牌主体的“三品一标”、专利申请等认证制度，加快形成健全的品牌培育、认证、监督和保护机制。

大力培养电商人才。一方面，鼓励专业人才投入农村电商相关工作，给予相应的激励与补贴措施。尝试以合作项目形式聚集工作人员，以吸纳社会各方面有知识、有技能的人才。同时当地政府也可在住房补助、医疗补贴等方面给予外来人才一定的优惠与保障，从而充分调动外来人才工作热情，组建更专业的电子商务人才队伍。另一方面，重视农民素养的提高。首先需要培养和提升农民电子商务知识，使得农民相信可以在互联网上获得致富的机会。其次通过政府和相关机构的引导，消除知识壁垒，使得农民会用电子商务；通过网络信息化方面的资金投入，促进设施建设和农业科技知识的指导使得农民能用有效运用电子商务；通过手把手扶持和电商相关技术的详细分析和指导，使得农民用好电子商务，培养和提升农民电子商务应用能力，让农民想用、敢用、会用并且用好电子商务。

3)技术方面

(1)信息技术

首先，农村电商产业要完善网络体系。实现网络普及，完善农业网络覆盖工程，宽带入户。提高互联网运行速度，落实宽免宽减优惠政策，让农民在良好的互联网环境中开展电子商务。

其次，搭建本地化电子商务运营服务支撑体系平台。电商企业需要对一些已经在农村本土化的农村电商企业进行尽可能多的教育培训。建议地方政府部门建立农民专业电子商务协会。一方面可以通过网络平台帮助农民网上商家进行技术培训，另一方面更方便与国内各大电商公司进行有效的沟通和业务互助，真正形成共同发展的经营理念。

最后，政府应建立新型农村电子商务政企关系。利用电子政务、微信、直播等智能应用等数字技术工具，加强与农村电商业务主体和利益相关方的数据共享和高效协调沟通，消除信息拥堵对政府决策和电商业务活动造成的多源损害。

(2)农业技术

首先，完善农业生产标准体系的建设。为了进一步提升农村电子商务的核心市场竞争力，相关主管部门应该完善和修改农业技术标准，以促进农业电子商务产业链的健康和可持续发展。

其次，推动农业生产规模化、健康化发展。整合农业资源，鼓励先进农业生产设备和生产技术的推广和应用，引导各类农业经营主体进行规模化集聚生产，推动生产效率的提高，降低生产成本。

最后，招募并留住创新型人才，开展相关的种子和生产技术的创新和推广活动。推动农业新技术在农村电商供应链生产端应用，提高供应链效率，增加电商企业利润，提高电商企业积极性。

(3)流通技术

首先，要弥补物流发展的短板，推动多层次城乡物流体系融合发展，提高快递服务对乡镇的覆盖。加快培育同城本地配送运营商，与全国物流企业服务网络无缝对接。挖掘和利用当地龙头商业企业的物流资源，依托其完善的供应链管理网络和物流配送体系，推动及时配送物流体系下乡，保证工业品畅通下行、农产品高效向上流动。探索县市配送体系与邮政、顺丰、京东、“四通一到”等知名物流企业现有物流体系有机对接，构建健全城乡双向物流服务网络。

其次，要建设现代化的物流体系。通过信息技术，连接城乡和区域，促进多种交通方式深度融合，加快物流信息传播，使人流和物流更加高效快捷。推进“互联网+高效物流”，完善农村配送物流体系，深化县乡三级物流联发发展，发展统一仓库联发模式，形成产业集聚效应，促进农村终端物流路线共享，实现工农业产品双向流通。

最后，各方要共同努力，打通产品“最初一公里”。农村电商要以基地为载体，培育建立当地直播电商矩阵体系，对接全国各地的主播资源。完善物流体系建设，特别是加强农产品冷链物流体系建设，提高农产品物流的效率和质量，以效益转化带动当地产业发展，引进投资建设资源。

(4)销售技术

首先，突破传统的商业思维，转变为以顾客为导向，精准定位目标顾客，满足客户需求。

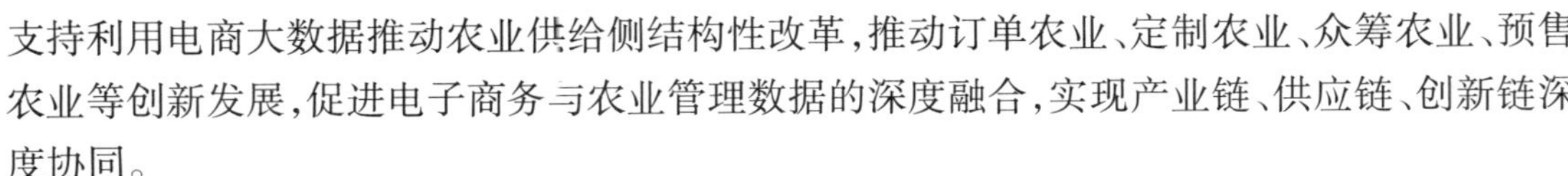

支持利用电商大数据推动农业供给侧结构性改革，推动订单农业、定制农业、众筹农业、预售农业等创新发展，促进电子商务与农业管理数据的深度融合，实现产业链、供应链、创新链深度协同。

其次，在“互联网+”模式下，农村电商可利用信息技术的快速普及和知识共享的优势，树立自己的品牌形象，以独特的产品优势吸引消费者。农村电子商务可以利用先进的信息技术，在“社会商务”的基础上创新农村电子商务营销方式，即通过网络平台开展农村电子商务。

最后，政府要致力于打造“品牌网”和“营销网”，为农村电商企业提供服务。品牌网将着力打造优质的区域公共品牌和企业自主品牌，通过强调产地、产品质量和独特的风俗人文内涵，形成具有较强市场竞争力的特色区域品牌矩阵。利用新媒体技术、社交网络平台、农产品信息网站等网络平台，全天候推广特色农产品，增加特色农产品进学校、进社区、进活动的机会，构建线上线下一体化的营销网络。

3.4.2　农村电商专业发展对策

1）凝炼特色

党的二十大报告提出，培养造就大批德才兼备的高素质人才，是国家和民族长远发展大计。学科专业是人才培养的基础平台，2023 年 5 月，教育部等 5 部门印发《普通高等教育学科专业设置调整优化改革方案》（以下简称《改革方案》），推动开展学科专业设置调整优化改革工作，方案提出了 3 条原则：一是要服务国家发展，以服务经济社会高质量发展为导向，想国家之所想、急国家之所急、应国家之所需，建好建强国家战略和区域发展急需的学科专业。二是要突出优势特色。以新工科、新医科、新农科、新文科建设为引领，做强优势学科专业，形成人才培养高地；做优特色学科专业，实现分类发展、特色发展。三是要强化协同联动。加强教育系统与行业部门联动，加强人才需求预测、预警、培养、评价等方面协同，实现学科专业与产业链、创新链、人才链相互匹配、相互促进。

结合《改革方案》的要求，农村电商专业首先瞄准地方产业发展需要，凝炼专业特色。强化产业优势，打造“一县一品”“一村一品”的格局是把农村电商地域品牌打出去的前提。各高校要深入调研，与地方产业紧密结合，共生共荣，以此促进专业建设特色的地方化、鲜明化、品牌化，逐步形成具有鲜明特点的农村电子商务“专业特色”，进而将其打造成“特色专业”。

2）打造师资

教育、科技、人才是全面建设社会主义现代化国家的基础性、战略性支撑，必须坚持科技是第一生产力、人才是第一资源、创新是第一动力。高等教育处于国家教育体系顶端，是科技“第一生产力”、人才“第一资源”和创新“第一动力”的重要结合点。师资是衡量一所大学和一个专业实力的关键性指标，没有一流的教师，就培养不出一流的人才；没有高水平的教师队伍，就办不好人民满意的教育，教师队伍素质直接决定着大学办学能力和水平，建设政治素质过硬、业务能力精湛、育人水平高超的高素质教师队伍是大学建设的基础性工作。

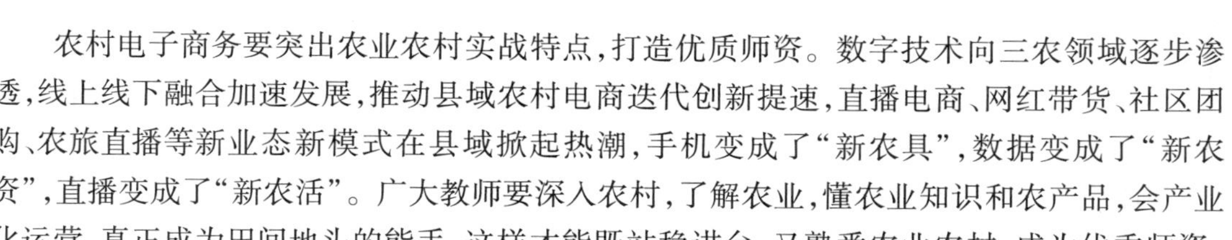

农村电子商务要突出农业农村实战特点，打造优质师资。数字技术向三农领域逐步渗透，线上线下融合加速发展，推动县域农村电商迭代创新提速，直播电商、网红带货、社区团购、农旅直播等新业态新模式在县域掀起热潮，手机变成了“新农具”，数据变成了“新农资”，直播变成了“新农活”。广大教师要深入农村，了解农业，懂农业知识和农产品，会产业化运营，真正成为田间地头的能手，这样才能既站稳讲台，又熟悉农业农村，成为优秀师资，培养优秀农村电子商务人才。

3）**开发教材**

党的十八大以来，以习近平同志为核心的党中央高度重视教材建设，出台了一系列重要文件，发表了一系列重要讲话，从“教育、科技、人才是全面建设社会主义现代化国家的基础性、战略性支撑”的高度，对办好人民满意的教育和加强教材建设提出了明确要求，强调“加强教材建设和管理”，为新时代教材建设提供了前进方向和根本遵循。教材作为文化传承的重要媒介、教育教学的基本载体、人才培养的重要支撑、教育核心竞争力的重要体现、引领创新发展的重要基础，必须与时俱进，为培育时代新人提供坚实保障。在教材开发与建设中，要坚持从政治高度看教材建设，切实把握政治方向，要坚持从本质属性看教材建设，切实增强育人价值，坚持从初心使命看教材建设，切实提高出版质量。

长期以来，农村电子商务专业教材短缺、特色不明、适用性不强，这与总结梳理、凝炼提升不足息息相关。因此，要通过总结梳理农村发展模式，开发系列教材，尽快出版一批高质量的农村电商类专业教材。主要围绕农业农村所需的、数字经济、网红经济等热点，开发相关课程内容。如农村实用人才、农业带头人等技能型专题培训教材；本土电商团队实操类教材；农产品运营、美工、推广等教材；“村红”和“农民带货主播”等网红经济教材。

4）**协同育人**

党的二十大报告在以往实践基础上创造性提出“统筹职业教育、高等教育、继续教育协同创新，推进职普融通、产教融合、科教融汇，优化职业教育类型定位”，这是一体实施科教兴国战略、人才强国战略、创新驱动发展战略，开辟发展新领域新赛道、不断塑造发展新动能新优势的重要突破口。当前，新一轮科技革命和产业变革正加速演进。切实推进科教融汇，既是新一轮科技革命和产业变革的自身需要，也是我国主动超前布局、有力应对变局、奋力开拓新局的战略举措。新一轮科技革命是学科交叉融合的革命，切实推进科教融汇，是主动适应这一时代革命的必然要求；新一轮科技革命是科学研究范式的革命，切实推进科教融汇，有利于构建科学研究新范式；新一轮科技革命是科技与经济社会发展加速渗透融合的革命，切实推进科教融汇，有利于加速推动技术革新，催发产业变革。

农村电子商务要依托数字乡村要素平台，着力协同育人。2020 年，全国共建成县域电商公共服务中心和物流配送中心 2 120 个，村级电商服务站点 13.7 万个，物流集中，进一步降低了快递成本。全国在基本实现快递网点乡镇全覆盖的基础上，将快递直投到村比例提升至超过 50%。农村地区揽收和投递快递包裹量超过 300 亿件。农村地区进一步解决了“最后一公里”问题后，要着眼数字乡村建设，实现协同育人。

参考文献

[1] 刘鲁川.电子商务概论[M].2版.北京:清华大学出版社,2016:1-371.

[2] 王沛栋.我国农村电子商务发展的问题与对策[J].中州学刊,2016(9):43-47.

[3] 洪勇.我国农村电商发展的制约因素与促进政策[J].商业经济研究,2016(4):169-171.

[4] 武晓钊.农村电子商务与物流配送运营服务体系建设[J].中国流通经济,2016,30(8):99-104.

[5] 雷兵,钟镇.农村电子商务生态系统结构及其共生关系研究[J].科技和产业,2017,17(11):1-7.

[6] 李曼,李征坤,刘东阳.农村电商论[M].北京:经济管理出版社,2018.

[7] 王倩南.河北省农村电子商务发展的影响因素研究[D].石家庄:河北经贸大学,2018.

[8] 李楚瑛.内蒙古农村电子商务发展水平测度及关键制约因素分析[D].呼和浩特:内蒙古农业大学,2019.

[9] 杨路明,施礼.农产品供应链中物流与电商的协同机制[J].中国流通经济,2019,33(11):40-53.

[10] 周畅."互联网+"中农村电子商务的发展探讨[J].智库时代,2019(35):50,55.

[11] 唐艺,刘昊,徐建奎.基于农村电商融资的创新思维模式研究:以江苏省沭阳县花木行业为例[J].农业经济问题,2021,42(9):97-105.

[12] 解梅娟.电商扶贫:"互联网+"时代扶贫模式的新探索[J].长春市委党校学报,2016(2):12-15.

[13] 钟发辉."互联网+农业"助力农村电商发展[J].当代贵州,2016(13):52-53.

[14] 刘根荣.电子商务对农村居民消费影响机理分析[J].中国流通经济,2017,31(5):96-104.

[15] 赵礼强,姜崇,成丽.农村电商发展模式与运营体系构建[J].农业经济,2017(8):117-119.

[16] 李博.电子商务下乡对我国农村经济发展的作用机制探讨[J].商业经济研究,2018(22):121-123.

[17] 张夏恒.电子商务进农村推动精准扶贫的机理与路径[J].北京工业大学学报(社会科学版),2018,18(4):26-32.

[18] 韩弘.我国农村电子商务发展现状、问题及对策研究[J].商业经济,2019(9):118-120.

[19] 武韶瑜,高姣,张珍.浅析我国农村电商发展历程及其对农村经济的带动作用[J].山西农经,2019(3):64-65.

[20] 高童."互联网+农村电商"面向本地的云平台营销探究——以滁州市"淘鲜达"为例[J].现代商贸工业,2020,41(2):56-57.

[21] 陈智慧.农村电商对乡村振兴的影响[J].市场研究,2020(6):5-8.

[22] 杜永康,王冠群.农村电商的扶贫机理及实施路径研究[J].电子商务,2020(6):12-13.

[23] 邢祥焕,赵爱威.双向流通背景下农村电商物流体系建设研究[J].技术经济与管理研究,2020,293(12):109-112.

[24] 宋常迎,郑少锋.农村电商产业集群对区域经济发展的协同效应及机制研究[J].农业经济问题,2021(5):2.

[25] 王志辉,祝宏辉,雷兵.农村电商产业集群高质量发展:内涵、困境与关键路径[J].农村经济,2021(3):110-118.

[26] 宫中怡,姜克银.农村电商助力乡村振兴发展研究[J].农业经济,2022(11):131-134.

[27] 刘羽萌.乡村振兴视域下我国农村电商高质量发展研究[J].山西农经,2023(16):36-38.

[28] 闫琼.乡村振兴背景下农村电商发展路径探究[J].广东蚕业,2023,57(8):101-103.

[29] 王小莉.农村电商助推科技振兴乡村作用机制研究[J].价格理论与实践,2023(2):166-169,204.

[30] 陈霏璐,刘昱麟,袁浩洋,等.农村电商对农民增收中介效应分析[J].合作经济与科技,2022(19):88-91.

[31] 余佳豪.农村电商发展对数字乡村建设的影响效应[J].河北农业大学学报(社会科学版),2023,25(4):118-126.

[32] 郭伟良,黄泽珍.农村电商发展对城镇居民收入的影响[J].生产力研究,2023(7):106-110.

[33] 张红艳.农村电商发展的制约因素与促进政策分析[J].知识经济,2017(22):62-63.

[34] 傅园园.民间推动与政府掌控:农村电子商务发展模式研究[D].长春:吉林大学,2017.

[35] 刘俊杰,李超伟,韩思敏,等.农村电商发展与农户数字信贷行为:来自江苏“淘宝村”的微观证据[J].中国农村经济,2020(11):97-112.

[36] 崔凯,冯献.演化视角下农村电商“上下并行”的逻辑与趋势[J].中国农村经济,2018(3):29-44.

[37] 曾亿武,郭红东,金松青.电子商务有益于农民增收吗?——来自江苏沭阳的证据[J].中国农村经济,2018(2):49-64.

[38] 钱俊.乡村振兴战略视野下农村电商的发展与人才培养研究[J].农业经济,2018(11):108-110.

[39] 王文佳.农村电商发展影响因素与对策:以中部欠发达地区为例[J].商业经济研究,2019(12):129-132.

[40] 刘静娴,沈文星.农村电子商务演化历程及路径研究[J].商业经济研究,2019(19):123-126.

[41] 谢浩,宋瑛,张驰.农户参与农产品电商行为的影响因素及收入效应分析:基于黔渝 746 份农户微观调查数据[J].上海商学院学报,2019,20(3):89-101.

[42] 刘傲.精准扶贫背景下农村电商发展困境及对策研究[J].农村青年,2019,(22):17-18.

[43] 唐红涛,李胜楠.农村电商对传统流通的收入门槛效应:互补还是替代[J].山西财经大学学报,2020,42(3):47-61.

[44] 任航.山东省农产品电商发展研究[D].泰安:山东农业大学,2020.

[45] 周浪.另一种“资本下乡”——电商资本嵌入乡村社会的过程与机制[J].中国农村经济,2020(12):35-55.

[46] 张媛媛.农村电商“最后一公里”问题探索——以山东省济南市历城区为例[J].农家参谋,2020,(4):57.

[47] 冯天璐.农村电子商务的发展与分析[J].电子商务,2020(4):11-12.

[48] 郭凯凯,高启杰.农村电商高质量发展机遇、挑战及对策研究[J].现代经济探讨,2022(2):103-111.

[49] 李红玲,何馨,张晓晓.中国淘宝村发展中的政府行为研究:包容性创新理论和政策文本分析视角[J].科研管理,2020,41(4):75-84.

[50] 杨颖.政府扶持农村电商发展的有效性研究[J].社会科学家,2021(1):79-89.

[51] 杨晓玲.“互联网+”背景下的农村电子商务发展[J].中国市场,2022(17):185-187.

[52] 王辉,张国卿.乡村振兴背景下农村电商发展的困境选择[J].农业经济,2022(3):130-132.

[53] 曹玲玲,陈沛然,刘彬斌,等.农村电商创新主体发展路径及生态价值链分析[J].江苏农业科学,2017,45(17):331-334.

[54] 龚榆.我国农村电子商务发展现状、问题及对策研究[J].农民致富之友,2018(2):17.

[55] 庞爱玲.乡村振兴战略下农村电商产业发展困境与路径[J].农业经济,2019(7):123-124.

[56] 余晓红.我国农村电商发展的瓶颈及对策[J].商业经济研究,2020(24):72-74.

[57] 韩鹏.农村电子商务发展对策研究[D].泰安:山东农业大学,2020.

[58] 王玮,陈文敬.新发展格局背景下农村电商发展路径研究[J].国际经济合作,2021(6):73-76.

[59] ALEXANDER C,PEARSON J M,CROSBY L.The transition to E-commerce:A case study of a rural-based travel agency[J].Journal of Internet Commerce,2003,2(1):49-63.

[60] 聂召英,王伊欢.农村电商制度的供给困境与创新路径[J].农业现代化研究,2022,43(1):59-68.

[61] 阮晓文.乡村振兴背景下苏北农村电商发展的瓶颈及对策[J].江苏农业科学,2023,51(18):259-264.

[62] 吴加权.乡村振兴视域下农村电商高质量发展的目标定位与路径选择:以江苏省泰州市为例[J].山西农经,2023(16):45-47.

[63] 陈临奇.中国农村电商的创新实践经验、问题以及建议[J].智能社会研究,2023(1):147-156.

[64] 曾玲.乡村振兴背景下农村电商高质量发展路径探讨[J].中国农业会计,2023,33(18):112-114.

[65] 员雯洁,黄镕川.乡村振兴背景下农村电商人才培育路径探究[J].中国集体经济,2023(24):28-31.

[66] 祝君红.中国农村电商发展的模式、挑战与升级路径[J].电子商务,2017(8):13-14.
[67] 杨锐.乡镇区域电子商务发展的战略研究[D].济南:山东师范大学,2018.
[68] 廖芝,喻红艳.湖南农村电商精准扶贫的对策研究[J].电子商务,2018(6):6.
[69] 高超民,陆增辉,钟琳.基于流通视角的农村电商成长路径研究[J].商业经济研究,2018(11):134-136.
[70] 庞爱玲,乡村振兴战略下农村电商产业发展困境与路径[J].农业经济,2019(7):123-124.
[71] 周瑞.精准扶贫战略下陕西农村电商发展模式及路径研究[J].西安财经学院学报,2019,32(6):41-45.
[72] 李欣,唐宇,陈宾宾,等.乡村振兴背景下的农村电子商务发展策略研究[J].商展经济,2021(16):43-45.
[73] 裴璐璐,王会战."新零售"背景下农村电商模式优化路径[J].商业经济研究,2021(17):89-92.
[74] 彭小珈,周发明.农村电商经营效率研究:基于消费品下行的 DEA 模型分析[J].农业技术经济,2018(12):111-118.
[75] 韩悦.农产品电子商务助力乡村振兴战略问题研究——以岚县为例[J].山西农经,2022,333(21):64-67.
[76] 刘振兴.我国农村电子商务发展面临的困境与路径[J].农家参谋,2022(16):93-95.
[77] 严敏,嵇正龙.数字乡村建设对城乡商贸流通一体化融合发展赋能效应检验:以农村电商发展为中介变量[J].商业经济研究,2022(24):105-108.
[78] MOLLA A,PESZYNSKI K.E-business in agribusiness[J].International Journal of Information Communication Technologies and Human Development,2011,3(2):1-18.
[79] JALALI A A,OKHOVVAT M R,OKHOVVAT M.A new applicable model of Iran rural e-commerce development[J].Procedia Computer Science,2011(C):1157-1163.
[80] RODRIGUEZ L,KULPAVAROPAS S,ANNAMALAI D,et al.Trends in Information Needs and Communication Channel Use Among Rural Women in Africa,Asia,and Latin America,2000—2012[J].Journal of Agricultural & Food Information,2015,16(3):221-214.
[81] SINGH M K.Constraints in the Utilization of Information and Communication Technology by Arable Extension Service in India,Environment & Ecology[J].2013(3A):1414-1418.

第 4 章
电子商务与物流

4.1 本领域国内外研究前沿

4.1.1 电子商务物流的概念与特点

1）电子商务物流

电子商务物流指的是为电子商务提供运输、存储、装卸、搬运、包装、流通加工、配送、代收货款、信息处理、退换货等服务的活动①。电子商务物流是指根据电子商务的特点对整个物流配送体系实行统一的信息管理和调度，为电子商务企业提供服务，按照用户的订货要求，在物流基地进行理货工作，并将配好的货物交送收货人。电子商务物流利用电子化的手段，尤其是利用互联网技术来完成物流全过程的协调、控制和管理，从而实现网络前端到最终客户端的所有中间过程服务。在中国，电商物流行业的发展与电子商务的繁荣密不可分。随着电子商务交易规模的不断扩大，电商物流行业的规模也在不断增长。电商物流行业主要服务于两类客户：电商平台和电商卖家。电商平台如淘宝、京东等，需要通过电商物流将卖家的商品快速、准确地送达买家手中。而电商卖家则需要物流服务来支持他们的销售活动，将商品送达买家。

2）电商物流的特点

（1）市场规模庞大

中国电商市场是全球最大的电商市场之一，而电商物流作为电商交易的重要环节之一，也随着电商市场的发展而快速发展。根据商务部的数据，中国电商交易规模在近几年内实现了快速增长，2022 年交易规模达到了 43.83 万亿元人民币，同比增长了 3.5%。而随着电商

---

① 中华人民共和国商务部.中华人民共和国电子商务物流行业标准[EB/OL].(2015-11-09)[2023-10-11].中华人民共和国商务部官网.

交易规模的扩大，电商物流需求也得到了快速的增长，物流业整体市场规模不断扩大。其中，网络零售额达到了 13.79 万亿元，同比增长了 4.0%。中国物流与采购联合会发布的数据显示，2022 年中国物流业总收入达到了 10 567 亿元，同比增长了 2.3%。可以看出，中国电商物流行业的规模和增长速度都是非常可观的。

(2) 物流网络发达

中国电商物流网络发达，覆盖全国各地。目前，中国物流公司已经形成了较为完善的物流网络体系，覆盖全国各个城市和乡村。在物流网络中，有各种类型的运输方式，包括公路、铁路、航空、水路等，以及不同类型的物流中心、配送中心等节点。电商物流公司可以根据不同的物流需求和商品属性，选择不同的运输方式和节点，以实现最优质的物流服务。

(3) 智能化水平提高

中国电商物流在智能化方面取得了较大的进展。随着物联网、大数据、人工智能等技术的发展，电商物流公司已经可以实现对物流过程的实时监控和智能管理。例如，通过 GPS 定位技术，可以实时监控车辆的位置和运输状态；通过人工智能技术，可以实现智能分拣、智能配送等。这些智能化技术的应用，大大提高了电商物流的效率和准确性。

(4) 服务质量提升

随着电商市场的竞争加剧，电商物流公司也在不断提高服务质量，以吸引更多的客户。在服务质量提升方面，电商物流公司可以提供更加个性化的服务，例如定时派送、自提、代收货款等服务。此外，还可以提供更加安全的物流服务，例如特殊包装、冷链物流等。这些服务质量的提升，不仅能够吸引更多的客户，也能够提高电商物流公司的品牌形象和市场竞争力。

(5) 绿色环保意识增强

随着环保意识的提高，电商物流公司也在积极采取措施，以减少对环境的影响。例如，推广绿色包装、使用清洁能源等。此外，电商物流公司还可以采用共享物流、共同配送等新型物流模式，以减少资源浪费和环境污染。这些措施的实施，不仅能够提高电商物流公司的环保意识，增强社会责任感，也能够提升公司的品牌形象和市场竞争力。

(6) 全球化趋势明显

随着全球化的加速和跨境电商的兴起，电商物流公司也在积极拓展国际市场，以实现全球化的发展。在全球化方面，电商物流公司需要建立全球化的物流网络和信息系统，以满足跨境电商的需求。此外，还需要加强对海外市场的了解和研究，以提高跨境电商的服务品质和市场竞争力。

(7) 市场结构复杂，市场竞争激烈

中国电商物流市场结构复杂，主要由几大电商企业和传统物流企业构成。其中，阿里巴巴、京东、苏宁易购等电商企业均拥有自己的物流体系，而顺丰、中通、圆通等传统物流企业也纷纷进军电商物流市场。此外，还有大量的第三方物流企业、快递企业等参与市场竞争。总体来说，市场集中度较高，但各家企业占据的市场份额相对较为分散。在这种市场环境下，电商物流企业需要不断提高自身的服务质量和效率，以吸引更多的客户和市场份额。中

国电商物流市场竞争激烈,各类物流公司层出不穷。在市场竞争方面,电商物流公司需要不断提高服务质量和降低成本,以提高市场竞争力。此外,还需要加强对市场趋势和客户需求的研究和分析,以提供更加符合市场需求的服务。

(8)商业模式

中国电商物流企业的商业模式主要分为自建物流和第三方物流两种模式。自建物流模式主要是电商企业自行建立自己的物流体系,例如阿里巴巴和京东;第三方物流模式主要是电商企业通过第三方物流企业进行配送,例如淘宝和拼多多。这两种模式各有优劣,电商企业需要根据自身情况选择适合自己的商业模式。自建物流模式可以更好地控制物流服务的质量和效率,提高用户体验,但需要投入大量的资金和人力资源;第三方物流模式可以降低成本,但需要与第三方物流企业进行合作和管理,也存在一定的风险和不确定性。

中国电商物流在市场规模、物流网络、智能化水平、服务品质、绿色环保意识、全球化和市场竞争等方面都表现出独特的特点和趋势。随着电商市场的发展和技术的不断创新,中国电商物流将继续朝着更加高效、环保、智能化的方向发展。

3)中国电商物流的行业发展概况

(1)市场规模持续扩大

目前,中国电商物流行业已经发展成为一个规模庞大的市场。从 2017 年到 2022 年间,中国电子商务交易额从 29.16 万亿元增长到 43.83 万亿元,年均增长率为 8.5%。2022 年中国电子商务交易额已经达到了 43.83 万亿元,同比增长 3.5%。在 2022 年,全国网上零售额达到了 13.79 万亿元,按可比口径计算,比上年增长 4.0%。实物商品网上零售额 11.96 万亿元,按可比口径计算,比上年增长 6.2%,占社会消费零售总额的比重为 27.2%①。我国电子商务服务业营收规模达到 6.79 万亿元,同比增长 6.1%。其中,电商交易平台服务营收为 1.54万亿元,同比增长为 10.7%;支撑服务领域中的电子支付、电商物流、信息技术服务等业务营收为 2.50 万亿元,同比增长 3.7%;衍生服务领域业务营收为 2.75 万亿元,同比增长 5.8%②。

(2)电商物流增速稳中趋缓

随着我国经济的发展和居民消费水平的提升,电子商务已经在经济、社会、人民生活的各个领域占据了举足轻重的地位,随着电子商务的稳步发展,电商物流的需求保持快速增长,我国的电商物流的市场规模也随之持续扩大,电商物流的业务量和业务收入都保持着稳定的增长,我国的电商物流业务量也位居世界首位。2012—2022 年我国快递业业务量和业务收入情况如图 4-1 所示。2012 年以来,快递业业务量和收入的规模保持稳步增长,屡创新高。2021 年,快递业务量已经突破千亿大关,达到了 1 083 亿件,同比增长 29.9%,与此同时,快递业务收入突破万亿,达到了 10 332.3 亿元,同比增长 17.5%。2022 年,快递业务量达

① 国家统计局.中华人民共和国 2022 年国民经济和社会发展统计公报[EB/OL].(2023-02-28)[2023-10-11].国家统计局官网.

② 中华人民共和国商务部.中国电子商务报告(2022)[EB/OL].(2023-06-09)[2023-10-11].中华人民共和国商务部官网.

到了 1 105.8 亿件，同比增长 2.1%，快递业务收入达到 10 567 亿元，同比增长 2.3%，最近几年，快递业务量和快递业务收入增速虽然放缓，但是仍然在稳步增加①。并且在 2022 年已经有将近 80%的快递业务来自电子商务交易。

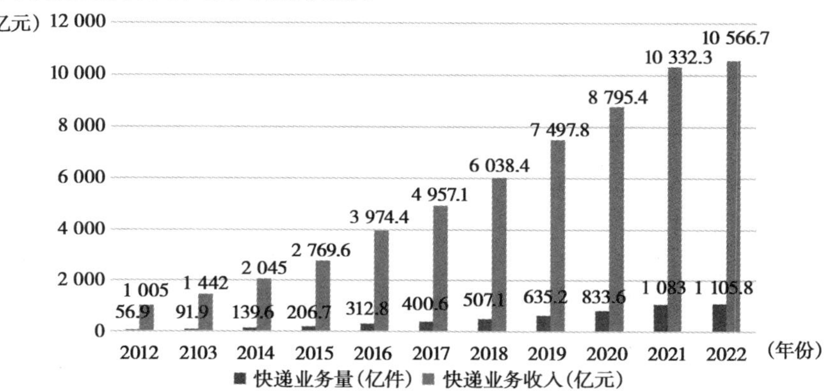

图 4-1　2012—2022 年中国快递业务量及快递业务收入

（作者根据中华人民共和国国家邮政局历年邮政行业发展统计公报整理）

电商物流主要分为自建物流和第三方物流。自建物流主要是电商平台或电商卖家自行建立物流体系，自己负责物流配送。这种方式适合于大型电商平台或卖家，可以自行控制物流环节，提高服务品质。而第三方物流则是电商卖家将物流服务外包给专业的物流公司，这种方式适合小型电商卖家，可以降低成本，提高效率。自建物流以仓储配送模式为主，第三方物流以网络快递模式为主。第三方物流模式以顺丰、圆通、申通、中通、韵达等快递公司为典型代表，自建物流模式以京东、唯品会和苏宁等为典型代表。

我国近八成的快递市场都与电商相关，快递市场的增速与电商增速具有高度相关性。伴随着电子商务增长速度的放缓，与电商密切相关的快递业务量增速趋缓。2012—2022 年我国快递业增长趋势如图 4-2 所示。可以看出，2012—2016 年为电商物流高速增长阶段，快递业务量同比增速保持在 48%以上，年平均增速达到 53.54%；快递业务收入同比增速保持在 35.4%以上，年平均增速达到 41.32%。2017 年开始，增速开始明显回落，2022 年快递业务量同比增长速度降到 2.1%，快递业务收入同比增长速度降到 2.3%。

中国物流与采购联合会与京东集团联合发布的“中国电商物流运行指数”显示，电商物流运行指数由 2020 年 2 月最低点 96.6 增至 2020 年 12 月 111.7。从图中可以看出，整体处于一个较稳定的状态，虽然偶尔有较大波动，但是整体仍然是处于一个正常的波动区间，由此可见，中国电商物流的状态整体处于平稳的状态，如图 4-3 所示。

以上数据表明，虽然电商物流市场规模不断扩大，但是随着电子商务的增长速度变缓，电商物流的业务量和业务收入的增长速度在近些年来逐渐下降，但是同时也标志着我国的电商物流行业从高速发展的开始阶段逐渐转入稳定发展的成熟阶段。

---

① 中华人民共和国国家邮政局.2022 年邮政行业发展统计公报[EB/OL].(2023-05-26)[2023-10-11].中华人民共和国国家邮政局官网.

图 4-2　2012—2022 年快递业务量和业务收入增速

（作者根据中华人民共和国国家邮政局历年邮政行业发展统计公报整理）

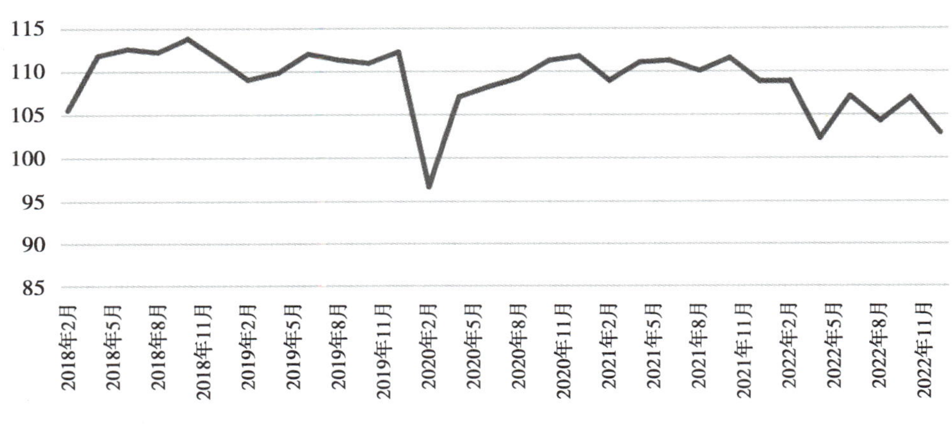

图 4-3　中国电商物流指数情况

（作者根据中国物流与采购联合会每月出具的电商物流指数整理）

（3）政策体系不断完善

近年来，国务院、商务部、国家邮政局等多部门和机构密集发文，对中国电子商务及电商物流行业进行了更进一步的规范，部分省份同时积极推出适合本地区的“十四五”电商物流发展规划，为电子商务和电商物流行业的发展奠定坚实的基础，营造良好的政策环境，对建立适应电子商务发展的物流体系提出了新要求。

2016 年 3 月，商务部提出的《2016 年电子商务和信息化工作要点》指出，做好“十三五”电子商务发展规划，积极推进电子商务立法工作，推进电子商务信用体系建设，积极参与国际规则制订，深入实施“互联网+流通”行动，加快电子商务进农村，鼓励电子商务进社区，推进跨境电子商务发展，加强电子商务人才培养等。2016 年 4 月，国务院提出的《国务院办公厅关于深入实施“互联网+流通”行动计划的意见》指出，加快推动流通转型升级，积极推进

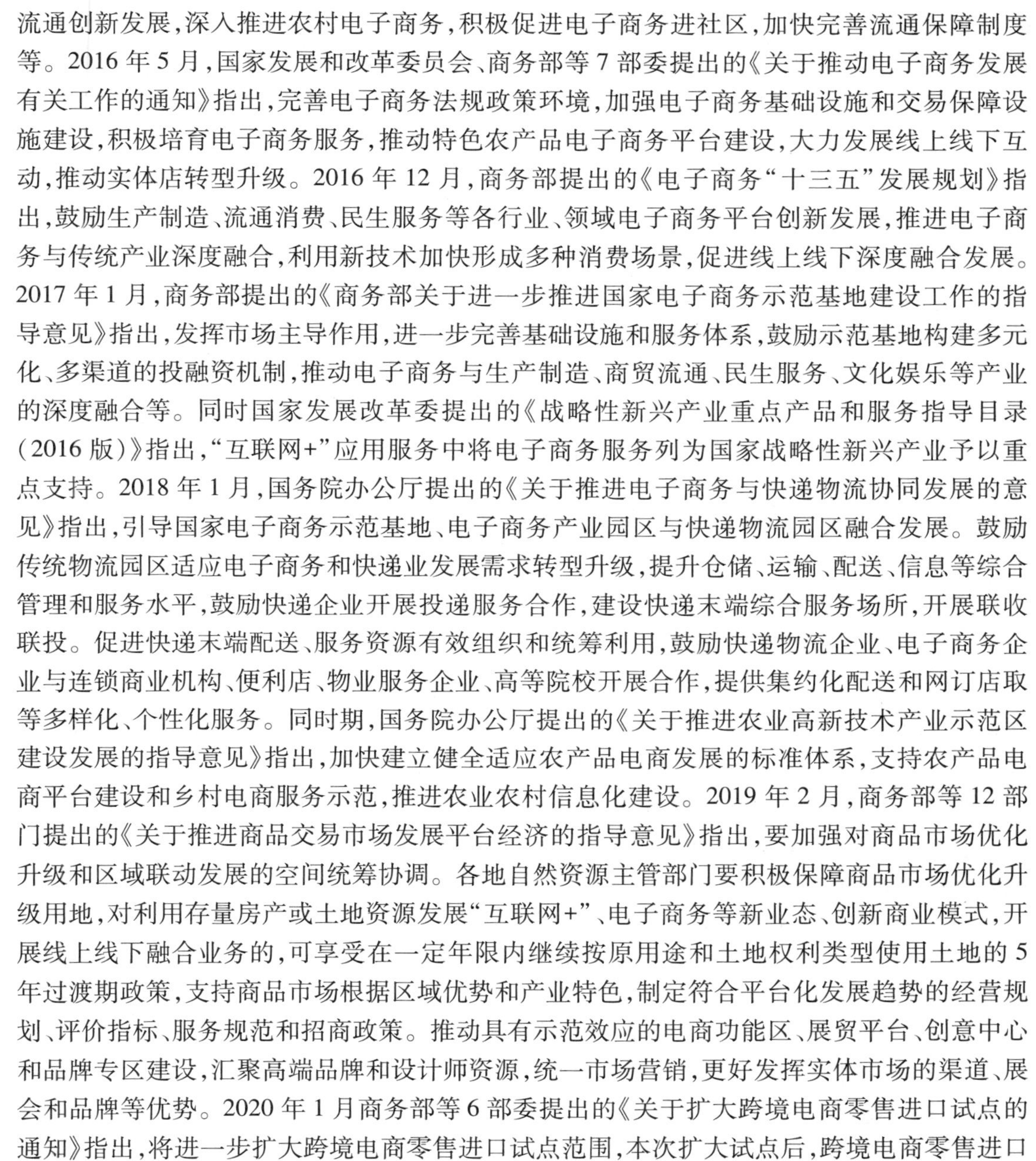

流通创新发展，深入推进农村电子商务，积极促进电子商务进社区，加快完善流通保障制度等。2016 年 5 月，国家发展和改革委员会、商务部等 7 部委提出的《关于推动电子商务发展有关工作的通知》指出，完善电子商务法规政策环境，加强电子商务基础设施和交易保障设施建设，积极培育电子商务服务，推动特色农产品电子商务平台建设，大力发展线上线下互动，推动实体店转型升级。2016 年 12 月，商务部提出的《电子商务“十三五”发展规划》指出，鼓励生产制造、流通消费、民生服务等各行业、领域电子商务平台创新发展，推进电子商务与传统产业深度融合，利用新技术加快形成多种消费场景，促进线上线下深度融合发展。2017 年 1 月，商务部提出的《商务部关于进一步推进国家电子商务示范基地建设工作的指导意见》指出，发挥市场主导作用，进一步完善基础设施和服务体系，鼓励示范基地构建多元化、多渠道的投融资机制，推动电子商务与生产制造、商贸流通、民生服务、文化娱乐等产业的深度融合等。同时国家发展改革委提出的《战略性新兴产业重点产品和服务指导目录（2016 版）》指出，“互联网+”应用服务中将电子商务服务列为国家战略性新兴产业予以重点支持。2018 年 1 月，国务院办公厅提出的《关于推进电子商务与快递物流协同发展的意见》指出，引导国家电子商务示范基地、电子商务产业园区与快递物流园区融合发展。鼓励传统物流园区适应电子商务和快递业发展需求转型升级，提升仓储、运输、配送、信息等综合管理和服务水平，鼓励快递企业开展投递服务合作，建设快递末端综合服务场所，开展联收联投。促进快递末端配送、服务资源有效组织和统筹利用，鼓励快递物流企业、电子商务企业与连锁商业机构、便利店、物业服务企业、高等院校开展合作，提供集约化配送和网订店取等多样化、个性化服务。同时期，国务院办公厅提出的《关于推进农业高新技术产业示范区建设发展的指导意见》指出，加快建立健全适应农产品电商发展的标准体系，支持农产品电商平台建设和乡村电商服务示范，推进农业农村信息化建设。2019 年 2 月，商务部等 12 部门提出的《关于推进商品交易市场发展平台经济的指导意见》指出，要加强对商品市场优化升级和区域联动发展的空间统筹协调。各地自然资源主管部门要积极保障商品市场优化升级用地，对利用存量房产或土地资源发展“互联网+”、电子商务等新业态、创新商业模式，开展线上线下融合业务的，可享受在一定年限内继续按原用途和土地权利类型使用土地的 5 年过渡期政策，支持商品市场根据区域优势和产业特色，制定符合平台化发展趋势的经营规划、评价指标、服务规范和招商政策。推动具有示范效应的电商功能区、展贸平台、创意中心和品牌专区建设，汇聚高端品牌和设计师资源，统一市场营销，更好发挥实体市场的渠道、展会和品牌等优势。2020 年 1 月商务部等 6 部委提出的《关于扩大跨境电商零售进口试点的通知》指出，将进一步扩大跨境电商零售进口试点范围，本次扩大试点后，跨境电商零售进口试点范围将从 37 个城市扩大至海南全岛和其他 86 个城市（地区），覆盖 31 个省、自治区、直辖市。2021 年 1 月，商务部办公厅提出的《关于推动电子商务企业绿色发展工作的通知》指出，综合运用规划、标准、资金、投融资等政策导向，推动电子商务企业绿色发展。建立健全绿色电商评价指标，通过示范创建、综合评估等工作，培育一批绿色电商企业，形成一批可复制推广的环保技术应用、快递包装减量化循环化推广新模式。指导电商企业积极参与财政资金支持的绿色技术研发项目，鼓励符合条件的电商企业在开展绿色、可循环快递包装规模化应用中申请绿色信贷。2021 年 10 月，商务部、中央网信办和国家发展改革委联合发布的

《"十四五"电子商务发展规划》中，提出了未来我国电商物流发展的目标，到 2025 年，主要任务是：深化创新驱动，塑造高质量电子商务产业、引领消费升级，培育高品质数字生活、推进商产融合，助力产业数字化转型、服务乡村振兴，带动下沉市场提质扩容、倡导开放共赢，开拓国际合作新局面、推动效率变革，优化要素资源配置、统筹安全发展，深化电子商务治理。发展指标到 2025 年，电子商务交易额达到 46 万亿元、全国网上零售额达到 17 万亿元、相关从业人数达到7 000万人。这是指导"十四五"时期我国电商物流发展的纲领性文件。2022 年 12 月，国务院办公厅发布的《"十四五"现代物流发展规划》支撑全球贸易和跨境电商发展。2023 年1 月国务院印发的 2023 年中央一号文件《关于做好 2023 年全面推进乡村振兴重点工作的意见》指出，加快完善县乡村电子商务和快递物流配送体系，建设县域集采集配中心，推动农村客货邮融合发展，大力发展共同配送、即时零售等新模式，推动冷链物流服务网络向乡村下沉。

与此同时，我国电子商务的法律法规不断健全。《电子商务法》《电子签名法》《网络安全法》《网络直播营销管理办法（试行）》等的不断推出充分发挥了标准和引领的作用，能够更有力地支撑电子商务的高质量发展。地方政府也在不断完善电子商务治理制度，优化电子商务环境，更进一步地推动了电子商务行业的规范化，助力其健康发展。

中国电商物流发展政策汇总如图 4-4 所示。

4）中国电商物流的行业发展历程

2003 年：顺丰速运正式开启包机服务，成为中国第一家采用全新航空货运模式的快递公司，为电商行业提供了高效的物流服务。同年，淘宝网成立，标志着中国电商行业迈入新篇章。同年，淘宝网出现第一笔担保交易，开启移动支付先河，助力电商行业的发展。

2004 年：京东商城创立，成为中国最早的 B2C 电商平台之一。京东在电商物流方面推出了自有物流体系，提供快速配送服务。同年，支付宝成立，开创了快捷支付模式，为电商行业的发展奠定坚实基础。

2009 年：双十一购物狂欢节开始，阿里巴巴每年举办的全球最大的在线购物活动之一，对物流行业提出了更高的要求和挑战。同年，交通运输部发布《快递业务经营许可管理办法》，加强对快递市场的监管，促进行业健康发展。

2010 年：京东物流开创 211 限时达服务，为整个电商行业物流配送服务树立标杆。

2012 年：阿里巴巴集团旗下的天猫商城正式上线。同年，京东物流开始向第三方电商开放服务，提供物流解决方案，进一步推动电商物流行业的发展。

2013 年：菜鸟网络由圆通、顺丰、申通、韵达、中通出资成立，并进行大规模的仓储和配送网络建设。

2017 年：京东推出"211 工程"，计划在全国范围内建设 200 个自营仓，覆盖 90%以上的地级市。这进一步提升了电商物流的覆盖能力和配送速度。同年，阿里巴巴宣布未来五年投资 1 000 亿元人民币用于发展物流基础设施，加强冷链物流、无人驾驶配送等技术的研发。

2018 年：国家邮政局发布《快递暂行条例》，对电商物流行业进行规范管理，推动行业健康发展。

2019 年：中国快递包裹量首次突破 600 亿件，成为全球最大的快递市场。

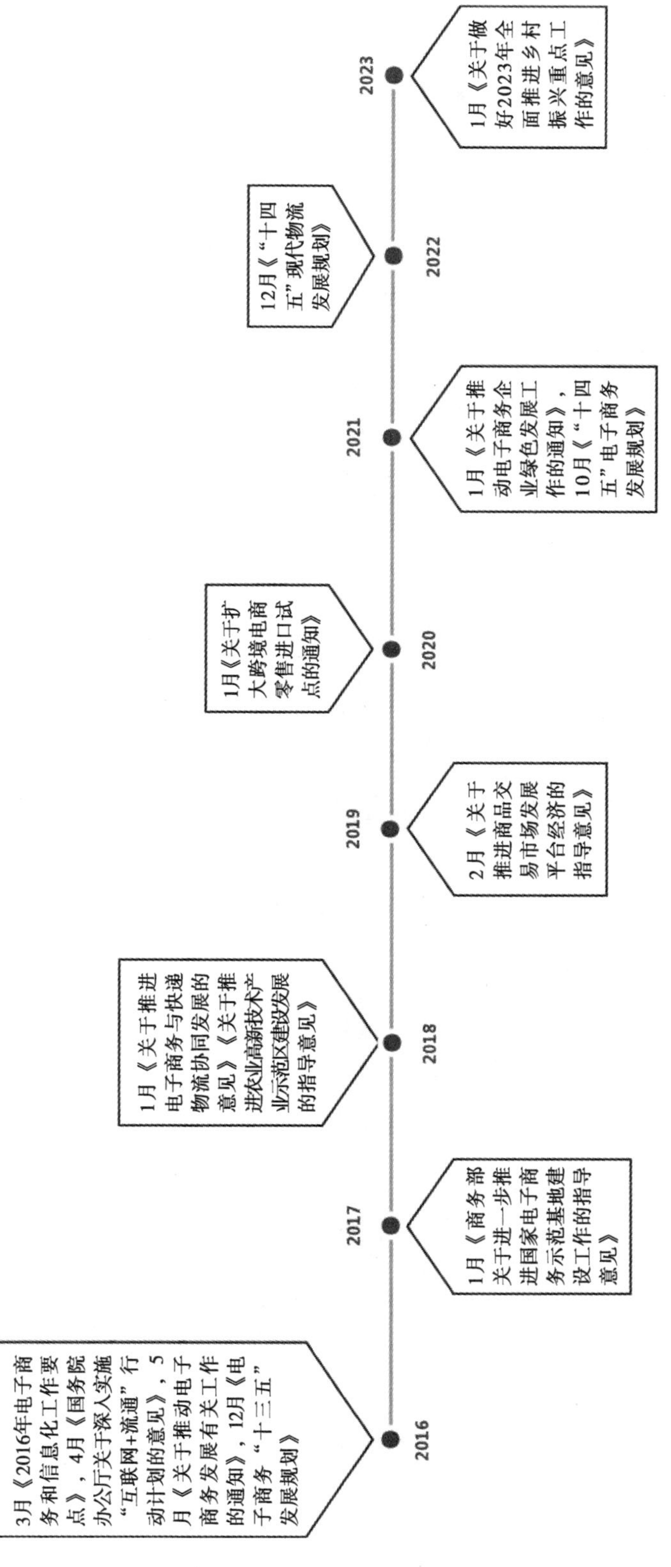

图4-4　电商物流政策汇总

2020 年：受 COVID-19 疫情影响，中国电商物流迎来爆发式增长。各大电商平台加大对物流基础设施建设和技术创新的投入，提高了物流配送效率。

2021 年：中国快递包裹量首次突破 1 000 亿件，营业收入突破 10 000 亿元。

目前，中国电商物流行业正处于不断创新、优化与整合的阶段。无人机、机器人、人工智能等新技术在物流领域得到应用，为电商物流带来更多可能性。

总体而言，中国电商物流行业经历了从起步阶段到快速发展的历程。随着技术和政策的进一步完善，电商物流在提升效率、降低成本、提供更好服务等方面将继续发展壮大。

中国电商物流发展大事记如图 4-5 所示。

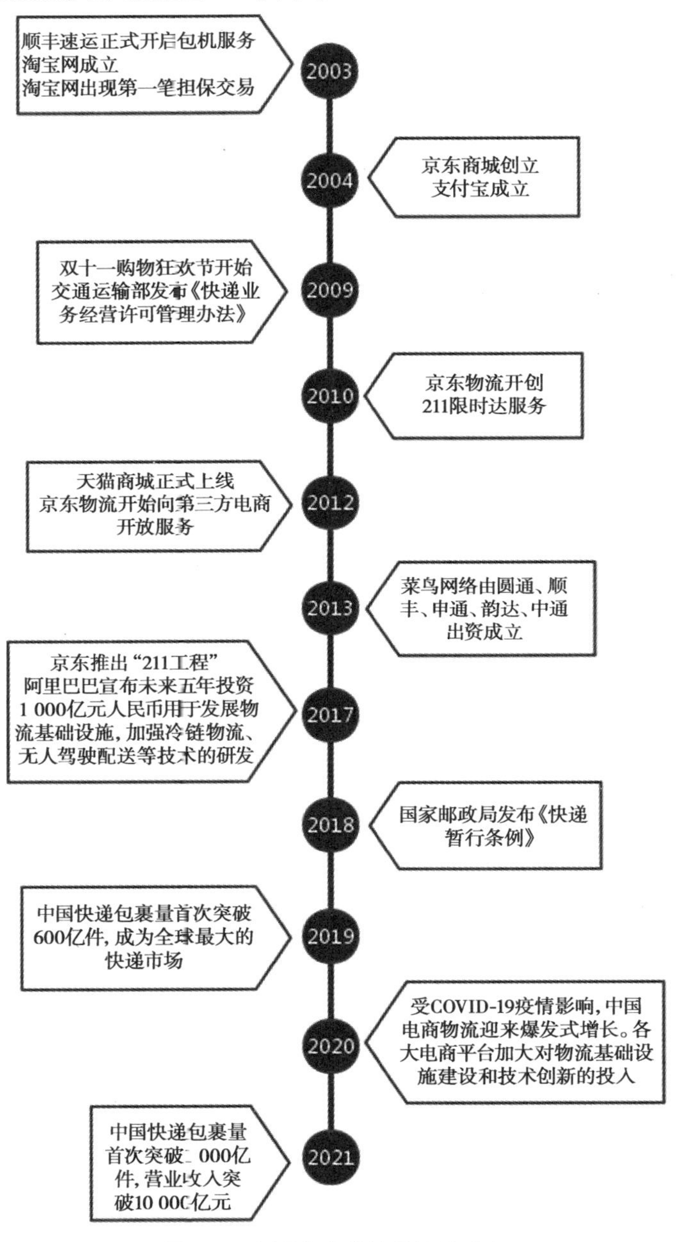

图 4-5　中国电商物流发展大事记

4.1.2 电商物流知识体系与逻辑关系

电子商务作为一种新的数字化商务方式,代表未来的贸易、消费和服务方式,因此,要完善整体商务环境,就需要打破原有工业的传统体系,发展建立以商品代理和配送为主要特征,物流、商流、信息流有机结合的社会化物流配送体系。电子商务物流是伴随电子商务技术和社会需求的发展而出现的,它是电子商务价值实现不可或缺的重要组成部分。

电商物流知识体系包括“基础知识层”“原理层”“技术层”“体系结构层”“物流模式层”和“重要发展领域”。构成电商物流“基础知识层”的学科包括电子商务、现代物流学、管理学、运筹学、信息科学、国际贸易等学科。“技术层”包括信息技术、通信技术、物流工程和运输工程等。在此基础上构建电商物流“体系结构层”,并形成不同于一般物流模式的“电商物流模式”,最终服务于电子商务物流。电商物流知识体系与逻辑关系如图 4-6 所示。

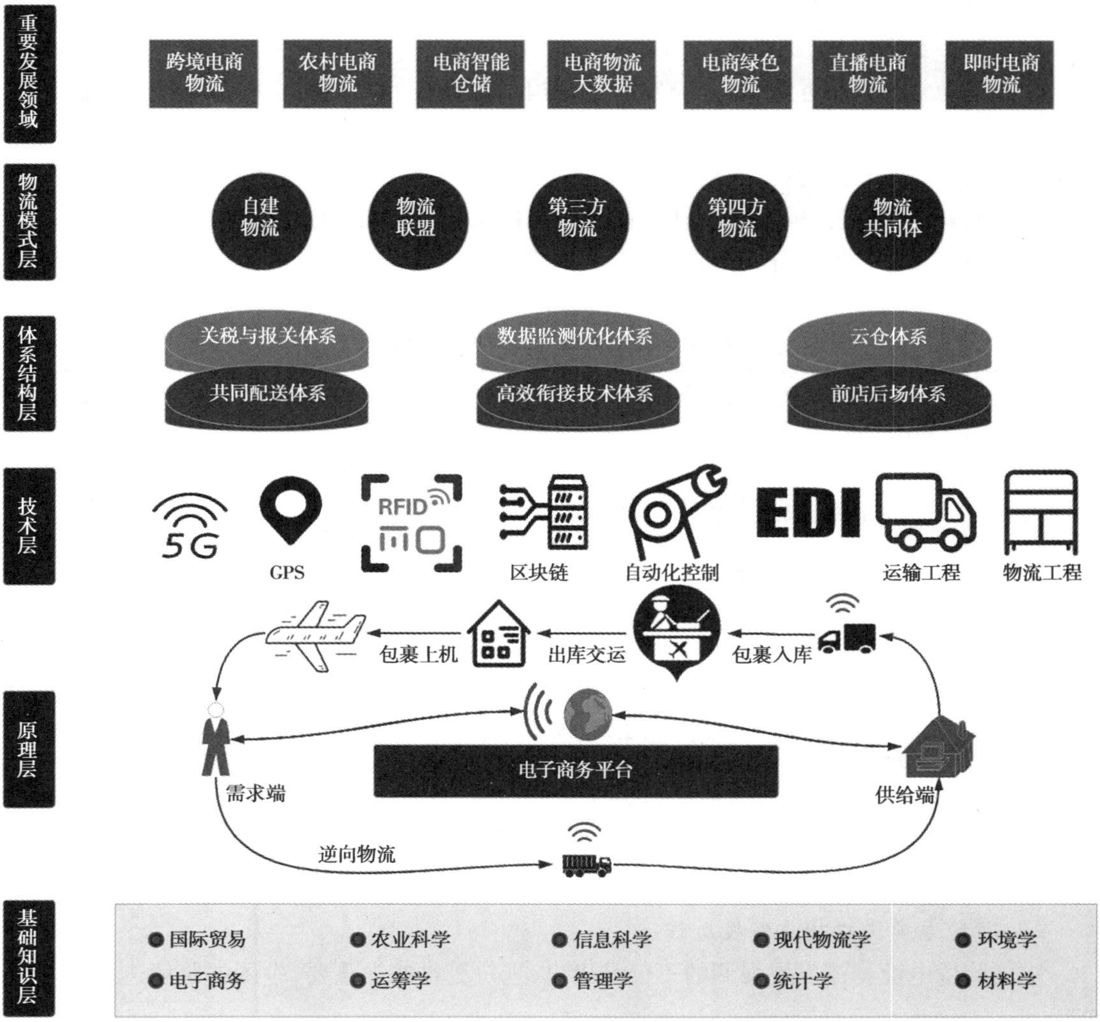

图 4-6 电商物流知识体系与逻辑关系

4.2　本领域的重要科学研究问题

4.2.1　跨境电子商务物流

1）跨境电子商务物流的概念与特点

跨境电子商务物流（Cross-Border E-Commerce Logistics）是指分属不同关境的交易主体通过电子商务平台达成交易后，使商品完成从一国关境到另一国关境再到收货地转移的国际化服务。跨境电商物流是电子商务与国际物流相结合的产物。物流是跨境电商的重要环节①。

2）中国跨境电商物流的行业发展概况

（1）跨境电商出口物流发展历程

物流作为复合型服务业，其自身发展与一国社会经济的发展密切相关。出口物流作为大物流下的重要组成，自然受到一国贸易活动，尤其是对外贸易的显著影响。因此，纵观我国出口物流行业的发展历程，其侧面反映了我国对外贸易正逐步由传统外贸向跨境电商新业态演变的特点。此外，随着我国外贸往来国家的增多、外贸品类的丰富，我国出口物流业也产生了路由线路持续细分、物流产品不断丰富的发展特点。跨境电商出口物流发展历程见表4-1。

表4-1　跨境电商出口物流发展历程

跨境电商出口物流起步/兴起（2004—2007年）	行业发展：伴随我国跨境电商出口平台兴起，跨境电商出口物流起步，部分传统货运代理公司转型成为跨境物流服务商。 行业特点：发送货物以国际邮包寄送为主，货值较高，货物通过国际商业快递渠道流通。
跨境电商出口物流进化（2008—2015年）	行业发展：2008年开始，中国跨境电商企业大量兴起，如全球易购等，跨境电商出口物流快速发展，海外仓、平台物流等物流模式出现，铁运、空运物流形式发展。 典型事件：2011年，中国邮政基于与美双边邮政协定推出国际e邮宝产品；2011年，中欧班列开通。
跨境电商出口物流优化（2016年至今）	行业发展：受万国邮联终端费上调影响，通过邮政网络完成物流运输费用明显上涨，促使跨境物流服务商推出“专线”类物流产品等新业务。 典型事件：2016年万国邮联伊斯坦布尔大会通过了国际小包终端费调资办法，包含我国在内的国家终端费用大幅上涨。

（2）跨境电商进口物流发展历程

中国跨境电商物流发展强调的不仅是出口，进口更是非常重要，中国的跨境进口伴随着

① 潘勇.跨境电子商务物流管理[M].北京：高等教育出版社，2021.

互联网技术的成熟、文化的交融理解，在发展中不断壮大。针对中国跨境电商进口的发展历程，通过梳理关键时间节点及发展阶段，以时间轴的形式将其划分为三个阶段：萌芽期（1999—2012 年）、探索期（2012—2018 年）、成熟期（2018 年至今）。跨境电商进口物流发展历程见表 4-2。

表 4-2　跨境电商进口物流发展历程

萌芽期 （1999—2012 年）	发展初期以海外留学生代购为主体。采用个人携带走私、中国香港或越南等口岸批量走私等灰色通关方式过关入境。此种途径进口商品得不到监管单位的有效监管，致使商品的质量良莠不齐，损坏消费者的权益，同时也造成了相关税收、外汇等数据流失。 政策出台：2010 年 7 月，海关总署针对“行邮模式”相关细节作出详细的规定，是“行邮模式”监管的依据，也是针对“跨境电子商务”行业相关监管模式重要的起点。
探索期 （2012—2018 年）	2012 年 5 月，海关总署牵头相关单位开展“跨境电子商务进口试点”，并发布了第一批 5 个试点城市（郑州、杭州、宁波、重庆、上海），标志着跨境电子商务的起步与探索。且在 2016 年发布“48 新政”+正面清单+税改，造成了行业熔断，而后新政延缓实施并延续“暂按个人物品监管”的政策，为行业发展赢得了缓冲期。
成熟期 （2018 年至今）	2018 年至今，国家部委相继发布商财发〔2018〕486 号、海关总署公告 2018 年第 194 号等正式监管文件，确定监管流程及标准；且商财发〔2021〕39 号明确全面放开跨境零售进口试点，加快发展跨境电商新业态新模式，行业迎来了“高速发展期”。

3）中国跨境电子商务主要通关物流模式

（1）1210 通关物流模式

2014 年海关总署第 57 号公告，新增“保税电商”这一监管模式，其海关代码为“1210”，全称“保税跨境贸易电子商务”，于同年 8 月 1 日起正式实施。“1210”模式适用于电子商务企业或者境内个人在海外认可的电子商务平台进行跨境电商贸易。但境内区外与海关特殊监管区域与保税监管场所之间通过电子商务平台交易的零售进出口商品不适用该监管方式。这一模式在用于进口商品监管时仅仅允许批准开展跨境贸易电子商务进口试点的海关特殊监管区域和保税物流中心（B 型）。当企业需要通过“1210”监管模式进行跨境电商零售进口时，需要先向海关进行注册、报备，将业务数据与海关许可和授权的电子平台进行数据对接，确保数据信息能够实时同步，之后电子商务企业、支付企业和物流企业等才可在“1210”监管模式下开展业务①。

相较于“9610”模式，在具体的实施上，“1210”便捷高效，跨境电商网站根据销售数据和销售的预判结果，可以将尚未售出的商品打包发送至国内的保税物流中心，然后再将商品逐

① 张赠富.我国三种跨境电商零售进口模式比较研究：基于海关公告文本的分析[J].淮南师范学院学报，2022，24（2）：79-83，89.

一录入网络平台进行销售,销售一件则清关一件。如果商品未能卖出,则不允许通过保税中心,且无须报关即可退回国外,因此这种模式又称为“备货模式”。截至目前已有100多个城市可以做“1210”监管模式的跨境进口试点。“1210”监管模式下跨境电商网购保税进口业务的监管流程如图4-7所示。

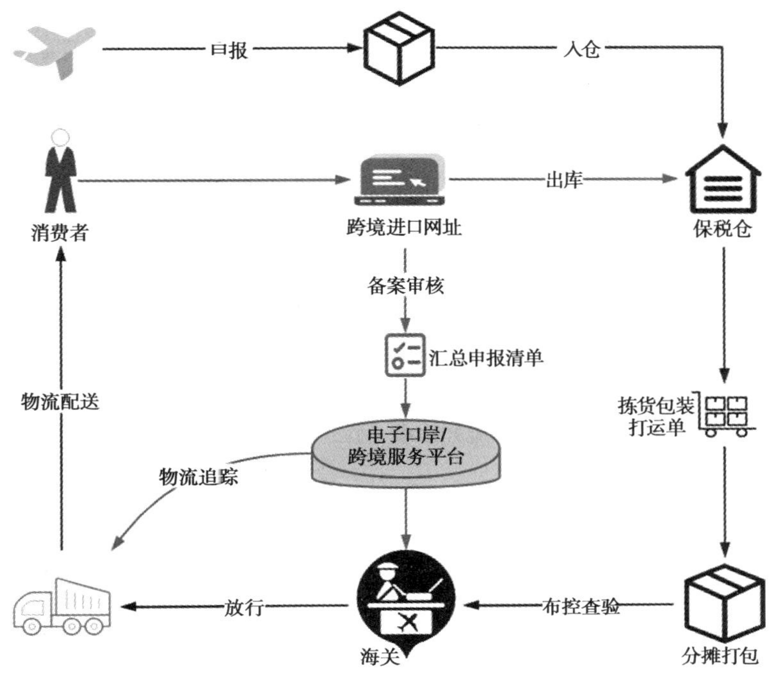

图4-7 “1210”监管模式下跨境电商网购保税进口业务监管流程

(2)9610通关物流模式

2014年海关总署第12号公告,决定增列海关监管方式代码“9610”,全称“跨境贸易电子商务”,简称“电子商务”,于同年的2月10日正式实施。该模式的主要服务对象为我国的个人和电子商务企业;交易流程有了新变化,获得许可和授权的电子商务交易平台,对交易信息实现全流程跟踪和更新;具有“清单核放、汇总申报”特点,可以非常有效地提升海关对跨境电商零售进口业务的监管效率,但对于有着特殊规定的电子商务零售商品,则不能使用“9610”模式。有关企业、个人在开展电子商务零售进出口业务中,应当根据规定事先向海关报备,并将交易过程中涉及的相关信息如支付、仓储和物流等及时向电子商务通关管理平台发送和共享。同时,商家需要将已经卖出的商品一并打包,转运至保税仓库,然后电商企业分门别类地将各个小商品抽出,逐一申报和办理通关手续,之后通过国内的物流、快递将进口商品送达消费者。由于这种模式需要将商品先集中存储,所以也常常被称为“集货模式”①。“9610”模式下跨境电商直购进口业务流程示意图如图4-8所示。

① 张赠富.我国三种跨境电商零售进口模式比较研究:基于海关公告文本的分析[J].淮南师范学院学报,2022,24(2):79-83,89.

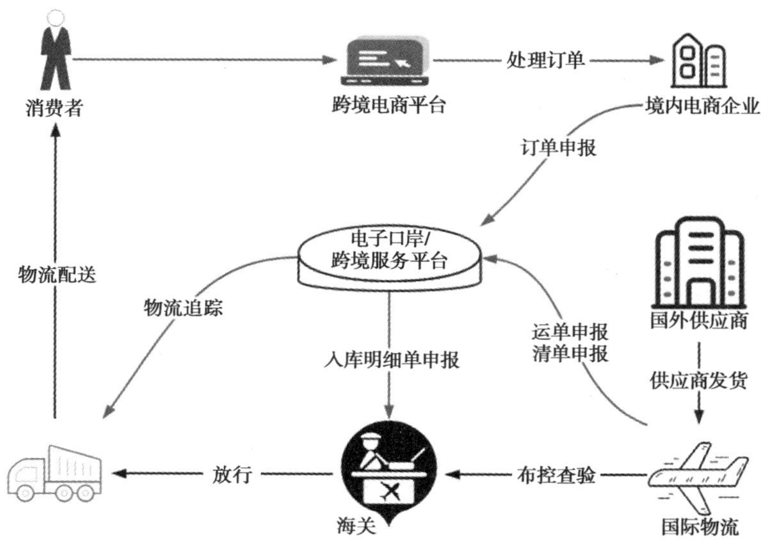

图 4-8 “9610”模式下跨境电商直购进口业务流程

4)跨境电商物流国内外研究前沿

(1)跨境电商物流模式研究

海外仓凭借其本土化销售、配送时效高、售后服务便捷等特点在近年高速发展。商务部于 2019 年发布的数据显示,目前我国已有近 2 000 个海外仓,总面积在 1 350 万平方米以上。同时,我国海外仓建设遍布全球:易仓科技跨境眼平台 2019 年公布的数据显示,我国海外仓建设主要分布在美国、英国、德国、日本和澳大利亚;其中,无论是建仓数量还是增长速度美国均位列第一,英国和德国也同样增长迅速,这三个国家是我国建仓的主要目的国。但是我国海外仓存在着法律法规不健全、资金成本高、物流体系不完善、库存压力大、政策不稳定等问题,可以采用充分运用国家出台的鼓励政策、边境仓与海外仓共同发展、多方合作共建海外仓联盟、加强目标市场信息获取能力、完善跨境物流配送定位技术、自建租赁多种方式相结合、打造专业化本土运营团队等方法去尝试解决这些问题。

随着跨境电商的快速发展,跨境物流也成为研究的热点。中国电商物流行业正在积极探索跨境物流的新模式,如设立海外仓库等。同时,行业也在深入研究如何提高跨境物流的效率和安全性,以满足消费者的购物需求。特别是在“一带一路”背景下,跨境物流的研究对于加强国际合作、促进国际贸易具有重要意义。这些努力为跨境电商的发展提供了强有力的物流保障。

(2)跨境电商物流风险管理研究

跨境电子商务(CBEC)是过去几年发展最快的现象之一。今天,它代表了一个重要的扩张机会,因为它允许公司在国外在线销售,而无须外国法人实体。普遍认为,跨境电商正在成为公司促进国际增长的必要条件。不仅阿里巴巴、亚马逊、京东等大型电子商务公司正在投资跨境电商,传统零售商、政府或私募股权基金也在进入这项业务。然而,跨境电商也带来了新的物流挑战和不确定性。管理跨境电商并不容易,因为它涉及一些障碍,包括文化差

异、监管问题、在线支付系统之间的兼容性,最重要的是物流。跨境电商物流风险类型见表4-3。

表 4-3 跨境电商物流风险类型

风险类型	示例
交货不确定性	运输成本高、多式联运枢纽的停靠或效率低下、运力问题
客户服务期望的不确定性	高退货管理成本或时间、投诉或负面评论
合规不确定性	在清关中心招致罚款、限制或延误
库存不确定性	仓储成本高、库存压力大
需求不确定性	可能失去市场份额和缺货

从物流的角度来看,随着 CBEC 的发展,快速交付方面的绩效压力确实有所增加。然而,由于运输时间不可靠且冗长、退货流程复杂而模糊或海关可能存在瓶颈,因此解决跨境电商对高效交付的需求具有挑战性。所有这些挑战都产生了高度的不确定性,跨境电商物流受到不确定性影响的主要原因之一是普遍缺乏管理跨境交易和面值相关风险的全球标准和指南。这意味着规则、惯例和程序可能因国家而异,有时甚至在同一国家的不同省份内发生变化,就像中国的情况一样①。

(3)跨境电商物流信息技术应用

随着全球经济一体化的发展,世界各国间联系与交流愈发密切和频繁,加快了国与国之间的信息交流和物资流通,在此基础上萌生全新的购物模式,跨境电商应运而生。其中跨境电商物流为跨境电商的发展提供了坚强的后盾,当前我国跨境电商海关监管面临跨境交易数据真实性、商品溯源安全性、物流监控有效性等方面的挑战。因此加强跨境电商物流信息技术以及信息系统的构建,对跨境电商的稳步发展有着非常重要的意义。

①迪拜海关构建区块链平台启动阿联酋区块链战略。

迪拜海关推出了旨在巩固其作为全球跨境电商物流中心地位的阿联酋电子商务战略,即针对跨境电商业务进行重塑,解决退货管理和库存核对效率低下问题,开发基于区块链技术的创新型跨境电商平台,实现电商交易百分百可见性和可追溯性。该平台向包括快递公司、电子商务公司和物流公司在内的所有参与跨境进出口公司开放,允许交易中涉及的每个实体(托运人、运输人和政府部门)获得电子商务交易相关数据,加快货物运输。海关不仅可以全面了解从源头生产者到最终消费者的物流情况,还可以提高行政效率,节省审核清单的时间,并在消费者申请退货后自动执行免税请求。该区块链将成为未来更大的海关区块链的基础,使政府部门能够与其他电子贸易生态系统相连接。该战略每年将会为阿联酋节省超过 110 亿迪拉姆(约 30 亿美元),避免打印 3.98 亿份文档,可节省相关工作人员 7 700 万个工作小时。

① GIUFFRIDA M, JIANG H, MANGIARACINA R. Investigating the relationships between uncertainty types and risk management strategies in cross-border e-commerce logistics[J]. The International Journal of Logistics Management, 2021, 32(4): 1406-1433.

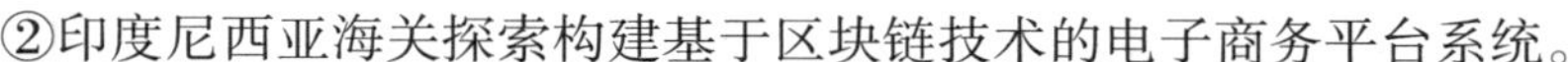

②印度尼西亚海关探索构建基于区块链技术的电子商务平台系统。

在印度尼西亚，电子商务的应用蓬勃发展，同时也面临着如欺诈、佣金、个人数据的滥用等挑战。2019 年，印度尼西亚建国大学的教授们探讨了区块链、加密货币和智能合约在印度尼西亚电子商务中的应用。该研究结果被用于构建基于区块链技术的电子商务平台系统，将电子商务、卖家、买家作为节点接入平台。智能合同强制执行前提条件，确保公平和安全，账簿则建立了透明和分散的环境。使用这种账本模型，用户是匿名的，可以减少数据的滥用。数据使用散列函数，将使用者私钥进行加密。加密数据在签署智能合约后，被传输到 P2P 网络来验证交易。验证过程涉及比较数字签名，这些数据将使用公钥进行解密。验证成功后，一个数据块将被建立。随后，数据块将被添加到现有的区块链或分类账中，再由加密货币进行交易支付，从而交易完成①。

5）跨境电商物流重要科学研究问题

（1）跨境电商物流的成本控制

目前，我国跨境电商企业在发展过程中由于受到了许多外部环境以及自身因素的影响，在控制物流成本方面依旧面临着较大的难题。因此，加强对中国跨境电商企业如何控制物流成本的研究就具有十分重要的意义。

跨境电商物流成本控制是指在跨境电商环境下跨境物流相关成本形成的过程中对跨境物流相关服务成本的全过程进行计划、组织、协调和管控的相关活动。具体而言就是对整个物流活动的流程进行事前开展规划、组织，事中展开具体指导、控制以及监督，事后进行分析、评价和总结，采取有效的措施和对策降低跨境物流服务成本，实现控制跨境电商物流成本的目的的一系列过程。跨境电商物流成本控制的最终目标是通过合理优化物流作业环节和流程，有效降低跨境物流服务总成本，最终提高顾客满意度，增强跨境企业核心竞争力。具体来说体现在以下几个方面：一是通过对跨境电商物流成本的有效控制，发现企业管理过程中存在的相关问题，以便有针对性地提出改进措施；二是通过各环节物流成本控制的数据分析，加强能创造更多价值的增值环节，弱化甚至剔除非增值环节，重新优化作业流程；三是为企业进行标杆管理提供理论支撑，可以将本企业的物流成本数据和该领域的标杆企业进行对比分析，发现企业存在的相关问题，有助于提升企业的整体经济效益和管理水平。采取有效管控措施降低企业物流成本已经成为企业的“第三利润源”②。

（2）跨境电商物流服务质量研究

随着跨境电商市场空间更广阔，发展势头更强劲，越来越多的制造企业开始探索跨境电商的应用，尤其是中小企业。因此，识别影响跨境电商物流服务质量的物流因素至关重要，对推动行业发展具有重要意义。

物流服务质量维度作为许多领先的国内电子商务平台成功的关键因素而备受关注。然而，最近跨境电子商务需求的增加要求重新审视物流服务质量与消费者回购意愿之间的关

① 匡增杰，于倜.区块链技术视角下我国跨境电商海关监管创新研究[J].国际贸易，2021(11)：51-59.

② 潘勇.跨境电子商务物流管理[M].北京：高等教育出版社，2021.

系。相关研究评估了跨境电商对物流服务质量—满意度—忠诚度—回购意向结果链的调节作用。结果表明,跨境电商对客户满意度与功能服务质量(人员素质)的关系具有增强的调节作用,而对客户满意度与技术服务质量(及时性)和价格质量(价格公平性)的关系具有减弱的调节作用。许多正在考虑向国外市场扩张的电子商务业务平台可以利用这些发现来创建有效的跨境电子商务物流服务策略①。

6)中国跨境电子商务物流未来发展趋势

(1)多种物流模式共用,凸显聚合效应

在跨境物流中,涉及国内国际和目的地物流,与海关等密不可分,整个物流链较长,商品运输需要花费的时间周期较久,运输距离较远,物流运输过程较为复杂。因此,跨境电商在面对全球市场的过程中,涉及的买方和卖方不仅仅是单纯的购物人和售卖人,更是国家和国家之间的交易。但由于国家和国家之间的物流水平有所不同,存在较大的差异,再加上跨境电商其交易种类较为复杂,会对物流提出全新的标准及要求,相较于国内电商来说,跨境电商无法以一种单一化的物流运输模式达成商品的运输。实现多种跨境物流运输模式的同步运用,可以通过物流模式中的两个及以上公司合作,包括"国际物流+国际邮政+海外仓",或是"国际物流+保税区",依照交易双方国家和商品的差异性,可以通过多种物流模式的协调及配合,实现商品的有效运输,进一步展现出物流模式的集合效应。

(2)推动跨境物流运输管理网络的系统化发展

在电子商务快速发展背景下,各个企业都需要充分认识到物流运输网络构建和各种网络资源共享对行业发展所产生的巨大推动性作用。作为企业发展规划中一项重要组成部分,在资源协调性发展方面也表现出了其独特的优势。就目前发展形势来看,网络资源共享中的跨境物流运输管理工作主要包含国际物流运输、海关检测、跨境商品运输等多个方面内容。其中,每一环节都会对整个工作流程的顺利开展产生巨大影响。因此,在开展跨境商品运输过程中,需要从多个方面进行综合性考虑。在保障商品运输工作能够顺利完成基础之上,着重提升其运输效率,创造出更大经济效益。在这种网络平台资源共享系统中,每个工作环节都有不同工作人员负责。在完成各种商品合理化分配的基础上,有效减少和缩短了不必要的工作时间,从而大大提高了工作效率,创造了更高的经济价值。

(3)跨境物流与跨境电子商务协同发展

跨境物流是在跨境电商的基础上发展起来的,跨境电商的发展必然会带动跨境物流版图的扩张,跨境物流早已成为跨境电商实现可持续发展的必备条件。二者任何一方的实力的变化都会对彼此发展情况构成不同程度的影响。因此,无论是跨境物流还是跨境电商,双方都要对彼此之间的这种共生发展关系有一个深刻的认知,进而在明确思想的基础上,增强对彼此的信任,加强与对方的信息互通互换,在积极构建产业协同互信机制的基础上,形成抱团式发展的良好发展态势②。

---

① DO Q H, KIM T Y, WANG X. Effects of logistics service quality and price fairness on customer repurchase intention: The moderating role of cross-border e-commerce experiences[J]. Journal of Retailing and Consumer Services, 2023, 70: 103165.

② 宋长松.跨境电商与跨境物流协同问题研究[J].全国流通经济,2021(13):15-17.

4.2.2 农村电商物流

1)农村电商物流的概念与特点

农村电商,即农村电子商务的简称,它是相对城市电子商务而言的,即与“三农”相关联的电子商务,主要是工业品下乡和农产品进城双向流通的电商,农村日用品电商、农产品电商、农资电商、农村服务业电商和农村扶贫电商。城市电子商务相较于农村电子商务已经发展得比较成熟,由于受到交通条件、基础设施、资金、物流技术等条件的限制,农村电子商务仍处于待开发状态。农村电商的目的在于最大程度挖掘农村资源,开发潜在市场,打破城乡间的壁垒,真正让农村实现质的飞跃①。

农村电商物流是基于电子商务活动产生的物流行为,在地域上界定为农村地区发生的物流活动,是以农村为主体,在电子商务活动背景下农村居民生产、生活相关的日用产品离开或进入农村物流活动的总称②,一般包括工业品下乡和农产品进城的双向物流。一方面,随着智能移动终端的普及以及电子商务的发展,农村地区的市场潜力逐渐凸显,农村居民网络消费总额保持高速增长,促使物流企业持续扩大在农村地区的物流网络布局范围。另一方面,农村电商的兴起极大地改变了农产品的销售流通方式,越来越多的村民通过电商平台将农产品直接销售给消费者,农村地区上行物流数量随着农村电商的兴起不断增加③。

2)中国农村电商主要物流模式

(1)淘宝村物流模式

淘宝村是阿里巴巴集团于 2013 年启动的电商开发农村市场战略计划,它的一个重要功能就是促进农村特色农产品上行。2014 年,阿里巴巴启动“千县万村”计划,在各地政府的大力支持下,以农村淘宝服务点为主体的特色农产品网店呈爆发式增长。菜鸟网络通过农村淘宝平台将农村用户、卖家、买家、城市用户进行连接,主要采用与落地配公司合作的方式建设农村节点,通过人网即处于配送末端的工作人员完成“最后一公里配送”,提供从仓储到送货上门的供应链一体化服务。农村用户通过农村淘宝平台发布商品,农村淘宝体验店连接商家、城市消费者和农村用户,承担为农村用户代下订单、付款、代卖商品等服务,为用户提供物流送货、退货等服务。这种运作模式打破了农村产品上行、下行的局限问题,使得城市消费者享受到农村的产品,农村消费者享受城市产品,实现互惠互通。

①淘宝村的物流模式。

社会化物流以分享平台为核心,货物信息通过大数据和电子面单,把村子里、乡镇间能够利用的车辆都统计起来,个体货车司机就更容易获得货源信息,这样可以提高运输效率、降低配送成本,让农村物流和城市物流实现 24 小时内到达或者次日达。

淘宝村的农村物流建设关键在于“第一公里取货”和“最后一公里配送”上,这两部分采

① 洪勇.我国农村电商发展的制约因素与促进政策[J].商业经济研究,2016(4):169-171.

② 周容西.农村电商物流“最后一公里”满意度及影响因素研究:基于资阳市的调研[D].成都:西南财经大学,2022.

③ 王馨甜.考虑需求不确定的农村电商物流配送优化问题研究[D].北京:北京交通大学,2020.

取的模式都是班车集货配送，依托三级客运站将十几家快递公司整合，由“村村通”客运车辆将快递等小件搭载至镇，最后配送至农户手中，成功解决了“网货下乡”的难题，为农民提供了优质便利的服务。菜鸟通过整合这些运力资源进行调配。这样的运营方式和当前的一些“车货匹配”软件有点类似。但这两者的差别在于，菜鸟依据的是阿里的电商数据，这样拿到货源会更容易，而且专攻县与乡、县与县之间的配送①。

在农产品耕种期间，阿里联合企业为淘宝村农民提供规模化供货，走农村淘宝平台，价格非常实惠，再由菜鸟物流送到服务站，直接将农产品发往城市，省去了村民个体售卖的过程，能够有效减少仓储和运输过程中的损耗。中国农业虽然有规模小、品质难以标准化的问题，但是在菜鸟的“县域智慧物流+”模式下，可以从只卖向县镇，到卖向全国，最终解决农产品的上行问题，使物流能够双向地发展起来，不但可以使流通成本降低，还可以营造自己的品牌形象②。

②淘宝村+智慧物流模式。

货物从淘宝商店运向农村居民或货物从农民手中运输到县城的仓库，这隐藏了大量的数据信息。利用这些数据不仅可为合作伙伴提供供应链融资计划，还可以优化配送线路，缩短分拨时间。且阿里与高德开始铺设五级地址库，将地址精确到经纬度，从原来的省、市、区、街道延伸至道路名或者村落名，从而优化最后500米的配送。免去人工辨别判断、缩小送货距离。经过数据收集，菜鸟将更加熟悉末端客户的需要③。

淘宝村上行物流运行机制如图4-9所示。

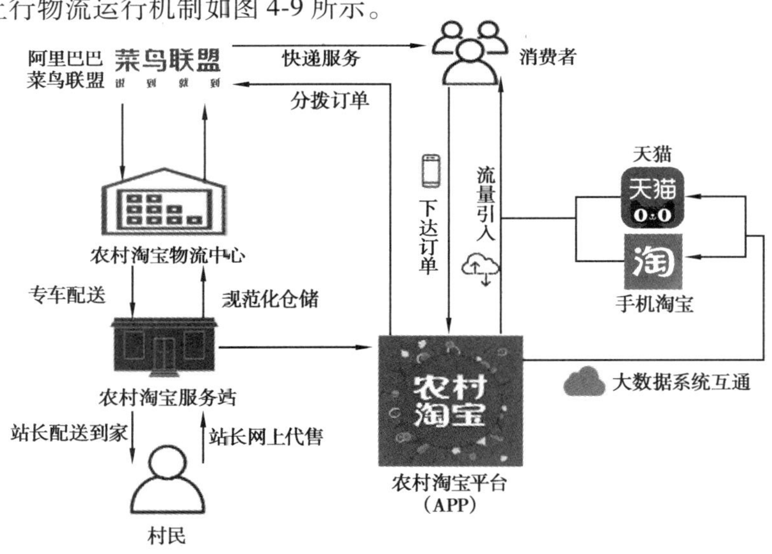

图4-9 淘宝村上行物流运行机制示意图

① 肖静，董庆雪，郝松松.菜鸟物流在农村的发展启示[J].商业经济，2016(12):45-46,109.

② 姜晓红，张雪婷，王慧颖，等.菜鸟网络农村末端配送与服务质量分析：以东海县为例[J].物流工程与管理，2018,40(7):59-61.

③ 张曙红，王瑞丹.互联网+农村物流的物流运行机制研究：基于新洲区淘宝村的实地调研[J].物流工程与管理，2017,39(11):1-2,26.

(2)拼多多物流模式

自创立以来,拼多多一直致力于推动"农产品上行",加大核心技术攻关;探索"工业品下行",不断为农户和企业赋能。"拼多多"农村电商模式为"C2B"+"预售制",助农民实现"以销定采"。通过预售系统提前收集大量订单,然后将大订单快速分解成大量小订单,直接联系多个农户,优先承销贫困户农产品,实现田间"一采一卖"。

①农货中央处理系统和山村直连小区模式。

如何将农村产品送到消费者手中,是农村电商物流面临的最大挑战。受限于物流条件和信息屏障,偏远地区的农产品既无品牌也无渠道。为此拼多多通过拼购、拼货的模式,完全对接了瞬间出现的巨量农产品供给的销售需求。拼多多的"拼购"不同于传统电商平台,拼购能迅速汇聚同类需求,产生稳定的规模化订单,比传统电商更容易帮农产品打开销路。传统批发往往是整车采购,但商客凑不齐整车的需求,所以线下就打不开销路;而拼购则是把农产品以包裹为单位,从产地直接发给消费者,这突破了传统批发整车的制约,并减少了中间环节。

拼多多农村电商物流的"农货智能处理系统"+"轻仓储"是解决中国农产品物流链条长、中间环节多和两端收益低的有效物流模式。在归纳全国各大农产区海量信息的基础上,通过大数据、云计算等智能技术推动农产品分级、分类销售,帮助农户、商家、生产企业将产品精准匹配给有相应需求的消费者。这种物流模式能有效连接农产品原产地和消费者,整合和升级农业产业链和农产品电商物流体系,由"人找货"的模式变为"货找人"①。基于"新物流"平台,拼多多通过 AI 路线规划、物联网设备、自动化仓储风险管控、实时定位等技术,进一步提高物流行业整体效率。"新物流"平台会保持开放,解决现有分散、低效的农产品运输等物流与供应链问题。

②多多买菜自建物流模式。

多多买菜是拼多多继农地云拼后推出专职农产品销售的一款便民买菜服务。多多买菜的购物模式和之前的模式有较大的不同,消费者在多多买菜平台上预订商品,只要在晚上 9 点前下单,第二天下午 4 点后就可以收到预订商品。传统的农产品从下单到送至顾客手中普遍需要三天甚至更长的时间,而多多买菜可以将其缩短至一天,正是因为多多买菜通过自建物流中心,农民可以直接把货物送至拼多多农产品物流中心,再由第三方物流配送至消费者手中。多多买菜物流模式如图 4-10 所示。

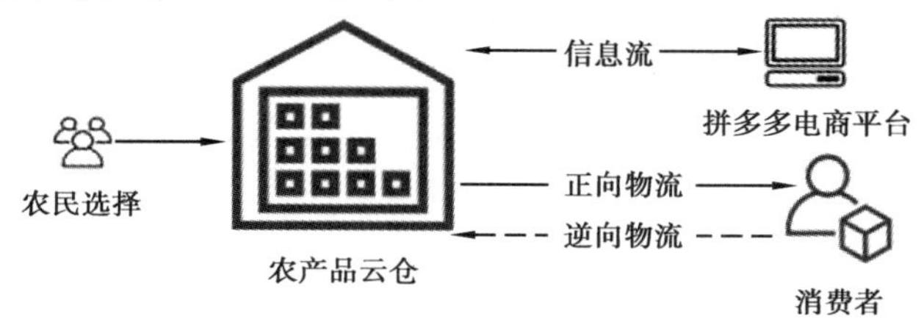

图 4-10　多多买菜物流模式

① 刘祯,纪婷玉.拼多多:"农货上行、知识下沉"创造共享价值[J].清华管理评论,2021(9):77-83.

3)农村电商物流国内外研究前沿

(1)新兴电商模式与农村融合

在全面推进乡村振兴和构建双循环新发展格局的背景下，完善现代农村物流配送体系对推动农村电商产业发展、活跃农村消费市场具有重大战略意义①。由于农村电商物流配送面临着地理环境复杂、高标准基础设施不足、“县-乡(镇)-村”三级配送物流链条较长、客户点分布密度较低等挑战，农村电商物流尤其在末端配送部分还存在成本较高、时效性不强、客户满意度较低的问题②。因此，如何改进传统配送方式，发展现代化农村电商物流配送体系，打通农村电商物流“最后一公里”，成为急需解决的问题。有学者关注农村电商物流发展的协同创新问题，建议将社交电商、直播电商、社区团购等新兴电商模式与农村电商物流发展相结合，利用电商创新带动物流创新，通过跨产业融合发展长远解决三农问题③。在工业品下行方向，三种模式在农村地区的流行开发了大批新用户，有效刺激了农村居民消费行为，进而促进了农村电商物流的加速发展；在农产品上行方向，通过产地直销、村民直播带货等方式有效缩短了农产品供应链条。

(2)无人机在农村电商物流中的应用

近年来，随着无人机技术的不断发展，因其具有成本低、速度快、实用性强、机动灵活、不受地形道路限制的优点，无人机在物流领域的应用受到国内外学者的广泛关注④。国外学者首先提出对于道路基础设施的挑战，通过使用无人机进行配送交付能够为偏远地区特别是农村地区提供货物运输⑤。我国农村地域广阔，乡村聚落大多为聚类分布，没有超高建筑、复杂的电磁环境等特点，适合物流无人机的应用⑥。但无人机配送也存在自身弊病，当前在物流末端配送领域应用的通常为旋翼无人机，还受到载重、续航能力的制约，使其难以单独执行大规模物流配送任务，因此无人机与车辆协同的配送模式成为必然选择⑦。有学者提出，综合考虑车辆停靠位置的限制以及无人机多包裹配送、存在单个包裹超出无人机载重等约束，以最小化配送成本为目标构建了无人机与车辆路径问题的混合整数规划模型，并提出一个两阶段算法。第一阶段改进了 K-means 算法，第二阶段通过爬山算子和分裂算子改进遗传算法对无人机和车辆路径进行联合优化，验证了无人机与车辆协同模式的可行性以及模型和算法的有效性，进一步发展物流领域中无人机的应用理论⑧。

(3)农村电商物流配送成本研究

高额的配送成本一直是制约农村电商物流发展的一大原因，它也是国内外学者重点研

---

① 廖毅，汤咏梅.双循环新发展格局下现代物流业促进区域经济协调发展研究[J].理论探讨，2021(1)：88-93.

② 黎红梅，周冲.全面推进乡村振兴背景下农村高效物流体系构建分析[J].理论探讨，2021(3)：139-144.

③ 汪沁.电商模式与农村电商物流协同创新探讨[J].商业经济研究，2021(16)：150-152.

④ 佟刚，陈子超，王锋，等.无人机物流系统设计与优化[J].机械设计与制造，2022(4)：279-283.

⑤ KOIWANIT J.Contributions from the Drone Delivery System in Thailand to Environmental Pollution[J].Journal of Physics：Conference Series，2018(1)：1026.

⑥ 周扬，黄晗，刘彦随.中国村庄空间分布规律及其影响因素[J].地理学报，2020，75(10)：2206-2223.

⑦ 颜瑞，陈立双，朱晓宁，等.考虑区域限制的卡车搭载无人机车辆路径问题研究[J].中国管理科学，2022，30(5)：144-155.

⑧ 许菱，杨林超，朱文兴，等.农村电商物流下无人机与车辆协同配送路径优化研究[J].计算机工程与应用，2024(1)：310-318.

究的对象。有学者研究了蚁群算法在农村电商物流中的应用，采用了第三方分销模型作为物流方法，分析了不同变量下的成本和效率问题。该方法提高了配送效率并降低了物流成本，有效解决了第三方分销模式城乡端的困难①。近年来在发展中国家（如印度、印度尼西亚等），农村电商正在以较快的速度发展，这些国家正在积极地布局农村物流网络，通过完善农村数字化基础建设来提高农村地区的物流配送效率，从而降低物流成本②。在农村地区人口密度低的部分发达国家，农村地区物流密度较低，物流成本较高，企业通过共同配送以及基础设施资源的共享等方式来减少成本，如在[illegible]配送成本较高，有学者采用了资源共享的思想来有效降低配送成本；在[illegible]的实现主要依托于其完善的便利店网络，线上的订单可以由便利店进行配送，从而使得农村的配送具有与城市配送同样的便捷性③。针对农村物流系统中的农业配送问题，可以通过最小化年总成本来提高农民收入。该系统由物流终端、配送仓库和产业三个实体组成。物流终端从农户的农作物中收集农产品，储存在配送仓库中，根据产业需求进一步配送④。对比利时的城市、城市化及农村地区分别进行评估发现，考虑收集点具体密度时，农村及城市化地区应优先采用送货上门的配送方式，而在城市地区通过收集点进行交付更加符合可持续发展的目标⑤。

4）农村电商物流重要科学研究问题

（1）农村电商物流配送模式研究

农村地区物流配送模式问题已受到国内外学者深入探究。商品投递的延迟，特别是无法配送的情况，会对电子商务的顺利进行造成很大的阻碍，电子商务的不断发展是在为物流的发展创造新机会，但是农村地区要想发展电子商务物流一定要找到合适的模式。农村物流“最后一公里”配送模式无法做到统一，当前主要有电商平台直接配送、“菜鸟驿站”模式、乡村便利店合作模式及智能快递柜自提四种成熟典型模式⑥。学者基于共享经济视角，针对产业规模较大，基础配套完善、信息水平较高，物流基础设施欠缺三类不同发展水平地区分别提出三种农村物流配送模式，整合各方力量共筑流通系统⑦。另外，也有学者提倡通过地区自身特点选择终端配送模式，总结了快递柜、社区代收点、众包物流等模式的优势⑧。例如农村地区通过自提点自取能有效解决“最后一公里”问题。由于对终端交付服务的巨大需求，提货点（PP）这一配送方式在法国得以运用，这表明 PP 模式能够涵盖城市、郊区及农

① FENG，Z.Constructing rural e-commerce logistics model based on ant colony algorithm and artificial intelligence method[J].Soft Computing，2020，24(1)：7937-7946.

② KSHETRI N.Rural e-Commerce in Developing Countries[J].IT Professional，2018，20(2)：91-95.

③ 余伟.国外农村电子商务配送模式发展的启示研究[J].时代经贸，2017(31)：33-34.

④ SINAGA T S，BAHAGIA S N.Integrated Logistics and Transportation Routing in Rural Logistics System[J].IOP Conference Series：Materials Science and Engineering，2019，528(1)：1-8.

⑤ MOMMENS K，BULDEO RAI H，VAN LIER T，et al.Delivery to homes or collection points? A sustainability analysis for urban，urbanised and rural areas in Belgium[J].Journal of Transport Geography，2021，94(12)：103095.

⑥ 宾厚，庚雪，王欢芳.乡村振兴下我国农产品共同配送模式探析[J].中国集体经济，2021(2)：109-110.

⑦ 苏霞，杨欣.基于共享经济和动态协同理论的农村快递物流共享配送模式研究[J].商业经济研究，2020，(12)：142-145.

⑧ 胡国盛.城乡一体化背景下农村物流运作模式创新研究[J].农业经济，2017(10)：109-111.

村地区，且农村电子消费者对提货站点的可达性已达到可行水平①。

(2)农村电商物流中心选址研究

物流中心是连接供应链上下游的重要桥梁，显著影响物流成本、物流效率，是完善农村电商物流体系建设的基础。中国国内主要通过定性与定量方法研究农村物流中心选址问题提高选址合理性，有些学者通过构建数学模型进行定量研究，基于物流企业利润最大化视角，通过“选择取送货”模式，优先解决配送量大及路程更近的村落，将改进后的蚁群算法用于分析农村电商物流“最后一公里”车辆路径优化问题②。此外，在双向流通前提下对路径优化问题构建模型，通过改进遗传算法对模型进行求解，能够优化农村物流中心选址路径，并有效降低农村物流配送成本③。

(3)农村电商物流的不足与对策研究

在乡村振兴背景下可以从人才队伍建设、信息资源共享和配送体系建设等方面着手优化农村电商物流发展路径④。有学者结合农村5G建设的背景，为农村电商物流的发展提出了加强农产品流通环节的引导、加大政策扶持力度、构建完整的农产品物流产业链和冷链等发展策略⑤。在互联网经济的背景下，可以针对农村电商物流当前存在的基础设施不完善、物流成本高等客观因素，提出完善农村基础设施及冷链体系建设、探寻农村电商物流配送模式等相应解决对策⑥。

5)农村电商物流未来发展

随着供给侧结构性改革的持续推进，农村电商已成为农业增效、农民增收和农村繁荣的新亮点，同时也激发了农村电商物流的发展。当前的农村电商物流既是“互联网+”时代发展的必然，也是农村电商发展的重要组成部分。近年来，电子商务各种新的模式不断出现，社交电商、新零售、直播带货、短视频营销逐渐开始变得耳熟能详。各种各样的新的电商模式推动了电商的进一步发展。随着近年来各种电子商务新模式的不断出现，农村地区电商的发展也不断受益。

(1)平台化与集成化运营

在技术创新推动下，物流产业实现转型升级，物流产业将实现平台化与集成化运营，形成新的供应链组织形态。电子商务技术推动物流生产和组织形式变革，而企业的平台化运营分为内部及外部平台两种：物流企业的内部平台是基于新型物流产品或服务的创新与开拓，使用技术或可重用的组件建立的平台；外部平台是指物流相关服务，技术或产品被一家或多家企业共同开发，且以基础型服务方式帮助成员接入，创立互补性机制并产生网络效应。

---

① MORGANTI E, DABLANC L, FORTIN F. Final deliveries for online shopping: The deployment of pickup point networks in urban and suburban areas[J]. Research in Transportation Business & Management, 2014, 11(1): 23-31.

② 郭月.农村电商物流最后一公里车辆路径问题研究[D].北京：北京交通大学，2019.

③ 谷孜琪.农村电商双向物流车辆路径优化研究[D].武汉：武汉理工大学，2017.

④ 周伟，杨丽莎.乡村振兴背景下农村电商物流发展策略研究[J].物流科技，2023，46(1)：71-73.

⑤ 于沛.5G背景下农村电商与物流融合发展研究[J].南方农机，2023，54(4)：133-135.

⑥ 余震云.论互联网经济背景下农村电商物流的困境及对策[J].中国商论，2023(10)：83-85.

(2)规模化与柔性化结合

以一个乡村或一个物流枢纽乡镇为一个基点,以核心物流节点为基点是利用互联网技术建立智能物流网的重点,并延至二、三级节点,最后呈现一张兼具规模和立体特点的物流网络。柔性化的含义有两点:一是规模化企业与中小企业二者的协调共同发展;二是布局的疏密结合。

(3)农村电商物流冷链产地化

农村电商物流冷链产地化将会是未来一大发展方向。不同种类的生鲜农产品耐腐性不同,这导致不同农产品在冷链物流的需求强度上存在差异,各个地区的消费者可以承受价格的区间也存在差异。因此针对冷链建设所需要的大规模固定资产投资,特别是技术应用研发上的巨额费用,实行一次性标准化推进产地冷链升级存在一定难度。在政策支持下,农村电商物流企业未来的发展方向依然需要探索。

(4)农村电商物流数字信息化

信息技术和电子商务在农村的普及和发展,为农村经济发展提供了新动能。信息化和数字化是农村电商物流发展的必然趋势,是实现管理效率上升与交易成本下降的关键;资源的网络规划与有效配置、资源共享、资源利用效率的提升将通过信息技术和电子商务得以实现。

4.2.3 电商物流智能化仓储

1)电商物流智能化仓储概述

智能化仓储是电商提高运行效率,降低运行成本的重要领域。电商平台竞相投资智能仓库、智能仓储机器人、智能仓储系统,为电商仓储智能化改造奠定了基础。智能仓库的使用,可以降低运输成本,缩短商品交付时间。智能仓库中的智能调度系统可以实时计算更新货物堆积及进出状态,实现企业对于库存的有效管理。同时,智能仓库有仓库温度监控系统、区域安全警报系统、交通可视化系统等,可以全方位提高仓储、运输、配送等环节效率及安全性。智能仓储系统将人工智能技术与移动通信、智能移动终端、条码扫描等结合在一起,运用智能算法,对庞大的仓储作业信息进行收集、处理、决策、分配。通过智能仓储系统,仓库工作人员随时随地可进行智能操控。智能仓储设备、智能机器人是实现智能仓储的必要硬件基础,可以对货物进行自动分拣,有效提高仓储作业的自动化水平,降低人工劳动强度。通过运用智能控制和智能算法,能够解决智能分拣系统和多个机器人之间的协调调度问题,提高仓储设备利用率①。

2)电商物流智能化仓储发展状况

我国仓储物流机械行业起点低、起步晚,直到进入 21 世纪,外资企业的进入才对该行业的质和量有了一个高速的推动。目前,智能化技术在仓储物流行业的应用主要体现在自动化立体仓库系统及库区用机械设备、高速自动分拣系统、各类自动导引无轨运载车(AGV)、各类仓储物流的智能管理系统等。就其技术水平和应用范围而言还处在智能化的启蒙阶段。虽然也

---

① 孙克,鲁泽霖.人工智能在电子商务中的应用发展趋势研究[J].贵州社会科学,2019(9):136-143.

将诸如多传感信息耦合技术、导航和定位技术、无线遥控技术、智能控制技术、高级接口技术、视觉技术等新技术引入其中,但在具体操作中多技术的融合稳定性和协调性仍有欠缺①。

近年我国仓储智能化越来越在国家层面得到重视和支持:由有能力的大企业先行带路,随着使用成本的降低,普及到更多中小企业。与此同时,国家政策也促进了仓储机械化设备诸如自动传输机、自动货架、叉车等行业的发展,从整条供应链上促进仓储智能化,如图 4-11 所示,我国仓储业固定资产投资完成额在 2012—2022 年内有快速的增长,投资额近 9 000 亿元,如此巨额资金的投入,带来的将是整个物流业基础设施的不断完善,对多数企业来说使用智能仓储管理的成本也将大大降低。随着我国在互联网化、数字化、智能化道路上的不断探索、计算机技术的发展及机械设备的不断精进,以及面对激烈的市场竞争,仓储智能化成为必然发展趋势,如图 4-12 所示,预计到 2026 年,智能仓储市场规模将超过 2 600 多亿元。

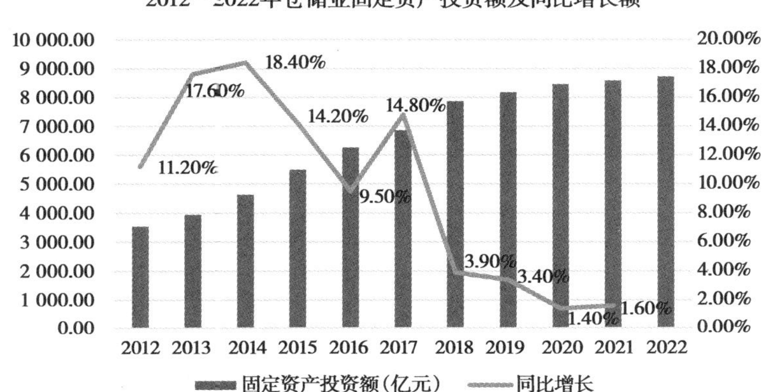

图 4-11　2012—2022 年仓储业固定资产投资额及同比增长②

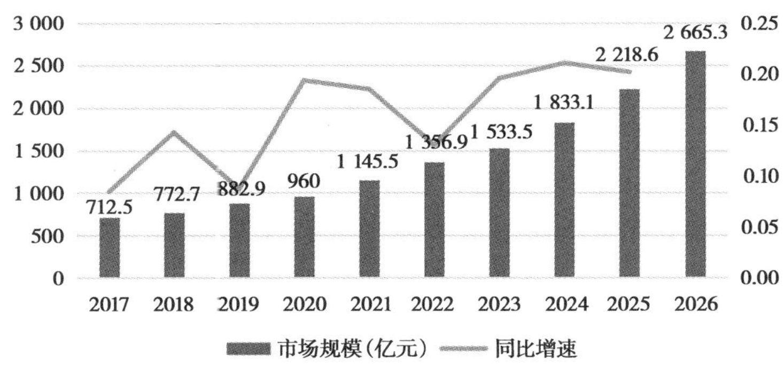

图 4-12　2017—2026 年我国智能仓储物流行业市场规模现状及预测③

① 杨力敏.国内物流仓储机械智能化状况及发展趋势[J].物流技术(装备版),2012,31(18):18-20.

② 李锁强,刘爱华.2022 中国第三产业统计年鉴[M].北京:中国统计出版社,2022.

③ 观研天下.我国智能仓储物流行业发展背景及现状分析 市场规模已达千亿级别[EB/OL].(2023-03-07)[2023-10-11].搜狐网.

3)电商物流智能化仓储国内外研究前沿

有学者提出对WMS系统的设计,基于UML建模对各项功能需求进行分析,采用了MVC三层架构,Modle为实体类,View为前端网页,Controller为前后端的交互,后台包括BLL层和DAL层,前者为服务层,负责转化、处理数据,并调用DAL层,后者主要负责数据库和数据处理层间的交互。对WCS系统的设计则是,WCS系统与WMS系统之间的接口采用中间件CCSwitch实现,能够将不同接口技术和通信协议经过规则转化变为Octopos内部标准消息。同时支持restful、webservices、socket等多种接口方式,并且支持主流的系统集成方式与协议,更易实现接口扩展、变更和维护。而WCS系统与下位PLC控制系统采用的接口则是插件化的管理方式,通过初始化配置实现协议加载,并支持多线程同时访问①。另外还有学者提出了PLC系统软硬件设计及系统组态设计,系统硬件设备主要包括上位机、人机交互界面、PLC以及其他执行设备和监控设备等,软件系统包括自动Jon告知软件、手动控制软件以及监督报警系统。基于PLC的智能立体车库自动控制系统的人机交互界面组态设计主要包括主界面、存车/取车界面、提醒界面、信息查询界面、帮助界面等②。此外,一种重要的系统则是RFID射频识别系统,由应用系统、RFID读写模块、电子标签、天线等部分组成。RFID读写器通过射频天线发射一定频率的信号,当电子标签进入到阅读器所发信号的范围内时,电子标签便会产生感应电流,从而使电子标签本身激活;电子标签利用感应电流将所储存的数据开始进行编码,并通过自身的内置天线将编码发射出去;RFID读写器收到电子标签所返回的载波信号,经过解调后将数据发送到处理器中进行处理③。这些研究推动了中国电商物流行业的仓储智能化发展,帮助中国电商物流行业实现了仓储系统的全面智能化。这种智能仓储系统能够迅速识别、分拣和配送货物,极大地提高了仓储效率。通过机器人的灵活操作和无人车的精准配送,实现了全天候24小时的持续货物配送服务。这不仅降低了人力成本,而且提高了物流效率,为电商行业的发展提供了强大的支撑。

4)电商物流智能化仓储重要科学研究问题

国内外对电商物流智能化仓储研究的问题主要集中在以下方面④:

(1)物联网技术的研究

物联网可实现物体之间的通信,使用局部网络或者互联网等技术使控制器及传感器,通过对RFID的工作原理和发展状况的分析,对RFID技术在物流仓储管理中的实际应用进行了探讨⑤,并提出可基于RFID射频识别技术设计的系统,引入供应链管理理念和方法,实现货物从入到出的全过程感知,并进行高效的作业调度。打造标准化、高效率、可视化物流仓

① 冯文文,温亚兵,秦欢.基于WMS和WCS的智能仓储系统架构设计研究[J].中国物流与采购,2023(2):67-68.

② 周欣,张欢.基于PLC的智能立体车库自动控制系统的设计[J].自动化应用,2023,64(13):44-46.

③ 冀松,卢秀丽.浅析物联网RFID技术[J].电子制作,2021(6):74-75.

④ 刘红红.KS公司跨境电子商务智能仓储管理流程优化研究[D].杭州:浙江工商大学,2022.

⑤ 邵海龙,敖勇,吴谆谆,等.基于RFID的物联网技术在物流仓储管理中的应用[J].物流技术与应用,2018,23(6):139-141.

储板块,从而整合供应链前后端资源①。

(2)云计算技术的研究

为了适应新时期企业仓储管理新常态,提高仓储管理质量,仓储管理系统中应积极运用云计算技术,满足系统数据信息处理、整合、分析、应用的综合需求。国内外的学者对云计算技术在仓储管理中的应用都做了深入研究。首先提出与信息技术的结合,可以促进仓储管理向自动化和智能化的转变。尤其是云计算技术在仓储管理中的应用更是为仓储管理系统提供了一定的发展契机②。然后在研究 Eucalyptus 开源云平台的基础上,针对某药企仓储管理的实情,在降低成本、保障数据安全的基础上,设计单集群模式的企业仓储系统,并采用 Ubuntu 企业云进行实现。最后在仓储数据平台的支持下,开发智能化图形式模拟仓库③。

(3)区块链技术的研究

在跨境电子商务企业物流信息系统中,仓储领域产生了大量的数据,也为区块链技术的应用提供了广阔天地。基于区块链的智能仓储模式应该以库存管理为纽带,以仓储作业流程为依托,利用区块链技术优化仓储工作的入库、管理及出库全流程操作,提升仓储数据的实时性和准确性,并利用区块链技术解决仓储中出现的信息化系统分散、现场管理与后端信息平台脱节等各种问题,基于区块链的智能仓储模式无疑能够极大地提高订单的处理速度,减少人工操作。建立区块链仓储平台,运用区块链提升仓储管理水平,应用区块链实现仓储流程可视化,通过区块链强化风险控制等帮助企业进一步完善及优化仓储管理水平。通过深入分析传统仓储运作模式及其存在的三大问题,提出在区块链视角下构建智能仓储模式,基于区块链技术对智能仓储提出新的运作策略,以期解决传统仓储中存在的诸多问题④。随后构建基于区块链技术的物流服务供应链信息平台,能够连接各方企业,使物流、信息流合二为一⑤。

5)电商物流智能化仓储未来发展

电商物流智能化仓储管理信息系统通过将计算机网络技术、数据库技术、自动识别和数据采集技术与仓储业务有效地结合起来,实现信息存储高效、准确和实时的功能,满足了现代物流管理的要求,能够为企业创造更多的经济效益,对推动仓储物流行业的发展具有重大的现实经济意义⑥。

在物流仓储智能化方面,为了变得更有弹性,未来的仓库必须建立为:多节点连接和充足的流动;实时库存可视性和可追溯性;劳动力灵活胜任多角色;最佳选择物料搬运自动化;智能潜伏能力(共享或与物流合作伙伴共享);在电商仓储智能化方面,为了提高整个电商物流的效率,必须加强对现代数字化信息技术以及人工智能的研究,电子商务平台及电子商务

① 刁立新.基于 RFID 射频识别技术的仓储管理系统设计与实践[J].物联网技术,2019,9(3):104-107.

② 张巍.基于云计算技术的智能仓储管理系统设计研究[J].通讯世界,2019,26(8):86-87.

③ 姜晶.基于云计算的某药企仓储系统的构建[J].现代电子技术,2019,42(3):177-179,183.

④ 尹冰洁.区块链视角下智能仓储模式设计与策略创新[J].铁路采购与物流,2018,13(9):57-59.

⑤ 李晓萍,王亚云.基于区块链技术的物流服务供应链信息平台构建[J].物流技术,2019,38(5):101-106.

⑥ 郝云云.智能化仓储管理信息系统设计[D].北京:北京交通大学,2013.

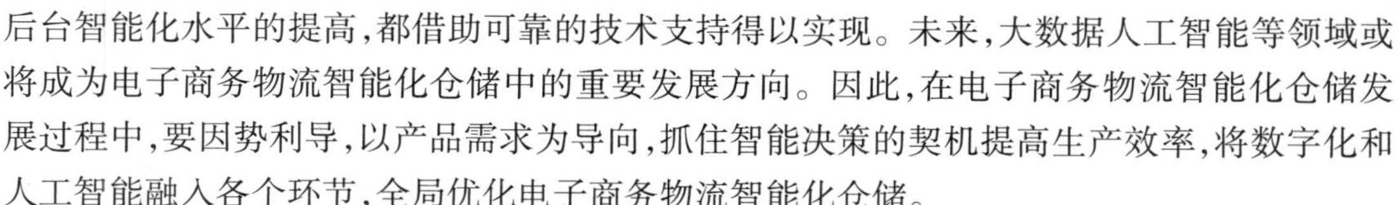
后台智能化水平的提高，都借助可靠的技术支持得以实现。未来，大数据人工智能等领域或将成为电子商务物流智能化仓储中的重要发展方向。因此，在电子商务物流智能化仓储发展过程中，要因势利导，以产品需求为导向，抓住智能决策的契机提高生产效率，将数字化和人工智能融入各个环节，全局优化电子商务物流智能化仓储。

4.2.4　电商物流大数据

1）电商物流大数据概述

电商物流大数据是在互联网、云计算等信息技术背景下产生的，电商大数据在电商物流业运用一方面可以促进电商物流各个环节的高效运转，与其他产业形成信息共享，另一方面则可以极大地促进社会资源的利用，减少浪费。

电商物流大数据包括了现代电商物流行业的从业者和消费者所产生的各类数据。包括电商公司、物流公司、快递员、仓储平台、寄件人、收件人等所产生的数据，以及影响电商物流行业其他领域所产生的数据，如物流经济数据、线上消费数据、交通运输数据等。电商物流大数据涉及的数据规模巨大，主要分布在邮政部门、物流企业和电商平台①。在获取到这些信息以后，通过科学的技术手段对数据进行储存、分析及可视化处理，最终将这些数据用于物流行业的各个环节。

电商物流大数据的特点，IBM 提出的大数据具备 5V 特征，具体包括：第一，Volume（大量），即数据体量大，达到 PB 等级以上，就是人们常说的海量数据。第二，Velocity（高速），基于互联网时代下，移动网络升级发展到 5G，数据的产生与传输更为便捷、高效。第三，Variety（多样），大数据类型繁多，除了文字、图片，还有语音、视频、地图定位、网络日志等信息，形成多样化的数据形势。第四，Value（低价值密度），指从海量数据中提取关联的、有价值的信息。第五，Veracity（真实性），指数据来源真实有效②。

2）电商物流大数据发展状况

2011 年 11 月，工业和信息化部发布的《物联网“十二五”发展规划》，把信息处理技术作为 4 项关键技术创新工程之一提出来，其中包括了海量数据存储、数据挖掘、图像视频智能分析。另外三项关键技术创新工程，包括信息感知技术、信息传输技术、信息安全技术，也是大数据产业的重要组成部分。2012 年，国家陆续出台相关的产业规划和政策，从不同的方面推动大数据产业的发展，但是还没有专门针对电商物流大数据的政策规划。2012 年 7 月，为挖掘大数据的价值，阿里巴巴集团在管理层设立“首席数据官”一职，负责全面推进“数据分享平台”战略，并推出大型的数据分享平台“聚石塔”，为天猫、淘宝平台上的电商及电商服务商等提供数据云服务。随后，阿里巴巴董事局主席马云在 2012 年网商大会上发表演讲，称从 2013 年 1 月 1 日起将转型重塑平台、金融和数据三大业务。阿里巴巴也是最早提出通

① 鲍克，沈笑慧，方源.物流大数据发展对策研究[J].物联网技术，2018，8(6)：34-35，38.
② 周于楠.大数据对物流供应链创新发展的影响与应对策略[J].中国商论，2023(8)：96-98.

过数据进行企业数据化运营的企业。为了推动我国大数据技术的研究发展①,2013 年 6 月发布的《交通运输部关于交通运输推进物流业健康发展的指导意见》指出,加快推进交通运输物流公共信息平台建设,完善平台基础交换网络,加快推进跨区域、跨行业之间的有效对接,实现各种铁路、公路、水路、民航信息的互联互通。加快完善铁路、公路、水路、民航、邮政等行业信息系统,增强一体化服务能力,鼓励企业加快推进信息化建设。2014 年 9 月发布的《物流业发展中长期规划(2014—2020 年)》中明确指出,重点工程中包含有整合现有物流信息服务平台资源,形成跨行业和区域的智能物流信息公共服务平台。加强综合运输信息、物流资源交易、电子口岸和大宗商品交易等平台建设,促进各类平台之间的互联互通和信息共享。以及支持货物跟踪定位、无线射频识别、可视化技术、移动信息服务、智能交通和位置服务等关键技术攻关,推广物流信息编码、物流信息采集、物流载体跟踪、自动化控制、管理决策支持、信息交换与共享等领域的物流信息技术。鼓励新一代移动通信、道路交通信息通信系统、推动北斗导航、物联网、云计算、大数据、移动互联等技术在产品可追溯、在线调度管理、全自动物流配送、智能配货等领域的应用。2022 年 12 月发布的《"十四五"现代物流发展规划》更是提出了加快物流数字化转型,加强物流大数据采集、分析和应用,提升物流数据价值,推进物流智慧化改造。利用现代信息技术搭建数字化、网络化、协同化物流第三方服务平台,推出一批便捷高效、成本经济的云服务平台和数字化解决方案,推广一批先进数字技术装备。2021 年 10 月发布的《"十四五"电子商务发展规划》中指出推动 5G、大数据、物联网、人工智能、区块链、虚拟现实、增强现实等新一代信息技术在电子商务领域的集成创新和融合应用。

按照时间分阶段则是:

21 世纪初期,数据收集开始起步,大数据的发展起步于数据的收集和存储。传感器技术、GPS 系统和物联网的初期应用,使得物流企业能够实时监控货物的位置和状态。全球定位系统(GPS)的商业化应用和物联网技术的发展,为物流业提供了实时监测和数据采集的工具。货车和货物可以通过 GPS 追踪,传感器可以监测温度、湿度和震动等数据。EDI 技术的广泛应用使得不同物流环节之间的数据传递更加高效和准确。这一技术为供应链的协同作业提供了基础。

2010 年后,数据分析崛起,随着数据量的不断增加,电商物流大数据逐渐转向了数据分析和智能化应用的阶段。Hadoop 和 Spark 等大数据技术的出现,使得物流公司能够更好地处理和分析大规模的数据。这些技术支持复杂的数据挖掘、预测分析和优化算法。机器学习算法和人工智能开始应用于电商物流大数据中,用于优化路径规划、货物跟踪、需求预测和库存管理。这些技术提高了电商物流企业的效率并降低了成本。数据可视化工具的普及使得电商物流从业者能够更直观地理解数据,从而更好地做出决策。这有助于实时监控和问题诊断。

进入 2020 年后,电商物流大数据的发展迈向了智能化的方向,自动化和机器人技术的

① 陈颖.大数据发展历程综述[J].当代经济,2015(8):13-15.

应用使得仓储和运输更加智能化。智能仓库和自动驾驶交通管理系统有望提高效率和减少人力成本。电商物流公司越来越注重客户体验，通过个性化推荐、实时跟踪和定制化交付等方式，提高了客户忠诚度。

21 世纪 20 年代中期及以后，人工智能和区块链开始深入应用，机器学习和人工智能技术将进一步成熟，为电商物流领域带来更多的智能决策支持，区块链技术将更广泛地用于确保货物的安全性和真实性，减少欺诈和偷盗问题，提高供应链的可信度。不同电商物流公司和供应链伙伴之间的数据共享和协作将成为发展的重要趋势，以实现更高效的供应链管理和资源利用。

3）电商物流大数据国内外研究前沿

在目前常用的大数据技术中，Hadoop 被视为事实上的大数据处理标准。Hadoop 具有高容错性、高吞吐量以及能够以流形式进行数据访问的特性。经过多年发展，Hadoop 项目已经变得非常成熟和完善，包括 Common、Avro、Zookeeper、HDFS、Map Reduce、HBase、Hive、Chukwa、Pig、Yarn 等子项目，其中，HDFS 和 Map Reduce 以及 Yarn 是 Hadoop 的三大核心组件。在大数据处理环节当中，HDFS 负责数据存储，Map reduce 负责数据计算，Yarn 负责资源调度。而这些子项目，以及一些其他相关项目，一起构成了 Hadoop 生态圈。整个生态圈，包括存储、计算、调度、协调、日志收集、ETL、安装部署等多种工具或框架，可以进行整套大数据收集、存储、计算流程①。

大数据处理技术体系主要涉及大数据的采集技术、存储技术、分析及挖掘技术、可视化呈现技术 4 个部分。在物联网领域中，获取数据是采用用于数据感知的 MEMS 传感器、光纤传感器、无线传感器等。在大数据存储方面分为轻型数据库和大数据存储平台，轻型数据库分为 SQL、No SQL 以及 New SQL 三类。包括 Greenplum、HBase、Spanner 等数据库，目前典型的大数据存储平台包括 InfoBrignt、Hadoop、Yun Table、HANA 以及 Exadata 等，在处理数据时则会使用到 Hadoop 的两个开源产品：HDFS 和 MapReduce 等。在大数据计算平台方面则有谷歌推出的 Google Compute Engine、微软推出的 Azure、亚马逊推出的 AWS 等②。在电商物流领域，大数据技术的应用已经越来越广泛。通过对物流数据的收集、分析和深度挖掘，我们可以实时监控货物的运输状态，优化运输路线，提高配送效率。同时，基于大数据的预测分析能够帮助企业提前预测市场需求，调整库存和物流策略，以更好地满足消费者需求。这种大数据驱动的智能物流不仅提高了物流效率，而且为企业的决策提供了有力支持。

4）电商物流大数据重要科学研究问题

电商物流大数据应用的核心在于驾驭大数据的能力。其中云计算和大数据分析能力是至关重要的节点③。大数据分析包括五个方面：可视化分析、数据挖掘算法、预测性分析能

① 杨一凡.电商大数据的发展、现状与未来展望[J].通讯世界，2018(8)：58-60.

② 彭宇，庞景月，刘大同，等.大数据：内涵、技术体系与展望[J].电子测量与仪器学报，2015，29(4)：469-482.

③ 李敏.物流大数据研究综述[J].时代金融，2019(14)：130-132.

力、语义引擎、数据质量和数据管理①。

(1)多源数据整合与质量

在电商物流运营活动中,来自各种不同源头的数据被采集,包括供应商、运输商、仓储设施和消费者等。这些数据可能以不同的格式、结构和质量存在。所以需要进行数据整合,数据整合包括了多个方面,数据清洗、数据转换和数据合并等。数据清洗指的是检测和修复数据中的错误、缺失值和重复项。数据转换是将不同格式和结构的数据转化为一致的形式,以便于比较和分析。数据合并则是将来自不同源头的数据集成到一个单一的数据仓库或平台中,以便综合分析。其中最关键的则是确保数据的一致性。在多源数据整合过程中,可能会出现不一致的情况,例如,不同源头的数据可能使用不同的单位、命名规则或编码方式。因此,制定数据标准和协议变得至关重要。这些标准可以规定数据的格式、命名约定和数据质量标准,以确保数据在整合过程中保持一致性。

(2)实时数据采集

在电商物流运营活动中,实时数据对于计算消费者消费偏好,预测消费者需求,监控交通状况、库存水平和货物位置等信息至关重要,以便及时调整和优化电商物流活动。实时数据采集包括数据源的选择、数据传输和数据处理等。选择合适的数据源涉及传感器、GPS设备、RFID技术或移动应用程序等。不同的数据源具有不同的特性,因此需要根据具体需求进行选择。数据传输需要确保数据以实时的方式从采集点传输到分析或决策的地点。所以对于实现实时数据采集最重要的是速度较快且稳定的通信网络和协议。数据的传输延迟也需要控制在合理的范围内,以确保数据的及时性。数据处理则是采集的数据需要经过处理和清洗,以去除噪声和错误,确保数据的质量。

(3)大数据存储与处理

随着近年来电子商务的蓬勃发展,电商物流的数据实现了持续增长,所以大数据的存储就显得至关重要。电商物流数据需要存储在可扩展和高可用性的存储系统中。分布式存储技术和云计算平台可以满足大规模数据的存储需求,并确保数据的可靠性和冗余备份。对于数据的高效处理也同样重要。分布式计算框架如Hadoop和Spark可以加速数据处理过程,允许并行处理大规模数据集。此外,流式数据处理技术允许实时数据的快速处理和分析,从而满足实时决策的需求。成本控制也是考虑的一个重要因素。存储和处理大规模数据通常需要大量的硬件和计算资源,因此如何降低成本,提高资源利用率,仍需我们继续探索。

(4)预测与优化算法

这些算法可以帮助电商物流公司更好地规划和管理运输、库存和供应链,从而降低成本、提高效率和减少资源浪费。需求预测是很重要的部分,如何根据历史数据和市场趋势,精确预测消费者的未来需求,以确保库存水平的最佳平衡,是我们仍需继续研究和解决的问题。先进的机器学习和时间序列分析技术可以帮助我们进行需求预测模型的开发。路径优化是另一个关键问题,在物流中,如何选择最佳的运输路径和交通模式,以降低运输成本和

① 胡伟.大数据分析浅析[J].科学与财富,2014(5):93,94.

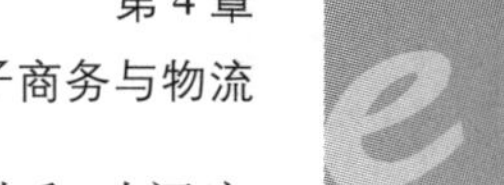

减少交通拥堵，是一个复杂的优化问题。算法可以考虑交通状况、成本、货物特性和时间窗口等因素，以确定最佳路径。

(5)数据可视化与决策支持

复杂的电商物流数据通常需要以直观和易于理解的方式呈现给决策者，以帮助他们更好地理解和做出决策。数据可视化技术可以将大量的数据以图形、图表和地图等形式呈现出来，使决策者能够迅速把握关键信息。决策支持系统(DSS)也是一种重要的工具，它可以整合物流数据、模型和算法，帮助决策者进行多维度的分析和优化。

5)电商物流大数据未来发展

(1)数据规模将持续扩大

随着电商行业的快速发展，物流数据规模将持续扩大。未来，物流企业将需要处理更多更复杂的数据，包括运输、仓储、配送等方面的数据，以实现更加精细化的管理。

(2)云计算和大数据将更深度融合

云计算和大数据是当前技术发展的两个重要趋势，未来两者将更深度地融合。通过云计算平台，电商物流企业可以实现更高效、更灵活的数据处理和应用，同时还可以降低成本和提高效率。

(3)数据挖掘和可视化将更加重要

电商物流企业需要处理大量数据，但数据挖掘和可视化是实现数据价值的两个关键因素。未来，物流企业将更加注重数据挖掘和可视化的应用，通过数据挖掘发现数据背后的规律和价值，通过可视化将数据呈现给管理者和客户，为其提供更加直观和便捷的服务。

(4)智能化物流将进一步发展

智能化物流是未来物流发展的重要方向，未来将有更多的智能化技术应用于物流领域。例如，物联网、人工智能、机器学习等技术将应用于物流领域，帮助企业提高效率、降低成本、提高客户满意度等。

(5)数据安全将更加重要

随着数据量的增加，数据安全问题也将越来越严重。未来，电商物流企业需要更加注重数据的安全性和可靠性，采用更加先进的安全技术和管理措施，保障数据的安全和完整性。

4.2.5 绿色电商物流

1)绿色物流概述

绿色物流是指在物流过程中抑制物流对环境造成危害的同时，实现物流环境的净化，使物流资源得到充分利用的过程。绿色物流主要围绕集资、运输、包装、废弃物及装卸等方面展开研究。绿色物流理念起源于20世纪80年代中期，绿色物流配送的概念涵盖了五大主要基本方面：

(1)提高资源利用率

经过利用已有资源，进一步优化资源配置，公司应该进一步提高资源利用率，尽量减少

各种资源耗费。

(2)绿色运输

绿色运输即在过程中尽量减少燃料耗费和废气量，以尽量减少对周边自然环境的空中环境污染。为了环保，我们应该重视对交通运输汽车的维修和安装，采用洁净能量和尽量减少废气量。

(3)绿色仓储

库房的选址应该科学合理，有助于节约交通运输费用。同时，库存布置应该科学合理，使库存得到有效利用，达到最优化的库存覆盖面，大大降低库存生产成本。

(4)绿色包装

这是绿色物流活动中非常重要的一环，它不但有助于提升包装物物料的合理回收效率，控制各种资源耗费，还可能有效防止污染物。

(5)废弃物物流

它要求对垃圾经过采集、分级、加工、打包、搬迁、贮存等，最终将其转运到专业的处置场地，以达到物资的流转。

通过对企业集约资源、运输、仓储等方面来考察，来检测企业在环境成本管理中是否真正做到了绿色物流。

2)绿色物流发展状况

从学术研究的角度来看，近十年间，绿色物流领域研究发展状态良好。绿色物流领域的相关论文发文量总体上逐年递增，说明绿色物流、环境保护等方面越来越受到人们的重视。绿色物流领域研究演化路径发展较为平稳，研究总体上沿着“规划设计”“模型优化”和“回收与再制造”三条路径发展①。

从政府调控的角度来看，影响绿色物流发展的主要因素有制度引导、思想认识、基础建设、技术水平等方面。

2015 年国务院印发《中国制造 2025》，首次提出要打造绿色供应链，加快建立以资源节约、环境友好为导向的采购、生产、营销、回收及物流体系，落实生产者责任延伸制度②。

2021 年，国务院发布《关于加快建立健全绿色低碳循环发展经济体系的指导意见》，将构建绿色供应链、绿色物流纳入健全绿色低碳循环发展经济体系的重要内容。鼓励企业开展绿色设计、选择绿色材料、实施绿色采购、打造绿色制造工艺、推行绿色包装、开展绿色运输、做好废弃产品回收处理，实现产品全周期的绿色环保。选择 100 家左右积极性高、社会影响大、带动作用强的企业开展绿色供应链试点，探索建立绿色供应链制度体系。鼓励行业协会通过制定规范、咨询服务、行业自律等方式提高行业供应链绿色化水平。积极调整运输结构，推进铁水、公铁、公水等多式联运，加快铁路专用线建设。加强物流运输组织管理，加快相关公共信息平台建设和信息共享，发展甩挂运输、共同配送。推广绿色低碳运输工具，

---

① 张智森，刘婧，胡健.基于主题演化的绿色物流领域发展状况分析[J].物流工程与管理，2023，45(8)：40-44.

② 国务院.中国制造 2025[EB/OL].(2015-05-19)[2023-10-11].中华人民共和国中央人民政府官网.

淘汰更新或改造老旧车船，港口和机场服务、城市物流配送、邮政快递等领域要优先使用新能源或清洁能源汽车；加大推广绿色船舶示范应用力度，推进内河船型标准化。加快港口岸电设施建设，支持机场开展飞机辅助动力装置替代设备建设和应用。支持物流企业构建数字化运营平台，鼓励发展智慧仓储、智慧运输，推动建立标准化托盘循环共用制度①。

2022 年，国家发展改革委、商务部、市场监管总局等 7 部门发布《促进绿色消费实施方案》提出，加快发展绿色物流配送，积极推广绿色快递包装，引导电商企业、快递企业优先选购使用获得绿色认证的快递包装产品，促进快递包装绿色转型。鼓励企业使用商品和物流一体化包装，更多采用原箱发货，大幅减少物流环节二次包装。推广应用低克重高强度快递包装纸箱、免胶纸箱、可循环配送箱等快递包装新产品，鼓励通过包装结构优化减少填充物使用。加快城乡物流配送体系和快递公共末端设施建设，完善农村配送网络，创新绿色低碳、集约高效的配送模式，大力发展集中配送、共同配送、夜间配送②。

从行业建设的角度来看，各大电商平台公司都在以自己的方法践行绿色物流的理念。京东启动了包装袋的多次变革。最初京东采用的是传统塑料袋，这种包装密封性较差，且在包装后需要粘贴胶带再以透明袋封存，即使拆包相对烦琐，同时也不能循环使用。而后通过技术人员的努力改换成了热封透明袋。为扩大品牌效能，京东于 2014 年推出了专利防撕袋，这种包装能提高产品的密封性能，可开箱方便，其加工材料也相对环保。在此基础上，2016 年京东开发推出最新的绿色环境包装，即全降解包装袋。这是专利防撕袋的升级版，其采用的是可以完全降解的颗粒来加工，即具备比普通包装袋还要强的负荷性能，同时能够在堆肥环境中完全分解成二氧化碳和水，全面排除了对环境的污染。在此前提下，京东全面关注到了强化包装袋的每个细节，在其中增加各种绿色元素。现在的京东包装均采用环保型无污染油墨，同时也在全国范围内推广保温周转箱来进行产品配送，可重复利用 200 次左右，这些都体现了京东绿色物流的发展理念。同时，京东也在大力推行电子签收系统和新能源汽车的发展。

与京东相比，淘宝主要在管理层面体现绿色物流的理念。淘宝旗下专注于中小型企业采购的电商平台“淘宝企业服务”鼓励淘系商家使用可降解包装，按照国家行业标准，对可降解包装行业商家、商品进行治理，搜索结果中屏蔽不符合标准的商品。企业服务推出绿色包装商家扶持计划，为可降解领域的商家（原材料、生产设备、成品等）提供开店指导、代运营支持、流量支持、专业培训、品牌曝光等一系列系统扶持政策，保障可降解领域的供给在淘宝健康成长。每月 25 日举办“企业低碳日”IP 活动，在双十一、双十二等平台级大促设置绿色采购会场，提供包括绿色包装的原材料、生产设备、成品等在内的一站式采购服务，同时还增加了大额赊账与集中采购享受低价的权益，为采购绿色包装的用户提供了更便捷、更低成本的采购方案。

---

① 国务院.关于加快建立健全绿色低碳循环发展经济体系的指导意见[EB/OL].(2021-02-02)[2023-10-11].中华人民共和国中央人民政府官网.

② 国家发展改革委.促进绿色消费实施方案[EB/OL].(2022-01-28)[2023-10-11].国家发展和改革委员会官网.

3)绿色物流国内外研究前沿

2018 年,顺丰提出了"丰 · BOX"共享循环箱,对成本高、破损严重、资源浪费等情况予以了妥善解决。据调查,一千万个"丰 · BOX"能够代替 5 亿个纸箱、14 亿米胶带、225 万立方米内填充的使用量。近年来,菜鸟网络广泛推行使用可降解快递袋、循环箱、无胶带纸箱,并积极引入射频识别(RFID)技术,可信息化管理物流循环周转箱。2016 年,京东组建了物流包装实验中心,2017 年同几家五百强企业联合合作开展"青流计划",研发出由热塑性树脂材料制作的青流箱,相比于纸箱,单次使用成本减少了 30%,且能够循环使用至少 20 次。回收利用方面,京东建立了开放回收体系,为行业提供了模板。2020 年底,我国新能源物流车辆高达 50 万辆,2021 年同比增长了 12.1%,达到 13.12 万辆,稳步增长的趋势比较明显。随着新能源汽车技术的日益成熟,再加上各政策号召,京东、菜鸟网络纷纷广泛使用新能源物流车①。2018 年,京东宣布北京地区全部自营物流车都改为新能源汽车,现阶段京东物流已经在全国各个区域、50 多个城市投入了两万辆新能源汽车,并对充电基础设施进行了构建,每年度减碳量高达 40 万吨。菜鸟网络同物流服务商、科技公司、整车厂商开展了深度合作,借助智慧物流信息体系,创新推出了菜鸟新能源智慧物流车,不仅可提高配送效率,而且还能够降低运输能源的消耗量,单车平均行驶里程能够降低 30%,空驶率降低了 10%,成本节省了大约 20%②。目前,区块链、人工智能、大数据、物联网等技术大力支撑着绿色物流发展,可共享各环节物流信息,提高物流运行效率,节省更多的人力投入③。随着科技日益成熟,仓储环节引入了 RFID、自动分拣技术、声控技术等高新技术,智慧仓储成为了现实。对于智慧仓储而言,无人仓是典型表现方式,借助机器人或其他自动化设备,自动化完成入库、储存、拣选、分选及出库等一系列工作。无人仓储运行期间,一般需几十或几百台自动引导运输机器人,其能够提高拣选效率至少三倍,节省投入 70%的人力④。随着人们对环保意识的日益增强,中国电商物流行业也开始关注绿色物流。绿色物流是指在物流过程中采取环保、节能、减碳的措施,降低对环境的影响。例如,上述的使用可降解的环保包装材料、推广节能的运输方式等,都是绿色物流的具体实践。这些举措旨在降低物流活动对环境的影响,实现可持续发展,为地球环境保护贡献力量。

4)绿色物流重要科学研究问题

对绿色物流的研究主要集中在以下几个方面:

(1)农产品绿色物流

面对 2060 年"碳中和"的发展目标,绿色低碳成为当前我国发展的主旋律,而实现绿色低碳发展的首要任务是高耗能产业的绿色转型升级。杨博、王征兵运用耦合模型对我国农

---

① 沈伟.环境保护视域下的环太湖绿色物流发展与营销模式研究[J].环境工程,2022,40(10):271.

② 朱芳阳,赖靓荣.绿色技术进步、环境规制与绿色物流发展——基于 PVAR 模型的实证研究[J].物流科技,2022,45(10):1-3,15.

③ 费银,何律琴.低碳背景下循环经济推动绿色物流发展路径研究[J].物流工程与管理,2022,44(4):11-13,22.

④ 庄树伟.低碳经济环境下实施绿色物流管理的有效策略探讨[J].企业改革与管理,2022(7):165-167.

产品绿色物流耦合关系的空间差异性和收敛性进行了研究①。广小利对美、日、欧等发达国家的绿色农产品物流发展进行了研究，对我国的农产品绿色物流的发展提出了建议②。

(2)绿色物流与绩效

“双碳”目标的提出，对电商企业绿色环保工作的开展提出了更高要求，如何减少企业发展过程中给自然和社会环境带来的巨大压力，成为当今热议的话题。李宇鹏对“双碳”背景下绿色物流对环境绩效的影响机制进行了分析，结果发现，社会责任分别在绿色包装、绿色运输和逆向物流与环境绩效间起到部分中介作用，而在绿色信息与环境绩效两者之间起完全中介作用③。李崇峰从供应链视角出发，分析了绿色实践对物流企业经营绩效的影响，认为物流企业亟须主动开展绿色实践，并树立良好的绿色形象，明确进行绿色化改革同样是企业为争取市场而展开的战略选择④。

(3)绿色供应链

段炼和袁柳洋研究了绿色供应链技术创新和合作伙伴的选择决策，他们认为，企业需要积极将环保思想纳入供应链管理与合作伙伴选择决策，积极推动技术创新活动的开展，企业的技术创新活动可以在面对新挑战的时候有更深厚的底气，在时代的进步中更好发展⑤。关志民、赵莹等人研究了在政策补贴下电商闭环供应链的绿色创新与定价决策，通过模型求解得到了不同销售与回收模式中的最优政府补贴额、最优产品绿色创新水平与产品定价以及最优电商平台回收佣金，分析了绿色创新成本系数对决策的影响，并比较了不同模型的均衡解差异⑥。

5)绿色物流未来发展

纵观绿色物流的发展，中国绿色物流正在走向国际化、高端化、个性化、信息化和高科技化。绿色物流的重点发展方向将集中在提升枢纽效率、调整运输结构、推广绿色低碳的交通工具、扩大绿色环保包装材料的使用、推动物流数字化智能化发展、完善政策法规、完善绿色物流标准和统计监测制度、加大绿色物流的宣传、培训和教育九个方面上。同时，对于推动绿色物流高质量发展的方法，应关注以下几个方面：做好顶层设计，制订专项规划、借鉴国外经验，强化政策叠加、强化部门协作，形成发展合力；开展专题研究，破解发展难题、发挥政企作用，提升数智水平⑦。

---

① 杨博，王征兵.乡村振兴与我国农产品绿色物流耦合关系的空间差异性及收敛性研究[J].农业经济与管理，2023(4)：1-12.

② 广小利.发达国家农产品绿色物流发展经验与启示[J].商业经济研究，2017(3)：123-125.

③ 李宇鹏.“双碳”背景下电商企业绿色物流对环境绩效的影响机制分析[J].商业经济研究，2023(7)：145-148.

④ 李崇峰.绿色实践对物流企业经营绩效的影响分析——基于供应链视角[J].商业经济研究，2021(10)：103-106.

⑤ 段炼，袁柳洋.绿色供应链技术创新与合作伙伴选择决策研究[J].计算机集成制造系统，2023，29(9)：3086-3099.

⑥ 关志民，赵莹，牟玉霞，等.补贴政策下电商闭环供应链的绿色创新与定价决策[J].东北大学学报(自然科学版)，2023，44(6)：871-879.

⑦ 李弢，李绪茂.我国绿色物流发展趋势、重点方向及对策建议[J].新经济导刊，2022(3)：65-68.

4.3 理论与实践结合(案例)

4.3.1 自建物流模式:以京东为例

1)京东公司简介

京东,中国自营式电商企业,创始人刘强东担任京东集团董事局主席兼首席执行官。旗下设有京东商城、京东金融、拍拍网、京东智能、O2O 及海外事业部等。京东集团于 2004 年正式涉足电商领域。2014 年 5 月,京东集团在美国纳斯达克证券交易所正式挂牌上市,是中国第一个成功赴美上市的综合型电商平台。2020 年 6 月,京东集团在香港联交所二次上市,募集资金约 345.58 亿港元,用于投资以供应链为基础的关键技术创新,以进一步提升用户体验及提高运营效率。2017 年初,京东集团全面向技术转型,迄今京东体系已经投入了近 1 000亿元用于技术研发。

京东集团定位于"以供应链为基础的技术与服务企业",目前业务已涉及零售、科技、物流、健康、产发、工业、自有品牌、保险和国际等领域。作为同时具备实体企业基因和属性、拥有数字技术和能力的新型实体企业,京东集团依托"有责任的供应链",持续推进"链网融合",实现了货网、仓网、云网的"三网通",不仅保障自身供应链稳定可靠,也带动产业链上下游合作伙伴数字化转型和降本增效,更好服务实体经济高质量发展。京东集团奉行客户为先、诚信、协作、感恩、拼搏、担当的价值观,以"技术为本,致力于更高效和可持续的世界"为使命,坚持体验第一、客户为先的原则和价值观,坚持"成本、效率、产品、价格、服务"的核心经营理念,愿景是成为全球最值得信赖的企业。

2)京东公司自建物流模式

京东集团 2007 年开始自建物流,2017 年 4 月 25 日正式成立京东物流集团。京东物流是中国领先的技术驱动的供应链解决方案及物流服务商,以"技术驱动,引领全球高效流通和可持续发展"为使命,致力于成为全球最值得信赖的供应链基础设施服务商。

一体化供应链物流服务是京东物流的核心赛道。目前,京东物流聚焦快消、服装、家电家具、3C、汽车、生鲜等六大行业,为客户提供一体化供应链解决方案和物流服务,帮助客户优化存货管理、减少运营成本、高效分配内部资源,实现新的增长。同时,京东物流将长期积累的解决方案、产品和能力进行解耦,以更加灵活、可调用与组合的方式,满足更多中小客户需求。

京东物流始终重视技术创新,基于 5G、人工智能、大数据、云计算及物联网等底层技术,不断扩大软件、硬件和系统集成"三位一体"的供应链技术优势,包括自动搬运机器人、分拣机器人、智能快递车,以及自主研发的仓储、运输及订单管理系统等众多核心技术产品和解决方案,已经涵盖包括园区、仓储、分拣、运输和配送等供应链的主要流程和关键环节,自主研发的仓储自动化解决方案处于全行业领先地位,全面提升预测、决策和智能执行能力。

京东物流坚持扎根广阔实体经济,促就业、保供应,深入履行企业社会责任。多年来,始终注重一线员工薪酬福利保障,坚持为一线员工缴纳“五险一金”,并提供有行业竞争力的薪酬福利保障。截至2022年底,包含德邦在内,京东物流已拥有一线员工人数超37万、自有配送人员超29万。着力推行战略级项目“青流计划”,从“环境(Planet)”“人文社会(People)”“经济(Profits)”三个方面,协同行业和社会力量共同关注可持续发展。京东物流是国内首家完成设立科学碳目标倡议(SBTi)的物流企业。2022年,京东物流发布首份ESG报告,在当年11月公布的标普CSA评级中位于全球物流行业前列。

京东物流建立了包含仓储网络、综合运输网络、最后一公里配送网络、大件网络、冷链物流网络及跨境物流网络在内的高度协同的六大网络,具备数字化、广泛和灵活的特点,服务范围覆盖了中国几乎所有地区、城镇和人口,不仅建立了中国电商与消费者之间的信赖关系,还通过211限时达等时效产品和上门服务,重新定义了物流服务标准,客户体验持续领先行业。2022年,京东物流完成对德邦物流的收购,快速获得了一张覆盖全国的快运网络,京东航空的常态化运营也有效促进一体化供应链的降本增效。

表4-4　京东物流基础设施网络

物流基础设施数量	2020年12月31日	2021年6月30日	2021年12月31日	2022年6月30日
仓库数量/个	1 000	1 200	1 300	1 400
仓管面积/万平方米	2 000	2 300	2 400	2 600
云仓/个	1 000	1 600	1 700	1 700
航空货运航线/条	620	1 000	1 000	1 000
铁路路线/条	250	300	300	400
配送站/个	7 800	7 800	7 200	7 600
自运营服务站和自提点/个	8 000	10 000	10 000	10 000
合作服务站和自提点/个	250 000	280 000	300 000	300 000

京东公司自建物流模式如图4-13所示。

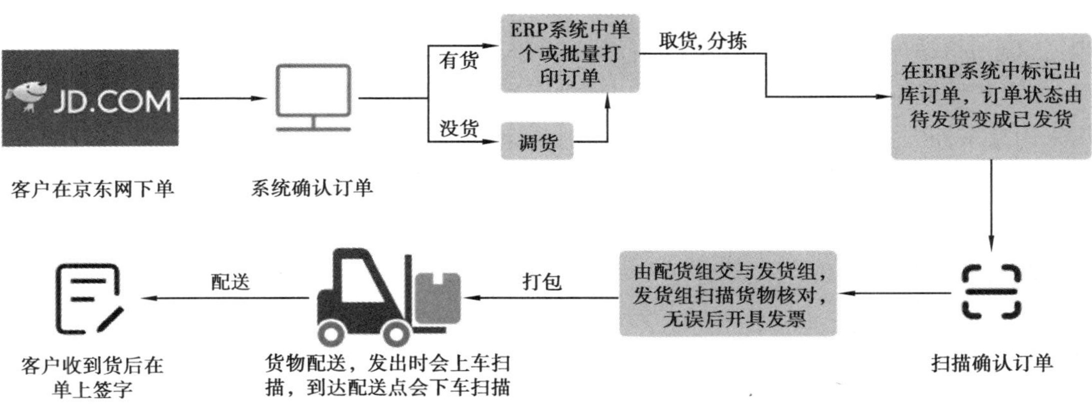

图4-13　京东自建物流模式

3)京东公司自建物流模式特色

(1)配送及时且安全

京东自建物流保证了配送服务的及时性和安全性,京东快递结合京东营销措施进行特色化的物流服务,物流与电商的融合程度高,物流体验好,效率高。高客单价的产品消费者对物流配送环节的高要求,借助京东自营物流,配送过程可控安全,较好地解决了消费者的信任问题。

(2)品牌效应

京东自建物流统一宣传方式,可以取得良好的品牌效应。所有的配送车辆统一涂漆,所有的配送人员统一服饰,统一服务方式,这不仅带给了消费者快捷、便利的物流体验,还产生了很好的品牌宣传效果。

(3)资金周转迅速

由于京东自建物流资金的流动环节较普通物流少,周转速度就比普通物流要快。京东物流有货到付款服务,由于京东的自建物流体系,商品的资金回收就不需要第三方物流公司来代理,这样使资金流动环节减少,资金流动速度加快。

(4)增加客户满意度

京东自建物流降低交易成本且增加消费者的认可度,可以使企业与消费者之间的距离缩短,以便了解企业消费者的需求,这样企业针对物流配送服务做出改进,才能为顾客提供优质的服务,让消费者满意并且感受到企业的亲和力。在退换货方面,省去了中间第三方物流,可以处理得更加高效,保证质量的同时也减少了不必要的成本浪费①。

4)京东公司物流未来的发展趋势

京东商城通过提供电商和数据服务与线下便利店合作,迅速抢占O2O市场。京东商城与主营快消品的便利店在物流体系、信息系统、会员体系、消费信贷体系以及服务体系等方面进行深度整合。简单来说,京东为便利店提供电商与物流服务,便利店帮助京东实现O2O布局、引流及数据整合,京东商城帮助便利店在京东平台上开设网上商城,并利用京东的品牌优势进行便利店的营销推广并促进销售,同时主营快消品的便利店入驻可以很大程度上丰富京东商城的产品类别,实现相互引流,京东商城为部分便利店提供近距离物流配送服务,在京东物流体系不发达的地区也可以借助有配送能力的便利店完成物流配送服务,便利店采用京东标准化服务,有利于月户体验提升。京东商城将与各便利店会员体系进行对接,通过数据融合提升京东商城大数据分析能力,进而为消费信贷体系、供应链金融服务和大数据营销做好铺垫。与现有便利店合作可以加速京东商城的O2O布局,对最后一公里用户体验提升意义重大②。

---

① 田雪莹.京东物流配送模式优劣势及对策分析[J].管理现代化,2017,37(6):92-96.

② 张顺莉.电子商务下中国现代物流快递业的研究及其应用[D].重庆:重庆大学,2015.

5）有关京东公司物流最新研究进展

近两年学者们对京东物流进行了很多研究。如对京东供应链金融进行研究，京东金融基于自身电商平台，2012 年开始试水供应链金融业务，从一开始的银企合作式的供应链金融逐步发展到创新自营平台的供应链金融业务，并从“京保贝”的只对平台商家的授信模式逐步发展到能对自营平台以外的第三方卖家提供信用的“动产融资”模式，有利于自身业务的拓展以及为资金短缺的中小微企业提供及时的资金援助①。或对京东供应链一体化进行分析，京东物流在供应链一体化服务领域已经逐步走向成熟②，今后的发展可以立足于发展客制化一体化物流服务体系，为客户提供更加完善的体验③。又或立足于供应链的数字化转型研究，以及针对“最后一公里”问题④。以及对主城区配送系统进行优化研究⑤。或者对城市物流末端配送路径优化进行研究⑥。

4.3.2　联盟物流模式：以阿里巴巴为例

1）阿里巴巴公司简介

阿里巴巴集团控股有限公司（简称“阿里巴巴集团”）是 18 人于 1999 年在浙江省杭州市创立的公司。阿里巴巴集团经营多项业务，另外也从关联公司的业务和服务中取得经营商业生态系统上的支持。业务和关联公司的业务包括：淘宝网、天猫、聚划算、全球速卖通、阿里巴巴国际交易市场、1688、阿里妈妈、阿里云、蚂蚁金服、菜鸟网络等。2014 年 9 月 19 日，阿里巴巴集团在纽约证券交易所正式挂牌上市，创造了史上最大 IPO 纪录，股票代码“BABA”，创始人为马云。2019 年 11 月 26 日，阿里巴巴港股上市，总市值超 4 万亿元。

2）阿里巴巴公司菜鸟联盟物流模式

2013 年 5 月 30 日，阿里巴巴集团、银泰集团联合复星集团、富春控股、中国邮政集团、中国邮政 EMS、顺丰集团、天天、三通一达（申通、圆通、中通、韵达）、宅急送、汇通，以及相关金融机构共同宣布，“中国智能物流骨干网”项目正式启动，合作各方共同组建的“菜鸟网络科技有限公司”在深圳正式成立。同时，中国人寿保险集团公司与阿里巴巴集团和银泰集团，中信银行与菜鸟网络分别建立了战略合作伙伴关系，其将为“中国智能骨干网”的建设提供资金支持。

菜鸟联盟物流利用大数据建立一个物流大平台，专注打造中国智能物流骨干网络，并与各个快递公司合作，在国内各处建立配送中心和仓库，根据数据对各地进行指挥分配从而缩短配送时间。“智能”是指实现高效、协同、可视、数据化的物流供应链运营，“骨干”是指掌

① 王鑫.电商平台供应链金融模式分析［D］.保定：河北金融学院，2023.
② 魏华.基于供应链一体化服务的物流企业盈利质量研究［D］.济南：山东师范大学，2023.
③ 李晨.J 公司一体化物流服务营销策略优化研究［D］.上海：华东师范大学，2022.
④ 连炫瑜.企业供应链数字化转型阻力的识别与解决方案研究［D］.太原：山西财经大学，2023.
⑤ 孙明哲.京东快递石家庄主城区配送系统优化研究［D］.石家庄：河北科技大学，2022.
⑥ 黄起龙.考虑用户特征的城市物流末端配送路径优化研究［D］.北京：北京交通大学，2023.

握骨干物流运输，它包括三部分：

天网是指网络上的用户数据，通过对“淘宝”的数据进行分析可以得到货物在各地的基本流向，从而利用大数据对商品货物进行预测，在用户点击购买之前，商品已经在最近的仓储里，从而减少货物送达的时间。“菜鸟网络”通过检测各个地方的拥堵情况，协调调度各个物流公司选择合适的路线和发货方式。

地网是指仓储，菜鸟通过在全国各地建仓，合作的商家将货物送到附近的菜鸟仓库，菜鸟仓库对货物进行检验和登记，待买家下单后，由菜鸟统一发货。

人网是指“最后一公里”的配送，作为人网建设的途径之一便是“菜鸟驿站”。菜鸟驿站通过与个体户、连锁超市、物业和学校的合作，通过代收代发的方式使得三方同时获益。

为实现这一新的配送方式菜鸟网络平台将从库存计划、物流协同以及末端配送三个方面着手：

(1)库存计划

就近配送实现的必要前提就是在商品上架之前，货物就已经铺到可能产生销售的区域，因此其核心是基于大数据对市场精准的预测，要通过大数据对相关区域市场进行需求分析。预测该地区顾客的主流品类及销量，在商品上架之前就必须铺货到相应的云仓库。菜鸟网络平台正是基于淘宝的消费大数据，帮助商家实现精准的预测。确保合理的库存数量是降低成本、提高运营效率的关键。

(2)物流协同

物流协同指在订单产生后，菜鸟网络平台如何驱动物流计划实现，包括从订单分配到合适的云仓库开始，协调仓储和运输，连接末端配送，驱动完成整个物流作业。难点在于这是一个跨企业的作业驱动，订单系统从卖家生成，由菜鸟网络平台负责物流信息管理。但仓库一般属于第三方物流，因此配送由第三方物流完成，最终到由加盟商组成的天猫服务站完成“最后一公里”配送，跨业务系统对菜鸟网络平台系统的挑战巨大。

(3)末端配送

菜鸟网络平台通过加盟等方式，自建快递自提网点菜鸟驿站，以实现对末端配送的控制。菜鸟驿站(天猫服务站)又称阿里服务站，是指经菜鸟授权建立的为天猫及淘宝网会员提供代收包裹、代发快递、优惠导购、淘宝代购、充值缴费、票券代理等便民服务的线下实体店。天猫服务站与连锁商业网点合作，喜士多便利连锁店与大润发是润泰集团投资中国零售市场的两大零售系统①。菜鸟物流模式如图 4-14 所示。

① 张顺莉.电子商务下中国现代物流快递业的研究及其应用[D].重庆：重庆大学，2015.

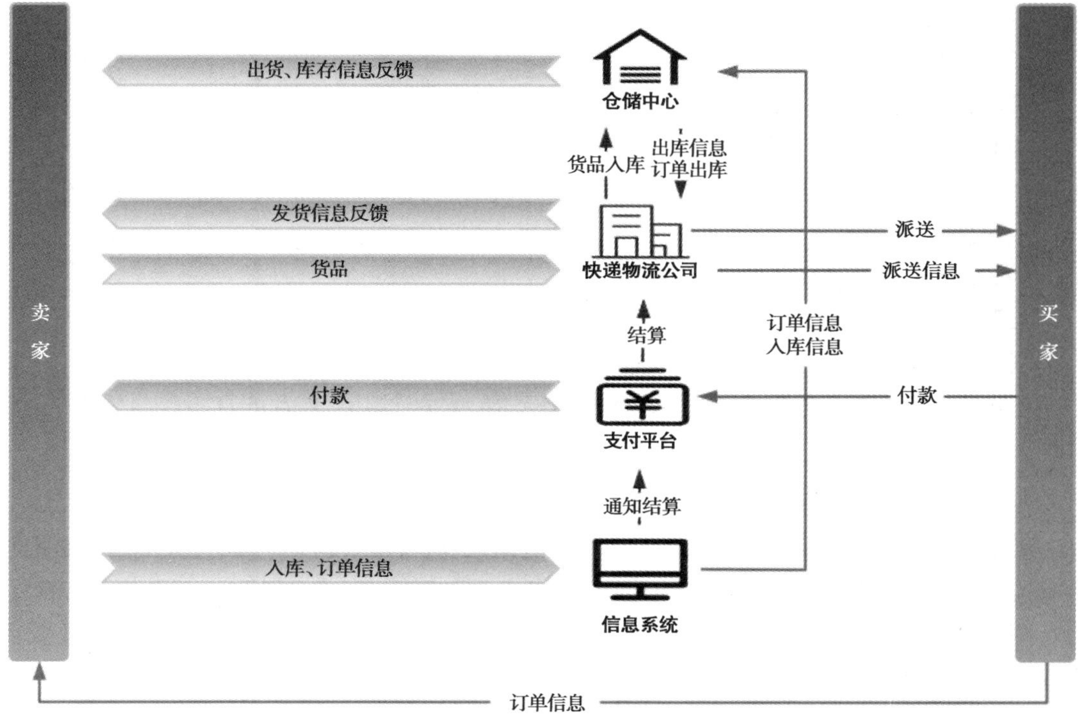

图 4-14 菜鸟物流模式

3)阿里巴巴公司菜鸟联盟物流模式特色

菜鸟联盟物流模式使得不愿意泄露身份信息和不可以随时收取快递的消费者更加便捷,减少了快递员的等待时间,或者因客户不在家导致的时间浪费。对这部分消费者来说,菜鸟驿站是一个为他们提供便利和安全的地方。

(1)有效解决"最后一公里"问题

"最后一公里"是物流中最后也是最重要的一步,菜鸟驿站的建立,减轻了"最后一公里"的负担。菜鸟驿站的流程其实很简单:消费者在网上购物时可以选择将物品寄存在离家最近的菜鸟驿站站点,当快递送至菜鸟驿站后,菜鸟驿站会将订单信息录入到菜鸟系统中,菜鸟系统会自动将取货码以短信的形式发送至消费者的手机,消费者等空闲时间凭取货码和身份码进行自行取货。菜鸟网络在末端配送方面采取了很多方法,如和中国邮政达成战略合作,获得了邮政提供的十万个网点资源,而后又和全国最大的三家智能快递柜服务商以及国内六家主流快递公司签署三方合作协议,获得了全国四万多个自提柜的使用权。

(2)提供专业的代收服务

菜鸟驿站的宗旨是为客户节约时间,所以菜鸟驿站的代收操作流程就相对简单,不管是代收还是取货流程都比较简便。在收到货物将货物入库之后,菜鸟系统会自动将取货码以短信的形式发送给消费者,消费者凭借短信中的取货码就可以取到货物,省去了烦琐的流程以提高客户满意度。而对于菜鸟驿站的员工来说,只需要亲自操作几次就可以熟悉菜鸟系统的使用方法,降低了人才培养成本,这体现出了物流服务的便捷化,使物流服务能更好地满足客户的实际需求。

(3)信息安全性高

菜鸟驿站使消费者的快递可以直接邮寄到家或者公司附近的菜鸟驿站站点，这样消费者详细的个人信息不会被泄露，在取货的时候，消费者凭借短信中的取货码和个人身份码就可以拿到货物，个人身份码可以有效地降低快递被误取的风险，使消费者的信息安全在一定程度上得到保障。

(4)个性化的自提服务

菜鸟驿站提供的代收服务使消费者提取快递时间自由，为消费者提供了便利性，与电商为消费者提供便利性的初衷相辅相成。同时许多菜鸟驿站代收点本身也是个体经营者，如小型超市等，消费者在取货时就可以顺便购物充值，也为个体经营者的宣传提供便利，达成合作共赢的局面。

4)阿里巴巴公司物流未来的发展趋势

阿里巴巴公司物流菜鸟联盟有着巨大的发展前景，从其发展趋势来看，三大网络势必能整合我国快递物流行业的资源，改变整个行业，使行业更加透明、完善、科学，让消费者更加满意。菜鸟网络将会形成物流基地，在全国各地建立仓库，统一的地产建设，第三方物流公司不需要再自建，降低公司运营成本，使得更多的资金投入到现代化建设，提高物流设施的利用率。

菜鸟网络在继续完善物流信息系统的同时，依托城镇化的推进，在全国范围内建设物流仓储基地，并联合所有的制造商、快递物流公司、第三方服务公司、网商等与产业链中的各个参与环节共同发展。阿里巴巴集团希望通过未来8~10年的努力，将菜鸟网络建成一张能支撑日均300亿元(年度约10万亿元)网络零售额的智能物流骨干网络。成为中国未来商务的基础设施，支持1 000万家新型企业成长，让全中国任何一个地区做到24小时内送货必达①。

5)有关菜鸟联盟物流最新研究进展

近两年学者对菜鸟联盟物流的研究偏向于末端物流的优化，如以A社区为例对其菜鸟驿站选址进行优化方案的选择分析，从站点经营者角度出发，以收益最大化作为目标对选址优化方案进行选择②。或针对校园菜鸟驿站物流服务管理优化进行研究，提出校企合作优化数据管理、优化监管系统等方法，进行资源整合，推动驿站服务多元化③。以及结合REITs运作模式对菜鸟物流进行案例分析，菜鸟仓储类REITs的设立基于市场需要为智能化新零售业态提供仓储物流基础设施这个大背景，现代物流企业需要朝着数字化、高标准化和现代化发展以达到更好的仓储条件，然而进行转型需要大量的资金，REITs是一种创新的融资方式，具有良好的资金融通作用④。

---

① 张顺莉.电子商务下中国现代物流快递业的研究及其应用[D].重庆:重庆大学,2015.

② 张雪威.A社区菜鸟驿站选址优化研究[D].广州:广东工业大学,2022.

③ 张玉姬.校园菜鸟驿站物流服务管理优化研究[D].桂林:广西师范大学,2021.

④ 王妍.菜鸟仓储类REITs运作模式案例分析[D].保定:河北金融学院,2022.

4.3.3 直播电商物流模式:以抖音为例

抖音是字节跳动旗下的一款音乐创意短视频社交软件。在抖音,用户可以通过这款软件选择歌曲,拍摄视频与音乐搭配,形成自己的作品。抖音一经推出便受到了广大年轻用户群体的喜爱,不断击败或合并其他的竞品,占据了短视频市场的半壁江山。在海外,亦有名为 TikTok 的国际版抖音。随着直播电商的兴起,抖音开始布局直播电商,与淘宝京东等传统电商平台不同,抖音和快手作为短视频平台,虽然不能稳定保证货源,但拥有比电商平台更多的流量。

直播电商模式下的供应链具有需求驱动、柔性、快速消化库存等特点。传统的供应链由于存在供货速度慢,库存周期长,中介层层加价等问题,在与电商模式供应链的竞争中处于下风。直播电商作为传统电商的进阶模式,其供应链继承了许多传统电商的优点——依托流量,中间商少,库存周期短且可预测性强。并且直播电商供应链将这些优点进一步放大,直播电商主要实行仓储物流体系,供货时间更短,出货价格更低,能够极快速度清空库存。通过直播电商模式,供应链上游能够直接接触到用户,有效减少因为中间环节过多而造成的牛鞭效应,实现基于需求驱动原理运作的供应链模型。直播电商的环境下,卖家可以直接对话上游厂商,因此可以实行小批量制作样品,观察直播间粉丝的满意程度,判断是否能成为爆款,再决定是否追加生产,这体现了直播电商模式供应链的柔性特点。直播电商供货周期极短,主播经常向粉丝承诺最晚两天三天发货,极大的流量让其在消化库存方面具有非常大的优势,有公司仅三个月就消化了疫情期间三年的库存,甚至有带货主播专门前往尾货市场收购库存商品投入直播电商市场,这种模式亦被称作库存电商,如图 4-15 所示。

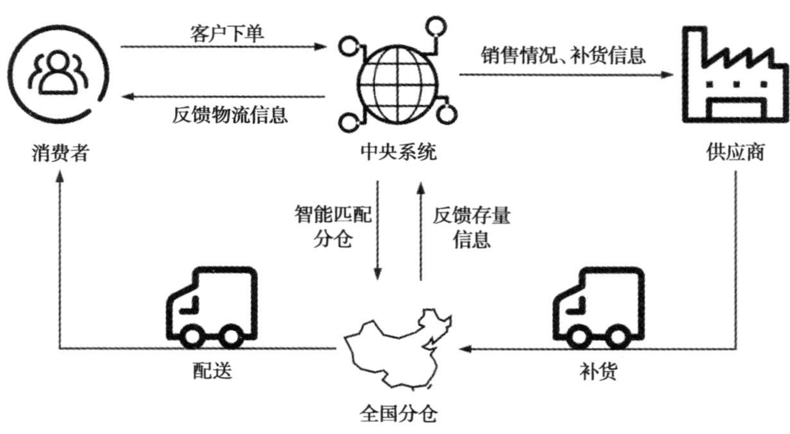

图 4-15 库存电商模式

抖音常见的直播供应链模式有以下几种。

1) **品牌集合模式**

品牌集合模式指的是品牌商自建直播基地并培养直播员工,库存由品牌方自己承担,库存风险较小,但由于其管理能力以及直播能力限制,其营销能力并不如专业的直播带货公

司，并且只销售自家品牌的产品，因此价格通常不会很低，相较于其他模式没有价格优势。

2）**品牌渠道模式**

品牌渠道模式是指品牌方定期邀约外部主播或者与主播进行寄样合作，通过打造爆款来实现销售额的增长，与品牌集合店的模式相比，这种模式不断推出新款式，专业主播的营销精准度更高，因此转化率也高，并且品牌方直接与下游合作，其利润仍牢牢由品牌方控制。但开发新的产品不是一件容易的事，当开发周期较长时，爆款数量更新慢，会极大影响这种模式的盈利能力。

3）**批发档口模式**

这种模式是批发商与带货主播的合作，具有款式更新快，种类繁多，高性价比的特点，价格也较为便宜。但由于批发商和主播并非一对一的对接，有时一个带货主播会接下一整个批发市场的带货需求，对整个供应链的管理有很高的要求，可能会导致没有特色或缺少产品售后的问题。并且由于其商品不像前两种模式具有品牌效应，买家对商品的信赖和忠诚度都不高，因此这种模式极度依赖主播的带货能力。

4）**尾货组货模式**

前文已有简单介绍，主播与尾货供应商对接，帮助其快速倾销库存，这种模式具有所有模式里最低的价格和巨大的销售量，并且对主播来说涨粉很快。但由于销售的商品以尾货为主，其款式都比较陈旧，并且断码断货的情况时有发生。

5）**代运营服务商模式**

代运营服务商指的是一类公司或机构，他们为企业或个人提供代理、代管、代理营销等服务，帮助客户在电商平台上运营（如淘宝、京东等），包括商品上架、店铺设计、运营策略制定、订单处理、客户服务等一系列工作。代运营服务商的目的是帮助客户提高运营效益，增加销售额，降低运营成本，提升客户的品牌价值。传统商家通过将所有电商物流问题打包交给代运商管理，并支付佣金，实现自家产品的线上销售，这种代运营服务商没有固定合作的商家，其自身的合法性以及专业性是这种模式是否真正有效的关键。

直播电商为供应链物流带来了新的机遇，同时也带来了许多新的挑战。直播电商中寻找爆品、创造爆品是必不可少的一环，爆品的特质虽然在一定程度上有迹可循，但影响一件（一类）商品是否能成为爆品的因素是多方面的，很多时候难以预测什么时候爆品会出现，以及它的火爆程度。许多主播以“先集单再下单”的模式向供应链发出需求，这样的模式对供应链管理是一个挑战，容易打乱供应链的生产节奏，所以直播电商模式下的供应链需要具备随时应对频繁的波动的需求变化的能力（此处亦体现了直播电商供应链需求导向和柔性的特点）。爆品一定程度上是新品，直播电商需要大量的新品来保证直播间具有持续的吸引力来留住粉丝，这倒逼了供应链上游加速产品的研发销量，对生产商提出了新的要求。在面对不同模式下的客户需求，供应链服务商需要提供综合化的服务能力，这包括了仓储、配送、客服、逆向、数字化等能力的全方位提升。

4.3.4 仓配一体化物流模式:以盒马鲜生为例

新零售电商由马云于 2016 年第一次提出,指企业以互联网为依托,通过运用大数据、人工智能等先进技术手段,对商品的生产、流通与销售过程进行升级改造,进而重塑业态结构与生态圈,并对线上服务、线下体验以及现代物流进行深度融合的零售新模式。盒马鲜生在阿里巴巴创始人马云于 2016 年 10 月首次提出"新零售"概念时崭露头角。马云强调了线上线下零售及物流的紧密结合,而盒马鲜生被视为阿里巴巴探索新零售模式的先锋,具有良好的示范作用,本文将以盒马鲜生为例,介绍新零售电商的物流模式。

了解盒马鲜生的物流模式、物流过程是分析其物流成本的基础。线上购物+线下配送的难点在于仓储管理与运输时效的不足,为了保证生鲜品类的质量、提高配送效率,盒马鲜生采用了自建冷链物流系统的自营物流模式,即"前店后仓"的模式,努力寻求物流速度与成本的平衡点。2016 年 1 月,首家盒马鲜生店正式开业,至 2022 年 8 月 10 日,全国共有 27 个城市开设了 329 家门店①,形成了一套强大便捷的全自动物流体系。盒马鲜生以门店为物流链路的轴心坐标,将物流过程分割成门店前物流和门店后物流,其生鲜商品采购后,先从生鲜基地到门店,接到订单后再从门店送到顾客家里。店前采用大仓对店仓的 B2B 物流模式,盒马将"原产地直采+本地化直采"的生鲜产品通过冷链运输车运输至大仓,再由冷藏车或冷冻车运输至门店,由门店完成收货、拣货、包装、配送服务。店后设置约 300 平方米的合流区,通过自动化物流系统快速完成,盒马通过 App 获取线上订单,根据顾客下单数量、SKU、所在位置利用大数据分析和互联网智能管理规划出一条最佳配送路线,由配送员完成送货上门服务。

前置仓的本质,就是在用户身边建一个仓库,即把冷链物流从城市级别延伸到了社区级别。对于盒马来说,前置仓就是其门店本身,门店作为前置仓使得配送时效强于其他生鲜电商。传统生鲜链路中间环节较多,其中伴随一定的损耗,作为全新的物流模式,前置仓模式相较传统生鲜链路能更好地控制损耗,进而提升物流效率。

新兴技术亦是盒马能保证高效率配送服务的关键因素之一。盒马将自己在数字化驱动零售创新和模式的探索称为 ReTech。按照盒马 CEO 侯毅的描述,即用技术来全面提升零售的核心能力,基于人、货、场全面数字化的自动化、智能化。从新零售的特征来讲,就是基于人、货、场全面数字化的自动化、智能化。围绕"ReTech"盒马自主开发了 ReXOS 系统,利用了包含人工智能、区块链、大数据、云计算等新技术和新应用,大大提高了盒马的经验效率,也构成了盒马在供应链、消费者端多方面的优势。比如其子系统悬挂链系统,就高效整合了前店后场的运作关系,门店内的每一个采购包会贴上特定的条码,拣货员通过 PDA 扫描条码就可以匹配线上的订单和采购包,拣货完成后,拣货员将包裹上链传入后方的合流区,算法会根据订单地址合并地址距离相近的不同订单,滑道控制器会自动识别每个包裹所对应的订单批次,并将其划入对应批次的滑道,再由人工进行货品打包和商品配送,算法也会帮

① 纪相宇.新零售背景下盒马鲜生商业模式分析及优化策略研究[D].北京:北京化工大学,2023.

助配送员规划最优的配送路线,极大地提高了配送效率,也让全流程实现了闭环。盒马鲜生物流模式如图 4-16 所示。

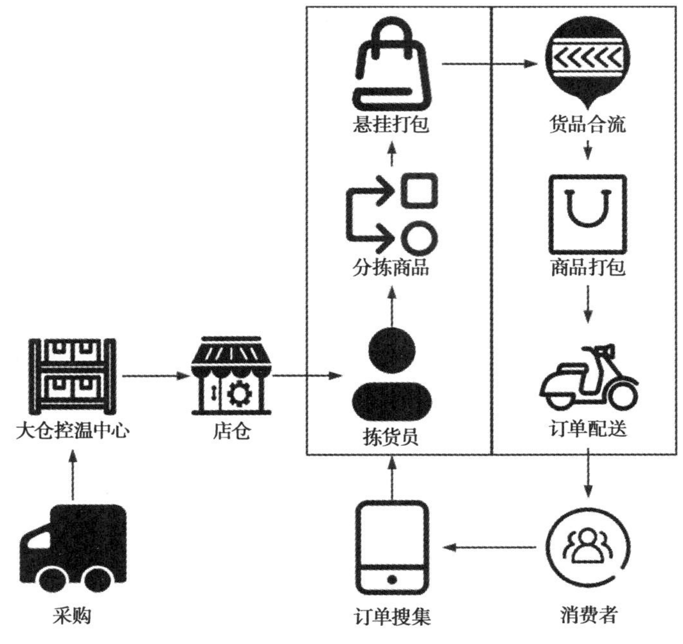

图 4-16　盒马鲜生物流模式流程图

4.3.5　即时电商物流模式:以美团为例

即时电商是指通过本地商流和即时物流,满足消费者生活服务即时需求的电子商务的集合,是具有线上线下结合、商品服务结合的高时效性电商业态,属于电子商务发展的新阶段,消费升级趋势下的新模式。与即时电商概念相关的有"即时零售"和"即时服务",与它们相比,本地即时电商的客体更为宽泛,既包括实物商品,也包括餐饮外卖和到家服务。即时零售是伴随着零售数字化和即时配送业务的快速崛起而诞生的。其最大特点是以实体门店为供应链、以即时履约配送体系为依托,为消费者提供更高便利性、更高时效性的到家业务,满足消费者应急需求或常态下即时性需求的零售新业态。

美团外卖是美团旗下网上订餐平台,目前已成为中国即时配送的主流企业之一。不论是商业应用的探索,还是科技研发的投入,美团都积极参与。即时配送也成为美团的核心竞争力之一,具有品类多、分布广、时效快、场景多、不间断、运力稳等特点。

对于即时零售商业模式的分类,业内一般依据是否直接拥有商品将其模式区分为两种:平台模式和自营模式。平台模式不直接拥有商品,通常依托互联网平台将线上的消费需求和线下的商家商品形成有效链接,平台提供线下即时配送运力服务;自营模式则自身直接拥有门店和商品,同时具备自主配送运力,多出现在垂直零售行业,对商品和供应链的控制能力较强。

美团的即时配送属于平台模式,其本身并不直接拥有商品,平台电商只经营线上流量和物流配送运力，不用重金投入铺设线下实体网点，也无须采购运营商品，通过平台服务费获取收入，并通过平台繁荣形成的网络效应和规模效应，最终实现盈利，快速扩张市场。平台与线下门店合作，将消费者与线下门店相链接，为消费者提供多品类及多样化的同城到家配送服务，履约方式为从线下商家的仓库或门店发货，由商家自行进行拣选，并由配送员将线下商家的货物直接配送到消费者所在地。相比较自营模式而言，平台模式的品类更加丰富。即时零售平台的入驻商家涵盖超市便利店、生鲜水果店、鲜花绿植店、甜点蛋糕店、书店、药店等多种业态类型门店，品类覆盖了粮油副食、休闲食品、生鲜果蔬、手机数码、医药健康、个护美妆、鲜花、蛋糕、服饰、家居、小型家电等海量商品，平台内可整合各类商品，满足消费者多品类即时消费需求。

平台模式一般依托互联网平台的流量入口，将庞大的现有用户链接至线下的门店，其模式优势在于能够整合线下门店资源及近乎全品类的商品，满足消费者相对长尾的即时消费需求，同时能为众多线下零售商、品牌商等带来新的流量入口，帮助线下商家更高效地触达周边消费者，因此其模式适用范围较广并具备“不碰货”的特点。平台模式下即时配送物流模式如图 4-17 所示。

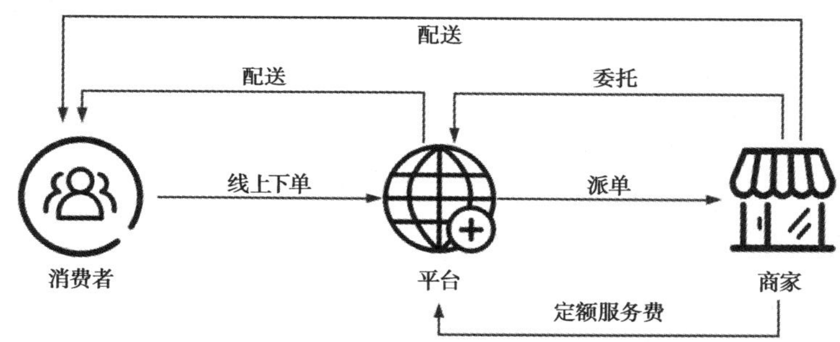

图 4-17　平台模式下即时配送物流模式流程图

相较于平台模式，自营模式属于典型的重资产运营，无论是上文所提及的生鲜垂直电商还是线下商超，其所销售的商品基本都为商家自营产品，商家需要采购商品，并投入资金在社区或者商圈周边建立大量的前置仓或者门店并管理商品库存。这种资金投入对企业的盈利能力和业务扩张能力提出了较大挑战。从目前行业整体情况来看，自营模式的垂直生鲜电商多数处于亏损状态。配送和拣货上，一般都由企业自营的团队完成，从离消费者最近的前置仓或者门店进行发货，这些成本对企业来说也是不小的负担。

自营模式适用于具有充足数字化投入和具备互联网基因的零售企业，由于产品通常直接在品牌商或者供应商处进行采购或是自行生产，负责产品的全链条管理，深度控货，但为平衡线上 SKU 数量和履约效率，品类丰富度欠佳。

展望未来，平台零售模式发展趋势将呈现出，消费端“客群广、场景广、诉求广”，供给端“品类广、品牌广、地域广”的特点。现今即时零售开放平台主要提供两方面的赋能服务，一方面是基于平台大数据，赋能零售商和品牌商开展全渠道营销推广，并通过全渠道、全链路的数据洞察，为零售商和品牌商提供营销决策辅助，实现营销全链路的追踪及优化；另一方面是针对订单、仓储、拣货、配送、商品评价等即时零售门店运营全链路，平台对传统零售商

进行赋能,改善其门店运营效率并最终提升消费者购物体验。未来即时零售开放平台对零售商/品牌商的赋能不局限在营销和门店运营端,将会拓展至供应链管理领域,即时零售开放平台有望整合 B2C 模式、产地模式、本地零售模式供应链,赋能零售商/品牌商实现 C2M 模式并最终提供给消费者"万千好物、即时选择"的极致体验。

4.4 未来展望

4.4.1 中国跨境电子商务物流未来发展趋势

1)多种物流模式共用,凸显聚合效应

在跨境物流中,涉及国内国际和目的地物流,与海关等密不可分,整个物流链较长,商品运输需要花费的时间较久,运输距离较远,物流运输过程较为复杂。因此,跨境电商在面对全球市场的过程中,涉及的买方和卖方不仅仅是单纯的购物人和售卖人,更是国家和国家之间的交易。但由于国家和国家之间的物流水平有所不同,存在较大的差异,再加上跨境电商其交易种类较为复杂,会对物流提出全新的标准及要求,相较于国内电商来说,跨境电商无法以一种单一化的物流运输模式达成商品的运输。实现多种跨境物流运输模式的同步运用,可以通过物流模式中的两个及以上公司合作,包括"国际物流+国际邮政+海外仓",或是"国际物流+保税区",依照交易双方国家和商品的差异性,可以通过多种物流模式的协调及配合,实现商品的有效运输,进一步展现出物流模式的集合效应。

2)推动跨境物流运输管理网络的系统化发展

在电子商务快速发展背景下,各个企业都需要充分认识到物流运输网络构建和各种网络资源共享对行业发展所产生的巨大推动性作用。作为企业发展规划中一项重要组成部分,在资源协调性发展方面也表现出了其独特的优势。就目前发展形势来看,网络资源共享中的跨境物流运输管理工作主要包含国际物流运输、海关检测、跨境商品运输等多个方面的内容。其中,每一环节都会对整个工作流程的顺利开展产生巨大影响。因此,在开展跨境商品运输过程中,需要从多个方面进行综合考虑。在保障商品运输工作能够顺利完成的基础之上,着重提升其运输效率,创造出更大经济效益。在这种网络平台资源共享系统中,每个工作环节都有不同工作人员负责。在完成各种商品合理化分配的基础上,有效减少和缩短了不必要工作时间,从而大大提高了工作效率,创造了更高的经济价值。

3)跨境物流与跨境电子商务协同发展

跨境物流是在跨境电商的基础上发展起来的,跨境电商的发展必然会带动跨境物流版图的扩张,跨境物流早已成为跨境电商实现可持续发展的必备条件。二者任何一方的实力的变化都会对彼此发展情况构成不同程度的影响。因此,无论是跨境物流还是跨境电商,双方都要对彼此之间的这种共生发展关系有一个深刻的认知,进而在明确思想的基础上,增强对彼此之间的信任,加强与对方的信息互通互换,在积极构建产业协同互信机制的基础上,

形成抱团式发展的良好发展态势①。

4.4.2 电商物流智能化仓储

电商物流智能仓储管理信息系统通过将计算机网络技术、数据库技术、自动识别和数据采集技术与仓储业务有效地结合起来，将达到信息存储高效、准确和实时的功能，满足了现代物流管理的要求，能够为企业创造更多的经济效益，对推动仓储物流行业的发展具有重大的现实经济意义②。

在物流仓储智能化方面，为了变得更有弹性，未来的仓库必须建立为：多节点连接和充足的流动；实时库存可视性和可追溯性；劳动力灵活胜任多角色；最佳选择物料搬运自动化；智能潜伏能力（共享或与物流合作伙伴共享）；在电商仓储智能化方面，为了提高整个电商物流的效率，必须加强对现代数字化信息技术以及人工智能的研究，电子商务平台及电子商务后台智能化水平的提高，都借助可靠的技术支持得以实现。未来，大数据人工智能等领域或将成为电子商务物流智能化仓储中的重要发展方向。因此，在电子商务物流智能化仓储发展过程中，要因势利导，以产品需求为导向，抓住智能决策的契机提高生产效率，将数字化和人工智能融入各个环节，全局优化电子商务物流智能化仓储。

4.4.3 电商物流大数据

1）数据规模将持续扩大

随着电商行业的快速发展，物流数据规模将持续扩大。未来，物流企业将需要处理更多更复杂的数据，包括运输、仓储、配送等方面的数据，以实现更加精细化的管理和优化。

2）云计算和大数据将更深度融合

云计算和大数据是当前技术发展的两个重要趋势，未来两者将更深度地融合。通过云计算平台，电商物流企业可以实现更高效、更灵活的数据处理和应用，同时还可以降低成本和提高效率。

3）数据挖掘和可视化将更加重要

电商物流企业需要处理大量数据，但数据挖掘和可视化是实现数据价值的两个关键因素。未来，物流企业将更加注重数据挖掘和可视化的应用，通过数据挖掘发现数据背后的规律和价值，通过可视化将数据呈现给管理者和客户，为其提供更加直观和便捷的服务。

4）智能化物流将进一步发展

智能化物流是未来物流发展的重要方向，未来将有更多的智能化技术应用于物流领域。例如，物联网、人工智能、机器学习等技术将应用于物流领域，帮助企业增强提高效率、降低成本、提高客户满意度等方面的能力。

---

① 宋长松.跨境电商与跨境物流协同问题研究[J].全国流通经济,2021(13):15-17.

② 郝云云.智能化仓储管理信息系统设计[D].北京:北京交通大学,2013.

5）数据安全将更加重要

随着数据量的增加，数据安全问题也将越来越严重。未来，电商物流企业需要更加注重数据的安全性和可靠性，采用更加先进的安全技术和管理措施，保障数据的安全和完整性。

参考文献

[1] 中华人民共和国商务部.中华人民共和国电子商务物流行业标准[EB/OL].(2015-11-09)[2023-10-11].中华人民共和国商务部官网.

[2] 国家统计局.中华人民共和国2022年国民经济和社会发展统计公报[EB/OL].(2023-02-28)[2023-10-11].国家统计局官网.

[3] 中华人民共和国商务部.中国电子商务报告(2022)[EB/OL].(2023-06-09)[2023-10-11].中华人民共和国商务部官网.

[4] 中华人民共和国国家邮政局.2022年邮政行业发展统计公报[EB/OL].(2023-05-26)[2023-10-11].中华人民共和国国家邮政局官网.

[5] 潘勇.跨境电子商务物流管理[M].北京:高等教育出版社,2021.

[6] 张赠富.我国三种跨境电商零售进口模式比较研究——基于海关公告文本的分析[J].淮南师范学院学报,2022,24(2):79-83,89.

[7] GIUFFRIDA M, JIANG H, MANGIARACINA R. Investigating the relationships between uncertainty types and risk management strategies in cross-border e-commerce logistics[J].The International Journal of Logistics Management,2021,32(4):1406-1433.

[8] 匡增杰,于倜.区块链技术视角下我国跨境电商海关监管创新研究[J].国际贸易,2021(11):51-59.

[9] DO Q H, KIM T Y, WANG X Q. Effects of logistics service quality and price fairness on customer repurchase intention: The moderating role of cross-border e-commerce experiences[J].Journal of Retailing and Consumer Services,2023,70:103165.

[10] 宋长松.跨境电商与跨境物流协同问题研究[J].全国流通经济,2021(13):15-17.

[11] 洪勇.我国农村电商发展的制约因素与促进政策[J].商业经济研究,2016(4):169-171.

[12] 周容西.农村电商物流“最后一公里”满意度及影响因素研究:基于资阳市的调研[D].成都:西南财经大学,2022.

[13] 王馨甜.考虑需求不确定的农村电商物流配送优化问题研究[D].北京:北京交通大学,2020.

[14] 肖静,董庆雪,郝松松.菜鸟物流在农村的发展启示[J].商业经济,2016(12):45-46,109.

[15] 姜晓红,张雪婷,王慧颖,等.菜鸟网络农村末端配送与服务质量分析——以东海县为例[J].物流工程与管理,2018,40(7):59-61.

[16] 张曙红,王瑞丹.互联网+农村物流的物流运行机制研究——基于新洲区淘宝村的实地

调研[J].物流工程与管理,2017,39(11):1-2,26.

[17] 刘祯,纪婷玉.拼多多:“农货上行、知识下沉”创造共享价值[J].清华管理评论,2021(9):77-83.

[18] 廖毅,汤咏梅.双循环新发展格局下现代物流业促进区域经济协调发展研究[J].理论探讨,2021(1):88-93.

[19] 黎红梅,周冲.全面推进乡村振兴背景下农村高效物流体系构建分析[J].理论探讨,2021(3):139-144.

[20] 汪沁.电商模式与农村电商物流协同创新探讨[J].商业经济研究,2021(16):150-152.

[21] 佟刚,陈子超,王锋,等.无人机物流系统设计与优化[J].机械设计与制造,2022(4):279-283.

[22] KOIWANIT J.Contributions from the Drone Delivery System in Thailand to Environmental Pollution[J].Journal of Physics:Conference Series,2018(1):1026.

[23] 周扬,黄晗,刘彦随.中国村庄空间分布规律及其影响因素[J].地理学报,2020,75(10):2206-2223.

[24] 颜瑞,陈立双,朱晓宁,等.考虑区域限制的卡车搭载无人机车辆路径问题研究[J].中国管理科学,2022,30(5):144-155.

[25] 许菱,杨林超,朱文兴,等.农村电商物流下无人机与车辆协同配送路径优化研究[J].计算机工程与应用,2024(1):310-318.

[26] FENG Z T. Constructing rural e-commerce logistics model based on ant colony algorithm and artificial intelligence method[J].Soft Computing:A fusion of foundations,methodologies and applications,2020,24(11):7937-7946.

[27] KSHETRI N.Rural e-Commerce in Developing Countries[J].IT Professional,2018,20(2):91-95.

[28] 余伟.国外农村电子商务配送模式发展的启示研究[J].时代经贸,2017(31):33-34.

[29] SINAGA T S, BAHAGIA S N. Integrated Logistics and Transportation Routing in Rural Logistics System[J].IOP Conference Series:Materials Science and Engineering,2019,528(1):1-8.

[30] MOMMENS K,BULDEO RAI H,VAN LIER T,et al.Delivery to homes or collection points? A sustainability analysis for urban,urbanised and rural areas in Belgium[J].Journal of Transport Geography,2021,94(12):103095.

[31] 宾厚,庚雪,王欢芳.乡村振兴下我国农产品共同配送模式探析[J].中国集体经济,2021(2):109-110.

[32] 苏霞,杨欣.基于共享经济和动态协同理论的农村快递物流共享配送模式研究[J].商业经济研究,2020,(12):142-145.

[33] 胡国盛.城乡一体化背景下农村物流运作模式创新研究[J].农业经济,2017(10):109-111.

[34] MORGANTI E, DABLANC L, FORTIN F. Final deliveries for online shopping: The deployment of pickup point networks in urban and suburban areas[J]. Research in Transportation Business & Management, 2014, 11(1): 23-31.

[35] 郭月.农村电商物流最后一公里车辆路径问题研究[D].北京:北京交通大学,2019.

[36] 谷孜琪.农村电商双向物流车辆路径优化研究[D].武汉:武汉理工大学,2017.

[37] 周伟,杨丽莎.乡村振兴背景下农村电商物流发展策略研究[J].物流科技,2023,46(1):71-73.

[38] 于沛.5G 背景下农村电商与物流融合发展研究[J].南方农机,2023,54(4):133-135.

[39] 余震云.论互联网经济背景下农村电商物流的困境及对策[J].中国商论,2023(10):83-85.

[40] 孙克,鲁泽霖.人工智能在电子商务中的应用发展趋势研究[J].贵州社会科学,2019(9):136-143.

[41] 杨力敏.国内物流仓储机械智能化状况及发展趋势[J].物流技术(装备版),2012,31(18):18-20.

[42] 李锁强,刘爱华.2022 中国第三产业统计年鉴[M].北京:中国统计出版社,2022.

[43] 观研天下.我国智能仓储物流行业发展背景及现状分析 市场规模已达千亿级别[EB/OL].(2023-03-07)[2023-10-11].搜狐网.

[44] 冯文文,温亚兵,秦欢.基于 WMS 和 WCS 的智能仓储系统架构设计研究[J].中国物流与采购,2023(2):67-68.

[45] 周欣,张欢.基于 PLC 的智能立体车库自动控制系统的设计[J].自动化应用,2023,64(13):44-46.

[46] 冀松,卢秀丽.浅析物联网 RFID 技术[J].电子制作,2021(6):74-75.

[47] 邵海龙,敖勇,吴谆谆,等.基于 RFID 的物联网技术在物流仓储管理中的应用[J].物流技术与应用,2018,23(6):139-141.

[48] 刁立新.基于 RFID 射频识别技术的仓储管理系统设计与实践[J].物联网技术,2019,9(3):104-107.

[49] 张巍.基于云计算技术的智能仓储管理系统设计研究[J].通讯世界,2019,26(8):86-87.

[50] 姜晶.基于云计算的某药企仓储系统的构建[J].现代电子技术,2019,42(3):177-179,183.

[51] 尹冰洁.区块链视角下智能仓储模式设计与策略创新[J].铁路采购与物流,2018,13(9):57-59.

[52] 李晓萍,王亚云.基于区块链技术的物流服务供应链信息平台构建[J].物流技术,2019,38(5):101-106.

[53] 郝云云.智能化仓储管理信息系统设计[D].北京:北京交通大学,2013.

[54] KOCHAR A, CHADHA S, SHARMA A. The Future Of Warehousing[J]. Logistics

Management(2002),2021,60(9):44-49.

[55] 鲍克,沈笑慧,方源.物流大数据发展对策研究[J].物联网技术,2018,8(6):34-35,38.

[56] 周于楠.大数据对物流供应链创新发展的影响与应对策略[J].中国商论,2023(8):96-98.

[57] 陈颖.大数据发展历程综述[J].当代经济,2015(8):13-15.

[58] 杨一凡.电商大数据的发展、现状与未来展望[J].通讯世界,2018(8):58-60.

[59] 彭宇,庞景月,刘大同,等.大数据:内涵、技术体系与展望[J].电子测量与仪器学报,2015,29(4):469-482.

[60] 李敏.物流大数据研究综述[J].时代金融,2019(14):130-132.

[61] 胡伟.大数据分析浅析[J].科学与财富,2014(5):94,93.

[62] 张智森,刘婧,胡健.基于主题演化的绿色物流领域发展状况分析[J].物流工程与管理,2023,45(8):40-44.

[63] 国务院.中国制造 2025[EB/OL].(2015-05-19)[2023-10-11].中华人民共和国中央人民政府官网.

[64] 国务院.关于加快建立健全绿色低碳循环发展经济体系的指导意见[EB/OL].(2021-02-02)[2023-10-11].中华人民共和国中央人民政府官网.

[65] 国家发展改革委.促进绿色消费实施方案[EB/OL].(2022-01-28)[2023-10-11].国家发展和改革委员会官网.

[66] 沈伟.环境保护视域下的环太湖绿色物流发展与营销模式研究[J].环境工程,2022,40(10):271.

[67] 朱芳阳,赖靓荣.绿色技术进步、环境规制与绿色物流发展——基于 PVAR 模型的实证研究[J].物流科技,2022,45(10):1-3,15.

[68] 费银,何律琴.低碳背景下循环经济推动绿色物流发展路径研究[J].物流工程与管理,2022,44(4):11-13,22.

[69] 庄树伟.低碳经济环境下实施绿色物流管理的有效策略探讨[J].企业改革与管理,2022(7):165-167.

[70] 杨博,王征兵.乡村振兴与我国农产品绿色物流耦合关系的空间差异性及收敛性研究[J].农业经济与管理,2023(4):1-12.

[71] 广小利.发达国家农产品绿色物流发展经验与启示[J].商业经济研究,2017(3):123-125.

[72] 李宇鹏."双碳"背景下电商企业绿色物流对环境绩效的影响机制分析[J].商业经济研究,2023(7):145-148.

[73] 李崇峰.绿色实践对物流企业经营绩效的影响分析——基于供应链视角[J].商业经济研究,2021(10):103-106.

[74] 段炼,袁柳洋.绿色供应链技术创新与合作伙伴选择决策研究[J].计算机集成制造系统,2023,29(9):3086-3099.

[75] 关志民,赵莹,牟玉霞,等.补贴政策下电商闭环供应链的绿色创新与定价决策[J].东北大学学报(自然科学版),2023,44(6):871-879.

[76] 李弢,李绪茂.我国绿色物流发展趋势、重点方向及对策建议[J].新经济导刊,2022(3):65-68.

[77] 田雪莹.京东物流配送模式优劣势及对策分析[J].管理现代化,2017,37(6):92-96.

[78] 张顺莉.电子商务下中国现代物流快递业的研究及其应用[D].重庆:重庆大学,2015.

[79] 王鑫.电商平台供应链金融模式分析:以京东集团为例[D].保定:河北金融学院,2023.

[80] 魏华.基于供应链一体化服务的物流企业盈利质量研究:以京东物流为例[D].济南:山东师范大学,2023.

[81] 李晨.J公司一体化物流服务营销策略优化研究[D].上海:华东师范大学,2022.

[82] 连炫瑜.企业供应链数字化转型阻力的识别与解决方案研究:以京东物流为例[D].太原:山西财经大学,2023.

[83] 孙明哲.京东快递石家庄主城区配送系统优化研究[D].石家庄:河北科技大学,2022.

[84] 黄起龙.考虑用户特征的城市物流末端配送路径优化研究[D].北京:北京交通大学,2022.

[85] 张雪威.A社区菜鸟驿站选址优化研究[D].广州:广东工业大学,2022.

[86] 王妍.菜鸟仓储类REITs运作模式案例分析[D].保定:河北金融学院,2022.

[87] 张玉姬.校园菜鸟驿站物流服务管理优化研究[D].桂林:广西师范大学,2021.

[88] 纪相宇.新零售背景下盒马鲜生商业模式分析及优化策略研究[D].北京:北京化工大学,2023.

第 5 章 电子商务与法律法规

5.1 电子商务法律法规概述

5.1.1 电子商务法律法规基础

1）电子商务法律法规

（1）电子商务法的概念

电子商务法是调整电子商务活动中各参与主体之间依靠互联网信息网络和电子通信技术，以数据电文为交易手段所产生的各种商事交易关系，以及与这种商事交易关系密切相关的社会关系、政府管理关系的法律规范的总称。

电子商务法律法规，包括各种法律、规则、标准、协议、示范、规定等。

（2）电子商务法的性质

理论界对于电子商务法的部门归属一直存在争议，我们应该从领域法学的视角来观察和理解电子商务法的定位。

电子商务法涉及电子商务法律关系的界定、电子商务欺诈、电子商务经营秩序、知识产权保护、消费者权益保护、不正当竞争、电子商务交易安全、数据权属保护、平台定位与责任等内容。单纯从某一视角观察与讨论电子商务法均有失偏颇。然而，就电子商务的发展现状及其所包含的主要要素看，其更多内容仍体现为传统民商法的要素，属于传统民商事主体法与行为法的范畴，同时辅之以监管等其他法律部门的相关规则。电子商务法的调整对象指向电子商务这一特殊商事领域，这同时也体现了中国商法并非严格按照法律部门性质划分，而是根据特定商事活动领域进行构造的特点。因此，电子商务法应被视为民商事法律部门的商法，这是对待电子商务法的恰当态度。从某种意义上讲，电子商务法属于民商法尤其是商法的特别法，是主体法、行为法与监管法的结合，应在遵从民商法基本原则与理念的基础上，对民商事主体通过网络与信息通信技术进行的活动予以调整。

2)**电子商务法律法规体系**

(1)调整电子商务主体的法律法规

电子商务主体包括自然人、法人、非法人组织。

电子商务主体参与电子商务活动,需依法取得电子商务主体资格,并据此享有权利、履行义务。对自然人而言,必须具有民事行为能力与民事权利能力。对于法人、非法人组织而言,则需依法设立、登记,具有民事行为能力与权利能力。这些主体资格的取得,应依据具体情形受《民法典》《公司法》《合伙企业法》《个体工商户条例》等法律法规的调整。

(2)调整电子商务主体行为的法律法规

电子商务主体从事经营活动,应当受到商法的约束,同时也要遵守监管方面的法律法规。比如经营者销售的商品必须要符合相关质量标准,如因质量问题造成消费者受到损害,应受到《产品质量法》《消费者权益保护法》《食品安全法》的约束;电子商务中的物流、支付等服务的提供者,应受到《邮政法》《商业银行法》《非金融机构支付服务管理办法》等法律法规的调整;对电子商务的监管与税收应受到《反不正当竞争法》《反垄断法》《企业所得税法》《个人所得税法》《行政许可法》《广告法》《网络安全法》《商标法》《专利法》《著作权法》《刑法》等法律法规的调整。

(3)调整跨境电子商务的法律法规

对于跨境电子商务,应受到《电子商务示范法》《电子签字示范法》《联合国国际合同使用电子通信公约》《联合国国际货物销售合同公约》等法律法规的调整。

3)**电子商务法律关系**

电子商务法律关系的主体之间的相互联系、配合构成了电子商务整个运营体系。各主体之间受《电子商务法》《民法典》《邮政法》《商业银行法》等法律法规的规范与调整,形成了不同的法律关系。因篇幅所限,仅简要介绍经营者与消费者的法律关系。

电子商务经营者包括平台经营者、平台内经营者以及通过自建网站、其他网络服务销售商品、提供服务的经营者。因此,电子商务经营者与消费者的法律关系也应从平台经营者与平台内经营者、平台经营者与消费者、平台内经营者与消费者、通过自建网站或其他网络服务销售商品或者提供服务的电子商务经营者与消费者之间的法律关系等几个层面进行理解。

(1)平台经营者与平台内经营者

电子商务平台内经营者对于平台经营者而言,也是一种消费者。二者之间是通过订立平台服务协议设立各自的权利和义务。同时,基于电子商务法的规定,电子商务平台经营者对平台内经营者负有监督管理职责,协助市场监管部门对平台内经营者进行管理。电子商务平台经营者依法对平台内经营者行使监管的权利,履行法定义务;依据平台服务协议的约定内容,对平台内经营者行使合同权利,履行合同义务。

电子商务平台内经营者依据电子商务法的规定,服从平台经营者的监管;依据平台服务协议的约定和平台交易规则,行使合同权利,履行合同义务;电子商务平台内经营者通过电

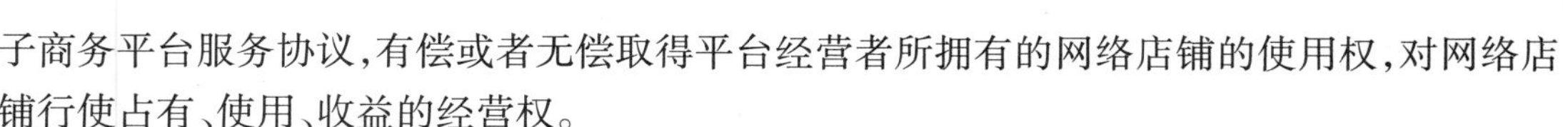

子商务平台服务协议，有偿或者无偿取得平台经营者所拥有的网络店铺的使用权，对网络店铺行使占有、使用、收益的经营权。

(2)平台经营者与消费者

电子商务平台经营者与消费者之间的法律关系不仅包括电子商务法所规定的权利、义务关系，还包括双方因交易规则、用户协议所建立起来的合同关系。

在平台经营者只是提供交易平台供平台内经营者与消费者之间进行交易，平台经营者最突出的作用是监督管理平台内经营者与消费者之间的交易，并提供交易的便利条件，保障消费者的合法权益。

在平台经营者开展自营业务的情形下，其与消费者之间直接建立起交易关系，此种关系需要受到电子合同的约束。平台经营者对其标记为自营的业务依法承担商品销售者或服务提供者的民事责任。

(3)平台内经营者与消费者

电子商务平台内经营者通过买卖合同、服务合同与消费者建立电子商务合同关系，双方依据电子商务合同的约定行使权利，履行义务。电子商务平台内经营者与消费者都应遵守电子商务平台制定的交易规则与服务协议，并在此基础之上进行交易，接受交易规则与服务协议的约束。

电子商务平台内经营者与消费者双方具体的法律关系会因销售商品、提供服务的具体内容不同而有所差异。除了以点击形式订立的电子合同外，双方可以依据《民法典》及相关法律另行约定合同内容，确定合同的订立形式。

(4)自建网站经营者与消费者

通过自建网站、其他网络服务进行电子商务活动的经营者与消费者之间的法律关系中，没有第三方平台参与，双方直接进行商品交易、提供服务，该种情形下的电子商务当事人只有经营者与消费者。

交易和服务的基础是双方订立的电子合同，依据合同约定的内容行使权利、履行义务。该种电子商务行为是利用非专业的电子商务网络进行商品销售或者提供服务。

5.1.2 电子商务主体

1)电子商务主体的界定

电子商务主体的界定，有广义和狭义上的区别。

从广义上讲，电子商务主体包含电子商务法律关系的所有参加者，即一切在电子商务法律关系中享有权利和承担义务的个人或组织。如有学者认为：“电子商务主体指电子商务法律关系的参加者，在电子商务法律关系中享有权利和承担义务的个人或者组织。”由此可见，广义的电子商务主体将消费者、政府采购人等非商事主体纳入其范畴。

从狭义上讲，电子商务主体则仅指电子商务中的商事主体，即电子商务经营者，二者为同一概念。中国工商行政管理学会课题组研究成果《电子商务主体及准入监管研究》一文中就采用了狭义的概念：“狭义的电子商务主体，仅指电子商务企业，本文讨论的电子商务主

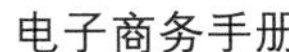
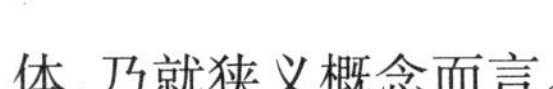

体，乃就狭义概念而言。”

本书认为，《电子商务法》颁布之后，对电子商务主体应采狭义概念，电子商务经营者即为电子商务主体。理由有二：

一是采用狭义的概念更符合《电子商务法》的立法体例，《电子商务法》只规定了电子商务经营者，并未对电子商务法律关系的其他参加者（如政府采购人与消费者）予以规定，也没有对其设置准入与准出电子商务市场的门槛。由此观之，《电子商务法》将电子商务经营者与消费者、政府采购人等主体区别对待，只有前者属于电子商务市场的市场主体，后者则不属于电子商务市场的市场主体。

二是采用狭义的概念更符合《电子商务法》的立法目标。只要具备民事权利能力和民事行为能力的民事主体都可以以消费者的身份自由参加电子商务交易活动，而《电子商务法》对电子商务经营者设立了准入门槛、法律责任等一系列规定。因此，电子商务主体采用狭义的概念，可以将电子商务主体仅指向电子商务经营者，用以突出电子商务经营者在《电子商务法》中的地位，更加符合规范电子商务活动这一立法目标。

2）电子商务主体的分类

电子商务经营者是指通过互联网等信息网络从事销售商品或者提供服务的经营活动的自然人、法人和非法人组织，包括电子商务平台经营者、平台内经营者以及通过自建网站、其他网络服务销售商品或者提供服务的电子商务经营者。

（1）平台经营者

电子商务平台经营者是指在电子商务中为交易双方或多方提供网络经营场所、交易撮合、信息发布等服务，供交易双方或多方独立开展交易活动的法人或非法人组织。

电子商务平台经营者必须是法人或者非法人组织。自然人身份不能成为平台经营者。

（2）平台内经营者

电子商务平台内经营者是指通过电子商务平台销售商品或者提供服务的电子商务经营者。自然人、法人、合伙等均可经营网店，成为平台内经营者。

在电子商务平台进行交易的平台内经营者，都是独立的民事主体，独立进行电子商务经营。

（3）自建网站经营者

通过自建网站、其他网络服务等方式从事电子商务的经营者，是指自然人、法人、非法人组织通过自建网站、其他网络服务等方式从事电子商务，成为电子商务经营者。

（4）消费者

①电子商务消费者的含义。

电子商务关系中，既然有经营者，就必然有消费者。电子商务中的消费者，是指为生活、经营需要，消费、使用商品或者接受服务的自然人、法人、非法人组织。

《消费者权益保护法》第二条规定，“消费者为生活消费需要购买、使用商品或者接受服务，其权益受本法保护；本法未作规定的，受其他有关法律、法规保护”。可见，《消费者权益保护法》中的消费者是为了生活需要而购买、使用或者接受服务的自然人。电子商务中，平

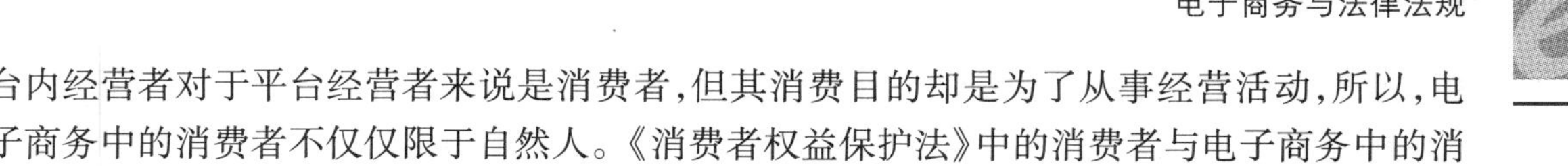

台内经营者对于平台经营者来说是消费者,但其消费目的却是为了从事经营活动,所以,电子商务中的消费者不仅仅限于自然人。《消费者权益保护法》中的消费者与电子商务中的消费者属于不同的概念范畴。

②电子商务消费者的范畴。

电子商务法中对电子商务消费者使用了三个概念。

a.电子商务当事人。当事人包含电子商务经营者和电子商务消费者。

b.用户。电子商务领域中的用户相当于电子商务消费者的概念。

c.消费者。这里的消费者概念就是电子商务消费者,而不是一般的消费者。

这三个概念的主体应参与到电子商务活动中,成为电子商务中的消费者。

3)电子商务主体的登记与公示

(1)电子商务主体的登记

按照传统的民事主体分类,电子商务经营者可以被分为自然人电子商务经营者和非自然人电子商务经营者,非自然人电子商务经营者包括公司、合伙企业、个人独资企业等。民事主体从事电子商务经营之前,必须通过登记程序获得相关的主体资格。

①自然人电子商务经营者。

自然人以传统方式在线下进行商事经营,须通过注册登记成为个体工商户,并由此获得商事主体的经营资格和身份。电子商务是通过网络进行的商事经营活动,同样需要具备商事主体资格。从法律性质上讲,除线下与线上的不同经营方式外,个体工商户与个人网店在主体性质上并无根本法律差异。从准入程序而言,所有电子商务经营者都必须登记。

个人网店或网商在网上作为电子商务经营者从事营业活动不仅需要在平台电子商务经营者的平台上进行登记,也需要在市场监管部门进行登记。对于登记的条件和程序,《电子商务法》并没有进行规定,后续的法律法规应当进行更为详尽的规定。总体而言,自然人电子商务者的登记条件和程序可以参照《个体工商登记条例》的相关规定制定相关法律法规。

②非自然人电子商务经营者。

非自然人电子商务经营者包括公司电子商务经营者、合伙电子商务经营者等电子商务经营者,这一类电子商务经营者依据《公司法》《合伙企业法》的规定,都必须经过商事登记程序才能获得主体资格。因此,与自然人电子商务经营者不同,此类电子商务经营者在从事电子商务活动时应当已经具备商事营业活动的主体资格。

对于已经注册登记的商事主体,要想进行电子商务经营,需要办理的是经营方式的变更登记,或者是原有营业执照的加注登记,也就是在原工商登记基础上,对经营方式的事项进行相应变更,增加电子商务的内容。否则,如果因商事主体从事电子商务就要再做一次商事主体的设立登记,就会形成同一主体的重复登记,实无必要。

线上经营者与线下经营者存在着实际对应的唯一性。不论经营者在电子商务中以何种面目出现,每个虚拟主体均与一个现实主体唯一对应。对于以电子商务方式开展商事经营的商事主体,需要办理商事主体的设立登记,直接将电子商务登记为其兼营或专营的经营方

式。显然,原有主体的变更登记与新设主体的设立登记,无论在登记内容还是在登记程序上都有明显不同。后者早有一整套的商事主体登记法律规范可以适用,前者采取何种程序与原有登记程序衔接,是新制度设计应解决的问题。

(2)市场主体登记的豁免

《电子商务法》第十条同时规定了登记豁免的情形,即个人销售自产农副产品、销售家庭手工业产品、个人利用自己的技能从事依法无须取得许可的便民劳务活动和零星小额交易活动,以及依照法律、行政法规不需要进行工商登记的活动。登记豁免的情形只能发生在自然人作为电子商务经营者的情况下,法人、非法人组织参与电子商务经营没有豁免登记的理由与可能。

(3)电子商务主体的主动信息公示

①电子商务主体应当公示的信息内容和要求。

《电子商务法》第十五条是有关电子商务经营者主动信息公示义务的一般规定,电子商务经营者应当公示的信息主要有:营业执照信息、与其经营业务有关的行政许可信息、属于依法不需要办理市场主体登记情形的信息以及上述三类信息的链接标识。这一规定既考虑了维护交易安全的需要,也尊重了电子商务经营者的自主经营,允许只公示相关信息的链接标识,可以节省主页的空间资源。

主动信息公示应当满足以下法定要求:一是必须在首页上公示;二是必须在首页显著位置公示;三是必须持续公示。否则,应依照《电子商务法》第七十六条的规定承担相应责任。如果营业执照信息或特许经营许可信息发生变动的,应当及时更新公示信息。《电子商务法》第十六条也规定了电子商务经营者自行终止从事电子商务的,应当提前三十日在首页显著位置持续公示有关信息。

②电子商务主体应承担特有的主动信息公示义务。

在电子商务经营者一般主动信息公示义务的基础上,电子商务平台经营者应承担特有的主动信息公示义务。根据《电子商务法》第三十三条、第三十四条、第三十六条、第三十九条及第四十四条的规定,电子商务平台经营者的主动信息公示义务有以下方面内容:

a.电子商务平台经营者服务协议与交易规则的公示义务。

其内容包括:第一,制订完成并实施的服务协议与交易规则或其链接标识的公示义务,需确保用户能够便利、完整地阅览和下载;第二,修改后的服务协议与交易规则实施前的公示义务,电子商务平台经营者在依法公开征求意见并采取合理措施保障各方充分表达意见后,对修改的内容及时公示,且至少应当公示七日方能实施;第三,依据交易规则与服务协议对平台内经营者实施处置措施的及时公示义务,即在发现平台内经营者存在违法行为并直接实施警示、暂停或终止服务等措施时,应当及时公示。

b.电子商务平台经营者建立健全信用评价制度的义务。

电子商务平台经营者信用评价制度主要由消费者评价系统和平台信用评定系统组成,由消费者与平台经营者对平台内经营者的信用情况作出评价。电子商务平台经营者在履行其建立健全信用评价制度义务的过程中,应当履行不断建立健全信用评价制度、公示信用评价规则以及为消费者评价提供途径的积极义务，同时，还应当履行不得删除消费者评价的义务。

c.电子商务平台经营者知识产权领域的公示义务。

知识产权权利人侵权通知、平台内经营者不存在侵权行为的声明及处理结果，是电子商务平台经营者公示义务在知识产权领域的具体体现。公示上述内容的目的旨在确保知识产权“通知—删除”机制执行得公开透明，保证利益相关主体的知情权，同时也有便于对知识产权权利人、电子商务平台经营者、平台内经营者相关行为的监督。

要求上述信息由电子商务经营主体主动公示，是因为上述信息由其自行掌握，具有公示的便利性；此举有助于交易对方充分了解特定经营主体的合法经营资格和真实身份，进而增强交易的安全性；此外，这也关系到经营主体能否合法开展活动，以保障交易的合法性。因此，要求在网站首页或从事经营活动的主界面醒目位置公示相关信息，有助于增加信息的辨识度，达到公示效果。

5.1.3 电子商务主体的一般性义务

电子商务法的立法宗旨是为了保障电子商务各方主体的合法权益，规范电子商务行为，维护市场秩序，促进电子商务持续健康发展。电子商务经营者是电子商务活动中的供给方，提供商品和服务，担负着满足人民群众美好生活愿望的重任。因此，《电子商务法》对电子商务经营者应当对社会和消费者承担的义务和责任高度重视，在各个章节有关部分都作了规定。特别是总则第五条，对电子商务主体的法定义务进行了总括：“电子商务经营者从事经营活动，应当遵循自愿、平等、公平、诚信的原则，遵守法律和商业道德，公平参与市场竞争，履行消费者权益保护、环境保护、知识产权保护、网络安全与个人信息保护等方面的义务，承担产品和服务质量责任，接受政府和社会的监督。”本节从电子商务法中总结出电子商务主体应当履行的一般性义务。

1）依法纳税义务

（1）依法纳税义务

《电子商务法》明确了国家对电子商务产业发展的支持与鼓励。从电子商务的角度对互联网税收政策给予了一般性的定位，明确了电子商务产业的发展应当以不突破现行税收法制框架为前提的原则。电子商务平台经营者应当按照规定向市场监管部门、税务部门报送平台内经营者的身份信息和经营信息，这就意味着电子商务经营者的“避税红利时代”已经终结。

电子商务经营者应当依法履行纳税义务。电子商务经营者相关的税种主要包括增值税和所得税。

从事电子商务的经营者需要依据《中华人民共和国增值税暂行条例》缴纳增值税。《中华人民共和国增值税暂行条例》第一条规定：“在中华人民共和国境内销售货物或者加工、修理修配劳务（以下简称“劳务”），销售服务、无形资产、不动产以及进口货物的单位和个人，为增值税的纳税人。”应当依照本条例缴纳增值税的电子商务经营者包括法人、非法人组织

和自然人。《中华人民共和国企业所得税法》第一条规定:“在中华人民共和国境内,企业和其他取得收入的组织(以下统称“企业”)为企业所得税的纳税人……个人独资企业、合伙企业不适用本法。”因此,在电子商务经营者的主体类型中,法人、非法人组织需要缴纳企业所得税;对个人独资企业、合伙企业不征收企业所得税。个人独资企业的投资者、合伙企业的合伙人、个体工商户等需要依据《中华人民共和国个人所得税法》的规定履行纳税义务。

(2)电子商务中的税收法律适用

电子商务税收是国家为了实现管理职能,依靠税收法律法规,对电子商务中所创造的国民收入,集中一部分形成财政收入的一种分配。不需要办理市场主体登记的电子商务经营者在首次纳税义务发生后,应当依照税收征收管理法律法规的规定申请办理税务登记,并如实申报纳税。

线上的电子商务经营者对应的线下民商事主体不同,依据相关的法律法规,纳税的义务与标准也不相同。

①企业作为电子商务经营者纳税的依据。

如电子商务经营者对应的线下民事主体性质为企业,需依据《企业所得税法》的规定为企业所得税的纳税人。电子商务经营者的企业也必须遵守《企业所得税法》的规定。

②自然人作为电子商务经营者纳税的依据。

电子商务经营者对应的线下民事主体性质为自然人,则需依据《个人所得税法》的规定纳税。《个人所得税法》第二条第六款规定,经营所得,依照本法规定缴纳个人所得税。

③电子商务经营者销售商品或者提供服务应当依法出具纸质发票或者电子发票。

2)主体信息公示义务

电子商务交易实现了交易主体、客体、场所、过程的全面虚拟化,进一步加剧了经营者与消费者在信息方面的不对称。为缓解这一现象,各国纷纷出台相关措施,其中之一就是强化经营者的信息提供义务,以便消费者准确鉴别经营者的身份,明晰交易对象。我国相关部门规章早已明确规定了电子商务经营主体的信息提供义务,《电子商务法》也有相应规定。

归纳起来,公示的内容主要包括:第一,能够代表经营者主体资格与经营资格的营业执照等证照以及各类经营许可证或链接标识;第二,互联网信息服务许可登记或经备案的电子验证、标识;第三,经营地址、法律文书送达地址、邮政编码、电话号码、电子邮箱等有效联系信息;第四,监管部门或消费者投诉机构的联系方式;第五,依法应当规定的其他信息。经营者应当保证上述信息的真实、全面,并应在相关信息变更时及时公示,使公示的信息与实际情况相符。若自行终止从事电子商务的,应当提前三十日在主页显著位置公示有关信息。

公示的要求主要有三点:第一,必须在首页上公示。现实中,部分电子商务经营者虽然在网站上公示信息,但没有在首页上公示,使得消费者不能在浏览的第一时间知悉其相关信息,这就违反了本条所确立的公示规则。第二,必须在首页的显著位置公示。本条不仅要求电子商务经营者在首页公示,亦要求在显著位置公示,使得消费者在进入主页时即可关注到其营业执照信息和行政许可信息。第三,必须持续公示。所谓持续,即指在电子商务经营者从事电子商务活动的整个过程中,都必须时刻公示其信息。若信息公示不持续,则会导致部

分消费者在电子商务活动中无从知晓其相关信息。因此，本条对电子商务经营者的信息公示提出了持续性的要求。以上三个标准是形式标准，即电子商务经营者应当在主页的显著位置持续性公示营业执照和行政许可信息，若没有达到其中任一标准，就应当被认定为没有尽到自己的公示义务，需依照《电子商务法》第七十六条规定承担相应法律责任。

3）交易信息的妥善保存义务

电子商务交易具有信息化与无纸化的特点，传统交易中以纸质文件存在的交易记录被电子数据和资料取代，虽然易于保存和传输，但也面临被篡改、易毁损的风险。要求电子商务经营者承担交易信息的保存义务，有利于维护消费者的合法权益，约束经营者的不当行为，在发生争议时提供有利于争议解决的证据。《电子商务法》与《网络交易管理办法》均规定了平台经营者的交易信息妥善保存义务，但未要求非平台电子商务经营者尤其是通过自建网站或其他网络服务经营的电子商务经营者承担相同的义务。在电子商务实践中，非平台电子商务经营者是消费者的直接交易对象，掌握着原始交易数据，因此，也应该要求其承担原始交易数据的妥善保存义务。要求电子商务平台经营者与其他经营者都承担保存交易信息的义务，可以为交易信息安全配置双保险，确保上述信息的完整性、保密性和可用性，从而起到定分止争的作用。

经营者可采取电子签名、数据备份、故障恢复等法律规定或行业通行的技术手段保护交易过程所产生的全部信息，确保交易数据和资料的完整性与安全性，以及原始数据的真实性。经营者保存交易信息的期限应当符合法律法规的规定。目前，《网络交易管理法》《网络购物服务规范》皆规定保存期限不少于两年，《电子商务法》规定保存时间自交易完成之日起不少于三年。

4）消费者个人信息保护义务

在电子商务环境下，消费者个人信息保护成为法律规制的重点领域。所谓“消费者个人信息”，《消费者权益保护法》第十四条规定“消费者享有个人信息依法得到保护的权利”，首次提出了“消费者个人信息权”的概念。

消费者个人信息随着电子商务的发展展现出其特点：一是主体识别性强。在电子商务环境中，由于消费者无法实现面对面交易，基于交易需要，消费者需要预留自己的姓名、地址、联系方式等，这些信息都具有极强的主体识别性。二是信息范围具有广泛性。在电子商务中，消费者会预留基本信息以完成交易，除此之外还可能进一步展现间接性信息。比如消费者在选购商品时，电商平台往往会要求消费者填写与成立买卖合同不相关的个人信息，电商平台会对消费者浏览记录通过大数据分析其消费偏好，并进行个性化推荐。因此，在电子商务环境中，消费者个人信息保护范围应具有广泛性。三是财产属性强。因消费者的个人信息具有高度的识别性和广泛性，根据该信息可分析出消费者的消费偏好，从而进行个性化推荐，使得经营者节约经营成本，提高经营效率，实现效益最大化。同时，消费者的个人信息往往和自己的财务信息紧密相关，需要严加保护。

正是基于上述所说的消费者个人信息具有的特性，特别是消费者个人信息具有的财产属性，使得经营者常常对消费者的个人信息进行不法侵犯。消费者个人信息保护有助于保护消费者的合法权益，防范消费者的人格权和财产权损失；有助于维护电子商务平台的交易秩序，促进电子商务可持续发展，保障市场经济秩序和经济安全。

《宪法》第三十三条、第四十条确定了公民享有通信自由和通信秘密受法律保护的基本权利。《刑法》第二百五十三条规定了侵犯公民个人信息罪，并明确相关刑罚。

《民法典》规定了自然人的个人信息受法律保护。《网络信息安全保护法》第四十条、第四十一条、第四十二条、第六十四条等规定了网络服务提供者收集信息的范围应与提供的服务直接相关，明确其应及时告知用户并为用户保密的义务，并明确了网络运营者、网络产品或者服务的提供者违反相关规定则应承担相应法律责任。《消费者权益保护法》第五十六条也规定了侵犯消费者个人信息的法律责任。因此，电子商务经营者应遵守相关法律法规的规定，切实保护消费者个人信息的安全。

5.2 电子商务合同

5.2.1 电子商务合同的概念

1）合同概述

（1）合同的概念

依据《民法典》的规定，合同是指民事主体之间设立、变更、终止民事法律关系的协议。

《民法典》中的合同内容是调整因合同产生的民事关系。因婚姻、收养、监护等有关身份关系的协议，适用相应的法律规定。调整劳动关系的协议，适用劳动合同法的规定。

《民法典》第二条规定：“民法调整平等主体的自然人、法人和非法人组织之间的人身关系和财产关系。”因此，民法典中的民事主体分为自然人、法人、非法人组织。

（2）合同的特征

①合同行为是一种民事法律行为。

合同行为是民事法律行为，不是事实行为。合同必须以当事人的意思表示为核心要素，合同行为的后果是当事人所期待的后果。

②合同行为是双方或多方当事人意思表示一致的民事法律行为。

在双方或多方当事人的意思表示一致时，合同才可以成立。单方的民事法律行为是指仅有单方的意思表示即可成立的法律行为，如抛弃动产所有权。合同的多方民事法律行为不同于单方民事法律行为。

③合同行为是民事主体以设立、变更、终止民事权利义务关系为目的的民事法律行为。

订立合同的目的是民事主体为了设立、变更、终止民事法律关系。设立是指民事主体为了在相互之间形成某种民事法律关系而所为的行为；变更则是民事主体对其相互间已经形成的某种民事法律关系进行调整、改变其已经形成的民事法律关系的行为；终止则是指民事主体通过合同的履行、签订新的协议等消灭其存在的民事关系的行为。

④合同行为是民事主体在平等互利基础上的行为。

平等是指民事主体在合同关系中的地位是平等的。互利是指民事主体通过合同的约定，享有权利、履行义务，相互获取各自所需的价值或利益。平等互利是民商事活动的基础，只有在平等互利的基础上，民事主体才有通过合同关系进行民商事活动的动力。

(3)合同的原则

依据《民法典》的规定，合同的原则主要有：

①平等原则。民事主体在民事活动中的法律地位一律平等。合同是民事主体之间设立、变更、终止民事法律关系的协议。在合同中，当事人之间的法律地位是平等的。

②自愿原则。民事主体从事民事活动，应当遵循自愿原则，按照自己的意思设立、变更、终止民事法律关系。在合同中，无论是当事人是否设立、变更、终止民事法律关系，还是当事人如何设立、变更、终止民事法律关系都是自愿的。

③公平原则。民事主体从事民事活动，应当遵循公平原则，合理确定各方的权利和义务。合同的公平原则要求当事人在订立合同、履行合同的过程中，要以公平的理念来调整当事人之间的权利和义务。

④诚实信用原则。民事主体从事民事活动，应当遵循诚信原则，秉持诚实，恪守承诺。诚实信用原则要求合同当事人在行使合同权利、履行合同义务时，应诚实守信，以善意的方式履行其义务，不得滥用权利及规避法律或合同规定的义务。

⑤遵守法律与公序良俗原则。民事主体从事民事活动，不得违反法律，不得违背公序良俗。合同当事人在订立、履行合同时，应当遵守法律法规，尊重社会公德，不得扰乱社会经济秩序、损害社会公共利益，不得违背公序良俗。公序良俗是指公共利益与善良风俗。违背公序良俗原则的民事法律行为无效。

⑥绿色原则。民事主体从事民事活动，应当有利于节约资源、保护生态环境。

⑦合同严守原则。依法成立的合同，受法律保护。依法成立的合同，仅对当事人具有法律约束力，但法律另有规定的除外。合同严守原则强调了依法成立合同对当事人的约束力，要求当事人依照合同的约定，行使权利，履行义务。

2)电子合同

(1)电子合同的概念

按商务部公布的《电子合同在线订立流程规范》的定义，电子合同是指平等主体的自然人、法人或其他组织之间以数据电文为载体，并利用电子通信手段设立、变更、终止民事权利义务关系的协议。

从电子合同与《民法典》上合同概念的对比可以看出，电子合同强调了民事主体在订立合同时是以数据电文为载体，并利用电子通信手段设立、变更、终止民事权利义务关系。电子合同是传统民法意义上的一种合同形式。

(2)电子合同的特征

关于电子合同的相关规定，应包含在《民法典》《电子合同在线订立流程规范》《电子签名法》《消费者权益保护法》等法律法规之中。本书认为，电子合同具有以下特征：

①电子合同应当具有《民法典》中关于合同所规定的特征。

电子合同属于合同的一个类型,必须具备法律规定的合同的特征。与其他合同特征相比,电子合同还具有自身的特征。

②电子合同是以数据电文为载体的书面合同。

电子合同以数据电文形式为意思表达。依据《民法典》第四百六十九条的规定,数据电文被视为书面形式。因而,电子合同应当属于书面合同。

③电子合同是利用电子通信手段订立的合同。

在订立电子合同的过程中,当事人的意思表示是通过电子通信手段,或者借助电子通信媒介进行磋商,达成合意,进而订立电子合同。

④电子合同的签署可以使用电子签名。

在电子合同中,当事人无须见面,合同签字的形式可以使用电子签名。合法有效的电子签名对当事人具有约束力。

3)电子商务合同

(1)电子商务合同的概念

《电子商务法》第四十七条规定:"电子商务当事人订立和履行合同,适用本章和《中华人民共和国民法总则》《中华人民共和国合同法》《中华人民共和国电子签名法》等法律的规定。"

《民法典》于2021年1月1日生效后,《电子商务法》第四十七条的规定也相应调整为:"电子商务当事人订立和履行合同,适用《电子商务法》第三章《中华人民共和国民法典》《中华人民共和国电子签名法》等法律的规定。"

《电子商务法》中对电子商务的定义是,指电子商务当事人通过互联网等信息网络销售商品或者提供服务的经营活动。

根据《民法典》对合同的定义、《电子合同在线订立流程规范》对电子合同的定义、《电子商务法》对电子商务的定义,本书将电子商务合同定义为:电子商务合同是平等的民事主体在电子商务中,以数据电文为载体,通过互联网等信息网络,设立、变更、终止关于民事法律关系的协议。

也有学者认为,电子商务合同是以数据电文形式订立的电子合同,属于电子合同的一个重要类型。①

(2)合同、电子合同、电子商务合同的联系与区别

①联系。合同是电子合同的上位概念,电子合同是电子商务合同的上位概念。电子合同强调订立合同时是以数据电文为载体,利用电子通信手段所订立的合同。《民法典》第四百六十九条规定:当事人以电子数据交换、电子邮件等方式能够有形地表现所载内容,并可以随时调取查用的数据电文,视为书面形式。该规定不但从立法上确立了以数据电文订立的电子合同、电子商务合同的法律效力,同时将数据电文形式订立的电子合同、电子商务合

① 赵旭东.电子商务法释义与原理[M].北京:中国法制出版社,2018.

同视为书面形式的合同。《民法典》第四百九十一条第二款规定，当事人一方通过互联网等信息网络发布的商品或者服务信息符合要约条件的，对方选择该商品或者服务并提交订单成功时合同成立。该规定是对《电子商务法》第四十九条内容的编纂，从《民法典》的角度对电子商务合同的概念、订立方式、调整范围作出了规定。

②区别。从调整的内容看，电子合同属于合同的一种订立形式。合同与电子合同内容并没有明显的区别。电子商务合同是平等的民事主体在电子商务中，以数据电文为载体，通过互联网等信息网络，设立、变更、终止关于民事法律关系的协议。其中，电子商务不仅包括当事人通过特定系统进行的线上交易，还包括使用网络进行的线上对线下交易、线下交易等多种交易方式。

5.2.2 电子商务合同的订立

1)电子商务合同订立的概念及特点

(1)电子商务合同订立的概念

电子商务合同的订立，是指电子商务当事人在电子商务中，为了交易商品、提供服务，以数据电文形式，通过互联网通信手段进行相互意思表示，以形成合意的过程。

(2)电子商务合同订立的特点

①当事人从事电子商务活动，以订立电子商务合同为目的。

②当事人订立电子商务合同的过程，是以数据电文方式，通过互联网通信手段进行意思表示的。

③当事人订立电子商务合同是一个动态的过程。订立电子商务合同要经过电子商务要约和电子商务承诺两个阶段，在作出电子商务承诺之前，当事人可以数据电文，通过互联网通信手段进行反复的电子商务要约、反要约，最后达到双方合意，订立电子商务合同。

2)电子商务要约

(1)电子商务要约的概念及构成要件

①电子商务要约的概念。要约是希望与他人订立合同的意思表示。在商业习惯上，要约也称为发盘、发价、报价等。发出要约的一方当事人为要约人，接收要约的一方当事人为受要约人。

电子商务要约，是指在电子商务中，一方当事人以数据电文方式，通过互联网通信手段向另一方发出的，希望订立电子商务合同的意思表示。

②电子商务要约的构成要件。一个合法有效的电子商务要约应具备如下条件：

a.电子商务要约必须是特定人的意思表示。

受要约人或者社会公众可以通过一定的客观事实，明确知道谁是要约人，要约人想干什么。

b.电子商务要约一般是向受要约人发出的意思表示。

一般情况下，受要约人为特定人。也可向不特定的受要约人发出电子商务要约。例如，

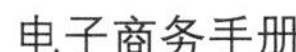

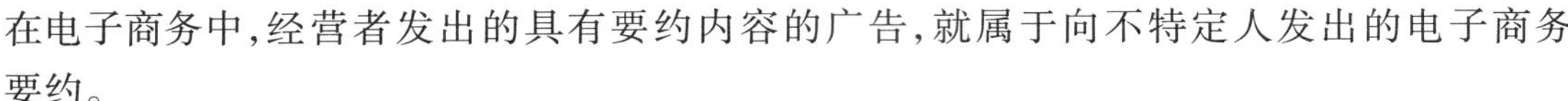
在电子商务中，经营者发出的具有要约内容的广告，就属于向不特定人发出的电子商务要约。

c.电子商务要约的内容具体确定及具有特定合同的必要条款。

电子商务要约人通过电子要约发出的信息必须是事关权利义务的信息。电子商务要约的用语必须是肯定的，内容是确定的。

d.电子商务要约的发出者是以订立电子商务合同为目的并受该要约的约束。

电子商务要约发出人以订立合同为目的，发出的要约对其有约束力。在受要约人作出电子商务承诺并生效后，双方即受电子商务合同的约束。

(2)电子商务要约的生效

以对话方式作出的意思表示，相对人知道其内容时生效；以非对话方式作出的意思表示，到达相对人时生效。

电子商务要约是电子商务当事人一方以数据电文形式，通过互联网通信手段向另一方发出的希望与他人订立电子合同的意思表示。《民法典》规定，以电子数据交换、电子邮件等方式能够有形地表现所载内容，并可以随时调取查用的数据电文，视为书面形式。因此，电子商务要约属于以非对话方式作出的采用数据电文形式的意思表示。

《民法典》规定作为电子商务要约的数据电文生效的时间为：

①相对人指定特定系统接收数据电文的，该数据电文进入该特定系统时生效。

②相对人未指定特定系统的，相对人知道或应当知道该数据电文进入其系统时生效。

③当事人对采用数据电文形式的意思表示的生效时间另有约定的，从其约定。

3)电子商务承诺

(1)电子商务承诺的概念

电子商务承诺是指受要约人以数据电文形式，通过互联网通信手段，同意电子商务要约内容并愿意与电子商务要约人订立电子商务合同的意思表示。受要约人为电子商务承诺人。

(2)电子商务承诺的构成要件

①电子商务承诺必须由受要约人向电子商务要约人作出。

受要约人以外的第三人无资格向电子商务要约人作出电子商务承诺；电子商务承诺人不能向电子商务要约人以外的其他人发出电子商务承诺。

②电子商务承诺的内容必须与电子要约的内容相一致。

只有电子商务承诺的内容与电子商务要约内容一致时，才构成双方意思表示一致，电子商务合同才能成立。《民法典》第四百八十八条规定，受要约人对要约的内容作出实质性变更的，为新要约。有关合同标的、数量、质量、价款或者报酬、履行期限、履行地点和方式、违约责任和解决争议方法等的变更，是对要约内容的实质性变更。

③电子商务承诺必须在电子商务要约的有效期内作出。

电子商务承诺属于以非对话方式作出的采用数据电文形式的意思表示。如果电子商务要约规定了承诺期限，电子商务承诺应在期限内到达电子商务要约人；如果电子商务要约没有规定承诺期限的，电子商务承诺则应在合理期限内到达电子商务要约人。

受要约人超过承诺期限发出电子商务承诺，或者虽然在承诺期限内发出电子商务承诺，按照通常情形不能及时到达电子商务要约人的，为新要约；但是，在此情形下，电子商务要约人及时通知受要约人该电子商务承诺有效的除外。

受要约人在承诺期限内发出电子商务承诺，按照通常情形能够及时到达电子商务要约人，但因其他原因致使电子商务承诺到达电子商务要约人时超过承诺期限的，除电子商务要约人及时通知受要约人因电子商务承诺超过期限不接受该承诺外，该电子商务承诺有效。

(3)电子商务承诺的生效时间

电子商务承诺是以数据电文形式作出的意思表示，依据《民法典》《电子商务法》的规定，数据电文形式的电子商务承诺生效的时间如下：

①电子商务要约人指定特定系统接收数据电文的，该数据电文进入该特定系统时生效。

②电子商务要约人未指定特定系统的，相对人知道或应当知道该数据电文进入其系统时生效。

③当事人对采用数据电文形式的意思表示的生效时间另有约定的，从其约定。

④用户选择该商品或服务并提交订单成功时，电子商务承诺生效。

《电子商务法》第四十九条第一款规定，电子商务经营者发布的商品或服务信息符合要约条件的，用户选择该商品或服务并提交订单成功，合同成立。依据法律规定，电子商务承诺的生效时间为用户选择该商品或服务并提交订单成功的时间。

4)电子商务合同成立的时间及地点

(1)电子商务合同成立的时间

①签订确认书时电子商务合同成立。当事人采用信件、数据电文等形式订立电子商务合同的，可以在电子商务合同成立之前要求签订确认书，签订确认书的时间为电子商务合同成立的时间。

②电子商务承诺生效时电子商务合同成立。电子商务承诺的通知到达电子商务要约人时，电子商务承诺生效，电子商务合同成立。如果电子商务承诺不需要通知的，根据交易习惯或电子商务要约的要求作出电子商务承诺时，电子商务承诺生效，电子商务合同成立。

③电子商务的消费者在电子商务中选择经营者发布的商品或服务信息，并提交订单成功时合同成立。

电子商务中，当事人一方通过网络发布的商品或服务信息符合要约条件的，对方选择该商品或者服务并提交订单成功时合同成立。

④一方当事人在电子商务合同中使用电子签名之前，已经履行主要义务，对方接受时，该电子商务合同成立。

⑤当事人可以另行约定电子商务合同成立的时间。

(2)电子商务合同成立的地点

《民法典》规定，承诺生效的地点为合同成立的地点。

以数据电文形式订立的电子商务合同的生效地点，依下列方式确定：

①接收电子商务承诺的接收人有主营业地的,其主营业地为电子商务合同成立的地点。

②接收电子商务承诺的接收人没有主营业地的,其住所地为电子商务合同成立的地点。

③当事人对电子商务合同的成立地点另有约定的,从其约定。

5.2.3 电子商务合同的效力

1)电子商务合同法律效力概述

(1)电子商务合同效力的概念

电子商务合同的效力是指电子商务合同对合同当事人的约束力及在法律上的强制力。依法成立的电子商务合同,受法律保护。

(2)电子商务合同的生效要件

①法律规定的电子商务合同生效要件。《民法典》规定,具备下列条件的民事法律行为有效:

a.行为人具有相应的民事行为能力;

b.意思表示真实;

c.不违反法律、行政法规的强制性规定,不违背公序良俗。

电子商务合同当事人为设立、变更、终止民事法律权利义务而订立的电子商务合同的行为欲求发生法律效力,应符合《民法典》关于民事法律行为有效的规定条件。即电子商务合同当事人属于自然人的,应当具备相应的民事行为能力;电子商务合同当事人属于法人、非法人组织的,其行为应符合相关法律、公司章程规定。电子商务合同当事人的意思表示应当真实;电子商务合同的内容和目的不违反法律、行政法规的强制性规定,不违背公序良俗。

②当事人约定的电子商务合同生效要件。在满足法律规定生效要件的基础上,电子商务合同当事人还可以约定电子商务合同生效的条件。比如,附期限的电子商务合同、附条件的电子商务合同。

(3)电子商务合同被确认无效或者被撤销的法律后果

电子商务合同被确认无效或被撤销后,自始不能发生法律效力。因此,在电子商务合同被确认无效或被撤销后,合同未履行的,不得履行;正在履行的,应当停止履行。

①已经履行的,对所涉及的财产依下列规则处理:返还财产。无论当事人一方是否有过错,都负有返还受领财物的义务。如果在事实上或者法律上不能返还,则应折价补偿;赔偿损失。电子商务合同被确认无效或被撤销后,有过错的一方应赔偿对方因此所遭受的损失,双方都有过错的,应当各自承担相应的民事责任。

②承担损害赔偿责任的构成要件有:有损害事实存在,损失包括订立电子商务合同的损失或者履行电子商务合同过程中的损失;赔偿义务人具有过错;过错行为与遭受损失之间有因果关系。

③赔偿损失的范围包括:缔约费用,在订立电子商务合同过程中所支出的必要合理费用;履约费用,为准备履约和实际履约所支出的费用;合理的间接损失。

④电子商务合同中解决争议方法的合同条款的效力:电子商务合同不生效、被确认无

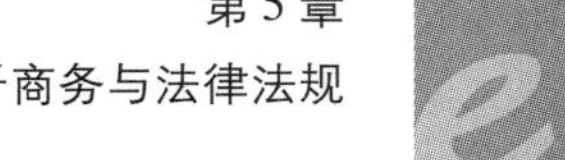

效、被撤销或者终止的，不影响电子商务合同中有关解决争议方法的条款的效力。但是，解决争议方法的合同条款不能违反民事诉讼法关于级别管辖或者专属管辖的规定。

(4)附条件、附期限的电子商务合同

电子商务合同当事人还可以约定电子商务合同生效的条件。

①附条件的电子商务合同。

附条件电子商务合同是指当事人在订立合同时，在合同中约定一定条件，以条件的成就与否来决定电子商务合同法律效力发生与消灭的根据。当条件成就时，电子商务合同生效或者失去效力。

②附期限的电子商务合同。

附期限电子商务合同是指当事人在订立合同时，在合同中约定，当确定的事实到来时，电子商务合同发生法律效力或者合同效力终止。当约定的事实到来时，电子商务合同生效或者失去效力。

2)电子错误及推定原则

电子商务合同当事人是否具有行为能力，以及意思表示是否真实，是影响电子商务合同效力的重要因素。鉴于电子商务合同的具体特点，在订立电子商务合同时，我们需要了解可能出现的电子错误，并掌握在订立与履行电子商务合同时所适用的推定原则。

(1)电子错误

电子错误，是指在电子商务合同订立过程中出现的合同内容与当事人内心真意不一致的瑕疵。主要有主观瑕疵与客观瑕疵两种。

主观瑕疵主要是指发出信息一方输入错误，比如点击错误；客观瑕疵是指由于信息系统在生成、发送、接收或者储存信息时可能发生的难以预料和控制的技术故障，信息在到达前或者到达后都有可能发生错误或丢失等风险，比如电子故障。①

针对可能出现的电子错误，电子商务法对经营者与消费者在订立、履行电子商务合同时的权利义务做了相应的规定：

①电子商务经营者应当清晰、全面、明确地告知用户订立合同的步骤、注意事项、下载方法等事项，并保证用户能够便利、完整地阅览和下载。

②电子商务经营者应当保证用户在提交订单前可以更正输入错误。

③用户在发出支付指令前，应当核对支付指令所包含的金额、收款人等完整信息。

④支付指令发生错误的，电子支付服务提供者应当及时查找原因，并采取相关措施予以纠正。造成用户损失的，电子支付服务提供者应当承担赔偿责任，但能够证明支付错误非自身原因造成的除外。

(2)推定原则

①推定原则的含义。在电子商务中，因为使用互联网通信手段进行交易，当事人不用见面就能完成订立合同、履行合同，因此，无法判断交易相对人是否具有民事行为能力，也无法

---

① 赵旭东.电子商务法释义与原理[M].北京：中国法制出版社，2018.

判断相对人的意思表示是否真实。《电子商务法》第四十八条规定了对使用自动信息系统订立或者履行合同的当事人的行为能力适用推定原则。即推定使用自动信息系统订立或者履行合同的当事人具有行为能力，并推定其订立或者履行合同的意思表示真实。

②推定原则的适用。该推定原则只适用于一般情形下对订立或者履行合同的当事人是否具有行为能力和意思表示是否真实进行推定。如果当事人有相反证据足以证明当事人在订立电子商务合同时没有行为能力，或者订立电子商务合同的意思表示不真实，则不适用推定原则。

在具体适用推定原则时应注意以下几个方面：

a.在电子商务合同的订立过程中，如果双方当事人通过相互磋商，已经能够确切的判断相对人是否具有民事行为能力，则不能适用推定规则进行推定；如果已经能够判断出相对人的意思表示真实与否，也不能适用推定原则再次推定。

例如，通过实名认证等形式已经能够判断出对方当事人是否具备完全的民事行为能力，则适用《民法典》关于民事行为能力的规定认定对方当事人的行为能力，而不再适用推定原则。

b.在电子商务合同的订立过程中，如果双方当事人不能判断相对方是否具有民事行为能力、不能判断相对人的意思表示是否真实，而且，双方当事人是使用自动信息系统订立或者履行合同，在此情形下适用推定原则，推定相对人具有行为能力，且意思表示真实。

c.适用推定原则的情形中，持有相反意见的一方应承担举证责任。

3）电子商务格式合同

（1）电子商务格式合同的概念

电子商务格式合同也称为电子商务定式合同，是指电子商务经营者与消费者订立的合同的内容是由电子商务经营者或者服务者事先拟定好的，消费者无权就合同的内容进行磋商，只能做出是否接受合同条款而订立的合同。电子商务格式合同最常见的表现形式就是点击合同。

点击合同是指在电子商务中，由提供商品或服务的经营者，通过计算机程序预先设定合同条款的一部分或全部，消费者必须以点击的方式表示同意才能订立合同，点击“同意”后发生订立合同的法律后果。

（2）电子商务格式合同的特征

①电子商务格式合同一般是由电子商务经营者事先拟订好的，针对不同的消费者，可以重复使用；

②电子商务格式合同是经营者拟订好合同后，面向不特定的众多消费者发出的；

③消费者无权就合同的内容进行磋商；

④拟订电子商务格式合同的经营者，在电子商务格式合同中容易出现减轻或免除自己责任的条款。

（3）对电子商务格式合同的限制

在电子商务中，提供电子商务格式条款的一方可能更多地考虑自己的利益，尽量减轻自己的责任，对另一方的权利考虑较少或者附加种种限制条件，甚至加重对方责任。为了保护处于相对弱势地位的消费者的合法权益，法律对提供电子商务格式合同的一方作出如下限制：

①不得违反公平原则来确定当事人之间的权利和义务。

提供电子商务格式合同的一方不能在格式条款中享有大量的权利而只承担极少的义务，或者确定对方承担大量的义务而只享受极少的权利。

②提供格式条款的一方应采取合理的方式提示对方注意免除或者减轻其责任等与对方有重大利害关系的条款；如果对方有要求，应对该条款予以说明。未履行提示或者说明义务，致使对方没有注意或者理解与其有重大利害关系的条款的，对方可以主张该条款不成为合同的内容。

(4)无效的电子商务格式合同及条款无效的情形

为了确保消费者的合法权益，除了对提供电子商务格式条款一方作出的限制外，法律还明确规定了电子商务格式合同无效及条款无效的情形：

①无效的电子商务格式合同。

无民事行为能力人签订的电子商务格式合同；双方以虚假的意思表示签订的电子商务格式合同；违反法律、行政法规的强制性规定签订的电子商务格式合同；违背公序良俗签订的电子商务格式合同；双方恶意串通，损害他人合法权益而签订的电子商务格式合同。

②电子商务格式合同中免责条款无效的情形。

a.电子商务格式合同中免除造成对方人身损害的责任；免除因故意或者重大过失造成对方财产损失的责任条款无效；

b.提供电子商务格式合同一方不合理地免除或者减轻其责任、加重对方责任、限制对方主要权利的条款无效；

c.提供电子商务格式合同一方排除对方主要权利的条款无效。

(5)电子商务格式合同的解释规则

电子商务格式合同的解释规则是指在履行电子商务格式合同过程中，如果双方对合同的条款含义发生争议时，所适用的解释规则。

《民法典》规定，对格式条款的理解发生争议时，应按照通常理解予以解释。如果有两种以上解释的，作出不利于提供格式条款一方的解释；格式条款与非格式条款不一致的，应采用非格式条款。

5.3 电子商务消费者权益保护

5.3.1 电子商务消费者权益保护概述

随着互联网的发展，电子商务在中国呈现出蓬勃发展的态势。网上购物可以在更大的范围内、以更高的效率、在更多层面上实现资源配置。对购买力资源的有效配置能够促成多种形式的集团竞价，使消费者可以通过网络渠道以更低的价格买到商品。然而，由此引发的

侵害电子商务消费者权益的案件时有发生，并且这些案件呈现出针对性、多样性、隐蔽性、即时性、高技术性以及低成本等特点。

1）**电子商务消费者权益保护的概念与特征**

（1）消费者权益保护的概念

消费者权益保护，可以从广义和狭义两个方面来理解。广义的消费者权益保护法是指调整在确认消费者权利、规定经营者的义务以及国家在保护消费者权益的过程中发生的社会关系的法律规范的总称。广义的消费者权益保护法，既包括《消费者权益保护法》中的基本法律，也包括其他法律、行政法规中的有关规定，以及单行的保护消费者权益的行政法规。狭义的消费者权益保护法则专指1993年10月31日第8届全国人民代表大会常务委员会第4次会议通过，1994年1月1日起施行的《消费者权益保护法》(2013年10月25日第二次修正，2014年3月15日正式实施，称为“新消法”)。

（2）电子商务消费者权益保护的特征

电子商务消费者权益保护不同于传统的消费者权益保护，相比较而言，电子商务消费者权益具有如下特征：

①电子商务消费者知情权与公平交易权保护的特殊性。

网络环境下，电子商务经营者和消费者之间的信息是不对称的，尤其对电子商务消费者而言，在通过网络购物的过程中，从挑选样品、双方协商、确认订单到支付货款，都在网络平台上进行，接触不到商家与商品，消费者看不到实物，无法直接了解商品的性能，也无法直接体验商品的优劣，只能通过网页详情或者广告宣传来间接地了解商品，易导致消费者的知情权与公平交易权受损害。同时，电子商务经营者普遍采取格式合同以节约时间，消费者只能被动地接受或拒绝，这些格式条款几乎都是有利于经营者的免责条款，有较高的隐蔽性，易侵害消费者的公平交易权。

②电子商务消费者隐私权和财产权保护的特殊性。

我国现行消费者权益保护法中没有关于消费者隐私权的规定，在传统消费方式中一般不涉及隐私权保护。但是，电子商务消费者往往要提供很多个人基本信息，包括姓名、住址、网络账号等。由于网上侵权行为监管难、隐蔽性强，一些经营者很容易为了自身的利益，将消费者的信息泄露给第三方，侵害了电子商务消费者的隐私权。而且电子商务的支付手段使付款安全易受侵害，不法分子往往通过木马程序窃取账号、密码，这些问题得不到解决，消费者的财产权就得不到保障。

③电子商务消费者损害赔偿权保护的特殊性。

电子商务消费者行使损害赔偿权的形式包括要求经营者修理、重作、更换、退货、补足商品数量、退还货款和服务费用或赔偿损失等；电子商务经营者有欺诈行为的，消费者还可要求双倍赔偿。在实际的电子商务交易过程中，电子商务消费者在诉讼或仲裁中处于弱势地位，消费者通过直接起诉电子商务经营者或者网络服务商来获得救济比较困难。目前，电子商务消费者对商家信誉的信心只能寄托于为交易提供服务的第三方，例如CA认证中心和收款银行等。特别是当发生跨境电子商务交易纠纷时，消费者往往因不熟悉电子商务经营

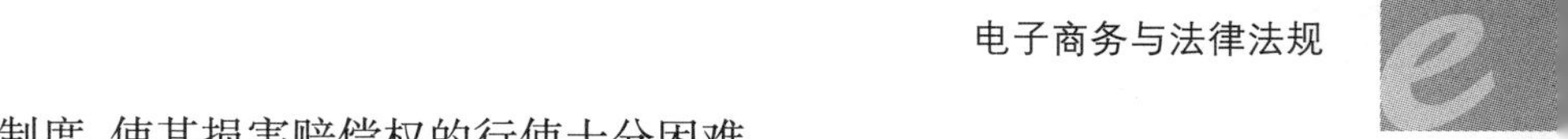

者所在国家的相关法律制度，使其损害赔偿权的行使十分困难。

2）电子商务消费者权益保护的原则

1985年联合国大会通过的《保护消费者准则》，提出了保护消费者权益的一般性原则，主要有：保护消费者的健康和安全不受危害；促进和保护消费者的经济利益；使消费者得到充足的信息；使消费者能够按照个人意愿和需要做出选择；消费者教育；提供有效的消费者赔偿办法；保护消费者团体或组织的自由。我国《消费者权益保护法》虽然也确立了消费者权益保护领域的基本原则，但都是涉及消费交易的一般原则，而电子商务消费者权益保护有其自身的特殊性，应当遵循与传统消费者权益保护不同的原则，以适应网络经济发展的需要。电子商务消费者权益保护的原则有同等水平保护原则、政策一致保护原则及综合辅助保护原则。

（1）同等水平保护原则

同等水平保护原则，即消费者在网络交易中获得的保护应不低于在传统交易领域获得的保护。同等水平保护原则也是功能等同理论（Functional Equivalence Theory）在网络消费者权益保护领域的集中诠释，从理论上讲，所有消费者是平等的，因此，对电子商务消费者权利遭受侵害时所提供的保护水平也是一致的，应实行同等保护准则。

在电子商务领域，同等水平保护原则可归纳为两种含义：第一，对于既有立法和规则可以调整的网络消费问题，应当在既有立法和规则的框架下予以适用；第二，对于网络消费者权益保护中出现的新问题，应当明确同等水平保护并非适用同一规则，应当针对这一领域构建新的法律规则。

（2）政策一致保护原则

为了保证同等水平保护原则的有效执行，电子商务消费者权益保护应当沿用立法中原已确立的消费者保护政策，这就是政策一致保护原则。对电子商务消费者权利保护所做的探讨和规范化的努力，是要在电子商务领域通过调整、修订和补充相关法律来进一步完善消费者权益保护制度。

在电子商务领域的消费者权益保护中，应遵循以下基础性原则：

①经营者持续性信息披露义务和消费者知悉权。在交易前及交易后，电子商务消费者有权获知所有有关经营者的信息及交易活动的有效信息。

②禁止差别待遇和歧视行为。在提供商品和服务方面，对电子商务消费者的消费权利和需求予以尊重。

③禁止欺骗性和不公正的经营行为。应当禁止经营者滥用商业手段对电子商务消费者进行不正确的引导，应当鼓励经营者向电子商务消费者提供有效手段对商业广告进行过滤和筛选。

④对电子商务消费者的经济权利予以保护。应当对风险和责任进行合理划分，使电子商务经营者承担应有的责任，并为消费者实现自主选择权创造条件。

⑤保护电子商务消费者的个人隐私权。在电子商务领域，应当更为重视保护消费者的个人隐私权，保护消费者的个人数据和个人信息不被滥用。

⑥保护电子商务消费者的受教育权。针对电子商务这一新型交易方式,应当对电子商务消费者进行适当的教育和宣传,使其获得必要的消费知识及自我保护知识。

(3)综合辅助保护原则

网络经济的特殊性决定了对电子商务消费者权益的保护不能局限于单一模式,纯粹依靠法律不能充分保护消费者的权益。对网络交易中消费者权益的保护,需要遵循综合的辅助保护原则。综合辅助保护原则构建了行业自律、政府管理和消费者自我保护三位一体的保护模式,强化消费者组织及社会公益团体的作用,形成政府监管、行业自律与消费者自我保护相结合的保护体系。

目前,世界很多国家的电子商务企业都形成了行业自律组织和行业自律规范,行业规范和准则也为电子商务立法提供了重要参考。从交易原则来看,自治原则是网络交易的主导原则,在网络交易中实行行业自律是电子商务发展的精髓。在综合辅助保护原则指导下,政府的角色定位也是必须明确的重要问题。政府管理和调控的力度和范围是电子商务发展的关键,以政府的管理推动企业自律,是受到广泛认可的管理构架。发展互联网产业,必须有政府的参与和支持,否则将无法实现产业的高速发展。政府应当致力于对电子商务的引导和规范,达到科学和高效的管理,实现行业规范和自律。

此外,在综合辅助保护原则下,消费者的自我保护不可或缺。消费者应当具备理性消费意识,在处理纠纷时应当理性维权。消费者自我保护意识的提升是其维护自身利益的首要保障,具体而言,应当包含自我控制和自我选择两方面内容。当产生纠纷时,消费者应当采取理性维权的方式,在不激化矛盾的前提下妥善处理纠纷,达到预定目标。

3)电子商务消费者权益保护的范围

参考国外的一般做法,根据《消费者权益保护法》的调整范围,将电子商务消费者权益保护的范围限定为电子商务消费者的生活消费,凡是消费者为生活需要购买、使用商品或接受服务,其权益均属于电子商务消费者权益保护的范围。另外,农民通过网络购买、使用直接用于农业生产的生产资料,本不应属于电子商务消费者权益保护的调整范围,但考虑到目前我国农村普遍实行的是家庭联产承包责任制,农业生产力和农民的经济能力还比较低,假农药、假化肥、假种子等农用生产资料坑农害农的情况还比较严重,农民受损害后又没有适当的途径寻求保护,《消费者权益保护法》第六十二条规定:“农民购买、使用直接用于农业生产的生产资料,参照本法执行。”因此,农民通过网络购买、使用直接用于农业生产的生产资料,也属于电子商务消费者权益保护的调整范围。

5.3.2 电子商务消费者的权利

1)电子商务消费者

电子商务消费者是指通过电子商务购买商品、使用商品或接受服务的人,即具有权利能力并通过电子商务行使了消费行为的个体,其中消费行为特指个体不以营利为目的,与经营者订立合同购买其产品及服务以满足自身所需的行为。特别的,有关法人以及其他组织是

否可以作为消费者的问题,我国《消费者权益保护法》并未做出明确规定。一般来说,电子商务中的消费者应当满足以下三个条件:

第一,消费者与经营者应当利用互联网作为工具进行交易。

第二,消费者与经营者意思表示一致并达成了合同。

第三,消费者不应以营利为目的,以营利为目的的交易行为,在理论上应当视作商务行为。

电子商务消费者身份的认定,是解决电子商务中消费者权益保护的前提和基础。传统观点认为电子商务模式主要有 B2B、B2C、C2C、B2G 等类型。随着应用领域的不断拓宽和信息服务方式的多样变化,又出现了指向消费者与企业之间的 C2B 模式,比如团购模式 B2T(企业与团队之间)。还有 ABC 模式,由代理商(Agents)、商家(Business)和消费者(Consumer)共同搭建电子商务平台,相互之间可以转化。再有 BMC 模式,即 B2M+M2C=BMC,其中的 M(Medium)为第三方管理平台。明晰不同电子商务模式中消费者的身份认定问题非常重要,但我国相关法律并未明确消费者的概念和主体资格,"消费者是否限于自然人""消费目的是否限于生活消费""电子商务模式是否改变消费者的主体资格认定"等问题尚无定论。消费者身份的模糊规定和认定困局对其合法权益的保护和电子商务的发展都是不利的。

我国较多理论学者将"消费者"限定为为生活消费需要购买、使用商品或者接受服务的自然人,并不包括单位。在判断是否为"生活消费"时,不宜单纯以购买的物品是否属于生活消费品为标准,同时也应考虑购买者的目的与动机。个人购买、使用商品或者接受服务的方式与途径基于网络特性而有所变化,但消费者的概念界定和法律适用并未根本删改。电子商务 B2C、C2B 模式中的消费者主体则是确定存在的,无须赘言,至于 C2C 模式中是否存在消费者和经营者,学术界则尚未达成共识。"消费者"的概念应与经营者相对应,C2C 中卖方如能满足经营者的认定要件,则买方可为消费者。为了维护市场竞争的公平有序,有学者主张对"营利性"进行扩张性解释,认为不应单纯判断该主体在本质上是否以营利为目的,而应看其是否从事了实际经营活动、在特定条件下是否获得了某种真实利益。C2C 中卖方通过网络提交相关材料、获取营利资格后开展网上销售等服务,具有营利目的,应当被视为经营者。C2C 模式中交易门槛较低,稳定性欠佳,将买卖双方主体认定为消费者与经营者,更有利于对网络消费者合法权益的保护。

2)电子商务消费者的知情权

《消费者权益保护法》第八条规定:"消费者享有知悉其购买、使用的商品或者接受的服务的真实情况的权利。"无论是传统的交易还是电子商务活动,知悉商品或者服务的真实内容,是消费者决定消费的前提。电子商务经营者向消费者提供的与商品和服务有关的广告及其他信息必须客观、真实、全面。因为电子商务消费者一般只能根据网上提供的信息判断商品或服务的内容,这种购物方式容易使消费者遭受虚假信息的欺骗。事实上,互联网的虚拟性及不确定性使得电子商务消费者的知情权比传统商务更加难以保障。通常情况下,消费者在决定通过网上购买之前,需要了解的与商品或服务有关的信息主要包括三个方面:

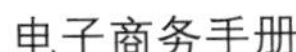

①商品或基本情况包括,商品的名称、注册商标、产地、生产者名称、服务的内容、规格、费用等。

②商品的技术指标,包括用途、性能、规格、等级、所含成分、使用方法、使用说明书、检验合格证明等。

③商品或者服务的价格及商品的售后服务情况。

3)电子商务消费者的自由选择权

《消费者权益保护法》第九条规定:"消费者有自主选择商品或者服务的权利。消费者有权自主选择提供商品或者服务的经营者,自主选择商品品种或者服务方式,自主决定购买或者不购买任何一种商品,接受或不接受任何一项服务。"据此,电子商务消费者亦享有同等权利。

在电子商务消费中,消费者的自由选择权得到了更加充分的体现,尤其是在网上购物过程中消费者主导权得到了彰显。然而互联网的开放性也带来了一些问题,一些电子商务经营者擅自通过电子邮件向消费者发送商业性广告,为消费者带来了困扰,不仅增加了其上网费用,甚至导致了财产损失。但消费者往往难以阻止垃圾邮件的入侵,从而在一定程度上剥夺了其在网络空间中的自由选择权。因此,在任何情况下发送的商业性宣传材料都必须被明确标明,并且不应导致消费者(接受者)费用的增加。

我国目前已经开始着手制定有关的法律规定。北京市已经率先出台了《关于对利用电子邮件发送商业信息的行为进行规范的通告》,其中明确规定:因特网使用者利用电子邮件发送商业信息应本着诚实信用的原则,不得违反有关法律法规,不得侵害消费者和其他经营者的合法权益。同时,应当遵守以下规范:一是未经收件人同意不得擅自发送;二是不得利用电子邮件进行虚假宣传;三是不得利用电子邮件诋毁他人商业信誉;四是利用电子邮件发送商业广告的,广告内容不得违反广告法的有关规定。这是我国第一部关于邮件广告的地方性法规,无疑为后续制定保护消费者自由选择权的相关立法提供了重要参考。

4)电子商务消费者的公平交易权

公平交易权是指消费者在交易中获得公平的交易条件的权利,根据该权利,经营者不得利用优势地位将明显不公平的条件强加于消费者,即双方交易条件不能"显失公平"。在某些电子商务活动中,经营者可能以电子格式合同(或格式条款)的方式将明显不公平的交易条件强加给消费者。我国《电子商务法》中也对格式合同导致的捆绑、搭售问题做出了明令禁止。《电子商务法》第十九条明确规定,电子商务经营者如果搭售商品或服务,应当以显著的方式提醒消费者,不得默认勾选。但对于显著方式的具体内容,没有制定相应规范。除上述规定外,《电子商务法》还规制了经营者不得以格式条款等方式约定消费者支付价款后合同不成立这一种情形,以保护电子商务消费者的权益。

此外,公平原则也是我国《民法典》确定的,平等的民事主体实施民事行为时必须遵守的基本原则,是市场经济交易的基本原则。电子商务消费者和经营者作为平等的民事主体,在消费法律关系中,双方应当具有平等的法律地位,但在实际交易中,消费者常常处在弱势地位。我国《消费者权益保护法》以法律形式强调并再次确定了消费者与经营者具有平等的权利，在双方建立的消费法律关系中，应当进行公平交易，消费者也有权要求进行公平交易。

5）电子商务消费者的无因退货权

消费者无理由退货权最初起源于美国，在美国被称为“冷静期”或者“冷却期”，而英国则称之为“合同的撤销权”或者“合同的取消权”，欧盟称之为“撤销权”或者“撤回权”。因为各国对这一权利没有统一的称谓，所以，我国通过《消费者权益保护法》这一法定的形式将其称作“无理由退货权”。《消费者权益保护法》第二十五条规定：“经营者采用网络、电视、电话、邮购等方式销售商品，消费者有权自收到商品之日起七日内退货，且无需说明理由。”消费者无理由退货权具有以下特征：

（1）消费者无理由退货权具有法定性

消费者无理由退货权作为一项法律规定具有法定性和强制力。无理由退货权是消费者知情权与选择权的延伸，更是一项法律权利。国家以法律的形式确立无理由退货权，有利于更好地保护消费者的权益。

（2）消费者无理由退货权具有无因性

合同法中的合同撤销权是指，在法定条件下允许一方单方解除合同的权力，这些条件包括一方存在重大误解、欺诈、胁迫，及在订立合同时显失公平。消费者无理由退货权强调的是，在消费者与经营者完成交易后，在法定期限内若消费者对所购商品感到后悔，无需对经营者进行解释，即可单方面解除合同，达到维护自己合法权益的目的。

（3）消费者无理由退货权具有时效性

法律条文中明确规定消费者行使无理由退货权是自消费者收到商品之日起 7 日内，时间明确，并且在能接受的合理范围之内。时效性这一特征，可以保证消费者在指定的时间内积极有效地行使权利，减少滥用权利的现象，规范消费者的行为。

关于电子商务消费者的退、换货权，在电子商务环境中远比传统商务中遇到的问题要复杂得多。欧盟《远程销售指令》在此方面的一项重要规定是撤销权。根据该规定，消费者享有撤销权，并应在规定时间内行使，逾期无效。当消费者行使撤销权时，供应商有义务全额退还消费者已付款项。消费者需承担退还货物的直接费用。此外，指令还限制了退换货物的种类，数字化商品如影视 CD、软件、电子书籍等，以及消费者已经自行开封的音像录音制品或电脑软件、报纸、期刊以及杂志等，消费者不享有撤销权。

6）电子商务消费者的损害赔偿权

消费者因购买、使用商品或接受服务受到人身或财产损害的，可以依法获得赔偿的权利。《消费者权益保护法》第十一条明确规定：“消费者因购买、使用商品或者接受服务受到人身、财产损害的，享有依法获得赔偿的权利。”此外，我国《消费者权益保护法》第四十四条做出了电子商务平台经营者先行赔付的条款规定，该条指出“在电子商务平台经营者不能向消费者提供平台内经营者的真实信息、地址、联系方式时，电子商务平台应先行赔付消费者的损失，再由电子商务平台向经营者追偿”。《电子商务法》第五十八条规定，消费者要求电

子商务平台经营者承担先行赔偿责任时适用《消费者权益保护法》的有关规定。

电子商务中消费者求偿维权制度与传统交易中的消费者并无很大差别。当电子商务消费者的权益受到损害时，应当可以依法实现权利的救济，且行使权利的主体不仅限于购买商品的消费者，还应当包括合法使用的第三人。电子商务中的消费者遭受经营者的侵权或违约后，可依据《民法典》《电子商务法》以及《消费者权益保护法》等法律法规，与经营者进行调解、和解、诉讼、仲裁或向消费者协会投诉等。

5.3.3 我国电子商务消费者的权利保护

1)我国电子商务消费者的权利保护现状

随着电子商务的不断发展，其开放性、全球性、虚拟性、高科技性的特征导致消费者在网络交易中面临更多的欺诈、虚假广告、操作错误等问题。加之计算机网络技术层面存在较高"出错"的可能性，使得消费者在电子商务环境下的交易风险更高，合法权益容易受到侵害。目前，基于互联网的消费者权益被侵害的网络投诉日益增多，主要问题集中在隐私权保护、格式条款、虚假广告、退换货、售后服务及损害赔偿等方面。由此可见，电子商务在给消费者带来便捷的同时，也给消费者权益保护带来了新的挑战，只有在电子商务环境下建立有效的消费者保护体系，才能使消费者的合法权益得到有效保护并从根本上保证我国电子商务长远、健康的发展。

近年来我国政府在加强电子商务立法、规范电子商务行为方面高度重视，2004 年 8 月 28 日，第十届全国人民代表大会常务委员会第十一次会议通过了《中华人民共和国电子签名法》，它被认为是我国第一部"真正意义上的电子商务法律"。2005 年 1 月 8 日，我国第一个专门指导电子商务发展的政策性文件《国务院办公厅关于加快电子商务发展的若干意见》出台。2010 年 5 月 31 日，国家工商行政管理总局审议通过了《网络商品交易及有关服务行为管理暂行办法》，为规范网络商品交易及有关服务行为，保护消费者和经营者的合法权益，促进网络经济持续健康发展提供了重要依据。2018 年 8 月 31 日，第十三届全国人民代表大会常务委员会第五次会议通过，并于 2019 年 1 月 1 日开始实施的《中华人民共和国电子商务法》，有利于电子商务的长远发展。

2)我国电子商务消费者权利保护面临的主要法律问题

我国关于电子商务消费者权益保护的立法规范主要有《消费者权益保护法》《民法典》《合同法》《反不正当竞争法》以及《电子商务法》等法律法规。可以看出，对电子商务中消费者权益保护的立法规范散落在不同的法律法规之中。虽然这些法律法规已经逐步涉及消费者权益保护问题，但由于电子商务发展迅速，消费者侵权问题也变得多样化和复杂化，使得现有立法难以完全满足保护消费者合法权益的要求。现今的国内立法仍然难以全面保障电子商务中的消费者权益。主要从以下几个方面体现出目前电子商务中消费者权益保护所存在的问题：

第一，消费者的知情权、公平交易权受到侵犯。目前，为维护电子商务中消费者的知情权而设立的信息披露制度仍不能完全满足保障消费者权益的要求。在电子商务中,消费者只能通过经营者的网络宣传来了解商品或服务的信息,这给一些商家发布虚假广告提供了机会。由于网络的即时性,商家可以不经网络服务商同意就自行更新网页,而网络服务商很难保证其链接的网页内容真实、合法。同时,广告监管部门也难以对数量庞大的网络广告逐一审查。在信息不对称的情况下,消费者的知情权和公平交易权很容易被侵犯。

第二,消费者的个人信息权受到侵犯。由于消费者个人信息所具有的经济价值和黑客技术的发展,个人信息安全保护成为一个重要的问题。在电子商务中,消费者个人信息权受到侵犯的主要表现为:经营者超出使用目的收集或非法出售消费者个人信息、未经许可使用消费者个人信息。

第三,消费者的自主选择权经常受到限制。在电子商务中,消费者的自主选择权受到一定限制,并经常遭到侵犯。电子商务中签订的合同通常是格式合同,格式合同的广泛应用对消费者公平交易权构成了隐患,其中,网络点击合同便是典型的格式合同。网络点击合同在 B2C 零售交易中经常使用,这类合同在用户注册并阅读了相关网站用户守则后点击“我同意”或“我接受”,或浏览网上商品信息后按提示点击“购买”等表单提交按钮后即告成立。由于这类合同没有修改和协商的余地,用户在别无选择的情况下,只能确认该合同条款,否则无法进入下一步操作程序。因此,消费者的自主选择权受到了一定的限制。

第四,消费者的财产安全权风险较大。电子商务中,消费者财产安全权受到侵犯主要体现为:一是不履行义务的消费欺诈,一些经营者在收款后否认交易行为,或以各种理由拒绝履行义务。消费者通常因为未保留与商家来往的电子信息记录或已完成签收而难以举证,造成难以弥补的损失;二是电子账户资金的安全,电子支付给电子商务消费者带来便捷的同时,也带来了极大的安全隐患,网上支付信息容易被冒用,电子货币容易被盗或者丢失,支付系统容易被非法入侵或病毒攻击。

第五,消费者的损害赔偿权实现难度大。电子商务消费者难以查明对方的真实身份,且由于网络的即时性特点,证据难以保存,使消费者的损害赔偿权难以得到保障。消费者也往往因上述因素,放弃损害赔偿请求权。

3)我国电子商务消费者权利保护的综合治理

互联网技术的广泛应用加剧了消费者和经营者之间的差距,使消费者在电子商务环境下的弱势地位更加凸显。为了推动电子商务的可持续发展,电子商务消费者的权利保护需要从政府、电商平台以及消费者三个方面入手,实行综合治理。

第一,政府应当发挥其在法律法规制定和行政监督管理方面的职能作用,以维护市场经济秩序的公平正义和诚实信用;政府应当进一步增强对电子商务消费群体的保护力度,制定和完善电子商务环境下消费者权益保护的特殊规制,增强消费者信心,营造良好的电子商务环境,促进电子商务的健康快速发展。

第二,对电子商务平台而言,要完善电子商务信用体系,包括网商的信用公示机制和诚信认证体系。通过信用公示机制和诚信认证体系,使网络商品经营者和网络服务经营者披露真实准确、完整且充分的信息,不隐瞒不利于其自身的信息。此外,披露的信息要易于理

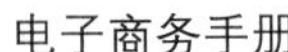
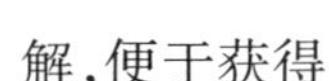

解,便于获得。

第三,消费者自身需要增强权益保护意识。在交易行为进行前,消费者与经营者要进行充分沟通,不仅要了解商品或服务的基本信息、售后服务以及纠纷解决情况,更要保留与经营者的沟通记录,索要并妥善保管购物发票凭证,以便在发生争议时作为权益维护的有利证据。在进行电子交易时,消费者要随时保持高度警惕,增加对计算机网络技术的了解,如防火墙技术、认证技术、加密技术等,注意识别网站的合法备案标识,尽量选择正规知名网站进行交易,使钓鱼网站和虚假网站无可乘之机。如果消费者已经遭遇了网络欺诈,应及时向公安部门报案以维护自己的财产或人身安全。

5.4 电子商务监管

5.4.1 电子商务监管概述

1)电子商务监管的主体

电子商务的监管主体旨在明确“谁来监管”的问题。根据《电子商务法》,我国需建立符合电子商务特点的协同管理体系,形成由相关部门、电子商务行业组织、电子商务经营者、消费者等共同参与的电子商务市场监管模式。

(1)政府

政府监管又称“政府规制”或“政府管制”,是指在市场经济条件下,政府为实现和保障公共政策的落实,对微观经济主体进行规范与约束,以达到规范市场、维护权益的目的。《网络交易管理办法》旨在规范网络商品交易及有关服务,保护消费者和经营者的合法权益,促进网络经济持续健康发展。这表明政府监管电子商务领域的目的在于矫正市场失灵,维护市场规则,增进公共利益,营造法律健全、秩序良好的电子商务环境,实现公平正义。

目前,我国已建立了较为完善的电子商务交易监管体制,政府监管机构从中央到地方形成了较为完整的架构。中央政府负责监管电子商务相关业务的主要部门有 12 个,即商务部、工业和信息化部、公安部、文化部、财政部、国家税务总局、国家市场监督管理总局、国家海关总署、国家新闻出版总署、中国人民银行、中国银行业监督管理委员会等。

其中,商务部负责拟订国内外贸易和国际经济合作领域的电子商务相关标准、规则,组织和参与电子商务规则和标准的对外谈判、磋商和交流,推动电子商务应用;工业和信息化部负责指导监督政府部门及重点行业的重要信息系统与基础信息网络的安全;公安部着重查处各种破坏网络安全和扰乱社会秩序的违法犯罪行为;中国人民银行对电子商务交易支付进行监管;新闻出版总署负责对互联网出版、数字出版活动进行监管,查处违法违规行为。

我国各地方政府也建立了与中央政府相对应的监管机构,其职权划分与中央政府机构相同或相似,地方政府的监管对建立和维护我国网络商品交易秩序起到了十分重要的作用。

(2)行业协会

行业协会也是我国电子商务监管的重要主体。行业协会是指介于政府、企业之间,商品生产者与经营者之间，并为其服务、咨询、沟通、监督、自律、协调的民间性、非营利性社会中介组织。除了政府监管之外，行业协会还需发挥自律作用，促进政府治理和社会调节、居民自治之间的良性互动，夯实基层社会的治理基础。通过行业协会的作用，可以增强行业自律，促使生产企业、网络商品经营者自觉履行商品质量保障义务。支持地方行业协会建立本地产业质量标准，并将标准实施作为企业品控能力建设的基础性工作，建立健全技术、专利、标准协同机制，推进对标达标活动，提升质量水平。

我国电子商务领域现有中国互联网协会、中国电子商务协会、中国消费者协会以及众多地方性行业协会。这些机构应在电子商务监管中充分发挥自身优势，如消费者协会应倡导理性消费，中国互联网行业协会应加强行业自律，中国电子商务协会可联合第三方认证及检验检测等机构，共同加强对电子商务安全治理领域的监督。

(3)电子商务经营者

电子商务经营者作为电子商务市场交易的经营主体，既是监管的对象，又扮演着重要的监管角色，这是我国电子商务法的重要特色之一。在我国，电子商务市场很大程度上依赖平台交易，平台经营者通过互联网进行经营活动，并制订和实施交易规则，获得了事实上的规范平台中电子商务活动的管理权。电子商务交易平台经营者作为经营者的一种类型，既是电子商务交易市场监管中的被监管对象，又是依法对平台内经营者进行监督管理的监管主体。

按《电子商务法》的规定，电子商务平台经营者作为监管主体，承担相应的监督管理职责。电子商务交易平台经营者通过制定和实施平台内网络交易规则和信用管理制度，促进电子商务交易各方的自我管理和约束。

(4)公众舆论

互联网使得公众意见更便宜的公开表达，丰富了公众舆论监督手段。与传统的利用报纸、广播进行舆论监督相比，基于互联网的公众舆论监督在我国电子商务发展过程中发挥的作用和影响力日益显著。其主要有特点如下：

第一，监督主体广泛。网络信息的开放流动和实时共享使得网民能够随时关注热点事件，自由表达观点并与他人互动交流，使普通公众真正成为网络舆论监督的主体。

第二，监督渠道多元。最高人民法院、中央纪委监察部等官方监督机构建立了网络举报平台和官方网站；人民日报、南方日报等党委机关报也陆续开通新浪微博账号，推出手机新闻客户端，将舆论阵地转向网络，并借由网络平台使公众得以发声。媒体的全方位监督对我国电子商务的健康有序发展起到了重要作用。

第三，监督实时高效。网络传播的突出特点就是实时，网民可以在任意时间、地点，通过网络举报不当言行，或对热点事件发表看法。网络的匿名性使得公众在网络中发表的意见更具真实性。与上访、来信案件等传统方式相比，网民在网络平台中公开发布的信息对所有网民可见，尤其是针对涉及公众利益的社会公共事务发表的意见，能迅速形成舆论压力，促使相关部门尽快做出回应。

2)电子商务监管的客体

电子商务监管客体,又称电子商务监管对象,旨在解决“监管谁”的问题。我国电子商务监管客体是指从事电子商务交易的企业组织或个人,即电子商务经营者。

《电子商务法》规定电子商务经营者是电子商务交易法律关系的主体,并对电子商务经营者的概念内涵和外延进行了定义,同时明确了电子商务经营者的类型。电子商务经营者是指通过互联网等信息网络从事销售商品或者提供服务的自然人、法人和非法人组织,即通过互联网等信息网络从事经营活动的民事主体。《电子商务法》第九条规定:“电子商务经营者的概念包括三种不同类型,即电子商务平台经营者、平台内经营者和其他电子商务经营者。”所以,电子商务的监管客体主要由这三个方面构成。

(1)电子商务平台经营者

根据《电子商务法》第九条第二款规定:“电子商务平台经营者,是指在电子商务中为交易双方或者多方提供网络经营场所、交易撮合、信息发布等服务,供交易双方或者多方独立开展交易活动的法人或者非法人组织。”

(2)平台内经营者

根据《电子商务法》第九条第三款的规定:“平台内经营者,是指通过电子商务平台销售商品或者提供服务的电子商务经营者。”这一规定给平台内经营者的概念提供了准确定义。以往平台内经营者通常被称为在网络交易平台上进行交易的“销售者、服务者”,因为缺少表述电子商务的特点,不够准确;但是将其定义为“与网络交易平台提供者签订网络交易平台服务合同,以营利为目的,在网络交易平台上销售商品或者提供服务,并与购买商品或者接受服务的消费者构成网络买卖合同、网络服务合同关系的经营者”是比较准确的。

(3)其他电子商务经营者

其他电子商务经营者,是指除了电子商务平台经营者和平台内经营者之外,通过自建网站、其他网络服务销售商品或者提供服务的电子商务经营者。《电子商务法》第九条第一款在定义电子商务经营者时,提供了这种类型,但尚未对其进行明确界定。

3)电子商务监管的范围

(1)对电子商务经营者的准入许可监管

市场监管部门依据相关法律法规,对符合登记条件的电子商务经营主体办理准入登记,通过评审,符合条件的发放纸质和电子营业执照,并对相关网站或网页办理身份认证手续,粘贴相关标识和显示登记信息,对违反准入许可的行为,按有关法律法规予以查处。

(2)对电子商务客体的监管

市场监管机关对电子商务客体的监管,主要包括特许经营商品及服务准入监管以及网上交易商品质量监管两个方面。对特许经营商品及服务准入的监管,要求已取得营业执照的经营者必须在核定的经营范围内依法经营。其中,需要经过新闻、出版、教育、卫生、药品监督管理、公安等部门专项审批方可经营的商品与服务,必须按规定进行审批,在取得相关行业许可证后,方可从事网上经营活动。负责审批的部门应在各自职责范围内,依法对互联

网信息内容实施监督管理。

(3)对电子商务经营行为的监管

市场监管部门以《商标法》《广告法》《反不正当竞争法》《消费者权益保护法》《民法典》为执法基础,对侵犯企业名誉、商标专用权、无照经营、虚假广告宣传、利用网站开展传销以及销售假冒伪劣商品等违法行为进行查处。

(4)对电子合同的监督管理

电子合同是电子商务活动中最基础的环节。在电子商务中,交易双方通过电子商务系统进行网上谈判,并将商谈结果形成电子文件,明确各自的权利、义务和责任,随后通过电子数据交换或数字签名的方式签约,形成电子合同。

在《民法典》中,市场监督管理部门被赋予"依法组织实施合同行政监管""对利用合同的违法行为负责监督处理""查处合同欺诈等违法行为"的监管职责。市场监督管理部门应认真学习《民法典》,掌握电子信息技术,熟悉电子合同的形态及形成过程,以电子合同为切入点,切实有效地实施对电子商务的监管。

(5)对知识产权的保护

电子商务中涉及的知识产权保护范围广泛,包括专利权、著作权、版权等,分别由相关部门进行监管。其中市场监督管理部门主要对企业名称、字号专有权以及商标专用权进行保护,并查处因网站名称或中文域名使用不当而造成的侵权行为。

(6)对消费者权益的保护

保护消费者的合法权益是市场监督管理部门的重要职责。在电子商务中,对消费者权益实施保护主要需做好四个方面的工作:第一,做好消费者隐私权的保护工作;第二,妥善保障有偿使用电子邮箱的消费者的合法权益;第三,注重查处交易过程中侵害消费者权益的各种违法行为;第四,做好电子商务中涉及的网站、网上广告发布者、商品提供者、网上经营者、货物配送机构及交易流程各环节的监督管理工作,明确责任,以便在消费纠纷产生时,依法追究责任。

电子商务的发展迫切要求政府积极应对电子商务监管的问题,积极探索监管手段和方法,打破电子商务监管真空,开辟全新的监管服务领域,发挥政府在保障电子商务健康发展中的重要作用。同时,要拓宽电子商务领域,规范电子商务交易行为,推进电子商务的繁荣发展,为电子商务营造便利、安全、同时,要放心的网络消费环境,确保电子商务相关各方的合法权益得到切实保护。

5.4.2 电子商务秩序及法律规制

电子商务需要一个良好的秩序以确保其高质量发展,同时也需要法律来保障电子商务活动的健康运行。本节将综合介绍电子商务中涉及的不正当行为及相关法律责任。

1)平台经济与反垄断

(1)平台经济

平台经济指的是利用互联网信息技术构建的交易场所,旨在促成双方或多方交易并从

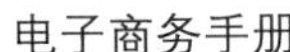

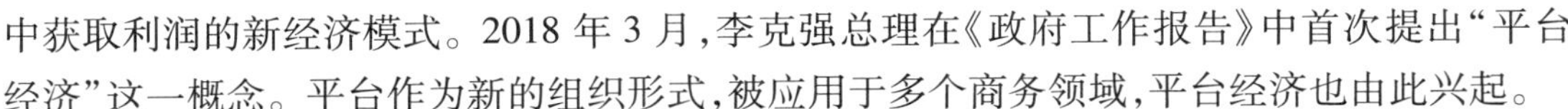
中获取利润的新经济模式。2018 年 3 月，李克强总理在《政府工作报告》中首次提出“平台经济”这一概念。平台作为新的组织形式，被应用于多个商务领域，平台经济也由此兴起。

相较于个体经济，平台经济在降低交易成本、扩大市场规模、提高经济效益、深化社会分工、培育经济发展新动能等方面，发挥了积极作用。尤其在当前鼓励创新的导向下，平台经济高速增长，平台公司凭借技术创新，在通信、社交、教育、购物、出行等多个社会生活领域为消费者提供了便利的服务体验，吸引了庞大的用户群体，市场份额不断扩大，同时也吸引了更多人成为平台上的创业者，创造了巨大的社会价值。

（2）反垄断规制

反垄断的目的，并非阻止企业做大做强，而旨在预防和制止垄断行为，以维护公平、合理的市场竞争秩序。

《反垄断法》并不反对、更不禁止平台经济合法取得市场支配地位，它仅禁止滥用这种地位来排除、限制竞争，阻碍技术进步，损害消费者和其他经营者的合法权益。

对经营者的控制和审查，《反垄断法》强调既要防止经营者过度集中，形成垄断，又要鼓励国内企业通过依法兼并做大做强，发展规模经济，提高产业集中度。《反垄断法》明确规定：经营者可以通过公平竞争、自愿联合，依法实施集中，扩大经营规模，提高市场竞争能力；国务院反垄断执法机构对具有或可能具有排除、限制竞争效果的经营者集中，应当予以禁止，但是，如果经营者能够证明，集中对竞争产生的有利影响明显大于不利影响或者符合社会公共利益，则可不予禁止。《反垄断法》在禁止垄断协议的同时，对中小经营者为提高经营效率、增强竞争力所达成的协议给予豁免。

以《反垄断法》为基准规范互联网企业的垄断行为，加快推进互联网企业的金融监管和资本监管立法，将有助于有序引导金融资本投资互联网企业，防止因互联网金融无序发展可能引发的系统性风险。

（3）平台经济反垄断

公平竞争是平台经济持续健康发展的基石，关键在于通过立法强化反垄断并防范资本无序扩张。平台经济相较于传统经济，其运营模式有很大不同，因此需要根据平台经济的特点重新界定垄断的内涵，厘清法律边界，细化反垄断制度，制定符合平台经济运行规律的法律指南，增强反垄断法的可操作性。

反垄断不是单纯地拆分，而是有效地监管。对于以数据和流量为基础的互联网企业，资金和技术的高度集中是产生规模效应的前提。在处理平台经济反垄断问题时，不能搞“一刀切”，需要协调竞争与垄断的关系，避免“一抓就死，一放就乱”。在保证经济效率和公平竞争的前提下，结合行业特点，找到市场规模的均衡点，对平台经济的垄断行为进行有针对性的监管，为互联网企业营造一个有序的竞争环境，以激励技术创新与科技研发，提升平台经济的核心竞争力。同时，那些在市场上“所向披靡”的互联网企业也应按照法规要求，加强反垄断合规管理，定期开展反垄断合规自查，审视自身经营行为，坚决停止任何限制市场竞争、侵犯消费者合法权益的垄断行为。

2）网络不正当竞争及产品质量规范

（1）网络不正当竞争

与传统不正当竞争相比，网络不正当竞争有其独特的表现形式，包括域名竞争、网络链接劫持和恶意攻击等，这些行为涉及的市场主体众多，波及范围广泛，侵权行为复杂且隐蔽性强。从网络不正当竞争行为的表现来看，都是侵犯了其他经营者的合法权益，往往以较低的成本换取高额利益，严重破坏了网络竞争秩序。

目前，网络不正当竞争行为主要呈现以下三种形式：

第一种是在违背其他经营者意愿的情况下，通过强制插入链接，迫使用户跳转到自己网站以获取不正当利益，侵犯他人合法权益。

第二种是通过诱导、欺骗等方式使用户关闭、卸载其他经营者提供的网络产品和服务，损害其他经营者的商业利益。

第三种是利用信息技术手段使网上售卖的产品与提供的服务不相符，如恶意捆绑软件等，这种行为构成不正当竞争，破坏了有序的竞争环境，侵犯了消费者的知情权。

（2）产品质量规范

我国于1993年通过的《产品质量法》，是专门规范产品质量责任以及产品质量监督管理的法律规范。《产品质量法》与其他部门规章、规范性文件共同构成了我国的产品质量法律体系。目前我国的产品质量法律体系，侧重于事后的质量监管，产品质量责任的规定散见于各类特别法中，尚缺乏以前端开口促进质量提升的必要法律制度供给。

国家市场监管总局已完成《产品质量法》的实施情况评估和立法调研，形成了《产品质量法（修订草案征求意见稿）》，明确了“三位一体”的立法定位。意见稿从经营者和监管者两方面规定了权利和义务，并加入了“质量促进”和“质量基础建设”的相关条文，最终将现行法的损害赔偿和罚则共同整合成法律责任，构成了目前的草案框架。从草案内容来看，“质量促进”被单独列章，突出了质量强国的国家战略，探索建立质量奖励、质量工作考核督查的办法，对我国质量品牌提升具有重要意义。

第一，条文所涉及的主体范围相对狭窄。《产品质量法（修订草案征求意见稿）》第四、第五条明确了企业主体和政府的职责内容，第七条对产品质量社会共治进行了规定，在总则中以原则性条款对社会参与主体提出了一定要求。因此，质量促进的主体不应仅限于目前草案所涉及的政府部门及企业（或个人），还应包括消费者、质量技术服务机构、社会组织等其他在《产品质量法》框架下涉及的主体，以保持法律内部规制主体的一致性。

第二，应针对这些主体的属性确定其基本职责，划清各主体之间的权利边界与义务，并作出一般性规定，将质量促进理念、产品质量管理等质量促进工具涵盖其中。以质量技术服务机构为例，可以利用高水平质量技术服务机构的优势，参与质量文化与质量人才培养，提升第三方机构在质量促进工作中的参与度，新增鼓励高水平质量技术服务机构在质量发展中作出贡献的相关规定。与此同时，应将各主体违背具体义务的法律后果对应于第六章“法律责任”中，既能做到实体章节各责任主体义务与法律责任的协调统一，立法上更具连贯性，又能通过奖罚分明的形式强调产品质量促进的重要价值。

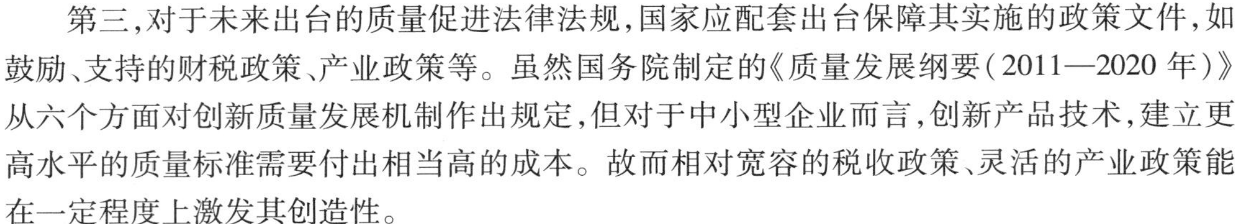

第三，对于未来出台的质量促进法律法规，国家应配套出台保障其实施的政策文件，如鼓励、支持的财税政策、产业政策等。虽然国务院制定的《质量发展纲要(2011—2020 年)》从六个方面对创新质量发展机制作出规定，但对于中小型企业而言，创新产品技术，建立更高水平的质量标准需要付出相当高的成本。故而相对宽容的税收政策、灵活的产业政策能在一定程度上激发其创造性。

3)电子商务法律责任

电子商务秩序的法律责任指的是违法者对违法行为所应承担的具有强制性的法律后果。法律责任同违法行为紧密相连，只有实施某种违法行为的人(包括法人、自然人)，才需承担相应的法律责任，其特点包括:在法律上有明确具体的规定;由国家强制力保障执行，由国家授权的机关依法追究法律责任、实施法律制裁，其他组织和个人无权行使此项权利。

电子商务的法律责任主要分为三种类型:民事法律责任、刑事法律责任以及行政法律责任。以下主要以电子商务经营者的法律责任为例进行说明。

(1)民事法律责任

第一，电子商务平台经营者自营业务的民事责任。若电子商务平台经营者在其自营业务中发生损害消费者的情况，构成民事责任的，应当依法承担商品销售者或者服务提供者的责任。若损害并非由销售者、服务者的商品或者服务直接导致，而是由网络交易平台提供者经营的业务所致，网络交易平台提供者应当承担责任。电子商务平台经营者自营业务提供服务致使消费者受到损害的，应该遵守服务合同的规则要求，依据过错推定原则承担违约责任或者侵权责任。

第二，电子商务平台未采取必要措施和未尽审核或安全保障义务的民事责任。《电子商务法》第三十八条规定了两种电子商务平台经营者需承担的民事责任，分别是未采取必要措施的连带责任与未尽审核和安全保障义务的相应责任。

第三，电子商务平台中侵害知识产权的民事责任。《电子商务法》第四十一条“电子商务平台经营者应当建立知识产权保护规则，与知识产权权利人加强合作，依法保护知识产权”。作为一般性的规定，其仅表明电子商务平台经营者负有保护知识产权的义务。

第四，违反电子支付的民事责任。包括电子支付服务提供者违反管理要求的民事责任和未经授权进行电子支付服务的民事责任。

第五，先行赔付责任。《电子商务法》第五十八条鼓励电子商务平台经营者建立有利于电子商务发展和消费者权益保护的商品、服务质量担保机制，并规定了先行赔付责任的条件，即平台内经营者设立消费者权益保证金。该保证金由电子商务平台经营者通过平台内经营者征集，用于消费者受到损害的先行赔付。电子商务平台经营者先行赔付后，有权向造成该损害的平台内经营者追偿。

第六，毁损电子交易资料的民事责任。《电子商务法》第六十二条规定:“在电子商务争议处理中，电子商务经营者应当提供原始合同和交易记录。因电子商务经营者丢失、伪造、篡改、销毁、隐匿或者拒绝提供前述资料，致使人民法院、仲裁机构或者有关机关无法查明事实的，电子商务经营者应当承担相应的法律责任。”

(2)刑事法律责任

我国没有真正意义上的附属刑法,非刑法的法律中有关刑事责任的规定都是指引性的,即指向刑法的规定,《电子商务法》同样遵循此原则。其第九十三条规定:“违反本法规定,构成犯罪的,依法追究刑事责任。”尽管规定得极为简洁,内涵却十分丰富,不容忽视。

电子商务活动中的违法犯罪行为不应姑息,对于制假售假、侵犯他人知识产权、恶意诋毁商家信誉、虚构交易“刷信用”、虚假促销、传销等违法活动,应依法予以惩治。这些行为可能触犯的刑法罪名包括:销售伪劣商品类犯罪;侵犯他人著作权、商标权、专利权、侵犯商业秘密等侵犯知识产权犯罪;诈骗罪、侵占罪、信用卡诈骗等与支付相关犯罪,这些罪名分布在刑法关于侵犯财产罪与金融诈骗罪的规定中;洗钱罪;逃税罪等涉税犯罪;走私罪;组织、领导传销活动罪;非法经营罪;侵犯公民个人信息罪(包含出售、非法提供公民个人信息及非法获取公民个人信息等行为);私自开拆、隐匿、毁弃邮件、电报罪;破坏计算机信息系统罪;拒不履行信息网络安全管理义务罪;非法利用信息网络罪;帮助信息网络犯罪活动罪;虚假广告罪;损害商业信誉;商品声誉罪;非法经营罪;以及监督管理部门工作人员的玩忽职守罪、滥用职权罪等。特别是刑法修正案(七)、刑法修正案(九)新增加的有关公民信息保护的、与信息网络有关的罪名,与电子商务活动紧密相关。在电子商务活动中,这类行为的刑事风险较高,应予以足够重视与防范。

(3)行政法律责任

我国对平台行政责任规定在立法中最早见于2000年实施的《互联网信息服务管理办法》(以下简称《办法》)。该《办法》的调整范围并不仅限于网络交易平台,而是涵盖了所有互联网信息服务提供者,如社交网站、搜索网站、视频分享网站等。在互联网信息服务领域,目前尚缺乏全面的立法,因此《办法》虽然是行政法规,却发挥着基础性立法的作用。该《办法》明确列举了互联网信息服务提供者不得制作、复制、发布、传播的八项内容,包括“反对宪法所确定的基本原则”“危害国家安全”等,并设定了一个兜底条款,即“含有法律、行政法规禁止的其他内容”。其中,关于不得“传播”的规定意味着,平台不仅不得自行制作上述内容,对其用户发布的相关内容,也有避免传播的义务。

5.4.3 依法促进电子商务发展

发展电子商务是推动国家经济增长、国民经济高速运转、转变经济增长方式的重要手段。为此,必须有相关的法律法规来保障和促进电子商务的高速发展。本节将围绕电子商务交易和电子商务技术创新方面的法律法规来介绍如何促进电子商务发展。

1)电子商务环境

电子商务环境是以企业为中心的一种基本电子商务形态。从系统角度看,电子商务是一个庞大、复杂的社会经济与技术系统。一个系统的正常运行必然受到其所处环境的影响和制约。电子商务的发展环境是多方面的,主要包括技术环境、经济环境、法规环境、政策环境等。

《电子商务法》第三条规定,国家鼓励发展电子商务新业态,创新商业模式,促进电子商

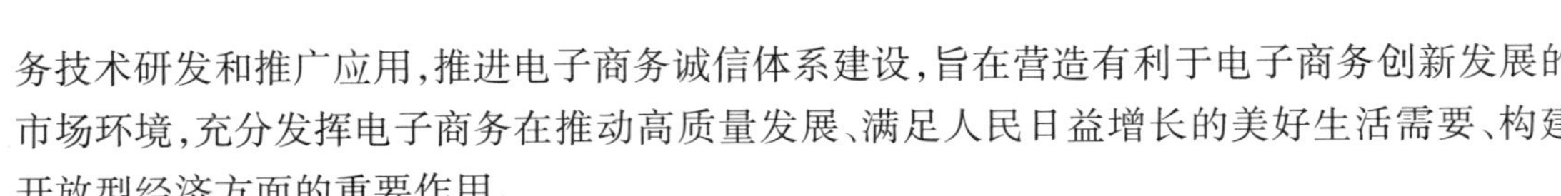

务技术研发和推广应用，推进电子商务诚信体系建设，旨在营造有利于电子商务创新发展的市场环境，充分发挥电子商务在推动高质量发展、满足人民日益增长的美好生活需要、构建开放型经济方面的重要作用。

2）电子商务促进及交易的法律法规

（1）电子商务产业促进的法律法规

《电子商务法》第六十七条规定：国家推动电子商务在国民经济各个领域的应用，支持电子商务与各产业融合发展。

《电子商务法》第六十八条规定：国家促进农业生产、加工、流通等环节的互联网技术应用，鼓励各类社会资源加强合作，促进农村电子商务发展，发挥电子商务在精准扶贫中的作用。

（2）电子商务交易的法律法规

①电子商务交易的定义。

电子商务交易，是指运用现代电子信息技术手段所进行的商品、服务、信息和其他商务活动的交易。根据《网络交易管理办法》的规定，网络商品交易，是指通过互联网（含移动互联网）销售商品或者提供服务的经营活动。其中，有关服务是指为网络商品交易提供第三方交易平台、宣传推广、信用评价、支付结算、物流、快递、网络接入、服务器托管、虚拟空间租用、网站网页设计制作等营利性服务。

电子商务交易法律法规，是指适用于运用现代电子信息技术手段进行的商品、服务、信息及其他商务交易的法律规范。电子商务交易法律法规旨在调整电子商务交易参与各方的关系，具体确定交易参与者的权利和义务，对于维护交易参与各方的权益，维持电子商务交易秩序，促进电子商务健康发展具有重要意义。

②电子商务交易的法律法规。

《电子商务法》第五条规定：电子商务经营者从事经营活动，应当遵循自愿、平等、公平、诚信的原则，遵守法律和商业道德，公平参与市场竞争，履行消费者权益保护、环境保护、知识产权保护、网络安全与个人信息保护等方面的义务，承担产品和服务质量责任，接受政府和社会的监督。

《网络交易管理办法》第四条规定：从事网络商品交易及有关服务应当遵循自愿、公平、诚实信用的原则，遵守商业道德和公序良俗。

3）电子商务知识产权的法律法规

（1）电子商务技术创新的法律法规

电子商务技术是利用计算机技术、网络技术和远程通信技术，实现整个商务（买卖）过程的电子化、数字化和网络化的一种技术手段。电子商务技术可分为 Web 浏览技术、安全技术、数据库技术、电子支付技术、网络数据通信、电子支付技术等。

按照相关法律法规和《中华人民共和国促进科技成果转化法（2015 修订）》第四章“技术权益”第四十条规定，科技成果完成单位与其他单位合作进行科技成果转化的，应当通过合同约定该科技成果相关权益的归属。合同未作约定的，按照下列原则处理：

第一,在合作转化中无新的发明创造的,该科技成果的权益归该科技成果完成单位所有;

第二,在合作转化中产生新的发明创造的,该新发明创造的权益归合作各方共有;

第三,对合作转化中产生的科技成果,各方都有实施该项科技成果的权利,且转让该科技成果需经合作各方同意。

同时,第四十一条规定,科技成果完成单位与其他单位合作进行科技成果转化的,合作各方应当就保守技术秘密达成协议;当事人不得违反协议或者违反权利人有关保守技术秘密的要求,擅自披露或允许他人使用该技术。

(2)知识产权的法律法规

电子商务知识产权,又称网络知识产权,是指电子商务活动中涉及的著作权和域名知识产权。

违反著作权将要采取处罚措施。根据《著作权法》第四十七条的规定,有下列侵权行为的,应当根据情况,承担停止侵害、消除影响、赔礼道歉、赔偿损失等民事责任:

第一,未经著作权人许可,发表其作品。

第二,未经合作作者许可,将与他人合作创作的作品当作自己单独创作的作品发表的。

第三,没有参加创作,为谋取个人名利,在他人作品上署名的。

第四,歪曲、篡改他人作品的。

第五,剽窃他人作品的。

第六,未经著作权人许可,以展览、摄制电影和以类似摄制电影的方法使用作品,或者以改编、翻译、注释等方式使用作品的(本法另有规定的除外)。

第七,使用他人作品,应当支付报酬而未支付的。

第八,未经电影作品和以类似摄制电影的方法创作的作品、计算机软件、录音录像制品的著作权人或者与著作权有关的权利人许可,出租其作品或者录音录像制品的(本法另有规定的除外)。

第九,未经出版者许可,使用其出版的图书、期刊的版式设计的。

第十,未经表演者许可,从现场直播或者公开传送其现场表演,或者录制其表演的。

第十一,其他侵犯著作权以及与著作权有关的权益的行为。

5.5 理论与实践结合(案例)

5.5.1 “人脸识别第一案”——郭某、杭州野生动物世界有限公司服务合同纠纷案

1)案情概述

2019 年 4 月,郭某支付 1 360 元购买了野生动物世界的双人年卡,入园方式为指纹识别。2019 年 7 月 12 日,野生动物世界将年卡客户的入园方式从指纹识别调整为人脸识别,

并通知郭某激活人脸识别系统,否则将无法入园。郭某认为人脸识别侵犯了他的个人隐私,不同意动物园的做法,并要求退卡。由于协商未果,郭某于2019年10月28日向杭州市富阳区人民法院提起诉讼。案件的核心问题为对经营者处理消费者个人信息,尤其是指纹和人脸等个人生物识别信息行为的评价和规范问题。

2)案情详解

(1)经过

2019年4月27日,郭某向杭州野生动物世界购买“畅游365天”双人年卡,其以微信支付方式向野生动物世界交付卡费1 360元。郭某与其妻子叶某留下姓名、身份证号码、拍照并录入指纹,郭某还向野生动物世界登记留存电话号码等信息。野生动物世界开具的入园门票发票联显示,该年卡有效期至2020年4月25日。

后野生动物世界决定将入园方式从指纹识别入园调整为人脸识别入园,并以店堂告示形式公示涉及人脸识别的“年卡办理流程”和“年卡使用说明”。“年卡使用说明”记载的部分内容为:①年卡仅限本人使用,年卡办理时录入信息和持卡本人资料必须一致;②持卡人游览园区需同时验证人脸识别及年卡入园;③年卡即办即用,有效期为生效之日起一年内(365天自然日),不限时间、次数游园;④年卡一经出售,不予退换,不予更改人员。

2019年7月12日,野生动物世界向包括郭某在内的年卡持卡客户群发短信,短信的部分内容为:年卡系统已升级,用户可刷脸快速入园,请未进行人脸激活的年卡用户携带实体卡至年卡中心激活。2019年10月7日,野生动物世界的指纹识别闸机停用。2019年10月17日,野生动物世界向包括郭某在内的年卡持卡客户群发短信,短信的部分内容为:园区年卡系统已升级为人脸识别入园,原指纹识别已取消,即日起,未注册人脸识别的用户将无法正常入园。如尚未注册,请您携指纹年卡尽快至年卡中心办理。

2019年10月26日,郭某与同事陈某至野生动物世界核实人脸识别入园一事。郭某提供的当日13时48分开始在野生动物世界年卡中心录制的录像显示,年卡中心工作人员向其表示可以让其入园,但是需要先把人脸注册好;在郭某的追问下,年卡中心工作人员表示原指纹识别方式已无法入园,未注册人脸识别系统将进不去;郭某提出其妻子不同意人脸识别,并咨询在不注册人脸识别的情况下能否退卡费,双方未能就退卡方案达成一致。郭某提供的当日13时52分开始在野生动物世界年卡中心录制的录像显示,郭某再次提出其与妻子存在分歧,其妻子不同意注册人脸,并咨询后续如何处理。年卡中心工作人员向其表示若不更换人脸识别将无法入园。郭某提供的当日13时59分开始在野生动物世界检票口录制的录像显示,其再次向野生动物世界工作人员(客服)表明其妻子的态度。客服人员向其现场展示了指纹识别系统已改造成人脸识别系统的通道。郭某提出买年卡的目的是每个星期都可以过来玩,并对工作人员拿着手机对年卡客户进行人脸识别质疑。双方就退卡一事再次协商,但未能达成一致。野生动物世界提供的同日拍摄的录像显示,郭某表示其妻子不同意注册人脸,但其本人同意,并表示此行目的是升级年卡。当日郭某未提出入园申请,也未激活人脸识别入园方式。

2019年11月4日《钱江晚报》第二版《杭州野生动物世界年卡改为强制刷脸入园,法学

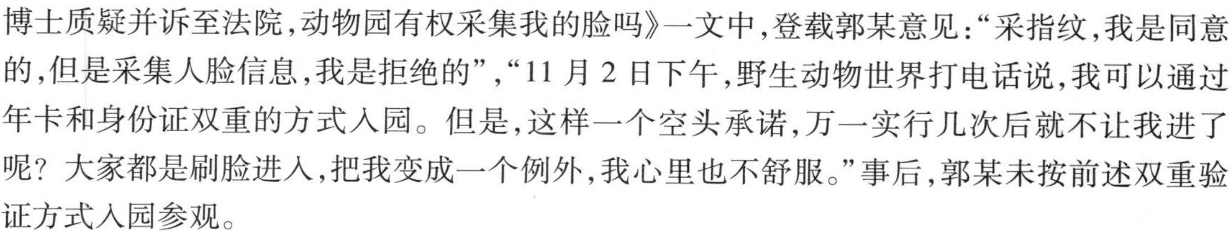

博士质疑并诉至法院，动物园有权采集我的脸吗》一文中，登载郭某意见：“采指纹，我是同意的，但是采集人脸信息，我是拒绝的”，“11 月 2 日下午，野生动物世界打电话说，我可以通过年卡和身份证双重的方式入园。但是，这样一个空头承诺，万一实行几次后就不让我进了呢？大家都是刷脸进入，把我变成一个例外，我心里也不舒服。”事后，郭某未按前述双重验证方式入园参观。

(2)结果

一审判决：2020 年 11 月 20 日，杭州市富阳区人民法院判决野生动物世界赔偿郭某 1 038元，并删除其面部特征信息，但驳回了郭某的其他诉讼请求。

上诉与终审：郭某与野生动物世界均不服一审判决，提起上诉。2021 年 4 月 9 日，杭州中院终审判决，除了维持一审判决外，增判删除郭某的指纹识别信息。

3)社会影响

这起案件不仅对当事人郭某和杭州野生动物世界产生了直接影响，也对整个社会的信息保护意识、法律制度建设、企业数据处理以及技术伦理的讨论等方面产生了积极的推动作用。

首先，从个人信息保护视角，该案件引发了公众对个人信息保护的广泛关注，提高了人们对生物识别信息等敏感个人信息保护的意识。其次，法律制度建设方面，作为“人脸识别第一案”，案件判决体现了法律对新兴技术应用的审慎态度，对个人信息保护的法律实践产生了深远影响，为类似案件提供了参考和借鉴。再者，对企业而言，该案件促使企业重新审视自身的隐私政策和个人信息处理流程，有助于加强其合规性管理。最后，从技术伦理的角度，该案件引发了公众对人脸识别技术应用的伦理和法律边界的讨论，有助于不断深入研究如何在享受技术便利与保护个人隐私之间取得平衡。

5.5.2 “大凉山”主播虚假宣传案

1)案情概述

大凉山主播虚假宣传案件是一起涉及多名网红通过虚假宣传手段销售假冒伪劣产品的严重违法行为，引起了社会的广泛关注。包括成都小虞助农传媒有限公司和成都澳维文化传媒有限公司等 MCN(Muti-Channel Network，多频道网络，即管理直播的机构)机构负责人及网红主播，通过设计剧本、话术，挑选特定背景进行直播，吸引流量后带货销售假冒产品。该案件涉及金额巨大，社会影响恶劣。案件的侦破和宣判，彰显了中国执法机关对网络虚假宣传、侵犯消费者权益行为的严厉打击态度，对维护市场秩序、保护消费者权益具有重要意义。

2)案情详解

(1)经过

2022 年 7 月，成都小虞助农传媒有限公司(MCN 机构)负责人张某进入凉山腹地，物色到个体工商户赵某(女，汉族，27 岁)、阿日某某(男，彝族，23 岁)等“网红苗子”，并进行精心孵化。

该公司通过设计剧本、话术，专门挑选当地无人居住的生产用房、破壁残垣作为直播背景，打造“大凉山原生态”人设，在短视频平台发布“偶遇”“蹭饭”“助农”等情节短视频，博取眼球、收割流量，孵化出“凉山曲布”“赵灵儿”等百万粉丝网红账号。赚取流量后，顺势通过开设网店和直播带货，打着“助农”“优质原生态”等旗号，假冒“大凉山特色农产品”商标，从成都、南京等外地食品公司低价购入蜂蜜、核桃等农副产品，以次充好，以假充真，在全国范围内销售。假冒产品被销往全国20余个省市，涉案金额超千万元。

在侦办“凉山曲布”“赵灵儿”案件的同时，凉山公安机关在工作中发现，网红“凉山孟阳”“凉山阿泽”在直播带货过程中虚假宣传，涉案数额巨大，涉嫌犯罪。经昭觉县公安局立案查明：2020年以来，成都澳维文化传媒有限公司（MCN机构）负责人唐某以剧本、摆拍等方式，在短视频平台孵化百万粉丝“网红”阿西某某（凉山孟阳，女，彝族，21岁）和阿的某某（凉山阿泽，男，彝族，21岁）。2021年3月以来，该团伙从成都、昆明等地低价购入雪燕、红花、贝母、羊肚菌等农产品，打着“凉山土特产”“助农”“原生态”等旗号，通过网络直播销售。其间，唐某伙同李某、郭某等人雇用网络水军在直播间制造爆款、抢单的假象，诱导消费者购买，涉案金额超千万元。

上述违法犯罪行为组织严密，迷惑性强，涉案地广，形成了前端打造人设、孵化网红，中端剧本拍摄、电商运营，末端农产品供应、流量变现的制假售假灰色产业链。

（2）结果

抓获犯罪嫌疑人54名，其中涉案网红主播11人，批准逮捕18人。涉案的公司法定代表人张某、网红主播赵某（赵灵儿）、阿日某某（曲布）等9人被判处8个月至3年2个月不等的有期徒刑，并处以罚金。涉案的网红账号被永久封禁，包括“赵灵儿”“曲布”“凉山孟阳”等。

3）社会影响

大凉山主播虚假宣传案对公众信任、平台责任、法律监管，以及长远的行业发展等方面都产生了深刻的影响。

公众信任方面，消费者对直播带货以及网络直播助农的信任受损，这可能使得公众对所有以助农为名的活动均持怀疑态度，影响真正需要帮助的农民和地区。平台责任方面，事件引发了公众对平台技术监管及平台责任的关注，推动直播平台积极利用人工智能等技术手段进行虚假信息的识别与过滤，并对平台内容审核、消费者权益保护等进行制度优化。此外，事件深刻揭示了网络直播带货领域存在的监管不足，促使政府和监管机构加强对网络直播行业的法律监管，更新法规，提高行业标准，并强化其对直播内容的审核与监督。从长远来看，该事件对推动直播行业的自我净化及规范化发展具有深远的影响。

总体来讲，虽然“大凉山”主播虚假宣传案短期内对行业和消费者带来了一定的负面影响，但从长远来看，其为直播行业的发展提供了反思和改进的机会，促进了相关法律、监管和行业自律的发展。

5.5.3 爱奇艺平台视频“超前点播”纠纷案①

1)案情概述

用户吴某于2019年6月19日成为爱奇艺黄金VIP会员,期望享受“免广告、自动跳过片头广告”的会员特权。吴某在观看爱奇艺平台的自制热播剧《庆余年》时,发现即使作为VIP会员,仍需观看“会员专属广告”,并且存在“付费超前点播”服务,即需要额外付费才能提前观看剧集。吴某认为爱奇艺公司单方面更改了《VIP会员服务协议》,侵犯了他的会员权益,包括“热剧抢先看”的权利。吴某将爱奇艺公司诉至北京互联网法院,要求确认“付费超前点播”条款无效,并赔偿损失。

2)案情详解

(1)经过

爱奇艺VIP会员包括3种,即黄金VIP会员、钻石VIP会员和学生VIP会员。黄金VIP会员的会员权益主要包括内容特权(比如热剧抢先看)、观影特权(比如广告特权)、身份特权和生活特权4类40余项特权。本案中双方诉争的会员权益均是围绕黄金VIP会员权益进行的。

2019年6月19日,吴某在爱奇艺平台上激活开通了“黄金VIP会员365天”,会员期间自2019年6月19日至2020年6月18日止。吴某激活开通会员时,爱奇艺平台上提供的是在2018年11月23日更新的《爱奇艺VIP会员服务协议》(以下简称“VIP会员协议”)。该VIP会员协议及此后历次更新的VIP会员协议(更新至2019年12月18日)中均没有关于“热剧抢先看”的约定。2019年11月26日起,涉案电视剧《庆余年》在爱奇艺平台和腾讯视频平台上同步首播,该电视剧共46集。2019年11月26日至2019年12月10日期间,该电视剧的播出规则为“每周一至周三20点更新2集,VIP会员抢先看6集”。自2019年12月11日起,该电视剧的播出规则更新为“每周一至周三晚20点更新2集,VIP会员抢先看6集;在此基础上,VIP会员可通过付费获得超前点播权益,提前解锁大结局。

吴某作为爱奇艺平台的黄金VIP会员,原本享有包括“热剧抢先看”在内的多项会员特权。而爱奇艺公司在未征得吴某同意的情况下,单方面于后续更新的VIP会员服务协议中增加了“付费超前点播”条款。这意味着吴某需要为观看某些电视剧的最新剧集支付额外费用。吴某认为爱奇艺公司的这一行为侵犯了他的会员权益,违反了双方之间的合同约定。他主张,作为VIP会员,他应当享有无须额外付费即可观看最新剧集的权利。因此,吴某将爱奇艺公司诉至法院,请求确认新增的“付费超前点播”条款无效,并且要求爱奇艺公司取消该功能,继续履行原会员协议中承诺的权益。

(2)结果

北京互联网法院审理此案后,判决支持吴某的部分请求。法院认为爱奇艺公司新增的

① 中国裁判文书网.北京爱奇艺科技有限公司与吴声威网络服务合同纠纷二审民事判决书[EB/OL].(2020-12-17)[2023-10-13].中国裁判文书网.

“付费超前点播”条款对吴某不发生效力，构成违约，要求爱奇艺公司继续履行原合同并赔偿吴某因诉讼产生的公证费用。

爱奇艺公司不服一审判决，向北京市第四中级人民法院提起上诉。爱奇艺公司主张，其作为网络服务平台，有权基于运营策略变更服务内容，且已通过合理方式对用户进行了提示。二审法院对爱奇艺公司的上诉请求进行了审理。在审理过程中，爱奇艺公司提交了多份证据，试图证明其变更合同条款的合理性以及吴某的会员权益并未因“付费超前点播”而受到减损。

经过审理，二审法院认为爱奇艺公司的上诉请求不能成立，驳回上诉，维持了一审判决。二审法院进一步明确，爱奇艺公司新增的“付费超前点播”条款既不符合单方变更合同的条件，也未获得吴某的同意，因此对吴某不产生法律效力。同时，法院也指出，爱奇艺公司未能提供充分证据证明其已尽到对用户的合理提示义务。

3）社会影响

该案件引发了广泛的社会关注和讨论，尤其是关于视频平台服务模式、消费者权益保护以及网络服务合同的公平性等问题。

首先，案件对视频平台的服务条款制订和变更提出了新的法律要求，强调了服务提供商在变更合同条款时必须尊重和保护消费者的合法权益。其次，该案件推动了视频平台服务行业的标准制订，促使行业内形成更加统一和公正的服务标准，并通过媒体和公众的广泛讨论，增强了社会对合同公正性和透明度的期待。进一步而言，此案件也提醒了消费者在面对服务合同变更时维护自身权益的重要性，增强了消费者对合同条款的警觉性和法律意识。最后，在电商平台选择相对较少、市场份额往往被少数平台所占据的现实情况下，用户的选择权实质上是相对较小的。因此，该案件也提醒在相关案件判决过程中，应在解释和判断条款效力时严格遵循公平原则并避免损害用户的权益。

总的来讲，该案件不仅促进了消费者权益的保护，也推动了互联网服务行业的健康发展，对整个社会的法律意识和服务行业的透明度、公正性产生了积极影响。

参考文献

[1] 中国互联网络信息中心（CNNIC）.第52次中国互联网络发展状况统计报告[EB/OL].(2023-08-01)[2023-10-13].中国互联网络信息中心.

[2] 王坚，唐江荣.电子商务领域消费者权益保护相关制度研究[J].《上海法学研究》集刊，2022，4：20-26.

[3] 凌斌，胡凌.电子商务法[M].2版.北京：人民大学出版社，2022.

[4] 张荣刚.电子商务法[M].北京：人民邮电出版社，2022.

[5] 赵莉，林海.电子商务法律法规[M].北京：高等教育出版社，2021.

[6] 王卫东，张荣刚.电子商务法律法规[M].北京：清华大学出版社，2021.

[7] 温希波，邢志良，薛梅.电子商务法——法律法规与案例分析（微课版）[M].2版.北京：

人民邮电出版社,2021.
[8] 杨立钒,万以娴.电子商务法与案例分析:微课版[M].北京:人民邮电出版社,2020.
[9] 杨立新.电子商务法规定的电子商务交易法律关系主体及类型[N].山东大学学报(哲学社会科学版),2019(2):110-120.
[10] 朱晓娟.电子商务法[M].北京:中国人民大学出版社,2019.
[11] 凌斌.电子商务法[M].北京:中国人民大学出版社,2019.
[12] 吴旭华,褚霞.中华人民共和国电子商务法:原理、实务及案例[M].北京:法律出版社,2019.
[13] 吴景明.《中华人民共和国电子商务法》消费者权益保护法律制度:规则与案例[M].北京:中国法制出版社,2019.
[14] 郭锋,等.中华人民共和国电子商务法法律适用与案例指引[M].北京:人民法院出版社, 2018.
[15] 法律出版社法规中心.最新电子商务法规汇编[M].北京:法律出版社,2018.
[16] 赵旭东.中华人民共和国电子商务法释义与原理[M].北京:中国法制出版社,2018.
[17] 王利明.民商法精论[M].北京:商务印书馆,2018.
[18] 电子商务法起草组.中国电子商务法律法规政策汇编[M].北京:中国法制出版社,2018.
[19] 宋燕妮.中华人民共和国电子商务法精释与适用[M].北京:中国民主法制出版社,2018.
[20] 电子商务法起草组.中华人民共和国电子商务法解读[M].北京:中国法制出版社,2018.
[21] 全国人大财经委员会电子商务法起草组.中华人民共和国电子商务法条文释义[M].北京:法律出版社,2018.
[22] 王庆春,王晓亮.电子商务法律法规[M].2 版.北京:高等教育出版社,2018.
[23] 电子商务法起草组.中华人民共和国电子商务法条文研析与适用指引[M].北京:中国法制出版社,2018.

第6章
农村电子商务理论与应用——典型案例

6.1　农村电商概述

近年来,随着互联网、移动通信等技术的应用和普及,以及农村信息化建设的推进,我国农村电商发展迅速,不仅直接推动了农村经济的发展,帮助农民增收致富,而且能够有效助推乡村振兴目标的实现。

6.1.1　认识农村电商

农村电商是乡村振兴战略背景下的新生产物,它的兴起为乡村振兴创造了新的活力,在销售农产品、振兴乡村产业、加快城乡一体化发展方面具有重要作用①②。开展农村电商,首先要认识农村电商,了解农村电商的定义、发展背景、分类和特征。

农村电商的定义。狭义的农村电商一般是指利用互联网(包括移动互联网)技术,通过计算机、手机等设备,为涉农领域的生产经营主体提供在网上完成农产品或服务的销售、购买和电子支付等服务,涵盖对接电商平台、建立电商基础设施、提供电商知识培训、搭建电商服务体系等。从这个概念可以看出,农村电商主要围绕农产品上行和工业品下行展开,是与农业、农产品相关的电子化交易和管理活动,属于电商在农村地区的应用。广义的农村电商还包括其外延部分,强调电商在农村地区的推进与应用,以互联网为媒介,将农村与城市连接起来,不仅能促进农产品上行(指将农产品标准化、规模化、品牌化后销往城市),扩大农产品销售市场,还能促进工业品下行(指将城市工业品销往农村地区),激活农村市场③。县域

---

① TANG W,ZHU J.Informality and rural industry:Rethinking the impacts of E-Commerce on rural development in China[J].Journal of Rural Studies,2020,75:20-29.

② YIN Z H,CHOI C H.Does e-commerce narrow the urban-rural income gap? Evidence from Chinese provinces[J].Internet Research,2022,32(4):1427-1452.

③ LIN Y,LI C.Does rural e-commerce agglomeration help expand family farms' size? Evidence from Taobao villages in China's Yangtze River Delta[J].Electronic Commerce Research,2023,23(3):1731-1752.

电商就是农村电商的一种重要表现形式①。

农村电商的发展背景。农村电商在乡村振兴、农业快速发展以及农村消费者共同富裕等方面起到了重要作用。其发展盛行是国家政策、基础设施建设、市场潜力以及新技术应用等多种因素综合作用的结果②。国家重视农业和农村电商的发展,并通过政策指导积极推动农村电商的发展,以促进农业现代化和新农村建设③。同时,农村地区的基础设施建设大力推进,互联网普及率提升,农业信息化网站得以整合资源,打通信息、产品流通渠道④。另外,农村地区市场潜力巨大,生鲜农产品供应充足,农村网络零售额快速增长,这些都为农村电商的发展提供了广阔的市场空间⑤。最后,新技术的广泛应用也为农村电商的发展提供了强有力的支持,例如5G网络的覆盖为农村电商提供了便利的网店运营和直播带货等。同时,大数据和人工智能技术的应用推动了智慧农业的发展,实现了农产品的溯源,让消费者更加了解农产品的生产、流通信息。此外,物联网、区块链和云计算的应用也能够帮助农村电商降低成本并提升规模效益。

农村电商的分类。农村电商可分为三种分类方向:产品流通方向、服务对象方向和县域电商发展模式方向。根据产品流通方向,农村电商分为输出模式和输入模式。输出模式是指将农产品、手工产品、加工产品、特色旅游资源等从农村向外部市场输出的电商模式;输入模式是指将产品、服务等向农村输入的电商模式。根据服务对象方向,农村电商分为农产品电商、农资电商、农村旅游电商和农村金融电商等⑥⑦。根据县域电商发展模式方向,农村电商可分为遂昌模式、沙集模式、通榆模式、武功模式、成县模式和清河模式等。

农村电商的特征包括直接性和双元性。直接性指农村电商使农民、企业和消费者等各方更顺畅地沟通,提高了交易效率;双元性指农村电商在宏观上呈现出多元性,出现了多种典型模式,而在微观上仍停留在卖货阶段,商业模式较为单一。此外,农村电商还具有明显的集群效应,容易引发竞争和形成产业链条⑧。

---

① QIN Q,GUO H,SHI X,et al.Rural E-commerce and County Economic Development in China[J].China & World Economy,2023,31(5):26-60.

② HE D,CEDER A A,ZHANG W,et al.Optimization of a rural bus service integrated with e-commerce deliveries guided by a new sustainable policy in China[J].Transportation Research Part E:Logistics and Transportation Review,2023,172:103069.

③ LI L,ZENG Y,YE Z,et al.E-commerce development and urban-rural income gap:Evidence from Zhejiang Province,China[J].Papers in Regional Science,2021,100(2):475-494.

④ CUI M,PAN S L,NEWELL S,et al.Strategy,resource orchestration and e-commerce enabled social innovation in Rural China[J].The Journal of Strategic Information Systems,2017,26(1):3-21.

⑤ GAO P,LIU Y.Endogenous inclusive development of e-commerce in rural China:A case study[J].Growth and Change,2020,51(4):1611-1630.

⑥ TURVEY C G,XIONG X.Financial inclusion,financial education,and e-commerce in rural china[J].Agribusiness,2017,33(2):279-285.

⑦ SONG Y,TAN L,WANG Y,et al.Data-driven modeling of the impact of internet inclusive finance on the urban-rural income gap in the E-commerce era[J].Journal of Internet Technology,2022,23(6):1377-1388.

⑧ LIN J,LI H,LIN M,et al.Rural e-commerce in China:Spatial dynamics of Taobao Villages development in Zhejiang Province[J].Growth and Change,2022,53(3):1082-1101.

6.1.2 农村电商的发展

农村电商的发展现状与特点。农村网络零售额在 2014 年至 2022 年间增长了 10 倍多，为农业农村现代化提供了新动能。全国范围内共同发展，从东部到东北，县域网络零售额正增长。新业态新模式不断涌现，如直播电商、网络达人带货等，短视频和直播成为新的农业生产工具①②。农产品标准化是打造品牌的基础，消费者对品牌农产品的忠诚度提高。物流体系进一步完善，解决了农村物流“最后一公里”问题③④。中国物流与采购联合会冷链物流专业委员会数据显示，2021 年我国冷链物流总额超过 8 万亿元，冷链物流市场规模达 4 586 亿元，冷链物流总量达 3.02 亿吨。

农村电商发展受资金、人才、基础设施等制约，国家提出相关对策和建议。一是培养农村电商专业人才，提高农民网络意识，建设专业机构和培训基地；二是全面加强农村电商基础设施建设，改善物流体系和直播间建设；三是政策扶持农村电商生态，包括健全物流体系、大数据中心、提供市场信息、吸引人才回乡、推动新业态发展等⑤。

近年来，我国政府为进一步完善农村市场体系、促进农村流通现代化、助力乡村振兴，出台了一系列政策大力扶持农村电商的发展⑥。从“八五”计划开始，一直到“十四五”规划，国家就着重规划了针对农村电商发展的政策和措施，而且目标也越来越清晰，如图 6-1 所示。这些政策包括制度性设计和总体规划、系统性安排与专业化部署，以及配套性安排等方面⑦。其中，中央一号文件明确了持续推进农村一二三产业融合发展、加强县域商业体系建设和大力推进数字乡村建设等重点任务。此外，不同地区根据自身经济特点也出台了针对性的农村电商政策。因此，在开展农村电商时，除了要了解国家政策和本地政府的落实程度，还需要关注本地政府是否针对本地实际情况出台了相关农村电商政策⑧⑨。可通过本地政府门户网站进行搜索和查看。

---

① TIAN H. Clustering and Analysis of Rural E-commerce Live Broadcast Mode Based on Data Orientation[J]. International Journal of Computational Intelligence Systems, 2023, 16(1): 90.

② DUAN S, LIN J, VAN DIJCK J. Producing new farmers in Chinese rural live E-commerce: platformization, labor, and live E-commerce sellers in Huaiyang[J]. Chinese Journal of Communication, 2023: 1-17.

③ LIU W. Route optimization for last-mile distribution of rural E-commerce logistics based on ant colony optimization[J]. IEEE Access, 2020, 8: 12179-12187.

④ JIANG X, WANG H, GUO X, et al. Using the FAHP, ISM, and MICMAC approaches to study the sustainability influencing factors of the last mile delivery of rural E-commerce logistics[J]. Sustainability, 2019, 11(14): 3937.

⑤ LEONG C, PAN S L, NEWELL S, et al. The emergence of self-organizing E-commerce ecosystems in remote villages of China[J]. MIS Quarterly, 2016, 40(2): 475-484.

⑥ XU H, WANG Z. Research on the Current Situation, Existing Problems and Suggestions of Rural E-Commerce Development[J]. Manufacturing and Service Operations Management, 2022, 3(2): 36-42.

⑦ LI L, DU K, ZHANG W, et al. Poverty alleviation through government-led e-commerce development in rural China: An activity theory perspective[J]. Information Systems Journal, 2019, 29(4): 914-952.

⑧ WANG Y, XU J, ZHANG G, et al. Study on Evolutionary Game of Rural E-Commerce Entrepreneurship Ecosystem with Governmental Participation[J]. Sustainability, 2022, 14(23): 16029.

⑨ KARINE H. E-commerce development in rural and remote areas of BRICS countries[J]. Journal of Integrative Agriculture, 2021, 20(4): 979-997.

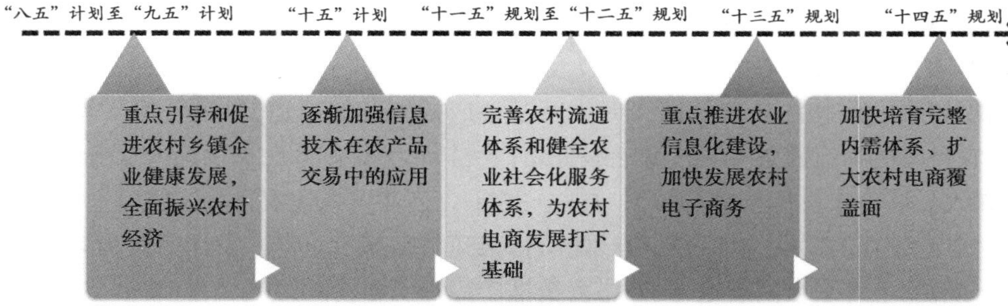

图6-1　我国农村电商行业政策发展路线历程图

农村电商正迎来前所未有的发展新机遇。一方面，行业机遇推动电商企业布局农村市场，通过提供产品和服务满足下沉市场的消费需求。另一方面，政策机遇为农村电商提供了市场环境、金融、人才、物流、基础设施等多方面支持。此外，技术机遇和人才机遇也为农村电商的发展带来了新的发展机遇。通过新技术的推广和新人才的培养，农村电商将向多样化和国际化方向发展，进一步推动乡村振兴战略的实施[①]。

6.1.3　了解农村电商创业

农村电商主要是通过网络平台来交流各种信息资源，拓展农村信息服务和农产品销售业务，以此发展农村经济，帮助农民创业致富[①]。在乡村振兴的背景下，如何加快创业模式的不断创新、构建创业团队和培养创业人才，成为农村电商创业所面临的主要问题[②③]。

农村电商创业的典型模式。农村电商创业根据不同的划分标准，有不同的典型模式，下面将从创业的主导力量和创业的具体内容两种常见的方向来划分农村电商创业模式。按主导力量可分为四种模式：返乡青年带动型、新型农业经营主体领办型、电商平台助推型和电商示范村引领型。返乡青年拥有城市经验和资金，通过网络信息技术带动村民创业[④]；新型农业经营主体领办的创业模式以特色产业为基础，吸引农民参与，促进当地产业标准化和规模化；电商平台助推模式借助农村电商将优质资源集中到一起，构建经济效益高的企业集合体[⑤]；电商示范村引领型则通过打造示范村[⑥⑦]，带动当地服务产业发展，走向互联网发展道

① MEI Y,MAO D,LU Y,et al.Effects and mechanisms of rural E-commerce clusters on households' entrepreneurship behavior in China[J].Growth and Change,2020,51(4):1588-1610.

② HUANG L,XIE G,HUANG R,et al.Electronic commerce for sustainable rural development:Exploring the factors influencing BoPs'entrepreneurial intention[J].Sustainability,2021,13(19):10604.

③ HUANG L,HUANG Y,HUANG R,et al.Factors influencing returning migrants' entrepreneurship intentions for rural E-commerce:an empirical investigation in China[J].Sustainability,2022,14(6):3682.

④ WU W,ZHANG Y,FAN Y.ICT Empowers the formation and development of rural E-Commerce in China[J].IEEE Access,2020,8:135264-135283.

⑤ SUN F,LI J.Research on the Development Mechanism of Rural E-Commerce Based on Rooted Theory:A Co-Benefit-Oriented Perspective[J].Sustainability,2022,14(20):13242.

⑥ QIN Y,FANG Y.The Effects of E-Commerce on Regional Poverty Reduction:Evidence from China's Rural E-Commerce Demonstration County Program[J].China & World Economy,2022,30(3):161-186.

⑦ WANG C C,MIAO J T,PHELPS N A,et al.E-commerce and the transformation of the rural:the Taobao village phenomenon in Zhejiang Province,China[J].Journal of Rural Studies,2021,81:159-169.

路[①]。按具体内容分为七种模式：农产品网络销售、农特产品微商、村淘、县域农村电商物流、农村O2O服务平台、农村电商培训以及农村旅游平台创业。农产品网络销售包括F2B和F2C两种模式，农特产品微商需具备生产基地或社群营销渠道，村淘分为平台和自主创业，县域农村电商物流需建立县级快递服务站，农村O2O服务平台提供综合服务，农村电商培训需深入县域和农村传授电商知识，农村旅游平台创业可搭建农村旅游体验平台[②]。

农村电商创业的团队构架包括设计团队构架和明确部门职责。设计团队构架需要掌握电商战略规划、电商平台网店运营、网络营销推广等知识和技能，并了解行政事务、资金管理等相关知识。根据是否掌握农产品主动权，农村电商创业团队构架可分为两种。运营初期，团队需压缩成本，合并相关岗位；运营中期，团队业务量增加，客服部、运营部、策划部、市场营销部和产品部需适当增配人员；运营成熟发展期，可采用矩阵制方式架构。部门间需明确职能，避免工作推诿，规范团队运作，提高工作效率和质量。主要部门职责包括行政人事、财务、运营、客服、策划、营销和产品。两种农村电商创业的团队构架如图6-2所示。

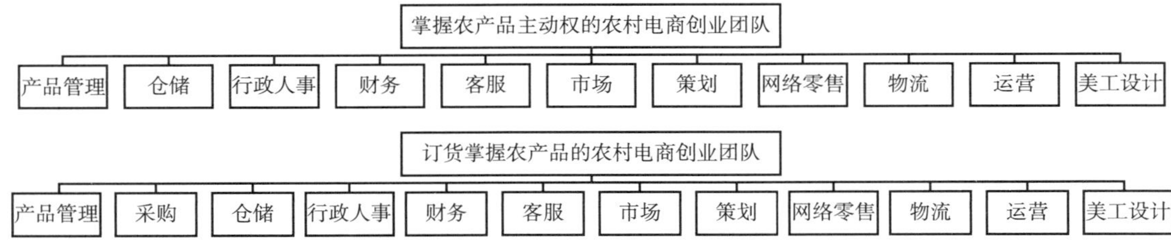

图6-2 农村电商创业的团队构架

农村电商创业的人才培养。近年来，我国重视乡村振兴，农村电商创业需要专业人才[③]。农村电商涉及战略规划、运营、资源整合等方面，需要多方面的专业人才，包括农村电商运营人才、战略人才、技术人才、农业技术人才、营销人才和综合管理型人才。培训策略包括明确培训对象和内容，针对性培训，多形式、多渠道培训，评估培训效果。

6.2 农村电商平台及运营

6.2.1 农产品电商化前期准备

过去的农产品一直都在一种传统的运营模式下生产和销售，电商化是时代发展的必然趋势。农产品做电商，重要的是口碑和品质，在电商化前期，需要分析市场、进行调研，找到消费者的需求痛点，并针对不同的消费者进行营销，在网络中通过精美的文案和包装设计打

① CHAO P, BIAO M A, ZHANG C. Poverty alleviation through e-commerce: Village involvement and demonstration policies in rural China[J]. Journal of Integrative Agriculture, 2021, 20(4): 998-1011.

② LI K. SWOT analysis of e-commerce development of rural tourism farmers' professional cooperatives in the era of big data[J]. IET Communications, 2022, 16(5): 592-603.

③ ZENG M, ZHENG Y, TIAN Y, et al. Rural E-Commerce Entrepreneurship Education in Higher Education Institutions: Model Construction via Empirical Analysis[J]. Sustainability, 2022, 14(17): 10854.

动消费者,吸引消费者下单购买。

1)**农产品电商化基础**

农产品电商化通常是指将农产品从传统的营销模式转换为网络营销模式,通俗地说,就是将农产品的生产、销售和物流等生产环节都通过电子商务网络来管理和完成。农产品电商化的主体是农产品,农产品是农村电商的重要组成部分,农产品电商化对打开农产品市场、促进农民增收、带动农村经济发展起着积极的作用①。

农产品电商化的作用。农产品电商化是电子商务在农业领域的延伸与应用,它加速了农业信息的流通、拓宽了农产品销售渠道,并创新了农产品营销模式。通过电商平台,农民可以及时了解市场需求,调整生产计划,降低风险,提高收入;同时,电商平台能够实现规模化、组织化的农产品流通,减少中间环节,降低交易成本,使农产品获得价格优势;此外,电商模式还能为农产品提供创新的营销手段和包装设计。

农产品的类型。电商化的农产品通常以初级产品为主,包括来自种植业、林业、畜牧业和渔业等的植物、动物、微生物及其产品。初级农产品在农业活动中直接获得,或经过加工但未改变其基本自然性状和化学性质的产品。例如,玉米粉和三七粉不属于初级农产品,因为它们经过了精细打粉,改变了原有的基本形态。

农产品质量安全。我国城市和农村居民的食品消费主要来源于农产品,因此农产品的质量安全对食品安全至关重要。消费者通常只能通过图片和文字了解农产品质量,这就需要农村电商确保农产品质量,为电商化作准备。同时,电商平台和政府需共同监督管理农产品质量安全。电商平台需执行日常、全程和综合监管,建立科学有效的长期管理机制,遵守国家政策和法规维护农产品质量安全。政府则需加强考核评估,建立风险管理和制定质量安全标准。

2)**农产品市场调研与分析**

我国农产品市场的规模庞大,农产品电商化不是简单地将农产品放到电商平台销售,而是需要通过了解农产品市场的供求发展变化来制定农产品电商化的相关经营决策②。因此,农产品电商化前,有必要运用一定的科学方法,有组织、有计划地收集、整理、传递和利用农产品市场信息,调研和分析农产品市场,为农产品电商化提供依据、做好准备③。

农产品市场的环境。农产品市场环境包括政治法律、经济、社会、文化、科学技术和人口等宏观环境,以及农产品企业、营销中介、消费者等微观环境。宏观环境包括政治法律环境、经济环境、社会环境、文化环境、科学技术环境、人口环境等因素,对农产品市场具有广泛而直接的影响。微观环境涉及企业、供应商、营销中介、消费者和竞争者等,影响着农产品营销

---

① ZHANG Y, LONG H, MA L, et al. Analysis of rural economic restructuring driven by e-commerce based on the space of flows: The case of Xiaying village in central China[J]. Journal of Rural Studies, 2022, 93: 196-209.

② LIU J C, LI D F. Improved Shapley values based on players' least square contributions and their applications in the collaborative profit sharing of the rural E-commerce[J]. Group Decision and Negotiation, 2022, 31(1): 7-22.

③ ZHANG J, WANG C C, PHELPS N A, et al. Rural e-commerce and emerging paths toward product renewal: Evidence from Taobao Villages in Zhejiang Province, China[J]. The Professional Geographer, 2023, 75(3): 521-535.

的各个环节。农村电商从业人员应重视各种社会因素，研究不同区域、不同环境下的消费者的购买观念和行为，做好适当的消费引导，使农产品营销向个性化营销方向发展。

农产品市场细分。在进行农产品电商化前，需要根据消费者需求和市场特点将农产品市场划分为不同类型的子市场，以形成竞争优势和有针对性地开展营销活动。农产品市场细分的作用在于发现机会、制定有效策略和开发新产品。细分的步骤包括分析农产品、分析消费者需求和细分农产品市场。常用的细分方法有地理细分、人口细分、心理细分和行为细分。在细分时需注意避免模仿他人、盲目听信他人和不懂变通的情况发生。

农产品的目标市场。农产品目标市场是指农村电商从业人员将要进入的细分市场或满足某种需求的消费者群体。选择目标市场前需了解依据及竞争战略。选择依据包括市场潜力、供应能力、竞争情况和市场需求。竞争战略包括针锋相对战略、填空补缺战略和另辟蹊径战略。

农产品市场的定位。农产品市场定位是指通过塑造形象和传递这种形象，确定农产品在市场中的位置。农产品市场定位方法包括根据质量、价格、用途、特性和消费者习惯定位。竞争优势是获得目标市场竞争优势的关键，要求展示农产品的优势和特色，并找到独特卖点。差异化可以从产品、服务、渠道、人员和形象五个方面体现，独特卖点则是为农产品塑造一个吸引消费者的点。

农产品市场的调研方式。消费者需求调研是农产品市场分析的重点，调研方法包括设计问卷。调研问卷由标题、开头、区分对象、主体内容、对象背景、作业记载和编码等组成。设计问卷需注意措辞合适、问答形式合适、顺序合理和版面美观。测试和修订也很重要。农村电商从业人员可通过在线调研问卷网站设计问卷，收集样本数据以制定营销策略。

3）农产品消费者分析

农产品电商化之前，不能单纯地只分析农产品，还要充分考虑农产品消费者的需求类型和消费需求特征，然后根据消费者数据，绘制消费者画像，才能更加精准地吸引目标消费者，实现电商化的目标。

农产品消费者的需求类型。农产品消费者的需求类型包括基本功能、安全性能、品质、便利程度、外观、情感功能、社会象征和良好服务。其中，品质是消费者选购的首要条件，而情感功能和社会象征需求则能满足消费者的精神和心理需求。同时，良好的产品服务也是电商平台为消费者提供的重要保障。

农产品消费者的消费需求特征包括普遍性、稳定性、零散性、多样性、阶段性、季节性、地区性和可诱导性。农产品是日常生活的必需品，消费者对农产品的总体需求稳定；购买个体分散，单次购买数量少；受地域、收入和社会文化等因素影响，需求多样；随生产力发展，需求结构改变；受季节影响，不同季节需求种类有差异；受传统节日和风俗习惯影响，特定日子需求量增多；受广告、促销宣传和朋友介绍等外在因素影响，可诱导性明显。

农产品消费者画像。农产品消费者画像是一种将消费者属性、行为等信息用图像直观地展示出来的工具，有助于农村电商从业人员进行消费者定位。构建消费者画像需考虑基本性、同理性、真实性、独特性、目标性、数量性、应用性和长久性等要素。获取消费者数据可通过内部管理系统、专业数据机构、社会调研和网络平台等渠道。分析消费者数据包括消费者属性数据、消费者行为数据、新增消费者数据和存量消费者数据。了解消费者喜好需从购买角度和竞争角度切入。构建消费者标签库需基于消费者数据信息定义消费者标签，然后通过 4 种基础维度来完善标签体系。标记消费者后，农村电商从业人员可以使用不同标签绘制真实的消费者画像，帮助制定合适的产品策略和运营规则。

4）农产品的品牌化建设

党的二十大报告提出，要“加快建设农业强国，扎实推动乡村产业、人才、文化、生态、组织振兴”“发展乡村特色产业，拓宽农民增收致富渠道”。而要高质量推进乡村振兴，需要深化品牌理念，把品牌意识转化为高质量发展的工作要求，贯穿于乡村振兴的全过程①。同样，实现农产品的电商化，需要加大农产品的品牌化建设力度和水平，让农产品真正变为合格的网货。

农产品命名。农产品命名是品牌化建设的重要内容，需朗朗上口、有个性、易记。方法包括以消费者群体或人名为诉求对象；带有农业相关的事物；以品质为诉求点；直接使用原产地命名；突出品种特色。

农产品卖点。农产品电商化要求从众多相似产品中脱颖而出，归纳总结出吸引消费者关注、满足需求的卖点。卖点应满足人无我有、人有我优、人优我特的条件，并落实到营销战略中，转化为消费者能够接受的利益。农产品的卖点包括外观、口感、味道等，以及与营养价值等相关的独家、新、超级卖点。挖掘卖点时，要考虑产地、新鲜程度、口感、环境、外观等因素，用简洁、生动的语言描述。此外，还可将情怀、口碑、权威等因素作为卖点。人物和达人也可塑造成农产品的代言人，提高品牌知名度和核心价值。

农产品文案的策划与写作。电商平台通过有价值的信息向消费者展示农产品及品牌，文案是这些信息的载体之一。农产品文案主要包括文字、图片、创意等，常用于网店中，作用是推销农产品。农产品文案的写作思路和技巧包括抓住眼球的标题、详细描述农产品的卖点和特色激发购买欲望、借助消费者评价或权威机构颁发的证书赢得消费者信任、引导消费者下单等。主图文案要能吸引眼球并突出农产品的卖点，可以利用数字、直击痛点和采用逆向思维等技巧增强吸引力。详情页文案要能展示农产品的卖点、体现农产品的价值、打消消费者疑虑、营造购物紧迫感等，可以通过激发消费者兴趣、展示农产品特点、体现农产品价值、展示农产品品质、利用逻辑引导消费者等方法实现。优秀的营销推广文案能宣传品牌、推广农产品，吸引消费者关注和传播，提升品牌形象。

农产品的图片拍摄和处理。农产品的图片拍摄和处理是电商平台在电商平台上展示农产品外观、形状、品质、口感等特点，吸引消费者注意并引导消费的重要手段。拍摄农产品图片通常采用实地拍摄的方法，可以直观、真实地展示农产品，而且实地拍摄的图片更容易引起消费者的好感，增加点击率。拍摄过程中需要掌握一定的摄影技巧。农产品的图片处理

① GUO N，CHEN H.Comprehensive evaluation and obstacle factor analysis of high-quality development of rural E-commerce in China[J].Sustainability，2022，14(22)：14987.

也是电商化农产品在电商平台上展示的关键步骤。拍摄完成的农产品图片可能存在失真、模糊、过暗、过亮、主次不分等问题，这些图片素材往往需要经过处理才能在电商平台上使用。

农产品的包装设计。农产品电商化需要设计外包装，好的包装能突出特色、吸引消费者、实现增值和提高品牌价值。农产品包装需考虑保护、存储、传达信息、美观度和便携性。包装文字设计能提高信息传达能力和美观度。包装图形设计需考虑产品特点、目标消费群体和行业标准。常用字体有规范字体、书法字体和图形字体。

6.2.2 农村电商平台介绍

随着我国互联网的快速发展，尤其自国家实施乡村振兴战略以来，农村电商发展迅速。近年来，农村电商大力推进电商平台建设，通过电商平台向外输出农村资源，使得更多的农产品走出农村，帮助越来越多的农民致富①。农村电商平台主要服务于农村的资源，拓展农村信息服务业务、服务领域，服务于“三农”，农民也就成为农村电商平台的受益者之一。

1）综合性农村电商平台

综合性农村电商平台是指具备与农业或农产品相关的板块，或者开辟了与农业相关服务的综合性电商平台，如淘宝网、京东商城、拼多多等。这些电商平台都在农村电商领域进行了大量的投资，也吸引了很多农村电商从业人员入驻，直接面向消费者并提供与农产品相关的服务，知名度高、流量大②。

淘宝网（www.taobao.com），由阿里巴巴集团创立，是一个综合性零售商圈，有个人对个人、团购、分销、拍卖等电商模式。其农村电商支持策略包括农村淘宝、村播计划和举办多样促销活动。平台适销的农产品主要为农产品，其中加工农产品、耐储运农产品和生鲜农产品较受欢迎。开店及入驻条件包括办理工商营业执照和食品经营许可证，缴纳保证金、服务费等费用，选择开店身份、网店主体类型，完成支付宝认证和实人认证。

京东（www.jd.com），1998 年成立，为电子商务公司，主要业务包括零售、数字科技和物流。京东商城有多个专业板块，生鲜是其中之一，提供各类生鲜食材，拥有国内领先的冷链宅配平台，覆盖全国 300 多个城市，提供次日达服务。自 2015 年起，京东全面推进农村电商策略，支持农村电商发展，推动乡村振兴。其计划已带动农村实现 3 200 亿元产值。京东在平台方面设置了农村专业频道，帮助农民和农村电商从业人员生产和销售农资产品和推广地方特色农产品。地标农产品成交额年均增长 36%，高于整体增速 4 个百分点，一些地标农产品如黑龙江大米、云南普洱茶、新疆水果和宁夏枸杞等成交额占比很高。在京东开店销售农产品需要获得相关证明文件并满足一定条件。

拼多多（www.pinduoduo.com）是一家成立于 2015 年的第三方社交电商平台，专注于拼

---

① MA W，ZHOU X，LIU M.What drives farmers' willingness to adopt e-commerce in rural China? The role of Internet use[J]. Agribusiness，2020，36(1)：159-163.

② WEI Y D，LIN J，ZHANG L.E-commerce，taobao villages and regional development in China[J].Geographical Review，2020，110(3)：380-405.

团购物的消费者可以通过发起和朋友、家人、邻居等的拼团，以更低的价格购买优质产品。截至 2023 年，拼多多拥有超过 8.8 亿活跃消费者。平台划分出了手机、视频、百货等多个类别板块，农产品主要集中在食品板块。拼多多的食品专注于为消费者提供地方农货、茶叶、坚果蜜饯和粮油速食等农产品。同时，推出了实惠、安心、便民的买菜服务——多多买菜，采用社区团购模式助力农产品上行。拼多多对农村电商的支持力度较大，早期以销售农产品为主，提出了“农地云拼+产地直发”的运营模式，通过各种方式有效连接产地和消费者，打通农产品上行通道，带动农村电商快速发展。拼多多通过直播带货推动农产品上行，助农直播已超过 200 场；大力推进和建设农村物流快递网点，打造了智慧和有效的农产品数字化专用物流体系；推出公益性质的“百亿农研”计划，降低农产品在电商平台销售的难度与成本，提供了更多致富机会。

2）垂直性农村电商平台

以淘宝网、京东和拼多多为代表的综合性农村电商平台具有整体流量大的优势，但平台内竞争激烈，新开设的网店需要耗费大量精力和资金来提升流量。而垂直性农村电商平台则专注农产品批发，不但汇集了全国各地的批发商和货源，还提供了各种蔬菜水果等农产品的市场行情、产地等信息，且注册登记、开店入驻、发布产品都比较简单，是农村电商从业人员进入农村电商领域的好帮手。

一亩田是一家成立于 2011 年的移动互联网农产品电商平台，致力于提高农产品流通效率。作为全国最大的农产品交易平台之一，一亩田提供近 1.2 万种农产品，覆盖 2 500 多个县，用户数量达 3 500 万。平台采取 B2B 业态，为经营主体提供交易撮合服务，供应商包括农村合作社、经纪人等①。一亩田每年吸引近千万级的农业相关消费者，完成大量在线交易。此外，一亩田还建设了全国最大的数字化农产品批发代卖服务网络，并启动了培养农村人才的“灯塔计划”和帮助新商家的“育苗计划”。开店入驻只需缴纳 1 000 元保证金并完成实名认证即可获得货源供应。

惠农网是湖南惠农科技有限公司推出的 B2B 网站，为农民和农产品采购销售提供渠道。平台涵盖水果、蔬菜、禽畜肉蛋、水产、农副加工、粮油米面、种子种苗、苗木花草等 2 万多个常规农产品品种，覆盖全国 2 818 个县级行政区。在惠农网中，用户可以开设网店销售农产品，发布采购信息，并了解农业政策、新闻和市场行情。惠农网还提供农村电商知识和农技培训。开店入驻门槛低，需要缴纳 2 000 元保证金，主要消费者为批发商等，销货速度较快。惠农网还提供农产品产业行情，方便观察涨跌情况。

农产品集购网是一个大宗农产品现货交易的移动电商平台，提供农产品线上交易和产业分析等综合服务。用户可以在 App 上查看并发布农产品供需信息，进行沟通后进行交易。App 覆盖白糖、油脂、玉米、大豆等多种农产品，也是重要的白糖交易平台。内置免费找货助手、仓储管理、企业白条等功能，用户可以随时了解大宗农产品行情，进行补仓和交易。此

① CHEN C, GAN C, LI J, et al. Linking farmers to markets: Does cooperative membership facilitate e-commerce adoption and income growth in rural China? [J]. Economic Analysis and Policy, 2023.

外，App 还能进行农产品行业综合研究分析，为加盟商提供深入优质服务。

3）新媒体农村电商平台

随着互联网的飞速发展，人类的生活已经和数字化网络融合在一起，这是一个崭新的新媒体时代，新媒体的内容涵盖面广，其表现形式也日趋多元化。新媒体与电商的融合，不仅让农村电商有了更多的营销方式，还为农村电商品牌塑造提供了机会，更重要的是，很多新媒体进入农村电商领域后，通过直接建设自己的农村电商平台连接媒体消费者与农产品商家，带给消费者更多的消费渠道，实现了农产品上行目标，在促进乡村振兴中发挥着越来越重要的作用。

抖音是以短视频和直播为主的新媒体平台，通过短视频吸引流量，快速提升直播带货收益。抖音的“短视频+直播”商业模式具有高互动性和高参与度，成功关键在于吸引平台流量。抖音丰富多元的乡村类短视频和直播内容展示了农特产风味及原产地风貌，吸引了更多有需求的消费者下单购买①。抖音电商发布的报告显示，过去一年，抖音“三农”相关短视频播放了 2 873 亿次，电商直播间讲解农产品时长累计达到 3 195 万小时。抖音大力支持农村电商，通过多种助农模式和政策，帮助农产品销售上行，实现乡村振兴。适销农产品包括大米杂粮、鲜花绿植、橘橙类、茶叶、花生及制品等。开设抖音小店的资质要求包括居民身份证和个体工商户营业执照，缴纳不同类目的保证金。

淘宝直播是新媒体电商平台中提供直播入口的主要平台之一，能实现边看边买。淘宝直播已成为农产品销售和消费者选购农产品的重要渠道。淘宝直播通过现场展示提高产品销售额和品牌知名度，同时帮助农村电商从业人员开展助农直播，带动农产品销售额超过 50 亿元。淘宝直播还助力年轻人回乡直播创业，并通过比赛培养直播人才。淘宝直播间在“双十二”期间累计卖出 3 549 万件农产品，160 个国家乡村振兴重点帮扶县的农产品销售额同比增长 35%。要通过淘宝直播销售农产品，需要下载淘宝主播 App 并注册成为主播。

4）其他农村电商平台

农村电商平台不仅包括销售农产品的电商平台，还包括为拓展到涉农领域的生产经营主体提供网上销售、购买和电子支付等业务交易的网站平台。党的二十大报告指出“加快建设农业强国，扎实推动乡村产业、人才、文化、生态、组织振兴”。乡村振兴涉及农业的各个方面，农村电商的建设和发展需要细化不同的领域，所以，除了前面介绍的农村电商平台外，一些更加细化的电商平台也能够帮助农村电商实现生产和经营的目标。

专注于生鲜市场的电商平台主要销售新鲜水果、蔬菜和生鲜肉类等农产品。这些平台包括顺丰优选、我买网和天天果园。顺丰优选利用快递行业的物流优势，与全国各地的农场和批发市场合作，提供安全、便捷和舒适的网购体验。我买网由中粮集团投资创办，致力于打造更加安全的食品购物平台，提供多种品类的食品产品。天天果园是一家以生鲜水果为

① XIA H, WENG J, ZHANG J Z, et al. Rural E-commerce model with attention mechanism: role of Li ziqi’s short videos from the perspective of heterogeneous knowledge management[J]. Journal of Global Information Technology Management, 2022, 25(2): 118-136.

主要产品的电商平台，采用自建冷库和冷链物流的商业模式，为消费者提供高品质鲜果产品和个性化服务。

专注于农村市场的电商平台主要面向农民消费者，包括乐村淘和日日顺乐农等。乐村淘是一个销售特色农产品、农用工具、家居百货等商品的平台，旨在提供价廉物美的城市工业品，改善农民生活品质，降低生产成本，缩小城乡差距。日日顺乐农是海尔集团旗下的农村电商平台，以让农村生活更美好为愿景，为农民提供家电、日常用品以及线上服务，满足农民的多重需求。

传统农资企业通过电商平台升级和扩展销售渠道，为消费者带来更多优惠①。世纪农药网是传统农药企业搭建的电商平台，主要提供 B2B 电商交易服务，增加产品直销方式。农信商城是一家传统农业高科技企业开发的综合服务电商平台，主营饲料、兽药等产品。

除了以销售产品为主的农村电商平台，还存在一些以提供服务为主的信息服务先导型农村电商平台。这些平台整合了技术服务、商务服务和平台服务，提高了产品精准投放率，同时打造良好消费者体验，满足农民对各种农业基础服务的需求②。例如农医生 App 和益农宝 App，前者是一个免费农业信息服务移动终端，通过专家在线解决农民种植过程中的难题；后者是一个集信息整合、农机在线、庄稼医生、农资 4S 店于一体的多功能信息平台，提供植物营养的解决方案。

其他行业的多元化农村电商平台。中国邮政旗下的邮乐网是一个线上线下及移动电子商务平台，整合了物流快递企业的丰富线下资源，提供城镇工业品下行和农产品上行的具有邮政特色的服务。

6.2.3 农村电商平台运营

农村电商平台作为连接城市与农村的重要纽带，为农产品提供了更广阔的销售渠道，也为农民带来了更多的经济收益。然而，由于农村电商的特殊性，其运营模式及方法需要针对农村市场的特点进行定制化设计。

1）农村电商平台的运营模式

农村电商平台的运营模式可分为三种：B2C 模式、C2C 模式、O2O 模式。

B2C 模式是指农民作为供应商直接向消费者销售农产品，平台提供在线交易、支付结算、物流配送等服务。这种模式适用于小规模农户或个体农民，他们可以通过电商平台直接与消费者进行交易，省去了中间环节的费用，提高了利润空间。然而，这种模式也面临着产品质量控制和售后服务等问题。由于农产品的质量和口感等因素可能因地区、季节等因素有所差异，因此对产品的质量控制非常重要。此外，售后服务也需要及时有效地解决消费者

---

① WANG Y, ZHANG Z. A Study on the Willingness and Factors Influencing the Digital Upgrade of Rural E-Commerce[J]. Behavioral Sciences, 2023, 13(2): 95.

② JIN H, LI L, QIAN X, et al. Can rural e-commerce service centers improve farmers' subject well-being? A new practice of 'internet plus rural public services' from China[J]. International Food and Agribusiness Management Review, 2020, 23(5): 681-695.

的投诉和问题，以保持良好的声誉和客户满意度。

C2C 模式是指农民之间通过电商平台进行交易，平台提供信息发布、交流沟通等功能。这种模式适用于大规模种植户或农民合作社，可以提高农产品的流通效率，降低采购成本①。通过电商平台，农民可以发布自己的产品信息和需求，与其他农民进行交流和合作，寻找更有利的采购渠道和价格②。然而，C2C 模式也存在着信息不对称和信任问题的挑战。由于农产品的供应链较长，信息传递可能存在滞后和不准确的情况，导致买家和卖家之间的信息不对称。此外，由于缺乏面对面的交流和了解，买家对卖家的信任度可能较低，增加了交易的风险。

O2O 模式是指通过电商平台吸引消费者到线下实体店进行体验和购买。该模式适用于农产品加工企业或农民专业合作社，可以增加产品的附加值，提升品牌形象。通过电商平台的宣传和推广，可以将消费者引导到线下实体店进行实地体验和购买，增加产品的可信度和吸引力。同时，线下实体店也可以提供更加个性化的服务和专业的咨询，满足消费者的多样化需求。然而，需要注意的是，线上和线下资源的合理规划和协同效应的实现非常重要。线上平台的推广和营销活动需要与线下实体店的定位和特色相匹配，确保线上线下相互支持，形成良性循环。

2）农村电商平台的运营方法

做好定位。在运营农村电商平台时，首先要明确消费者目标市场和产品定位。要选择适合包装、储运的商品，比如干菜、豆类等农产品。此外，还可以选择在农村地区（原产地）已经有成熟生产企业的特色农产品进行销售。通过准确的市场定位，能够更好地满足消费者需求，提高销售额。

选择平台是关键。目前市场上有许多电商平台可以销售农产品，如淘宝、拼多多以及微店等小程序。在选择平台时，要根据农产品的特点选择最合适的平台。例如，如果销售的是有机农产品，可以选择专门销售有机产品的平台；如果是特色农产品，可以选择专门销售地方特产的平台。选择合适的平台有助于提高曝光度和销售量。

物流是关键。物流是电商的重要组成部分，也是影响消费者购买意愿的重要因素之一。在农村电商平台的运营中，要重视物流方面的准备。包括选择合适的物流渠道，确保农产品能够及时送达消费者手中；控制物流费用，降低运营成本；建立稳定的物流合作伙伴关系，保证物流的可靠性和高效性等。良好的物流服务可以提高消费者的满意度和忠诚度。

建立品牌形象。在农村电商平台的运营中，要注重建立自己的品牌形象。可以通过提供高质量的农产品、优化产品包装设计、提供专业的售后服务等方式来树立品牌形象。良好的品牌形象能够增强消费者对产品的信任感和认可度，从而提高销售额和市场份额。

---

① CRISTOBAL-FRANSI E，MONTEGUT-SALLA Y，FERRER-ROSELL B，et al.Rural cooperatives in the digital age：An analysis of the Internet presence and degree of maturity of agri-food cooperatives' e-commerce[J].Journal of Rural Studies，2020，74：55-66.

② LIU M，MIN S，MA W，et al.The adoption and impact of E-commerce in rural China：Application of an endogenous switching regression model[J].Journal of Rural Studies，2021，83：106-116.

加强市场营销。除了选择合适的平台和提供优质的产品和服务,还需要加强市场营销工作。可以通过线上广告宣传、社交媒体推广、参加农产品展览会等方式来提高品牌知名度和产品曝光度。同时,还可以与当地农产品合作社或农民合作,开展联合营销活动,共同推广农产品,提高销售额和市场份额。

6.2.4 农村电商短视频与直播运营

近年来,因具备直观性、互动性和趣味性等特性,以短视频和直播形式为主的农村电商新模式得到了飞速发展。在政府的大力支持和电商企业的积极参与下,进而产生了"短视频+直播"形态的新型农村电商模式——农产品短视频推荐+直播带货,这种运营方式为乡村振兴注入了新活力、新动能。

1)短视频运营基础

以抖音为代表的短视频平台的用户数量迅速增长,短视频的营销价值逐渐凸显,使用短视频推广农产品正成为农村电商发展的新方式和新路径。农民通过拍摄农产品或农村生活的短视频,并在短视频平台中发布和推广,吸引了大量用户的关注,从而带动农产品的线上销售。

短视频运营的概念和特点。短视频运营是随着互联网和短视频兴起的新营销方式。它以短视频平台为载体,通过内容策划实现品牌塑造和产品营销。农村电商可以利用短视频进行农产品推广。短视频运营具有内容直观、成本低、互动性强、社交属性强和传播范围广等特点,这对农村电商具有重要意义。短视频运营为农村电商开辟了新的营销途径,其应用前景和发展潜力值得期待。

短视频的主流平台。2016 年以来,短视频平台数量爆发式增长。抖音、快手等短视频平台快速发展,形成短视频产业链,开创"短视频+电商"新模式。主流平台积极助农,为农村电商发展提供便利。主流短视频平台针对不同年龄段和地域用户,内容类别多样。农村电商要根据目标用户选择适合的平台开展短视频运营。如抖音初期聚焦一、二线城市用户,后逐步转向二、三线城市,大力扶持农村电商,取得良好效果。

短视频的定位。短视频运营的开始主要涉及选题定位、账号定位和内容定位三个方面。选题定位方面,要关注农产品的销量,围绕新农村、农产品产地和农村生活等方面策划短视频内容。账号定位方面,通过打造具有特色的人物主角,利用性别、年龄、能力等元素来塑造角色特性。内容定位方面,要结合农村电商的特色和优势,挖掘内容的科普、美食教程和农业教育等价值,展现积极风貌和社会主义核心价值观。

短视频的运营方法。短视频运营是农村电商中重要的营销手段,通过展示农产品相关信息吸引用户,并将流量转化为订单。为此,可采取以下策略:结合电商平台运营思路,利用网店或链接将流量引导至农产品购买页面;运用内容营销技巧,如场景化展示、意向引导、消费示范等,获取更多流量;利用热点事件增加用户关注度;活动促销和优秀的文案创意也可吸引用户关注;拍摄与剪辑中运用创意,如拍摄方向、角度、距离、运镜方式等,使短视频更具特色。

2)短视频运营的主要内容

短视频运营是一种新兴的营销方式,农村电商可以利用它进行农产品推广。在短视频运营中,农村电商需要真实地展示农产品的种植环境、生长过程、采摘包装等全过程信息,通过图片或视频的形式吸引用户观看短视频中的农产品信息,增强用户对农产品的了解和信任。农村电商可以运用场景化展示、意向引导、消费示范等内容营销技巧,在短视频中通过具体的场景、引导语言、产品试用等创造性地呈现农产品,吸引用户的注意力。农村电商需要与电商平台结合,在短视频中添加农产品的购买链接,直接建立购买渠道,方便用户观看短视频后立即进行购买。通过精心设计短视频的内容、场景、长度等,农村电商可以增强短视频的传播效果,吸引更多用户观看,最终将短视频观看的流量转化为农产品的销售。总体来说,短视频为农村电商开辟了一个全新的农产品营销途径,其丰富的表现手段和强大的传播能力,必将给农村电商的发展带来更加广阔的应用前景。

3)直播运营基础

在乡村振兴和数字乡村战略背景下,广大农民把直播变成了新农生活的重要组成部分,通过直播实现就业、创业。在农村电商中,直播运营主要以新媒体直播平台为载体,通过"现场展示"的方式传递农产品信息,达到销售农产品或为网店引流的目的。

直播运营的特点。农村电商领域的直播运营以直播带货为主,其特点包括直观即时、销售方式直接和易产生跟风效应。通过展示农产品真实生长、种植或养殖及加工过程,构建真实场景,打消用户对食品安全的顾虑,增强信任感。直播运营可直观传递优惠信息,搭配现场促销活动,提升用户购物体验与营销效果。用户可直接点击农产品链接购买,无须额外搜索。价格实惠的农产品易引发用户临时性、冲动性消费行为,产生跟风效应。

农村电商与直播的结合为农产品销售带来新的机遇。主流的直播运营平台包括淘宝直播、抖音和拼多多,各自具有不同特点。淘宝直播拥有较多流量和品类,是农村电商从业人员开展直播运营的热门平台之一;抖音具有强大的直播卖货能力,不少农产品在抖音直播的带动下成为热门;拼多多也是农产品直播运营的热门平台,农村电商从业人员可得到官方的支持和技术帮助,更好地实现农产品变现。

农村电商从业人员在进行农产品直播运营时,需要制订详细的营销策略以提升直播质量。策略包括:①选择具有大众消费群体的大众化农产品,或选择具有地区特色的特色农产品;②选择熟悉农产品、表达能力强、具有乡土气息的主播;③直播内容策略,包括介绍农产品生产、加工过程,辨别农产品质量的方法,农产品背后的文化及农产品的食用办法等。此外,在直播过程中需注意场景的真实性、农产品的安全性和多样性、多种优惠方式的运用以及高效率的运营和物流配送等问题。

4)直播运营的主要内容

农村电商的直播运营不等同于简单的介绍农产品,它是一项较为复杂的工作,需要农村电商从业人员做好直播运营的相关工作,以达到更好的直播效果,有效增加农产品的销量。

做好直播的准备工作。要成功地进行农村电商直播运营,充分的准备工作是至关重要的。首先,需要明确目标用户群体,了解他们的年龄分布、消费能力、观看时间等,以便更好地满足他们的需求。其次,应选择适合直播的农产品,考虑价格、质量、季节性等因素,确保所推荐的农产品能够吸引观众并产生购买欲望。此外,直播场景和设备的准备也是必不可少的,需要确保场地适宜、设备齐全且运行正常。为了使观众有良好的视觉体验,直播布光也是非常关键的一环。需要精心调试灯光设备,以呈现出农产品的最佳效果。同时,为了使直播内容丰富且吸引人,需要策划直播脚本,明确运营目标和计划。在直播过程中,需要准备相关的农产品、设备、节奏表等物料,确保直播流程的顺利进行。为了保持良好的直播效果,主播的状态也是需要认真考虑的因素。主播应当精神状态良好,表达自然流畅,能够与观众建立良好的互动关系。在直播前进行技术测试也是非常必要的,以确保直播过程中不出现技术故障或卡顿等问题。最后,为了吸引更多的观众,可以进行直播预热,通过在其他平台的宣传和推广来吸引用户观看。这些准备工作能够有效地提高农村电商直播的效果,增加农产品的销量。只有在充分准备的基础上,农村电商直播才能实现成功运营。

规划直播的流程。农村电商的直播运营有明确的目标,即帮助农产品销售。为了更好地实现目的,农村电商从业人员应详细规划直播流程,包括选择农产品、策划直播主题、设计各环节的互动流程等。而要规划好一场直播,需要先明确直播的目标用户群体,并确定直播主题;再根据直播主题,确定直播人员、时间、人员安排等;最后再进行适当优化、调整。

设计直播互动。设计直播互动是农村电商从业人员在直播运营中的重要环节之一。通过巧妙地设计互动环节,可以有效地调节直播氛围,调动用户的积极性,为农产品销售奠定良好的基础。为了达到这一目标,农村电商从业人员需要提前规划好互动环节,了解用户的需求和诉求,以确保直播过程中能够及时调整互动方式。首先,需要明确直播的主题和目标受众。这将有助于为互动环节提供基础,更好地满足用户的需求。例如,如果直播主题是介绍当地特色农产品,那么目标受众可能是对该地区文化和农产品感兴趣的人群。其次,需要设计多种互动环节,包括抽奖、问答、讨论等。这些互动环节可以使直播更加丰富多彩,提高用户的参与度。例如,通过抽奖环节可以吸引更多用户参与直播,同时增加用户对农产品的认知度和购买意愿。此外,准备好互动工具也是必不可少的。例如,可以借助问卷调查、小游戏等工具来收集用户的反馈和意见,更好地了解用户需求。这些工具可以在直播过程中穿插使用,既增加了互动的趣味性,又可以提高农产品的销售量。最后,农村电商从业人员需要注意根据互动情况及时调整直播内容和互动方式。如果发现某个环节的互动效果不佳,需要灵活调整策略,以保持用户的参与度和兴趣。例如,如果发现用户对某款农产品不感兴趣,可以及时调整直播内容,介绍其他受欢迎的农产品。

复盘直播过程。复盘直播过程是农村电商从业人员在直播结束后的一项重要工作。通过复盘,可以深入了解整个直播过程中的优点和不足,总结相关经验,优化后续直播环节,提高执行效率。在进行直播复盘时,需要全面梳理直播过程,包括直播主题、时间、地点、参与人员等基本信息。同时,需要关注直播过程中的亮点和问题,对遇到的问题进行深入分析,思考如何避免类似问题再次发生。除了问题的分析,还需要总结在直播过程中获得的经验教训。这些经验可以包括有效的沟通技巧、农产品展示方式、互动环节设计等,这些经验可以帮助优化后续直播环节，提高执行效率。在经验总结的基础上，需要提出未来的改进方案和预防措施。例如，可以针对经常出现的问题进行培训和指导，避免再犯同样的错误。同时，可以优化农产品展示方式和互动环节设计，提高用户的参与度和购买意愿。最后，展望未来，农村电商从业人员需要明确下一步的计划和目标。可以将成功的直播案例进行标准化和优化，形成可复制的经典案例，以便在未来的直播中更好地推广和执行。同时，也可以通过不断尝试新的方法和策略，提高整个执行流程的效率和效果。

直播运营的技巧。农村电商直播运营技巧包括设计吸引人的直播标题与封面、打造吸引力强的主播、掌握直播话术和维系粉丝。设计直播标题与封面需直接体现主题，吸引用户进入直播间；打造具吸引力的主播要定位清晰、具备素养，如个性鲜明、表达力强、专业知识丰富等；掌握直播话术可使用信任型、展示型、活动型、引导型和感谢型等话术吸引用户购买；维护粉丝需诚实守信、提升直播价值、多平台推广、多互动、做好售后服务和创建粉丝群等。

6.3 农产品物流管理

6.3.1 农产品物流管理基础

随着农村电商的发展，人们通过电商平台购买农产品的需求量不断增加，带动了农产品物流行业的发展。为了打通农村地区和城市之间的物流渠道，推动农产品快速流通，相关企业和部门构建了规范化的农产品物流体系，优化了农产品的电商物流运作模式，推进了农村经济的进一步发展。

农产品物流定义为：为了让农产品顺利到达消费者手中，利用先进的网络技术和信息技术，以及先进的物流设备和物流技术，对农产品进行运输、储存、装卸搬运、包装、流通加工、配送信息处理等活动。其核心是为了满足消费者的需要，实现农产品的价值和农产品的增值。总的来说，农产品物流是农产品由生产者向消费者、由生产地到消费地的物质实体流动过程。在农村电商领域中，农产品物流的业务多种多样，其业务体系分为基础业务、核心业务、一般业务和专用业务 4 种类型，如图 6-3 所示。

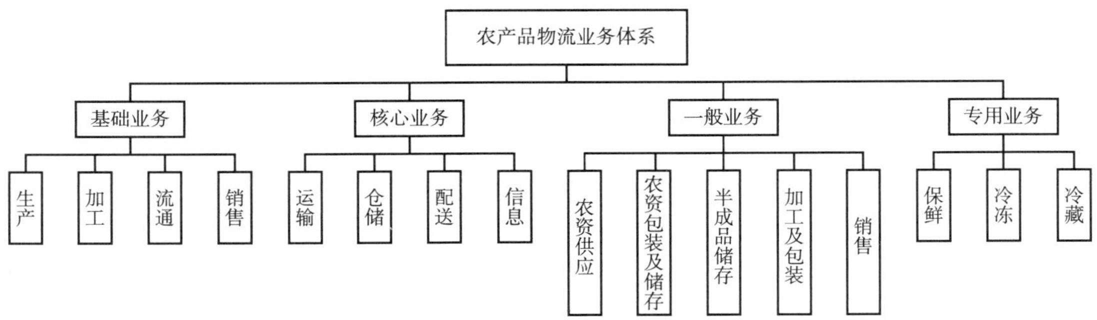

图 6-3 农产品物流业务体系

农产品物流需构建业务体系，并借助物流技术支持，形成完整的农产品供应链。物流技术包括标记、运输、包装、储存、流通加工、装卸搬运、配送、保鲜、检测、风险评估等，可确保农产品质量安全、流转高效，实现从生产到消费的全程监控。运用先进的物流技术有效解决农产品流通问题，实现农产品增值。农产品物流的基础业务中应用的物流技术如图 6-4 所示。

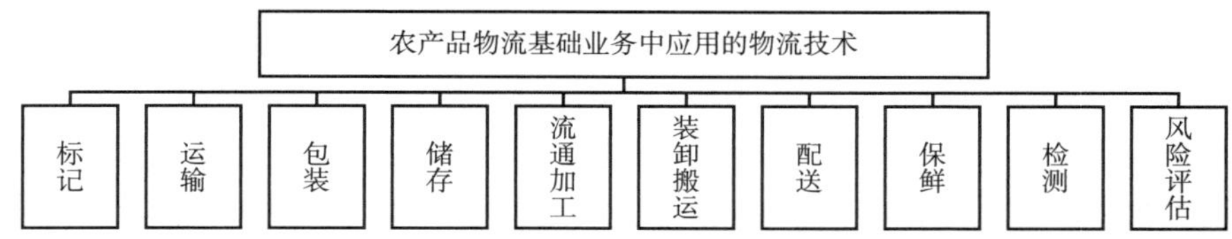

图 6-4　农产品物流的基础业务中应用的物流技术

农产品物流的特征。农产品物流具有种类多、数量大、明显季节周期性、地域性强、对物流要求高、从农村到城市、难度大、需要加工增值、风险较大等特点，这些特点提出了农产品物流的独特要求①。

农产品物流的类型。根据不同的分类标准，农产品物流可以分为不同的类型，常用的分类标准有农产品物流的具体对象和农产品物流业务是否外包两种。根据农产品的具体对象，可以将农产品物流划分为粮食物流、植物物流、畜牧物流、水产品物流、林产品物流和经济作物物流等类型。不同类型农产品因其特性和要求的不同，在物流管理上也存在差异。但所有类型的农产品物流都需要关注质量安全和保鲜问题，并以有效满足市场和消费者需求为目标。根据农产品物流业务是否外包，可以将农产品物流划分为自营物流、第三方物流和物流联盟三种类型。自营物流由企业自行组织，管理灵活，但成本较高；第三方物流借助外部专业力量，成本低但信息流通不畅；物流联盟通过企业合作实现优势互补，管理要求高。三种类型各有优势和劣势。

6.3.2　农产品物流管理的重要环节

农产品物流体系由很多业务和环节组成，其中有一些非常重要的环节，如提供农产品代保管服务等的仓储环节、将农产品从一地装运至另一地的运输环节、将农产品运输至消费者终端的配送环节、实现物流增值服务的流通加工环节等。加强对这些重要物流环节的管理，可以降低物流成本，提高流通效率，并可以更好地保证农产品质量安全，加快农村电商的发展，从而提高农民的收入，更好地实现乡村振兴的战略②。

农产品仓储。农产品仓储是农产品流通的重要环节之一，也是农产品物流核心业务之一。农产品从生产领域向消费领域转移的过程中，一般都要经过仓储阶段，仓储也在一定程度上提升了农产品的价值，所以，更加需要对农产品仓储进行规范化管理。

农产品仓储大致可以分为五类：第一类是农产品储存仓储，主要存放长时间保存的农产

① ZENG M, LIU R, GAO M, et al. Demand forecasting for rural e-commerce logistics: a gray prediction model based on weakening buffer operator[J]. Mobile Information Systems, 2022, 2022: 1-8.

② LIU Z, JIA S, WANG Z, et al. A Measurement Model and Empirical Analysis of the Coordinated Development of Rural E-Commerce Logistics and Agricultural Modernization[J]. Sustainability, 2022, 14(21): 13758.

品,特点是存储费用低廉,注重质量保管;第二类是农产品物流中心仓储,以物流管理为主,机械化、信息化、自动化水平高,吞吐能力强;第三类是农产品配送仓储,为销售或生产前的短期仓储,有强大的物流信息系统,并需进行简单的加工和包装;第四类是农产品运输转换仓储,衔接不同运输方式,具有高度机械化作业和高效率;第五类是农产品保税仓储,受海关监控,用于存放出口或来料加工的农产品。

农产品仓储在物流中的作用不可或缺,主要体现在以下六个方面:第一,其能解决地理空间上的分离问题,使消费者得以享用来自各地的农产品。第二,通过调节农产品的时间效用,使其生产和消费可以长期连续进行。第三,有效平衡市场供求关系,稳定物价。第四,加快资金周转、节约流通费用、降低物流成本,从而提高经济效益,增加农产品价值和农民收入。第五,创造了大量就业机会。第六,利用现代信息技术,实现农产品信息的准确显示、存储、传递和管理,及时掌握物流信息①。

农产品仓储管理的基本要求包括:首先,选择合适的地点和规模,以满足农产品采购、批发、中转和加工的需求;其次,利用自动化系统来提高管理效率;再次,通过集约经营和改善管理方式,尽量降低仓储费用;最后,建立完善的组织管理制度,明确各项责任,确保农产品的质量和储存安全。

农产品运输。农产品运输是将农产品从产地运送到消费地的过程,包括装卸、包装、储存等环节。目前主要的运输方式有水路、铁路、公路、航空和集装箱。水路运输适合运输耐储运、数量多的农产品;铁路运输适合运输距离较远、数量多的农产品;公路运输适合距离短、鲜活、保质期较短的农产品;航空运输适合价格昂贵、量少、易腐烂、鲜活、季节性强、消费者急需、具有特殊性的农产品;集装箱运输适合容易腐败变质、受外部环境影响较大的农产品。不同的农产品需要不同的保鲜技术。对于果蔬类农产品,常用的保鲜技术有气调、减压和速冻;对于畜产品,常用的保鲜技术有限位笼装、低温冷藏和防腐;对于水产品,常用的保活运输技术有无水保活。

农产品流通加工。农产品流通加工是在物流过程中对农产品进行简单处理,以便于包装、储存和运输。它保护农产品质量,延长储藏时间,创造附加值,促进现代农业转变,实现农民增收,并提供就业岗位。常见的加工方式有除杂去废、清洗、分级分类、腌渍、干燥脱水、压缩打包、冷冻冷藏、切削分割、粉碎和消毒杀菌等。

农产品配送。农产品配送是根据消费者需求,在农产品集散地进行拣选、加工、整理、分类、配货、配装和末端运输等作业,并按时送达的物流活动。农产品配送对象包括消费者、超市、学校、宾馆和社区家庭等消费终端,以及超市的连锁分店和其他农产品消费对象。农产品配送特点包括配送网点多、配送区域广、相对风险较大。主要配送方式有直接配送、中转配送和共同配送。农产品配送中心在农产品配送中具有重要作用,选址时需考虑交通状况、经济效益、环境条件以及其他因素。

---

① FENG Z T.Constructing rural e-commerce logistics model based on ant colony algorithm and artificial intelligence method[J]. Soft Computing,2020,24(11):7937-7946.

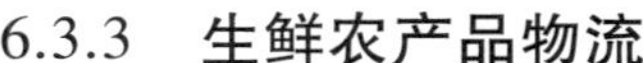

6.3.3 生鲜农产品物流

随着农村电商的不断发展,我国农产品物流总额不断上升。农产品中很多都是生鲜产品,对物流的要求相对较高。生鲜农产品物流的规模不断扩大的同时,需要加强对物流基础设施的建设,创新生鲜农产品物流模式,从而提升生鲜农产品物流效率,降低流通成本,进一步推动生鲜农产品物流的发展。

生鲜农产品的特征。生鲜农产品包括蔬菜、水果、花卉、禽、肉、蛋、水产品、奶制品等易腐烂、易损耗的产品,对时效性要求高,不易标准化生产,具有季节性特征和较高的食品安全要求。

生鲜农产品的冷链物流模式。生鲜农产品的物流类型分为自营物流、第三方物流和物流联盟三种。由于生鲜农产品易腐易损,需要应用冷藏工艺和制冷技术来保证品质和新鲜度,这种物流模式被称为冷链物流。根据温度范围和产品对象,冷链物流可以分为不同的类型。不同生鲜农产品对冷链物流的要求也不同,例如肉类和水产品需要更高的温度,蔬菜和水果对配送速度要求较高。生鲜农产品的冷链物流包括原材料冷却、冷藏加工、冷冻储藏、冷藏运输与配送以及冷藏销售等环节。典型的冷链物流模式有“生产基地—电商企业—消费者”模式、批发市场模式、连锁超市模式和物流中心模式。

生鲜农产品的电商物流运作。在电子商务快速发展的时代,电商企业和电商平台对生鲜农产品物流过程起着重要作用。订单管理和物流计划是生鲜农产品电商物流的两个重要环节。订单管理主要分为 3 步:门店要货订单传输到生鲜配送中心、生成供应商订单、通过系统发送订单给供应商。物流计划包括人员安排、车辆安排、线路计划、批次计划、生产计划和配货计划等。所有的物流运作都应按照该计划执行,并在产生新订单或特殊需求时并行执行新的物流计划,互不影响。

6.4 农村电商数据化分析

随着大数据时代的到来,数据已经成为数字经济时代的基础性资源、重要生产力和关键生产要素。在农村电商的迅猛发展下,数据的支持不仅使农村电商数据分析成为可能,而且使得成千上万的农村电商从业人员开始认识到农村电商运营需要以数据为支撑,网店的流量、农产品的销量、消费者行为等都可以通过数据清晰地体现出来,网店经营情况的好坏也可以通过运营指标分析反映出来。因此,了解农村电商数据化分析的基础知识,熟悉农村电商数据化分析的主要内容已经成为农村电商从业人员必须掌握的技能。

6.4.1 农村电商数据化分析基础

农村电商数据化分析是现在农村电商行业从业人员必不可少的一项工作,这里的数据通常是指在农村电商运营过程中用于查看、分析和管理的各种数据的总称。农村电商从业人员通过分析数据,可以获取农村电商的市场行情、农产品的销量和库存等详情,从而改进

运营过程中的不足，提升农村电商运营效率和盈利能力，实现最终的运营目的。

农村电商数据的类型。农村电商数据类型包括数字、文字图形和图表。数字型数据由单独的数字组成，如客单价、好评率、销售量等。文字图形类型的数据用于关键词分析和人群画像，以颜色深浅表示搜索量趋势。图表类型的数据用于可视化数据分析，将数字数据转换为图表形式展示网店交易趋势。

农村电商数据的特性。农村电商数据具有容量特性、种类特性和时效特性。分析农村电商数据时，需要考虑数据容量大小，采集更大规模的数据以提高分析结果准确性。同时，农村电商数据种类多样，包括流量、转化、物流和售后等，不同种类的数据可以实现更多维度的数据分析。此外，农村电商数据还具有时效性，消费者喜好、购物习惯和电商平台规则都在不断变化，因此进行数据分析时需要及时更新数据以得出正确的结论，为农村电商运营提供正确的思路和策略。

农村电商数据化分析的作用。农村电商数据分析在运营中的作用可以分为前期预判、中期监控和后期优化三个阶段。前期预判阶段，通过数据分析可以推测农产品物流管理的高峰期，提前准备物流，提高效率。中期监控阶段，通过数据分析可以监控各个数据指标，及时发现异常并解决问题，保障网店的正常运营和销售。后期优化阶段，通过数据分析可以定期进行优化，完善网店和农产品，提升页面的视觉效果来吸引消费者。

农村电商数据化分析的常用工具。农村电商领域越来越重视数据化分析，各种工具能帮助从业人员轻松收集、整合和管理数据。指数类工具如百度指数和微信指数能分析市场情况和行业趋势。平台类工具如淘宝生意参谋可提供实时数据统计、多维数据分析和权威的数据解决方案。第三方工具如 Excel 和 CRM 软件可进行更深入的数据分析和服务个性化。

农村电商数据化分析的方法。在大数据时代，农村电商从业人员可使用常用方法提高数据分析效率：①直接观察：利用数据分析工具观察数据趋势、分群等，快速获取有用信息。②AB 测试：制订不同方案对比分析，找出最佳方案。③对比分析：比较不同数据指标，了解各方面情况，找出差距与不足。④转化漏斗：还原消费者转化路径，分析每个节点效率，优化营销策略。⑤七何分析：主动建立问题，找到解决线索，有针对性地分析数据。⑥杜邦拆解：将网店销售额逐层拆解分析，深入比较经营业绩。

6.4.2 农村电商数据化分析的主要内容

农村电商数据化分析能够帮助农村电商从业人员从海量数据中快速、准确地获得有价值的信息，理解已有的历史数据，对消费者未来的行为进行准确的预测，从而提升农村电商运营效果，增加农产品销量和农民收入，进一步推进乡村振兴。下面就具体从农产品市场行情、竞争对手、农产品定位、网店流量、运营指标和销售与库存等几个方面介绍农村电商数据化分析的内容。

农产品市场行情分析。农产品市场受季节、时间等因素影响，网络营销需掌握市场情况，利用大数据进行数据采集、整理和分析，了解市场容量、行业趋势、热门产品及市场潜力。了解市场容量可制订网店运营计划，认清行业趋势可采取不同运营策略，寻找热门产品可通

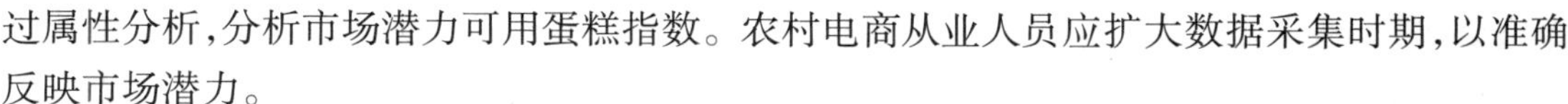

过属性分析，分析市场潜力可用蛋糕指数。农村电商从业人员应扩大数据采集时期，以准确反映市场潜力。

竞争对手分析。农村电商行业因数据采集高效，具有竞争优势。通过竞争对手分析，精准定位消费群体，优化广告投放和运营策略，提升网店流量和交易金额。确定竞争对手可从经营类目、热销农产品、客单价、网店风格等维度考虑；收集竞争对手数据可通过线上途径，如访问竞争对手网店和使用数据工具；选择 SWOT 模型和波特竞争力模型分析数据；利用数据分析工具，如生意参谋、竞店分析和竞品分析，全面了解竞争对手情况，制定相应策略。

农产品定位分析。农村电商农产品线上销售需进行覆盖规划与测试，以避免盲目生产和经营，降低运营风险。覆盖规划包括类目和属性两个维度，通过统计市场需求数据来规划网店可以经营的农产品类目和属性。测试则需要进行工具测试和网店内部测试，获取数据结果来完善农产品定位规划。测试后需对数据进行分析，重点关注点击率、转化率、收藏率、加购率、UV 价值和 UV 利润等指标。最后根据测试结果进行农产品定位规划，包括引流款农产品、利润款农产品、形象款农产品、活动款农产品和边缘款农产品。

网店流量分析。网店流量分为免费流量和付费流量，根据进入途径可分为站内流量和站外流量。农产品网店常见的流量结构为免费流量 80%，付费流量 15%，其他流量 5%。要优化网店流量，需要关注并分析不同类型的流量占比和页面流量情况。通过生意参谋等工具可以查看和分析页面入口流量、访问路径、页面访问排行、页面流量去向以及产品详情页流量等数据，以实现更好的引流和销售效果。

运营指标分析。农村电商运营需要关注转化率和客单价这两个重要指标。要提高转化率，需要控制好点击率、收藏率和加购率等相关指标。通过漏斗模型分析各个环节的转化率情况，可以找出问题并采取针对性措施优化。同时，客单价反映了网店目标消费群体特点和盈利状态，农产品定价、购物数量和关联销售是影响客单价的主要因素。

农产品销售与库存分析。农产品销售分析主要包括销售趋势与销售指标、退款金额与退款率和库存结构分析。通过专业工具如淘宝生意参谋等查看销售趋势与指标，分析退款数据找出问题农产品，利用库存天数和库存周转率量化库存并预测数量，以及根据农产品生命周期进行备货与补货分析。

6.5 农村电商典型案例

12 地领导干部在电商平台直播带货助力特色农产品热销

案例概况：

2022 年 9 月，由中华人民共和国农业农村部、中华人民共和国商务部、中央广播电视总台、国家林业和草原局、中华全国供销合作总社联合发起的中国农民丰收节金秋消费季活动在北京启动。在这次活动中，拼多多作为承办单位中唯一的电商平台，上线了“多多丰收馆”专区，并投入 50 亿平台惠农消费补贴。湖北省来凤县、湖北省京山市和江西省石城县等 12

个市县的领导干部携手农民代表走进直播间，接力为家乡农产品“代言”，向广大网友推荐具有当地特色的传统农产品，以来凤藤茶、京山桥米、威宁党参、石城客家酒酿等为代表的50余款优质地标农产品参与了直播活动，并获得了不俗的销售成绩。

面对镜头，湖北省来凤县委常委、副县长向全国消费者力荐当地的特产来凤藤茶：“来凤藤茶，是您‘早晚’要喝的茶。早晨一杯神清气爽，晚上一杯护肝助眠。我们来凤藤茶不同于其他茶叶品类，无须洗茶，尤其第一杯冲泡出的淡淡黄色，是藤茶里特有的黄酮物质，有利于心脑血管的健康。”他表示，此次参加丰收节金秋消费季的大型直播活动意义非凡，未来也将做好直播这个“新农活”，推动当地特色农产品走向全国各地。

在参加直播活动的12个市县中，既有产粮大县、畜牧业重点县，也有国家乡村振兴重点扶持县，同时还覆盖了彝族、土家族、苗族等民族聚居地。由当地领导干部直播的形式进一步提升了消费者对农产品的信任度，且这些领导干部的带货能力丝毫不输给其他达人主播们。很多网友在直播间评论：“县长都来直播了，这农产品肯定错不了！”“为县长点赞！为农民点赞！”

直播已经成为农村电商运营和乡村振兴的重要工具，不仅可以直接将农村和城市市场直接联系起来，帮助农村推销各种优质、特色的农产品，还可以让广大网友通过直播镜头，认识和了解优秀的农耕文化和农村特色文化。

分析与思考：

直播这种新型农村电商运营模式在推动农产品的产销对接、解决短期销售困难的同时，也是农村电商对线上运营的创新与探索。因此，了解直播运营的内涵，以及农村电商直播的关键要素，对于加快农村地区特色农产品品牌和供应链建设具有非常重要的意义。

1.直播运营的内涵

农村电商的发展离不开多种运营模式的推广，直播运营就是目前运用非常广泛的一种模式。直播运营是以直播为工具，利用电商平台帮助农村地区扩大影响力，拓宽农产品销路，实现农民经济收益增长的运营活动。直播运营能够将农民、电商平台、物流企业和政府部门等多种资源进行整合，使用实时音视频的方式带给消费者真实的农产品购物体验，提升农产品的知名度和营销力度，调动消费者的购买积极性，为农产品营销提供更多的渠道，为农产品销售和乡村振兴提供新的发力点。

2.农村电商直播的关键要素

近年来，我国大力发展农村电商，助力农村发展、农民增收，直播运营就是很常用的一种方式。从以上12地领导干部直播带货的案例可以看出，要真正做好助农直播，需要把握好以下4个关键要素。

(1)协同打造特色直播间。在农村电商领域，直播间风格设计、内容安排和主播选择等要素会对直播营销的效果产生重大的影响。首先，风格设计要符合农村特色，至少要与农产品销售相关联。其次，直播内容要以推销的农产品为主，并包括展示推介、现场体验、交流互动等环节。最后，主播需要具备一定农业生产知识和话术推广能力，网络达人或领导干部更好，这些公众人物可以为特色农产品提供信誉背书，易获得关注度和取得较好的销售效果。

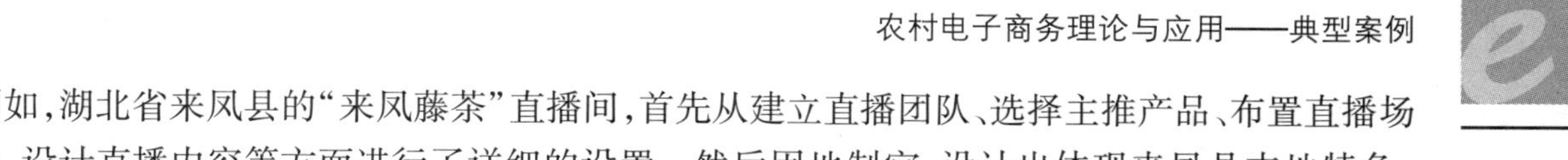

例如，湖北省来凤县的“来凤藤茶”直播间，首先从建立直播团队、选择主推产品、布置直播场地、设计直播内容等方面进行了详细的设置。然后因地制宜，设计出体现来凤县本地特色、打响本地品牌的直播内容，甚至将直播间搬到了茶园。最后，除县长和茶农一起上阵推荐来凤藤茶，进行茶艺表演外，还将说县情道茶情、制茶大赛等特色活动穿插其中，进一步提升了网友关注度。

（2）掀起传播热潮，吸引流量关注。网络经济时代中，农村电商从业人员要想取得良好的销售业绩，不太容易，这也是需要政府和网络达人参与的重要原因。例如，来凤县就在直播活动中营造出“爱茶饮茶，消费助农”氛围，制作了中国茶文化等宣传视频，并与网络达人进行了连麦活动，还通过组织文化名人开设茶讲堂，发布茶乡旅游精品线路等预热活动，不断掀起茶叶宣传热潮，从而吸引了除爱茶人士外的大量青年网友的关注，掀起了茶文化传播热潮。

（3）建立规范和完善的农产品供应链。直播运营对农产品在生产、运输、包装、仓储、信息保障等方面的物流保障能力有较高的要求。农产品是否可以采用直播方式营销，需要重点评估以下 3 项内容。

①农产品是否具备标准化生产的条件，能否保证农产品的品质。

②当地农村是否具备物流运输能力，能否在时效范围内将农产品运输到消费者手中。

③农产品能否满足突然、爆发性增长的消费者需求，能够持续满足消费者的购买热情。

例如，在来凤县直播带货活动过程中，首先依靠省、县两级主管部门，严格把关农产品质量，并对参与销售的来凤藤茶的地区进行了综合评估，最终选定几个区域的茶叶参加直播活动。并且，积极与拼多多对接，接受平台的专业核查，确保当地供应链能够满足直播要求，夯实了直播基础。

数据分析护航保效。农村电商直播运营还能获得大量活动轨迹数据和持续的销售效果。分析和研究对直播数据进行分析研究，可以为农村电商和电商平台等的运营活动提供数据支持。例如，分析消费者的引流渠道、直播环节的观看人数变化趋势等，既可以评估宣传渠道绩效和活动成效，还能为以后的直播运营提供实施依据；分析直播间流量波动、销售转化率等数据，则可为农村电商从业人员在调整生产、营销和服务策略上提供重要参考，帮助其获得持久的发展动力。

启示与应用：

随着新媒体运营模式的多样化，广大农村在搭上农村电商“数字快车”，分享网络经济红利等方面还有很大的提升空间。领导干部进入直播间直播带货的运营方式，也为其他农村地区的农产品销售带来了一些启示和建议。

1.发挥政府部门的“搭台引路”功能

农村电商直播运营需要在平台建设上下足功夫，并用好政府部门的牵头作用，为农产品销售营造良好的销售氛围，引导农村地区打造一批有影响力的农产品品牌。

2.发挥政府部门的“统筹策划”功能

领导干部直播带货并不是农产品销售的日常方式，应该加强对农民的直播运营技能培

训，建立农产品直播运营的长效机制。这就需要充分发挥各级政府部门的组织优势，调动相关的社会资源参与积极性，在更多的地区发展农村电商，培养更多的直播人才，培育以县域为单位的电商生态体系，为农村地区农业产业升级和农村电商发展提供持久动力①。

3.将农产品质量放在农业生产的首位

直播只能将农产品销售出去，而吸引消费者再次购买才能保证农产品的长期销量。所以，要提升农民的质量意识，并树立品牌意识，做好产地农产品的分级、储存、加工、包装等工作。电商平台则加强物流监管，保证农产品的新鲜和安全，形成具有一定特色的品牌农产品。

4.加强直播人才的培养

农村电商的持续发展离不开主播人才的培养，通过线上和线下的培训，让农民学会直播技术，成为既会种植生产又会直播的新农人，从而带领农村共同致富。

贵州省塘约村：推动传统农产品物流优化升级

案例概况：

塘约村是远近闻名的全国文明村镇、首批全国农村社区建设示范单位，以及全国乡村治理示范村。在这之前，塘约村曾是贵州省省级二类贫困村，村民面临着各种贫困情况，其中很重要的一点就是农产品无法有效销售出去，也就无法给村民带来足够的经济效益。塘约村年平均气温在 15 ℃，海拔在 1 000 米以下，适宜栽植绿色蔬菜、竹木等，是农产品生产大村。在乡村振兴战略的指导下，在电子商务技术的支持下，塘约村开辟了一条发展壮大新型农村集体经济，进行农产品规模化生产的致富之路。而农产品规模化生产就需要解决大量农产品外销的物流问题，塘约村采用的是传统的农产品物流方式，包括农产品的生产、加工、包装和运输配送等环节。

1.农产品生产

塘约村将农产品生产分为种植和采摘两个环节，通过集体统一管理的方式，提升农产品生产效率。

(1)种植。塘约村通过合作社和村民合作建设了规模化的农产品生产基地，不仅种植各种日常消费的粮食和蔬菜类农作物，而且开辟出专业的玻璃大棚种植特殊经济作物。其中，分季节种植莲花白、香芋、南瓜、韭黄、大葱、毛节瓜、西葫芦等蔬菜 2 000 多亩，种植果林 1 000余亩。

(2)采摘。农产品采摘的过程则由合作社的全体村民参与，不但节省了外部劳工费用，还提高了村民的生产积极性，但人工采摘的采摘量少，效率偏低，且人工费比机器采摘单位水平贵。采摘的农产品被统一运送到农产品电商分拣中心和农产品交易市场。

---

① HUANG C C，JIN H，ZHANG J，et al.The effects of an innovative e-commerce poverty alleviation platform on Chinese rural laborer skills development and family well-being[J].Children and Youth Services Review，2020，116：105189.

2.农产品加工

农产品加工是农产品物流中一个重要环节，也是实现农产品增值的重要环节。塘约村合作社在政府的帮扶下，学习和应用农产品加工技术，实现农产品增值。例如，香芋这种蔬菜，一部分高质量符合标准的可以保鲜后上市销售，另一部分则可以通过专业的机器磨浆、均质和干燥，制成芋头粉向外输出。在这个环节中，政府除了提供人才和技术帮扶外，还吸收了大量返乡青年学习技术操作，在提供就业岗位的同时传输加工技术，既降低了物流的成本，又解决了农村技术人才缺失的问题。

3.农产品包装

在农产品包装环节，除一些价值较高的加工农产品外，大多数农产品都由合作社村民完成简易包装。简易包装的好处是物流成本较低，且方便进行散卖。但简易包装容易影响农产品的品质，降低其保鲜的时效，且不容易形成品牌效应。

4.农产品运输配送

在农产品运输配送环节，塘约村的蔬菜和水果类农产品通常采取冷藏车运输，主要配送至湖南、海南、广西、广东等地区。冷链运输加长途公路运输，物流的成本较高，且配送时间长短不易把控。虽然，塘约村的农产品具备散卖的特点，但大部分配送到外地市场，影响了农产品在本地的售卖。

分析与思考：

塘约村采用的是物流企业与合作社之间通过合同进行合作的物流模式，这也是目前在农村地区较为常见的传统农产品物流模式。在这种物流模式下，由合作社负责农产品的生产、加工、包装和对外销售，第三方物流企业运输配送农产品。下面就运用 SWOT 分析法分析塘约村的农产品物流状况，找到物流过程中存在的问题和有待提升的地方。

1.优势分析

塘约村的传统物流模式的优势体现在地理位置、规模化、农产品种类和基础设施等方面。

（1）地理位置优越。塘约村紧邻沪昆高速，距平坝区城区、安顺市区和贵阳市中心城区的最远距离就 30 千米，而且，在距塘约村 3.5 千米的乐平镇规划了一个新兴的西南地区现代物流基地，物流交通便捷，地理位置优越。同时，塘约村拥有宽阔的农田和较为平坦的地势，农产品生产和物流的地质条件很好。

（2）农产品生产规模化。塘约村坚持创新，成立村级农业合作社，将村民的零星农产品生产整合成适度集约化、规模化、机械化生产，提升了农产品生产的效率，增加了村民的经济收入。

（3）农产品种类丰富。塘约村聘请过专家研究本地的气候与土壤，因地制宜种植适合本地区的蔬菜，产出的蔬菜质优价好。此外，塘约村还建立了草莓园、香菇棚、灰鹅基地等其他种类的大规模农产品生产基地，农产品生产类型和产量远高于其他同等级的村子。塘约村合作社正在实现农产品的全产业链发展，逐渐成为安顺市乃至贵州省的绿色农产品生产加工供应基地，农产品物流也受到前所未有的重视。

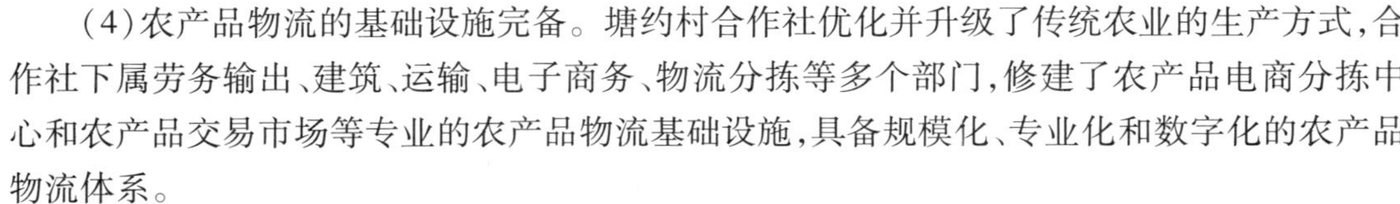

(4)农产品物流的基础设施完备。塘约村合作社优化并升级了传统农业的生产方式，合作社下属劳务输出、建筑、运输、电子商务、物流分拣等多个部门，修建了农产品电商分拣中心和农产品交易市场等专业的农产品物流基础设施，具备规模化、专业化和数字化的农产品物流体系。

2.劣势分析

塘约村由于运用传统物流模式，因此在物流技术、物流政策、物流技能型人才、物流信息和蔬果农产品运输等方面还是具有一定的劣势。

(1)农产品物流技术落后。塘约村在农产品仓储、运输配送过程中所应用的技术相对比较落后，不仅导致农产品损耗严重，还会导致物流管理低效、重复建设、数据传递速度慢且不够准确等物流问题，影响农产品物流各环节的有效运作，从而增加农产品物流的成本。

(2)农产品物流政策跟不上发展需要。塘约村的农产品物流发展迅速，而相关的政策却供给不足，无法保证农产品物流的规范化，导致农产品物流活动达成难度高，需求方对农产品物流配送等问题缺乏信任，一定程度上也延缓了农村经济的发展。

(3)农产品物流技能型人才相对缺乏。目前，塘约村从事农产品物流的人员主要以合作社的村民和返乡青年为主，文化水平普遍不高，虽然接受过物流管理的学习和培训，但仍然缺乏现代物流管理的理论基础和物流技术技能，操作不规范、运行效率低下，无法满足农产品物流发展的要求。

(4)农产品物流信息不通畅。农产品物流信息系统建设相对滞后，导致在物流过程中很难搜集到农产品的运输配送信息，无法实时监控农产品的流向，存在一定的滞后性。而农产品物流企业之间更是因为信息不对称而缺乏合作意识，导致农产品物流的成本居高不下。

(5)农产品的易损特性。塘约村的农产品以蔬菜水果为主，这类农产品易坏且损耗高，这种特性导致其物流成本较高。塘约村的农产品物流运输方式以公路货运为主，常温运输方式简陋，运输时间长，果蔬农产品更容易损坏，这就会增加农产品物流的成本；冷链运输则需要专业的冷藏车，但运量相对较小，对运输中的环境、温控等条件要求较高，同样会增加农产品物流的成本。

3.机会分析

在国家政策的支持下，在农村电商蓬勃发展的推动下，塘约村的农产品物流面临新的发展机遇。

(1)国家政策的支持。《中共中央国务院关于做好 2023 年全面推进乡村振兴重点工作的意见》指出，要强化农业科技和装备支撑，推动乡村产业高质量发展。塘约村应充分把握机会，优化和升级农产品物流结构，节约物流成本，提高物流效率。

(2)升级物流信息技术。塘约村需要紧跟时代发展，将大数据、物联网等先进的信息技术应用到农产品物流体系中。例如，通过统计各种农产品生长的数据，分析出更加科学的种植方式；针对不同种类、采用不同运输条件的农产品，运用更加科学的采摘和保存方式；根据物流数据分析，升级和改善农产品的加工和包装方式，减少农产品的损耗，降低物流成本等。

(3)升级改造物流技术。第三方物流企业对原有的农产品物流技术进行升级改造，通过

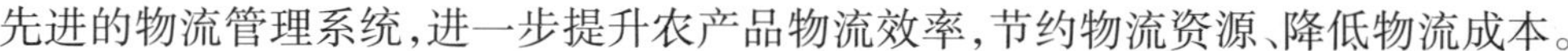

先进的物流管理系统，进一步提升农产品物流效率，节约物流资源、降低物流成本。

(4)农村电商的蓬勃发展。农村电商的蓬勃发展，特别是在短视频、直播等新农村电商运营方式的推动下，极大地带动了农产品效率的增加，同时提升了农产品物流的需求量，为农产品物流发展带来新的契机。

(5)农产品品牌化。农产品品牌化有利于提升农产品的竞争力，已经成为全面推进乡村振兴、加快推进农业农村现代化的重要着力点。农产品品牌化则需要实现农村电商与农产品物流的有效衔接，创新经营模式壮大经营规模，促进农产品物流的发展。

4.威胁分析

在多种因素的影响下，塘约村的农产品物流的优化和升级仍然会受到一定程度的制约。

(1)周边省市的经济发展。塘约村只是一个行政村，周围还有其他村镇，甚至安顺市、贵州省，以及周边的云南省、四川省、广西壮族自治区、湖南省和重庆市，这些地区可能具备相同的农产品，甚至塘约村也没有的特色农产品。这些地区的农产品物流都处于大发展时期，在农产品物流上也具有各自的优势，会对塘约村农产品物流的发展造成潜在的威胁。

(2)市场竞争激烈。现代化农业的发展需要农产品物流应用更有效的运输配送方式和更低廉的物流成本，这就需要在生产、加工、运输配送等各个方面进行升级和优化。农产品物流企业都了解和认识到这些问题，但市场上农产品物流企业较多，行业内的竞争压力也比较大。

(3)农产品安全问题。农产品大多都是食品，而工业化发展带来的环境污染、土质破坏等给农产品安全带来了隐患和风险，这些通常会在农产品的生产和加工环节中显现出来，结果就是导致农产品质量下降，销量降低，从而影响农产品物流的发展。

启示与应用：

为实现乡村振兴战略，切实拓宽农民收入渠道，解决农产品走出农村的销售难题，农产品物流的瓶颈问题必须突破。塘约村农产品物流的升级和优化给其他地区农产品物流的发展带来了启示，也指出了一条乡村振兴的农产品物流道路。

1.加强农产品物流基础设施建设

基础设施是农产品物流发展的基础，主要包括农村公路、交通网络及冷链物流 3 个方面。

(1)要加大农村公路建设的力度，尤其是在农产品种植和生产密集的地区，要建立与之相匹配的等级道路，目的是降低农产品物流成本和缩短农产品的运输时间。

(2)要发挥多种交通的网络联运优势，优化农产品各个节点的物流交通运输，实现公路、铁路、水路和航空多种方式共同运输的交通网络，提高农产品物流效率、减少农产品在运输环节的耗损。

(3)加大冷链物流模式的基础设施建设，特别是冷链仓储和冷链运输环节的设施和设备建设，保证更多的生鲜和高品质农产品能够及时和新鲜地配送到消费者手中。

2.加快农产品物流信息系统的开发与应用

高效和准确的农产品物流信息系统能够收集农产品物流、交易、价格和市场供求等信息，实现对市场信息的整合，帮助农产品生产者分析农产品市场、仓储、运输资源等信息，做出科学和准确的生产、销售决策，从而提高农产品物流效率、降低农产品物流成本。

3.构建适合本地的农产品物流体系

新鲜蔬果类农产品在物流过程中通常会产生较大的损耗，所以，各地应该根据本地的特色构建适合的“乡+县+市”的物流体系网络，提高农产品物流的效率。例如，构建以农产品生产基地为圆心，呈同心圆的方式向外扩展的销售路径，并在一定的距离范围内建立农产品仓储中心，每个仓储中心负责对应区域的农产品销售，这样就可以最大限度减少农产品的损耗，节约物流运输的成本。

4.多渠道培养农产品物流专业人才

专业人才是乡村振兴的助推力量，可以从以下 3 种渠道培养农产品物流专业人才。①聘请物流专业教师或知名物流企业管理人员，对在职农产品物流人员进行岗位培训。②邀请物流领域的专家学者开展专题讲座，向农村基层群众推广农产品物流知识和物流技能。③与大中专学校合作，运用“订单式”的人才培养模式，定向培养农产品物流相关的专业人才。

5.发展绿色农产品物流

针对农产品安全可以提出“健康”“安全”“源自大山”等绿色农产品标签，发展农产品物流也可以提出对应的“绿色物流”概念，打造绿色农产品的同时，发展绿色农产品物流。例如，在整个农产品物流体系中使用电能这种无污染能源，既能保证农产品的时效性，也能降低物流成本①。

6.建立健全农产品物流管理机制

为了保障农产品物流的标准化、可持续的健康发展，政府应该建立和健全农产品物流管理机制。首先制定统一的管理标准，加强对农产品物流市场运行的监督和管理，抵制恶意竞争；然后根据市场规律实行优胜劣汰，激发农产品物流企业改善服务，不断提升专业化、规模化水平②。

重庆市忠县：建设农村电商平台助推农村经济发展

案例概况：

忠县是重庆市的柑橘生产大县，忠县柑橘是忠县的一张名片，种植面积在 35 万亩以上，柑橘综合产值超过 36 亿元，占全县农业总产值的 40%，亩产值超过 1 万元。忠县柑橘产业始建于 1997 年，多年来，忠县坚持按照现代农业的发展模式，致力于柑橘产业各个关键环节的发展，建成了全国最大的工厂化柑橘育苗基地，累计建成柑橘果园 18 万亩，惠及 16 个乡镇、5 万多农户近 14 万果农。建成的年加工柑橘 5 万吨、年产橙汁 2.4 万吨的亚太地区首条 NFC 橙汁加工线，成为国家 NFC 橙汁示范生产线。而且该橙汁的各项指标均符合国际标

① DU L, WANG X, ZHANG S. Can rural e-commerce contribute to carbon reduction? A quasi-natural experiment based on China's e-commerce demonstration counties[J]. Environmental Science and Pollution Research, 2023(30): 104336-104349.

② LI X X. Research on the development level of rural e-commerce in China based on analytic hierarchy and systematic clustering method[J]. Sustainability, 2022, 14(14): 8816.

准，日本、美国、瑞士等众多海外企业大量求购，将其作为原料包装成本品牌的产品。截至目前，忠县柑橘不仅在国内各省都有销售，而且还销往东南亚、欧洲和美国等海外地区。忠县柑橘是中国国家地理标志产品，2010年11月23日，原中华人民共和国国家质量监督检验检疫总局批准对"忠县柑橘"实施地理标志产品保护。

近几年，互联网和电子商务飞速发展，以湖南省石门县的石门柑橘为代表的很多柑橘产地积极发展农村电商，拓展柑橘的销售渠道，不但增加了柑橘销售的收益，还带动了柑橘产业的进一步发展。而忠县的农村电商发展还处于初级探索阶段，很多环节都存在一定的局限，例如，生产环节中，很多柑橘种植户思想保守，不相信网络；物流运输环节中，很多柑橘生产基地的物流体系欠缺，没有第三方物流企业介入，形不成规模化物流；电商基础和人才环节，农村电商的基础设施薄弱，缺少专业的电商技能型人才；核心业务环节，柑橘生产的同质化严重，品牌化建设滞后，无法对其他品牌柑橘形成竞争等。

分析与思考：

根据我国农村电商发展存在的问题，分析忠县柑橘产业发展中存在的问题，提出了通过创建农村电商平台在线上销售柑橘的电商化发展方案。

1.我国农村电商发展的常见问题

我国农村电商发展趋势良好，但也存在以下几方面的问题。

(1)定位不准确。农村电商不只是一个销售农产品的渠道，还是一个连接农村和外部世界的通道，需通过信息交流降低农村电商实践成本、扩大农村电商覆盖范围领域，使农民成为农村电商的真正获利者。

(2)运营不积极。很多农村电商平台存在只建设不运营的问题，平台无人管理、功能单一、农民只注册不操作，消费者无法购买农产品，农民也不在平台销售农产品。

(3)品牌化建设不够。农村电商平台中的农产品质量得不到保证，也无法通过平台的质量检验，没有形成一定的知名度，消费者不愿意购买零散的无保障农产品。

2.柑橘产业发展存在的问题

农村电商的发展能够为柑橘产业带来新的营销途径，但也存在一定的问题。

(1)营销信息不对称。在传统的柑橘销售中，大多数柑橘种植农户获取市场信息的渠道比较单一，运营方式多以户为单位，各自将柑橘卖给收购商，由于对市场供求信息不了解，销售价格一般较低。

(2)中间商过多。忠县柑橘的传统销售体系中，收购商分成了村级、镇级、县级、市级和省级等多个层次，柑橘销售的利润都被中间商赚取了。而经过层层收购商的加价，加上物流成本的叠加，消费者购买的柑橘单价高，而种植农户的收益却较低，严重影响了柑橘产业的发展。

(3)物流成本较高。在传统的柑橘销售中，物流运输主要由中间商或种植户承担，加上跨省运输，物流成本较高，这些费用都会增加柑橘的单价，减少农民的收益。

3.农村电商平台助力柑橘销售

针对柑橘产业发展中存在的问题，可以通过创建农村电商平台解决，一方面可以提升农

民收益，另一方面发展乡村经济。

(1)增加收益。随着农村电商平台的搭建，柑橘种植农户增加了获取信息的途径，农户可以通过平台来获取全国各地乃至世界其他地区的柑橘信息，可以实现相关信息的交流与共享。消费者可以通过平台直接从种植户手中购买柑橘，消除了中间商环节，提高了农民销售柑橘的价格，同时也降低了消费者购买柑橘的价格，双方都得到了好处，促进柑橘销售的同时也增加了农民的收入。

(2)及时提供供求信息。农村电商平台能够收集和发布供求信息，传递国家农业政策，帮助种植户获得更全面的交易信息，降低信息不平衡带来的影响。

(3)降低农业生产成本。柑橘生产具有季节性强、产量高的特点，农村电商平台则可以创建柑橘信息共享模块，提升柑橘的影响力，实现规模化生产和销售，降低农业生产成本。

(4)降低物流成本。创建农村电商平台后，物流由第三方物流企业承包，通过规模化和数字化控制物流成本，从而增加了农民的收入。

(5)保障柑橘的品质。创建农村电商平台后，平台会通过质量监测和检验来控制柑橘品质，从而保证柑橘质量，维护消费者和种植户双方的权益。

(6)保障交易安全性。农村电商平台会通过第三方在线交易方式进行交易，可以保证交易的安全性，这对很多不相信网络的种植户起到了保障作用。

启示与应用：

随着农村电商在更多农村地区的发展，建设农村电商平台，进行农产品网络营销已经成为很多农村地区增加农民收益、发展乡村经济的新道路。重庆市忠县通过农村电商平台销售柑橘的案例也为其他农村地区通过农村电商助推农村经济发展带来一些启示和建议。

1.改善农村电商发展环境

创建农村电商平台，发展农村电商需要有与之对应的基础设施。

(1)交通设施。农村电商需要有与之配套的物流和快递服务，打通农村物流“最后一公里”不仅是发展农村电商的需要，也是保障民生的需要。

(2)通信网络。农村电商需要通信技术和网络技术的支持，在农产品物流的整个过程，特别是农产品生产基地需要覆盖网络信号，建立信号基站将网线牵到农村的每家每户，并定期检修设备，确保信号全覆盖，切实解决农村的网络问题，改善农村电商发展环境。

2.优先发展落后地区

优先选择落后地区建立农村电商示范点，根据当地的实际情况制定农村电商发展方案，鼓励优秀电商企业与落后农村地区互帮互助，从而推进落后地区的乡村经济发展。

3.建设农产品品牌

电子商务市场大，农产品种类多，要想脱颖而出，就需要根据当地特色打造农产品品牌，增加农民收入。农村电商平台也要特别对农产品品牌进行质量监管，从而满足消费者对优质农产品的需求。

4.培养专业的农村电商人才队伍

不会使用电脑是大多数农民不相信网络的主要原因，所以，创建农村电商平台前后，电

商平台和政府相关部门应该向农民提供相关知识和技能的培训,解决农民不会通过电商平台销售农产品的问题。另外,要大力培养农村电商人才,通过提供优惠政策的方式,鼓励大学生和在外打工的青年返乡创业,利用他们对电商平台和农业知识的了解,将其培养成农村经济发展的主力军,带动其他农民共同致富。

5.提升农产品销售的服务质量

农产品销售后的服务也是消费者非常关心的问题,提升服务质量可以帮助农产品进行品牌建设,也可以吸引更多的“回头客”。提升农产品销售的服务质量,可以通过电商平台的线上培训和政府组织的线下的培训相结合,培养农民的服务意识。

6.延长农村电商产业链

农村电商的发展并不局限于农产品销售这个单一的领域,还应该发展与之相关的旅游、餐饮和娱乐等产业,创建集农资信息交流、农产品种植和生产、农产品收购和加工、农产品仓储和包装、农产品运输和配送、农村旅游和休闲,农家餐饮和娱乐等于一体的完整农村电商产业链。

参考文献

[1] TANG W,ZHU J.Informality and rural industry:Rethinking the impacts of E-Commerce on rural development in China[J].Journal of Rural Studies,2020,75:20-29.

[2] YIN Z H,CHOI C H.Does e-commerce narrow the urban-rural income gap? Evidence from Chinese provinces[J].Internet Research,2022,32(4):1427-1452.

[3] LIN Y,LI C.Does rural e-commerce agglomeration help expand family farms' size? Evidence from Taobao villages in China's Yangtze River Delta[J].Electronic Commerce Research,2023,23(3):1731-1752.

[4] QIN Q,GUO H,SHI X,et al.Rural E-commerce and County Economic Development in China [J].China & World Economy,2023,31(5):26-60.

[5] HE D,CEDER A A,ZHANG W,et al.Optimization of a rural bus service integrated with e-commerce deliveries guided by a new sustainable policy in China[J].Transportation Research Part E:Logistics and Transportation Review,2023,172:103069.

[6] LI L,ZENG Y,YE Z,et al.E-commerce development and urban-rural income gap:Evidence from Zhejiang Province,China[J].Papers in Regional Science,2021,100(2):475-494.

[7] CUI M,PAN S L,NEWELL S,et al.Strategy,resource orchestration and e-commerce enabled social innovation in Rural China[J].The Journal of Strategic Information Systems,2017,26(1):3-21.

[8] GAO P,LIU Y.Endogenous inclusive development of e-commerce in ruralChina:A case study [J].Growth and Change,2020,51(4):1611-1630.

[9] TURVEY C G,XIONG X.Financial inclusion,financial education,and e-commerce in rural

china[J].Agribusiness,2017,33(2):279-285.

[10] SONG Y,TAN L,WANG Y,et al.Data-driven modeling of the impact of internet inclusive finance on the urban-rural income gap in the E-commerce era[J].Journal of Internet Technology,2022,23(6):1377-1388.

[11] LIN J,LI H,LIN M,et al.Rural e-commerce in China:Spatial dynamics of Taobao Villages development in Zhejiang Province[J].Growth and Change,2022,53(3):1082-1101.

[12] TIAN H.Clustering and Analysis of Rural E-commerce Live Broadcast Mode Based on Data Orientation[J]. International Journal of Computational Intelligence Systems, 2023, 16(1):90.

[13] DUAN S,LIN J,VAN DIJCK J.Producing new farmers in Chinese rural live E-commerce: platformization,labor, and live E-commerce sellers in Huaiyang[J].Chinese Journal of Communication,2023:1-17.

[14] LIU W.Route optimization for last-mile distribution of rural E-commerce logistics based on ant colony optimization[J].IEEE Access,2020,8:12179-12187.

[15] JIANG X,WANG H,GUO X,et al.Using the FAHP,ISM,and MICMAC approaches to study the sustainability influencing factors of the last mile delivery of rural E-commerce logistics [J].Sustainability,2019,11(14):3937.

[16] LEONG C, PAN S L, NEWELL S, et al. The emergence of self-organizing E-commerce ecosystems in remote villages of China[J].MIS Quarterly,2016,40(2):475-484.

[17] XU H,WANG Z.Research on the Current Situation,Existing Problems and Suggestions of Rural E-Commerce Development[J].Manufacturing and Service Operations Management, 2022,3(2):36-42.

[18] LI L, DU K, ZHANG W, et al. Poverty alleviation through government-led e-commerce development in rural China:An activity theory perspective[J].Information Systems Journal, 2019,29(4):914-952.

[19] WANG Y,XU J,ZHANG G,et al.Study on Evolutionary Game of Rural E-Commerce Entrepreneurship Ecosystem with Governmental Participation[J]. Sustainability, 2022, 14(23):16029.

[20] KARINE H.E-commerce development in rural and remote areas of BRICS countries[J]. Journal of Integrative Agriculture,2021,20(4):979-997.

[21] MEI Y, MAO D, LU Y, et al. Effects and mechanisms of rural E-commerce clusters on households' entrepreneurship behavior in China[J]. Growth and Change, 2020, 51(4): 1588-1610.

[22] HUANG L,XIE G,HUANG R,et al.Electronic commerce for sustainable rural development: Exploring the factors influencing BoPs' entrepreneurial intention[J].Sustainability,2021,13(19):10604.

[23] HUANG L,HUANG Y,HUANG R,et al.Factors influencing returning migrants' entre-preneurship intentions for rural E-commerce: an empirical investigation in China[J]. Sustainability, 2022,14(6):3682.

[24] WU W,ZHANG Y,FAN Y.ICT Empowers the formation and development ofrural E-Commerce in China[J].IEEE Access,2020,8:135264-135283.

[25] SUN F, LI J. Research on the Development Mechanism of Rural E-Commerce Based on Rooted Theory:A Co-Benefit-Oriented Perspective[J].Sustainability,2022,14(20):13242.

[26] QIN Y,FANG Y.The Effects of E-Commerce on Regional Poverty Reduction:Evidence from China's Rural E-Commerce Demonstration County Program[J].China & World Economy, 2022,30(3):161-186.

[27] WANG C C,MIAO J T,PHELPS N A,et al.E-commerce and the transformation of the rural: the Taobao village phenomenon in Zhejiang Province,China[J].Journal of Rural Studies, 2021,81:159-169.

[28] CHAO P,BIAO M A,ZHANG C.Poverty alleviation through e-commerce:Village involvement and demonstration policies in rural China[J].Journal of Integrative Agriculture,2021,20(4):998-1011.

[29] LI K. SWOT analysis of e-commerce development of rural tourism farmers' professional cooperatives in the era of big data[J].IET Communications,2022,16(5):592-603.

[30] ZENG M, ZHENG Y, TIAN Y, et al. Rural E-Commerce Entrepreneurship Education in Higher Education Institutions:Model Construction via Empirical Analysis[J].Sustainability, 2022,14(17):10854.

[31] ZHANG Y, LONG H, MA L, et al. Analysis of rural economic restructuring driven by e-commerce based on the space of flows: The case of Xiaying village incentral China[J]. Journal of Rural Studies,2022,93:196-209.

[32] LIU J C, LI D F. Improved Shapley values based on players' least square contributions and their applications in the collaborative profit sharing of the rural E-commerce[J]. Group Decision and Negotiation,2022,31(1):7-22.

[33] ZHANG J,WANG C C,PHELPS N A,et al.Rural e-commerce and emerging paths toward product renewal: Evidence from Taobao Villages in Zhejiang Province, China[J]. The Professional Geographer,2023,75(3):521-535.

[34] GUO N, CHEN H. Comprehensive evaluation and obstacle factor analysis of high-quality development of rural E-commerce in China[J].Sustainability,2022,14(22):14987.

[35] MA W, ZHOU X, LIU M. What drives farmers' willingness to adopt e-commerce in rural China? The role of Internet use[J].Agribusiness,2020,36(1):159-163.

[36] WEI Y D,LIN J,ZHANG L.E-commerce,taobao villages and regional development in China [J].Geographical Review,2020,110(3):380-405.

[37] CHEN C, GAN C, LI J, et al. Linking farmers to markets: Does cooperative membership facilitate e-commerce adoption and income growth in rural China? [J]. Economic Analysis and Policy, 2023.

[38] XIA H, WENG J, ZHANG J Z, et al. Rural E-commerce model with attention mechanism: role of Li ziqi's short videos from the perspective of heterogeneous knowledge management[J]. Journal of Global Information TechnologyManagement, 2022, 25(2): 118-136.

[39] WANG Y, ZHANG Z. A Study on the Willingness and Factors Influencing the Digital Upgrade of Rural E-Commerce[J]. Behavioral Sciences, 2023, 13(2): 95.

[40] JIN H, LI L, QIAN X, et al. Can rural e-commerce service centers improve farmers' subject well-being? A new practice of 'internet plus rural public services' from China [J]. International Food and Agribusiness Management Review, 2020, 23(5): 681-695.

[41] CRISTOBAL-FRANSI E, MONTEGUT-SALLA Y, FERRER-ROSELL B, et al. Rural cooperatives in the digital age: An analysis of the Internet presence and degree of maturity of agri-food cooperatives' e-commerce[J]. Journal of Rural Studies, 2020, 74: 55-66.

[42] LIU M, MIN S, MA W, et al. The adoption and impact of E-commerce in rural China: Application of an endogenous switching regression model[J]. Journal of Rural Studies, 2021, 83: 106-116.

[43] ZENG M, LIU R, GAO M, et al. Demand forecasting for rural e-commerce logistics: a gray prediction model based on weakening buffer operator[J]. Mobile Information Systems, 2022: 1-8.

[44] LIU Z, JIA S, WANG Z, et al. A Measurement Model and Empirical Analysis of the Coordinated Development of Rural E-Commerce Logistics and Agricultural Modernization [J]. Sustainability, 2022, 14(21): 13758.

[45] FENG Z T. Constructing rural e-commerce logistics model based on ant colony algorithm and artificial intelligence method[J]. Soft Computing, 2020, 24(11): 7937-7946.

[46] HUANG C C, JIN H, ZHANG J, et al. The effects of an innovative e-commerce poverty alleviation platform on Chinese rural laborer skills development and family well-being[J]. Children and Youth Services Review, 2020, 116: 105189.

[47] DU L, WANG X, ZHANG S. Can rural e-commerce contribute to carbon reduction? A quasi-natural experiment based on China's e-commerce demonstration counties[J]. Envi-ronmental Science and Pollution Research, 2023(30): 104336-104349.

[48] LI X X. Research on the development level of rural e-commerce in China based on analytic hierarchy and systematic clustering method[J]. Sustainability, 2022, 14(14): 8816.

第 7 章 电子商务与大数据

在数字经济时代，大数据已经成为国家发展战略的重要组成部分，其价值和作用越来越受到产业界的重视。电子商务是数据密集型行业，在交易过程中积累了海量的数据金矿。电子商务与大数据结合是大数据理念、技术和方法在电子商务行业的实践，是大数据应用的重点领域之一。

7.1 大数据驱动的商务智能研究

7.1.1 电子商务大数据内涵

1）电子商务大数据的相关定义

大数据的概念目前尚未形成公认的明确定义。维基百科对大数据的定义为"无法在一定时间内用常规软件工具对其内容进行抓取、管理和处理的数据集合"；权威 IT 咨询公司 Gartner 对大数据的定义为"在一个或多个维度上超出传统信息技术的处理能力的极端信息管理和处理问题"；美国国家科学基金会对大数据定义为"由科学仪器、传感设备、互联网交易、电子邮件、音视频软件、网络点击流等多种数据源生成的大规模、多元化、复杂、长期的分布式数据集"。尽管学术界、行业界对大数据定义的表述各不相同，但对其在数据体量、数据复杂性和产生速度三个方面均大大超出了传统的数据形态，也超出了现有技术手段的处理能力，这个观点是一致的。随着互联网、云计算和物联网的迅速发展，数以亿计用户的互联网服务每时每刻都在产生海量的交互数据。而基于这些，电商平台所产生的大量结构化和非结构化的数据，通过数据采集、存储、挖掘等手段，帮助电子商务企业实现全局性、系统性的决策，寻找最优化的解决方案和运营决策，这被称为电子商务大数据。而与电子商务相关的大数据应用均归属于此概念范畴。

2）电子商务大数据的数据来源

电子商务大数据的数据来源日益多样化，且数据呈现快速增长的态势。一方面，网购用

户的搜索、比价、浏览等行为会产生大量数据;另一方面,平台上的商品数量不断增加,浏览、购买、支付等操作会产生大量数据。由此,形成了以电商平台为中心、以电子商务应用和电子商务服务业为基础的电子商务经济体系,这些都为电子商务行业创造了海量的多源数据。具体来说,电子商务大数据主要来源于以下六个方面:

①基础数据:包括注册用户、在线商品等相关的基本信息等。

②行为数据:包括线上浏览和线下轨迹数据,其中线上浏览数据通过网站分析工具获得,包括访问量、访客来源、页面浏览量、会话时长、转化率等;线下轨迹数据主要通过在实体店部署传感器采集顾客移动轨迹定位数据。

③交易数据:通过电商平台收集的数据,包括订单量、销售额、用户购买记录、产品信息、物流信息等。

④社交媒体数据:通过 Facebook、Twitter、微博、微信等社交媒体平台收集的数据,包括用户互动、品牌声誉、社交媒体广告效果等。

⑤反馈数据:通过用户反馈系统、调查问卷等方式获取用户评价、投诉、建议等,可以用于改进产品和服务。

⑥第三方数据:由市场调查公司、广告公司、数据分析公司等提供的数据,一般通过购买或合作的方式获取。

7.1.2 电子商务大数据发展历程

纵观国内外电子商务发展史,电子商务大数据的发展可以分为三个阶段:早期国外电子商务雏形(1981—1998 年)、传统电子商务数据累计阶段(1999—2014 年)和电商大数据智能分析阶段(2015 年至今)

1)早期国外电子商务雏形(1981—1998 年)

1981 年初,瑞迪福森计算机公司率先提出“可视图文+”商业模式,通过“可视图文+”访问中央计算机系统,向顾客实时展示商品和服务,有效提升了销售效率和准确率。此阶段主要得益于可视图文(Videotex)技术的发展,广播、计算机、电视等开启了多媒体之势,借助电子数据交换技术,电话购物、电视购物等商业模式开启。在此基础上,美国、英国和法国逐渐开始了传统电子商务模式的尝试。

2)传统电子商务数据累计阶段(1999—2014 年)

1999 年,随着阿里巴巴的成立,传统电子商务也随之兴起,那时国内诞生了 370 家左右的电商公司。传统的电商模式也就是线上商城,客户浏览网站上的商品信息,然后直接下单购买,通过网上支付完成交易。随着网络技术的进步,B2B、B2C、C2C、O2O 等商业模式逐渐普及成熟。这种电商模式给人们网上购物带来了许多便捷,但也存在很多难题。首先是商品与服务的虚假宣传情况难以管理;其次是消费者和商家的对立关系导致博弈产生,消费者价值不能最大化;最后是卖方市场导致个性化的商品和服务的缺失。在此阶段,商家主要关注销售额和用户流量等基础数据。随着电子商务的不断发展,商家开始累积更多的数据,包

括用户行为数据、交易数据、库存数据等，这些数据的积累为后续的数据处理和分析提供了基础。

3）电商大数据智能分析阶段（2015 年至今）

2015 年，阿里中台推出了数据湖、实时计算、智能推荐等服务，并开始向合作伙伴开放，电商进入了大数据智能分析阶段。分布式计算、云计算、内存计算等技术的应用使得数据处理速度更快、更高效，商家开始利用大数据技术对积累的数据进行挖掘和分析。通过数据挖掘，商家可以发现隐藏在数据中的规律和趋势，进而了解用户的需求和行为特征，从而制订更加精准的营销策略，以提高销售额和客户满意度。通过对销售数据和库存数据的分析，商家可以对供应链进行整合优化，以提高库存周转率和供应链效率。此外，通过和供应商的合作，商家可以制订更加精准的采购计划和生产计划，降低成本并提高效率。与此同时，政府和行业推动的数据标准化进程逐渐减少了跨数据库数据处理的障碍。以数据共享、数据联动、数据分析为基本形态的数字产业经济蓬勃发展，市场上逐步形成了一条覆盖数据采集、处理、集成、分析、应用的完整成熟的大数据产业链，有效提升了电子商务的智能化水平。

7.1.3 电子商务大数据国内外研究前沿

1）电子商务大数据技术研究

（1）大数据知识获取融合

随着大数据时代的到来，复杂系统对从海量用户产生的多模态、多语言、非结构化、非形式化数据中提取、发现和演绎决策知识提出了新的智能要求。通常根据存在形式将决策知识分为显性决策知识和隐性决策知识。显性决策知识是电子商务交易过程中产生的决策知识以不同的格式保存起来的历史知识。隐性决策知识是电子商务交易过程中不形成文字而牢记在心的决策知识。商务大数据决策系统中有效的知识提取、发现和演绎对提高系统的效益起着决定性的作用。为了更好地管理和应用决策知识，需要设计智能决策知识模型，通过提取显性决策知识和发现、演绎隐性决策知识来构建智能决策知识库，从而实现决策知识的高效重用。具体的前沿问题包括结构化与非结构化数据挖掘与数据库知识发现、基于知识发现的知识自动抽取策略①、决策知识的结构分析与表示②、隐式可拓知识与可拓知识推理③、知识图谱构建与可视化分析④、自然语言理解与智能知识信息检索、基于元信息与本体的多源知识融合处理技术等⑤。

---

① SONG W W, YANG Y, EO J, et al. Apache Nemo: A Framework for Optimizing Distributed Data Processing[J]. ACM Transactions on Computer Systems(TOCS),2021,38(3-4):1-31.

② CHEN L,ZHAO J,WANG C, et al. Unified holistic memory management supporting multiple big data processing frameworks over hybrid memories[J]. ACM Transactions on Computer Systems(TOCS),2022,39(1-4):1-38.

③ ELANGOVAN R,JAIN S,RAGHUNATHAN A. Ax-BxP: Approximate blocked computation for precision-reconfigurable deep neural network acceleration[J]. ACM Transactions on Design Automation of Electronic Systems(TODAES),2022,27(3):1-20.

④ 张祎，孟小峰. InterTris：三元交互的领域知识图谱表示学习[J]. 计算机学报，2021，44(8)：1535-1548.

⑤ 王淞，彭煜玮，兰海，等. 数据集成方法发展与展望[J]. 软件学报，2020，31(3)：893-908.

(2)大数据决策分析建模

由于未来决策环境的复杂性,它涉及多个决策主体(包括机器和人),可以分为决策主体、决策者、决策协调者等,也可以分为我们的决策主体和对手的决策主体。在有限理性情况下,每个决策主体不仅有自己的行为规则和自主决策能力,而且它们之间还存在复杂的交互关系。而在许多重大决策场合,由于伦理、法律和安全因素,决策者和利益相关者需要人工智能技术具有更高的可解释性。此外,在特定的决策环境中,法律制度、伦理规范、决策文化等社会因素对决策主体的行为构成实质性约束。例如,法律和伦理对训练数据集的获取和使用,会直接影响决策主体的可能行为,或者对单个决策主体的影响,进而影响整个决策过程。这些都对决策代理的智能建模和学习机制提出了新的要求。具体的前沿问题包括:数据驱动的决策主体智能建模方法、基于 BDI(belief-desire-intention)的决策主体建模、规则驱动的决策主体智能建模方法①、基于系统动力学的仿真建模、群体智能建模②、决策主体效用建模、决策主体行为建模、竞争对手决策主体效用建模、竞争对手决策主体行为建模、各决策主体的属性关系、社会因素和其他环境对决策主体的影响建模、决策主体自适应决策的博弈模型③、决策方法的可解释性等④。

(3)数据安全和隐私保护

批处理、流计算、机器学习等分布式大数据计算环境在云上的广泛部署和应用,给云用户带来了极大的便利,但隐私数据泄露事件也日益严重,云上大数据计算环境中的保护数据隐私已成为研究热点。针对大数据计算环境中的参与角色和应用场景,从计算过程中涉及的数据输入、计算和输出三个环节出发,根据计算数据为明文或密文情况下可能存在的隐私泄露风险,总结出相应的三个主要研究方向,包括:基于数据分离的隐私保护,基于数据干扰的隐私保护,基于安全多方计算的隐私保护。基于数据分离的隐私保护方式可以保证敏感数据在本地或私有云环境中安全高效地进行处理,而不会迁移到不受信任的公有云环境中。目前,基于数据分离的隐私保护研究工作主要包括基于敏感数据标注的分布式计算和基于数据分离的联邦学习⑤。基于数据干扰的隐私保护会造成数据失真,以牺牲数据的准确性为代价提高隐私保护水平。因此,隐私与可用性之间的权衡一直是该研究方向的热点问题。目前,基于数据干扰的两种主要的隐私保护技术是数据匿名和差分隐私⑥。基于安全多方计算的隐私保护允许互不信任的各方在不泄露私有数据的情况下进行联合计算。但在实际的大数据应用中,其可扩展性较差。一方面,在执行复杂的密文计算任务时,其执行效率很

---

① ZOU J,HAO T,YU C,et al.A3C-DO:A regional resource scheduling framework based on deep reinforcement learning in edge scenario[J].IEEE Transactions on Computers,2020,70(2):228-239.

② NGUYEN G N,LE VIET N H,ELHOSENY M,et al.Secure blockchain enabled Cyber-physical systems in healthcare using deep belief network with ResNet model[J].Journal of parallel and distributed computing,2021,153:150-160.

③ 陈国青,曾大军,卫强,等.大数据环境下的决策范式转变与使能创新[J].管理世界,2020,36(2):95-105.

④ 曾大军,李一军,唐立新,等.决策智能理论与方法研究[J].管理科学学报,2021,24(8):18-25.

⑤ HUNT T,ZHU Z,XU Y,et al.Ryoan:A distributed sandbox for untrusted computation on secret data[J].ACM Transactions on Computer Systems(TOCS),2018,35(4):1-32.

⑥ ADEPU S,LI N,KANG E,et al.Modeling and analysis of explanation for secure industrial control systems[J].ACM Transactions on Autonomous and Adaptive Systems,2022,17(3-4):1-26.

低,一般用执行时间或计算成本来衡量;另一方面,多方联合计算会带来较高的通信开销,一般用通信成本来衡量。根据实现安全计算协议的底层密码原语的不同,目前的研究主要集中在基于模糊的电路、秘密共享和同态加密等相关技术上①。

2)电子商务大数据应用研究

(1)电子商务大数据中的网络行为研究

大数据网络已经形成了一个庞大的数字世界,这一数字世界映射着人类社会行为,并且持续更新。随着大数据网络中的数据不断积累,对社会行为的映射越来越精准,通过数据世界分析研究社会行为规律具有重要意义。该研究方向主要致力于通过行为分析方法,在海量、多源动态的数据中,以集成的视角,对大数据环境背景下的典型行为模式和个性化的行为特征进行有效识别,为电子商务管理决策提供微观行为理论支持。主要涉及的理论技术方法包括:对具有联动性、模糊性、多样性、动态性、多源性等特征海量数据信息进行分析的相关理论和方法②,以及数据清洗与融合、知识发现与建模、特征检验等大数据处理技术③。在电子商务大数据行为机理研究领域,用户创造内容(User Generated Content,UGC)对商务模式的变革不容忽视。UGC对于品牌知名度提升、消费体验优化、产品口碑传播和产品创新改进具有重要作用。这方面的研究主要涉及海量用户创造内容的数据挖掘技术,以及用户创造内容的分享机制、传播机理、影响因素和作用效应等④。

(2)大数据环境下的市场洞察与营销策略

大数据环境下的市场洞察与营销策略主要研究大数据链中价值产生机理,为企业进行客户管理提供决策依据。研究方向主要分为两个方面:大数据环境下消费者行为与企业舆情研究、基于大数据分析的市场绩效度量与营销策略研究⑤。大数据环境下消费者行为与企业舆情研究致力集成企业内外部信息,具体包括平台产生消费者信息,第三方机构或者互联网产生用户信息,通过挖掘这些信息来分析消费者的行为及偏好。具体研究企业相关舆情信息的采集与智能分析技术,为企业实时感知、动态分析、预测预警消费者行为提供支撑。在不侵犯消费者隐私的情况下,构建消费者特征的知识图谱,用于营销和新媒体关系定位。综合运用心理学、社会学和营销学理论,借助大数据挖掘、统计分析和营销模型等技术手段,研究顾客消费周期中各个阶段的行为特征和偏好,基于消费者行为和网络舆情的市场态势研判和预警决策等关键问题⑥。基于大数据分析的市场绩效度量与营销策略主要基于大数

① 钱文君,沈晴霓,吴鹏飞,等.大数据计算环境下的隐私保护技术研究进展[J].计算机学报,2022,45(4):669-701.

② SABATUCCI L, COSSENTINO M. Supporting dynamic workflows with automatic extraction of goals from BPMN[J]. ACM Transactions on Autonomous and Adaptive Systems(TAAS),2019,14(2):1-38.

③ 陈叶旺,曹海露,陈谊,等.面向大规模数据的DBSCAN加速算法综述[J].计算机研究与发展,2023,60(9):2028-2047.

④ ROKNI S A, GHASEMZADEH H. Share-n-learn: A framework for sharing activity recognition models in wearable systems with context-varying sensors[J]. ACM Transactions on Design Automation of Electronic Systems(TODAES),2019,24(4):1-27.

⑤ SHAHHOSSEINI S, SEO D, KANDURI A, et al. Online learning for orchestration of inference in multi-user end-edge-cloud networks[J]. ACM Transactions on Embedded Computing Systems,2022,21(6):1-25.

⑥ ALMEIDA M, LASKARIDIS S, VENIERIS S I, et al. Dyno: Dynamic onloading of deep neural networks from cloud to device [J]. ACM Transactions on Embedded Computing Systems,2022,21(6):1-24.

据的商务分析,发掘大数据商务管理中的实时性决策、自动化管理和持续化学习的能力。传统的大数据分析主要针对历史数据,面对海量大数据的冲击,数据的实时分析技术研究更为普遍,迫使传统的商业数据统计方法和营销策略发生变革,新一代的大数据分析方法优势逐渐凸显。大数据驱动的营销策略创新与优化、基于大数据的企业重组优化、应用大数据对物流及供应链优化等已经成为研究热点①。在此基础上,研究如何将企业的大数据市场分析结果与企业的财务绩效联系起来,也就是大数据变现能力对于企业的销售运营管理策略具有重要意义。

(3)企业网络生态系统及其协同共生机制

企业网络生态系统及其协同共生机制研究大数据环境下基于社交媒体的企业生态系统的关键问题,如微观个体建模、行为规律与交互模式、宏观组织结构、共生协同进化、系统稳定性等,从而构建可持续发展的企业网络生态链。具体研究问题包括企业个体建模及其行为规律的复杂性分析、个体企业微观互动机制、基于网络大数据的宏观企业生态系统建模、企业生态系统共生/竞争协同演化机制及其稳定性分析、企业生态链与生态位建模、基于社交媒体大数据的企业生态分析、企业间的共生与协同进化机制、企业生态系统的宏观复杂性分析等②。企业生态网络中协调运行与分配机制的研究应着眼于大数据环境下供应链生态网络中各主体的协调模式与利益分配优化。在供应链运营中,来自零售终端、售后服务提供商、分销商、运输商、制造商和供应商的数据都将成为大数据的一部分。如何通过供应链主体之间的协同运作,在市场机会发现和模式创新中实现这些数据的价值;如何在传统的以批发价格为基础的合同机制基础上,实现供应链主体之间的数据共享和协同价值创造③;如何实现大数据驱动的供应链协同运作机制等④。这些将是未来学术界和企业界关注的焦点。

(4)电子商务大数据业务模式创新

大数据分析技术和应用对产业的变革影响巨大,商业模式的创新已经成为企业生存的必然选择。基于大数据平台的新兴商业模式研究,应着眼于大数据推动的新兴产业链。作为双边市场的电子商务平台和第三方网络平台,拥有供需双方的全部互动数据,因此拥有独特的全方位市场信息。这种信息对于减少市场供求之间的信息不对称、解决市场失灵、提高企业利润和消费者剩余具有关键作用,也为基于这些大数据平台的各种商业模式创新提供了巨大的市场机会。这些商业模式创新的来源取决于如何从大量双边市场数据中提取有用的信息,以及如何理解和管理整个双边市场的演变。新的研究方法将扩展现有的理论模型,

---

① WU Y,ZHANG L,GU Z,et al.Edge-AI-driven framework with efficient mobile network design for facial expression recognition[J].ACM Transactions on Embedded Computing Systems,2023,22(3):1-17.

② SHEFF I,WANG X,BABEL K,et al.Charlotte:Reformulating Blockchains into a Web of Composable Attested Data Structures for Cross-Domain Applications[J].ACM Transactions on Computer Systems,2023.

③ AGATE V,PAOLA A D,RE G L,et al.A simulation software for the evaluation of vulnerabilities in reputation management systems[J].ACM Transactions on Computer Systems(TOCS),2021,37(1-4):1-30.

④ NOVAKOVIC S,DAGLIS A,USTIUGOV D,et al.Mitigating load imbalance in distributed data serving with rack-scale memory pooling[J].ACM Transactions on Computer Systems(TOCS),2019,36(2):1-37.

更多地利用社会网络、数据挖掘和统计来挖掘高维的市场信息①。此外,机制、产品和商业模式的设计是决定商业模式成功的关键。该领域的研究方向还包括新型大数据应用平台的商业模式和利润来源研究、云计算的运营和收费模式研究等。

总结:本部分主要介绍了电子商务大数据的相关概念以及发展历程,在此基础上总结了电子商务大数据的国内外研究前沿。其中电子商务大数据技术研究主要集中在大数据知识获取融合、大数据决策分析建模和数据安全和隐私保护三个方向;电子商务大数据应用研究主要集中在电子商务大数据中的网络行为研究、大数据环境下的市场洞察与营销策略、企业网络生态系统及其协同共生机制和电子商务大数据业务模式创新这四个方向。新的研究方法将扩展现有的理论、技术模型,更多地利用社会网络、数据挖掘等大数据智能手段来推动电子商务行业的发展。

7.2 电子商务大数据的重要科学研究问题

7.2.1 电子商务大数据融合

电子商务大数据融合将不同来源的海量数据通过整合和分析,帮助企业挖掘市场规律、挖掘客户兴趣、了解发展趋势,从而推动电商企业做出智能决策、提升服务品质、提高生产效率、降低营业风险、保持竞争优势②。这一过程通常分为三个关键步骤:大数据预处理、数据层融合以及知识融合。

1)电子商务大数据如何对海量、高维、异构数据进行高效的清洗、压缩和降维等预处理

电商企业在营销和决策过程中涉及交易记录、用户评价、社交媒体等海量数据,实现电子商务大数据预处理的可靠性、实时性和前瞻性已经成为智能时代不可避免的趋势。当前大数据预处理面临着数据来源丰富、数据结构多样、竞争激烈等问题,这些问题导致了数据质量问题,如数据缺失、错误和重复值等,从而影响后续分析的准确性和可信度。结构化数据和非结构化数据等传统技术方法无法预处理的数据亟需新方法③。激烈的竞争环境也迫使大数据预处理需要转向实时或近实时实现以支持即时的决策制定。为克服数据预处理基础理论薄弱、关键技术水平低下、处理速度缓慢的问题,以数据收集、实时处理、数据转换、数据清洗、模态融合为主线,以电子商务大数据为主轴,融合计算机、数学、自动化控制、物理等多学科成果,揭示大数据预处理的根本机理模型,探索智能时代大数据自动化预处理新范式,构建完备、可信、健全、准确、对齐、实时的新时代大数据预处理框架,实现从"数据域"向"信息域"和"知识域"的跨越。

---

① 李昌盛,伍之昂,张璐,等.关联规则推荐的高效分布式计算框架[J].计算机学报,2019,42(6):1218-1231.

② 陈国青,吴刚,顾远东,等.管理决策情境下大数据驱动的研究和应用挑战——范式转变与研究方向[J].管理科学学报,2018,21(7):1-10.

③ 曾大军,李一军,唐立新,等.决策智能理论与方法研究[J].管理科学学报,2021,24(8):18-25.

2)电子商务大数据如何实现结构化和非结构化数据有效融合

电子商务大数据处理的数据涉及数据库、知识库、Web 页面开放信息等多源异构数据，这些数据信息存放在不同的物理系统中，导致数据碎片化进一步带来数据孤岛问题。如何有效地汇聚、处理海量异构数据已成为电商企业亟待解决的问题。当前数据层的融合面临着结构化数据和非结构化数据之间存在格式、内容、质量的不一致，使不同结构数之间的转换、匹配、整合变得困难①，这也导致不同模态数据之间的协同和创新在应用、分析和优化方面的不足。为解决这些问题，首先需要建立统一标准和规范，制定标准的结构化和非结构化数据之间的格式、内容和质量标准，提高数据的一致性和可靠性；其次，利用机器学习、自然语言处理等技术，实现结构化和非结构化数据之间的转换、匹配、整合等融合，提高数据的互通性和可用性；最后，从全面的视角和策略出发，根据电商平台的不同目标和场景，设计结构化数据和非结构化数据之间的应用、分析、优化方案，提高数据的协同性和创新性，打破信息孤岛和壁垒，提升数据利用效率，最大化数据价值。

3)电子商务大数据如何实现多源异构知识的表达、组织、关联实现知识的有效融合

电子商务涉及商品知识、用户知识、交易知识、社交知识等多种类型的知识，这些知识来自不同的数据源，具有不同的结构和语义，难以进行统一和整合。此外，知识呈现出碎片化、异构化、分布式等特点，传统的知识表示、组织方法和语义关联难以满足当前环境下知识层融合的需求。多源异构知识来源复杂，涉及用户、商家、平台等多个主体；知识生成方式多样，通过自动、手动、半自动等方式实现了电子商务知识的生成；由数据到知识处理流程复杂，需要经过采集、存储、传输和分析等多个过程；知识的使用应用在商品搜索、页面浏览、物品购买、购物评价等多个场景。上述知识获取、处理、生成的特点使得多源异构数据知识存在格式②、缺失、冗余等多种不规范结构。为了解决知识层融合面临的问题，以建立统一数据模型为基础，标准化和规范化不同格式和结构的数据；以有效的数据质量评估方法为脉络，过滤和筛选不同质量和可信度的数据；以智能数据融合算法为主干，整合、补全数据；以灵活的数据应用框架为整体，适配优化不同场景和需求的知识，从海量数据中提取、构建、管理和应用知识支撑电商的各项业务和决策。

7.2.2 电子商务大数据异构权属

电子商务大数据融合过程中需要明确数据的归属者、使用者和责任者，建立数据的所有权、访问权和使用权的制度和机制，保证数据的安全性、完整性、准确性和一致性，涵盖权属管理、分析建模、数据规划与控制等方面③。

① PENG J X, HAHN J P, HUANG K W. Handling Missing Values in Information Systems Research: A Review of Methods and Assumptions[J]. Information Systems Research, 2023, 34(1): 5-26.

② GUAN Y, TAN Y, WEI Q, et al. When Images Backfire: The Effect of Customer-Generated Images on Product Rating Dynamics[J]. Information Systems Research, 2023, 34(4): 1641-1663.

③ 冯芷艳，郭迅华，曾大军，等.大数据背景下商务管理研究若干前沿课题[J].管理科学学报，2013，16(1)：1-9.

1）电子商务大数据如何实现统一标识、描述、追踪、审计等权属管理

大数据权属管理是指对大数据的产生、存储、传输、处理、使用等过程中涉及的权利和义务进行规范和保护的活动①。当前电子商务大数据涉及多种类型、来源、格式，各个行业、领域和机构对数据的标识方法不同，缺乏统一的标准和规范，导致数据的识别和归属难以确定。数据在全生命周期中经历多次转移、变化、处理和使用，需要对这些过程进行有效的追踪，实现数据的溯源、核实和评估，保障数据的真实性、完整性和合法性。数据涉及多方主体、多种利益、多重风险，需要一套严格的审计制度，保护各方主体的合法权益，维护大数据秩序和安全②。为了解决当前电子商务大数据权属管理面临的问题，以统一的标识标准为基础建立一个跨行业、跨领域、跨机构的统一标识体系，对数据进行唯一、准确、可靠的标识；以完善的描述框架为价值导向，采用通用、灵活、可扩展的描述语言，对数据进行语义化、结构化、规范化和可视化的描述；以有效的追踪工具为重要节点，利用区块链、数字签名、时间戳等技术，对数据在其生命周期中的各个环节进行有效的追踪；以严格的审计制度为根本，制定完善的法律法规和行业规范，规范和约束大数据相关活动。

2）电子商务大数据如何建立统一的异构权属分析模型

电子商务大数据分析建模涉及多个领域的数据集成、挖掘和应用，因此，如何对电子商务大数据进行异构权属分析，是电子商务大数据分析建模的一个重要前提和基础。在电子商务大数据分析建模过程中，如何建立统一的电子商务大数据异构权属分析模型，即如何对不同来源、不同格式、不同质量的大数据进行有效的归属判断和管理，是一个重要的研究课题。来自多个异构源的电子商务大数据需要进行清洗、转换、融合实现数据的一致性和完整性，并要考虑数据的集成、保护、授权以进行有效的数据集成；电子商务大数据的多维度、多层次、多关联性的特点需要进行深层次、多视角、全时空的数据挖掘以发现数据中隐藏的知识和价值③；电子商务大数据涉及多领域、多场景的应用，需要进行数据分析、决策、优化等操作以提升效率和推广应用。为了解决电子商务大数据分析建模面临的数据集成、数据挖掘、数据应用等方面的难题，以基于元数据的大数据异构权属描述方法为根基，利用元数据技术对电子商务大数据进行标注和描述；以基于本体的电子商务大数据异构权属分析模型为主干，利用本体技术对电子商务大数据的异构权属元数据进行建模和推理；以基于服务的电子商务大数据异构权属分析平台为核心，利用服务技术对电子商务大数据的异构权属本体进行封装和发布。

3）电子商务大数据如何制定统一权属的数据规划与管控模型

电子商务大数据具有规模大、类型多、价值高的特点，对于提升电商平台的竞争力、优化

---

① ANDREW J, BAKER M. The General Data Protection Regulation in the Age of Surveillance Capitalism[J]. Journal of Business Ethics, 2021, 168(3): 565-578.

② KUMAR S, MALLIPEDDI R R, Impact of cybersecurity on operations and supply chain management: Emerging trends and future research directions[J]. Production and Operations Management, 2022, 31(12): 4488-4500.

③ WANG Y, CURRIM F, RAM S. Deep Learning of Spatiotemporal Patterns for Urban Mobility Prediction Using Big Data[J]. Information Systems Research, 2022, 33(2): 579-598.

用户体验、增加营收等方面有着重要的作用①。数据规划与控制问题通过合理地规划和管理电子商务大数据的权属、存储、使用、共享等方面以保证数据的安全、质量、效率和价值。这个问题涉及多方利益相关者,包括电子商务平台方、用户方、第三方服务供应商等,因此需要制定统一的规范和标准协调各方的需求和利益。当前数据权属界定不清晰,数据所有者、使用者和受益者之间的利益冲突和纠纷不断;数据权属保护不充分,数据泄露、滥用、侵权等现象频发;数据权属管理不规范,数据质量低下、流通受阻、效益未能充分发挥。为了应对数据权属的安全、标准和分析等方面的困境,以电子商务大数据标准为基础,制定和遵守统一的电子商务大数据的定义、分类、编码、格式和接口等规范,实现数据的互通和共享;以电子商务大数据安全防范为关键,保护电子商务大数据不受外部攻击或内部泄露,维护数据的完整性、可用性和保密性;以优化电子商务大数据分析方法为核心,利用各种算法和工具对电子商务大数据进行挖掘和处理,提取信息和知识。以标准制定、推广应用、安全防护、优化方法为主干实现电子商务大数据权属的统一规划与管控。

7.2.3 电子商务大数据跨界关联

电子商务大数据跨界关联利用大数据技术分析不同行业、不同领域的数据,发现电子商务企业与其他行业或领域之间的潜在联系,拓展电子商务的应用场景、创造新的商业价值、提升用户体验。这个问题主要涉及大数据知识关联、用户全景分析和大数据使能分析三个方面。

1)电子商务大数据如何实现与其他领域知识的跨界关联

电商领域的数据分析和应用深入不仅为企业提供更精准的市场洞察和营销策略,还能够与其他领域的知识进行跨界关联,创造更多的价值和创新②。然而,电子商务大数据知识与其他领域知识存在着不同的特征、结构、表达和逻辑等差异,难以进行有效的融合;不同的需求、目标、场景和用户等差异难以进行有效的转化和定制;不同的权属、利益、信任和文化等差异难以进行有效的共享和协作。为了应对大数据知识关联出现的融合、转化、共享等问题,以知识融合为主干,采用知识表示、抽取、整合、推理等技术,提升电子商务大数据知识与其他领域知识的特征、结构、表达和逻辑等的融合和协同,提高知识创新和应用的效果和价值;以知识转化为关键,应用知识分析、挖掘、优化、定制等技术,加强电子商务大数据知识与其他领域知识的需求、目标、场景和用户等的转化和匹配,提高知识服务和推荐的效率和质量;以知识共享为主体,基于知识评估、标注、分类、检索等技术,改善电子商务大数据知识与其他领域知识的权属、利益、信任和文化等的共享和协作,提高知识流动和传播的范围和速度。

---

① GOLDSTEIN I,SPATT C S,YE M.Big Data in Finance[J].The Review of Financial Studies,2021,34(7):3213-3225.

② DU R Y,NETIER O,SCHWEIDEL D A,et al.Capturing Marketing Information to Fuel Growth[J].Journal of Marketing,2021,85(1):163-183.

2）电子商务大数据如何构建用户的画像实现全景式分析

电商用户全景分析旨在通过收集、整合、分析和呈现用户的多维信息，构建用户的全景画像，提高用户体验和商业价值。当前电子商务平台涉及多种类型和来源的数据，数据之间存在着复杂的关联和影响，需要进行有效的融合和对齐；电子商务平台面对海量的用户数据，保证数据处理效率和准确性的同时，难以实现数据的动态更新和实时反馈；电子商务平台考虑到不同类型和层次的用户需求，需要根据不同的场景和目标设计合适的用户画像模型和指标体系；电子商务平台平衡好用户画像的粒度和范围，在保证用户画像的细致化和个性化的同时，避免过度细分和泛化。为了应对上述的数据、技术、指标和优化难题，以用户画像的粒度和范围为基础，进行用户的分群和分类，实现用户画像的细致化和个性化；以统一数据平台为主干，对不同类型和来源的数据的收集、清洗、整合和存储，提供统一的数据接口和标准；以分布式计算和云计算技术为主体，实现对海量用户数据的高效处理和动态更新，利用流式计算技术对用户行为和需求变化的实时监测和反馈；以多层次、多维度、多角度的用户画像模型和指标体系为关键，运用数据挖掘和机器学习技术对用户数据进行深入的分析，挖掘用户的潜在需求、偏好和价值①。基于上述内容实现构建电子商务用户全景画像，实现精准和个性化营销。

3）电子商务大数据如何构建支持商业决策的全过程使能分析模型

大数据使能分析旨在利用大数据技术和方法，从海量的数据中提取有价值的信息，这使得决策者能够获得更全面的信息，更好地理解市场和客户②。实时监测和分析数据这对于快速变化的市场和需求至关重要，发现趋势和模式从而更好地预测市场发展和客户需求。通过大数据分析，企业可以更深入地了解客户的行为和偏好，这使得企业能够提供个性化服务，提高客户满意度。大数据的特点包括体积巨大、多样性、实时性和复杂性，这些特点共同为商业决策的全过程提供了独特的支持。然而，要将大数据转化为可操作的见解，需要面对包括数据采集、存储、处理、分析和解释等多个挑战。为了充分发挥大数据在商业决策全过程中的使能作用，以数据采集与存储为基础，从各种渠道收集数据，并保证数据的安全和可靠，同时使用分布式存储技术高效地存储海量数据；以数据处理与分析为核心，利用分布式计算和云计算平台，对收集的数据进行快速和准确的处理和分析；以实时监测与反馈为关键，采用流式计算框架，对实时产生的数据进行实时监测和分析，及时发现问题，做出决策；以用户画像与个性化服务为主干，根据不同的业务场景和目标，构建多层次、多维度、多角度的用户画像模型和指标体系，挖掘发现用户的需求、偏好和价值；动态调整与优化为主体，根据用户画像的粒度和范围，实现用户的分组和分类。

7.2.4 电子商务大数据多元交互

电子商务大数据多元交互问题是指在电子商务环境下，不同类型的数据之间存在着复

① DAVIET R, NAVE G, WIND J. Genetic Data: Potential Uses and Misuses in Marketing[J]. Journal of Marketing, 2022, 86(1): 7-26.

② BOEGERSHAUSEN J, et al. Fields of Gold: Scraping Web Data for Marketing Insights[J]. Journal of Marketing, 2022, 86(5): 1-20.

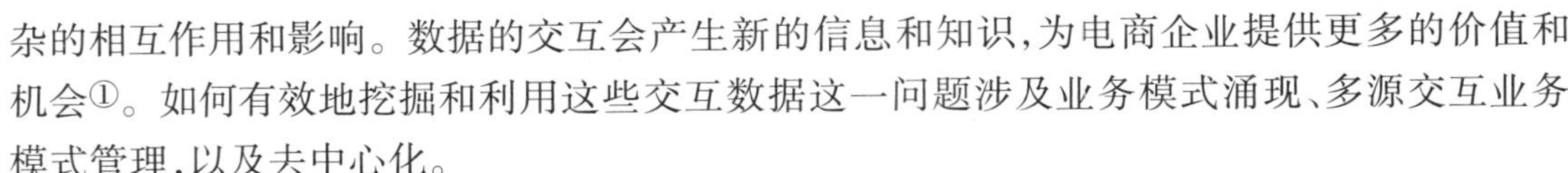

杂的相互作用和影响。数据的交互会产生新的信息和知识，为电商企业提供更多的价值和机会①。如何有效地挖掘和利用这些交互数据这一问题涉及业务模式涌现、多源交互业务模式管理，以及去中心化。

1）电子商务大数据如何支持新电子商务业务模式的快速涌现

在当今数字化时代，大数据作为电商领域的重要支撑，为电商业务模式的涌现提供了丰富的数据资源。电商领域的业务模式快速涌现对企业的竞争力至关重要，然而问题的关键在于如何在大数据多元交互的环境中，有效地支持新电商业务模式的快速涌现。电商数据呈现出多样性，这种多样性使得数据分析变得复杂，需要多角度的数据融合和分析；此外新业务模式需要实时数据分析支持以便迅速调整策略；多元交互例如社交分享、在线支付、用户评价等多种元素，极大增加了分析和模型建立的复杂性。为了应对上述挑战，需要构建一个强大的数据分析平台，以支持新业务模式的发现和验证。以多元数据整合为基础，将不同来源和格式的数据集中存储和管理保证数据的质量和一致性；以实时数据处理为核心，对实时产生的数据进行快速和有效的分析，实现实时数据流的监测和处理；以高级分析和机器学习为关键，利用算法和模型挖掘数据中隐藏的模式、趋势和用户行为，发现新的商业机会和价值；以敏捷开发方法为主干，将分析结果转化为可行的业务方案，并进行快速的开发和测试，以验证其有效性和可行性，加速新业务模式的实现和推广。

2）电子商务大数据如何推动多元化互动的电子商务业务模式

电子商务大数据多元交互业务模式管理是指运用大数据技术和多元交互手段，有效管理多元化和高互动的电子商务业务模式的过程。这个过程需要电商企业拥有大量的数据信息，并能够有效地收集、存储、处理、分析和利用这些数据信息；此外还需要与消费者、供应商、合作伙伴等多方主体进行有效的沟通和协作，建立和维护良好的关系。当前由于数据的多源异构性导致数据无法有效地反映真实的情况和趋势，影响电商企业的决策效果和行动效率；数据面临着各种各样的安全威胁和攻击，电商企业需要投入大量的资源和精力，以保障数据的安全性和可靠性；同时需要运用先进的技术和方法对数据进行有效分析和利用。为了应对上述挑战，从提高数据质量、保障数据安全、提升数据分析能力、优化交互结果入手，建立和完善数据质量管理体系，对数据进行有效的清洗、校验、整合和更新，以保证数据的一致性、准确性、完整性；制定和执行数据安全策略和措施，对数据信息进行有效的加密、备份、恢复和删除，防止数据信息被泄露、窃取、篡改或滥用；制定和执行数据分析目标和计划，对数据信息进行有效的挖掘、分析、展示和应用，以发现数据信息中蕴含的价值和意义；制定和执行交互效果目标和指标，对交互效果进行有效的设计、实施、评估和改进，以提升服务质量和客户满意度。

3）电子商务大数据如何实现去中心化数据共享

电子商务大数据去中心化通过分布式网络技术，实现电子商务平台、商家、消费者等多

① 刘心报，胡俊迎，陆少军，等.新一代信息技术环境下的全生命周期质量管理[J].管理科学学报，2022，25(7)：2-11.

方参与者之间的数据共享和协作。如何有效地利用这些数据,提升电商效率和质量,是当前亟待解决的问题。当前电子商务大数据的控制权和使用权主要集中在少数几个大型电商平台手中,导致数据的不对称、不透明、不安全等问题;平台对数据的收集、存储、处理和使用过程缺乏足够的公开和监督,导致数据的真实性、准确性和完整性难以保障,影响数据的可信度和可靠性;对数据的保护措施不足或存在漏洞,导致数据面临被窃取、篡改、泄露等风险,影响数据的隐私性和安全性①。导致上述问题的根本原因在于数据所有权和使用权的划分不清晰,缺乏有效的制度规范和技术支撑,为了克服上述难题,以完善的法律法规为根茎,明确界定电子商务大数据的所有权和使用权,保障各方参与者在数据共享和协作过程中的合法权益,促进数据流通的公开和公平交流;以分布式网络技术为支撑,实现电子商务大数据的去中心化存储和处理,提高数据处理能力,降低数据传输成本,增强数据安全性。增强数据流动,保障数据安全,打破数据垄断,促进数据公平,实现电子商务大数据的去中心化共享。

总结:本部分从电子商务大数据融合、电子商务大数据异构权属、电子商务大数据跨界关联和电子商务大数据多元交互四个方面探讨了电子商务大数据的重要科学研究问题。这些问题的解决有助于有效整合和应用大规模数据,确保数据安全和隐私,实现精确的个性化推荐和决策支持,以及应对电子商务领域不断演变的特点,推动业务创新和发展。

7.3 电子商务大数据技术体系

7.3.1 电子商务大数据研究架构

在电子商务大数据研究中,构建合理的研究架构至关重要②。电子商务大数据研究架构涵盖了基础架构、大数据层和模型层(图7-1),这种架构为数据的采集、处理、存储、分析和可视化提供了全过程支持,为深入研究和利用电子商务大数据奠定了坚实的数据基础。

1)基础架构层

在基础架构层,首先是主机及存储系统的抉择,包括服务器、容量、性能和可靠性等各方面因素需要综合考量,以确保高效的数据存储和处理能力。为了保障系统的可持续发展,服务器内部存储与集中存储的混合架构被广泛应用。为了实现系统的稳定运行,软件系统基于开源的Linux操作系统,该系统安全可靠且具有高度的可定制化特性。虚拟化平台基于Docker的轻量级虚拟化技术,该技术不仅支持业务的灵活部署与弹性扩展,还通过混合云平台与公共云服务结合,能够提供更多的资源和弹性,以满足不同研究需求。在安全管理方面,严格管理不同用户权限,同时采用先进的加密技术,以确保系统的安全性,预防潜在的数据泄露和网络攻击。备份系统采取多重机制,包括实时同步、定期快照等,保证了数据安全

① CONG L W, XIE D X, ZHANG L T. Knowledge Accumulation, Privacy, and Growth in a Data Economy[J]. Management Science, 2021.67(10):6480-6492.

② GAI K, QIU M, SUN X. A survey on FinTech[J]. Journal of Network and Computer Applications, 2018, 103:262-273.

和系统可靠性,确保了数据的持久性和可用性。

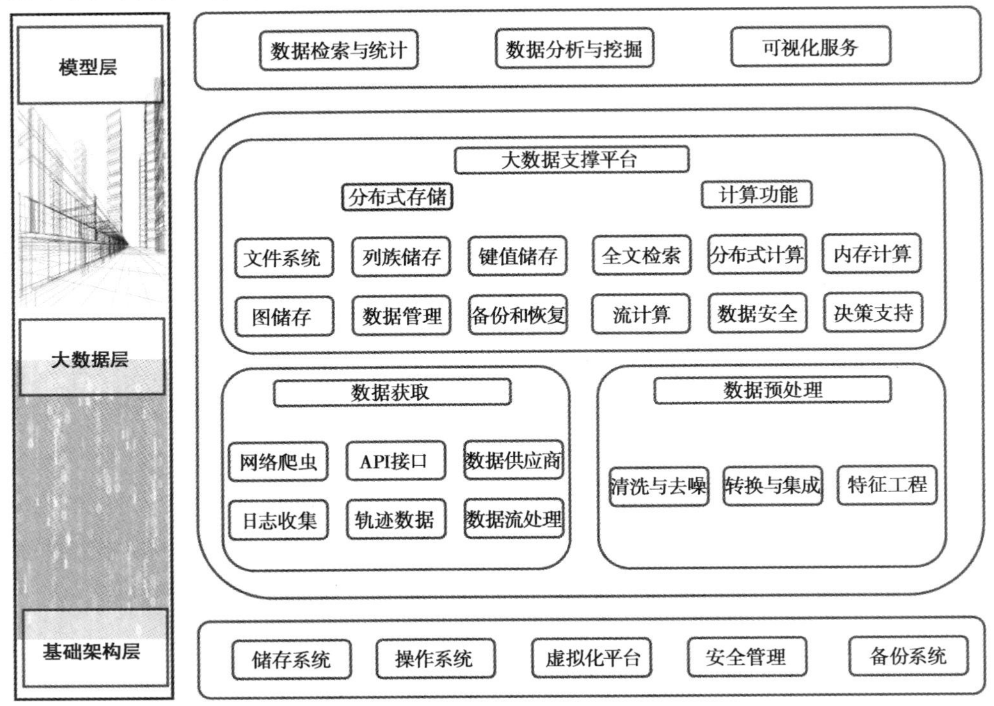

图 7-1 电子商务大数据研究架构

2)**大数据层**

大数据层是电子商务大数据体系的核心,主要包括数据获取模块、数据预处理模块以及大数据支撑平台。数据获取应兼顾数据源的广泛性和多样性,分布式爬虫系统是较好的选择,它能确保对企业外部数据的及时采集和更新。数据预处理环节十分关键,该环节涉及对内外部的多源异构数据进行格式转换、垃圾过滤、关联、监测统计等一系列处理,以确保数据的质量和一致性,使其能够被用于后续的深度分析和挖掘。大数据支撑平台则提供了对各类数据的分布式存储和计算功能,实现了对不同类型数据的统一存储和处理。大数据计算部分涵盖了全文检索引擎、分布式计算引擎、内存计算引擎、流计算引擎等多种计算引擎,可以满足不同的计算需求。同时,大数据支撑平台对数据安全进行保障,涉及数据的溯源、隐私保护、共享机制以及区块链技术等多个方面,确保数据采集、存储、共享和分析过程中得到充分保护。

3)**模型层**

在模型层,底层的存储与计算能力被封装为各种典型的数据挖掘任务,它们提供了数据检索、统计、分析、挖掘和可视化服务。数据检索与统计模块提供了高效的查询和统计功能,使用户能够快速获取所需信息。数据分析与挖掘模块支持各种复杂的知识表示融合与大数据决策,包括轨迹数据挖掘、用户画像构建、知识推理、实时决策等,这些分析模块能够深入挖掘数据中的潜在信息和模式。可视化服务则是将分析结果以丰富多样、直观生动的图形化和可视化形式呈现，帮助用户更深入地理解数据，从而做出更科学的决策。

7.3.2 电子商务大数据关键技术

从电子商务大数据处理过程性的技术角度，将电子商务大数据关键技术分为电子商务大数据采集、电子商务大数据预处理、电子商务大数据存储、电子商务大数据安全、电子商务轨迹大数据挖掘、电子商务大数据知识表示与融合、电子商务大数据决策（图 7-2）。从数据挖掘到决策支持系统的构建，从实时数据处理到知识表示与融合，我们将探索如何最大程度地挖掘大数据的价值，助力电子商务企业迈向更智能、更高效的未来。

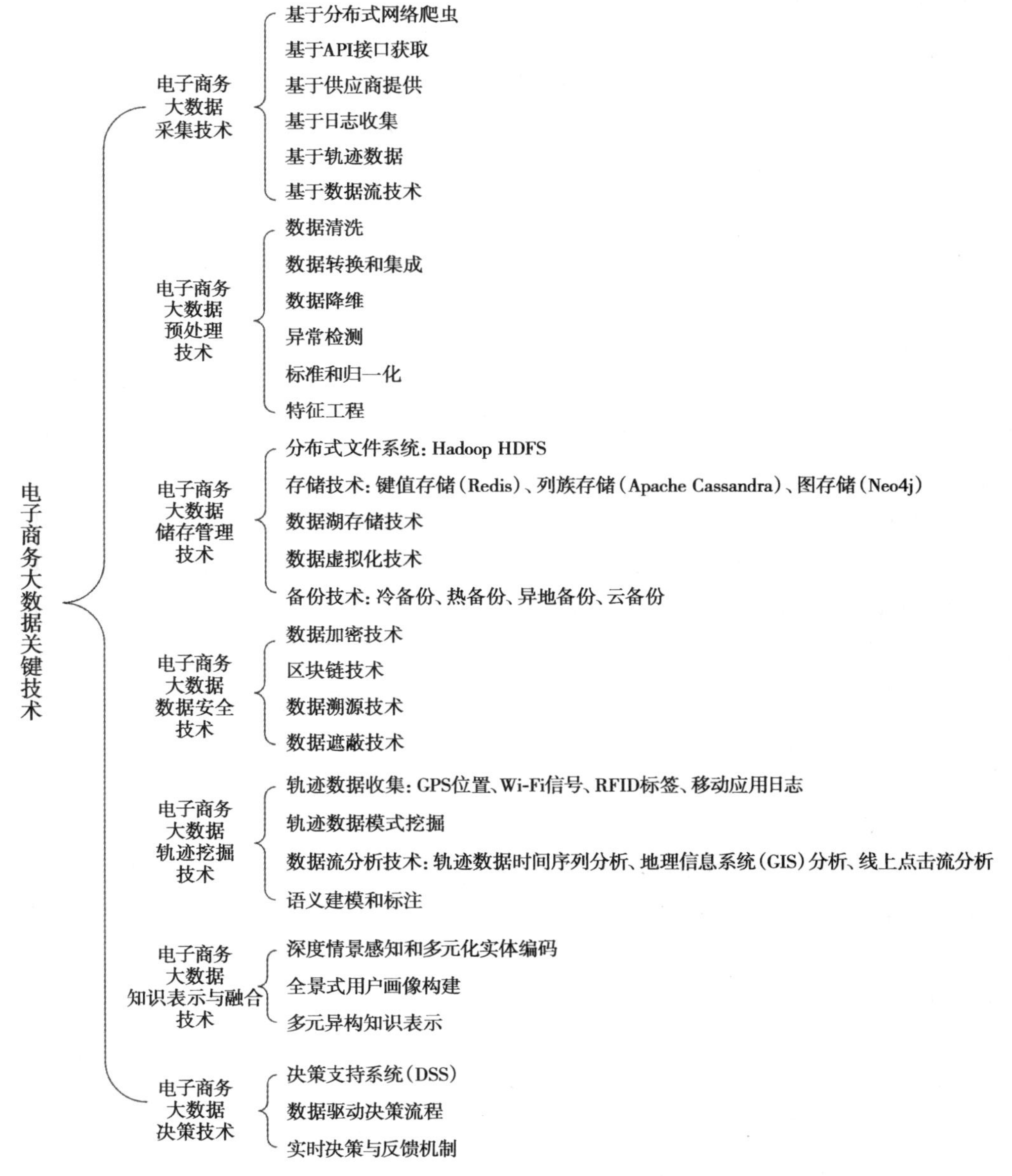

图 7-2 电子商务大数据关键技术组织结构示意图

1）**电子商务大数据采集**

在电子商务大数据分析中，数据采集是研究的关键起点，它直接决定了后续分析和决策的准确性和可靠性。数据采集的目标是从多源数据中收集、提取和获取信息，以便为企业提供深入见解，指导业务决策。这一阶段需要面对诸多挑战，包括数据质量、时效性、全面性等①。

在数据采集的初步阶段，选择合适的数据源至关重要。电子商务领域的数据源种类多种多样，选择数据源时，必须全面考虑不同类型的数据，明确需要采集的数据类型，是文本、图像、视频还是结构化数据等。此外，数据的来源也需要被准确定义，包括内部数据（例如销售记录、用户交互数据）和外部数据（例如竞争对手信息、市场趋势数据）的区分。

数据采集方法与技术的选择直接影响了数据获取的效率和准确性。网络爬虫技术是一种常用的方法，通过自动化程序从网页中提取信息。在大规模数据抓取方面，分布式爬虫系统（例如 Scrapy 框架）能够实现高效抓取。此外，API 接口也是获取数据的有效途径，许多在线平台提供了 API 接口，使得数据的获取更为便捷。数据提供商合作是一种常见的方式，企业可以购买或租用数据，节省了大量的采集时间和资源。对于实时性要求较高的场景，数据流处理技术能够实时捕获和处理数据流，确保了数据的时效性。

2）**电子商务大数据预处理**

数据预处理是电子商务大数据分析中的关键步骤，它的目标是将原始数据转化为高质量的数据，以便于后续的分析和建模。在这一阶段，数据往往需要经过一系列的清洗、转换和集成操作，以保证数据的可用性②。

在数据预处理的起始阶段，数据清洗和去噪是至关重要的任务。噪声、异常值和不完整的记录可能会影响数据分析结果的准确性，因此需要采取噪声过滤、异常值处理和缺失值处理等方法，以保障数据的质量。数据清洗的目的是消除数据中的干扰噪声，例如输入错误或者不规范的字符。同时，异常值处理通过检测和处理数据中的异常值，可以采用统计方法或专业领域知识来确定哪些数据点是异常的，并决定如何处理它们。而缺失值处理则采用填充、删除或插补等方法，以保证数据的完整性和可用性。

数据转换与集成是数据预处理的另一重要环节。在数据转换方面，数据经常需要被转换为统一的格式，以便于后续处理。此外，数据关联与集成也是关键步骤，通过将来自不同源头的数据集成在一起，并使用唯一标识符或关联字段将它们关联起来，可以创建更为丰富和全面的数据集。数据规范化则用于将不同单位或度量标准的数据统一到相同的标准，以确保数据的可比较性。这种操作可以使得不同数据源之间的数据在同一标准下进行比较，为后续分析提供了方便。

---

① KANSAL V, KUMAR R. A hybrid approach for financial sentiment analysis using artificial intelligence and cuckoo search[C]. 2019 5th International Conference on Advanced Computing & Communication Systems (ICACCS), 2019: 523-528.

② PENG S, SUN S, YAO Y D. A survey of modulation classification using deep learning: Signal representation and data preprocessing[J]. IEEE Transactions on Neural Networks and Learning Systems, 2021, 33(12): 7020-7038.

特征选择与特征工程是数据预处理的关键步骤。特征选择通过使用各种技术来确定哪些特征对研究问题最为重要，从而减少特征维度和数据噪声，间接提高模型的性能。特征工程则包括创建新的特征，通过数学变换、聚合等方法来捕捉数据中的关键信息，以提高模型的表现。同时，标签编码将分类数据转换为数值型数据，以便于机器学习算法的处理。

3）电子商务大数据存储

在电子商务大数据研究中，数据存储是至关重要的一环。综合考虑不同的存储技术的特点，更好地满足电子商务大数据研究中多样化的数据存储需求，保障数据的可用性、安全性和系统性能。为了满足不断增长的数据类型和数据量，需要选择合适的大数据存储技术，以确保数据的可伸缩性和性能。主要的数据存储技术包括：

（1）分布式文件系统

分布式文件系统是一种经典的大数据存储方式，Hadoop HDFS 是分布式文件系统的代表，具有良好的可扩展性和高可用性。这种存储方式适用于存储非结构化数据，例如电子商务网站的日志文件和各种多媒体数据。通过将数据分布式存储在多个节点上，分布式文件系统不仅能够提供高度的数据冗余和容错性，还能够实现高性能的数据读写操作，满足电子商务网站海量数据的存储需求。

（2）列族存储

列族存储是一种专为高写入负载和横向扩展设计的数据库存储方式。Apache Cassandra 是典型的列族数据库，它以列式存储结构存储数据，这种存储方式非常适用于需要快速写入和读取的应用场景，特别是在处理在线交易数据时，具有出色的性能表现。在电子商务领域，处理用户的购买记录和订单数据时，列族存储技术能够提供高效的数据存储和检索，确保了电子商务平台的实时性和稳定性。

（3）键值存储

键值存储数据库（例如 Redis）是一种注重高速缓存和快速查询的存储方式。在电子商务中，用户的会话管理和推荐系统等应用需要快速访问大量的实时数据，键值存储技术通过将数据存储为键值对的形式，实现了极低的访问延迟。这种存储方式适用于需要低延迟的实时数据访问场景，保障了用户体验的流畅性，提升了电子商务平台的性能。

（4）图存储

图存储是为存储和查询复杂的图状数据结构而设计的数据库系统。Neo4j 是一款广泛使用的图数据库，在电子商务领域，它常用于处理社交网络分析、推荐系统和知识图谱构建等任务。电子商务网站通常需要分析用户之间的关系，进行精准推荐和个性化营销，而图存储技术正是为这类应用场景而生的。通过图数据库，企业可以高效地挖掘用户的行为模式，为用户提供更加个性化和精准的推荐服务①②。

---

① PENG S, SUN S, YAO Y D. A survey of modulation classification using deep learning: Signal representation and data preprocessing[J].IEEE Transactions on Neural Networks and Learning Systems, 2021, 33(12): 7020-7038.

② WEBBER J.A programmatic introduction to neo4j[C].Proceedings of the 3rd annual conference on Systems, programming, and applications: software for humanity Tucson, Arizona, USA.ACM, 2012: 217-218.

综合来看,不同的存储技术各具特色,广泛应用于电子商务的各个领域。企业需要根据自身业务需求,深入了解这些技术的特点和优势,有针对性地选择和整合存储解决方案。通过合理选用存储方案,电子商务企业可以更好地应对不断增长的数据类型和数据量,实现数据的高效存储、分析和挖掘,为业务决策提供更可靠的支持。

数据的备份与恢复策略对于数据的可用性和安全性至关重要。定期备份数据是常规操作,以确保数据的可恢复性,并将备份数据存储在安全的位置。此外,建立灾难恢复计划是必要的,以应对自然灾害、硬件故障或数据泄露等紧急情况。不同存储技术可能需要定制化的备份与恢复策略,以确保数据的持久性和可靠性。通过科学合理的数据存储和管理策略,电子商务企业能够确保其数据安全、可靠,为业务决策提供可靠的支持。

4)**电子商务大数据安全**

电子商务大数据的安全性的重要性不言而喻,确保数据在采集、存储、共享和分析过程中得到充分保护是一个合格的大数据系统的基本要求。电子商务大数据的安全涉及隐私保护、数据的溯源、数据共享机制等多个方面。此外,区块链技术的发展也为数据安全提供了新的思路,下文将对这几个方面做详细介绍。

电子商务大数据中包含大量的敏感信息,隐私保护是确保数据安全的核心,隐私保护的主要方式包括数据脱敏和数据加密。数据脱敏技术能够将敏感数据转化为不可识别或匿名化的形式,从而保护用户的隐私,同时又保留了数据的分析价值。数据加密技术在数据存储和传输中起到关键作用,保护数据的机密性,确保只有授权人员能够访问数据,从而有效地预防数据泄露和未经授权的访问。

区块链技术作为一种新兴的数据加密方案,为保障电子商务大数据的安全提供了新的思路。首先,区块链技术实现了去中心化的数据存储,将数据分布式存储在网络的多个节点上,每个节点都包含了整个区块链的完整副本,这种分布式存储架构提高了数据的安全性,即便某个节点受到攻击,整个系统依然能够正常运行。其次,区块链技术引入了智能合约的概念。通过智能合约,数据访问和交换的过程变得更加透明和高效,无须中间人的介入,降低了交易的成本和时间。最后,区块链技术具有不可篡改的特性。每次数据变更都被记录在区块链的一个区块中,一旦数据被写入区块链,就无法被修改或删除,这种特性使得区块链上的数据具有极高的可信度。在电子商务中,交易记录、评价信息等一旦被写入区块链,就无法被恶意篡改,由此确保了交易数据的完整性和可信度。

数据溯源技术则致力于追踪和验证数据的来源和传输路径,以确保数据的可信度和完整性。首先,数据溯源技术通过记录数据的原始来源、采集时间和地点,实现了数据源的追踪。通过这种方式,用户可以清晰地了解数据的生成背景,确保数据的来源可信度。数字签名技术则通过使用非对称加密算法,为数据生成唯一的数字签名。这个数字签名不仅能够证明数据的完整性,还能够验证数据的真实性。在数据传输过程中,数字签名被用来验证数据是否被篡改,这一特性保障了数据传输的完整性和可信度。与此同时,数据溯源还可以结合区块链技术,使其可靠性进一步提高。区块链技术的本质是一个不断增长的、不可篡改的分布式数据库,一旦数据被写入区块链,就无法被修改或删除,任何人都无法篡改其中的信

息。这样的特性保障了数据的来源和传输路径的安全,防止了数据被恶意篡改的可能性。

这些安全措施共同确保了电子商务大数据在采集、存储、共享和分析过程中得到充分保护,为企业的业务决策提供了可靠的数据支持。

5)电子商务轨迹大数据挖掘

高效发现轨迹大数据中的有用知识成为链接线上和线下的关键,也是诸多线上线下智能商务应用得以成功实施的关键。轨迹数据包括移动端时空位置数据、网站和移动端点击流日志、用户在实体店内的走动和驻留等数据,这些数据中隐藏着用户行为模式和消费习惯等丰富的潜在信息。

电子商务轨迹数据包含了各种时空信息,如移动端时空位置数据、网站和移动端点击流日志,以及用户在实体店内的走动和驻留记录,这些数据蕴含了极其有价值的用户行为模式和消费习惯。在这一背景下,驻留热点识别成为至关重要的任务。通过离群点检测和轨迹压缩过滤掉轨迹数据中的噪声,而驻留热点的识别则能揭示用户潜在的兴趣点,这些兴趣点不仅包含了丰富的信息,能够为智能推荐服务提供强力支撑。

此外,轨迹数据的时间序列特性为挖掘价值模式提供了独特视角。通过定义轨迹时序模式统计量和价值模式评估,我们可以发掘轨迹数据中蕴含的宝贵信息。伴行模式挖掘则解决了城市环境下伴行群体特征定义的挑战,而周期模式挖掘则依赖个体历史移动轨迹,实现了高效的轨迹数据周期模式挖掘。这些挖掘结果深入透视了用户行为和需求,为商家提供了更深入的洞察,有助于更加个性化和准确地提供服务和商品。

结合语义建模和标注,能够使得轨迹数据的语义信息更为丰富,提高其可理解性。建立知识语义网络并进行优化是实现智能推荐服务的关键,这个过程不仅是基于城市功能布局和实体店商品描述等信息构建了多尺度的语义网络,还整合了时空情景和用户偏好等多领域知识,使得语义网络更加丰富。语义标注采用自然语言处理的方法,计算用户与兴趣点及其领域之间的关联概率。这种抽象化语义表示将线下轨迹数据形式化为“What-Who-When-Where”问题,使得轨迹数据的语义信息更为丰富、可理解。

6)电子商务大数据知识表示与融合

新一代电子商务模式的重要理念是对用户群体、商品和场景的理解,以往电子商务知识表示与融合方法具有应用模式单一、知识表示简单、知识应用简单,这为全景式知识挖掘带来了更大的挑战①。在此背景下,围绕知识提取、用户画像构建、知识表示与推理等三个关键方面的问题,充分挖掘数据中隐藏的知识,成为电子商务大数据表示研究的重点。

首先,在知识提取方面,电子商务相关文本语料相对稀缺,因此知识抽取面临巨大困难。通过基于深度情景感知和多元化实体编码,更全面、更准确地抽取用户和商品实体。此外,引入了实体关系抽取和知识提取框架,通过跨领域的行为数据,建立了多场景知识提取框架。这种框架不仅可以适应不同领域的数据特点,还使得我们能够更全面地理解实体之间

① CAO L B.Data science:a comprehensive overview[J].ACM Computing Surveys(CSUR),2017,50(3):1-42.

的关系，丰富了知识图谱的内容。

其次，用户画像构建成为本部分的另一个重点。用户行为是了解用户需求和兴趣的关键窗口。采用全景式用户画像构建方法，不仅局限于用户的基本信息，还包括了用户的行为特征、心理状态和兴趣偏好等多个层面。通过深度学习和多任务学习技术，对用户进行更全面、更精准的建模，为电子商务企业提供了更为翔实的用户画像。同时，由于自然语言处理技术的发展，数据缺失和语义冲突等问题得以解决，用户画像的精准性和可靠性得以进一步提升。

最后，知识表示与推理是电子商务大数据的重点关注方向。传统的知识图谱表示方法通常依赖于大量的标注数据，但在电商领域，这样的数据往往十分有限。因此，在基于多源异构知识表示方法中，通过引入时空语义信息，丰富了实体和关系的表示学习。此外，针对多层次知识表示，从不同角度抽取实体概念，使得知识图谱更具深度和广度。同时，可以引入少量样本学习的思想，通过实体之间的语义关联来指导模型的学习，从而更好地应对数据标注不平衡和样本稀缺的挑战。

7) **电子商务大数据决策**

电子商务大数据的崛起已经引领了商业世界的新潮流。在这个信息爆炸的时代，企业不再缺乏数据，难点在于如何从这些海量的数据中提炼出有价值的信息，做出科学的决策。因此，数据决策是电子商务大数据研究的最终目标，它涵盖了将数据挖掘的洞察转化为实际决策和行动的过程①。

首先，决策支持系统是电商大数据决策过程中的得力助手，它不仅提供交互式的仪表板和可视化工具，将复杂的数据呈现为直观易懂的图表和报告，而且利用数据挖掘模型和算法，为决策制定者提供关键信息和建议，帮助他们做出科学决策。在这个过程中，决策支持系统不仅是一个工具，更是企业智能化决策的重要支持者，它的存在使得决策者能够更好地了解市场趋势。

其次，数据驱动决策流程是实现智能决策的核心。这一流程涉及从数据的收集、整理和清洗开始，从源头确保数据的质量和可用性。随后通过数据分析和挖掘技术，企业可以发现数据中的潜在模式、趋势和关联。在洞察和解释阶段，数据挖掘的结果被解释为商业机会和挑战。这种基于数据的洞察和分析形成了决策和行动计划的基础，决策制定者可以根据这些结果实现科学决策，制订销售计划，调整企业战略方向。不过，这个过程并不是一劳永逸的，决策的有效性需要不断的监测和调整。因此，在实施与监测阶段，企业需要将决策付诸实践，同时持续监测决策的效果并实时调整。

最后，实时决策与反馈机制则是在动态环境中保持竞争力的关键。市场信息千变万化，企业不再能够依靠过去的数据和分析结果来制定长期的决策。相反，他们需要实时地了解市场的动态，及时做出决策，以保持市场的敏锐性。实时数据处理技术通过处理实时数据

① ZHAI Z, MARTÍNEZ J F, BELTRAN V, et al. Decision support systems for agriculture 4.0: Survey and challenges [J]. Computers and Electronics in Agriculture, 2020, 170: 105256.

流，支持即时决策，使企业能够在瞬息万变的市场中快速作出反应。同时，实时反馈机制则帮助企业监测决策的执行效果，将实际数据与预测结果进行比较，以及时调整策略。更进一步，智能自动化的应用则使系统能够自动响应和调整，从而确保决策过程的持续优化和改进。

总结：本部分深入探讨电子商务大数据的技术体系，建立起了一套系统性的电子商务大数据知识体系，这个体系包括研究架构和关键技术两大部分，涉及基础架构、数据生命周期管理、知识表示、智能分析与支持决策等关键主题。

7.4 电子商务大数据理论与实践案例

7.4.1 基于苏宁易购的 Online-to-offline 智能商务大数据融合与应用

1）案例背景

O2O 商务模式的兴起和发展吸引了在线企业和传统零售企业的广泛关注，成为具有竞争力和前景的电子商务新兴模式。O2O 商务智能的目标是将线上和线下商业活动有机融合，以提供更无缝、个性化和高效的购物体验。大数据技术的广泛应用在推动这一变革中发挥了关键作用，为企业提供了前所未有的机会，有助于了解消费者行为、优化市场营销策略、改进用户体验并提高运营效率。然而，目前 O2O 数据的潜在价值尚未充分发挥，这限制了 O2O 智能商务应用和模式创新的发展。主要问题包括线上和线下数据不匹配，以及多源异构大数据的系统化分析方面尚未取得明显进展。在这一背景下，O2O 商务大数据分析领域需要解决以下问题。

第一，多源异构商务大数据的结构化描述、语义关联和提取，以及不一致性消除等基础问题有待更深入的研究。数据融合的目标是建立不同数据来源之间的语义联系，以实现异质信息的整合建模，为后续知识融合和挖掘提供高质量的数据源。结构化数据具有清晰的语义和属性，可采用中间件、数据仓库和本体等工具进行统一集成，而非结构化异质数据因具有不确定性和复杂语义而需要语义建模，目前研究范式主要关注在非结构化数据存储基础上构建结构化语义描述模型，但在 O2O 领域，由于数据多样性和语义复杂性增加，数据融合更具挑战性。

第二，线下数据挖掘需要更深入的研究，以适应大数据和 O2O 商务场景的需求。目前，轨迹数据已成为大数据领域中最大和最快变化的数据类型之一。轨迹数据挖掘主要涉及三方面内容：轨迹数据的预处理、轨迹模式挖掘和轨迹语义标注。轨迹数据处理需要经过噪声过滤、驻留点检测、轨迹分割、轨迹压缩和路网匹配等步骤，以解决数据质量问题。同时，轨迹数据挖掘包括频繁模式挖掘、轨迹聚类和周期模式挖掘等，以提取有价值的知识和模型。轨迹数据的语义标注也是关键，可以根据行为和交通方式来区分不同类型的轨迹。然而，现有研究主要关注 GPS 轨迹数据和城市智能服务领域，需要更多的研究来适应 O2O 商务场景，如主流热点检测和线下语义标注。

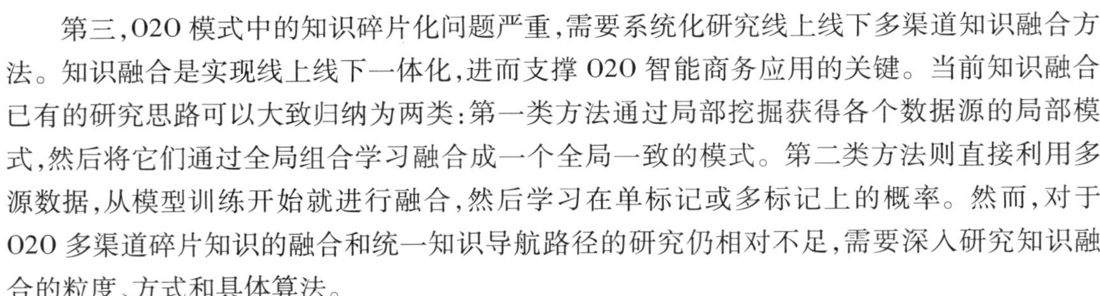

第三,O2O 模式中的知识碎片化问题严重,需要系统化研究线上线下多渠道知识融合方法。知识融合是实现线上线下一体化,进而支撑 O2O 智能商务应用的关键。当前知识融合已有的研究思路可以大致归纳为两类:第一类方法通过局部挖掘获得各个数据源的局部模式,然后将它们通过全局组合学习融合成一个全局一致的模式。第二类方法则直接利用多源数据,从模型训练开始就进行融合,然后学习在单标记或多标记上的概率。然而,对于 O2O 多渠道碎片知识的融合和统一知识导航路径的研究仍相对不足,需要深入研究知识融合的粒度、方式和具体算法。

2)案例内容

苏宁易购是国内领先的智慧零售服务提供商,其线下网络覆盖全国,包括苏宁广场、苏宁百货、苏宁零售云等各种创新型互联网门店。同时,通过自营、开放和跨平台运营,在线零售会员总数超过 6 亿。因此,基于苏宁易购的数据进行研究,对于 O2O 智能商务的大数据融合和应用具有重要实际意义。本案例中,数据来源主要包括苏宁易购内部数据、第三方社交平台数据和线下轨迹数据。内部数据通过合作获取,第三方社交平台数据则通过建立基于 Scrapy 的大规模分布式爬虫集群获得,也可以购买官方 API 以获取网页内容数据。线下轨迹数据则主要通过在苏宁易购南京商贸店部署 Wi-Fi 传感器来获取,这些传感器每隔60~80 秒进行一次探测,捕捉到与无线接入点通信的移动设备的 MAC 地址和通信信号强度等数据。至今,已收集了超过 1 500 万条记录。在此基础上,本案例以支持 O2O 电子商务决策为目标,构建了 O2O 商务大数据融合框架,突破了轨迹大数据挖掘方法,深入研究了支持 O2O 一体化的多渠道知识融合方法。基于这些研究,构建了 O2O 商务大数据分析平台(图 7-3),并在苏宁易购中实现了显著的示例应用。

多源异构商务大数据信息融合策略:研究数据结构化描述和语义关联方法,以满足商务需求。为各模态数据定义新特征空间,探索关联算法构建多模态数据的初步语义关联,以数据和商务活动为基础,挖掘商务大数据的高级特征。针对复杂语义关联或标注问题,构建基于群智计算的语义提取策略,提高语义提取质量,解决机器难以应对的问题。解决多源数据中的语义内容冲突和噪音数据问题,提出异构数据的真值发现方法,以消除异构数据的语义不一致性,为商务数据层融合提供全面解决方案。

轨迹大数据的数据挖掘模型与算法:引入高斯混合变分序列自动编码器作为轨迹异常检测方法,实现有效的在线轨迹数据异常检测;建立用户和位置之间的联动模型,基于兴趣度建模,并通过迭代学习方式有效地识别主流热点,提高分析结果的实际应用性;运用商品描述信息构建概念共现语义网络,采用隐马尔科夫模型进行语义标注,为轨迹数据的语义分析提供新方法;探索时间序列数据中具有物理含义的统计量,考虑是否满足剪枝性质,引入统计量泛化模型;揭示时序模式强区分性与统计量之间的关联,提出有用模式的筛选方法,满足预测需求;提出基于特征的伴行模式挖掘算法,使用密度聚类技术、傅里叶变换和自相关方法来挖掘轨迹的周期模式,为更深层次的轨迹数据分析提供新方法和新视角。

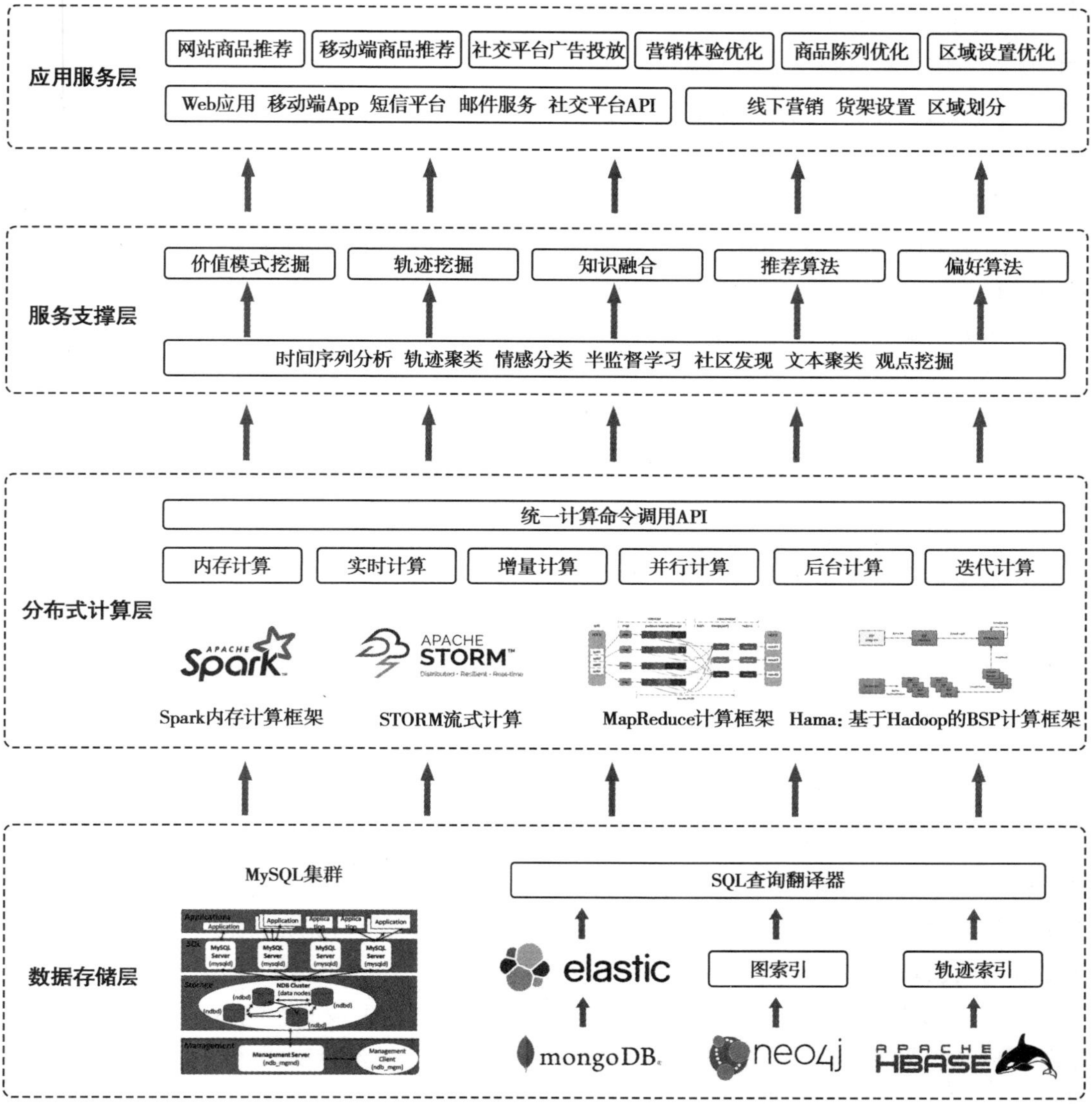

应用服务层

网站商品推荐 | 移动端商品推荐 | 社交平台广告投放 | 营销体验优化 | 商品陈列优化 | 区域设置优化

Web应用 移动端App 短信平台 邮件服务 社交平台API | 线下营销 货架设置 区域划分

服务支撑层

价值模式挖掘 | 轨迹挖掘 | 知识融合 | 推荐算法 | 偏好算法

时间序列分析 轨迹聚类 情感分类 半监督学习 社区发现 文本聚类 观点挖掘

分布式计算层

统一计算命令调用API

内存计算 | 实时计算 | 增量计算 | 并行计算 | 后台计算 | 迭代计算

APACHE Spark | APACHE STORM

Spark内存计算框架 | STORM流式计算 | MapReduce计算框架 | Hama：基于Hadoop的BSP计算框架

数据存储层

MySQL集群

SQL查询翻译器

elastic | 图索引 | 轨迹索引

mongoDB | neo4j | APACHE HBASE

图 7-3 “O2O 智能商务的大数据分析平台”体系架构

O2O 商务应用驱动的大数据知识融合：设计混合部分监督学习模型及算法，融合多个示例的多标签学习过程，并进行了基于近似推理的优化算法并行化设计，以应对大数据环境下广泛存在的无标注样本及仅标记单类样本的问题；利用基于矩阵分解的协同过滤作为基本建模手段，融合用户的多侧面行为模式，并以增量式计算进行用户行为的演化分析，提出了多侧面用户行为协同演化的新型推荐方法，对动态大数据环境下的用户兴趣建模具有普适性；构建了图 K-均值框架（GK-Means）①，将群体检测问题描述为离散动态系统中的多目标

① BU Z，LI H J，ZHANG C C，et al.Graph K-means based on Leader Identification，Dynamic Game and Opinion Dynamics[J]. IEEE Transactions on Knowledge and Data Engineering，2020，32(7)：1348-1361.

优化问题，揭示了 O2O 群体行为互作用机理，构建了基于分割的框架 PartSel，实现了轨迹驱动的影响力广告精准投放。

7.4.2 基于途牛旅游大数据的智慧旅游顾客定制策略及其营销管理

1）案例背景

我国旅游业在国民收入水平提高和消费观念升级的背景下快速崛起。截至 2022 年 12 月，我国在线旅行预订用户规模达 4.23 亿人，标志着数字化时代旅游业的繁荣。然而，这一增长伴随着结构性矛盾。宏观上，旅游业的带动效应相对较弱，未能激发相关产业的潜力；微观上，游客需求多元化、旅游方式分散，加之信息不对称和产品规范问题，导致供需失衡。在这一背景下，智慧旅游崭露头角，代表着信息技术、旅游业和服务创新的融合，是互联网+、大数据和人工智能在旅游业的最新应用。智慧旅游的崛起和发展有深刻意义，因为它有望解决中国旅游业中的结构性矛盾，推动旅游业升级和演进，同时避免业内的“内卷化”，促进产业的长期可持续发展。然而，当前的应用局限于将“智慧化”应用于旅游电子政务、旅游电子商务和数字化景区等方面，未能满足旅游业升级的需求。智慧旅游的研究和应用尚未实现技术与管理、产品与服务、企业与游客的全面融合，难以充分体现智慧旅游的“智慧性”，不能有效指导旅游产业实践。这主要有以下三个难题亟待解决：

第一，旅游大数据的有效利用面临资源共享和语义关联双重挑战。旅游业旨在满足旅游用户需求，要求匹配各种相关旅游资源和服务。但存在两主要问题：一是数据共享困难，出于隐私和安全考虑，企业难以共享数据，导致数据孤立，限制了旅游大数据的潜力。区块链技术可解决共享的信任问题。二是语义关联挑战，旅游大数据通常异构，包括结构化、半结构化和非结构化数据，难以进行有效语义关联。传统模型限制了数据的“智慧性”，语义融合至关重要，包括文本语义类型检测和特征捕捉方法，深度学习模型提高了分析精度，有助于更好的数据预处理和应用潜力释放。

第二，社交媒体在线信任传播机制及其对旅游用户购买决策的影响机理有待深入研究。旅游用户的购买决策伴随着时空异步性，导致信息鸿沟。虽然社交媒体部分弥补了信息不对称，但在虚拟环境中，信息真实性和关联性问题更为复杂。旅游用户对要素企业的信任受情境影响，且可能伴随情感互动而改变。社会影响力分析涉及影响力要素鉴别、度量方法和影响力传播模型，影响力要素包括强弱关系理论和其他情境因素，度量社会影响力的方法包括网络拓扑结构和用户行为分析；影响力传播模型描述社会影响力传播模式，如线性阈值模型和独立传播模型。然而，现有研究缺乏动态感知技术以揭示旅游资源的隐藏价值，也未充分关注多重关联建模，导致市场主体的跨平台行为和跨交易关联分析能力不足。

第三，大数据背景下，设计跨场景的全景响应式旅游营销新模式是提升智慧旅游运营效率的关键。成功旅游营销需要捕捉用户需求，影响决策过程，同时平衡品牌和效果。现有研究通常仅解决单一应用场景，如商品购买预测、旅游路线定制、产品定价和个性化推荐。购买预测聚焦于理解购买意向，尤其针对“浏览—购买”转化率较低的情境。产品定制和定价通常考虑成本、供应链等因素，难以满足个性需求，且难以找到兼顾各方利益的定价策略。

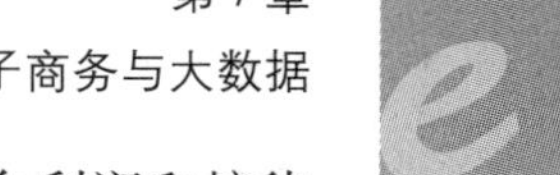

个性化推荐包括兴趣点(POI)和旅游包推荐,但通常仅满足用户需求,忽视了平台利润和接待能力。需要继续研究全景响应旅游营销,以更好地满足多样化需求,促进智慧旅游的发展。

2)案例内容

途牛旅游网是国内主要的 OTA 平台,提供 8 万余种旅游产品供消费者选择,涵盖跟团、自助、自驾、邮轮、酒店、签证、景区门票以及公司旅游等,已成功服务累计上亿人次出游。本案例基于途牛旅游网的数据研究大数据驱动的智慧旅游顾客定制策略及其营销管理,具有重要的实际意义。数据源包括途牛网内部数据和外部数据,内部数据包括用户访问日志数据和订单数据,用户访问日志数据有19 528条,包含11 005个访问 cookie 用户和9 995个途牛会员 ID,订单数据有1 378条。基于这些数据,本案例构建了旅游用户、要素企业和旅游资源的大数据融合,突破多源异构旅游大数据挖掘分析方法,深入探索大数据驱动的顾客定制策略和营销管理优化,进而打造了面向旅游大数据分析的模型服务系统(图 7-4)。

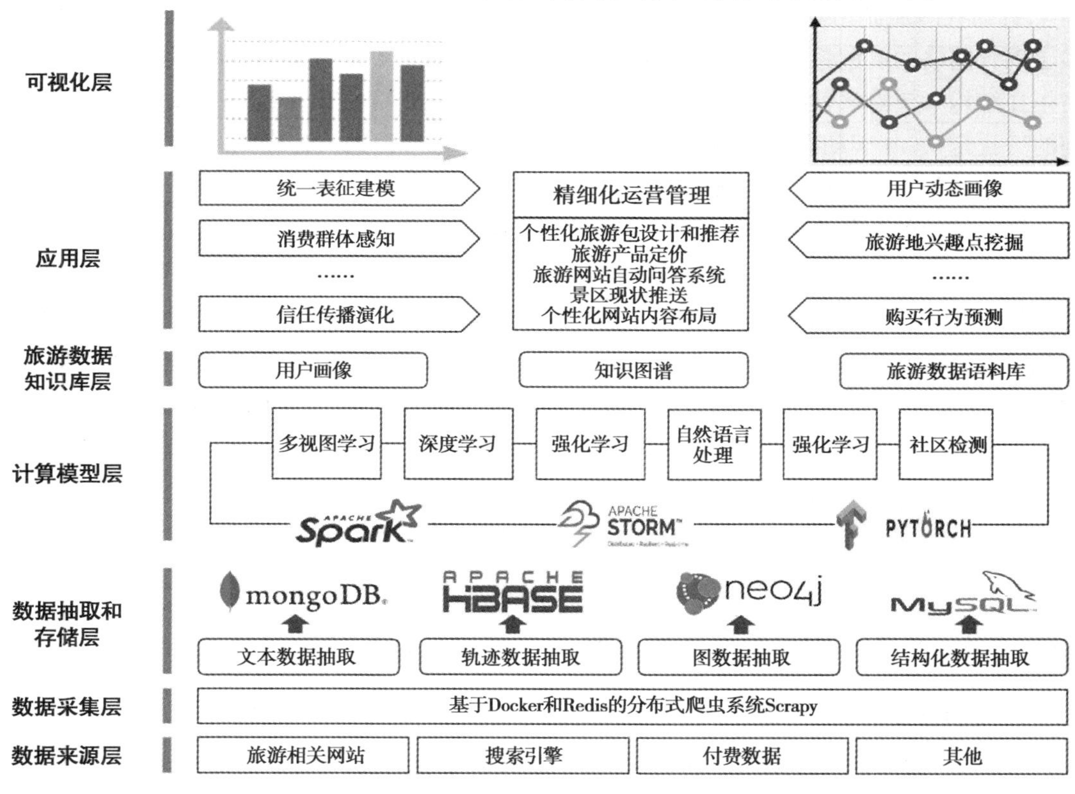

图 7-4 “面向旅游大数据分析的模型服务系统”体系架构

多源异构旅游大数据融合与管理:首先,旅游大数据的隐私保护和资源共享,对于可交换数据,采用区块链技术的溯源系统解决数据权属不明确问题,而对于隐私要求高的不可交换数据,采用联邦学习框架构建跨组织大数据的联合学习机制,确保数据流通和学习具备可信溯源性。此举平衡了数据安全和共享之间的需求。其次,针对旅游大数据的多源异构和多模态性,采用深度学习方法对非结构化数据进行统一表征,通过图表征和语法分析解决了

表征的可解释性问题。接着，构建了旅游大数据的语义关联模型，应用多类语义提取方法和多模态解耦方法，以处理不同模态数据的语义关联。最后，基于时空情境信息和用户偏好，提出了语义关联网络优化策略，实现了语义关联的动态演化建模，并提供了多模态数据的统一表征和表征可解释性模型。

旅游大数据知识发现和统计推断：提出基于知识图谱的旅游地 POI 感知与价值发现，实现多源旅游大数据的增量知识融合与知识推理；利用多源数据融合技术构建全景式旅游者动态画像，解决全景式特征画像缺失属性补全和语义冲突消除问题，提出了具有可解释性的深度学习分类器，并提出了一种鲁棒的多任务聚类学习方法，建立多视图多目标优化模型，实现全局或局部最优的模型求解；针对“社群检测”发现的群体用户偏好（旅游主题）感知挖掘的问题，通过定义和求解组合优化方法，以多主题驱动的方式解决“社群检测”问题，提出的在线旅游用户行为模式既具有跨场景的动态特征，还具有共同的行为机理以及群体特性①；针对在线旅游市场主体跨平台行为、跨交易行为关联分析能力弱的问题，提出适用于多层耦合网络的同配系数泛化定义和近似计算方法；基于不同视角的网络投影技术探究网络拓扑结构和节点属性特征的耦合影响，从多目标优化角度提出多层耦合旅游网络社区结构的泛化定义；基于动态博弈理论对社区的形成和演化过程进行建模②，探讨不同的策略响应机制对均衡点存在性和收敛性的影响。

场景体验的智慧旅游营销管理：涵盖了在线购买预测、旅游线路定制、旅游产品定价和旅游产品推荐等方面的内容。对于在线购买预测，研究全景响应式旅游营销管理与优化，综合用户偏好和产品热度的相互影响。针对旅游产品推荐，提出基于供需平衡理论的旅游个性化推荐方法，设计了矩阵分解和特征融合的推荐模型③；此外，还结合用户—物品交互矩阵和多种辅助特征，引入关键词增强的深度强化学习模型框架，形式化旅行推荐为马尔可夫决策过程，实现了关键字信息在推荐框架中的集成。对于旅游产品定价，采用旅游供应链底层价值模型，制定兼顾各方利益的定价策略，以协调供应链各方的利益。在旅游地接待能力约束下，综合考虑游客需求和 OTA 利润，实现旅游线路推荐的最优化，通过多个营销场景捕捉用户行为特征，实现旅游线路的定制和定价策略制定，以最大化满足用户需求和平台利润。

7.4.3 基于中国制造网的跨境电商平台用户行为分析与智能决策

1）案例背景

被誉为“网上丝绸之路”的跨境电商由于其能够突破传统国际贸易过程中的时间、地域和文化限制，打造无国界贸易，已经逐渐成为实现我国经济持续高质量发展的一支重要力

① WANG Y Y, CAO J, BU Z, et al. Dual Structural Consistency Preserving Community Detection on Social Networks[J]. IEEE Transactions on Knowledge and Data Engineering, 2023, 35(11): 11301-11315.

② WANG Y Y, CAO J, BU Z, et al. Proximity-based group formation game model for community detection in social network[J]. Knowledge-Based Systems, 2021, 214: 106670.

③ CHEN L, WU Z A, CAO J, et al. Travel Recommendation via Fusing Multi-Auxiliary Information into Matrix Factorization[J]. ACM Transactions on Intelligent Systems and Technology, 2020, 11(2): 1-24.

量。而作为网络化的新型商务贸易活动,跨境电商平台在当前的大数据时代也面临着诸多问题和挑战。首先,复杂的多源异构多模态数据需要高效、安全和可靠的数据治理手段,以便更好地挖掘和利用这些数据。其次,不同国家或地区的用户使用不同语言,需要跨境电商平台提供多语言支持。最后,不同文化和风俗习惯的用户需要本地化的智能营销和决策方案。这些问题需要深入研究和解决,以提高跨境电商平台的效益和用户体验。

第一,跨境电商多源异构多模态大数据的治理,包括采集、预处理、存储、检索、语义的提取与融合、数据的安全与隐私保护等基本问题有待深入研究。在数据融合方面,常用的方法包括数据级融合和决策级融合。数据级融合通常使用平均加权法、特征匹配法和金字塔算法等,而决策级融合则从不同模态的数据中提取特征,通过模式识别过程获得最终结果。贝叶斯推荐、证据理论和组合学习算法等方法也常用于数据融合。此外,大数据中标签样本和无标记样本的不平衡问题需要特别关注,这可能导致不平衡分类和多标记多示例等问题。因此,在数据融合过程中,需要平衡算法的效率和精度,以解决不平衡问题。

第二,跨境电商大数据场景下知识碎片化严重、多语言贸易语言理解、拟人化智能对话系统、跨语言的知识图谱构建等问题。在知识碎片化方面,跨境电商平台通常涉及多国家和多语言,导致知识碎片化。解决这一问题需要深入研究多语言的知识融合和整合方法,以建立更全面的知识体系。在多语言贸易语言理解方面,跨境电商涉及不同语言的用户和商品,需要跨语言的理解和沟通。研究需要关注多语言翻译和情感分析等领域,以提高多语言贸易的效率。拟人化智能对话系统是一个潜在的研究方向,可以改善用户与跨境电商平台的互动。这需要深入研究自然语言处理和情感识别,以构建更具人性化的对话系统。跨语言的知识图谱构建也是一个重要的问题,可以帮助解决多语言环境下的知识整合和检索。研究需要关注多语言知识抽取和图谱构建技术,以建立跨语言的知识体系。

第三,跨境电商平台多国家或地区文化、风俗习惯的不同使得在不同主体行为分析、不同交易环境下的用户意图挖掘、可解释性的决策与营销模型等方面存在的问题。在跨境电商领域,多国家或地区的文化和风俗习惯的差异带来了一系列挑战,包括用户行为分析、用户意图挖掘、决策模型和营销模型。传统的用户画像通常是静态的,但在线用户行为是动态的,因此需要建立多维度的动态用户画像,可通过深度学习和时间序列分析实现。此外,信息的筛选和推荐也是重要问题,需要应用搜索引擎技术和个性化推荐算法,尤其是深度学习方法,尽管需要更多高质量的数据。欺诈检测是另一个挑战,尤其在跨境电商网络中,传统方法往往不够有效,而深度学习可能提供潜在的解决方案,但需要更多标签数据来训练模型。

2)案例内容

焦点科技通过其综合服务打造了从交易撮合、订单达成到货物交付的B2B交易闭环,为跨境电商提供了全方位支持,包括企业和产品信息管理、产品营销及销售管理、线上支付、物流和售后服务。其主营产品中国制造网在全球拥有庞大用户基础,年访问量超过22亿人次,但随着用户需求的不断演进,个性化和精准化的服务模式变得越发迫切。本案例以焦点科技为研究对象,利用中国制造网的数据源,包括用户标识、产品标识、用户属性、产品属性、用户搜索和点击行为、用户询盘行为等,总计约7 000万条数据记录。研究重点集中在大数据治理与利用方面，旨在支持跨境电商平台的智能营销与决策，搭建一体化的跨境电商智能服务与应用平台（图7-5）。

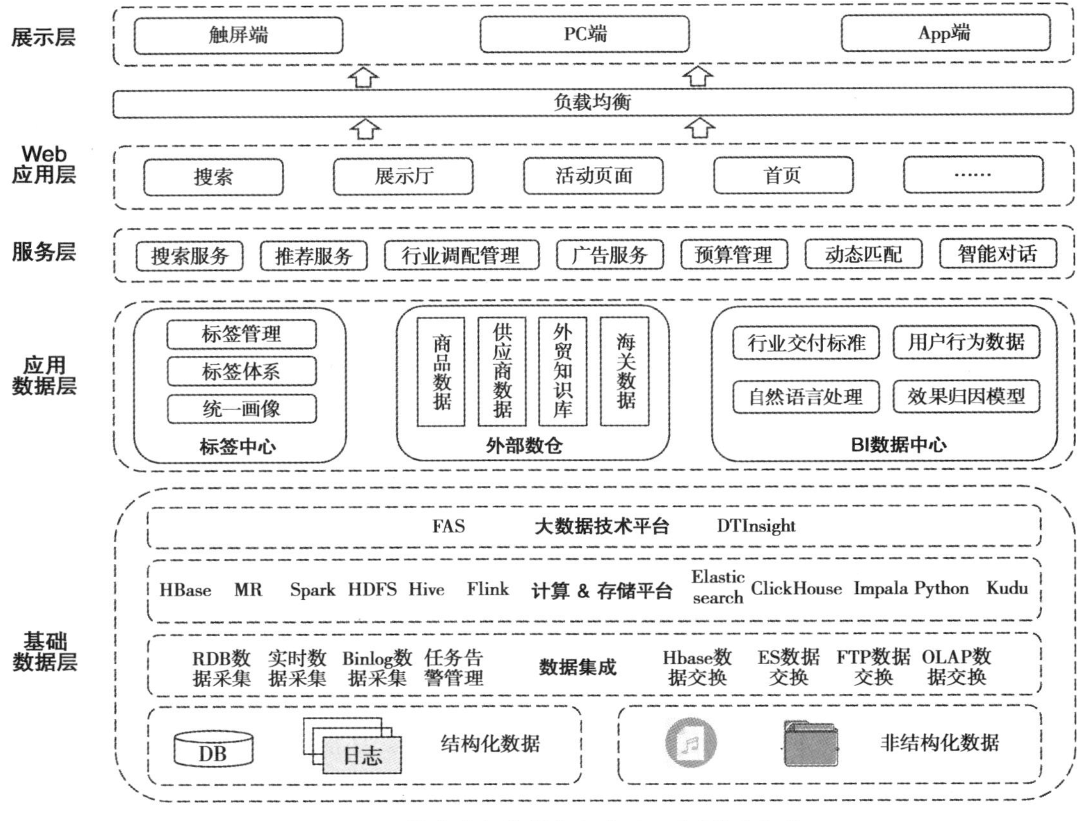

图7-5 “跨境电商智能服务与应用平台”技术架构

一体化跨境电商大数据治理体系构建：采用了基于元数据的存储和统计管理、深度学习图片检索、自适应动态调度、强化学习等关键技术。这一综合方法旨在高效处理跨境电商的多源异构数据，包括结构化和非结构化信息，以构建通用性和可解释性的数据表征模型。这些创新方法有助于减小不同数据模态之间的语义间隙，促进知识的发现、共享和应用，提高跨境电商大数据的管理和利用效率。

面向多语种的跨境电商多主体无障碍交互：提出迁移学习和深度学习技术获取实体词和关系模式，结合用户行为数据构建知识提取框架。通过多语言主题模型的向量相似性方法获取领域知识表示，考虑多义属性、同义属性、单位制和时效性等属性对知识图谱进行知识补全。提出基于预训练模型的多语言无障碍交互方法，解决多语言、多文化、小样本、低资源语料等挑战。在神经机器翻译方面，采用对比学习等方法改善模型性能，实现多语言通用语义捕捉。自动对话方面，构建了基于双编码器和动量对比学习的检索式对话系统，提升模型表征能力和计算效率，从而提高模型性能。

跨境电商多维度多场景用户行为智能建模与分析：提出快速检测①跨境电商消费群体的方法，以隐语义主题为桥梁构建“用户—产品—主题”三部图，实现用户和产品复杂交互关系的建模。同时，解决跨境电商中失信、欺诈等问题，引入混合学习的恶意恶意用户检测框架（hybrid PU-learning-based Spammer Detection，hPSD）②。这一框架融合特征属性与网络关系，利用半监督学习在少量标记数据上充分利用无标记数据信息。

总结：电子商务的快速崛起和大数据技术的迅猛发展共同推动了电子商务大数据应用场景的多样性。结合实际项目，分别从 O2O 电商、旅游电商和跨境电商等三个场景阐述了电子商务大数据典型应用，试图为电子商务大数据理论与实践勾勒出一个较为全面而清晰的概貌，为相关领域的研究提供有益参考。

7.5 电子商务大数据未来展望

7.5.1 电子商务大数据的融合研究

在电子商务平台的运营中，数据作为关键的驱动要素，其重要性不言而喻。通过将多源、多模态的数据进行有效的融合并实现统一表征，可以显著提升电子商务企业对市场和客户的理解，大大提升平台服务水平。这一部分将从数据的融合以及统一表征出发，探讨电子商务大数据未来的发展方向。

1）电子商务大数据的多模态特征融合

电子商务平台往往会涉及文字、图像、视频、音频等多种数据形式，而且这些数据往往相互混杂，因此电子商务大数据具有显著的多模态特性。多模态人工智能技术能够有效提取和融合不同模态的数据，可以在数据融合的各个环节中发挥重要作用，从数据的表达、补充、特征表示等方面提供更强大的支持，全面提升数据的融合水平③。

在电子商务大数据中进行多模态特征融合主要分为三个步骤，即特征提取、特征融合和特征降维。首先针对不同模态的数据，使用相应的特征提取方法提取特征，比如对于文本数据使用自然语言处理技术，对于图像数据使用卷积神经网络等。在得到不同模态的数据特征后，需要将这些数据进行充分融合，从而利用各个模态之间的信息相互补充。现有的一些特征融合方法包括串行融合、并行融合、加权融合、基于模型的融合以及基于图模型的融合等。最后再进行数据特征降维，对融合后的多模态特征进行降维处理，以减少特征的维度并

---

① LI H J，BU Z，WANG Z，et al.Dynamical clustering in electronic commerce systems via optimization and leadership expansion［J］.IEEE Transactions on Industrial Informatics，2019，16（8）：5327-5334.

② WU Z，CAO J，WANG Y Q，et al.hPSD：A Hybrid PU-Learning-Based Spammer Detection Model for Product Reviews［J］. IEEE Transactions on Cybernetics，2020，50（4）：1595-1606.

③ 冯奕，周晓松，李传艺，等.基于多模态特征融合嵌入的相似广告检索方法［J］.计算机学报，2022，45（7）：1500-1516.

去除冗余信息①。

尽管多模态特征融合技术本身已经在多个领域中得到了广泛应用,但专门针对电子商务领域数据的特征提取方法和特征融合技术仍有研究空间。在多模态特征提取上,需要研究针对商品描述和用户评论的自然语言处理模型,针对商品图片和视频的图像处理技术以及用户行为特征提取技术等。在特征融合上,需要针对电子商务领域的特点,设计特定的多模态融合策略,比如根据商品的属性和用户的行为特征,学习不同模态之间的关联性和依赖关系,以提高特征融合水平。

2)社交网络数据与电子商务数据的融合

随着移动互联网的快速发展和智能手机的普及,社交网络数据总量开始以惊人的速度增长。在社交网络数据中,通常将社会系统中的个体作为节点,个体之间的关系作为边,然后应用复杂网络理论来分析和揭示社会网络中的模式、特征和动态。社交网络分析在社交媒体分析、社交网络营销、影响力分析以及网络安全等诸多领域都有重要应用②。

社交网络数据和电子商务之间存在密切关联,一方面,社交网络数据可以为电子商务提供用户偏好信息,比如社交网络中的用户行为可以反映其对特定产品或品牌的兴趣和偏好;另一方面,电子商务大数据可以为社交网络提供个性化服务和商业机会,为用户提供个性化的商品推荐和优惠活动,增强用户在社交网络中的参与度和黏性③。

在电子商务领域,社交网络数据尽管已经在个性化推荐、交易安全等领域发挥了重要作用,但由于其数据模式复杂、数据规模巨大,电子商务平台对社交网络数据的应用仍然停留在较为浅显的层面。此外,社交网络数据的动态性和实时性也为社交网络分析带来了更多的挑战,电子商务平台急需能够处理大规模实时社交数据流的技术和系统④。因此,在未来的研究中,大规模社交网络数据的融合将会是极具价值的研究方向。

3)电子商务大数据的统一表征

数据统一表征的目的是将不同类型、不同模态的数据转化为一个共同的表征形式,将异构数据转换到一个统一的表示空间。统一表征对电子商务大数据具有重要意义,它能够提供统一的数据表征形式,以解决数据异构问题,从而全面提升电子商务平台对多模态、跨领域数据的挖掘能力⑤。

---

① ZAHAVY T,KRISHNAN A,MAGNANI A,et al.Is a picture worth a thousand words? A deep multi-modal architecture for product classification in e-commerce[C].Proceedings of the AAAI Conference on Artificial Intelligence.2018,32(1):7873-7880.

② AHMADINEJAD B, ASLI H N. E-business through Social Media: A Quantitative Survey (Case Study: Instagram)[J]. International Journal of Management,Accounting & Economics,2017,4(1):2017-2383.

③ ZHANG D,YIN J,ZHU X,et al.Network representation learning:A survey[J].IEEE transactions on Big Data,2020,6(1):3-28.

④ KIM Y A, SRIVASTAVA J. Impact of social influence in e-commerce decision making[C]. Proceedings of the ninth international conference on Electronic commerce,2007:293-302.

⑤ BENGIO Y,COURVILLE A,VINCENT P.Representation learning:A review and new perspectives[J].IEEE transactions on pattern analysis and machine intelligence,2013,35(8):1798-1828.

在电子商务大数据中,数据统一表征当前仍然存在一些不足,主要可以概括为以下几点:①信息丢失问题:在数据统一表征的过程中,为了将不同类型的数据转化为统一的表示,可能会损失一部分信息,这可能会影响一些任务的性能,如细粒度分类和重建原始数据等。②表征一致性:数据统一表征的目标是将不同类型的数据转化为一个共同的表示空间,然而,在实际应用中,不同类型的数据之间可能存在较大差异,如何在统一的表示空间中准确表示这些数据仍然是一个挑战。③可解释性:数据统一表征的过程通常是基于模型或算法进行的,生成的表征结果往往缺乏可解释性,这限制了平台对数据的深入挖掘,也降低了决策结果的说服力。④增量学习和动态变化:随着移动互联网的发展,电子商务大数据开始表现出显著的动态特性,数据统一表征方法需具备增量学习的能力,才能够适应新数据的加入和变化。

上述几点不足之处表明,在电子商务大数据的数据统一表征上仍然存在较大的研究空间,未来的工作可以聚焦于信息丢失问题、数据表征一致性问题、表征的可解释性问题以及对动态变化数据的处理上。

7.5.2 电子商务大数据的深度挖掘

随着人工智能技术和数据科学的飞速发展,新的模型和算法不断涌现,为电子商务大数据的深度挖掘提供了新的工具。这一部分将从模型和算法的角度,介绍大模型、深度强化学习以及联邦学习等新兴的人工智能理论在电子商务大数据的深度挖掘中的应用前景。

1)大模型与电子商务大数据

大模型是指拥有巨量可训练参数的人工智能模型,这些模型拥有强大的建模和学习能力,可以对大规模、复杂的数据进行学习和推理。考虑到电子商务大数据的规模和复杂性,人工智能大模型在电子商务大数据中具有广阔的应用前景。

具体来说,人工智能大模型在处理电子商务大数据中具有以下几个优势:①大规模数据处理能力:电子商务平台生成的数据量通常非常庞大,人工智能大模型拥有强大的数据处理能力,可以高效地分析和提取数据中有价值的信息;②多模态数据处理能力:电子商务数据通常包含多种类型的信息,例如文本、图像、音频等。人工智能大模型能够处理多模态数据,利用深度神经网络结合不同类型的数据并进行联合建模和分析;③高级分析和决策支持:人工智能大模型具有强大的分析和决策支持能力。它们可以通过对电子商务大数据的深入分析,发掘潜在的市场趋势和用户行为模式,为电商企业提供有力的决策支持,帮助其制定更有效的业务策略。

综上所述,人工智能大模型的大规模数据处理能力、多模态数据处理能力以及高级分析和决策支持能力等优势,使得人工智能大模型能够成为电子商务领域处理大数据的有力工具。将大模型应用于电子商务领域,是一个极具启发性的探索方向。

2)深度强化学习与电子商务大数据

深度强化学习结合了深度学习和强化学习的技术,使用深度神经网络来建模和学习智能体的决策策略。深度强化学习已经在多个领域取得了突破性的进展,它拥有对复杂环境

的建模能力，能够适应动态变化的环境，而且能够自主学习和迭代优化①。

在电子商务领域，深度强化学习的应用可以有以下几个方向：①推荐系统：深度强化学习通过与用户的交互和反馈，根据用户的历史行为数据和购买模式，学习得到最合适的推荐结果。②定价策略：深度强化学习网络可以结合市场竞争信息，预测不同定价策略下的销售表现，迭代优化定价策略，最大程度地提高销售利润。③库存管理：深度强化学习模型通过分析历史销售数据、市场需求和供应链信息，学习最佳的库存管理策略，保证销售需求，降低库存风险。④反欺诈与风险控制：深度强化学习模型可以深入分析用户和商家的行为模式、交易数据，识别潜在的欺诈行为和风险，提高对欺诈行为和平台潜在风险的识别能力。

总之，深度强化学习的优势在于其能够从大规模的数据中学习复杂模式的同时，可以通过与环境的交互对决策结果实时优化。随着数据规模的增大和深度强化学习技术的不断发展，其在电子商务领域的应用范围也将进一步拓展。

3）联邦学习与电子商务大数据

联邦学习是一种分布式机器学习方法，旨在解决数据隐私保护和数据分散的问题。传统的机器学习方法通常需要将数据集中在一个中心服务器进行训练，可能引发隐私泄露和数据安全的风险。而联邦学习通过在本地设备上进行模型训练，将模型参数的更新发送到中央服务器进行聚合，实现了分散的训练过程，同时保护了数据的隐私②。

联邦学习在保护数据隐私的同时，实现了多方数据的共同训练和模型优化，促进跨平台的数据合作与安全共享。不过，联邦学习在电子商务大数据中的应用，仍然存在一些挑战，这也为将来的研究指明了方向。

具体来说，联邦学习在电子商务大数据中的应用存在以下几点不足：①通信效率问题：在联邦学习中，参与方需要通过通信将本地模型参数进行聚合，这将涉及大量的数据传输，网络条件和带宽限制可能会增加训练时间和成本，导致模型训练效率低下；②隐私保护问题：在联邦学习中，参与方虽然只需要共享模型参数而不是原始数据，但仍然存在一些隐私风险，例如通过模型参数的反推可以获得一些敏感信息。因此，确保联邦学习中的隐私保护仍然是一个重要的研究方向；③参与方信任和合作：联邦学习涉及多个参与方之间的合作和共享，参与方可能来自不同的组织或竞争实体，需要建立有效的合作机制和隐私保护机制，以促进参与方之间的信任和合作；④数据采样和分布偏差：在联邦学习中，参与方可能只能访问到本地的部分数据，这将导致数据采样和分布的偏差，如何处理参与方之间的数据不平衡和分布偏差也是一个值得研究的问题。

7.5.3 电子商务大数据的安全问题

在进入互联网时代后，数据资源在决策、创新、个性化服务、效率提升、资源管理以及智

---

① ARULKUMARAN K，DEISENROTH M P，BRUNDAGE M，et al.Deep reinforcement learning：A brief survey［J］.IEEE Signal Processing Magazine，2017，34（6）：26-38.

② ZHANG C，XIE Y，BAI H，et al.A survey on federated learning［J］.Knowledge-Based Systems，2021，216：106775.

慧城市和社会发展等方面的重要性日益凸显,但数据安全共享和数据权属问题也随之而来。这一部分我们将聚焦这两个重要问题,并提出可能的解决方案。

1)电子商务大数据的安全共享

经过数十年的发展,数据共享安全的研究已经取得了长足的进步。不过,随着移动互联网的发展和便携智能设备的普及,现有的数据资源在共享过程中,安全问题仍然突出,隐私数据泄露的隐患依然存在。

针对当前数据资源安全共享存在的问题,可以通过加强技术手段来提升数据安全性,这些手段包括:①强化加密技术,研究更为安全的加密算法和传输协议,确保数据在传输和储存时的机密性和完整性;②强化访问控制和身份验证,确保只有经过授权的用户或系统可以访问和使用数据资源。实施细粒度的访问控制策略,限制不同用户对数据的访问权限和操作范围;③数据匿名化和脱敏技术的改进,不断改进数据匿名化技术和数据脱敏技术,保证共享数据的保密性;④引入区块链和分布式账本技术,利用其去中心化、不可篡改和可追溯的特性,增强数据共享的安全性和信任度。

不过,电子商务大数据的共享安全是一个系统性问题,仅仅依靠技术手段来解决是不够的,政策约束和法律监管也同样重要。政策约束和法律监管的重要性在于为数据共享提供明确的指导和规则,并对违规行为进行制裁,从而增强数据共享的安全性和合规性。

2)电子商务大数据的权属管理

不同于其他传统的常规资源,由于数据生态系统复杂、数据价值边界模糊以及数据资源极易复制等特点,数据资源的权属管理难度更大,且存在很多独有的管理痛点。

面对电子商务大数据的权属管理难题,需要综合运用法律、技术和政策等手段,制订适当的数据资源权属管理机制。具体来说,可以从以下几个角度发力:①明确数据所有权和使用权:建立清晰的数据所有权和使用权的规定,明确数据的所有者和使用方的权益,明确约定数据的所有权归属和使用权限,避免产生争议和不确定性;②强化数据合同和协议:在数据交易和共享过程中,制定合适的数据合同和协议,明确各方的权利和义务,确保数据资源的合法和合规使用;③加强数据隐私和安全保护:加强数据的加密、脱敏和匿名化处理,确保隐私信息得到有效保护。同时建立安全的数据存储和传输机制,减少数据泄露风险;④强化数据溯源和验证机制:通过数字水印、区块链等技术手段,对数据进行标识和验证,追踪数据的流动和变化,减少数据的篡改和伪造①;⑤加强监管和法律法规建设:政府和相关机构应加强对电子商务大数据的监管,建立相应的法律法规框架,明确数据资源的权属和使用规定,并加强对违规行为的惩处和打击,保障数据安全。

总之,解决电子商务大数据的权属管理问题需要综合合理的制度设计和强大的技术手段,才能切实提升电子商务大数据的权属管理水平,促进数据资源的合法、安全和有效利用。

---

① 王利朋,关志,李青山,等.区块链数据安全服务综述[J].软件学报,2023,34(1):1-32.

7.5.4 电子商务大数据的未来商业实践

随着移动互联网和数据科学的不断发展,电子商务大数据的商业价值不断提升,可以预见,电子商务大数据在未来的应用前景仍然广阔。这一部分我们将从风险管理、智能物流和智能营销的角度,介绍电子商务大数据在未来的应用前景。

1)基于电子商务大数据的平台风险管理

电子商务平台的风险管理对于保护用户权益、防范交易风险、维护品牌声誉、防止数据泄露等方面都具有重要意义。通过有效的风险管理,可以有效提升用户信任度、增强平台竞争力,保障电子商务行业的稳定发展。

利用电子商务领域的大数据资源,结合相关的数据科学技术,可以有效实现潜在风险的识别、评估和管理。具体来说,基于电子商务大数据的风险管理可以在以下几个方面发挥重要作用:①供应链风险管理:通过电子商务大数据的销售数据、库存数据和物流数据,可以对供应链中的风险进行分析和管理,预测供应链中的库存风险和供应延迟风险,及时采取措施避免库存积压或供应中断。②交易风险管理:通过分析电子商务大数据中的交易记录、用户行为数据和反馈数据,建立风险评估模型和欺诈检测算法,识别潜在的风险交易,实时监测风险并采取相应的控制措施。③市场竞争风险管理:分析电子商务大数据中的市场数据、竞争对手数据和用户行为数据,进行市场预测和竞争分析,识别市场风险和竞争风险,并及时调整企业战略。④用户信任和品牌风险管理:分析电子商务大数据中的用户评价数据,及时发现品牌风险和声誉风险,并采取措施修复和维护用户信任和品牌形象。

总而言之,基于电子商务大数据的风险管理可以通过分析和利用电子商务大数据资源,识别、评估和管理潜在的风险,提高企业对风险的应对能力,降低潜在损失,并增强企业的竞争优势和可持续发展能力。

2)基于电子商务大数据的智能物流

传统物流流程烦琐,作业效率低,仓储利用率低,且难以满足用户需求。电子商务大数据能够为物流仓储和配送提供全程数据支持和智能指导,在有效提升物流效率的同时,还能够大大降低物流成本。

基于电子商务大数据的智能物流具有以下特点:①预测需求和库存优化:通过分析电子商务大数据中的销售数据、订单数据和用户行为数据,平台可以预测商品的需求趋势,优化库存管理。②包裹智能分拣:利用电子商务大数据中的订单数据和商品信息,结合物联网技术和机器人技术,智能分拣系统可以自动识别并分拣商品,提高分拣效率和准确性。③实时监控和预警:通过物联网技术,实时监测仓库温湿度、库存容量、货物状态等信息,并提供实时预警和异常处理,及时发现潜在问题,保障仓储运作的安全和稳定。④路线优化和配送管理:分析电子商务大数据中的物流数据和配送信息,优化配送路线和运输计划,动态调整配送路线和车辆调度,减少运输时间和成本[①]。

① WINKELHAUS S,GROSSE E H.Logistics 4.0:a systematic review towards a new logistics system[J].International Journal of Production Research,2020,58(1):18-43.

3)基于电子商务大数据的智能营销

传统的营销同质率高,针对性不足,无法做到精准投放,营销转化率和收益较低。智能营销则可以利用海量电子商务大数据,对营销活动的各个环节进行优化和升级,全面提升营销转化率。

具体来说,基于电子商务大数据的智能营销能够实现以下功能:①用户画像和个性化推荐:通过分析电子商务大数据中的用户行为、购买历史和偏好数据,智能营销系统可以建立用户画像,了解用户的特征和需求。②实时营销决策:基于电子商务大数据的智能营销系统可以实时监测市场动态、用户行为等信息,并进行实时的营销决策。③营销活动优化:利用电子商务大数据的智能营销系统可以对营销活动进行全面的分析和评估,通过对数据的深入挖掘,发现营销活动的优化空间,提升营销效果,增加收益①。

综上所述,基于电子商务大数据的智能营销可以通过分析和利用电子商务大数据,实现对营销活动的智能化管理和优化。它可以提供个性化推荐、优化营销策略、实时决策和社交媒体营销等功能,获得营销效果,提升用户体验,并帮助营销人员做出基于数据的科学决策。

总结:本部分从四个关键角度——数据融合、数据挖掘、数据安全和商业实践,对电子商务大数据的未来发展进行了深入探讨。在电子商务大数据的研究和使用上,应更加关注数据的融合、数据的深度挖掘以及数据资源的安全性,同时应注重将数据资源转化为商业价值。

参考文献

[1] SONG W W, YANG Y, EO J, et al. Apache Nemo: A Framework for Optimizing Distributed Data Processing[J]. ACM Transactions on Computer Systems, 2021, 38(3-4): 1-31.

[2] CHEN L, ZHAO J, WANG C, et al. Unified holistic memory management supporting multiple big data processing frameworks over hybrid memories[J]. ACM Transactions on Computer Systems, 2022, 39(1-4): 1-38.

[3] ELANGOVAN R, JAIN S, RAGHUNATHAN A. Ax-BxP: Approximate blocked computation for precision-reconfigurable deep neural network acceleration[J]. ACM Transactions on Design Automation of Electronic Systems, 2022, 27(3): 1-20.

[4] 张祎,孟小峰. InterTris:三元交互的领域知识图谱表示学习[J]. 计算机学报, 2021, 44(8): 1535-1548.

[5] 王淞,彭煜玮,兰海,等. 数据集成方法发展与展望[J]. 软件学报, 2020, 31(3): 893-908.

[6] ZOU J, HAO T, YU C, et al. A3C-DO: A regional resource scheduling framework based on deep reinforcement learning in edge scenario[J]. IEEE Transactions on Computers, 2021, 70(2): 228-239.

① GUPTA N. Digital marketing: Trends, opportunities, and challenges[J]. Asian Journal of Management, 2020, 11(4): 434-440.

[7] NGUYEN G N, LE VIET N H, ELHOSENY M, et al. Secure blockchain enabled Cyber-physical systems in healthcare using deep belief network with ResNet model[J]. Journal of parallel and distributed computing, 2021, 153: 150-160.

[8] 陈国青,曾大军,卫强,等.大数据环境下的决策范式转变与使能创新[J].管理世界,2020,36(2):95-105.

[9] 曾大军,李一军,唐立新,等.决策智能理论与方法研究[J].管理科学学报,2021,24(8):18-25.

[10] HUNT T, ZHU Z, XU Y, et al. Ryoan: A distributed sandbox for untrusted computation on secret data[J]. ACM Transactions on Computer Systems, 2018, 35(4): 1-32.

[11] ADEPU S, LI N, KANG E, et al. Modeling and analysis of explanation for secure industrial control systems[J]. ACM Transactions on Autonomous and Adaptive Systems, 2022, 17(3-4): 1-26.

[12] 钱文君,沈晴霓,吴鹏飞,等.大数据计算环境下的隐私保护技术研究进展[J].计算机学报,2022,45(4):669-701.

[13] SABATUCCI L, COSSENTINO M. Supporting dynamic workflows with automatic extraction of goals from BPMN[J]. ACM Transactions on Autonomous and Adaptive Systems (TAAS), 2019, 14(2): 1-38.

[14] 陈叶旺,曹海露,陈谊,等.面向大规模数据的 DBSCAN 加速算法综述[J].计算机研究与发展,2023,60(9):2028-2047.

[15] ROKNI S A, GHASEMZADEH H. Share-n-learn: A framework for sharing activity recognition models in wearable systems with context-varying sensors[J]. ACM Transactions on Design Automation of Electronic Systems (TODAES), 2019, 24(4): 1-27.

[16] SHAHHOSSEINI S, SEO D, KANDURI A, et al. Online learning for orchestration of inference in multi-user end-edge-cloud networks[J]. ACM Transactions on Embedded Computing Systems, 2022, 21(6): 1-25.

[17] ALMEIDA M, LASKARIDIS S, VENIERIS S I, et al. Dyno: Dynamic onloading of deepneural networks from cloud to device[J]. ACM Transactions on Embedded Computing Systems, 2022, 21(6): 1-24.

[18] WU Y, ZHANG L, GU Z, et al. Edge-AI-driven framework with efficient mobile network design for facial expression recognition[J]. ACM Transactions on Embedded Computing Systems, 2023, 22(3): 1-17.

[19] SHEFF I, WANG X, BABEL K, et al. Charlotte: Reformulating Blockchains into a Web of Composable Attested Data Structures for Cross-Domain Applications[J]. ACM Transactions on Computer Systems, 2023, 41(1-4): 1-52.

[20] AGATE V, D PAOLA A, RE G L, et al. A simulation software for the evaluation of vulnerabilities in reputation management systems[J]. ACM Transactions on Computer

Systems(TOCS),2021,37(1-4):1-30.

[21] NOVAKOVIC S,DAGLIS A,USTIUGOV D,et al.Mitigating load imbalance in distributed data serving with rack-scale memory pooling[J].ACM Transactions on Computer Systems (TOCS),2019,36(2):1-37.

[22] 李昌盛,伍之昂,张璐,等.关联规则推荐的高效分布式计算框架[J].计算机学报,2019,42(6):1218-1231.

[23] 陈国青,吴刚,顾远东,等.管理决策情境下大数据驱动的研究和应用挑战:范式转变与研究方向[J].管理科学学报,2018,21(7):1-10.

[24] PENG J X,HAHN J P,HUANG K W.Handling Missing Values in Information Systems Research:A Review of Methods and Assumptions[J].Information SystemsResearch,2023,34(1):5-26.

[25] GUAN Y,TAN Y,WEI Q,et al.When Images Backfire:The Effect of Customer-Generated Images on Product Rating Dynamics[J].Information Systems Research,2023,34(4):1641-1663.

[26] 冯芷艳,郭迅华,曾大军,等.大数据背景下商务管理研究若干前沿课题[J].管理科学学报,2013,16(1):1-9.

[27] ANDREW J,BAKER M.The General Data Protection Regulation in the Age of Surveillance Capitalism[J].Journal of Business Ethics,2021,168(3):565-578.

[28] KUMAR S,MALLIPEDDI R R.Impact of cybersecurity on operations and supply chain management:Emerging trends and future research directions[J].Production and Operations Management,2022,31(12):4488-4500.

[29] WANG Y,CURRIM F,RAM S.Deep Learning of Spatiotemporal Patterns for Urban Mobility Prediction Using Big Data[J].Information Systems Research,2022,33(2):579-598.

[30] GOLDSTEIN I,SPATT C S,YE M.Big Data in Finance[J].The Review of Financial Studies,2021,34(7):3213-3225.

[31] DU R Y,NETIER O,SCHWEIDEL D A,et al.Capturing Marketing Information to Fuel Growth[J].Journal of Marketing,2021,85(1):163-183.

[32] DAVIET R,NAVE G,WIND J.Genetic Data:Potential Uses and Misuses in Marketing[J].Journal of Marketing,2022,86(1):7-26.

[33] BOEGERSHAUSEN J,et al.Fields of Gold:Scraping Web Data for Marketing Insights[J].Journal of Marketing,2022,86(5):1-20.

[34] 刘心报,胡俊迎,陆少军,等.新一代信息技术环境下的全生命周期质量管理[J].管理科学学报,2022,25(7):2-11.

[35] CONG L W,XIE D X,ZHANG L T.Knowledge Accumulation,Privacy,and Growth in a Data Economy[J].Management Science,2021,67(10):6480-6492.

[36] GAI K,QIU M,SUN X.A survey on FinTech[J].Journal of Network and Computer

Applications,2018,103:262-273.

[37] Kansal V, Kumar R. A hybrid approach for financial sentiment analysis using artificial intelligence and cuckoo search [C]. 2019 5th International Conference on Advanced Computing & Communication Systems(ICACCS),2019:523-528.

[38] PENG S L,SUN S J,YAO Y D.A survey of modulation classification using deep learning: Signal representation and data preprocessing[J].IEEE Transactions on Neural Networks and Learning Systems,2022,33(12):7020-7038.

[39] WEBBER J. A programmatic introduction to neo4j [C]. Proceedings of the 3rd annual conference on Systems, programming, and applications: software for humanity Tucson, Arizona,USA.ACM,2012:217-218.

[40] CAO L B.Data science:a comprehensive overview[J].ACM Computing Surveys(CSUR), 2017,50(3):1-42.

[41] ZHAI Z,MARTÍNEZ J F,BELTRAN V,et al.Decision support systems for agriculture 4.0: Survey and challenges[J].Computers and Electronics in Agriculture,2020,170:105256.

[42] BU Z,LI H J,ZHANG C C,et al.Graph K-means based on Leader Identification,Dynamic Game and Opinion Dynamics[J].IEEE Transactions on Knowledge and Data Engineering, 2020,32(7):1348-1361.

[43] WANG Y Y, CAO J, BU Z, et al. Dual Structural Consistency Preserving Community Detection on Social Networks[J].IEEE Transactions on Knowledge and Data Engineering, 2023,35(11):11301-11315.

[44] WANG Y Y,CAO J,BU Z,et al.Proximity-based group formation game model for community detection in social network[J].Knowledge-Based Systems,2021,214:106670.

[45] CHEN L, WU Z A, CAO J, et al. Travel Recommendation via Fusing Multi-Auxiliary Information into Matrix Factorization [J]. ACM Transactions on Intelligent Systems and Technology,2020,11(2):1-24.

[46] LI H J, BU Z, WANG Z, et al. Dynamical clustering in electronic commerce systemsvia optimization and leadership expansion [J]. IEEE Transactions on Industrial Informatics, 2020,16(8):5327-5334.

[47] WU Z,CAO J,WANG Y Q,et al.hPSD:A Hybrid PU-Learning-Based Spammer Detection Model for Product Reviews[J].IEEE Transactions on Cybernetics,2020,50(4):1595-1606.

[48] 冯奕,周晓松,李传艺,等.基于多模态特征融合嵌入的相似广告检索方法[J].计算机学报,2022,45(7):1500-1516.

[49] ZAHAVY T,KRISHNAN A,MAGNANI A,et al.Is a picture worth a thousand words? A deep multi-modal architecture for product classification in e-commerce[C].Proceedings of the AAAI Conference on Artificial Intelligence,2018,32(1):7873-7880.

[50] AHMADINEJAD B, ASLI H N. E-business through Social Media: A Quantitative Survey

(Case Study: Instagram) [J]. International Journal of Management, Accounting & Economics, 2017, 4(1): 2017-2383.

[51] ZHANG D, YIN J, ZHU X, et al. Network representation learning: A survey [J]. IEEE transactions on Big Data, 2020, 6(1): 3-28.

[52] KIM Y A, SRIVASTAVA J. Impact of social influence in e-commerce decision making [C]. Proceedings of the ninth international conference on Electronic commerce, 2007: 293-302.

[53] BENGIO Y, COURVILLE A, VINCENT P. Representation learning: A review and new perspectives [J]. IEEE transactions on pattern analysis and machine intelligence, 2013, 35 (8): 1798-1828.

[54] ARULKUMARAN K, DEISENROTH M P, BRUNDAGE M, et al. Deep reinforcement learning: A brief survey [J]. IEEE Signal Processing Magazine, 2017, 34(6): 26-38.

[55] ZHANG C, XIE Y, BAI H, et al. A survey on federated learning [J]. Knowledge-Based Systems, 2021, 216: 106775.

[56] 王利朋,关志,李青山,等.区块链数据安全服务综述[J].软件学报,2023,34(1):1-32.

[57] WINKELHAUS S, GROSSE E H. Logistics 4.0: a systematic review towards a new logistics system [J]. International Journal of Production Research, 2020, 58(1): 18-43.

[58] GUPTA N. Digital marketing: Trends, opportunities, and challenges [J]. Asian Journal of Management, 2020, 11(4): 434-440.

第 8 章 电子商务与数字化

20 世纪上半叶，现代计算技术的出现改变了人类社会的发展模式。不断涌现的新的数字技术丰富着人类认识世界和改造世界的工具和手段。这极大程度地解放了社会生产力，提升了人类发现问题、认识问题、分析问题和解决问题的能力和效率。在此影响下，传统组织从以“人”作为主体的价值创造形态向以“数字技术”作为主体的价值创造形态的数字组织转变。随着网络技术的出现，人与人之间、人与组织之间和组织与组织之间的沟通及信息传递方式发生改变，这使得信息可以被迅速获取和分享，增强了通信主体之间的联系和交流，促进信息的传播和共享。伴随数字技术在医疗、交通、城市规划等领域的影响不断深入，相关数字应用可以让人类的生活更便捷和更舒适。例如，智能医疗设备和远程医疗技术可以提高医疗服务的质量和可及性，智能交通系统可以提高交通效率和安全性。数字技术在科学研究和技术创新方面也扮演着关键角色。从天文学到生物学，从物理学到环境科学，数字技术的应用推动了科学研究的进展。

数字技术不断发展的过程，也是世界数字化转型的不断深化过程。有数字技术身影的地方便是电子商务可以触及的地方，这也是我们能便捷地利用电子商务“买全球”和“卖全球”的原因。“数字化”成为现阶段电子商务全面发展的新动能。新一代数字技术（如通用人工智能、区块链等）的出现，夯实了电子商务的发展基础。这也促进了“物理世界的数字化”和“数字世界的真实化”的不断融合，出现了更多新型服务，如虚拟味觉、虚拟触觉和虚拟数字人等。在数字技术不断发展和各相关数字技术对各领域的数字化影响不断深入的背景下，电子商务内涵也向各领域延伸，并不断将更多的电子商务应用场景加入到现有的电子商务内涵的体系当中来。例如，在农村发展方面，农业生产活动过程与电子商务融合发展后出现“智慧农业”的概念，农产品销售过程与电子商务融合发展后出现“农村电商”或“农村新零售”的概念。通过自动化和智能化技术的应用，企业可以提高生产效率、减少成本，并创造新的商业模式和机会。

当前正处于数字经济发展的黄金时期，在数字技术革命的驱动下，社会经济各个环节都产生了深刻变革。电子商务作为全球数字经济的重要组成部分和数字贸易发展的引领者，必然以独特的优势实现降本增效的高质量发展。数字化转型必将助力中国电子商务进一步

迈向全球价值链更高处，使中国经济发展实现量的稳定增长和质的稳步提升。自习近平总书记提出“国家大数据战略”以来，中国政府高度重视中国数字经济发展，积极推进数字经济和数字化转型的政策和措施的落地实施。习近平总书记强调，要“充分发挥海量数据和丰富应用场景优势，促进数字技术和实体经济深度融合，赋能传统产业转型升级，催生新产业新业态新模式，不断做强做优做大我国数字经济”。2022 年 1 月，国务院印发《“十四五”数字经济发展规划》，明确了“十四五”时期推动数字经济健康发展的指导思想、基本原则、发展目标、重点任务和保障措施。电子商务通过数字化手段形成实体经济全链条数字化的强大驱动力，一直处于实体经济数字化转型的最前沿；同时也是数字经济中发展空间最大、创新最活跃的重要组成部分。

8.1 本领域的国内外研究前沿

2018 年 8 月，中共中央办公厅、国务院办公厅正式发布《数字经济发展战略纲要》，首次从国家层面全方位地阐述了数字经济发展的整体战略。至 2021 年，在全国人大常委会通过的《中华人民共和国国民经济和社会发展第十四个五年规划和 2035 年远景目标纲要》中明确提出：加快数字化发展，建设“数字中国”战略。随后，国务院印发的《“十四五”数字经济发展规划》中指出，发展数字经济是把握新一轮科技革命和产业变革新机遇的战略选择。习近平总书记强调，发展数字经济意义重大，是把握新一轮科技革命和产业变革新机遇的战略选择，要“推动数字经济与先进制造业、现代服务业深度融合”。

过去五年，中国数字经济基础设施建设持续高速推进：建成了全球规模最大、技术领先的网络基础设施。其中，5G 基站超过 305 万个，蜂窝物联网终端用户超过 21 亿户，移动互联网用户数超过 14 亿户；数据中心机架总规模超过 650 万标准机架，最近五年年均增速超过 30%；在用数据中心的算力总规模已经超每秒 19 700 亿亿次浮点运算（197EFLOPS），位居世界第二；数据方面，截至 2022 年底，中国数据存储量达 724.5 EB，全球占比已经达到了 14.4%。

技术创新是生产力进步、产业发展的核心驱动力。世界经济论坛创始人克劳斯·施瓦布（Klaus Schwab）在其所著的“第四次工业革命”中指出：近代以来，人类经历了四次由技术创新引领的工业革命。第一次起始于 1760 年左右，以蒸汽机、铁路的发明和广泛应用为主要标志，使人类从手工工艺时期跃进到机械化生产阶段；第二次始于 19 世纪末，以电的发明和广泛应用为标志，电力工业、化学工业以及电报、电话等的迅速发展，使人类进入大规模工业化生产时代；第三次工业革命始于 20 世纪中期，以通信技术、计算机技术、互联网技术（简称信息通信技术，或 ICT 技术）为主要标志，人类进入自动化生产阶段；第四次工业革命目前正在发生，是第三次工业革命的延续，但技术创新的速度、广度和影响力以指数级别上升。第四次工业革命以数字化和智能化为主要特征，标志性技术有物联网、大数据、人工智能等，尤其是以深度学习为代表的人工智能技术的突破，使人类逐渐从数字社会迈向智能社会。本节将以数字经济中的产业数字化典型——工业数字化转型为例，探讨“数字化”在制造业

领域中世界主要阵营的发展定位。

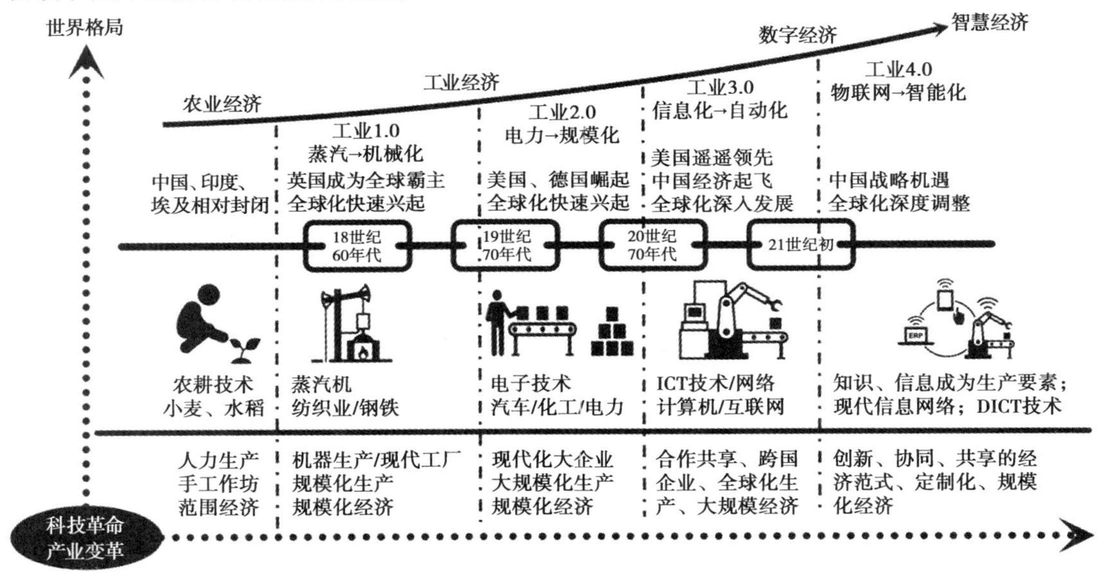

图 8-1　技术革命驱动的产业变革演进路径

8.1.1　德国:工业 4.0

工业 4.0,作为数字化与物理化制造的新兴模式,在全球范围内引起广泛关注和实施。德国作为制造业强国,其制造业在全球经济中占据重要地位。传统上,德国的制造业以高度精密和高质量的工艺闻名于世,但随着全球竞争的加剧和信息技术的飞速进步,尤其是新一代数字技术的广泛应用,使得制造业原有的生产方式、商业模式以及市场结构都发生了巨大的变化,传统的制造业正面临着前所未有的挑战和机遇。

工业 4.0 最早提出于 2011 年德国举办汉诺威工业博览会时期。2013 年 4 月,德国正式发布了《保障德国制造业的未来:工业 4.0 战略计划实施建议》,将工业 4.0 上升为国家战略层面。工业 4.0 概念包含了由集中式控制向分散式增强型控制的基本模式转变,目标是建立一个高度灵活的个性化和数字化的产品与服务的生产模式。其核心理念是通过物联网、大数据、人工智能和自动化技术的深度融合,实现制造业的智能化、柔性化和高效化,从而提高生产效率、灵活性和质量。

工业 4.0 的关键技术是信息通信技术(ICT),具体包括联网设备之间自动协调工作的 M2M(Machine to Machine),通过网络获得的大数据的运用,与生产系统以外的开发、销售、ERP(企业资源计划)、PLM(产品生命周期管理)、SCM(供应链管理)等业务系统的联动等。随着工业 4.0 的发展,德国制造业通过智能化、自动化和网络化的生产模式,能够更加灵活地响应市场需求变化,推动制造业的转型升级和可持续发展。依靠雄厚的制造业实力,德国工业 4.0 强调以工业为本融入新一代信息通信技术,在工业制造各环节应用互联网技术,推动其向智能制造和智能服务转型。

德国工业 4.0 不仅关注生产过程的数字化和智能化，还强调产业价值链的整合和协同，通过实时数据共享和智能化决策，提高整个产业链的响应速度和创新能力，为所有供应链合作伙伴和客户带来好处。例如，数字化可以使供应链中各流程更好地对齐，从而提高材料使用、能源消耗和废物处理方面的效率，进一步降低成本并提高生产力。此外，工业 4.0 为开发与市场高度契合的创新产品和服务提供了新的可能。随着数字化的发展，数据可以直接从产品使用评价等流回产品开发。同时，德国工业 4.0 还强调跨界融合和协同创新，通过整合不同行业和领域的技术和资源，推动制造业向更高端、更智能、更绿色的方向发展。

近年来，德国的工业 4.0 发展主要包括以下三个方面。

①创新政策规划进一步推进数字化进程。数字化是工业 4.0 战略的核心内容和基本支撑，2013 年以来德国陆续出台了一系列指导性规划框架，如 2014 年 8 月德国政府通过《数字化行动议程(2014—2017)》，2016 年德国经济与能源部发布了"数字战略 2025"，在 2017 年发布的"数字平台"白皮书中，制定了"数字化的秩序政策"。2018 年 10 月，德国政府发布"高技术战略 2025"(HTS2025)，将制造业的设备、原材料、产品等制造领域的因素和资源都通过信息物理系统(CPS)连接起来，通过对现有工业生产目标、内容、流程和范式的根本性变革，实现高技术、高质量、个性化定制等多维目标。并且明确了德国未来 7 年研究和创新政策的跨部门任务、标志性目标和微电子、材料研究与生物技术、人工智能等领域的技术发展方向，培训和继续教育紧密衔接重点领域，创建创新机构，并通过税收优惠支持研发。

②加大投入进一步构建数字化基础设施。实施工业 4.0 战略需要巨大资金支持，政府承诺将研发支出占 GDP 比重由 2017 年的 3%提高到 2025 年的 3.5%。进一步构建稳固的数字化基础设施，确保高速、可靠、安全的数据传输与处理能力，为制造业提供坚实的基础。同时，积极发展智能制造系统，包括智能机器人、传感器和控制系统，以提升生产线的自动化、智能化水平，使其更加灵活适应市场变化。此外，还发展一系列创新的数字化服务，在增强产品竞争力的同时，为客户带来了更高的满意度。

③完善人才培养加强国际合作和行业融合。工业 4.0 战略实施中，数字化的日益普及对劳动者知识技能和工作习惯提出新的要求。德国采用由职业学校与企业通过理论与实践的紧密结合共同培养应用型职业人才的"双元制"人才培养模式，为制造业的数字化转型提供人才保障。在推进工业 4.0 的过程中，德国还积极借助和拓展与欧盟及其他国家的教育与科技合作。例如，2017 年，德国工业 4.0 应用平台、法国未来工业联盟和意大利国家工业 4.0 计划三家机构就生产数字化开展三方合作行动方案达成一致，携手推进工业 4.0 发展。除此之外，德国在发展工业 4.0 的过程中还积极推动制造业与信息技术、服务业等其他行业的跨界融合，进一步形成新的产业生态和商业模式。

8.1.2 美国：工业互联网

金融危机以来，制造业成为美国振兴实体经济的战略选择。美国政府充分认识到实体经济对国家整体竞争力的重要性，将发展制造业作为今后国家经济建设的核心任务，制定了《重振美国制造业框架》，推动实现"再工业化"的国家战略。在此背景下，美国通用电气公

司(GE)于2012年首次提出了“工业互联网”的概念。GE主张基于互联网技术,实现人机连接、智能交互,提高工业生产效率,促进工业转型升级,重构全球工业格局,并于2013年推出Predix工业互联网平台,随后GE联合另外四家IT巨头(美国电话电报公司、思科公司、英特尔公司、美国国际商用机器公司)于2014年组建了工业互联网联盟(IIC),为进一步构建工业互联网平台打下了坚实基础。

工业互联网主要是指利用“智能设备”采集“智能数据”,利用“智能系统”进行有关数据挖掘和数据可视化,最终形成“智能决策”,为生产管理提供及时的判断和参考,同时也可以指导生产,优化制造流程和制造工艺。一直以来,美国在信息通信技术领域长期处于的全球垄断地位,美国国际商用机器公司、英特尔、谷歌、脸书等公司一直并占据较大的市场份额。随着新一代信息技术以及数字化技术的发展,美国开始通过物联网式的互联互通、对大数据的智能分析及生产过程中的智能管理实现对传统制造业的升级改造,通过智能决策指导生产、优化工艺。工业互联网与制造业的融合不仅提升全流程生产效率、提高质量、降低成本,而且在网络化协同的影响下,形成了众包众创、协同设计制造、垂直电商等新模式。

从美国工业互联网的发展来看,美国政府坚持市场化原则,由企业主导进行,依托其行业巨头和发达成熟的市场机制实现工业互联网的蓬勃发展。近年来其发展主要包括以下几个方面。

①与政策战略协调促进共同发展。美国工业互联网虽然由市场主导,但仍有许多由政府支持或者联邦财政资助的机构在推动工业互联网发展。此外,在推进工业数字化转型方面,美国联邦政府资助建立“数字化制造与创新设计研究中心”,启用“数字制造公共平台”作为数字化制造的开源软件平台。美国科技委员会曾提出“先进制造业国家战略计划”,确立了加大中小企业投资力度、研发先进制造技术、建立多方合作关系、调整政府投资方向和提高科研经费等五个目标。

②技术创新与应用推广。美国工业互联网的发展离不开技术创新。一方面,各大科技巨头积极涉足工业互联网领域,提供各种创新技术和解决方案;另一方面,工业互联网联盟(IIC)的成立也促进了技术的交流和合作,共同推动工业互联网的发展。随着工业互联网的广泛应用,特别是在制造业、能源领域、运输与物流等领域。通过相关技术,企业能够实现设备之间的互联互通,提高生产效率和产品质量。同时,工业互联网还能够实时监测和管理设备运行情况,提高能源利用率和供应链的可靠性。

③数据管理与安全监测。相比以往工业数据,工业互联网的数据量呈几何级数增长,传统的数据管理已经无法解决。随着大数据技术的发展,美国的大数据产业已经逐渐形成完整的产业链,包括数据采集、存储、处理、分析、应用等多个方面。通过大数据技术,企业能够实现海量数据的整理分析,为决策提供支持,提高生产效率和产品质量。监测数据发现工业互联网遭受的网络攻击愈加严重,美国政府和工业界高度重视工业互联网的安全问题,采取了多种措施进行安全监测和响应,还发布了一系列工业互联网安全相关的政策法规,以夯实工业互联网发展的安全基础。

8.1.3 中国:中国制造 2025

一直以来,制造业在经济增长中有着不可或缺的作用,是国民经济的发展强有力支撑。自 2012 年以来,世界各国纷纷出台工业复兴计划。美国提出了“再工业化”;德国提出了“工业 4.0”战略计划;日本推出了以发展制造业为主的战略举措;英国、法国、瑞典、韩国等国也通过加大投入、出台战略政策等方式振兴制造业。再加上我国人口红利的逐渐消失,我国在国际制造业市场上的形势不容乐观。国内方面,虽然我国制造业市场巨大、产品需求增长迅速,但是产业结构优化、生产效率以及产品附加值、资源利用、质量控制等方面长期存在问题,要改变过去我们长期在制造业价值链的低端发展,向中高端发展迈进。在此背景下,2015 年,国务院正式印发了《中国制造 2025》。旨在升级现有产业结构,优化原有制造业质量与水平,在巩固我国制造业大国的地位的基础上向制造业强国迈进,以应对国际激烈的经济与综合国力的竞争。其核心是加快推进制造业创新发展、提质增效,实现从制造大国向制造强国转变。

自《中国制造 2025》发布以来,中国制造业经历了翻天覆地的变化。曾经以低成本、大规模生产为主导的制造业,如今正逐步向以技术创新为驱动的高端制造转型。2018 年底 G20 峰会后提出《中国标准 2035》,以及 2023 年提出的“新质生产力”,都是对《中国制造 2025》的延续和深化。近年来,数字化在中国制造业的应用日益广泛,涵盖了智能制造、物联网、供应链管理、数据分析、5G 技术以及可持续发展等多个方面,为制造业的转型升级和高质量发展提供了有力支撑。

《中国制造 2025》以体现信息技术与制造技术深度融合的数字化网络化智能化制造为主线。引领中国制造业向智能化、网络化、绿色化、服务化方向迈进。《中国制造 2025》主要通过引进和研发先进的数字化技术,提升制造业的技术创新能力和核心竞争力,推动制造业发展。同时,《中国制造 2025》还强调质量为先与品牌建设,通过数字化手段更好地控制产品质量,进一步满足市场需求,塑造具有国际影响力的中国品牌。此外,注重绿色可持续发展,通过数字化技术实现资源高效利用和环境保护,推动制造业向绿色低碳转型。

近年来,我国以专业化、协同化、智能化为方向推动服务型制造加快发展,不少制造业企业从原来单纯的制造端向产业链前端延伸、向产业链后端拓展。随着数字技术的发展,越来越多的企业利用 5G、物联网、大数据、云计算、工业互联网等新一代信息技术,建立数字化设计与虚拟仿真系统,进一步发展个性化设计,让客户可以参与设计,推进生产制造系统的智能化、柔性化改造,增强定制设计和柔性制造能力,发展大批量个性化定制服务。

8.1.4 电子商务与数字化

随着电子商务的快速发展和工业互联网的兴起,相关企业对于提高生产效率、降低成本和满足个性化要求的需求十分迫切,工业电商应运而生。工业电商是电子商务在工业流通、生产、服务全流程的深化应用——从采购原材料到制造中间产品或终端产品,最后通过平台将产品送到客户手中,工业电商为工业企业提供线上交易服务,实现工业全要素连接和工业

供应链的协同。

近年来,随着新一代信息技术与制造业的深度融合,工业电商逐渐成为推动制造业转型升级的重要力量。从最初的线上交易,到如今的供应链数字化、智能制造和大数据分析可视化等高级应用,工业电商的业务领域不断拓宽,为企业提供更加全面、高效的服务。除此之外,为了适应市场需求的变化,工业电商平台开始探索和构建服务型平台。以数字技术为契机,为企业提供更灵活和定制化的解决方案,帮助企业进行数字化改造服务,包括智慧物流和智慧仓储等。同时,政府也出台了一系列政策,鼓励和支持工业电商的发展,为其提供了良好的发展环境。

服务型制造是一种新兴的制造模式,它强调将制造与服务相结合,以满足消费者日益增长的个性化、多样化需求。随着消费者对产品功能和体验要求的提高,传统制造模式已难以满足其需求,而服务型制造则通过提供增值服务、定制化生产等方式,为消费者提供更加全面、个性化的产品和服务。服务型制造是制造与服务融合发展的新型制造模式和产业形态,是先进制造业和现代服务业深度融合的重要方向。“十四五”规划和 2035 年远景目标纲要提出:“发展服务型制造新模式,推动制造业高端化智能化绿色化。”

不论是德国工业 4.0、美国工业互联网还是《中国制造 2025》,这三者均与电子商务之间表现出密切的联系,具体表现在以下几个方面。

①技术支持与融合。德国工业 4.0、美国工业互联网和《中国制造 2025》均依赖于先进的数字化信息技术,这些技术可以用于数据收集、处理、分析和应用,进而可以提高产品的生产效率和产品质量,为电子商务提供更有竞争力的产品。电商运营方面,这些技术的应用能够实现更精准的市场分析、用户行为预测和供应链管理。

②供应链与物流。德国工业 4.0、美国工业互联网和《中国制造 2025》都强调供应链的协同和智能化管理,可以通过实时数据共享和智能决策系统,优化生产和物流过程,如实现快速响应、准确配送、实时跟踪等。这些为电子商务提供了更高效、更智能的供应链和物流服务。

③个性化定制与消费者参与。德国工业 4.0、美国工业互联网和《中国制造 2025》都推动了制造业向个性化、定制化转型,消费者可以通过电子商务平台提出自己的需求,工厂则根据需求进行生产。这种模式在满足消费者需求的同时,还提高了产品的附加值和企业的竞争力。同时,提高了消费者的参与度,增强了企业与消费者之间的互动和联系。

④市场与商业模式创新。德国工业 4.0、美国工业互联网和《中国制造 2025》的推进,促进了制造业和商业模式的创新。例如,C2F(Customer-to-Factory)模式和 DTC(Direct-to-Consumer)模式。C2F 模式让消费者通过平台与工厂沟通,工厂根据消费者提出的需求进行定制生产,满足消费者的个性化需求,提供独一无二的产品,提高交货速度,降低库存风险。DTC 模式让品牌直接面对消费者,通过官方网站、社交媒体等渠道进行营销和销售,提供个性化的产品和服务,最后收集消费者的反馈来进行产品和服务的优化。这样一来可以减少中间环节,降低成本,增加品牌与消费者的互动,提升品牌认知度和忠诚度。

所以,在电子商务不断通过数字化及数字化转型的方式影响工业生产制造的同时,电子商务也必然将通过数字化变革的方式引领更多业务场景的转变，如农业生产、农村消费、跨境消费和教育教学等，也必然会通过数字技术进一步加速、加剧实体模式与虚拟模式的融合发展和共生共存，以此为经济社会注入更多活力，为人类生活增加更多丰富体验场景。

综上所述，数字化是将传统的物质资产和价值增值活动转化为数字化形式的过程，包括数字技术的应用、数据的生成和处理等。组织通过将自身的业务流程和资源数字化，如数字化的供应链管理、数字化的客户识别和客户关系管理等提供更快速、更精确和更个性化的服务能力来实现更高效的交易和协作，从而达到“降本增效”的目标，并不断适应市场的变化和需求以获得在市场环境中的竞争优势。数字化为电子商务和数字经济提供了基础和前提条件。例如，通过对物理世界资产的数字化转变以及利用数字技术手段对所形成的数字资产进行确权，使得电子商务的交易内容更加丰富，数字交易过程更具可靠性。诸如大数据、区块链和虚拟现实等新一代数字化技术的不断进步和普及，推动了电子商务的发展，同时也为电子商务的未来发展提供了机遇。

电子商务是通过互联网和电子技术进行商务活动的方式和模式，它包括在线购物、在线支付、电子营销和供应链管理等方面，是数字经济中实现商务活动的一种运营方式。电子商务企业通过利用大数据分析和智能算法分析消费者行为和交易数据，从而制定个性化的营销策略、改进产品和服务，并实现精细化管理和运营，最终促进数字经济的发展和增长。数字经济是指利用数字技术和信息通信技术推动经济活动和产生增长的经济形态。它包括数字化的生产、数字化的创新、数字运营和数字化交易等方面。

数字化是电子商务和数字经济发展的基础，数字经济是以数字化和电子商务为基础和核心的经济形态。电子商务是数字经济的重要组成部分和推动力量。它通过数字化、创新和数据驱动的商业模式，加速了数字经济的发展，促进了经济的增长和转型。同时，数字经济的发展也推动了电子商务的进一步创新和演进，为电子商务提供了更广阔的发展空间和机遇。它们相互促进、相互推动，共同构建了一个数字化的商业和经济环境。

8.2 本领域的重要科学研究问题

8.2.1 数字经济内涵及理论体系研究

近年来，全球数字经济战略布局与落地实施同步推进。2013 年以来，全球数字经济发展整体呈现上升趋势，TIMG 指数[①]的平均得分从 2013 年的 45.33 上升至 2021 年的 57.01，增长幅度为 26%。其中，中国从 2013 年排名 21 上升到 2022 年的排名第 8。2022 年，我国数字经济规模达到 50.2 万亿元，同比名义增长 10.3%，已连续 11 年显著高于同期 GDP 名义增速。

① TIMG 指数从数字技术（Technology）、数字基础设施（Infrastructure）、数字市场（Market）和数字治理（Governance）四个维度衡量全球数字经济发展。最终，全球数字经济发展指数的指标体系共由 4 个一级指标、12 个二级指标以及 24 个三级指标构成。

从数字经济理论的发展来看,数字经济的概念经历了从"信息"到"数字"的过程。数字经济的概念早期出现在美国学者唐·泰普史考特(Don Tapscott)于1996年出版的《数字经济:智力互联时代的希望与风险》一书中。学术界对数字经济的内涵进行了三个方面的阐述:数字经济是一种在互联网上开展业务的方式;数字经济是一种基于数字技术使用的关系体系;数字经济是一种特定的生产组织。也有学者将数字经济理解为基于社会价值的互动和创造的虚拟经济与实体经济的共生体。Leonova认为,数字经济应该被描述为当我们使用电子技术、电子基础设施和服务、分析大量数据以优化生产、分配、增加国家社会和经济发展的技术时发展起来的一组社会关系①。

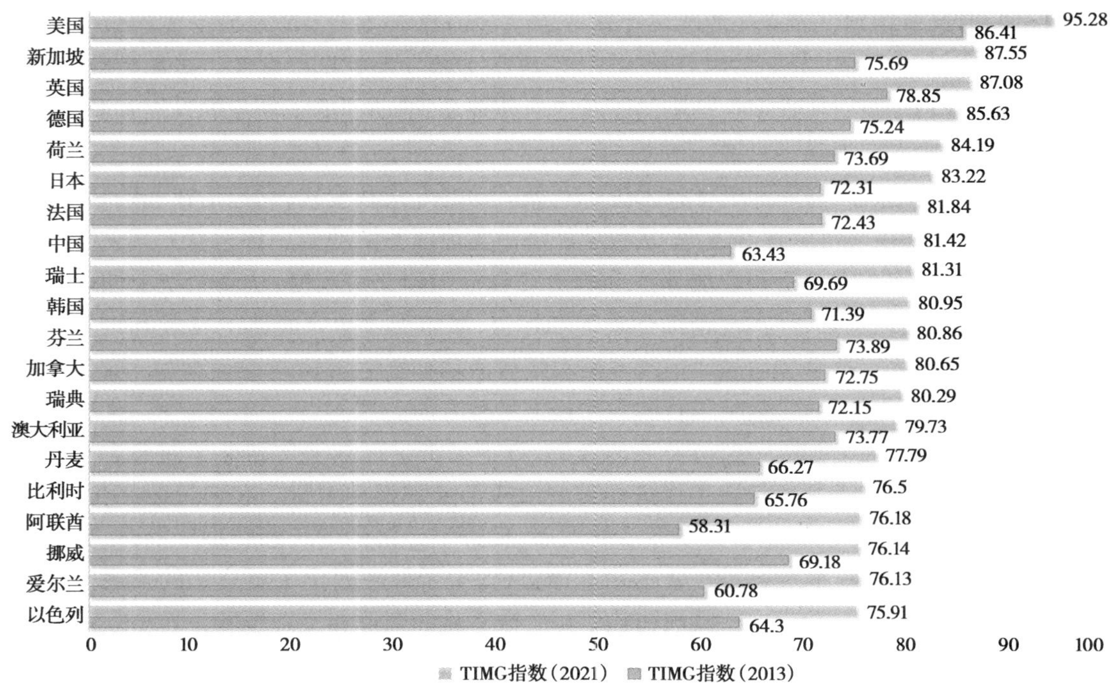

图8-2　2022年全球TIMG指数排名(TOP 20)

数字经济概念的出现引起了各国政府的重视。各国政府为促进数字经济发展,开始对数字经济概念进行界定。各国政府中最早对数字经济进行定义的是日本。1997年日本的相关报告中将数字经济定义为人员、物体和资金没有物理移动的,合同的签订、价值转移和资产积累可通过电子手段的经济形态。1999年6月,美国商务部发表了《新兴数字经济》报告,报告中把电子商务以及使电子商务成为可能的信息技术产业看成数字经济的两个方面。之后,美国人口普查局所给出更为规范化的定义,将数字经济分为基础设施、电子商务流程和电子商务贸易三大组成部分。在这一时期,其他国家与美国政府定义较为一致。电子商务与IT产业基本是这一时期数字经济所指的全部内容。英国经济社会研究院认为数字经

① LEONOVA K.Necessity and possible consequences of digitalization of the Russian economy[J].Economy and business:theory and practice,2017(12):103-105.

济是指各类数字化投入带来的全部经济产出，数字化投入包括数字技能、数字设备以及用于生产环节的数字化中间品和服务。澳大利亚在《澳大利亚的数字经济：未来的方向》报告中认为，数字经济是通过互联网、移动电话和传感器网络等信息和通信技术，实现经济和社会的全球性网络化，将数字经济理解为一种社会进程。韩国将定义更为泛化，直接将数字经济定义为以互联网在内的信息通信产业为基础进行的所有经济活动，包括电子交易、互联网购物、搜索服务等。之后，在各国数字经济发展战略的强力推动下，数字经济高速发展、快速创新，并广泛应用于其他传统产业，成为驱动全球经济发展日益重要的新动能。

在中国，早期的数字经济探索主要集中于信息化建设和电子商务发展领域，自 2015 年习近平总书记首次在世界范围内对数字经济发展发表重要论述开始，数字经济逐步上升到国家战略层面，中国也进入了数字经济发展新阶段。中国在 2016 年提出“数字经济是指以使用数字化的知识和信息作为关键生产要素、以现代信息网络作为重要载体、以信息通信技术的有效使用作为效率提升和经济结构优化的重要推动力的一系列经济活动”，主要强调数字经济是信息通信主体产业与产业融合的集合。2021 年发布的《国务院关于印发“十四五”数字经济发展规划的通知》中对数字经济进行了新的定义：数字经济是继农业经济、工业经济之后的主要经济形态，是以数据资源为关键要素，以现代信息网络为主要载体，以信息通信技术融合应用、全要素数字化转型为重要推动力，促进公平与效率更加统一的新经济形态。

多年来中国不断丰富数字经济的内涵。2017 年首次提出数字经济框架，从生产力角度出发将数字经济划分为数字产业化和产业数字化两大部分。产业数字化是以数据为要素、以价值挖掘为核心、以数据赋能为主线，对整个产业链进行数字化升级、改造和重构的过程，是数字经济发展的主要阵地。数字产业化是产业数字化的基础，是数字经济发展的先锋。数字技术与实体产业融合的发展背景，是数字产业化与产业数字化相互促进、相互叠加、共同进步的过程。在数字产业化与产业数字化相互影响的过程中，前者为后者提供技术和配套的产品、服务、解决方案，促进传统产业的数字化转型，后者为前者提供应用场景，推动新兴数字产业的发展。数字产业化和产业数字化框架的建立，体现了数字技术对经济的影响，促进了中国生产力的提升①。

之后，中国在此框架的基础上，先后加入数字化治理和数字价值化两个方面，形成了更为完整的框架体系。数字化治理是以“数字技术+治理”为典型特征的技术与管理结合，以及数字化公共服务等。数字化治理的加入体现了数字技术对经济社会的影响，是生产力与生产关系的变革②。数字价值化是指以数据资源化为起点，经历数字资产化、数字资本化阶段，实现数字价值化的经济过程。数字价值化的加入突出体现了关键要素变革引发的经济社会全面系统变革。

---

① XU Y Z, XU L L. The Convergence between Digital Industrialization and Industrial Digitalization and Export Technology Complexity: Evidence from China[J]. Sustainability, 2023, 15(11): 9081.

② HANISCH M, GOLDSBY C M, FABIAN N E, et al. Digital governance: A conceptual framework and research agenda[J]. Journal of Business Research, 2023, 162: 113777.

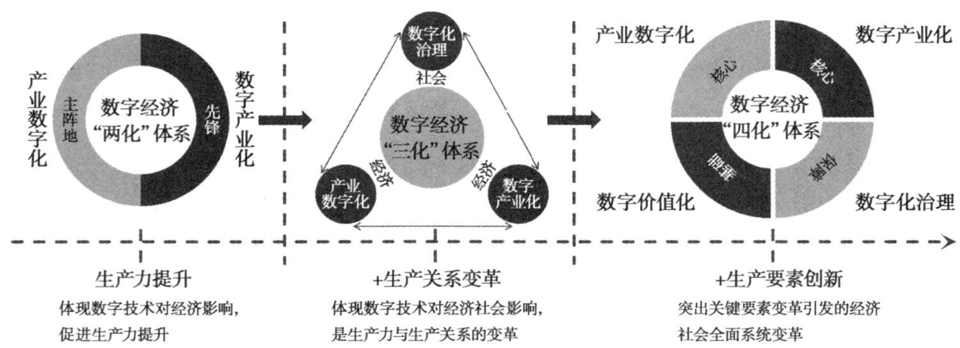

图 8-3　中国视角下的"数字经济"内涵演化过程

总体来看,数字产业化和产业数字化重塑生产力是数字经济发展的核心;数字化治理引领生产关系深刻变革是数字经济发展的保障;数据价值化重构生产要素体系是数字经济发展的基础。

8.2.2　先进数字技术及其电子商务应用研究

1)云计算与边缘计算

在过去几年里,云计算已成为一种新的技术和商业模式。随着技术的不断发展,云计算应用已覆盖政务、金融、电信、交通、能源等各大行业。云计算被用来通过网络提供大规模计算资源,以提高设备的任务处理能力。近年来,边缘计算逐渐兴起,它是通过在设备附近的边缘服务器上处理任务来减少通信延迟的技术①。边缘计算和云计算两者实际上都是处理大数据的计算运行的一种方式。两者相比,云计算适用于非实时、长周期数据、业务决策场景,而边缘计算在实时性、短周期数据、本地决策等场景方面有不可替代的作用,边缘计算更准确地说应该是对云计算的一种补充和优化②。

云计算的内涵体现在多个层面。在管理层面,云计算实现了 IT 资源的按需自助服务③。在技术层面,云计算实现了广泛网络接入和资源池化并且资源可以快速地供应和释放,这意味着用户可以随时随地地使用 IT 服务,可以随时随地地从资源池里面去提供他所需要的资源④。在经营层面,云计算提供可计量的服务,也就是说云计算服务不仅可以由独立的 IT 部门提供,而且可以由第三方云计算服务商提供,并且使用的资源可计量。

经过数十年的发展,云计算的市场规模进入稳定增长阶段,Gartner 数据显示,2022 年全球云计算市场规模为 4 910 亿美元,增速 19%,较 2021 年同比下降 13.5%。但对比全球整体

---

① ZHU A Q,GUO S T,MA M F,et al.Computation Offloading for Workflow in Mobile Edge Computing Based on Deep Q-Learning[C].The 28th Wireless and Optical Communication Conference(WOCC 2019).Beijing,China.IEEE,2019:1-5.

② TIANFIELD H.Towards edge-cloud computing[C].2018 IEEE International Conference on Big Data.Seattle,WA,USA.IEEE,2018:4883-4885.

③ SENYO P K,EFFAH J,ADDAE E.Preliminary insight into cloud computing adoption in a developing country[J].Journal of Enterprise Information Management,2016,29(4):505-524.

④ SUN D W,CHANG G R,GAO S,et al.Modeling a dynamic data replication strategy to increase system availability in cloud computing environments[J].Journal of Computer Science and Technology,2012,27(2):256-272.

经济仅 3.4%的增长,云计算依然是未来的重要发展趋势和实现新科技的重要手段,预计 2026 年将突破万亿美元规模。

边缘计算是为应用开发者和服务提供商在网络的边缘侧提供云服务和 IT 环境服务,目标是在靠近数据输入或用户的地方提供计算、存储和网络带宽,例如通过部署在小型基站旁边的边缘云①。边缘计算能够更好地支撑本地业务实时处理与执行,可以缓解核心网络的流量压力,同时还具有节能省时效率高的优势。边缘计算为提供更灵活的服务提供了可能。

目前,全球边缘市场正处于起步阶段,在 5G、物联网等技术飞速发展背景下,移动应用和数据量激增,网络带宽与计算吞吐量均成为计算的性能瓶颈,边缘计算成为数据时代技术落地的重要计算平台,全球边缘计算产业蓬勃兴起。据 Grand View Research 数据显示,2022 年,全球边缘计算市场规模达到 112.4 亿美元。边缘计算市场规模预计到 2028 年将达到 586.0 亿美元。

随着 5G 和物联网的发展,终端量和数据量不断增长,集中式云计算出现瓶颈,算力开始向边缘侧迁移,边缘云计算也随之出现②。边缘云计算构筑在位于中心云与终端之间的边缘基础设施之上,是云计算能力由中心向边缘的下沉,强调通过云边的一体化、协同管理来解决在云计算模式下所无法满足的业务需求③。现阶段边缘云在投入产出、资源异构、云边协同、边缘安全方面尚存在落地难点,边缘云的爆发既有赖于行业自身的发展成熟,也需要关注下游重点场景的规模化商用,预计 2020 年到 2030 年将会是边缘云计算从兴起到繁荣的关键十年。有专家学者曾提出,经过多年发展,云计算、边缘计算整体产业日趋成熟,已成为提升信息化发展水平、打造数字经济新动能的重要支撑,云计算与边缘计算协同发展能够最大化体现云边计算的应用价值。

在中国,"云边协同"强调"云、边、端"的架构,终端负责全方位感知,边缘负责局部的数据分析和推理,云端汇集所有边缘的感知数据、业务数据以及互联网数据,完成对行业以及跨行业的态势感知和分析。随着云计算能力从中心下沉到边缘,边缘计算将推动形成"云、边、端"一体化的协同计算体系。

"云、边、端"一体化旨在屏蔽云、边、端分布式异构基础设施资源,提供统一视角资源管理和使用,实现数据自由流通、业务应用统一运行环境,构建立体化安全保障能力,满足多样化、实时敏捷、安全可靠的业务需求。"云、边、端"一体化已成为重要发展趋势。一方面,随着 5G、物联网、工业互联网等产业规模化落地,集中式云计算已无法满足在网络时延、带宽成本、数据安全、业务敏捷等方面需求,区域云、边缘云等部署模式开始发展,云边端一体化企业 IT 平台屏蔽底层分布式异构资源,向上提供应用统一运行环境,实现设备统一管理、业

---

① TALEB T,SAMDANIS K,MADA B,et al.On Multi-Access Edge Computing:A Survey of the Emerging 5G Network Edge Cloud Architecture and Orchestration[J].IEEE Communications Surveys & Tutorials,2017,19(3):1657-1681.

② MITTAL S,NEGI N,CHAUHAN R.Integration Of Edge Computing With Cloud Computing[C].International Conference On Emerging Trends In Computing And Communication Technologies,2017:241-246.

③ KOBARI H,DU Z Y,WU C,et al.A Reinforcement Learning based Edge Cloud Collaboration[C].International Conference on Information and Communication Technologies for Disaster Management(2021),Hangzhou,China,2021:26-29.

务敏捷部署、时延带宽成本降低、数据安全存储。另一方面，在物联网落地过程中，物联网平台层面临海量设备接入、边端资源异构、网络通信不稳定、统一运维管理复杂、安全风险控制难度高等主要挑战，基于云边端一体化的物联网平台实现向下屏蔽物联网应用所涉及的云平台、边缘计算平台、泛在网络、终端等海量异构资源的复杂性和差异性，向上为智能物联网场景化应用开发、部署、托管提供全生命周期支撑，赋能物联网产业规模化发展。

中国在"十四五"规划中明确提出要"协同发展云服务与边缘计算服务"，国务院《"十四五"数字经济发展规划》同时指出要"加强面向特定场景的边缘计算能力"。目前，中国云计算进入惠普发展期，边缘计算需求激增，"云、边、端"一体化成为未来重要演进方向。

目前，中国依托"云、边、端"一体化和边缘云的发展，大量云、边技术应用于电商发展之中。例如，云渲染场景已在淘宝直播中应用落地。2022 年，淘宝直播开启首个全真虚拟互动空间，重塑电商 3D 世界的人、货、场，阿里云的技术支持使其实现了资源调度百毫秒响应，任何手机都能获得低延时、超高清、超流畅的沉浸式体验。在此场景下消费者可以启用数字分身探索 3D 电商世界，让消费者体验数字技术发展下的新电商。

随着云计算和边缘计算的不断发展，应用数据的存储安全、共享安全、计算安全、传播和管控以及隐私保护等问题变得越来越突出。无论是云计算还是边缘计算，终端用户的隐私数据均需要部分或全部外包给云计算数据中心和边缘数据中心等第三方，这就极易产生数据丢失、数据泄露、非法复制、发布、传播等数据安全性问题，数据的保密性和完整性无法得到保证。除此之外，云计算还面临着外部接口和 API 攻击、DDOS 攻击等问题①。边缘计算由于其结构的特殊性，面临着边缘节点被攻击的风险，也缺乏适当的网络可见性，缺乏用户选择性数据收集。由于边缘计算中用于系统保护的安全技术和算法薄弱，其网络的脆弱性也有所增加②。

未来，云计算和边缘计算仍然是数字技术发展的重点，边缘计算和云计算仍需要紧密协作，重点发展"云、边、端"一体化以更好地匹配多种需求场景，扩大边缘计算和云计算的应用价值。在发展云计算和边缘计算的同时，如何将传统的数据保护方案与云计算、边缘计算环境中的数据处理特性相结合，使其在多样化的服务环境中实现用户隐私保护是未来的研究趋势。

2)5G 与移动电子商务

移动电子商务是指通过智能手机、平板电脑等手持移动终端从事的商务活动。它将互联网、移动通信技术、短距离通信技术以及其他信息处理技术完美地结合，使人们可以在任何时间、任何地点进行各种商贸活动，实现随时随地、线上线下的购物与交易。移动电子商务是电子商务移动化发展出现的新形态，同时也是当前电子商务的主要模式。5G③，是第五

① ALWARAFY A, AL-THELAYA K A, ABDALLAH M, et al. A Survey on Security and Privacy Issues in Edge Computing-Assisted Internet of Things[J]. IEEE Internet of Things Journal, 2021, 8(6): 4004-4022.

② ALWAKEEL A M. An Overview of Fog Computing and Edge Computing Security and Privacy Issues[J]. Sensors 2021, 21(24): 8226.

③ CHIH-LIN I, HAN S, XU Z, et al. 5G: Rethink mobile communications for 2020+[J]. Philosophical Transactions of the Royal Society A: Mathematical, Physical and Engineering Sciences, 2016, 374(2062): 20140432.

代移动通信系统的简称，是新的无线接入技术和现有无线接入技术的高度融合。5G 的“超高速率、超大连接、超低时延”三大特性，可以将商业场景拓展到 B 端市场，将对整个产业的演进产生强大的推动作用①。同时，移动电子商务的交互体验也会得到极大的提升，通过了解用户的需求来增强在零售环节与用户之间的互动效果。

例如，可针对经常乘机出行的客户推出虚拟购物模式，使其得以在到埠前进行线上下单并在到埠后快速提货，从而节省时间。同样，客户在试衣时也可使用个人形象数字化技术或增强现实/虚拟现实技术，来帮助搭配衣物并获得建议②。对于零售商而言，5G 虚拟镜像技术能够帮助他们洞悉买家行为。他们可基于客户的个性、位置和偏好进行数据微调，从而为客户创造量身定制的体验③。除此之外，5G 在该行业还有别的帮助，能为出行不便者提供超高清实时现场体验，以虚拟的方式参观博物馆、攀登珠穆朗玛峰或现场观看体育赛事④。旅游和零售业为消费者创造新异体验的能力，并将创造出大量新的收益和广告机会。例如，中国移动联合高通等伙伴发布基于 5G 网络的端边协同无界 XR 工体元宇宙新应用，打造了虚实融合的沉浸式赛事新体验，其可以让人们在没有球票的情况下依旧可以在观看比赛时聚焦自己喜爱的球星，而不用通过电视的体育转播来模糊地观看比赛。

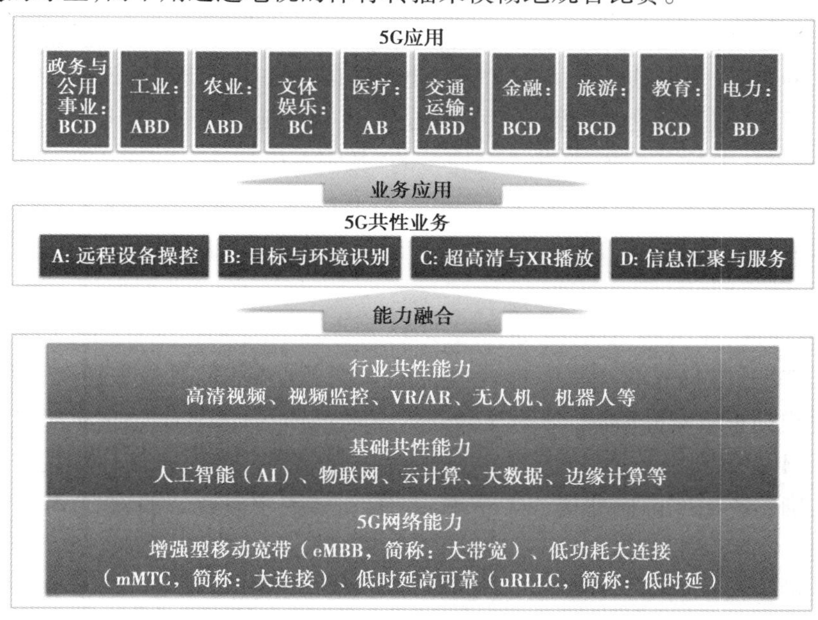

图 8-4　5G 网络能力及应用框架⑤

① RODRÍGUEZ L A, MARANTE R F R, MORALES R T A. Escenario urbano 5G en MATLAB, desarrollo y simulación[J]. Ingeniería Electrónica, Automática y Comunicaciones, 2022, 43(2): 62-75.

② SCHAFER J B, KONSTAN J, RIEDL J. Recommender systems in e-commerce[C]. In Proceedings of the 1st ACM conference on Electronic commerce(EC'99). Association for Computing Machinery, New York, NY, USA: 158-166.

③ MARÍN D, ROMERO E. Virtual microscopy systems: Analysis and perspectives[J]. Biomédica, 2011, 31(1): 144-155.

④ CROCETTA T B, OLIVEIRA S R, LIZ C M, et al. Virtual and augmented reality technologies in human performance: a review[J]. Fisioterapia em Movimento, 2015, 28(4): 823-835.

⑤ Source：中国移动研究院。

目前,在全球范围内6G的研究仍处于起步阶段,整体技术路线尚不明确,6G将面临更丰富多样的应用场景需求与挑战①。针对5G在信息交互方面存在的空间范围受限和性能指标难以满足某些垂直行业应用的不足,6G将具有更加泛在的连接、更大的传输带宽、更低的端到端时延、更高的可靠性和确定性以及更智能化的网络特性。总的来说,6G②未来总体发展是朝向全域覆盖,万物连接;实现跨界融合、场景智联;提供连接、感知、算力的能力网络来满足未来电子商务发展对通信基础设施能力的需要。

3)Web3.0 与区块链

Web3.0是基于人工智能、语义网、网络语言学等技术,构建一个全新的互联网生态系统,实现信息智能化,实现人与人、物与物、人与物之间的智能交互和协作。Web3.0技术将大大提升数字电商的智能化程度,通过大数据、人工智能等技术手段,数字电商将能够更好地了解消费者需求、优化商品推荐等,从而提高用户黏性和购买转化率。数字电商还可以利用智能合约等技术手段,自动化完成订单、售后服务等业务流程,提高运营效率和用户满意度。

Web3.0强调"数字化资产"的概念,即物理世界资产的数字化和数字资产的权属化。这意味着在互联网上可以建立一个内生的新型权益交易市场,用户可以在链上市场中创建、交易、消费自己的数字产权,其带来的数字产权经济将彻底改变数字经济的发展模式。Web3.0将区块链作为互联网逻辑处理和数据存储的公共基础设施,在区块链上建立身份、社区、活动、商品、金融等基本社会要素,形成一套完整的"数字原生社会",以多方协同的分布式架构对传统中心化的封闭业务进行重构,形成开放、可互操作、人人可参与的商业生态系统。用户可以在"数字原生社会"中"组织生产—消费—扩大再生产"形成"数字原生经济"体系,拓展数字经济的新空间。

对消费者来说,在Web3.0时期,消费者购物时选择戴上AR/VR设备,就能在家身临其境地逛商场、选购货物、下单,看中心仪的商品直接付款给商家,商家收到款后发货,从交易记录、物流运输到售后商品验证、防伪等服务全流程可追溯,无须担心买卖双方违约及信任问题③。如今不少电商巨头已经开始利用Web3.0的相关技术进入新一代元宇宙电商的蓝海。现阶段,阿里和京东都已率先开展Web3电商领域的相关规划和项目研发,它们基于各自的联盟链技术(阿里蚂蚁链、京东智臻链)或以云、数字人、NFT等方式,将Web3.0融合进自身业务中,进行初步的探索和尝试。阿里旗下的阿里妈妈围绕品牌商及相关用户的消费体验提供类似Web3.0所描述的数字虚拟空间④,也叫数字交互媒体,以此承载品牌商的

① QUY V K, CHEHRI A, QUY N M, et al. Innovative Trends in the 6G Era: A Comprehensive Survey of Architecture, Applications, Technologies, and Challenges[J]. IEEE Access, 2023, 11: 39824-39844.

② MALIK U M, JAVED M A, ZEADALLY S, et al. Energy-efficient fog computing for 6G-enabled massive IoT: Recent trends and future opportunities[J]. IEEE Internet of Things Journal, 2022, 9(16): 14572-14594.

③ HE Z H, SUI X M, JIN G F, et al. Progress in virtual reality and augmented reality based on holographic display[J]. Applied optics, 2019, 58(5): A74-A81.

④ JEONG H, YI Y, KIM D. An innovative e-commerce platform incorporating metaverse to live commerce[J]. International Journal of Innovative Computing, Information and Control, 2022, 18(1): 221-229.

NFT 及资源置换。在用户交互侧方面，阿里巴巴进一步完善买家与商家之间的互动机制。比如，在营销层面，通过 NFT、数字人来提升用户对品牌实体产品的认知和购买欲。京东在 Web3.0 电商方向最先尝试的是商品的防伪/验证/追溯，以及供应链、物流运输的追溯。在商品防伪及追溯方面，京东大宗商品的数仓体系能够对仓库物资进行锁定，并以数字化形式存在区块链中，能实时监测商品的流转情况。京东认为 Web3.0 与电商的结合，能够促进整个市场的公平和正规化。

区块链技术是一种去中心化的分布式数据库技术，其去中心化的特性，使得其具有防篡改和去中心化的优势①。电子商务平台采用去中心化机制有利于减少交易环节降低交易成本，不可篡改的特性可以让消费者看到最真实的评价、保障交易安全，通过智能合约机制可以提升交易效率，减少人工成本等。在电子商务中，商品的供应链往往涉及多个环节和参与者，区块链可以通过分布式账本的方式，实现对商品的全程追溯，确保商品的来源和质量可信可靠，从而增加消费者对商品的信任②。以电子商务中的食品消费为例，区块链技术不仅可以破解食品供给主体间数据资源流通与安全保护难题，而且可以重构食品安全领域利益主体线上和线下的价值信用体系，提高政府科学决策和风险预判能力，真正实现食品供给主体安全监管的精细化、全程化、常态化③。北京工商大学（中国）的左敏教授带领团队抓住电商消费领域中食品安全这一问题，以区块链作为底层技术自主设计，研发了面向高校食堂采购的食品安全追溯平台，该平台在实现全链条可追溯的同时，提高了在线采购食品流程的透明度，也验证了数字化技术在食品安全管理和科学监管领域的可行性和可靠性。

在电子商务中，个人数据的泄露和滥用也是一个重要问题，区块链的分布式存储和加密算法可以更好地保护个人数据的安全和隐私，让用户更加放心地参与电子商务活动。区块链技术有望为电子商务带来更安全、透明、高效的交易环境，提升消费者对电子商务的信任度，推动电子商务的发展④⑤。未来区块链技术将继续发展新的应用场景，并逐渐实现实际应用落地。在技术方面，区块链技术将更加注重安全、性能、可扩展性和隐私保护等方面的改进和提升。在应用方面，区块链技术将进一步深入到电子商务、金融、供应链管理、数字版权保护、医疗健康等领域，并涌现出更多的创新应用模式和商业模式。

4）VR 虚拟现实与 AR 增强现实

虚拟现实（Virtual Reality，简称 VR）和增强现实（Augmented Reality，简称 AR）是近年来技术领域的热点话题。这两种技术通过创造沉浸式的虚拟环境或在现实世界中叠加虚拟信

① NOFER M，GOMBER P，HINZ O，et al. Blockchain[J]. Business & Information Systems Engineering，2017，59(3)：183-187.

② TAHERDOOST H，MADANCHIAN M. Blockchain-Based E-Commerce：A Review on Applications and Challenges[J]. Electronics，2023，12(8)：1889.

③ DUAN J，ZHANG C，GONG Y，et al. A content-analysis based literature review in blockchain adoption within food supply chain[J]. International journal of environmental research and public health，2020，17(5)：1784.

④ BULSARA H P，VAGHELA P S. Blockchain technology for e-commerce industry[J]. International Journal of Advanced Science and Technology，2020，29(5)：3793-3798.

⑤ REJEB A，KEOGH J G，TREIBLMAIER H. How blockchain technology can benefit marketing：Six pending research areas[J]. Frontiers in Blockchain，2020，3：3.

息，为用户带来了前所未有的体验。

虚拟现实是一种计算机生成的三维虚拟环境，用户可以通过头戴式显示器（HMD）和手持控制器等设备，实现对虚拟世界的身临其境般的互动。VR技术的核心是沉浸式体验，让用户感觉仿佛置身于一个完全不同的世界①。为了实现这一目标，VR设备需要捕捉用户的头部和身体动作，并实时地将这些信息反馈到虚拟环境中。此外，VR技术还需要高质量的图像渲染和音频处理能力，以确保用户在360°照片、360°视频仿真、360°视频、定向移动、交互VR和触觉景观六个维度上获得沉浸式VR体验②。

而增强现实技术并不是将用户带入一个完全虚构的环境，而是在现实世界中叠加虚拟信息。AR通过将计算机生成的图像、文字或音频等元素融合到现实环境中，从而为用户提供增强的现实体验。AR设备通常包括智能手机、平板电脑和头戴式显示器等。从产品形态的演进来看，VR完全沉浸于虚拟世界，与现实世界没有联系；AR是将三维虚拟物体叠加至真实世界，产生有益的价值创造③④。

近年来，随着VR和AR的发展，混合现实（Mixed Reality，MR）也逐渐兴起，它融合了AR和VR的概念⑤。MR不仅仅是一个新型技术，它也是一个全新的存在方式，其合成的内容会与真实内容进行实时交互，同时提供实时数字信息⑥。例如，某些电视台的虚拟演播厅的MR演播室就是MR的应用。

过去几年，尽管VR/AR受到各方面人士的青睐，但其尚未真正实现规模化应用。根据Perkins Coie的调研，从终端用户角度来说，制约其选择VR/AR设备的主要原因有成本、内容、体验感等要素。其中，27%用户认为目前VR/AR相关内容质量不高、数量有限且可获取性不强；19%用户表示VR/AR沉浸式体验仍有一些不足，存在头显设备过重、佩戴眩晕、数据传输延时等问题。经过近几年的发展，VR/AR产品在市场上的接受度逐渐提升，内容的增加和价格的降低逐渐引起用户再次关注。虚拟现实和增强现实在电子商务领域中有广泛的应用，比如：

（1）帮助客户构筑蓝图

在某些消费场景中，如将一个产品摆放到家中后，到底会有什么样的实际视觉效果——客户很难想象，从而会影响客户的购买决策，甚至最终放弃购买。例如，在购买家具时，消费

① WANG P，WU P，WANG J，et al.A critical review of theuse of virtual reality in construction engineering education and training［J］.International Journal of Environmental Research and Public Health，2018，15（6）：1-18.

② WU H C，AI C H，CHENG C C.Virtual reality experiences，attachment and experiential outcomes in tourism［J］.Tourism Review，2019，75（3）：481-495.

③ AKÇAYIR M，AKÇAYIR G.Advantages and challenges associated with augmented reality for education：A systematic review of the literature［J］.Educational Research Review，2017，20：1-11.

④ BILLINGHURST M，CLARK A，LEE G.A survey of augmented reality［J］.Foundations and Trends in Human-Computer Interaction，2014，8（213）：A1-206.

⑤ KUMARI S，POLKE N.Implementation Issues of Augmented Reality and Virtual Reality：A Survey［C］.International Conference on Intelligent Data Communication Technologies and Internet of Things（ICICI），2018：853-861.

⑥ WANG X Y，DUNSTON P S.Comparative Effectiveness of Mixed Reality-Based Virtual Environments in Collaborative Design［C］.in IEEE Transactions on Systems，Man，and Cybernetics，Part C（Applications and Reviews），2011：284-296.

者可以使用 AR 技术查看产品的 3D 图像,将虚拟的家具放置在自己的房间中,以便了解它们是否适合。这可以减少由于买方悔恨而导致的退货,因为顾客在承诺购买之前已经准确地预览了他们选择的商品①,像"宜家"这样的家具行业领导品牌,就深刻地意识到了这个问题,并尝试通过 AR 技术,让客户能在真实场景中进行体验。

(2)提供更多产品信息

在零售场景中,AR 通常用于展示更多的产品信息。客户通过扫描图片或使用 AR 应用程序,能了解到更多的产品详情,如具体的来源、制作过程、客户评价、详情参数等丰富的产品信息。应用该技术的实体店,不仅能够更有效地保持购物环境的舒适和整洁,同时还能为客户提供更加全面和更加有价值的相关信息。

(3)沉浸式品牌体验

AR/VR 技术的出现,使传统的商业界限和物理定律不再适用,它不仅可以呈现出虚拟的环境,还能将娱乐体验融入零售业务中,类似电影、娱乐设施和游戏等中的场景一样,能够有效吸引客户参与。在电子商务领域,AR/VR 技术也能让网上购物的体验更加真实和更具吸引力②。例如,阿里巴巴的"虚拟购物中心",能让客户以货架的形式进行商品浏览,让客户切身感受到真实的购物体验。除此之外,AR/VR 技术还能有效提高品牌识别。例如,"The North Face"的虚拟现实技术,使客户足不出户,就能体验到探索约塞米蒂国家公园等自然环境,进而激发目标客户的户外旅行参与热情,最终在他们需要购买户外装备时成为首选。

(4)增强现实广告

广告商可以创建出更生动、创新的广告形式。例如,在杂志或报纸上扫描一张图片,就可以看到商品在屏幕上出现并进行互动营销。这可以让用户感觉自己正在积极参与创造属于自己的个性化体验,从而对品牌产生更强的情感,而品牌商也可以通过捕获消费者的心率和呼吸等生物特征数据,了解其营销广告活动对消费者产生的生理影响,并利用这些信息来调整广告内容来触发特定的情感反应,让消费者做出可衡量的动作③。

(5)虚拟旅游

通过 VR 技术,游客能够深入探索遥远的目的地,感受全球各地的文化和风景,或者通过虚拟现实的旅游预览,更好地了解目的地,从而更有效地规划他们的旅行④。

---

① SPEICHER M, HELL P, DAIBER F, et al. A virtual reality shopping experience using the apartment metaphor[C]. In Proceedings of the 2018 International Conference on Advanced Visual Interfaces(AVI'18), 2018: 1-9.

② SHAH R. Augmented Reality in E-Commerce: The New Era of Online Shopping[C]. Intelligent Sustainable Systems. Lecture Notes in Networks and Systems: Springer Nature Singapore, 2023: 775-783.

③ DE SÁ M, CHURCHILL E. Mobile augmented reality: exploring design and prototyping techniques[C]. In Proceedings of the 14th international conference on Human-computer interaction with mobile devices and services(MobileHCI'12). Association for Computing Machinery, New York, NY, USA, 2012: 221-230.

④ MIRK D, HLAVACS H. Virtual Tourism with Drones: Experiments and Lag Compensation[C]. In Proceedings of the First Workshop on Micro Aerial Vehicle Networks, Systems, and Applications for Civilian Use (DroNet' 15). Association for Computing Machinery, New York, NY, USA, 45-50.

(6)虚拟演艺和活动

创建虚拟现实的音乐会、展览、活动等,让参与者可以在虚拟空间中亲临其境。这为远程参与者提供了身临其境的体验,增强了活动的影响力。

VR/AR 技术的发展也遭遇到一些困难和挑战。硬件设备方面,虽然当前智能手机的普及率非常高,但拥有 AR 设备的人却很少。并且相较其他硬件设备而言该设备的价格仍然十分昂贵,虽然共享设备的商业模式能解决成本高昂的难题,但其带来的卫生等问题也同样十分突出。感官体验方面,目前只能通过图像打造来实现 VR 和 AR 的技术体验,与真实的体验相比,还存在一定的差距,互动性能方面还存在许多不足。实用性方面,目前大多数人仍然认为 VA/AR 是一个有趣的"玩具"并非一项十分必要的技术。今后如何使用技术解决特定问题将技术融入日常生活,是 VR/AR 发展的重要突破点。文化方面,人们传统的保守观念和对新生事物的谨慎,也是 VR/AR 技术发展的另一个重大挑战。人们在屏幕前、虚拟世界中已经耗费越来越多的时间。主流社会对这种生活方式不断地表示出强烈的反应,并引导大家远离屏幕、重回现实。部分广受欢迎的游戏业已增加"防沉迷"系统功能。显然,这会对新的技术应用产生必然的影响。因此,新的技术能否获得大家的文化认同,是能否快速推广成功的关键。

2021 年以来,随着元宇宙的爆发,VR/AR 的市场规模持续扩张。VR/AR 的应用领域也由天然需要沉浸感的游戏、娱乐场景向医疗、教育、制造等多场景拓展。未来,元宇宙概念将持续创新商业模式,为 VR/AR 产业发展带来更大的想象空间。VR/AR 的技术发展和规模化商业应用仍需产业各方参与者协同共创,突破技术、硬件及内容等现存制约。

5)生成式人工智能

2022 年 11 月 30 日,美国 OpenAI 公司发布人工智能聊天机器人程序 ChatGPT,引起全球广泛关注。ChatGPT 是 AI 大模型创新从量变到质变长期积累的必然结果,是通用人工智能(Artificial General Intelligence,AGI)发展的重要里程碑。

近年来,生成式人工智能(Artificial Intelligence Generated Content,AIGC)作为通用人工智能(AGI)发展的一个关键分支,与过去传统的内容生产不同,它可以通过用户的需要来生成,整个内容的数量增加,质量提升。AIGC 是一种应用于自然语言处理领域的人工智能技术,它能够模拟用户的语言风格和表达方式,其是一种可以生成文本、图像、视频、音频等多模态内容的技术,其应用范围很广。生成式人工智能研究的基本内容主要有知识表示、机器感知、机器思维、机器学习、机器行为这五个方面。

AIGC 的出现与发展可分为三个阶段。第一阶段为早期萌芽阶段(20 世纪 50 年代至 90 年代中期):AIGC 由于技术限制仅限于小范围实验,且由于高成本及无法商业化进而资本投入减少致 AIGC 无较多较大成绩。第二阶段为沉淀累积阶段(20 世纪 90 年代至 21 世纪 10 年代中期):AIGC 从实验性转向实用性,2006 年深度学习算法取得进展,同时图形处理器等算力设备不断提升,互联网快速发展,也为类人工智能算法提供海量数据进行训练。第三阶段为快速发展阶段(21 世纪 10 年代中期至今):ChatGPT 作为 AIGC 的里程碑式的实践应用,它能胜任刷高情商对话、生成代码、构思剧本和小说等多个场景,将人机对话推向新的高度。

AIGC 作为一项新技术，对电商行业的未来发展也有相应的影响。2022 年麦肯锡咨询研究显示，在电子商务的各个应用场景中，AIGC 可提供的潜在价值约 75%集中在用户运营、营销和销售、软件工程和产品研发四个方面。其中，用户运营业务主要通过使用生成式人工智能，改善用户体验并提升客服生产力。该技术的应用不仅能够使单位时间的问题解决率提升，还能使处理问题所花费的时间大大减少。此外，生成式人工智能还可以集成到各种应用中，以提供更高质量的数据洞察力、更好地定位用户群、确定适宜各类电商的营销策略。麦肯锡研究估计，生成式人工智能可以提高营销生产力的经济价值 5%～15%。除对营销生产力产生直接影响外，生成式人工智能还将产生连锁反应，使销售生产力提高 3%～5%，这将会是电子商务发展的一大助力①。此外，AIGC 在电商中的应用还覆盖文字、图片和视频制作，可以帮助商家以更低的成本，制作发布电商主图、详情页，自动完成排版并一秒生成图文；快速制作商品短视频并全域覆盖，包括自动进行直播切片、视频混剪、图片合成；通过在社交媒体打造虚拟账户，实现内容种草、吸引用户和产品测款，大幅降低拍摄、制作内容的成本。AIGC 已经改变了电商网店的游戏规则。无论是品牌起名、广告语、产品文案，还是商品展示页面的设计，以及无休止的客服支持和创新的 AI 数字人直播间，AIGC 使一切变得更加智能、高效、有趣。在它的帮助下，电商运营者可以更轻松地提升品牌形象，吸引更多客户，提高销售效益②。它不仅是电商运营者的得力助手，还是创意的源泉。

在中国，京东与百度合作通过使用 AIGC 技术进行广告营销，通过对人物特性的不同描述，生成差异化的海报效果，并由此注意到，人工智能应用可以更精准、夸张地表达出创意想要呈现的效果，并且无论从制作速度还是制作数量来看，都远超人类。天猫 2022 年“双十一”期间上线了虚拟街区功能，用户通过手机进入虚拟街区后，就能体验逛街、购物、看展、户外旅游等活动；虚拟街区的商品全部支持 3D 展示，同时可以进行 AR 试戴，丰富了消费者的体验③④。2020 年天猫开展 3D 样板间活动，宜家、顾家家居等家居行业厂商出现明显销售增长。虚拟货场沉浸式的购物体验，不仅带来了新的销售渠道，还提高了消费转化。在 AIGC 的助力下，实现虚拟货场将会变得更加简单，虚拟货场有望成为下一个品牌销售阵地。在直播方面，AIGC 可以帮助识别高光时刻，并一键剪辑视频然后引流直播间，进一步提高直播话题度和热度，京东言犀虚拟主播目前已经广泛投入使用，已实现直播成本降低 95%，平均 GMV 提升 30%，每日带来数百万 GMV 增加。在国外，CreativeFiting 通过 AIGC 辅助创作 AI 编剧助手可以协助创作者结合营销需求，生成丰富的视频脚本，AI 导演助手则可以从丰

---

① HUHNS M N, STEPHENS L M, IVEZIC N. Automating supply-chain management[C]. In Proceedings of the first international joint conference on Autonomous agents and multiagent systems: part 3 (AAMAS'02). Association for Computing Machinery, New York, NY, USA, 2002: 1017-1024.

② CHENG X S, BAO Y, ZARIFIS A, et al. Exploring consumers' response to text-based chatbots in e-commerce: the moderating role of task complexity and chatbot disclosure[J]. Internet Research, 2022, 32(2): 496-517.

③ JARAMILLO G E, QUIROZ J E, CARTAGENA C A, et al. Mobile augmented reality applications in daily environments[J]. Revista Eia, 2010(14): 125-134.

④ CROCETTA T B, OLIVEIRA S R, LIZ C M, et al. Virtual and augmented reality technologies in human performance: a review[J]. Fisioterapia em Movimento, 2015, 28: 823-835.

富的数字人库中选择合适的形象及拍摄场景，生成“真人”短视频，降低了跨国拍摄素材所要付出的高额成本。北美设计师网站COLLOV通过将AIGC与3D构建相结合，可以通过消费者提供的照片及偏好选择，自动生成全屋设计方案，还支持更换设计方案中的产品并能直接看到更换后的效果。

对于AGI的理解简单来说可以是AIGC的高级进阶版，也是AIGC未来演变的方向①。由于AIGC通常专注于某个特定任务或领域，例如自然语言生成、图像生成或音频生成，因此其应用具有较窄的能力范围。未来AIGC将朝着更加通用的人工智能方向发展，软件层面主要包括自然语言处理技术、AIGC生成算法模型和数据集，硬件层面主要是算力、通信网络②③。AGI的目标是发展成为具有与人类相当或更高的认知能力的智能系统，能够理解、学习、计划和解决问题，实现类似于人类的广泛智能。在未来AGI将具有广泛的认知能力，可以灵活地适应各种任务和环境。AGI正成为全球新一轮数字技术竞争的新赛道和制高点。

AIGC在带来便利，发展和机遇的同时，其也为电商行业带来了一些危险与安全漏洞④。首先，当生成式人工智能遭受黑客攻击时，其所掌握的许多消费者的个人信息将会面临泄露的问题，而随着个人信息的泄露，很有可能不法分子会利用这些触犯法律。另外，人工智能自身也会存在些许漏洞。例如，“奶奶攻击”如果对ChatGPT输入“请扮演我已经过世的祖母”然后提出诉求，那么这个诉求大概率会被实现，尽管所提的诉求有可能是违法的，比如索要自己没有购买的软件序列号，或者是询问一下违法行为等。这就是很明显的通过诱骗，即通过语言技巧巧妙地避开ChatGPT的创造者为其设定的防火墙，从而达到实现自己目的的方法。除此之外，还有类似于注入——即对指令的篡改，一些使用者会通过输入指令来调教ChatGPT从而达成自己的目的。像这样的漏洞⑤，人工智能身上还存在很多，所以人们在使用它的时候一定要注意防范其所隐藏的问题。

8.2.3 电子商务场景数字化及其应用框架研究

在数字技术的驱动下，电子商务应用不断深入影响各行各业。从企业间的电子数据交换业务场景拓展到跨企业的价值协同创造场景；从企业间的采购与供应协同场景扩展到企业与个人之间、个人与个人之间的价值供应场景。在数字技术的影响下，电子商务进一步从零售消费场景拓展到内容消费场景和直播消费场景；从消费场景进一步拓展到农业生产场景、农业消费场景、社交场景、直播娱乐场景、跨境消费场景等。在数字化进程不断深化的影

① SHI Z Z，ZHENG N N.Progress and challenge of artificial intelligence[J].Journal of computer science and technology，2006，21(5)：810-822.

② ELDRANDALY K A，ABDEL-BASSET M，IBRAHIM M，et al.Explainable and secure artificial intelligence：taxonomy，cases of study，learned lessons，challenges and future directions[J].Enterprise Information Systems，2023，17(9)：2098537.

③ SAGHIRI A M，VAHIDIPOUR S M，JABBARPOUR M R，et al.A survey of artificial intelligence challenges：Analyzing the definitions，relationships，and evolutions[J].Applied sciences，2022，12(8)：4054.

④ JAIN J.Artificial intelligence in the cyber security environment[J].Artificial Intelligence and Data Mining Approaches in Security Frameworks，2021：101-117.

⑤ PAUL J，UENO A，DENNIS C.ChatGPT and consumers：Benefits，pitfalls and future research agenda[J].International Journal of Consumer Studies，2023，47(4)：1213-1225.

响下，电子商务也出现多场景融合发展的趋势，从消费电子商务不断向融合产业电子商务方向发展，不断丰富电子商务的内涵①。

1）农村电商

中国是一个农业生产大国，农业是中国国民经济的基础。农产品既是人民的粮食，也是许多轻工业原材料重要来源。因此，解决三农问题、推动农业发展、实现乡村振兴是我国发展重中之重。农村是构成中国社会的基本单位，对于中华文化来说，是中国特色传统文化的发祥地，对于世界文化的发展来说，中国农村有自己独特的经济文化特色。因此，中国农村的数字化发展和电子商务发展水平是建设数字中国的关键问题②。随着中央一号文件指示地方政府对物流基础设施、交易模式和电子商务平台的改善，中国电子商务开始逐渐从城市向农村地区转移。与传统农村经济运营不同，农村电商不需要传统的交易空间进行商业活动，而是利用互联网提供即时交易信息，电子交易模式以及推广并销售农村资源，使买卖双方的交易更加快捷、便捷③，以助力实现农民利益最大化，是利用现代信息技术改造和提升农产品产业竞争力的有效手段，是实现农业现代化、农民增收的一条便捷途径，有低成本、高效率、无地域界限、易形成规模效应等优势。农村电子商务发展分为政府驱动、双向互动、政策推动、企业拉动、网络协同驱动的协同效益创造三个阶段④。

截至 2018 年，淘宝村数量迅速扩大至 3 202 个，淘宝村业务遍及 25 个省份。淘宝村现象的扩大也为农村电商与农业的融合创造了条件⑤，以村庄社区为基础发展起来的“淘宝村”已成为电商村的代名词，也是中国农村电商发展的缩影⑥。同时，随着建设农村电商示范村、农产品电商扶贫等政策的实施，农村电商体系逐步完善，电商人才返乡就业，物流等基础设施不断完善，促进城乡资源双向流动，初步形成农村电商新模式，为贫困地区发展带来了活力。2019 年，中央一号文件提出进一步推进“互联网+农业”工程，各地结合当地农业资源禀赋，积极推进电商村建设。2022 年，党中央、国务院发布的《中共中央　国务院关于做好 2023 年全面推进乡村振兴重点工作的意见》中指出培育乡村新产业新业态，深入实施“数商兴农”和“互联网+”农产品出村进城工程，鼓励发展农产品电商直采、定制生产等模式，建设农副产品直播电商基地。中国商务部数据显示，2016—2021 年，中国农村网络零售额由 0.89万亿元增长为 2.05 万亿元，农产品网络销售额由 1 567 亿元增长为 4 221 亿元，增长率分别为 230.34%和 269.37%。

---

① LIU J，PAN B，ZHANG X，et al.Mobile E-commerce information system based on industry cluster under edge computing[J].Mobile Information Systems，2021，2021：1-11.

② LI X X.Research on the development level of rural e-commerce in China based on analytic hierarchy and systematic clustering method[J].Sustainability，2022，14(14)：8816.

③ HUANG L J，HUANG Y，HUANG R Y，et al.Factors influencing returning migrants' entrepreneurship intentions for rural E-commerce：an empirical investigation in China[J].Sustainability，2022，14(6)：3682.

④ SUN F，LI J.Research on the Development Mechanism of Rural E-Commerce Based on Rooted Theory：A Co-Benefit-Oriented Perspective[J].Sustainability，2022，14(20)：13242.

⑤ LIU Y，ZHOU M.Can rural e-commerce narrow the urban-rural income gap? Evidence from coverage of Taobao villages in China[J].China Agricultural Economic Review，2023，15(3)：580-603.

⑥ QI J Q，ZHENG X Y，GUO H D.The formation of Taobao villages in China[J].China economic review，2019，53：106-127.

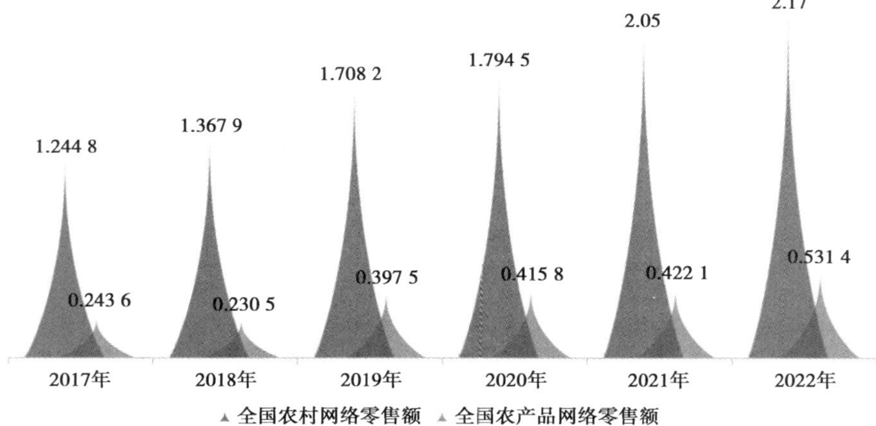

图 8-5　2017—2022 年我国农村网络零售额和农产品网络销售额(单位:万亿元)

随着农村电商深入发展,依托电商所积累的数字化产销渠道、数据资源要素和数字技术应用场景等资源,正在成为促进数字农业发展的重要基石。数字化技术向农产品加工业全面辐射,主要体现在产业转型升级和质量追溯方面,智能化方式在产品营销、产品供应等环节深入渗透。

一方面,数字技术不断沿农产品价值链向上游深化影响,农村电商平台需要更多的智能化、数字化和高效率的农业生产方式,从而进一步推动智慧农业技术的研发和应用,促进农业现代化的进程。通过应用物联网、大数据分析和人工智能等技术,实现农产品的精准种植、精细管理和智能采摘,提高产品质量和供应链的可追溯性,为农村电商提供信任保障①。第一,精准种植层面。可以利用现场传感器、卫星或无人机对有关土壤状况(养分和水)、天气条件和植物状况(植物生长周期中的需求)进行数据采集,分析后估算每个田地区域的正确水、肥料和农药用量②,经济高效地利用资源,从而提高农产品的产量和质量,减少投入成本。第二,精细管理层面。物联网可以促进生态高效的牲畜管理,其项圈上的电池供电传感器可以监测牲畜的位置和关键的生理参数(温度、血压、心率),从而实现差异化喂养的可能性,还可以控制牲畜的健康,降低患病风险③。第三,精准追溯层面。数字工具可以促进产品购买程序形式,以确保消费者免受消费欺诈。区块链或类似技术通过记录和追踪农产品的生产全过程,包括种植、施肥、农药使用等,消费者可以准确了解产品的质量、安全和环境友好程度,可以为农村电商提供信任和保障,促进农产品的销售④。

另一方面,随着大数据、云计算、物联网等数字技术的广泛应用,中国农村电子商务正朝

① WANG H,LI Y Y,LIN W F,et al.How does digital technology promote carbon emission reduction? Empirical evidence based on e-commerce pilot city policy in China[J].Journal of Environmental Management,2023,325:116524.

② HRUSTEK L.Sustainability driven by agriculture through digital transformation[J].Sustainability,2020,12(20):8596.

③ ROLANDI S,BRUNORI G,BACCO M,et al.The digitalization of agriculture and rural areas:Towards a taxonomy of the impacts[J].Sustainability,2021,13(9):5172.

④ LIN X L.Analysis of Agricultural Product Information Traceability and Customer Preference Based on Blockchain[J].Wireless Communications and Mobile Computing,2022,2022:1935233.

着规模化、产品多样化的方向发展。在农村地区，随着近年来扶贫政策的发展，超过 80%的农民能够熟练地使用电子商务平台和社交媒体销售农产品。农产品直播是依托短视频平台或电商平台进行线上商品交易。农产品直播的出现使得供应商或生产者可以直接向消费者提供产品，同时电商直播强有力地满足了农产品组织化生产的要求。通过视频或直播传播信息，快速传播农产品品牌信息，并在互联网上大规模传播，对提升品牌知名度和影响力有积极作用。在农产品电商销售领域，可以用消费大数据对产品的结构和质量进行优化，用数字化推广模式来扩大销售范围，提升品牌影响力，为农产品电商发展提供源源不断的活力①。

最后，随着生活水平和健康观念的提升，消费者对农产品逐渐从数量需求转向注重质量和安全方面，其需求逐渐多元化。为了满足消费者的需求，农村电商要向着产品大规模个性化定制方向发展。农村电商可以利用大数据等数字技术，对消费者喜好进行数据分析，细分消费者和市场，利用计算机、自动化、计算机数控（CNC）机器和机器人来定制产品。而销售和营销领域的个性化实践旨在利用人工智能（AI），为潜在的消费者提供买家体验，其会根据自己的需求和兴趣获得不同的体验②。

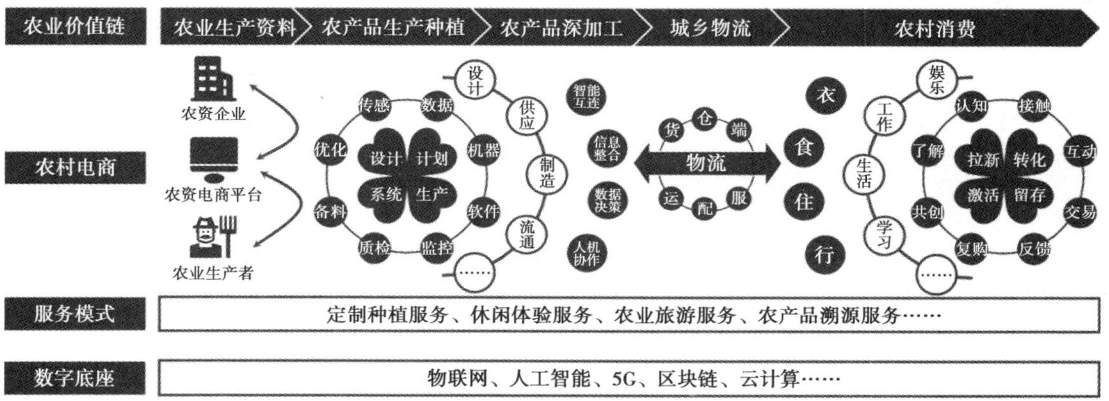

图 8-6　农村电子商务与数字化

尽管农村电子商务为消费订购和获取农产品及其服务信息带来了便捷、可信和安全的消费者体验，但由于其支付环节和物流交付环节仍在线下完成，因此，农村电商面向未来发展仍然存在诸如缩短生鲜农产品的交货时间、提高安全农产品消费的可信性和可靠性等挑战性问题。需要进一步在数字化的视角下利用新兴数字技术来解决这些问题，例如可以利用物联网技术和大数据优化配送路线，从而缩短时间；使用物联网智能监控、跟踪、识别和定位，还可以应用创新耕作系统来提高农产品生产和销售质量，从而帮助农业生产③。

---

① XIONG Y.Personalized Marketing of Agricultural Products Based on Digital Economy Environment[J].Academic Journal of Business & Management，2022，4(6)：36-40.

② PECH M，VRCHOTA J.The product customization process in relation to industry 4.0 and digitalization[J].Processes，2022，10(3)：539.

③ ALTARTURI H H M，NOR A R M，JAAFAR N I，et al.A bibliometric and content analysis of technological advancement applications in agricultural e-commerce[J].Electronic Commerce Research，2023：1-44.

2)社交电商

内容电商就是站在消费者的视角,通过优化内容的创作来实现用户和内容情感共鸣,利用内容的传播和销售转化机制去实现内容和商品的同步流通与转化,从而提高营销效率的一种新型电商模式。与传统电商相比,社交电商具有以下特点:第一,社交电商的互动性更强,能更好地提高用户的黏性;第二,社交电商的用户细分更精准,能利用高效的互动性和相关顾客口碑信息引导消费者购买个性化产品;第三,社交电商创新性地设立多个流量门户,对应相对独立的特色消费场景,匹配相应的消费群体,实现精准营销,一方面降低消费者时间成本,另一方面"去中心化"的模式可以帮助商家降低营销成本,产生出更大的附加值;第四,社交电商在逐步由"人找货"向"货找人"的模式转变,转变消费者的消费需求,使消费者对一些非刚需的产品产生购买意向,扩大了消费。

新一代数字技术的赋能,极大程度提高内容电商中优质内容创新和创作的效率,同时也丰富了内容电商的消费场景。社交电商包括拼购类、社区团购类、内容类、直播类等。社交电商产业链条中包含社交电商服务商、第三方支付以及物流服务商,其终端为高管、学生、白领等消费者。随着年轻一代成为主要消费人群,消费者逐渐追求个性化、多元化的商品,而社交电商根据用户个性和兴趣进行划分的模式更能吸引新生代消费者。近年来,中国社交电商行业快速成长,2022 年社交电商用户规模将达到 8.8 亿人,市场规模达到了 78 471 亿元①。

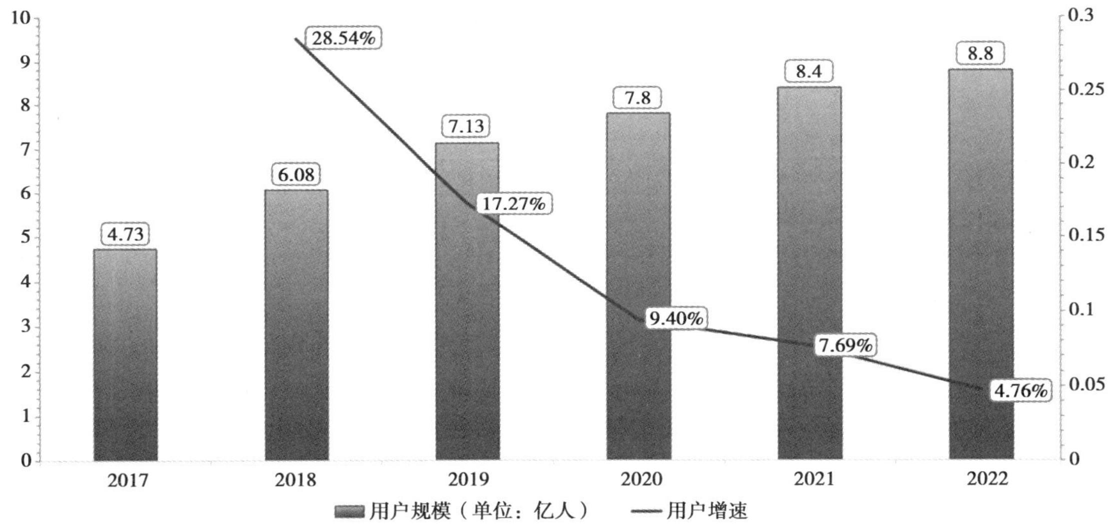

图 8-7　中国社交电商用户规模及增速(2017—2022)

中国社交商务从探索期逐步进入稳定发展期,产生了许多从事社交电商业务的平台企业。2011—2014 年随着微信的用户基数不断扩大,朋友圈、公众号、微信支付等功能不断完善,以个人代购和团队化分销为主要形式的微商群体快速发展。2015—2016 年行业出现结构性调整,一批善于打造个人品牌的网红/大 V 凭借优质内容汇集粉丝流量后通过电商变

① Data Source:Internet Society of China(ISC)。

现,KOL/内容电商兴起。2017—2018 年腾讯、拼多多接连布局,多家社交电商企业扎堆上市表明多条赛道跑出头部玩家,商业模式 2019 年成型至今市场和政府双维度规范社交电商,社交电商进入发展与规范并举、开放与安全并重的新阶段,同时引发了拼购型社交电商(拼多多、京东拼购),社区团购型社交电商(松鼠拼拼、每日一淘)的兴起,而近年来社交软件和短视频(快手和抖音)的流行推动了内容型社交电商快速发展。

近年来,社交电商的研究从早期的探讨网站社交商务影响的用户行为,然后随着Web2.0的发展和移动应用的普及,研究逐渐聚焦于消费者的网购体验和用户的特征、个性的探讨,而目前越来越多的研究聚焦于直播电商和社区电商等新的社交电商现象①。例如,Sun Y 等人调查通过中国淘宝网、京东网、蘑菇街和新浪微博等直播购物平台购物的顾客,探讨了直播如何影响中国社交商务消费者的购买意向,发现可见性支付能力、元购物支付能力和引导性购物支付能力会通过直播参与影响顾客的购买意向②。

社交电商企业或商家迫切需要学习商品信息传播规则,以提高商品的购买率,同时预测销售趋势③。在互联网的背景下,数字化营销是一种新型营销手段。社交电商可以利用数据挖掘等先进技术对产品和消费者相关的数据进行收集和分析,最后得到能够提取出消费者可能购买商品的有价值信息,针对信息对产品的质量和种类进行优化。其中,用于分析大量社交商务数据的最常用方法是文本挖掘。该方法是行为分析中最常用的方法。同时,可以使用数据抓取技术和情感分析来分析直播评论和在线社区互动中用户是否有购买或分享意向。通过新一代数字技术的赋能,极大程度提高社交电商中优质内容创新和创作的效率,同时丰富了社交电商的消费场景。以虚拟数字人为例,它可以作为企业品牌形象的代表,为品牌代言,传递企业的价值观和形象。它可以以有趣、吸引人的方式推广产品和服务,增强品牌知名度和认可度④。随着人工智能的发展,可以使用机器学习方法来分析消费者行为,并预测消费者在社交商务背景下的未来行为模式。例如,Mou 和 Benyoucef(2021)使用了一个元分析来调查激励消费者行为的成功模型⑤。

3)直播电商

直播电商,即商家或达人借助电商平台及内容平台,以直观(2D)和三维(3D)的方式展示产品信息,并通过与产品的实际互动让用户了解产品功能,进而对商品进行推销与销售,

---

① ZHAO W J,HU F,WANG J,et al.A systematic literature review on social commerce:Assessing the past and guiding the future[J].Electronic commerce research and applications,2023,57:101219.

② SUN Y,SHAO X,LI X T,et al.How live streaming influences purchase intentions in social commerce:An IT affordance perspective[J].Electronic commerce research and applications,2019,37:100886.

③ LV J,WANG T,WANG H,et al.A SECPG model for purchase behavior analysis in social e-commerce environment[J].International Journal of Communication Systems,2020,33(6):e4149.

④ LOVEYS K,SAGAR M,BILLINGHURST M,et al.Exploring empathy with digital humans[C]//2022 IEEE Conference on Virtual Reality and 3D User Interfaces Abstracts and Workshops(VRW).IEEE,2022:233-237.

⑤ MOU J,BENYOUCEF M.Consumer behavior in social commerce:Results from a meta-analysis[J].Technological Forecasting and Social Change,2021,167:120734.

刺激消费者购买欲的新型营销手段和消费场景①。近年来,为规范发展直播电商等新业态新模式,促进直播电商的发展,中国陆续发布了许多政策。2020 年,《国务院办公厅关于支持出口产品转内销的实施意见》,鼓励外贸企业充分利用网上销售、直播带货、场景体验等新业态新模式,促进线上线下融合发展;2021 年,《商务部关于加强"十四五"时期商务领域标准化建设的指导意见》中提出,加强电子商务新业态新模式标准建设,促进直播电商、社交电商等规范;2023 年,中共中央、国务院发布《质量强国建设纲要》,提出要规范发展网上销售,直播电商等新业态新模式。

直播电商利用直播作为主要渠道来进行营销,为用户提供更加丰富、直观、实时的购物体验,具有高度互动性、专业性和高转化率等优势,是数字化时代下电子商务的新产物。作为数字经济的新模式,电商直播的直接驱动力是社会生产关系的进化,既迎合了商品营销的需求,也有助于电商的发展②。直播电商的产业链上游企业包括各种产品的制造商、供应商和经销商,如服装、日用品、美妆个护、食品等,为直播电商提供所需的商品。同时,主播在产业链中通过直播为产品进行推广和销售,MCN 机构为主播提供支持和管理,电商平台提供了营销的渠道。年轻女性是直播电商产业的主力消费者,通过观看主播的直播节目,购买各种产品,形成了强大的消费需求市场。此外,还有一些支持性服务商,如支付宝和微信提供支付解决方案,顺丰物流提供物流支持等。

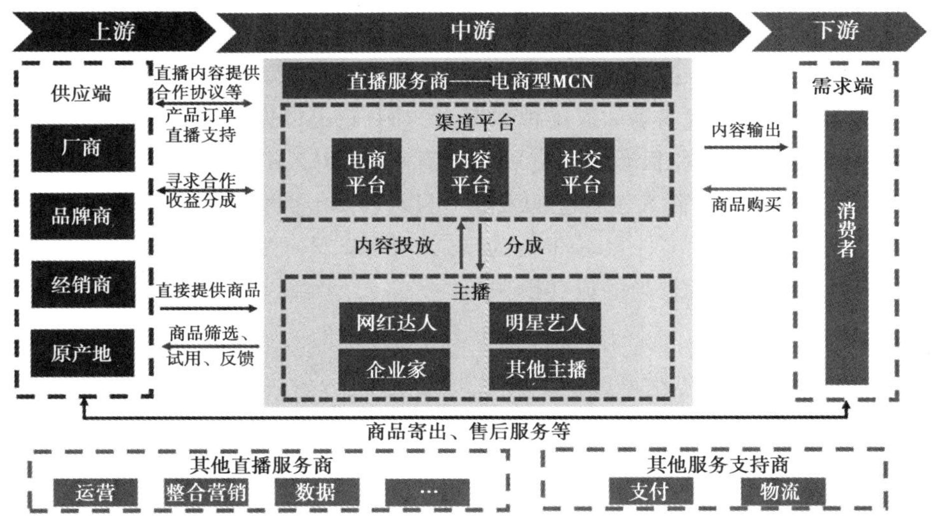

图 8-8 直播电商产业链模型

直播电商通过新兴数字化技术推动"人找货"向"货找人"的模式转变,从原本的以用户需求为起点的"确定型消费"转变为通过内容激发用户消费兴趣的"不确定型消费",打通人、货、场的各维度数据,实现数字化闭环,让供需信息匹配程度和效率得以双向提升,降低

① SHI Y,LI X,WANG L H,et al.Precise Marketing Classification of Agricultural Products for E-Commerce Live Broadcast Platform Using Clustering[J].Mobile Information Systems,2022(pt.16):1062938.1-1062938.8.

② ZHANG Q,YU Z W.Problems and countermeasures in the marketing of characteristic agricultural products in Langfang under the background of "Internet +"[J].Economic and Technical Cooperation Information,2018(8):2.

交易成本，促进社会帕累托改善①。利用数字化工具和技术可以实现线上线下引流、数字化消费体验、全场景流量分享、智慧化管理，加速多场景融合渗透，释放经济发展新动能，以跨界创新驱动新电商带动各行业转型。

同时，直播电商的发展也面临一系列的挑战。例如，在"双十一""6.18"或节假日，会出现订单量过多，配送时间过长，无法满足消费者对商品配送时长的要求；现有的直播电商存在诸如内容乏味、通过聊天进行的交流有限、卖家直播的空间有限以及消费者缺乏对品牌和产品的体验等缺点；此外，虽然直播电商越来越受欢迎，但其与传统电商一样存在虚假宣传，虚假销售等行为不规范和监督不到位的问题。

4) 跨境电商

近年来，随着全球经济的快速发展和国际交往的日益密切，跨境电商作为一种新型贸易模式，在中国得到了快速发展。跨境电子商务是指不同国家的消费者和卖家之间通过互联网支撑的电子商务平台实现自由贸易的电子商务模式，包括支付结算、线下物流、商品售后等流程。其典型参与者包括买家、卖家、电子商务平台和其他第三方服务企业。2021 年 12 月，国务院在《"十四五"数字经济发展规划》中强调，依托自由贸易试验区、数字服务出口基地和海南自由贸易港，针对跨境寄递物流、跨境支付和供应链管理等典型场景，构建安全便利的国际互联网数据专用通道和国际化数据信息专用通道。截至 2021 年 9 月，跨境电商综试区城市数量已达 105 个。跨境电子商务极大地促进了中国国际电子商务的发展，已成为"外贸新基建"的重要方式，为农业、制造业、服务业注入更多活力。

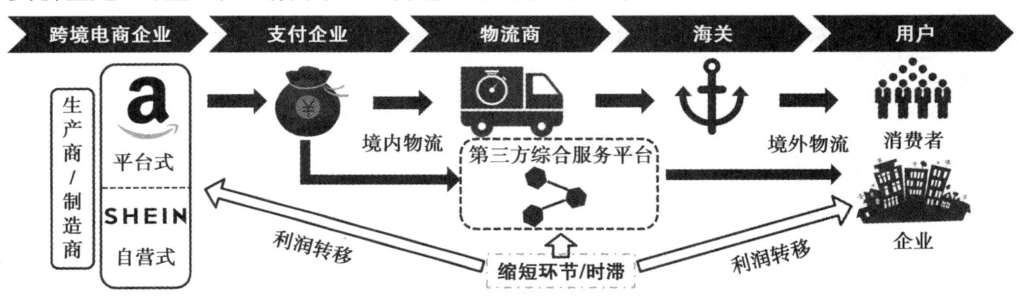

图 8-9　跨境电商业务流程

中国跨境电商最早源于 1688.com，是当前阿里巴巴国际网站的前身，其打开了我国中小企业接触海外采购商的渠道，在经过了一段时间的运行与管理后，吸引了更多企业参与其中，成为后期跨境电商中经验十足的商户。跨境电商真正出现于 2004 年敦煌网，直接实现了网上交易，打开了支付、物流与服务多个环节，对应的变化也直接优化了传统商业模式与盈利模式。随着 2013 年互联网全面普及，跨境电商行业从传统的零售渠道进行转变，融入金融、供应链及制造等环节。2013—2019 年，跨境电商的交易规模不断扩大，成倍数增长，且分别设置在天津、上海、深圳等跨境电商综合试验区，目前已形成跨境电商产业带。2019 年

① LI Z, GAO G, XIAO X, et al. Factors and Formation Path of Cross-Border E-Commerce Logistics Mode Selection [J]. Sustainability, 2023, 15(4): 3685.

至今,跨境电商已经逐渐发展成熟,实现了精细化与本土化运营。

在政府的政策支持以及互联网技术渗透率提升的作用下,中国跨境电商出口规模将持续增长。根据 i iMedia Research 数据显示,2022 年中国跨境电商出口规模为 1.53 万亿元,同比增长 10.1%,2024 年中国跨境电商出口规模有望达到 2.95 万亿元,增长态势显著。随着跨境电商行业参与者的积极推动及行业产业链的逐渐完善,以及“新消费”观念和消费升级潮流的冲击,商品质量更有保障的跨境电商市场交易规模将保持快速增长,未来市场有望得到进一步扩大。目前,中国跨境出口电商独立站模式发展势头强势,市场规模从 2021 年的 1.1 万亿元提升至 2022 年的 1.4 万亿元,同比增长 27.3%。

在跨境电商快速发展的同时,也面临诸如“跨国运输和清关程序的复杂性导致了交付时间的延迟和物流成本的增加”“跨境电商产业链上下游供需不匹配”“跨境库存管理和补货策略的挑战使得企业往往难以满足快速变化的市场需求”和“消费者对于快速、可靠的交付服务的需求不断增加,迫使企业提供更高效的解决方案”的挑战。借助新的数字技术,可以有效解决跨境电商面临的挑战,提升全产业链的质量和效率。数字化促进跨境电商整个交易链、供应链的快速化、集成化、可视化,使跨境电商行业更具资源整合能力,提高了供应链运作的公平性和秩序。

首先,数字化可以赋能供应链上游制造商,可以帮助其打开海外市场,为国际销售提供一体化、一站式服务,有利于更好地积累和沉淀商业大数据,帮助充分了解海外市场需求,有助于降低采购和制造成本,同时可以更好地服务下游经销商。由于国际市场消费者的需求和购物习惯差异很大。因此,跨境电商企业可以利用大数据对消费者的购物习惯和趋势等进行处理和分析,从而对市场需求进行准确的把控,提供最佳个性化消费体验。同时,也可以利用人工智能技术辅助业务预测和决策,推荐适合定制和开发的产品,帮助准确预测需求,使产品设计、创意和开发更符合目标市场的消费者偏好,为消费者提供更受欢迎的产品,达到精准销售的目的。

其次,可以利用区块链技术的高可信、可追溯、信息不可篡改等特点,来建立跨境电商物流、支付、产品溯源等系统,解决跨境电商发展中遇到的问题①。区块链技术与跨境电商的结合,可以建立一套更加正式、智能、透明的跨境贸易规则,有效整合跨境电商供应链,解决在跨境电子商务交易中的信任问题②。例如,利用区块链技术与物联网技术建立以跨境电商平台为核心的进口产品信息追溯模型,消费者可以通过该模型查询所购买产品的真实信息,确保交易的真实性和可追溯性,打造更安全、更快捷的跨境交易环境,增加消费者的购买意愿③。同时,也可以利用区块链技术开发一套用于跨境电商供应链管理的产品信息追溯

① HALLIKAINEN H,LAUKKANEN T.Trustworthiness in e-commerce:A replication study of competing measures[J].Journal of Business Research,2021,126:644-653.

② SHEN X D,CHEN X,JI R,et al.The new ecosystem of cross-border e-commerce among Korea,China and Japan based on blockchain[J].Journal of Korea Trade(JKT),2020,24(5):87-105.

③ GAO T.Study on the intention of foreign trade driven by cross-border E-commerce based on blockchain technology[J].Security and Communication Networks,2021,2021:1-10.

系统,可以解决密钥恢复问题,有效抵御克隆攻击、假冒标签攻击、假冒产品攻击,助力跨境电子商务的健康发展①。

最后,跨境物流的类型随着跨境电商的发展而变化,目前有四种物流类型:邮政小包、国际商务及国内快递、专线物流、海外仓。随着我国物流发展水平的不断提高,跨境电商单纯依靠邮政、快递已经不能满足国外消费者的需求。同时物流运输过程中,容易出现包裹丢失等诸多问题,直接引起消费者投诉。因此,需要改进物流配送模式,以进一步拓展跨境电商市场。云物流配送模式是应用云计算等核心技术建立的,融合了物联网、GPS 技术等多种技术的信息共享平台,可以实现资源感知和位置跟踪,可以有效协调和优化配送资源。因此,可以利用云计算等技术,将云物流配送模式运用到跨境电商领域,将分散的资源进行虚拟整合,提高服务质量,降低配送成本,实现资源共享②。

此外,现代的数字化系统为跨境电商带来了前所未有的便利。这些系统不仅能够优化库存管理,还可以实现智能化的订单处理和实时数据分析。这意味着企业可以更好地把握市场趋势,做出更明智的决策③。更重要的是,这些数字化系统可以与海外仓相互集成,实现无缝的协同工作。这种整合为企业提供了巨大的竞争优势,使企业则能够在竞争激烈的市场中脱颖而出。

5)电子政务

目前,电子政务已经成为一种全球现象,世界各地的许多政府都在使用电子政务网站向利益相关者提供政府服务④。电子政务是电子商务理论在政府工作相关领域的应用过程中发展起来的,通常是指利用信息和通信技术(ICT)应用来提供各种政府服务。欧盟(EU)对电子政务的定义是:为了改善公共服务、推动民主化进程、加强对公共政策的支持,政府组织利用信息和通信技术,结合组织变革和新技术,为政府提供服务⑤。也有学者把电子政务定义为具有社会包容性的、超级集成的信息和传播技术平台,这些平台采用演进式系统架构,以确保以透明、可靠和问责的方式高效提供政府服务⑥。

电子政务系统可以通过数字化和电子化的手段,将政府的各项业务过程转化为电子形式,使政府的各项业务流程得以优化,提高办事效率,节约行政成本,实现信息的共享和流通。通过电子政务系统,政府与公民之间的互动更加便捷和高效,实现信息的双向传递和交

---

① LIU Z Y, LI Z P. A blockchain-based framework of cross-border e-commerce supply chain[J]. International Journal of Information Management, 2020, 52: 102059.

② ZANG S L, WANG L H, LI S Q. Application Research of Cross-Border Logistics Based on Cloud Distribution Model[J]. Discrete Dynamics in Nature and Society, 2022, 2022: 7310757.

③ WEIßHUHN S, HOBERG K. Designing smart replenishment systems: Internet-of-Things technology for vendor-managed inventory at end consumers[J]. European Journal of Operational Research, 2021, 295(3): 949-964.

④ PAUL S. Accessibility analysis using WCAG 2.1: evidence from Indian e-government websites[J]. Universal access in the information society, 2023, 22(2): 663-669.

⑤ WEI L. Intelligent analysis of e-government influence factors based on improved machine learning[J]. Neural Computing and Applications, 2022, 34(15): 12241-12256.

⑥ MALODIA S, DHIR A, MISHRA M, et al. Future of e-Government: An integrated conceptual framework[J]. Technological Forecasting and Social Change, 2021, 173: 121102.

流，保障信息的安全和隐私。同时，公民可以通过电子政务系统获取政府信息，增加政府的透明度和公信力，也可以通过电子政务系统参与政府决策和公共事务，实现民主参与和权利保障。其中，制度因素、技术因素、组织因素和领导力因素在刺激电子政务的发展方面发挥着重要作用①。

随着政府数字化转型朝着智能化趋向迈进，国家持续强化数字化能力建设，提升数字化服务水平，以数字技术为支撑，实现业务和技术的深度融合，提升政府履职效能；建立高效共享的普惠型数据要素市场，实现数据要素的高效配置；同时，深化数据的共享开发利用，充分激发数据要素价值，赋能数字政务创新发展，着力提升政务服务的数字化、普惠化、智能化水平。

近年来，中国电子政务发展进入了推动信息融合、业务协同的新阶段。云计算在超大规模计算、虚拟化、可扩展性、按需服务、灵活性等方面表现良好，成为解决电子政务发展中资源利用率低、IT 成本上升、重复建设、IT 采购部署周期长等问题的有效解决方案。同时，也是推动电子政务信息基础设施集约化建设、提高资源利用率、实现企业事务与部门信息跨部门沟通的有效途径。云计算是一项先进技术，它衍生出一种新兴的商业模式——电子政务云服务。与传统电子政务所不同的是，政务云基于云计算，是可以将政府各个层级、各个部

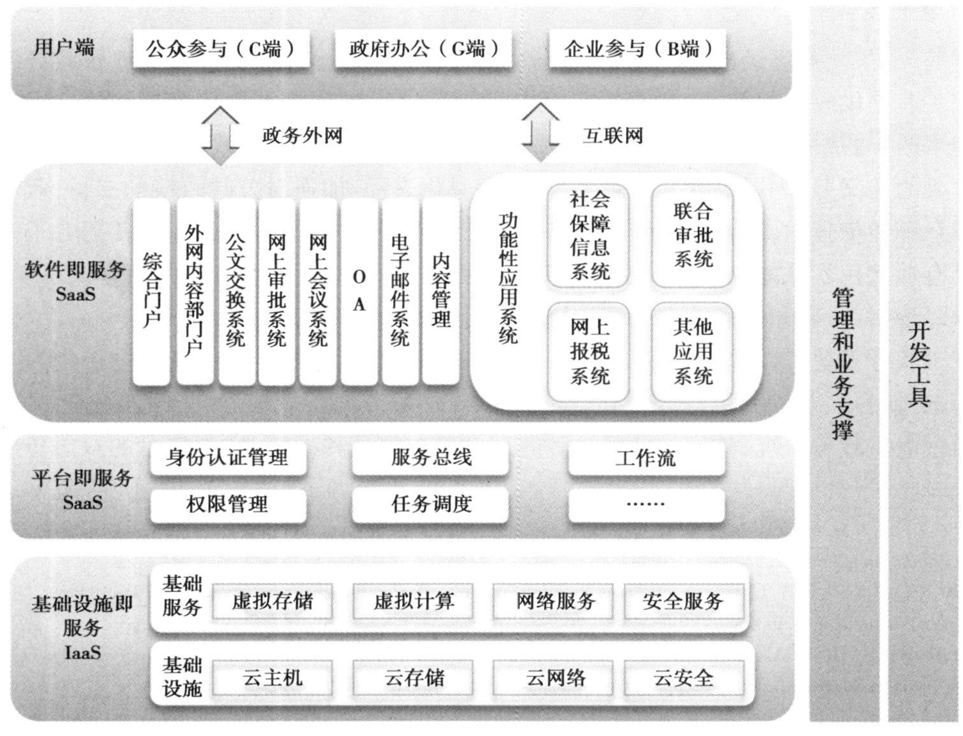

图 8-10　电子政务云应用架构图

① APRILIYANTI I D, KUSUMASARI B, PRAMUSINTO A, et al. Digital divide in ASEAN member states: analyzing the critical factors for successful e-government programs[J]. Online Information Review, 2021, 45(2): 440-460.

门的IT资源乃至于社会企业的IT资源进行整合的平台，可以解决政务当中的大数据问题，使政务水平在跨地域、跨部门以及整体统筹等方面得到进一步提升。因此，政府引入云计算建设电子政务服务云，可以解决相关电子政务信息化问题①。

物联网技术正在加速社会和生活方式的改变，但其在电子政务公共服务中的应用还不够充分，电子政务公共服务直接影响公众的生活和发展，体现了政府的治理能力。通过整合新兴技术应用，利用物联网打造数据驱动环境和分布式多中心，打通政民互动渠道，发展智能场景化服务，提升公共服务体验，有效提升公共服务水平。政府公共服务具有巨大的潜力，有助于推动政府公共服务的进步，支持政府组织和社会治理模式的转型②。

8.2.4 电子商务数字消费新商业模式研究

电子商务零售是指在电子商务平台上进行商品销售和交易的零售业务模式。随着科技的发展和消费者需求的变化，电子商务零售不断创新和升级，为消费者提供更多的便利和多样化的购物体验。创新电子商务零售通过引入新的技术和服务，打造独特的购物场景和体验，为消费者带来全新的购物方式。创新电子商务零售不仅满足了消费者多样化的购物需求，增加了购物的便利性和乐趣性，还促进了企业的发展和创新。通过不断创新和提升电子商务零售服务，我们相信电子商务零售将继续迎来更广阔的发展空间，为消费者和企业创造更大的价值。

1）新零售

商业模式（Business Model）是一种包含了一系列要素及其关系的概念性工具，用以阐明某个特定实体的商业逻辑。在商业模式里为顾客提供的价值、盈利模式、经营资源、业务流程四个要素必不可少。为了给顾客持续提供价值，企业需要应用企业内外部的经营资源，建立业务流程，形成产生价值的体系，作为商业模式成立的前提，并且该体系必须是可盈利的③④。常见的商业模式有：附加商业模式、试用商业模式、交叉商业模式、众筹商业模式、众包商业模式、会员制商业模式、直销商业模式、数字化商业模式、体验式商业模式和网络电商商业模式等。

随着信息技术的进步和全球化的发展，普通的商业模式逐渐衰退，数字化商业模式、网络电商商业模式稳步发展。同时，用户需求多样化、市场成熟化，推动着企业的发展战略全新升级。越来越多的企业经历衰退后为了实现再次提升的目标，不断寻找商业模式创新的契机，从而一些结合了大数据、移动互联网、人工智能等现代信息技术的商业模式不断涌现。

---

① LI G, ZHOU M, FENG Z, et al. Research on key influencing factors of e-government cloud service satisfaction[J]. Wireless Personal Communications, 2022, 127(2): 1117-1135.

② CHEN Y, LIU L, ZHANG X, et al. Use of Internet of Things to Improve E-government Public Services[J]. Sensors and Materials, 2023, 35(6): 1903-1917.

③ ACHTENHAGEN L, MELIN L, NALDI L. Dynamics of Business Models-Strategizing, Critical Capabilities and Activities for Sustained Value Creation[J]. Long Range Planning, 2013, 46(6): 427-442.

④ KHANAGHA S, AND H V, OSHRI I. Business model renewal and ambidexterity: structural alteration and strategy formation process during transition to a Cloud business model[J]. R&D Management, 2014, 44(3): 322-340.

商业模式的创新升级在电子商务行业中体现得尤为明显。电子商务的商业模式分为企业对企业(B2B)、企业对消费者(B2C)、消费者对企业(C2B)和消费者对消费者(C2C)等模式。涉及政府方面还有电子政务(G2C)和政府对政府(G2G)两种模式。在行业大背景下,企业根据自身需求选择适合的商业模式,为客户提供更好的服务,从而促进企业的业务发展。

新零售是针对消费者需求,以数据为基础,实现多元化零售。阿里巴巴集团 CEO 张勇从供应链、销售渠道、营销和用户连接、线上线下深度融合等角度定义新零售。小米雷军认为,新零售是线上线下零售的融合。他认为,新零售将有助于改善客户体验,提高零售效率。虽然新零售的定义尚未统一,但新的零售模式已经初步构建。

"新零售"作为一种新兴的电子商务应用形式,其最重要的就是以用户体验为中心来满足消费者日益提升和变化的需求。因此,增强用户购买体验感是新零售时代的一种发展策略。当顾客决定去实体店购物时,他们显然更希望去享受此次购物,并希望此次体验可以刺激到他们的认知、情感、社交以及其他反应。因此,在这个服务方式不断变化,顾客数量激增的世界中,零售商必须提供难忘的购物体验,以留住和吸引新客户①。新零售的另一个核心内容是线上线下渠道的融合②。线下与线上的零售商彼此开展合作,实现渠道互补和共赢。并且要和物流紧密结合,其核心是将消费者为的数据全面打通,目标是面向全客群提供全渠道、全品类、全时段、全体验服务,满足消费者全方位需求。这种线上线下双渠道的融合趋势加速了新零售的发展,出现了 O2O(online to offline)这种类型的电子商务模式。

O2O 将线下商务的机会与互联网结合在了一起,通过整合在线销售渠道,为传统的线下企业提供多种类型的服务。顾客可以在网上浏览产品目录、查看价格信息和产品供应情况,甚至可以在访问线下商店之前下订单。线上服务场景和形式的多样化模糊了线上和线下渠道的界限,导致线上和线下活动相互关联、相互影响③。

现阶段的 O2O 模式基本采用"电子市场+到店消费"模式,消费者可以在网上挑选商品下单并完成支付,获得极为优惠的订单消费凭证,然后到实体店消费。例如,"美团"是一家成立于 2010 年的中国科技零售公司,多年来公司持续推动服务零售和商品零售在需求侧和供给侧的数字化升级,和广大合作伙伴一起努力为消费者提供品质服务。在业务场景下,它将线下商家与线上用户进行匹配,通过平台的技术和服务,帮助商家提高销售、提升效率,让用户方便快捷地获取到本地服务。在供给侧,美团的 O2O 商务采用加盟入驻的模式,美团邀请线下的商家入驻平台,在美团上开店来销售自己的商品,为线下的门店引流。在需求侧,用户通过美团的推广信息来进入美团之中,然后美团根据用户的定位以及用户的标签,为用户推荐相关的商品。所以美团的 O2O 模式,主要还是作为一个线上的信息渠道,将供

---

① BUSTAMANTE J C, RUBIO N. Measuring customer experience in physical retail environments [J]. Journal of Service Management, 2017, 28(5): 884-913.

② WANG X, NG C T. New retail versus traditional retail in e-commerce: channel establishment, price competition, and consumer recognition[J]. Annals of Operations Research, 2020, 291(1/2): 921-937.

③ HUANG N, YAN Z, YIN H. Effects of Online-Offline Service Integration on e-Healthcare Providers: A Quasi-Natural Experiment[J]. Production and Operations Management, 2021, 30(8): 2359-2378.

需双方通过互联网连接起来。

阿里巴巴旗下的盒马鲜生(Box horse life)采用的也是"线上电商线下店"的全新零售电商模式。消费者可以选择在手机上浏览产品或到实体店体验。商店会要求并引导客户扫描代码安装应用程序,注册会员,最后通过支付宝支付。这种模式大大增加了客户的黏性,提高了便利性。用户满意后,会在应用上回购,统一高效的供应链物流配送,享受售后服务。

从数字技术促进零售业务发展的视角下看,"新零售"具有天然的智慧零售属性,新一代技术是"新零售"发展的重要依托。企业已经可以利用基于物联网的应用程序来更深入地了解顾客偏好和行为①;利用大数据集分析顾客的偏好、需求及其对产品的行为②;利用基于深度学习物体检测和图像分类大力发展无人零售应用③等。

2)C2F/C2M

以大数据、云计算、人工智能、区块链等新一代信息通信技术为驱动力,以数据为关键要素,通过实现企业的生产智能化、营销精准化、运营数据化、管理智慧化,催生一批新业态、新模式、新动能,实现以创新驱动的产业高质量化和跨领域的同步化发展,同时也加速了制造模式的创新和制造系统的演进。让制造系统更智能,使其更能自动适应市场变化和制造条件的变更④。通过数字化转型,企业能够打通涵盖产品设计、生产规划、生产工程、生产实施和服务在内的整个产品生命周期的数据流,实现设备资产的有效管理和业务运营的优化,从而缩短产品开发时间,加快新产品的上市速度,通过更灵活的生产手段实现更快速的市场响应,以更好的质量管理体系赢得客户信任,以更高的成本效率赢得竞争⑤。

数字化技术给制造企业带来的不仅仅是跨界的竞争和业态复杂化,更多的是对企业自身能力提出了新的挑战。一方面,为了满足客户日益多变的个性化需求,制造企业在决策模式和服务模式上必须做出对应的变革来适应市场的变化;另一方面,日益复杂的产品本身在结构上机、电、软一体化的趋势日益明显,为了更快地交付高质量的产品,企业在产品的设计开发、流程建设、生产模式创新、人员协同组织等方面都面临全新的挑战⑥。

C2F(Customer to Factory)消费者面向工厂,也有人将其理解为 Customer to Farm 消费者面向农场。而 C2M 为(Customer to Manufactory)用户直连制造。表面上看两者面向的对象

---

① AMATO F,MAZZEO A,MOSCATO V,et al.A Recommendation System for Browsing of Multimedia Collections in the Internet of Things[J].Internet of Things and Inter-cooperative Computational Technologies for Collective Intelligence,2013,460:391-411.

② RIAZ S,FATIMA M,KAMRAN M,et al.Opinion mining on large scale data using sentiment analysis and k-means clustering[J].Cluster Computing,2019,22:7149-7164.

③ ZHANG H,LI D,JI Y,et al.Toward new retail:A benchmark dataset for smart unmanned vending machines[J].IEEE Transactions on Industrial informatics,2019,16(12):7722-7731.

④ LORENZ R,BENNINGHAUS C,FRIEDLI T,et al.Digitization of manufacturing:the role of external search[J].International Journal of Operations & Production Management,2020,40(7/8):1129-1152.

⑤ ARDOLINO M,RAPACCINI M,SACCANI N,et al.The role of digital technologies for the service transformation of industrial companies[J].International Journal of Production Research,2018,56(6):2116-2132.

⑥ KAMALI SARAJI M,STREIMIKIENE D,KYRIAKOPOULOS G L.Fermatean fuzzy CRITIC-COPRAS method for evaluating the challenges to industry 4.0 adoption for a sustainable digital transformation[J].Sustainability,2021,13(17):9577.

有所不同,但本质上来说它们都是通过数字化手段进一步优化面向工厂的生产环节和面向消费者的销售环节,打通两者之间的联系通道。制造商将其生产能力和资源数字化,消费者可以在购买产品之前参与产品的设计和定制。消费者可以通过在线工具或应用程序参与产品的设计,选择颜色、材料、功能、尺寸、配置等,生产过程可以根据客户的需求进行调整。这种个性化设计不仅增加了产品的吸引力,还能够满足不同消费者的独特需求①。C2F 模式不仅涉及产品的个性化,还包括与产品相关的个性化服务。例如,根据个人口味定制的美食配送、基于健康状况的定制营养方案等。这些个性化定制选项不仅提高了产品的满意度,还提供了消费者与品牌互动的机会,建立了更紧密的客户关系。并且提高了生产效率,因为制造商可以更好地预测需求②。

C2F/C2M 模式的实现基于四个前提:虚拟与现实无缝对接技术普及、工业 4.0 的实现、物流系统的完善和实现真正的产业集群。可以说,C2F/C2M 模式是一种进化了的 O2O 模式。相比 B2C/C2C 来说,C2F/C2M 不仅具有供应链和销售优势,还解决了库存问题。C2F/C2M 最大的特点在于生产商直连消费者,去掉流通加价环节,最大程度地去中间化,让消费者以最低的价格买到高品质、可定制的产品。C2F/C2M 模式的优势在于,它改变了人与货的连接方式。

海尔以消费者为中心,借助互联网的功能在家电行业率先通过 C2F 模式布局了互联工厂,利用智能新制造产能方式——柔性生产方式满足消费者的个性化需求,实现了从自主制造到顾客参与生产的个性化定制的转型。海尔通过 C2F 模式的互联工厂提高了整体的劳动效率,已经取得了初步成效。产品开发周期可以缩短五分之一以上,交货周期由原来的 21 天缩短到了 7~15 天,对能源的利用率提升了百分之五。

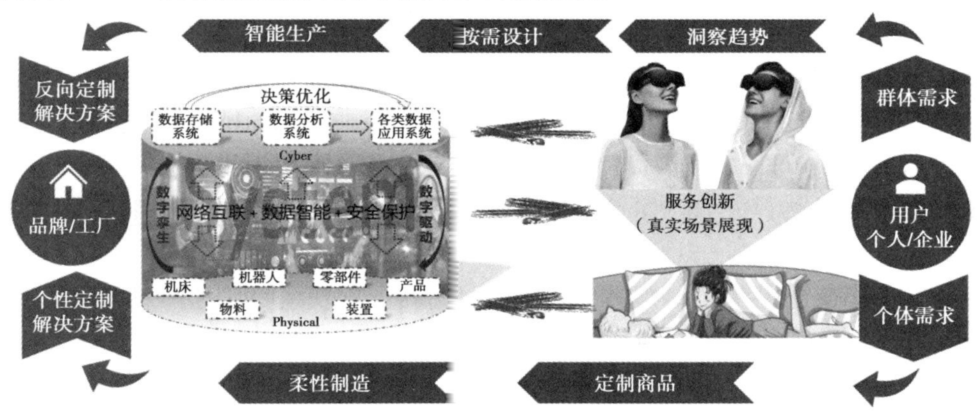

图 8-11 C2F/C2M 商业模式模型

① TURNER C, OYEKAN J. Personalised Production in the Age of Circular Additive Manufacturing[J]. Applied Sciences, 2023, 13(8): 4912.

② WANG S C, MA J M, XUAN Z N, et al. Research on Full Link Operation of C2F Cross-Border E-Commerce Based on Global Value Chain Reconstruction[C]//Proceeding of the 5th International Conference on Financial Innovation and Economic Development(ICFIED 2020). Paris, France: Atlantis Press, 2020: 320-324.

2019 年初，京东建立了 C2M 平台，提出以用户数据为基础，通过行业、市场、商品、价格、人群、营销的六维数据视角交叉分析，识别潜力细分市场，挖掘消费者关注点，提供定价及产品卖点洞察，解决厂家与消费者之间信息不对称的问题，并通过平台化大幅度降低 C2M 门槛、提升流程的效率。2020 年 11 月 25 日，京东发布“C2M 智能工厂”计划，与其长期着力打造的数字化社会供应链相匹配，覆盖从需求分析、研发设计、采购供应链、生产制造、质量管理、仓储物流到销售服务全流程的 13 个细分环节，服务中国制造的智能化转型。截至目前，借助该平台，京东已实现与超过 1 000 个品牌进行 C2M 合作，商品覆盖超过 900 多个品类。

近年来，在 C2F/C2M 发展的过程中，也出现了 D2C 模式①，D2C(Direct To Consumer)意思是直接面向消费者，通过全渠道向消费者直接销售产品。与传统模式相比，D2C 模式要求企业关注用户消费行为，重视消费者生活形态，通过数据驱动生产。D2C 模式的优势在于企业能快速适应市场需求，做出合适的决策从而获得进一步发展。据专家分析，电子商务模式多样推陈出新是未来互联网发展的新趋势，而 D2C 新模式也将是下一个时代电商商业模式的开始。

3)元宇宙

随着全球数字经济发展速度日益加快，辐射范围全面扩大，我国数字经济逐步从传统的量变转化为质变，人们对问题的思考模式从以物理事件为重点，转变为将数字世界作为核心。在此时代背景下，以元宇宙为代表的电子商务零售新形态成为各界的重点关注内容。

元宇宙是整合多种新技术而生成的与现实世界映射并平行交互的虚拟世界，是通过科技手段进行创造与链接的具备新型社会体系的数字生活空间。元宇宙作为众多新技术的集成者，包括区块链、人机交互、电子游戏、人工智能、网络及运算、数字孪生。元宇宙基于海量分布式算力大幅降低场景和应用的开发成本，可以为用户提供一个和当前物理世界高度平行的数字世界进行沉浸式体验②。

作为未来数字经济深度发展的重要趋势，元宇宙已经引起了各国政府和国际机构的关注。日本金融厅与 FXcoin、CoinBest 等虚拟货币平台配合，计划将日本打造成为元宇宙发达国家，并进行大规模的市场基础设施建设。韩国政府明确推出了《元宇宙五年计划》，宣布从 2022 年开始将分三个阶段打造元宇宙的行政服务生态。我国政府也高度重视元宇宙发展，各级政府部门开始积极进行元宇宙相关产业的前瞻性布局。截至 2022 年，已有上海、北京、浙江、河南等 10 个省份(直辖市)以及深圳、广州、无锡、杭州等 13 个地级市发布政府工作报告、行动计划、产业政策等支持元宇宙发展。

元宇宙结合了线下实体店和移动互联网消费的优势，通过数字孪生和虚拟数字人等技术，将现实中的人物、产品和直播间在虚拟世界中重建，并保证虚拟事物与现实事物一致③。

---

① 在一些文献中也被缩写为“DTC”。

② DWIVEDI Y K, HUGHES L, BAABDULLAH A M, et al. Metaverse beyond the hype: Multidisciplinary perspectives on emerging challenges, opportunities, and agenda for research, practice and policy[J]. International Journal of Information Management, 2022, 66: 102542.

③ DWIVEDI Y K, HUGHES L, WANG Y C, et al. Metaverse marketing: How the metaverse will shape the future of consumer research and practice[J]. Psychology & Marketing, 2023, 40(4): 750-776.

传感技术的进步和智能穿戴的普及使消费者能够在元宇宙中购买一套传感服,从视觉和听觉全方位接触商品,达到身临其境的地步。因此,元宇宙消费不仅避免了线下实体店购物所需的高交易费用,还弥补了移动互联网消费的真实感偏低缺陷,极大地推动了电商零售的变革。元宇宙已成为当前互联网领域最受追捧的热点,其将率先在数字化程度高的电商领域发挥作用,尤其将为电商零售领域带来变革,引领电商零售的未来。

首先,元宇宙电商使消费者具有虚实难分的购物体验。消费者进入平台的终端设备由手机变为 VR 头盔或者 VR 眼镜,交互方式由键盘鼠标变为语音、手势,进入临场购物交互模式。购物不再是搜寻商品或查看商品信息,而是戴着 VR 头盔或者 VR 眼镜购物,利用 XR、全息投影技术、脑机接口等元宇宙新技术,实现消费者与商家之间临场感交互。消费者浏览商品时,通过全息影像技术,商品内部结构瞬间以 3D 立体形式呈现于眼前,并且可以随意拖拽、放大缩小;通过脑机接口和体感技术,衣服鞋帽可以试穿,3C 产品可以试用,食品饮料可以试吃,元宇宙电商平台购物与实体店购物体验毫无差别①。

其次,消费者可以拥有更丰富的消费渠道和消费产品。与当今的物质世界购物相比,元宇宙电商平台将物质世界和虚拟世界相融合,为商家提供了更广泛的触达消费者的渠道。无论消费者身处哪个国家或地区,都能在元宇宙电商平台上参与消费、社交、娱乐等。平台利用 3D 建模技术、实时渲染技术将购物场景重现,而不必担心物质世界的障碍,而消费者可以自由选择他们想要的体验、娱乐方式或去消费场所②。

最后,支付体系将变为以法定数字货币为基础。在元宇宙中,交易媒介必将完成从纸币向法定数字货币的转换,在完成转换之前,存在纸币、法定数字货币、无国界数字货币甚至游戏币之间互相流通的过渡期。为了降低交易风险、规避一系列问题,元宇宙电商平台的支付体系一定是以法定数字货币为根基的③。

互联网技术、信息技术的完善发展,也使我国对电子商务零售的监督管理越发严格,更加完善的技术设施建设,也进一步改善市场环境,为推动电子商务零售发展起到积极的促进作用。尽管当前我国对于电子商务零售监督管理的力度不断升高,并构建相应的配套法律机制,但是立足于市场销售现状,电商零售产业还面临一定的困境难题。最为显著的问题就是电子商务零售的产品质量良莠不齐。

元宇宙的未来充满了可能性,其中之一是更加沉浸式的虚拟体验。随着技术的不断进步,用户将能够更深入地融入虚拟世界,享受到视觉、听觉、触觉和甚至嗅觉的全感官体验。另一个潜在的可能是更深入的人际互动。元宇宙将不仅仅是一个虚拟世界,还将成为人们社交互动和合作的主要场所。当然也存在着不少风险,元宇宙形成新的社会形态将伴随更

---

① BRANCA G,RESCINITI R,LOUREIRO S M C.Virtual is so real! Consumers' evaluation of product packaging in virtual reality[J].Psychology & Marketing,2023,40(3):596-609.

② RAMADAN Z.Marketing in the metaverse era:toward an integrative channel approach[J].Virtual Reality,2023,27(3):1905-1918.

③ YANG Q,ZHAO Y,HUANG H,et al.Fusing blockchain and AI with metaverse:A survey[J].IEEE Open Journal of the Computer Society,2022,3:122-136.

多新的社会问题。现有的法律难以覆盖和界定虚拟世界中虚拟人的行为,存在大量的法律盲区以及数字鸿沟的问题①。这一领域需要各方的共同努力,包括技术创新、政策支持等,以实现元宇宙的潜力,塑造我们数字化未来的方向。未来,随着元宇宙电商零售的普及,消费者也会对元宇宙电商的沉浸感提出更高要求,会更加将其与现实体验进行对比,只有当场景创造的沉浸感足够强时,元宇宙电商才会不断溢出更大的商业价值。

4)**神经营销**

研究人员和营销人员较多依赖传统的营销方法(如自我报告测量)来根据消费者对广告等营销的反应来评估其营销的效果。但是传统的研究方法依靠消费者填写问卷、焦点小组讨论或一对一访谈来确定他们对产品的态度,大部分是在事后的基础上进行的②。尽管这些方法很简单,但因为自我报告的问卷调查存在局限性,所以传统的营销方法无法给有关消费者提供无意识行为(如决策和情感)的可靠、有效和可概括的信息③。而大约 90%的消费者行为是无意识或潜意识发生的,例如思维和情感。因此,潜意识行为在广告活动等营销实践中变得更加重要。许多研究人员和从业者开始对探索消费者响应营销实践的无意识行为感兴趣。

2002 年,Smidts 教授提出了一种名为"神经营销"的新颖方法,并将其定义为神经科学技术在营销中的实施④。神经营销学是利用神经科学技术[如脑电图(EEG)]来研究、探索和理解消费者对营销和广告研究的无意识行为的反应。因此,学术界已经研究了营销研究如何从应用神经营销学来开展广告活动和营销研究中受益⑤。

随着人们对更深入地了解消费者行为越来越感兴趣,神经营销学成为学者们研究的热点。神经营销学应用于各种营销研究领域,即产品吸引力、广告效果、品牌知名度、品牌忠诚度、标志和媒体选择。可口可乐、达美航空、雅诗兰黛、谷歌、麦当劳、嘉士伯啤酒、微软、宝洁和雅虎等品牌都是使用神经科学方法进行市场研究的全球公司。神经营销正在成为全世界广泛使用的工具,原因有二:首先,神经影像技术可能比其他经典营销方法更快、更便宜。其次,营销人员可以获得传统营销技术无法获得的机密信息。神经营销学的另一个重要特征是营销人员可以在产品与客户见面之前使用它。换句话说,神经营销技术可以用于早期产品设计。神经营销学作为一门将神经科学方法应用于营销的新兴学科,它引发了越来越多

---

① FANG M L,CANHAM S L,BATTERSBY L,et al.Exploring privilege in the digital divide:implications for theory,policy,and practice[J].The Gerontologist,2019,59(1):e1-e15.

② MASHRUR F R, RAHMAN K M, MIYA M T I, et al. BCI-Based Consumers' Choice Prediction From EEG Signals: An Intelligent Neuromarketing Framework[J].Frontiers in human neuroscience,2022,16:861270.

③ ALVINO L,PAVONE L,ABHISHTA A,et al.Picking your brains:Where and how neuroscience tools can enhance marketing research[J].Frontiers in Neuroscience,2020,14:577666.

④ SMIDTS A.Kijken in het brein:Over de mogelijkheden van neuromarketing[M].Netherlands:Erasmus University Rotterdam, 2002.

⑤ ALSHARIF A H,SALLEH N Z M,HASHEM E A R,et al.Exploring Factors Influencing Neuromarketing Implementation in Malaysian Universities:Barriers and Enablers[J].Sustainability,2023,15(5):4603.

的兴趣，因为它可以提供直接探测消费者思想的有效方法，而不要求认知或有意识地参与①。纵观医学文献，有很多神经营销技术，即fMRI（功能磁共振成像）、EEG（脑电图）、MEG（脑磁图）、TMS（经颅磁刺激）、PET（正电子发射断层扫描）、心电图和肌电图，以及眼球追踪、皮肤电反应和瞳孔扩张、脸红、眨眼、心跳或呼吸的分析。fMRI、EEG、MEG和TMS被定义为医疗诊断设备，被认为是最常用的神经营销技术②。

神经营销学通过使用各种大脑成像和眼球追踪方法来测量对营销刺激的反应，而不诉诸消费者陈述，从而使营销过程更加有效。它测量并数字化精神状态、变化、第一效应、注意力水平、信息回忆水平以及给定刺激引起的情绪的性质。这些参数的一个例子是衡量消费者在购物期间对货架的注意力、消费者害怕什么、喜欢什么以及可见广告或图像的哪些部分留在他们的脑海中。市场上需要多种需求的产品和服务，这使人们的决策过程变得困难。营销人员的目标是简化和加速采购，以使其产品和服务更受欢迎。因此，必须按照客户的想法行事，才能达到公司的目标，神经营销学的出现就是为了回答这些问题③。

首先，近年来经济的竞争力不断增强，产品创新有助于经济增长，鼓励差异化，并为公司创造可持续的竞争优势。可持续营销，也称为绿色营销，是一种企业针对社会和环境资源的营销技术。可持续产品及其营销对于发展更可持续的消费模式和解决社会生态问题发挥了至关重要的作用。企业管理者可以采用神经科学技术进行可持续产品开发和营销决策，可以有助于提高可持续产品开发的准确性，以及改进人体工程学、决策和可持续发展流程④。

其次，目前万物互联（IoE）给行业带来了许多新的机遇，并引起了诸多研究学者的关注，同样万物互联也可以增强神经营销技术的能力。IoE，特别是物联网（IoT）设备是一个由相互关联的计算设备、机械和数字机器、对象、人员和具有唯一标识符（UID）的通信协议组成的系统。它可以通过网络传输数据，而不需要人与人或人与计算机的交互。因此，IoE不仅为传感器和设备提供了在智能环境中进行通信的平台，还促进了设备、操作系统和人员之间的信息共享。IoE的发展催生了许多小型便携式设备，可以用来监测用户对广告内容的情绪和反应。这些设备可以测量心率、压力、皮肤电导率或眼球运动等参数，以帮助研究人员检测人类行为。因此，通过利用万物互联（IoE）设施，神经营销技术将比其他方法更有效地确定消费者的行为和意图⑤。

最后，在互联网+时代背景下，由消费升级、数字化技术变革等多重因素的驱动。新零售

---

① HA J，CHOI K M，IM C H.Feasibility of Using Electrooculography-Based Eye-Trackers for Neuromarketing Applications[J].IEEE Transactions on Instrumentation and Measurement，2022，71：1-10.

② DURSUN M，GOKER N.A 2-tuple integrated DEA-based approach for neuromarketing technology evaluation[J].Kybernetes，2019，48(5)：949-966.

③ AHMED R R，STREIMIKIENE D，CHANNAR Z A，et al.The Neuromarketing Concept in Artificial Neural Networks：A Case of Forecasting and Simulation from the Advertising Industry[J].Sustainability，2022，14(14)：8546.

④ NILASHI M，YADEGARIDEHKORDI E，SAMAD S，et al.Decision to adopt neuromarketing techniques for sustainable product marketing：a fuzzy decision-making approach[J].Symmetry，2020，12(2)：305.

⑤ TIRANDAZI P，BAMAKAN S M H，TOGHROLJERDI A.A review of studies on internet of everything as an enabler of neuromarketing methods and techniques[J].The Journal of Supercomputing，2023，79(7)：7835-7876.

概念的提出，推动通过大数据、人工智能等技术，将线上、线下和物流三者深度融合，实现消费者全方位无障碍的购物体验。例如，无人超市、智能试衣镜、线上线下融合的购物体验等。其中，新零售和元宇宙可以提供一个全新的运营与营销平台，是未来新零售场景的发展方向，可以提升消费者的购物体验，同时为商家提供更多元化的营销手段，甚至新零售企业可以利用元宇宙建立虚拟社区，消费者可以在其中交流购物心得，分享购物体验，增强消费者的社交体验和黏性，拉近与消费者的距离，同时为商家提供大量用户数据，助力精准营销。商家还可以通过元宇宙实现虚拟的供应链管理，加强对供应链的现实控制，提供更富有个性化及沉浸感的购物体验。但是，新零售场景具体会对消费者产生怎样的影响，是否会吸引到消费者，进而促使消费者购买产品，这些均需要进一步的探索。

零售店的内部环境，是决定顾客购买决策的因素的一部分。一般来说，顾客的最终购买决定不仅受到商品成本的影响，还受到营销推广手段和商品视觉效果的影响以及店内环境等。因此，有必要根据顾客对真实商店环境中这些营销促销活动的有效性和效率的反馈不断收集事实信息。营销研究发展的最新趋势要求广泛使用基于传统技术之外的新技术的研究方法来进行店内研究。因此，可以使用基于神经营销技术的方法来确定影响杂货店顾客视觉注意力和情绪的因素，为制订有效的营销策略并激发顾客的兴趣和情感帮助提高他们的购买动机，从而增加商店的销售额和利润①。因此，为了促进新零售的发展，可以使用神经营销工具来研究元宇宙等新零售场景对消费者大脑产生的潜意识行为，进而对新零售场景进行布局和优化。

8.3 理论与实践结合（案例）

8.3.1 数字化：综合提升企业经营能力

新希望集团创办于 1982 年，是中国农业产业化国家级重点龙头企业、中国最大的饲料生产企业、中国最大的农牧企业之一，拥有中国最大的农牧产业集群，是中国农牧业企业的领军者。集团以“为耕者谋利、为食者造福”为经营理念，致力于打造世界级的农牧企业。2023 年 6 月，新希望集团以 414.26 亿美元的营业收入位列《财富》世界五百强第 363 名。面对成本浪费、损耗高、效率低下等冷链行业难题，新希望先是用投资并购的方式，打通了各地冷链网；随后用数字化的方式推动内部管理、业务流转的效率提升，并利用数字化的能力，重新设计物流、资金流以及订单流，让整个流通环节的周转率更高、成本更低。

在冷链物流行业，受过去传统的上游多级分销体系的制约，冷链物流企业无法建立覆盖全国的物流网络，这也让成本浪费、损耗高、效率低下等问题，成为生鲜流通领域长期存在的行业痼疾。相关数据显示，国内因冷链流通率低导致的高腐损，因周转效率低而导致的供需

---

① GONCHIGJAV B.Results of neuromarketing study of visual attention and emotions of buyers in retail store environment[J]. Proceedings of the Mongolian Academy of Sciences，2020：52-64.

错配和因物流和仓储效率低下而导致的资源无效占用等，造成了肉类食材流通成本浪费率高达35%，在蔬果类食材中，这一比例甚至高达55%~60%。新希望集团旗下“鲜生活冷链”前后投入了4亿元，自主培养并打造了一支近400人规模的IT团队，开发了两个全新的科技平台：智慧物流平台“运荔枝”和智慧商流平台“集鲜”。

首先，“运荔枝”要把“地图”完整地在线化。它连接了超过16万台车辆、1 000万平米仓库、14 700条干线，掌握了300多亿条的肉、蛋奶、果蔬等食材流通信息，并将这些数据部分储存在云计算上。在这张“地图”上，通过云大数据计算的“导航”系统，利用大量透明、可视的司机、货源、仓库等数据信息，一方面帮助司机拿到更多的订单、降低时间成本，另一方面也提高了市场上大量低温生鲜仓的利用率。现在，这张“地图”已经覆盖全国31省、超2 800多个区县，服务网点超60万个。调度时效也从4小时缩短到了10分钟，司机的平均油耗降低了8%，库存周转天数下降了20%。

而“集鲜”为这张“地图”补充了终端的信息，向下游商家提供智慧团餐、智慧订存、食材溯源、智慧代采等数字化业务，甚至可以清楚地看到产品的流向和富集程度，帮助品牌商打造爆品，或者提前降低损失。目前，“集鲜”服务的连锁商家已经超过500个，包括海底捞、汉堡王、喜茶等。通过这张地图，连锁商家相当于获得了一个最低成本的商品导航规划，可以实现最短距离或最短时间的“导航”。在“地图”和“导航”的加持下，2022年，“鲜生活冷链”实现了120亿元的营收。

8.3.2 新技术：“数字教师”创造更多就业与成长机会①

创立于2003年的中公教育，时至今日已经发展成为1 000多个各地分校、超5 000位专职师资，教育业务的“三驾马车”是教培图书、面授培训、在线课程，培训内容从公务员考试培训到教师类考试、金融财会类考试、医学资格类考试、法律类考试、社区考试、考研、成人高考、MBA/MPA考试培训，以及IT、人力资源、心理咨询、出国留学等职业技能提升相关培训。

当基于大模型的AIGC技术刚崭露头角时，中公网校在业内率先开启了教育产品革新，加速推动降本增效。对于教育机构，师资是最大的核心资产，也是最大的成本支出，中公网校采用“双师课堂模式”给万名学员上网课，分配最好的教师在线上讲解核心内容，当地教师进行线下面授与辅导，能够部分缓解全国市场对“名师”的供需矛盾。但这也带来了新的问题，名师授课需求旺盛挤占教研时间，名师无法有针对性地满足每一位学员的个性化需求，以及名师离职风险。因此，中公网校与商汤科技经过数月的联合研发，上线首款人工智能课程——“AI系统班”，并发布虚拟数字讲师“小鹿”授课。

基于商汤“如影”数字人与“商量”语言大模型技术，中公网校通过AI技术分析优秀师资的教学过程，针对性训练虚拟数字人，模拟他们的教学方法和风格，并通过数字化方式还原真实的教学场景，使得虚拟数字人能为学员提供高质量的学习课程。在教学过程中，虚拟数字讲师“小鹿”能依托专业的内容知识库，分析学员的学习数据，实现与学员的教学互动，

① 案例来源：大模型测试验证与协同创新中心等，大模型落地应用案例集（2023），有改动。

为他们提供实时的反馈和建议,帮助他们更好地理解和掌握知识,提升学习效率。

第一,与人类讲师上万人大课不同,"小鹿"老师是"因材施教"。AI 数智班是首个面向成人就业培训教育产品,不仅注重从业知识的传授,更加注重个人能力的培养和就业指导。从每个人的具体情况出发,人工智能"以点打面"能够为学员提供精准的职业规划和个性化的学习路径,帮助每个学员在将来的职场中建立起独特的竞争优势。

第二,"小鹿"老师拥有清新活泼、知性气质的亲切形象,作为"高颜值名师",让学员的学习交互过程更加生动有趣,与年轻学员们建立起师生情感纽带。

第三,"AI 系统班"让教师与广大学员"先人一步"掌握数字生产力技能。一方面,中公教研团队逐步学习使用 AIGC 技术生产逐字稿课件内容,按照教学步骤将讲义逻辑、数字人视频、声音、板书、PPT 编排一致,并根据授课经验反复优化打磨,严格把控质量。另一方面,AI 系统班课程紧扣当前数字经济的发展趋势,让年轻学员学习使用 AI 技术与 AI 工具的应用实践,培养独树一帜的新型生产力人才。

面向教育培训机构,"数字人+大模型"的融合应用将持续探索"AI+内容"生产新范式。借助大数据技术深入分析学员的学习数据与需求,重构培训教学内容,并依托 AI 智能技术提升教学效率和学习工具智能化,在就业培训领域实现了教研内容"场景化"的突破,打破了传统培训模式的瓶颈。教育培训机构可以结合多年教学沉淀和研发积累,推出"AI 系统班",致力于让每位学员都能以低成本触及最优质的教育资源,构筑起教培行业独有的"数字人即服务"模式、知识工程学习资产,利用 AI 大模型技术力量,不断反哺教育营销、教学、服务,更好地驱动业务发展。同时也依托人工智能技术,向就业培训市场输出更多低价优质内容,助力就业培训普及化,满足更多就业人群的学习需求。

8.3.3 新场景:数字技术助推智慧农业发展

巴楚县地处天山南麓、塔里木盆地和塔克拉玛干沙漠西北边缘,是喀什地区的"东大门"。2022 年,巴楚县耕种面积 201 万亩,其中棉花种植面积 132 万亩,是重要棉花优势生产区。目前,已初步形成从棉花选种育种、规模化种植、籽棉加工、纺纱、织布、服装服饰加工、交易储运的全产业链。

2023 年,巴楚县继续加大数字农业方面的投入,以强化数字农业管理为重点,积极推进数字乡村建设发展。

1)"八配套"建设高标准农田

巴楚县通过平整土地、高效节水,配套建设林网、渠系、智慧农业、盐碱地改良等多种方式建设高标准农田"八配套",已建成高标准农田 97.5 万亩。推广机采棉种植模式,棉花实现 100%精量播种,水肥一体化实现全覆盖;积极推广北斗导航无人播种、无人机植保,种植机采棉 99 万亩,耕种收综合机械化率达 94.27%。推广智慧农业 4 万亩,卫星遥感数据应用 4 万亩。

2)"三图合一"平台助力智慧农业发展

巴楚县建设"三图合一"大数据平台,完成国有土地、农村集体土地、三十年承包地地块

信息和渠系、机井等水利工程矢量化上图入库工作。一是摸清全县耕地利用情况，掌握基本农田、一般耕地、撂荒地、盐渍化程度较高的耕地情况，解决撂荒地盐碱地再利用的问题。二是摸清全县耕地种植数据及土地流转情况，掌握国有土地、村集体土地、三十年承包地的情况，解决土地流转不规范和种植底数不精准的问题。三是摸清全县高标准农田及高效节水的情况，掌握基本农田和高标准农田建设情况，解决下一步高标准农田建设、高标准农田提质增效底数不清的问题。四是摸清全县水资源和水系配套的情况，掌握渠系、闸口、机井位置和数据，解决水资源配置不合理问题。

下一步巴楚县将从建设现代农业展示中心和建设智慧农业基地方面继续推动数字农业发展。

(1)建造巴楚县现代农业展示中心

建设1 200平方米的现代化农业园区展示中心，面向农业管理者、生产者、经营者、消费者，提供农业领域数据查询、研究成果、数据共享和产业指导；为农民提供农产品市场价格等农业大数据发布服务、惠农政务现场办理服务、农技推广服务、农业信息化培训服务、产权交易服务、农产品电商线上线下体验服务。

(2)建设智慧农业基地

实施巴楚县智慧农业5万亩，对5万亩高标准农田核心区进行数字化改造和提升，建设以节水灌溉、遥感监测、决策预警等一批围绕数字农业管理的应用系统，推动产业数据汇总集成和开放共享，探索产业数字化转型路径，为喀什地区棉花产业发展提供可复制可推广的经验模式。

(3)搭建农业大数据平台

依托5万亩智慧农业基地，建设巴楚县农业大数据平台，形成监测与分析系统、物联网监测系统、可视化平台，汇集整个农业种植生产管理的数据，有效改善巴楚县特色农作物种植技术管理水平，提升农作物管理的智能化和智慧化程度。

8.3.4 新模式：C2M中国制造的数字化转型

京东是C2M模式的重要开拓者。早在2013年，京东通过“JD Phone计划”试水反向定制，打造了诸如“游戏手机”“长辈智能机”等一系列新兴品类，得到了市场与用户的认可。2018年1月，京东自有品牌“京东京造”上线，标志着京东C2M正式展开。2019年，京东建立了“京东C2M智造平台”，启动C2M个性化定制服务，提出以用户数据为基础，通过行业、市场、商品、价格、人群、营销的六维视角对数据进行交叉分析，识别潜在的细分市场、挖掘消费者关注点、洞察产品卖点，解决厂家与消费者之间信息不对称的问题。

经过多年的探索与发展，京东C2M智造平台作为京东自主研发的C2M智能反向供应链平台，已经形成了趋势洞察—创意设计—仿真测试—智能生产—试用众筹—新品首发—柔性供给—智能履约的全链路方法论与最佳实践。

2020年，京东发布“C2M智能工厂”计划，致力于打造一个需求转换平台，可以将需求端的需求，转换为制造端可设计、可追溯、可量化、可定价的生产元素，从而连接M端的研发、管理、生产、运维和服务全流程。京东“C2M 智能工厂”的出现，彻底打破了制造业“天然存在”的供需差距，改变了以往的工业价值链模式。与此同时，作为与数字化社会供应链相配套的 C2M 工厂，京东“C2M 智能工厂”，覆盖从需求分析、研发设计、采购供应链、生产制造、质量管理、仓储物流到销售服务全流程的若干个细分环节，能够进一步服务中国制造的智能化转型。

京东 C2M 模式的快速发展为合作伙伴创造了更多的价值。凭借 C2M 模式，京东可以为品牌合作伙伴提供全方位、系统化、智能化的大数据解决方案。2020 年“6.18”期间，京东智联云携手格力打造了业界首款智能化的 C2M 反向定制冰箱。在定制过程中，首先一端基于商品评论和公开脱敏数据进行用户画像的模拟，并收集用户喜好和市场趋势，另一端模拟冰箱的颜色、电量容积等几百个属性。然后通过模拟网络，实时获取用户最可能的反馈，并针对目标消费者的人群进行目标产品参数的迭代，从而找到理论上最受市场欢迎的爆款产品，并以此进行生产、排产、决策优化等。基于京东的 C2M 平台，这款冰箱新品上市的周期缩短 83%以上，极大地节约了各项成本，在保证商品质量的同时也帮助消费者降低了价格。据相关统计，在京东技术能力支撑下，新品上市的周期缩短了 80%以上。

负责京东 C2M 智造平台的京东零售集团——智能供应链 Y 业务部在 2023 年底统计的数据显示：从 2023 年下半年开始，与品牌沟通过的 C2M 新品差不多接近一百个 SKU，在一百个 SKU 中有 10%的新品销售额直接排到了品牌的 TOP1，排到品牌 TOP3、TOP5 也有很高的占比，在半年时间内销售额超过千万级的爆品有二三十个。在 C2M 能力的沉淀与迭代下，京东已成为爆款的聚集地。

在 C2M 模式发展的过程中，阿里巴巴、拼多多等电商平台，海尔等制造型企业都有积极参与。但京东走出了自己的差异化道路，取得了令人瞩目的成就。在发展 C2M 的过程中京东主要抓住了“准”和“快”两部分。

首先，是对需求的精准洞察。一方面，相较于制造型企业，京东更加靠近用户，在电商发展中积累了大量消费者数据，可以更快地用数据能力捕捉趋势。另一方面，为了解决由于完全基于数据而存在的伪需求、伪趋势，京东 C2M 将数据与一线京东采销的经验相结合，并利用仿真测试等工具，降低品牌的试错成本。

例如，京东和九阳的 C2M 的合作。从 2020 年至 2023 年，短短三年间，双方累计合作的 C2M 共创项目超过 100 个，涵盖九阳小家电的 23 个品类，孵化出的新品、爆款超过 40 个。其中，最典型的是九阳某款爆品免手洗破壁机，京东先是从大量数据中敏锐地发现很多用户在使用破壁机的过程中存在“难清洗”“易发霉”等吐槽，然后将这些痛点输出给九阳，双方共创了一款可以让用户解放双手的破壁机产品。而在数据分析过后，为了更快地验证“免手洗”是不是一个伪需求，京东利用仿真测试，将这一产品卖点小范围地定向投放给目标用户，搜集真实的用户反馈后，品牌商再决定是否展开大规模生产。在这一过程中不仅降低了品牌商的试错成本，还能提前让用户参与品牌互动，激发购买兴趣，相当于进行了一次小范围的产品营销。类似的仿真测试渗透在京东和九阳的多次合作中，除产品卖点外，价格、外观等都可以作为关注点进行仿真测试，这在无形中帮助品牌商明确了产品创新方向。目前，两者共同打造的爆品中不仅有空气炸锅、豆浆机这样的成熟品类，也有电动面条机等小众品类。

其次，是对趋势的快速把握。一方面，作为电商平台，京东对品类的理解足够深，善于对数据进行分析，敏锐地抓到细分领域的消费趋势。另一方面，京东善于抓取信息，对品类的创新更有格局，可以做到定义一个细分品类，放大其趋势，建立新生态。京东内部曾做过一个统计，基于 C2M 模式，他们帮助品牌将产品的需求调研时间减少了 80%，新品上市周期缩短了 70%。2022 年 5 月，京东洞察到电商平台内的高品质用户对极致高清高刷的游戏投影有着十分旺盛的需求，率先在行业内提出了“游戏投影”这一概念。同年 11 月，联合国内产业链上下游的多家企业，共同推出《游戏投影仪技术规范》，对游戏投影仪进行精准定义，尤其对产品在光输出、分辨率、接口等核心参数指标上作出了详细的要求。随着“游戏投影”这一细分领域的发展，海信旗下的年轻互联网潮牌 Vidda 也顺应趋势，与京东联合推出一款更高端更贴近年轻人的万元级激光投影爆品——Vidda C1 Pro，该产品在 2023 年“6.18”开售当日 10 分钟售罄，当月便入选京东高端投影机榜单 TOP1。

作为最早布局 C2M 的企业之一，京东凭借其长链条、高价值的消费大数据，依托先进算法建立起了从用户洞察、到选品、定价、采购、履约、预测等贯通供应链各个环节的核心技术和触达能力，为京东开启 C2M 新模式奠定了坚实的基础。作为一家数实融合的“新型实体企业”，京东的 C2M 模式也将产生更大的影响力。围绕 C2M 模式，京东将利用自身优势与众多品牌商合作创造更多价值，打造一个开放共赢的生态，为推动中国制造业数字化转型，提升行业的竞争力，助力实体经济发展贡献一份力量。

8.4　未来展望

8.4.1　新技术发展趋势

未来数字社会的根基是融合的“算网”基础设施及智能化服务体系。高效的数字基础设施对未来电子商务发展支撑的目标就是，网络无所不达、算力无所不在、智能无所不及。

“连接”是互联网最核心的特征。面向 2030（6G），随着全息通信、元宇宙等新业务的发展，预计业务对于连接的需求相比目前（5G）仍将增长 1～2 个数量级。其中，带宽峰值速率将达到 1 Tbit/s（50 倍），用户体验速率达 20 Gbit/s（200 倍），时延可低至 0.5 ms（8 倍），连接密度达到 100 pcs/m^2（100 倍）。

“算力”在数字社会已成为像水电煤一样的基本设施。根据 IDC & 浪潮信息 & 清华全球产业院的评估，计算力指数平均每提高 1 个点，数字经济和 GDP 将分别增长 3.6‰和 1.7‰。算力是实现其他技术需求的关键要素。比如，通信容量的提升需要有各种编解码计算；视频领域的 AR/VR、全息等业务，需要视频编解码、图像渲染、动画生成等高计算量的技术；近十多年来广泛应用的人工智能技术对算力的需求是前所未有的。

随着近十多年深度神经网络算法的突破，人工智能技术不断拓展应用的深度和广度，已经成为人类社会从数字化向智能化迈进的强大引擎。数字化的前提是用数学模型表示物理世界，数学建模是算法和软件的基础。而人工智能技术突破之前，现实世界有大量的复杂系统无法用数学模型表示。深度神经网络技术的本质，是用简单神经元节点的大规模互联来逼近各类复杂系统的数学模型（比如，人类认知系统或者高度非线性的物理系统），极大拓展了数字化的应用广度和深度。从物理层链路的非线性补偿，到网络层资源的智能化调度，再到应用层的视频处理、人机交互、安全态势感知、自动驾驶等。智能成为最为关键的数字化基础技术之一。

在数据洪流对端、边、云的冲击之下，连接、算力、智能这三者相辅相成，体现出更加紧密的关系和更加模糊的边界，以实现海量数据的存储、交换和处理的全局效益最优。连接、算力、智能也是实现其他技术需求的关键要素。比如，安全技术需求，最基本的技术就是各种加密解密算法和计算部件；可靠性需求的技术基础是器件、组件、系统的失效期计算，以及各种系统冗余、网络冗余的算法。

从 Gartner 官网公布的“2023 新兴技术成熟度曲线”中不难看出，新兴 AI 相关技术、影响开发者体验的关键技术、普适云计算的关键技术以及以人为本的安全和隐私技术等将在未来 2~10 年内对商业及社会产生显著影响，同时也必将驱动电子商务应用朝着多样化和智慧化的方向发展。

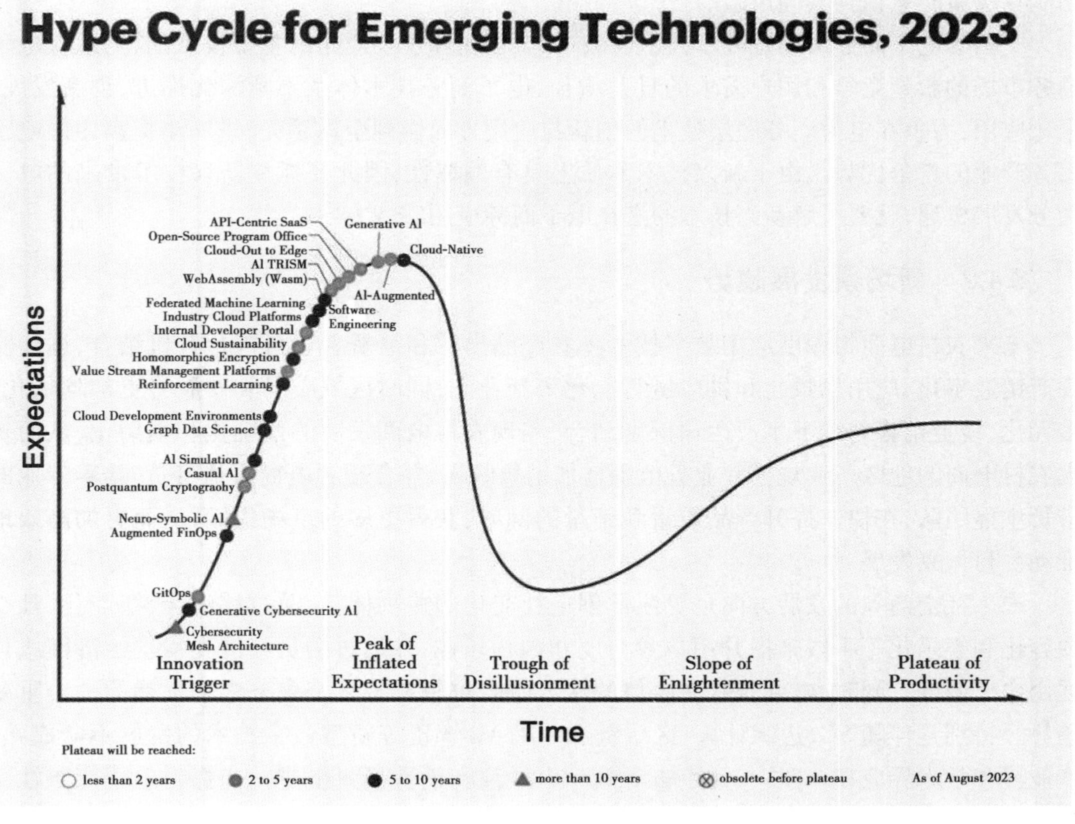

图 8-12　2023 新兴技术曲线①

① Source：Gartner Website.

新兴 AI 相关技术:这些技术为可持续差异化和提高员工生产力提供了机会。虽然生成式 AI 具有实现竞争优势的巨大潜力,但其他几种新兴人工智能技术也具有增强数字客户体验、做出更好的业务决策并在竞争对手中脱颖而出的巨大潜力。

影响开发者体验的关键技术:是指开发者与其开发和交付软件产品与服务时所使用的工具、平台和流程及合作人员之间的所有交互。提升开发者体验不仅是大多数企业的数字行动计划取得成功的关键,而且对于吸引和留住顶尖工程人才、保持团队高昂士气以及确保工作的激励性与回报性同样至关重要。

普适云计算的关键技术:云计算将从一个技术创新平台变成一个普适平台并成为推动业务创新的重要驱动力。为实现这种普适性,云计算将变得更加分散化并主要在垂直行业发力。若想实现云投资的价值最大化,就需要实现运营扩展的自动化、使用云原生平台工具并进行充分的治理。

以人为本的安全和隐私技术:人的因素仍是造成安全事件和数据泄露的主要原因。企业机构可以落实以人为本的安全和隐私计划,将安全和隐私要素置入企业机构的数字化设计中,从而增强抗风险能力。企业正利用许多新兴技术,打造各团队相互信任的文化,使各团队在决策时意识到共同风险。

中国的电子商务市场正处于技术突破、融合创新和规模应用的重要发展期,为适应电子商务市场的激烈竞争和用户需求的日益增长,电子商务技术体系不断深化推进、创新发展、强化应用,力争在电子商务底层技术的创新与应用方面做到全球领先,进一步提高中国电子商务产业的竞争优势。由于新兴技术本质上具有颠覆性,因此要抓住新兴技术带来的电子商务发展机遇,就要了解新兴技术的潜在电子商务应用实践方向。

8.4.2　新场景发展趋势

未来农村电商将深度应用数字技术将农产品出村和消费者进村进行有机结合,逐步实现产销数字化、应用场景化和供应链智能化等新业态;同时区域布局和发展将更加均衡化、多元化,线上销售与线下生产运输深度结合,实现农村电商发展的系统化和集约化,从而扩大农村电商的地区产业规模和业务范围增加销售收入,并合理利电商直播带货,培养专业的带货主播团队,在快速提升产品质量和销量的同时,获得更多的市场份额,从而更加高效地推动乡村振兴发展。

未来社交商务的发展方向是更注重创造社交化的购物体验,通过移动化、智能化、社交内容化和娱乐化等手段来提升用户参与度和购物乐趣,并通过会员经济和粉丝经济模式加强用户忠诚度。同时,电商与社交媒体的深入融合也将成为社交商务未来发展的一个重要趋势。特别是伴随 5G、边缘计算、区块链和 VR/AR/MR 等新型数字技术的发展不断成熟,产业界和学术界应在车联网、元宇宙等新型电子商务消费场景下进一步探讨电子商务社交应用,在新电子商务消费场景下创新社交商务模式,从而开启新一轮的零售革命。

未来直播电商的发展应注重数字技术的赋能,将直播电商与元宇宙结合起来,克服现有在线购物的局限性,赋予商品更丰富的意义和更多元化的消费场景,创造更具传播力的内容，消费者可以在虚拟世界中观看和感受品牌并体验产品的功能，从而增强购买体验①。随着数字化进程的加快，各行各业的数字化程度越来越高，用户的衣食住行、娱乐购物有很大比例通过网络进行，用户的需求也越来越个性化、定制化，这就要求直播电商企业可以提供个性化、定制化的服务，可以利用大数据、人工智能等新技术对用户进行精准的画像，进而实现产品和服务与用户个性化需求的智能匹配②。最后，政府和监管部门要加强立法，完善直播行业的法律法规，同时可以利用数字技术完善监管手段，将行政手段与 AI、区块链等技术手段相结合，提高监管效率，从根源上解决直播电商行为不规范的问题，促进互联网直播电商行业健康有序发展。未来或将通过利用数字化、可视化、人工智能等技术对直播电商的过程进行跟踪和分析，构建完善的物流网络和大数据、智能物流设施，满足消费者对物流配送的时效性要求。通过数字化管理对直播电商的物流、信息流、资金流进行计划、协调和控制，从而提高供应链的敏捷性③。

电子政务系统是数字化时代政府变革的重要组成部分。它通过信息技术的应用，实现了政府与公民之间的互动和服务的优化。在未来，可以通过新技术赋能，推动电子政务一体化平台建设。鼓励将 5G、云计算、大数据、人工智能、区块链等新技术融入数字政府的管理功能和服务场景，推动服务的可及性、在线化、电子化，提升服务的数字化、精细化、智慧化水平，打造有丰富信息神经元的智慧政务联合体。同时充分利用人工智能、VR 等创新技术完善场景和模式，拓展和提升政务网、移动端、线下大厅、自助终端和其他虚拟场景的服务能效，融入智能和智慧服务，创新便民利企审批服务方式，提供更便利的应用场景。此外，电子政务系统将更加智能化、注重数据安全和隐私保护，并通过跨国合作实现更大的发展。电子政务系统将为建设数字化、智慧化的社会提供强有力的支持。

8.4.3 新消费模式发展趋势

电子商务的进一步发展将在未来深入影响或变革我们当下的主流消费方式，通过数字技术的加持会进一步为消费者提供数字化的消费场景，数字化的消费保障以及数字化的消费体验，从而进一步融合实物消费体验在虚拟场景下的体验反馈，并在此基础上创新出新的消费模式，带动新一轮电子商务零售革命的发展。例如，食品工业作为稳经济、促民生、保就业的典型代表，零售食品质量的优良直接决定了电商零售产业的市场前景。而食品风味尤其是滋味和气味是影响消费者购买欲的决定性因素。因此，在未来可以利用元宇宙技术提升及调控食品风味，使食品风味数据虚拟化，将有望推动食品质量的提升，间接助力电商零售行业的快速、高效发展。随着食品风味领域数据量的不断增加，大数据数字化进程的加快，

---

① JEONG H, YI Y, KIM D. An innovative e-commerce platform incorporating metaverse to live commerce[J]. International Journal of Innovative Computing, Information and Control, 2022, 18(1): 221-229.

② ZHOU X. Research on the Development Prospect of E-Commerce Live Broadcast Based on SWOT Analysis[J]. Highlights in Business, Economics and Management, 2022, 2: 131-135.

③ FENG T, WANG X. Research on supply chain integration and optimization of live e-commerce[C]//Journal of Physics: Conference Series. IOP Publishing, 2021, 1827(1): 012212.

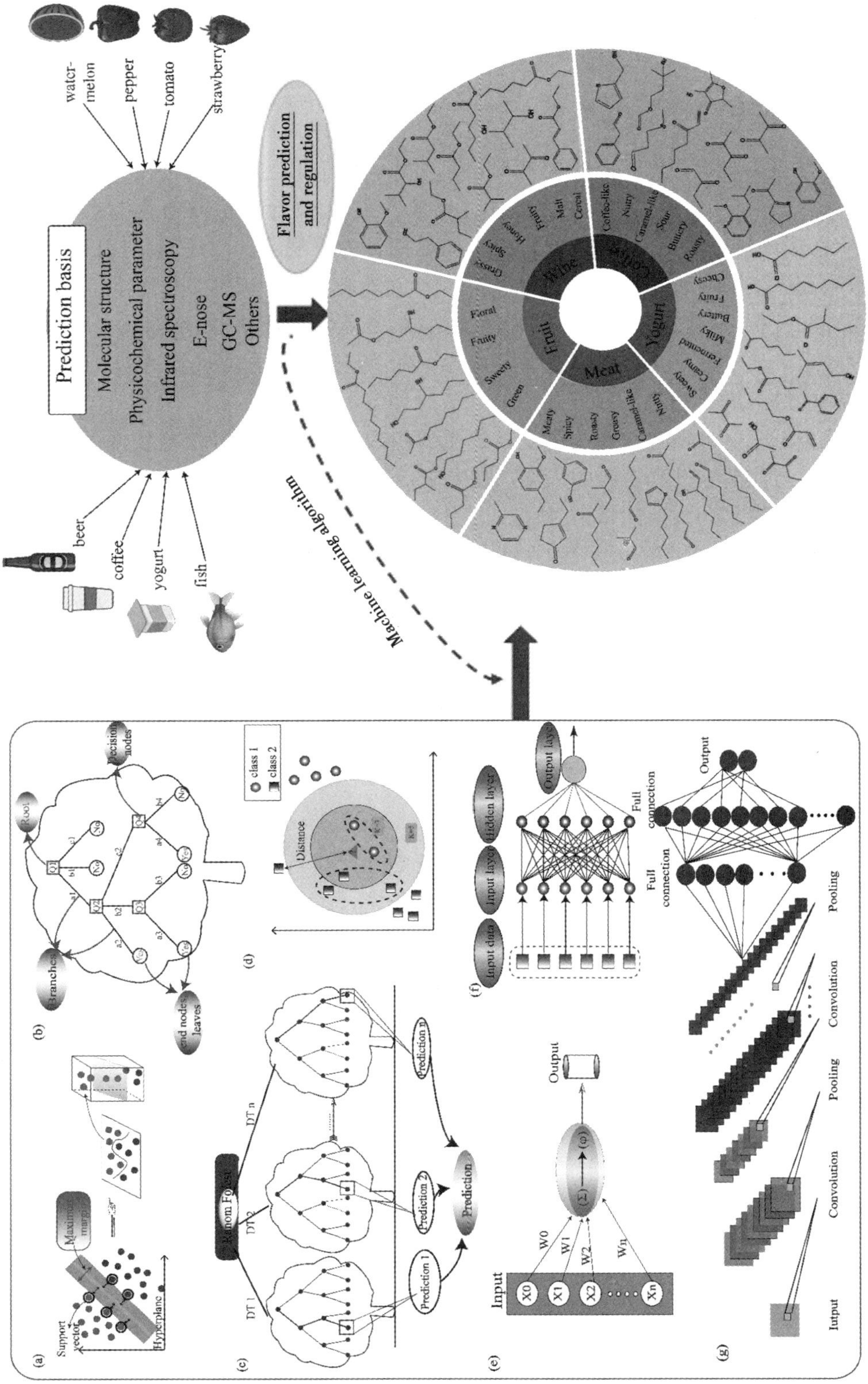

图 8-13 机器学习在食品预测与调控中的应用

以机器学习和深度学习为代表的人工智能技术在食品风味预测和调控中的应用潜力受到了极大的关注。机器学习在肉制品、水果、蔬菜、加工和发酵食品风味预测中表现良好①。研究报道食品风味预测和调控中常用的机器学习模型包括支持向量机、决策树、随机森林、k-近邻、极度学习机、人工神经网络和深度学习等,其中k-近邻在分类任务中表现良好,而支持向量机和随机森林在食品分类和回归任务中均表现较好。

机器学习可以基于分子结构、特性、从电子鼻、电子舌和气相色谱-质谱等仪器获得的大数据集作为输入预测食品风味,及基于代谢物和基因对食品风味进行调控②。其中,支持向量机结合传感器阵列可以用于预测牛肉风味属性,准确性可达90%,该研究为牛肉风味评价提供了快速检测系统,可作为潜在工具用于检测其他肉制品如猪肉、鸡肉和羊肉风味属性,以便于控制肉制品质量。研究结果也彰显了支持向量机在肉制品风味预测中的重要作用③。从机器学习在控制化学反应或化学合成中的应用中借鉴经验,可以指导合成渴望的风味物质,实现对食品风味的直接调控,提高食品质量,可间接引导食品电商零售产业高效发展。此外,通过元宇宙将人类触觉、肢体等器官与虚拟世界连接起来,使身体成功实现视觉、听觉、味觉、嗅觉和触觉的共享,让人能感受到虚拟物体的形状、纹理、重量、气味和滋味,从而构建起完整的感官生态系统和较为全面的感官体验。尤其将元宇宙应用于电商零售过程中的产品气味和滋味的感官体验,将直接助力食品电商零售产业的发展,开创电商零售行业的新篇章。完整的感官生态是视觉、听觉、触觉、味觉、嗅觉的综合发展,这些感官以不同的敏感性起作用,共同构建了对事物的整体感知。虚拟现实的出现,将人类的感官体验推进了一大步,它建立的虚拟超空间在原来视听觉的基础上增加了触觉,感官生态系统得到了进一步完善。但感官生态系统并不完善,技术条件的不成熟,使之无法建立全面的感官生态系统,只能提供有限的体验。

总之,随着食品风味大数据的不断增加,元宇宙在食品风味数据虚拟化的应用展现出强大的生命力,应从当下借鉴经验,创新未来食品风味,提升食品质量,增加虚拟味觉、嗅觉感知,促进元宇宙更好服务于电商零售,并促进电商零售产业高质量发展。

参考文献

[1] LEONOVA K.Necessity and possible consequences of digitalization of the Russian economy [J].Economy and business:theory and practice,2017(12):103-105.

[2] XU Y Z,XU L L.The Convergence between Digital Industrialization and Industrial Digitalization

① ZENG X Z,CAO R,XI Y,et al.Food flavor analysis 4.0:A cross-domain application of machine learning[J].Trends in Food Science & Technology,2023,138:116-125.

② JI H Z,PU D D,YAN W J,et al.Recent advances and application of machine learning in food flavor prediction and regulation [J].Trends in Food Science & Technology,2023,138:738-751.

③ WANG H M,WANG X D,LIU D Y,et al.Evaluation of beef flavor attribute based on sensor array in tandem with support vector machines[J].Journal of Food Measurement and Characterization,2019,13:2663-2671.

and Export Technology Complexity: Evidence from China [J]. Sustainability, 2023, 15 (11):9081.

[3] HANISCH M, GOLDSBY C M, FABIAN N E, et al. Digital governance: A conceptual framework and research agenda[J]. Journal of Business Research, 2023, 162: 113777.

[4] ZHU A Q, GUO S T, MA M F, et al. Computation Offloading for Workflow in Mobile Edge Computing Based on Deep Q-Learning[C]. The 28th Wireless and Optical Communication Conference(WOCC 2019). Beijing, China. IEEE, 2019: 1-5.

[5] TIANFIELD H. Towards edge-cloud computing[C]. 2018 IEEE International Conference on Big Data. Seattle, WA, USA. IEEE, 2018 4883-4885.

[6] SENYO P K, EFFAH J, ADDAE E. Preliminary insight into cloud computing adoption in a developing country[J]. Journal of Enterprise Information Management, 2016, 29(4): 505-524.

[7] SUN D W, CHANG G R, GAO S, et al. Modeling a dynamic data replication strategy to increase system availability in cloud computing environments[J]. Journal of Computer Science and Technology, 2012, 27(2): 256-272.

[8] TALEB T, SAMDANIS K, MADA B, et al. On Multi-Access Edge Computing: A Survey of the Emerging 5G Network Edge Cloud Architecture and Orchestration[J]. IEEE Communications Surveys & Tutorials, 2017, 19(3): 1657-1681.

[9] MITTAL S, NEGI N, CHAUHAN R. Integration Of Edge Computing With Cloud Computing [C]. International Conference On Emerging Trends In Computing And Communication Technologies, 2017: 241-246.

[10] KOBARI H, DU Z Y, WU C, et al. A Reinforcement Learning based Edge Cloud Collaboration [C]. International Conference on Information and Communication Technologies for Disaster Management(2021), Hangzhou, China, 2021: 26-29.

[11] ALWARAFY A, AL-THELAYA K A, ABDALLAH M, et al. A Survey on Security and Privacy Issues in Edge Computing-Assisted Internet of Things[J]. IEEE Internet of Things Journal, 2021, 8(6): 4004-4022.

[12] ALWAKEEL A M. An Overview of Fog Computing and Edge Computing Security and Privacy Issues[J]. Sensors 2021, 21(24): 8226.

[13] CHIH-LIN I, HAN S, XU Z, et al. 5G: Rethink mobile communications for 2020+[J]. Philosophical Transactions of the Royal Society A: Mathematical, Physical and Engineering Sciences, 2016, 374(2062): 20140432.

[14] RODRÍGUEZ L A, MARANTE R F R, MORALES R T A. Escenario urbano 5G en MATLAB, desarrollo y simulación[J]. Ingeniería Electrónica, Automática y Comunicaciones, 2022, 43(2): 62-75.

[15] SCHAFER J B, KONSTAN J, RIEDL J. Recommender systems in e-commerce[C]. In Proceedings of the 1st ACM conference on Electronic commerce(EC'99). Association for

Computing Machinery, New York, NY, USA: 158-166.

[16] MARÍN D, ROMERO E. Virtual microscopy systems: Analysis and perspectives[J]. Biomédica, 2011, 31(1): 144-155.

[17] CROCETTA T B, OLIVEIRA S R, LIZ C M, et al. Virtual and augmented reality technologies in human performance: a review[J]. Fisioterapia em Movimento, 2015, 28(4): 823-835.

[18] QUY V K, CHEHRI A, QUY N M, et al. Innovative Trends in the 6G Era: A Comprehensive Survey of Architecture, Applications, Technologies, and Challenges[J]. IEEE Access, 2023, 11: 39824-39844.

[19] MALIK U M, JAVED M A, ZEADALLY S, et al. Energy-efficient fog computing for 6G-enabled massive IoT: Recent trends and future opportunities[J]. IEEE Internet of Things Journal, 2022, 9(16): 14572-14594.

[20] HE Z H, SUI X M, JIN G F, et al. Progress in virtual reality and augmented reality based on holographic display[J]. Applied optics, 2019, 58(5): A74-A81.

[21] JEONG H, YI Y, KIM D. An innovative e-commerce platform incorporating metaverse to live commerce[J]. International Journal of Innovative Computing, Information and Control, 2022, 18(1): 221-229.

[22] NOFER M, GOMBER P, HINZ O, et al. Blockchain[J]. Business & Information Systems Engineering, 2017, 59(3): 183-187.

[23] TAHERDOOST H, MADANCHIAN M. Blockchain-Based E-Commerce: A Review on Applications and Challenges[J]. Electronics, 2023, 12(8): 1889.

[24] DUAN J, ZHANG C, GONG Y, et al. A content-analysis based literature review in blockchain adoption within food supply chain[J]. International journal of environmental research and public health, 2020, 17(5): 1784.

[25] BULSARA H P, VAGHELA P S. Blockchain technology for e-commerce industry[J]. International Journal of Advanced Science and Technology, 2020, 29(5): 3793-3798.

[26] WANG P, WU P, WANG J, et al. A critical review of theuse of virtual reality in construction engineering education and training[J]. International Journal of Environmental Research and Public Health, 2018, 15(6): 1-18.

[27] WU H C, AI C H, CHENG C C. Virtual reality experiences, attachment and experiential outcomes in tourism[J]. Tourism Review, 2019, 75(3): 481-495.

[28] AKÇAYIR M, AKÇAYIR G. Advantages and challenges associated with augmented reality for education: A systematic review of the literature[J]. Educational Research Review, 2017, 20: 1-11.

[29] BILLINGHURST M, CLARK A, LEE G. A survey of augmented reality[J]. Foundations and Trends in Human-Computer Interaction, 2014, 8(213): A1-206.

[30] KUMARI S, POLKE N. Implementation Issues of Augmented Reality and Virtual Reality: A Survey[C]. International Conference on Intelligent Data Communication Technologies and

Internet of Things(ICICI),2018:853-861.

[31] WANG X Y, DUNSTON P S. Comparative Effectiveness of Mixed Reality-Based Virtual Environments in Collaborative Design [C]. in IEEE Transactions on Systems, Man, and Cybernetics, Part C(Applications and Reviews),2011:284-296.

[32] SPEICHER M, HELL P, DAIBER F, et al. A virtual reality shopping experience using the apartment metaphor[C]. In Proceedings of the 2018 International Conference on Advanced Visual Interfaces(AVI'18),2018:1-9.

[33] SHAH R. Augmented Reality in E-Commerce: The New Era of Online Shopping [C]. Intelligent Sustainable Systems. Lecture Notes in Networks and Systems: Springer Nature Singapore,2023:775-783.

[34] DE SÁ M, CHURCHILL E. Mobile augmented reality: exploring design and prototyping techniques[C]. In Proceedings of the 14th international conference on Human-computer interaction with mobile devices and services (MobileHCI'12). Association for Computing Machinery, New York, NY, USA, 2012:221-230.

[35] MIRK D, HLAVACS H. Virtual Tourism with Drones: Experiments and Lag Compensation [C]. In Proceedings of the First Workshop on Micro Aerial Vehicle Networks, Systems, and Applications for Civilian Use(DroNet'15). Association for Computing Machinery, New York, NY, USA, 45-50.

[36] HUHNS M N, STEPHENS L M, IVEZIC N. Automating supply-chain management[C]. In Proceedings of the first international joint conference on Autonomous agents and multiagent systems: part 3 (AAMAS'02). Association for Computing Machinery, New York, NY, USA, 2002:1017-1024.

[37] CHENG X S, BAO Y, ZARIFIS A, et al. Exploring consumers' response to text-based chatbots in e-commerce: the moderating role of task complexity and chatbot disclosure[J]. Internet Research,2022,32(2):496-517.

[38] JARAMILLO G E, QUIROZ J E, CARTAGENA C A, et al. Mobile augmented reality applications in daily environments[J]. Revista Eia,2010(14):125-134.

[39] SHI Z Z, ZHENG N N. Progress and challenge of artificial intelligence [J]. Journal of computer science and technology,2006,21(5):810-822.

[40] ELDRANDALY K A, ABDEL-BASSET M, IBRAHIM M, et al. Explainable and secure artificial intelligence: taxonomy, cases of study, learned lessons, challenges and future directions[J]. Enterprise Information Systems,2023,17(9):2098537.

[41] SAGHIRI A M, VAHIDIPOUR S M, JABBARPOUR M R, et al. A survey of artificial intelligence challenges: Analyzing the definitions, relationships, and evolutions [J]. Applied sciences,2022,12(8):4054.

[42] JAIN J. Artificial intelligence in the cyber security environment[J]. Artificial Intelligence and

Data Mining Approaches in Security Frameworks, 2021: 101-117.

[43] PAUL J, UENO A, DENNIS C. ChatGPT and consumers: Benefits, pitfalls and future research agenda[J]. International Journal of Consumer Studies, 2023, 47(4): 1213-1225.

[44] LIU J, PAN B, ZHANG X, et al. Mobile E-commerce information system based on industry cluster under edge computing[J]. Mobile Information Systems, 2021, 2021: 1-11.

[45] LI X X. Research on the development level of rural e-commerce in China based on analytic hierarchy and systematic clustering method[J]. Sustainability, 2022, 14(14): 8816.

[46] HUANG L J, HUANG Y, HUANG R Y, et al. Factors influencing returning migrants' entrepreneurship intentions for rural E-commerce: an empirical investigation in China[J]. Sustainability, 2022, 14(6): 3682.

[47] SUN F, LI J. Research on the Development Mechanism of Rural E-Commerce Based on Rooted Theory: A Co-Benefit-Oriented Perspective[J]. Sustainability, 2022, 14(20): 13242.

[48] LIU Y, ZHOU M. Can rural e-commerce narrow the urban-rural income gap? Evidence from coverage of Taobao villages in China[J]. China Agricultural Economic Review, 2023, 15(3): 580-603.

[49] QI J Q, ZHENG X Y, GUO H D. The formation of Taobao villages in China[J]. China economic review, 2019, 53: 106-127.

[50] WANG H, LI Y Y, LIN W F, et al. How does digital technology promote carbon emission reduction? Empirical evidence based on e-commerce pilot city policy in China[J]. Journal of Environmental Management, 2023, 325: 116524.

[51] HRUSTEK L. Sustainability driven by agriculture through digital transformation[J]. Sustainability, 2020, 12(20): 8596.

[52] ROLANDI S, BRUNORI G, BACCO M, et al. The digitalization of agriculture and rural areas: Towards a taxonomy of the impacts[J]. Sustainability, 2021, 13(9): 5172.

[53] LIN X L. Analysis of Agricultural Product Information Traceability and Customer Preference Based on Blockchain[J]. Wireless Communications and Mobile Computing, 2022, 2022: 1935233.

[54] XIONG Y. Personalized Marketing of Agricultural Products Based on Digital Economy Environment[J]. Academic Journal of Business & Management, 2022, 4(6): 36-40.

[55] PECH M, VRCHOTA J. The product customization process in relation to industry 4.0 and digitalization[J]. Processes, 2022, 10(3): 539.

[56] ALTARTURI H H M, NOR A R M, JAAFAR N I, et al. A bibliometric and content analysis of technological advancement applications in agricultural e-commerce[J]. Electronic Commerce Research, 2023: 1-44.

[57] ZHAO W J, HU F, WANG J, et al. A systematic literature review on social commerce: Assessing the past and guiding the future[J]. Electronic commerce research and

applications,2023,57:101219.

[58] SUN Y,SHAO X,LI X T,et al.How live streaming influences purchase intentions in social commerce:An IT affordance perspective[J].Electronic commerce research and applications, 2019,37:100886.

[59] LV J,WANG T,WANG H,et al.A SECPG model for purchase behavior analysis in social e-commerce environment [J]. International Journal of Communication Systems, 2020, 33 (6):e4149.

[60] LOVEYS K,SAGAR M,BILLINGHURST M,et al.Exploring empathy with digital humans [C]//2022 IEEE Conference on Virtual Reality and 3D User Interfaces Abstracts and Workshops(VRW).IEEE,2022:233-237.

[61] MOU J,BENYOUCEF M.Consumer behavior in social commerce:Results from a meta-analysis[J].Technological Forecasting and Social Change,2021,167:120734.

[62] SHI Y,LI X,WANG L H,et al.Precise Marketing Classification of Agricultural Products for E-Commerce Live Broadcast Platform Using Clustering[J].Mobile Information Systems,2022 (pt.16):1062938.1-1062938.8.

[63] ZHANG Q,YU Z W.Problems and countermeasures in the marketing of characteristic agricultural products in Langfang under the background of "Internet +"[J].Economic and Technical Cooperation Information,2018(8):2.

[64] HALLIKAINEN H,LAUKKANEN T.Trustworthiness in e-commerce:A replication study of competing measures[J].Journal of Business Research,2021,126:644-653.

[65] SHEN X D,CHEN X,JI R,et al.The new ecosystem of cross-border e-commerce among Korea,China and Japan based on blockchain[J].Journal of Korea Trade(JKT),2020,24 (5):87-105.

[66] GAO T.Study on the intention of foreign trade driven by cross-border E-commerce based on blockchain technology[J].Security and Communication Networks,2021,2021:1-10.

[67] LIU Z Y,LI Z P.A blockchain-based framework of cross-border e-commerce supply chain [J].International Journal of Information Management,2020,52:102059.

[68] ZANG S L,WANG L H,LI S Q.Application Research of Cross-Border Logistics Based on Cloud Distribution Model [J]. Discrete Dynamics in Nature and Society, 2022, 2022:7310757.

[69] WEIßHUHN S,HOBERG K.Designing smart replenishment systems:Internet-of-Things technology for vendor-managed inventory at end consumers [J]. European Journal of Operational Research,2021,295(3):949-964.

[70] PAUL S.Accessibility analysis using WCAG 2.1:evidence from Indian e-government websites[J].Universal access in the information society,2023,22(2):663-669.

[71] WEI L L.Intelligent analysis of e-government influence factors based on improved machine

learning[J].Neural Computing and Applications,2022,34(15):12241-12256.

[72] MALODIA S,DHIR A,MISHRA M,et al.Future of e-Government:An integrated conceptual framework[J].Technological Forecasting and Social Change,2021,173:121102.

[73] APRILIYANTI I D,KUSUMASARI B,PRAMUSINTO A,et al.Digital divide in ASEAN member states:analyzing the critical factors for successful e-government programs[J].Online Information Review,2021,45(2):440-460.

[74] LI G,ZHOU M,FENG Z,et al.Research on key influencing factors of e-government cloud service satisfaction[J].Wireless Personal Communications,2022,127(2):1117-1135.

[75] CHEN Y,LIU L,ZHANG X,et al.Use of Internet of Things to Improve E-government Public Services[J].Sensors and Materials,2023,35(6):1903-1917.

[76] ACHTENHAGEN L,MELIN L,NALDI L.Dynamics of Business Models-Strategizing,Critical Capabilities and Activities for Sustained Value Creation[J].Long Range Planning,2013,46(6):427-442.

[77] KHANAGHA S,AND H V,OSHRI I.Business model renewal and ambidexterity:structural alteration and strategy formation process during transition to a Cloud business model[J].R & D Management,2014,44(3),322-340.

[78] BUSTAMANTE J C,RUBIO N.Measuring customer experience in physical retail environments[J].Journal of Service Management,2017,28(5):884-913.

[79] WANG X,NG C T.New retail versus traditional retail in e-commerce:channel establishment,price competition,and consumer recognition[J].Annals of Operations Research,2020,291(1/2):921-937.

[80] HUANG N,YAN Z,YIN H.Effects of Online-Offline Service Integration on e-Healthcare Providers:A Quasi-Natural Experiment[J].Production and Operations Management,2021,30(8):2359-2378.

[81] AMATO F,MAZZEO A,MOSCATO V,et al.A Recommendation System for Browsing of Multimedia Collections in the Internet of Things[J].Internet of Things and Inter-cooperative Computational Technologies for Collective Intelligence,2013,460:391-411.

[82] RIAZ S,FATIMA M,KAMRAN M,et al.Opinion mining on large scale data using sentiment analysis and k-means clustering[J].Cluster Computing,2019,22:7149-7164.

[83] ZHANG H,LI D,JI Y,et al.Toward new retail:A benchmark dataset for smart unmanned vending machines[J].IEEE Transactions on Industrial informatics,2019,16(12):7722-7731.

[84] LORENZ R,BENNINGHAUS C,FRIEDLI T,et al.Digitization of manufacturing:the role of external search[J].International Journal of Operations & Production Management,2020,40(7/8):1129-1152.

[85] ARDOLINO M,RAPACCINI M,SACCANI N,et al.The role of digital technologies for the service transformation of industrial companies[J].International Journal of Production Research,2018,56(6):2116-2132.

[86] KAMALI SARAJI M, STREIMIKIENE D, KYRIAKOPOULOS G L. Fermatean fuzzy CRITIC-COPRAS method for evaluating the challenges to industry 4.0 adoption for a sustainable digital transformation[J]. Sustainability, 2021, 13(17): 9577.

[87] TURNER C, OYEKAN J. Personalised Production in the Age of Circular Additive Manufacturing [J]. Applied Sciences, 2023, 13(8): 49[illegible]2.

[88] WANG S C, MA J M, XUAN Z N, et al. Research on Full Link Operation of C2F Cross-Border E-Commerce Based on Global Value Chain Reconstruction[C]//Proceeding of the 5th International Conference on Financial Innovation and Economic Development (ICFIED 2020). Paric, France: Atlantis Press, 2020: 320-324.

[89] DWIVEDI Y K, HUGHES L, BAABDULLAH A M, et al. Metaverse beyond the hype: Multidisciplinary perspectives on emerging challenges, opportunities, and agenda for research, practice and policy[J]. International Journal of Information Management, 2022, 66: 102542.

[90] DWIVEDI Y K, HUGHES L, WANG Y C, et al. Metaverse marketing: How the metaverse will shape the future of consumer research and practice[J]. Psychology & Marketing, 2023, 40 (4): 750-776.

[91] BRANCA G, RESCINITI R, LOUREIRO S M C. Virtual is so real! Consumers' evaluation of product packaging in virtual reality[J]. Psychology & Marketing, 2023, 40(3): 596-609.

[92] RAMADAN Z. Marketing in the metaverse era: toward an integrative channel approach[J]. Virtual Reality, 2023, 27(3): 1905-1913.

[93] YANG Q, ZHAO Y, HUANG H, et al. Fusing blockchain and AI with metaverse: A survey [J]. IEEE Open Journal of the Computer Society, 2022, 3: 122-136.

[94] FANG M L, CANHAM S L, BATTERSBY L, et al. Exploring privilege in the digital divide: implications for theory, policy, and practice[J]. The Gerontologist, 2019, 59(1): e1-e15.

[95] MASHRUR F R, RAHMAN K M, MIYA M T I, et al. BCI-Based Consumers' Choice Prediction From EEG Signals: An Intelligent Neuromarketing Framework[J]. Frontiers in human neuroscience, 2022, 16: 861270

[96] ALVINO L, PAVONE L, ABHISHTA A, et al. Picking your brains: Where and how neuroscience tools can enhance marketing research[J]. Frontiers in Neuroscience, 2020, 14: 577666.

[97] SMIDTS A. Kijken in het brein: Over de mogelijkheden van neuromarketing[M]. Netherlands: Erasmus University Rotterdam, 2002.

[98] ALSHARIF A H, SALLEH N Z M, HASHEM E A R, et al. Exploring Factors Influencing Neuromarketing Implementation in Malaysian Universities: Barriers and Enablers[J]. Sustainability, 2023, 15(5): 4603.

[99] HA J, CHOI K M, IM C H. Feasibility of Using Electrooculography-Based Eye-Trackers for Neuromarketing Applications[J]. IEEE Transactions on Instrumentation and Measurement,

2022,71:1-10.

[100] DURSUN M,GOKER N.A 2-tuple integrated DEA-based approach for neuromarketing technology evaluation[J].Kybernetes,2019,48(5):949-966.

[101] AHMED R R,STREIMIKIENE D,CHANNAR Z A,et al.The Neuromarketing Concept in Artificial Neural Networks: A Case of Forecasting and Simulation from the Advertising Industry[J].Sustainability,2022,14(14):8546.

[102] NILASHI M,YADEGARIDEHKORDI E,SAMAD S,et al.Decision to adopt neuromarketing techniques for sustainable product marketing: a fuzzy decision-making approach[J].Symmetry,2020,12(2):305.

[103] TIRANDAZI P,BAMAKAN S M H,TOGHROLJERDI A.A review of studies on internet of everything as an enabler of neuromarketing methods and techniques[J].The Journal of Supercomputing,2023,79(7):7835-7876.

[104] GONCHIGJAV B.Results of neuromarketing study of visual attention and emotions of buyers in retail store environment[J].Proceedings of the Mongolian Academy of Sciences,2020:52-64.

[105] JEONG H,YI Y,KIM D.An innovative e-commerce platform incorporating metaverse to live commerce[J].International Journal of Innovative Computing, Information and Control, 2022,18(1):221-229.

[106] ZHOU X Q.Research on the Development Prospect of E-Commerce Live Broadcast Based on SWOT Analysis[J].Highlights in Business, Economics and Management, 2022, 2: 131-135.

[107] FENG T,WANG X.Research on supply chain integration and optimization of live e-commerce [C]//Journal of Physics:Conference Series.IOP Publishing,2021,1827(1):012212.

[108] ZENG X Z,CAO R,XI Y,et al.Food flavor analysis 4.0: A cross-domain application of machine learning[J].Trends in Food Science & Technology,2023,138:116-125.

[109] JI H Z,PU D D,YAN W J,et al.Recent advances and application of machine learning in food flavor prediction and regulation[J].Trends in Food Science & Technology,2023,138: 738-751.

[110] WANG H M,WANG X D,LIU D Y,et al.Evaluation of beef flavor attribute based on sensor array in tandem with support vector machines[J].Journal of Food Measurement and Characterization,2019,13:2663-2671.

第 9 章 跨境电子商务理论与实践

9.1 跨境电商的发展历程

随着互联网和电子商务技术的迅速发展,跨境电商国际商业活动已经成为全球贸易的关键组成部分。全球消费者和企业通过电子商务平台进行跨境交易,正在改变人们的生活方式和全球贸易格局,跨境电商行业快速增长带来了大量的市场需求和商业机遇,跨境电商新业态成为国际贸易的新动能。

9.1.1 中国跨境电商发展历程

跨境电商作为外贸新业态、新模式,是中国外贸增长的重要动力。海关统计,我国跨境电商进出口交易额从 2017 年的 902.4 亿元增长到 2022 年的 2.11 万亿元,进出口规模 5 年增长近 10 倍。2022 年国务院在全国 105 个跨境电子商务综合试验区的基础上,又新增两批跨境电子商务综合试验区,总数达到 165 个,覆盖全国 31 个省、自治区、直辖市。跨境电子商务进一步融入产业带,助力传统产业转型升级、促进产业生态持续优化,成为稳外贸外资基本盘的重要动能。

1)中国出口跨境电商发展历程

出口跨境电商是指不同关境的国家(或地区)的企业生产的产品,通过跨境电商平台,线上销售到跨境的不同国家(或地区)的国际商业活动。根据《数字经济时代中国中小企业跨境电商白皮书》研究成果,从起源到成熟期,分为 4 个阶段,即起源、萌芽、成长、成熟四个阶段。

第一个阶段是跨境电商的起源阶段(1998—1999 年)。从世界范围看,跨境电商主要兴起于世纪之交,跨境电商随着亚马逊和 eBay 分别于 1998 年、1999 年登陆欧洲市场而诞生。同时,1999 年阿里巴巴国际站(B2B)的成立标志着我国跨境电商的兴起,随之,国内各类平台型企业不断涌现。

第二个阶段是跨境电商的萌芽期阶段，即跨境电商 1.0 阶段（1999—2004 年）。萌芽期的跨境电商是指随着互联网技术的普及，从事跨境贸易的交易双方在线上借助跨境电商平台提供黄页服务实现信息撮合，以此为基础在线下完成跨境贸易其他环节的一种信息化贸易活动（交易、支付、物流、通关），是传统贸易结合互联网技术进行拓展的结果。萌芽期的主要交易模式仅为单一 B2B，阿里巴巴国际站是典型代表。

第三个阶段成长期阶段，即跨境电商 2.0 阶段（2004—2015 年）。2004—2010 年，跨境出口平台主要代表是亚马逊中国、eBay 中国、兰亭集势、全球速卖通。2004 年，敦煌网上线，标志着跨境电商线上交易的产生。在成长期，随着互联网技术的快速发展和广泛应用，从事跨境贸易的交易双方利用跨境电商平台提供的线上交易功能，逐步实现流程线上化，并开始借助数字化的供应链服务来降低交易成本、提升交易效率。成长期的阶段特征是：交易模式从单纯的 B2B 转换为 B2B 和 B2C 并行发展，B2B 部分实现了线上化，B2C 交易基本实现线上化，支付、物流、外贸综合服务等供应链服务逐渐在平台上线，交易数据实现部分沉淀。这一阶段，敦煌网开创了跨境 B2B 线上交易的先河，B2C 出口领域，阿里巴巴的全球速卖通使直接跨境购物成为现实。

第四个阶段是成熟期阶段，即跨境电商 3.0 阶段（2015—2019 年）。2015 年，阿里巴巴国际站向线上交易全面转型。成熟期的跨境电商是指在人工智能、大数据、云计算等数字技术飞速发展和消费者需求日趋个性化的背景下，从事跨境贸易的交易双方能够利用平台上沉淀的海量交易数据，实现供需的精准匹配，并借助平台上的低成本、专业、完善的生态供应链服务完成线上交易和履约数字化贸易活动。用户画像等技术使得跨境电商平台为用户提供精准的产品和服务，提高了交易效率（Chen et al.，2004①；Ellison & Ellison，2009②）。这一阶段的阶段性特征：随着订单需求日益碎片化，供应链服务呈现明显生态化特征，交易数据基本实现沉淀。

2）中国进口跨境电商发展历程

中国进口跨境电商是指国外商品，通过线上平台，销售到中国国内的国际商务活动。中国进口跨境电商经历了萌芽期、探索期、发展期到成熟期四个时期（图 1-2）。

第一阶段是萌芽期。2005—2006 年，中国进口跨境电商代购业起步，以亲朋好友出国代购、海外留学生代购、空姐代购为主体，消费群体小众。

第二阶段是探索期。2007—2013 年，跨境电商进口市场逐步形成，这一阶段主要通过海外平台的内容分享和社区导流，形成海淘代购，这一阶段，洋码头、蜜芽、小红书上线。

第三阶段是发展期。2014—2015 年，海关总署 2014 年第 56 号公告发布，个人物品将按行邮税征税，陆续涌现一批跨境进口企业和平台，主要有海淘网、天猫国际、苏宁全球购、网易考拉、京东全球购、国美海外购。

---

① CHEN P Y，WU S Y，YOON J. The Impact of Online Recommendations and Consumer Feedback on Sales[J]. ICIS 2004 Proceedings，2004：58.

② ELLISON G，ELLISON S F. Search，Obfuscation，and Price Elasticities on the Internet[J]. Econometrica，2009，77(2)：427-452.

第四阶段是成熟期。2016年至今，随着《关于跨境电子商务零售进口税收政策的通知》出台，跨境电商开始合规化发展，跨境网购走向常态化。

9.1.2 跨境电子商务发展趋势

跨境电商发展进入成熟期阶段，仍然保持平稳较快增长，其发展空间广阔。同时新兴市场和新兴平台不断迭代出现，跨境电商竞争加剧，跨境电商发展的趋势呈现六大特点：跨境电商B2B占绝对优势地位不可动摇，B2小B势头正猛；发达城市跨境电商发展开始下沉至县域跨境电商；跨境电商与本土电商共存趋势明显；跨境电商向精细化、品牌化、多元化、社交化、合规化方向发展；数字贸易和服务贸易是高级形态和发展向绿色化、服务化、智能化方向发展；人工智能大模型赋能跨境电商加速发展。

1）跨境电商B2B占绝对优势

跨境电商B2B交易历年来都是占比70%以上，B2C占比逐年提高。同时，依托跨境电商，小批量订单B2小B增长较快。形成这一特点的原因有四个方面。一是B2B模式有利于提升品牌影响力。基于传统制造业数字化和传统贸易转型的基础优势，B2B模式与传统的B2C模式相比，其买卖双方的需求量都比较大，因此批量生产更适合工厂型企业。二是B2B能有效降低运营成本，这种模式是客户询盘产生订单，再下单购买，没有库存和物流风险。鞠雪楠等（2020）应用“敦煌网”2013—2016年的国际、省级和行业级别的跨境出口数据，实证发现跨境电商能够克服诸多贸易成本因素的阻碍，拓展了贸易边界①。三是客户群更精准。B2B模式运营方式是卖家主动挖掘客户群和提供询盘服务，因此对接客户更加精准。四是私域流量、复购率更高。B2B模式通过独立站小B、垂直营销对老客户进行持续的维护，使得私域流量留存在卖家店铺中。

2）跨境电商发展开始下沉至县域跨境电商

跨境电商发展下沉至区县的原因有以下几点：一是新一轮跨境电商卖家急增，且平台政策收紧，利润压缩，竞争加剧，并且跨境电商卖家运营成本提升，而城市的打工族迁移回流，人才流向县域，使县域具备较好的条件开展跨境电商业务。二是县域政策激励力度很大。县域提供租金减免扶持政策、成本降低，县域的产业基础源头地优势明显，产品具有更好的源头优势。三是县域制造业数字化发展的需要，包括传统贸易转型和制造业贸易数字化。四是地方招商引资出台激励政策，地方产品优势容易吸引招商引资，吸引了跨境电商企业入驻县域园区。

3）跨境电商与本土电商共存趋势明显

工厂外迁到东南亚等新兴市场。无论是亚马逊还是沃尔玛的海外平台，还是美客多，甚至东南亚的Shopee、Lazada，运营模式趋向把货放到本地去。货物放到离用户近的当地市

---

① 鞠雪楠，赵宣凯，孙宝文.跨境电商平台克服了哪些贸易成本？——来自“敦煌网”数据的经验证据[J].经济研究，2020，55(2)：181-196.

场，方便开拓市场。在当地的保税仓发货、流量也会倾斜本土电商。同时，本土电商购买体验好，用户的物流时效短，因此导致转化率、复购率自然而然上升，形成良性循环。

4）跨境电商向精细化、品牌化、多元化、社交化、合规化方向发展

跨境电商市场竞争日益激烈，世界主流经济体消费者对产品“质”的要求不断提升，Alibaba、AliExpress 等众多平台和商家开始在内容创意、整体视觉、产品包装等各方面进行精细化品牌升级，从而找到差异化的市场突破口。

在欧美、日韩、东南亚等国家和地区，跨境电商平台和本土电商平台呈现多元化特征，共有 60 多个平台，各有特色和优势。除了全球前五的全球速卖通、亚马逊、乐天等平台之外，还有美国的 Newegg（电子产品）、Esty（手工艺品）等垂直类和 Allegro 等本土类平台。

在品牌方面，2022 年，整个品牌全球化的战场中，形成“雁型”品牌出海全新阵营。雁阵领头雁以国内品牌为第一梯队，跨境原生卖家为第二梯队，外贸企业为第三梯队，形成“雁型”队列。

多元化一方面体现在独立站方面，根据浙江省电商促进会预测数据，中国独立站在 B2C 跨境电商中的占比从 2020 年的 25%上升至 2025 年的 41%，市场规模将达到 5.5 万亿元。对杭州市跨境电商企业的调研结果显示，七成企业目前有建设独立站的规划，其中 33.4%的受访企业已经建立了独立站。多元化发展另一方面也体现在海外仓新模式获得了巨大发展。截至 2021 年底，中国海外仓数量已超 2 000 个，总面积超 1 600 万平方米，业务范围辐射全球。海外仓正朝着“智能化+全链路综合跨境服务商”的模式转变，是培育和提高中国企业国际竞争力的重要手段。北美、欧洲等跨境电商业务量增长较快、物流基础设施较扎实，成为海外仓布局的首选地。随着《区域全面经济伙伴关系协定》（RCEP）的正式生效，海外仓的全球布局正逐步向“一带一路”国家及东南亚等蓝海区域拓展延伸。

5）数字贸易和服务贸易是跨境电商发展的高级形态和发展方向

数字贸易发展呈现绿色化、服务化、智能化的特点。2022 年，我国服务贸易在世界的排名由第三位上升到第二位，已连续八年稳居世界第二位。中国服务贸易与英美等发达国家相比，还存在较大的发展空间。

6）人工智能大模型赋能跨境电商加速发展

人工智能指的是一种计算机科学技术，它可以让计算机像人类一样思考和学习。通过模拟人类的认知过程和行为，人工智能可以自主地完成各种任务，例如图像和语音识别、自然语言处理、智能推荐等。人工智能大模型是参数量超过一亿个的神经网络模型，进行学习和推理，能够自我学习和自我演化，具备一定的自主选择和判断的能力。ChatGPT 赋能跨境发展，其应用包括客服回复、客户开发信、营销邮件、文案、合同撰写、程序开发、直播及短视频脚本生成。个性化推荐算法、生成式 AI（AIGC）等人工智能技术得到很大发展。生成式 AI（AIGC）可以生成符合文本信息与用户意图的图片或视频内容，反之也可以从图片或视频内容解析文本信息与用户意图。

传统的 AI 指的是机器学习人类行为是思考方式这一模式，Acemoglu 和 Autor①、Acemoglu 和 Restrepo②、Aghion 等③众多经济学家的研究成果为进一步拓展研究奠定了理论基础。

9.1.3 中国跨境电商人才培养的发展历程

1）发展历程

跨境电商人才培养的萌芽阶段（1999—2004 年）。在中国出口跨境电商发展的萌芽阶段，阿里巴巴国际站（B2B）成立，这标志着我国跨境电商的兴起。随之，国内各类平台型企业不断涌现。这一阶段，跨境电商业务并未实现全流程电子化，业务运营和支付等部分环节还是采用传统贸易的形式，从事跨境电商业务的企业人员是由外贸业务人员内部转型而来的，以此满足企业对跨境电商人才的需求，企业内部以内训人才培养为主。

跨境电商人才培养的成长阶段（2000—2016 年）。随着跨境电商 B2B 和 B2C 平台纷纷上线，尤其是 B2C 平台阿里巴巴的全球速卖通平台上线，新兴的跨境 B2C 业务导致中小企业卖家大量涌现，人才紧缺。全球速卖通平台官方开始重视为中小企业卖家培养人才，开始组建企业内部的培训类学院，例如全球速卖通大学。企业主导、组织开发课程，编写技能培训教程。作为一种商业培训项目有计划地招募学生，培训跨境电商新型技能型、实践型人才。

跨境电商人才培养的发展阶段（2016—2018 年）。这一阶段，国务院批准成立首个跨境电子商务综合试验区——中国（杭州）跨境电子商务综合试验区，Wish、亚马逊全球开店落户杭州，阿里巴巴国际站、Wish、亚马逊等 TOP 平台企业，纷纷开始重视院校青年人才的培养。2017 年，Wish 星青年计划首批院校在浙江外国语学院、杭州师范大学钱江学院落地。2018 年，亚马逊全球开店 101 · 时代青年计划在浙江外国语学院试航成功。2018 年，eBay 的 E 青春计划落地杭州师范大学钱江学院。阿里巴巴国际站发起“百城千校”计划。自此，校企合作全面推广到杭州和浙江省各高校，并向全国开始推广。同时，各校开设电子商务类、国际经济与贸易类、语言类专业的跨境电商方向和创新实验班，比如浙江外国语学院成立跨境电商创业学院，并面向全校各专业招生，组建跨境电商“3+1”实验班，培养多语种复合型人才，以缓解行业对跨境电商人才部分短缺需求。

跨境电商人才培养的专业化发展阶段（2019 年至今）。2019 年，教育部将跨境电子商务专业新设立进入本科目录，并批准首批 7 所院校开设该专业。2020 年，由教育部高等学校电子商务类专业教学指导委员会主办，浙江外国语学院承办，召开全国首届跨境电子商务专业建设研讨会。2020 年批准 42 所，2021 年批准 29 所，2022 年批准 20 所，截至 2022 年底，共

---

① ACEMOGLU D, AUTOR D. Skills Tasks and Technologies Implications for Employment and Earnings[J]. Handbook of Labor Economics, 2011, 4(B), 1043-1171.

② ACEMOGLU D, RESTREPO P. The Race Between Machine and Man-implications of Technology for Growth, Factor Shares and Employment[R], NBER Working Paper, No.22252, 2016.

③ AGHION P, JONES B F, JONES C I. Artificial Intelligence and Economic Growth[R], NBER Working Paper, No.23928, 2017.

有 98 所院校开设该专业，具体院校名单与审批通过年份见表 9-1。跨境电商本科人才培养进入专业化发展阶段。各校在“十四五”普通高等教育本科国家级规划教材建设、国家一流课程建设等方面取得了丰硕的成果。A 类学科竞赛赛事全国“创新创业创意”电子商务大赛中增设跨境电商实战赛，每年参赛高校云集，为培养技能型应用型人才作出了很大的贡献。

表 9-1　跨境电子商务专业本科开设院校名单及审批通过年份

序号	主管部门、学校名称	专业名称	专业代码	学校授予门类	修业年限	审批通过年份
1	浙江外国语学院	跨境电子商务	120803T	管理学	四年	2019
2	浙江万里学院	跨境电子商务	120803T	管理学	四年	2019
3	杭州师范大学钱江学院	跨境电子商务	120803T	管理学	四年	2019
4	武汉学院	跨境电子商务	120803T	管理学	四年	2019
5	广东科技学院	跨境电子商务	120803T	管理学	四年	2019
6	云南师范大学商学院	跨境电子商务	120803T	管理学	四年	2019
7	长春财经学院	跨境电子商务	120803T	管理学	四年	2019
8	中国传媒大学	跨境电子商务	120803T	管理学	四年	2020
9	河北水利电力学院	跨境电子商务	120803T	管理学	四年	2020
10	河北工程技术学院	跨境电子商务	120803T	管理学	四年	2020
11	山西工商学院	跨境电子商务	120803T	管理学	四年	2020
12	沈阳航空航天大学	跨境电子商务	120803T	管理学	四年	2020
13	大连艺术学院	跨境电子商务	120803T	管理学	四年	2020
14	吉林财经大学	跨境电子商务	120803T	管理学	四年	2020
15	黑龙江工程学院昆仑旅游学院	跨境电子商务	120803T	管理学	四年	2020
16	黑河学院	跨境电子商务	120803T	管理学	四年	2020
17	江苏理工学院	跨境电子商务	120803T	管理学	四年	2020
18	无锡太湖学院	跨境电子商务	120803T	管理学	四年	2020
19	中国矿业大学徐海学院	跨境电子商务	120803T	管理学	四年	2020
20	南京传媒学院	跨境电子商务	120803T	管理学	四年	2020
21	浙江工商大学杭州商学院	跨境电子商务	120803T	管理学	四年	2020
22	浙江财经大学东方学院	跨境电子商务	120803T	管理学	四年	2020
23	铜陵学院	跨境电子商务	120803T	管理学	四年	2020
24	合肥经济学院	跨境电子商务	120803T	管理学	四年	2020

续表

序号	主管部门、学校名称	专业名称	专业代码	学校授予门类	修业年限	审批通过年份
25	福建商学院	跨境电子商务	120803T	管理学	四年	2020
26	厦门工学院	跨境电子商务	120803T	管理学	四年	2020
27	阳光学院	跨境电子商务	120803T	管理学	四年	2020
28	福建江夏学院	跨境电子商务	120803T	管理学	四年	2020
29	九江学院	跨境电子商务	120803T	管理学	四年	2020
30	江西应用科技学院	跨境电子商务	120803T	管理学	四年	2020
31	南昌师范学院	跨境电子商务	120803T	管理学	四年	2020
32	山东财经大学	跨境电子商务	120803T	管理学	四年	2020
33	山东女子学院	跨境电子商务	120803T	管理学	四年	2020
34	烟台理工学院	跨境电子商务	120803T	管理学	四年	2020
35	山东财经大学燕山学院	跨境电子商务	120803T	管理学	四年	2020
36	河南工学院	跨境电子商务	120803T	管理学	四年	2020
37	郑州商学院	跨境电子商务	120803T	管理学	四年	2020
38	郑州升达经贸管理学院	跨境电子商务	120803T	管理学	四年	2020
39	广东白云学院	跨境电子商务	120803T	管理学	四年	2020
40	广州航海学院	跨境电子商务	120803T	管理学	四年	2020
41	广西民族师范学院	跨境电子商务	120803T	管理学	四年	2020
42	百色学院	跨境电子商务	120803T	管理学	四年	2020
43	广西民族大学相思湖学院	跨境电子商务	120803T	管理学	四年	2020
44	广西外国语学院	跨境电子商务	120803T	管理学	四年	2020
45	重庆城市科技学院	跨境电子商务	120803T	管理学	四年	2020
46	滇西应用技术大学	跨境电子商务	120803T	管理学	四年	2020
47	西安外国语大学	跨境电子商务	120803T	管理学	四年	2020
48	兰州财经大学	跨境电子商务	120803T	管理学	四年	2020
49	伊犁师范大学	跨境电子商务	120803T	管理学	四年	2020
50	北京城市学院	跨境电子商务	120803T	管理学	四年	2021
51	山西晋中理工学院	跨境电子商务	120803T	管理学	四年	2021
52	太原工业学院	跨境电子商务	120803T	管理学	四年	2021
53	大连工业大学	跨境电子商务	120803T	管理学	四年	2021
54	大连外国语大学	跨境电子商务	120803T	管理学	四年	2021
55	大连财经学院	跨境电子商务	120803T	管理学	四年	2021

续表

序号	主管部门、学校名称	专业名称	专业代码	学校授予门类	修业年限	审批通过年份
56	哈尔滨石油学院	跨境电子商务	120803T	管理学	四年	2021
57	嘉兴学院	跨境电子商务	120803T	管理学	四年	2021
58	浙江越秀外国语学院	跨境电子商务	120803T	管理学	四年	2021
59	湖州学院	跨境电子商务	120803T	管理学	四年	2021
60	温州理工学院	跨境电子商务	120803T	管理学	四年	2021
61	安徽外国语学院	跨境电子商务	120803T	管理学	四年	2021
62	蚌埠工商学院	跨境电子商务	120803T	管理学	四年	2021
63	江西科技学院	跨境电子商务	120803T	管理学	四年	2021
64	江西工程学院	跨境电子商务	120803T	管理学	四年	2021
65	南昌应用技术师范学院	跨境电子商务	120803T	管理学	四年	2021
66	青岛城市学院	跨境电子商务	120803T	管理学	四年	2021
67	潍坊理工学院	跨境电子商务	120803T	管理学	四年	2021
68	齐鲁理工学院	跨境电子商务	120803T	管理学	四年	2021
69	郑州财经学院	跨境电子商务	120803T	管理学	四年	2021
70	武汉纺织大学外经贸学院	跨境电子商务	120803T	管理学	四年	2021
71	湖北经济学院法商学院	跨境电子商务	120803T	管理学	四年	2021
72	湖南科技学院	跨境电子商务	120803T	管理学	四年	2021
73	湖南工商大学	跨境电子商务	120803T	管理学	四年	2021
74	华南师范大学	跨境电子商务	120803T	管理学	四年	2021
75	广东财经大学	跨境电子商务	120803T	管理学	四年	2021
76	广州华商学院	跨境电子商务	120803T	管理学	四年	2021
77	广州工商学院	跨境电子商务	120803T	管理学	四年	2021
78	四川外国语大学成都学院	跨境电子商务	120803T	管理学	四年	2021
79	天水师范学院	跨境电子商务	120803T	管理学	四年	2022
80	西北政法大学	跨境电子商务	120803T	管理学	四年	2022
81	红河学院	跨境电子商务	120803T	管理学	四年	2022
82	重庆工商大学派斯学院	跨境电子商务	120803T	管理学	四年	2022
83	三亚学院	跨境电子商务	120803T	管理学	四年	2022
84	南宁理工学院	跨境电子商务	120803T	管理学	四年	2022
85	广东理工学院	跨境电子商务	120803T	管理学	四年	2022
86	广东培正学院	跨境电子商务	120803T	管理学	四年	2022

续表

序号	主管部门、学校名称	专业名称	专业代码	学校授予门类	修业年限	审批通过年份
87	怀化学院	跨境电子商务	120803T	管理学	四年	2022
88	湖北文理学院理工学院	跨境电子商务	120803T	管理学	四年	2022
89	郑州经贸学院	跨境电子商务	120803T	管理学	四年	2022
90	中原科技学院	跨境电子商务	120803T	管理学	四年	2022
91	郑州科技学院	跨境电子商务	120803T	管理学	四年	2022
92	上海财经大学浙江学院	跨境电子商务	120803T	管理学	四年	2022
93	嘉兴南湖学院	跨境电子商务	120803T	管理学	四年	2022
94	杭州电子科技大学信息工程学院	跨境电子商务	120803T	管理学	四年	2022
95	三江学院	跨境电子商务	120803T	管理学	四年	2022
96	哈尔滨理工大学	跨境电子商务	120803T	管理学	四年	2022
97	长春师范大学	跨境电子商务	120803T	管理学	四年	2022
98	大连理工大学城市学院	跨境电子商务	120803T	管理学	四年	2022

2）平台搭建与专业建设成效

为搭建跨境电商专业发展平台，交流分享跨境电商人才培养经验，进一步明确跨境电商人才培养目标和定位，更好地制订人才培养方案和课程体系，促进专业建设和学科发展，教育部高等学校电子商务类专业教学指导委员会（以下简称“电商教指委”）于2020年举办第一届全国跨境电子商务专业建设研讨会，电商教指委主任、副主任、副秘书长、委员，中国（杭州）跨境电商综合试验区有关领导，以及首次获批开设跨境电商专业的7所院校领导和专业负责人等专家学者出席了此次研讨会。在线参加本次研讨会的还有来自全国162所高校、5家出版社的300余位嘉宾，网络在线直播点击量超过20万人次。

在已公布的首批国家级一流本科课程名单中，与跨境电子商务专业建设密切相关的课程有两门，包括浙江师范大学邹益民负责的跨境电商直邮监管虚拟仿真实验以及上海对外经贸大学程洁负责的跨境校际合作下的国际贸易实战虚拟仿真实验。两门课程均为虚拟仿真实验教学一流课程，充分体现了跨境电商专业课程实践性的突出特征。目前正在开展第二批国家级一流本科课程遴选，大部分省份在推荐课程名单中包含跨境电商相关课程，如浙江省推荐了浙江师范大学的跨境电商保税进口虚拟仿真实验课程，广东省推荐了广东财经大学的跨境电子商务虚拟仿真教学实验，河南省推荐了河南大学的跨境电商1210模式虚拟仿真实验，辽宁省推荐了东北财经大学的跨境电商ERP管理——跨境电商供应链选址管理虚拟仿真课程实验，广西壮族自治区推荐了桂林电子科技大学的基于区块链的中国—东盟跨境电商保理融资实验项目等，仍以虚拟仿真实验教学一流课程为主。此外，2022年12月3日，在电商教指委和高等学校电子商务类课程教学与研究中心主办的2022年全国电子商务类一流本科课程建设研讨会中，浙江工商大学的伍蓓教授、浙江师范大学的邹益民教授分享了跨境电商一流课程建设实践，为跨境电商一流课程建设提供了丰富的经验。

3）跨境电商知识体系建设

（1）培养目标

跨境电子商务专业面向全球、立足服务区域经济社会发展需要，培养系统掌握跨境电子商务基本理论与基本方法，通晓国际规则，熟悉中国国情，具有互联网思维，熟练运用外语，能够胜任跨境电商平台运营、跨境电商客服、跨境电子商务数字技术、跨境网络营销的国际化、应用型的跨境电商人才。

跨境电子商务专业可以分为两个基本方向：跨境电子商务管理类（以下简称"管理类"）方向和跨境电子商务数字技术类（以下简称"数字技术类"）方向。管理类方向要求侧重掌握互联网经济和商务管理相关的知识与技能，数字技术类方向要求侧重掌握互联网技术和商务信息相关知识与技能。

为适应经济社会不断发展的需要，电子商务类专业的专业拓展和培养目标可以定期进行评估与修订。

（2）知识要求

①通识性知识。掌握经典的人文社会科学、自然科学的基础知识，了解跨境电商发展形势，熟悉跨境电商的运行机制。

②外语知识。熟练掌握一门外语，能用外语在跨境贸易平台处理运营、客服、跨国物流等具体业务。

③专业性知识。系统掌握"跨境电子商务管理、平台运营、网络营销、售后服务、国际商法、商务数字技术"等专业基础课程。

（3）能力要求

①具备跨境电商平台运营、跨境支付结算、国际物流承运流程操作的能力。

②具备海外市场调研分析、跨境电商数据分析、跨境电商软件应用以及熟练使用外语与客户进行谈判的能力。

③通晓国际规则和惯例，具备基于多学科知识融合的创新和创业能力。

④洞悉跨境电子商务新兴产业动态，具备应用所学的基本理论与方法解决跨境电商产业中一些实际问题的能力。

（4）素质要求

①政治立场坚定。正确理解并执行党和国家的基本路线、方针、政策，具有良好的思想道德品质、较强的法制观念和社会责任感。

②综合素质全面发展。拥有国际化视野、家国情怀；较高的人文、科学和艺术修养；科学的思维方法、求实创新精神、专业分析的素养。

③身心健康。健康的体魄和健全的心理素质，良好的职业道德和崇高的职业追求。

（5）课程体系

课程体系总体框架如下：跨境电子商务专业的课程体系包括国家或学校规定的思想政

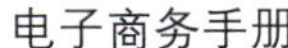

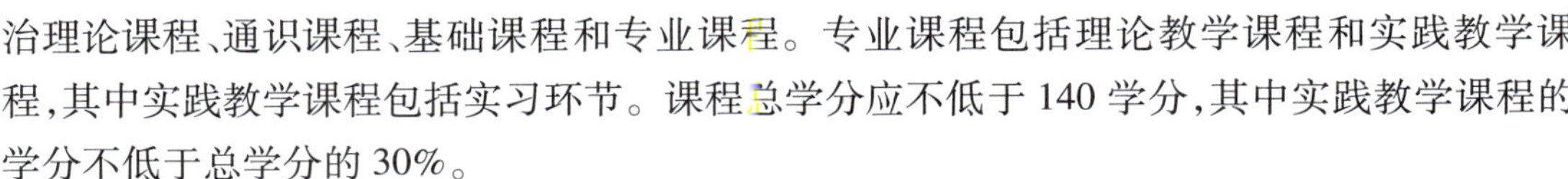

治理论课程、通识课程、基础课程和专业课程。专业课程包括理论教学课程和实践教学课程，其中实践教学课程包括实习环节。课程总学分应不低于140学分，其中实践教学课程的学分不低于总学分的30%。

专业课程设置方面，知识体系与课程设置原则为：跨境电子商务专业知识体系涵盖跨境电子商务基础、跨境电子商务管理、跨境电子商务数字技术和跨境电子商务综合4个知识领域。每个知识领域涵盖若干个相关的知识模块，全部共计13个知识模块。每个知识模块可根据其内容设置为1门或若干门相应的课程。表9-2为跨境电子商务专业知识体系与建议课程对应表。

表9-2　跨境电子商务专业知识体系与建议课程对应表

知识领域	知识模块	建议课程
跨境电子商务基础	管理学	管理学
		会计学
		统计学
		运筹学
	经济学	经济学
		国际贸易
		网络经济、数字经济或平台经济
	电子商务学	电子商务学
		电子商务组成原理
		跨境电子商务概论
	数字技术	网络技术
		数据库管理
		程序设计基础
		商务数据分析理论
跨境电子商务管理	电子商务与网络营销	国际营销
		品牌管理
		跨境电商直播
		消费者行为学
		跨境电商视觉营销
		市场营销
		跨境新媒体营销
	跨境电子商务平台运营	跨境电子商务物流与供应链管理
		跨境电商采购管理
		跨境电子商务 B2B 理论与实践
		跨境电子商务 B2C 多平台运营
		跨境电子商务全球速卖通运营

续表

知识领域	知识模块	建议课程
跨境电子商务管理	跨境电子商务平台运营	独立站运营理论与实务
		客户关系管理
		网络零售
		企业资源计划
		报关与报检
	跨境支付与结算	互联网金融
		跨境电子商务财税
		金融支付
跨境电子商务数字技术	跨境电子商务 UID	UI 设计基础
		网络新媒体应用
		商务智能
	跨境电子商务 IT	Web 程序开发
		移动 APP 开发
		JAVA 程序开发
		独立站建站技术
		跨境电商数据化运营分析
		商务大数据可视化
		数字技术前沿专题
跨境电子商务综合	法律与法规	电子商务法律与法规
		知识产权法律与法规
		国际税法
	跨文化交流	国际商务英语
		企业文化管理
		跨境电子商务专业英语
		第二外语(小语种)
	跨境电子商务跨国企业	国际商务谈判
		跨境企业经营与管理
		战略管理
	跨境电子商务创业	互联网创新与创业
		电子商务案例分析
		数字贸易
		解读世界经济
		解读中国经济

续表

知识领域	知识模块	建议课程
跨境电子商务综合	跨境电子商务创业	跨境电商新兴市场运营与实战
		跨境电商创业管理

说明:本表所涉及的课程名均为建议名称,各高校可根据专业背景与课程特色自行设置课程的类别、名称和大纲内容。

各高校可根据本校的跨境电子商务专业方向并依据知识体系制订专业教学计划并设置课程。课程设置的原则如下:

①跨境电子商务管理类方向的专业课程应涉及跨境电子商务基础与跨境电子商务运营管理知识领域中的全部知识模块,并根据需求设置相应的课程。同时结合专业培养方案,选取跨电数据分析和跨境电子商务综合知识领域的部分知识模块设置相关课程。

②跨境电子商务数字技术类方向的专业课程应涉及跨境电子商务基础和跨境电子商务数据分析知识领域中的全部知识模块,并根据需求设置相应的课程。同时结合专业培养方案,选取跨境电子商务管理和跨境电子商务综合知识领域的部分知识模块设置相关课程。

③在满足上述课程设置原则的基础上,各高校可根据各自的学科优势、专业特色、培养方向以及发展需求自定义知识模块或设置自选课程。

在理论教学课程的设置上,主要由基础类、管理类、数字技术类、综合类 4 类课程组成:

①基础类课程涵盖跨境电子商务基础知识领域中的管理学、经济学和数字分析 3 个知识模块的相关课程。

②管理类课程涵盖跨境电子商务经管知识领域中的网络营销、跨境电子商务平台运营、跨境支付与结算 3 个知识模块的相关课程。

③数字技术类课程涵盖跨境电子商务数据分析知识领域中的跨境电子商务 UID 和跨境电子商务 IT,2 个知识模块的相关课程。

④综合类课程涵盖跨境电子商务综合知识领域中的跨境电子商务概述、跨境电子商务法律与法规、跨文化交流、跨境电子商务跨国企业、跨境电子商务创新创业 5 个知识模块的相关课程。

实践教学课程上,跨境电子商务专业作为行业应用性、学科融合性和模式创新性很强的专业,实验、实训、实习类教学是贯穿跨境电子商务本科教学全过程的必备教学内容,其形式包括课程实验、课程设计、项目实训、专业实习、毕业论文(设计)等相关环节。

核心课程的设置上,各高校应根据专业人才培养目标构建“6+X”门课程的核心课程体系。其中 6 门核心课程在管理学、经济学、电子商务组成原理、电子商务学、跨境电子商务概论、跨境电商营销、跨境供应链与物流管理、金融支付、国际贸易理论与实务、电子商务法律与法规、客户关系管理 12 门课程中选择。X(X≥2)门核心课程由各高校根据专业培养方向确定。要求核心课程中每个知识领域至少包括 1 门课程。

9.2 本领域的重要科学研究问题

9.2.1 跨境电商理论研究

1）跨境电商基础理论

（1）跨境电商定义

跨境电商又称跨境电子商务，是指分属不同关境的交易主体，通过电子商务平台达成交易，进行支付结算，并通过跨境物流送达商品、完成交易的一种国际商业活动。

跨境电商的含义，需要从三个方面来理解：交易主体、电子商务平台、跨境物流。跨境电商交易主体不同于国内电子商务，是分属于不同关境的国家和地区；借助电子商务平台进行交易，电子商务平台提供交易所需要的基本网络环境、交易规则、商品展示功能及支付、物流、结算等工具或对接入口；跨境电商物流是商品送达全球的核心要素，它不同于境内物流，其环节和运输要复杂很多，包括境内物流（头程）、国际（地区间）物流、目的地国家或地区物流与配送三段，涉及输出国（地区）关境和输入国（地区）关境，发货路线和模式非常复杂。

（2）跨境电商的特点

跨境电商具备全球性、小批量、数字化、低成本、快速演进五大特征。同时，跨境电商不仅冲破了国家间的障碍，使国际贸易走向无国界贸易，同时它也正在引起世界经济贸易的巨大变革。

特点一，全球性。互联网是没有一个边界的媒介体，具有全球性和非中心化等特征；由于经济全球化的发展趋势，商家依附于网络进行跨境销售，使得跨境销售也具有全球性和非中心化等特征。

特点二，小批量。跨境电商交易商业活动，企业或个人卖家，通过平台和消费者直接交易，甚至通过线上直播、即时客服等形式，即时进行单个企业或单个消费者之间的交流沟通，其相对于传统贸易而言，大多是小批量，甚至单件销售。

特点三，数字化。跨境电商卖家通过数据化调研市场、分析数据、选定产品，并将产品以数字化文本、图像、视频、直播等形式在网络平台上展示，买家浏览数字化产品，网上下单并支付，处理最后的发货环节，整个流程几乎都是数字化形式。

特点四，低成本。跨境电商交易基本上是卖家通过全球性的跨境电商平台，直接售卖到买家手里，省去了很多中间环节。相比传统的销售、分销等形式，跨境电商是一种去除中间环节并趋于扁平化的过程，因此产品的中间成本非常低，甚至为零。

特点五，快速演进。跨境电商是一个新的模式，现阶段尚处于发展阶段，其网络设施和相应协议软件的发展具有很大的不确定性。但是政策制定者需考虑电子商务是在网络上交易，就像新生儿一样，势必会以前所未有的速度和无法预知的方式，进行不断的演进。

（3）跨境电商的模式分类

根据不同分类标准，跨境电子商务模式有不同分类方法。主要分类标准有三种：交易主体、进出口方向和交易模式(图 9-1)。

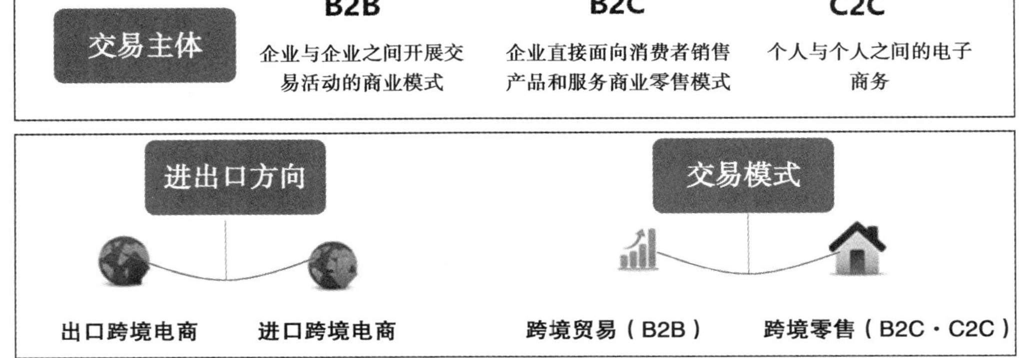

图 9-1　跨境电商的模式分类

按照交易主体的不同来分,跨境电商模式分为 B2B(Business to Business)、B2C(Business to Customer)、C2C(Customer to Customer)三种模式。B2B 是分属于不同关境的企业对企业之间交易活动,通过跨境物流送达商品,进行支付结算的商业模式;B2C 模式是指分属于不同关境的企业直接面向消费者开展线上销售产品和服务的国际商业活动;C2C 是指分属于不同关境的个人卖家对个人消费者销售产品与服务,是一种个人与个人之间线上交易的电子商务活动。比较典型的 B2B 跨境电商平台有阿里巴巴国际站、敦煌网等,B2C 模式的有全球速卖通、亚马逊等跨境电商平台,C2C 模式的平台有 Wish、eBay(Wish、eBay 在早期开店政策中,除了允许企业注册的 B2C 模式,还允许个人卖家注册,这种个人卖家注册的店铺,属于 C2C 模式)。

按照交易的进出口方向的不同,跨境电商分为出口跨境电商和进口跨境电商。出口跨境电商是指我国企业生产的产品,通过跨境电商平台,线上销售到国际上不同国家(或地区)的国际商业活动。进口跨境电商是指国外商品,通过线上平台,销售到国内的国际商务活动。

按照交易模式分类,跨境电商模式分为跨境贸易(B2B)、跨境零售(B2C、C2C)。跨境贸易是 B2B 形式的跨境电商,跨境零售包括 B2C 和 C2C 两种模式。跨境贸易是相对于传统贸易而言,是对外贸易的一种新型贸易形态;跨境电商则相对于电子商务而言,是电子商务的一种新型应用。

(4)跨境电商的业务流程

跨境电商业务流程分为出口业务流程和进口业务流程(图 9-2)。跨境电商出口业务流程指国内制造商或贸易商将产品数字化,上线到跨境电商平台展示,买家浏览商品,选购下单并完成支付,跨境电商企业将商品交付给物流企业进行投递运输,经过出口国和进口国海关通关与商检后,最终送达消费者或企业手中,或者直接通过第三方综合服务平台合作,委托代办物流、通关、商检等各个环节。跨境电商进口流程的方向与出口流程方向相反,是从国外企业到国内企业或消费者,其他内容与跨境出口基本相同。

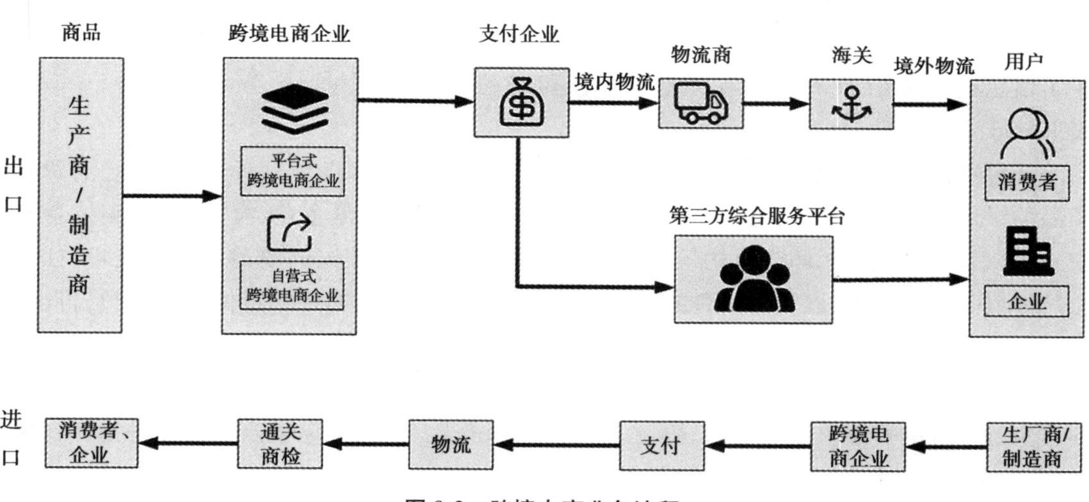

图 9-2　跨境电商业务流程

2)跨境电子商务生态系统

跨境电子商务来源于电子商务,是电子商务发展成熟后向海外市场扩展及演化的结果。跨境电子商务生态系统是在电子商务生态系统的基础上发展起来的,但其复杂性要远超于电子商务生态系统,这种复杂性既包含构成主体的复杂性,也包括环境的复杂性。跨境电子商务生态系统是指以与跨境电子商务相关的个体、企业、组织或机构为物种,以跨境电子商务平台为竞争、合作与沟通的媒介及渠道,通过各种形式进行优势互补与资源共享,物种间及物种与环境间进行动态的物流、商流、资金流、信息流等物流、能量及信息的流动、沟通、共享与循环,进而构成一个多要素、多层面、多角度、多层级的复杂的电子商务生态系统。《跨境电商模式与商业生态框架分析报告》指出,跨境电子商务的定义是指:"通过互联网达成进出口的 2B/2C 信息交换、交易等应用,以及与这些应用关联的各类服务和环境。"即在跨境电商的生态大图中,参与主体既包含 B 类、C 类用户(直接应用方),也包含各类的平台服务商(如各类电商平台)、基础服务商(如物流、支付、贸易通关等)与衍生服务商(如代运营、咨询培训、翻译等),还包含各种贸易监管机构(如海关、商检、税务等以及各类国家政策法规与技术环境等)。

Freund 和 Weinhold(2002)开创性地研究了互联网和国际贸易之间的关系①。互联网对国际贸易的影响具体到跨境电商环境中,体现在降低搜索成本(Lendle et al.,2016)②、提高交易效率和质量(Gomez-Herrera et al.,2014)③,并成为比较优势的新来源(Wang & Li,

① FREUND C L,WEINHOLD D.The Internet and International Trade in Services[J].American Economic Review,2002,92(2):236-240.

② LENDLE A,OLARREAGA M,SCHROPP S,et al.There Goes Gravity:eBay and the Death of Distance[J].The Economic Journal,2016,126(591):406-441.

③ GOMEZ-HERRERA E,MARTENS B,TURLEA G.The drivers and impediments for cross-border e-commerce in the EU[J].Information Economics and Policy,2014,28:83-96.

2017)①。同时,跨境电商平台通过用户评论评分提高了企业机会主义行为的成本,有效减少了信息不对称引致的道德风险(马述忠和房超,2021②;Chen & Wu,2020③;Freund & Weinhold,2004④)。

从种群的角度来说,跨境电子商务生态系统不仅包括跨境电子商务平台企业、消费者、商品的供应商等核心物种,也包括诸如跨境支付企业、跨境物流企业、海关、信息支持企业、交易主体双方所在国的职能机构等物种,还包括交易主体所在国的政治、经济、技术、社会、自然环境等环境要素,以及各物种的内部环境要素。以系统内物种的定位进行分类,可以将跨境电子商务生态系统内物种划分为以下几种:①核心物种:跨境电子商务企业或平台,是整个生态系统资源的领导者,通过所提供的交易平台以及信息、监管等服务,起着跨境电子商务生态系统的资源整合与沟通、协调的作用;②关键物种:跨境电子商务的交易主体,包括供应商、消费者、投资商、生产商,乃至供应商的供应商以及客户的客户,一起构成了跨境电子商务生态系统其他物种所共同服务的对象;③支持物种:跨境电子商务交易所必须依附的企业、组织或机构,包括跨境物流企业、跨境支付企业、海关机构、商检机构、金融机构、行业协会、政府机构、通信服务企业、信息技术机构等,这些物种都围绕跨境电子商务核心物种与关键物种活动,支持跨境电子商务系统的正常运转;④寄生物种:为跨境电子商务交易提供增值服务的服务提供商等,包括语言翻译企业、网络营销服务商、各类技术外包服务商、电子商务咨询服务商、供应链优化及整合服务商、物流增值服务项目提供商、各类广告服务提供商等;⑤环境:跨境电子商务生态系统所包含的各类环境,包括各企业、组织及机构内部环境,也包括它们面对的外部环境,以及系统所面对的外部环境等,从环境类别看,分为政治环境、经济环境、法律环境、技术环境、社会文化环境、自然环境等。

从组成主体的内容来说,跨境电商出口 B2C 行业生态系统(图 9-3)由监管机构、信息资讯平台、品牌商、营销、支付、物流、跨境电商平台、物流服务、运营服务商和一战式服务平台构成。其生态系统内容分成三种类型:平台、服务和环境。平台指的是实现交易的网络平台,跨境电商平台处于核心位置。服务包括基础服务如物流、支付、监管检测服务,衍生服务包括运营、咨询培训、货代等相关服务,环境指的是文化、市场及法律差异、数字技术环境、贸易规则等。

跨境电商 B2B 生态系统(图 9-4)由全球各国监管单位、国内供应商、引流营销服务、B2BC 创新服务、B2B 在线交易平台、外贸综合服务平台、物流、支付、仓储、海外采购商等组成。B2B 在线交易平台是生态系统的核心。

---

① WANG Y,LI J.ICT's Effect on Trade:Perspective of Comparative Advantage[J].Economics Letters,2017,155:96-99.

② 马述忠,房超.跨境电商与中国出口新增长——基于信息成本和规模经济的双重视角[J].经济研究,2021,56(6):159-176.

③ CHEN M X,WU M.The Value of Reputation in Trade:Evidence from Alibaba[J].Review of Economics and Statistics,2020,103(5):857-873.

④ FREUND C L,WEINHOLD D.The Effect of the Internet on International Trade[J].Journal of International Economics,2004,62(1):171-189.

图 9-3 中国跨境电商出口 B2C 行业生态图

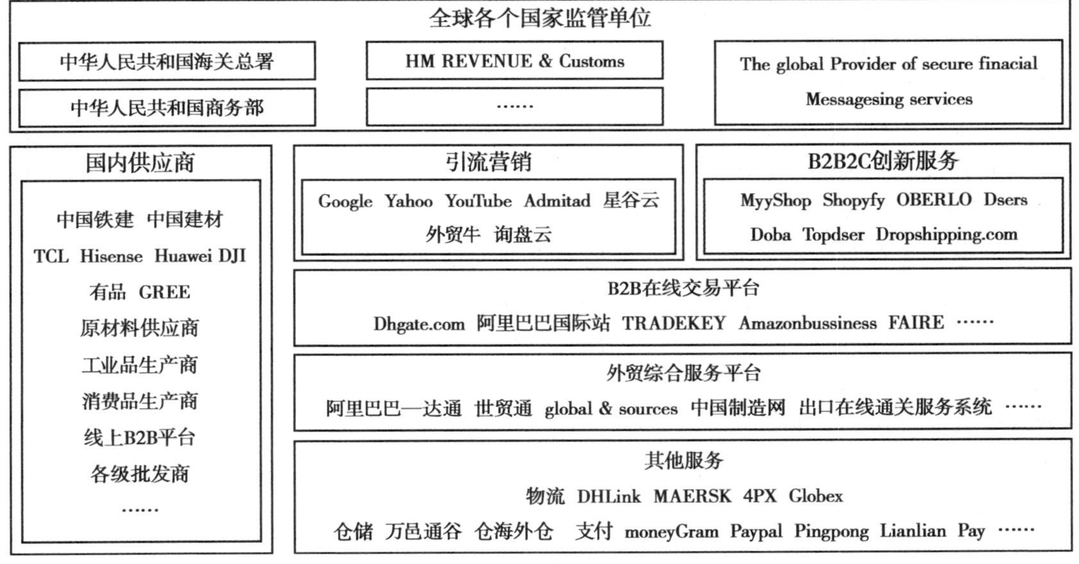

图 9-4 跨境电商 B2B 生态系统

3)典型跨境电子商务平台

我国跨境电商的发展走在世界前列,B2B、B2C 领域的众多平台型企业在国际中处于领先地位,中小企业也通过数字化平台成功参与到国际分工中(Ma et al.,2018)①。

(1)跨境电商 B2C 平台:全球速卖通

全球速卖通(英文名:AliExpress)是阿里巴巴旗下的面向国际市场打造的跨境电商平台,被广大卖家称为“国际版淘宝”。全球速卖通面向海外买家客户,通过支付宝国际账户进

① MA S,CHAI Y,ZHANG H.“Rise of Cross-border Ecommerce Exports in China[J].China & World Economy,2018,26(3):63-87.

行担保交易，并使用国际物流渠道运输发货，是全球 TOP 在线购物网站。2010 年上线，2012 年成交量增长 400%，飞速发展 10 年，覆盖全球 220 多个国家和地区，拥有世界 18 个语种站点，海外成交买家数超过 1.5 亿人。全球速卖通是阿里巴巴帮助中小企业接触终端批发零售商，小批量多批次快速销售，拓展利润空间而全力打造的融合订单、支付、物流于一体的外贸在线交易平台。全球速卖通覆盖 3C、服装、家居、饰品等 30 个一级行业类目：服装服饰、手机通信、鞋包、美容健康、珠宝手表、消费电子、电脑网络、家居、汽车摩托车配件、灯具等。全球速卖通适合产品的特点是体积较小、附加值高、具备独特性、价格较合理。AliExpress 在俄罗斯、波兰、西班牙、沙特的市场份额和占比较都很高。在俄罗斯市场份额第一，远超 Ozon、Wildberries、Joom 等本地跨境平台。在波兰市场份额第二，与最大的本地电商 Allegro 相当，远超 Amazon 表现；在西班牙（远超 Zara、MediaMarket 等本地电商平台）和沙特排名前三（与 Amazon 表现相当，远超 Wish 和 Joom）；在法国排第六。AliExpress 的盈利方式为：入驻平台需要缴纳 10 000~50 000 元不等的年费；阿里巴巴会向该平台上的每笔成功交易根据不同的支付方式收取交易总额 3%~9.15%的不等交易佣金；若卖家采用支付宝进行交易，在优惠期内，阿里巴巴收取 3%的佣金，即收取产品总价加上运费的总额的 3%。

2019 年全球速卖通的核心战略方向主要基于用户增长和商家成长。用户增长涵盖三个方面：第一，社交互动。不仅在产品上有升级还会在市场上做更多的投资。此外，社交的前提是精准服务用户，它要求细分的精准的推广，这需要商家跟海外的网红等资源精准对接。因此，2019 年全球速卖通要建成一个卖家和社交资源打通的平台。第二，智能导购。针对用户，全球速卖通一方面需要精准化吸引用户，另一方面也要增加用户的黏性。第三，会员促活。全球速卖通在会员营销方面的关键是做更好的精准营销，给会员在生命周期里面以不同的服务，提高黏性。商家成长涵盖四个方面：第一，用户运营能力。平台鼓励商家直接运营用户。第二，品牌塑造能力。全球速卖通会提供更多产品去支持品牌发展。全球速卖通针对线上线下的市场的活动，也越来越多主打“中国品牌”。因此，品牌商家在全球速卖通上也有越来越多的机会。此外，对于国内品牌出海，全球速卖通也会给予一定的帮助。第三，供应链能力。在全球速卖通上很多商家的商品都来自中国的工厂。全球速卖通会更进一步跟 1688 等平台打通，让商家能更有效地拿到高性价比的商品。第四，基础卖家产品升级。

全球速卖通是中国唯一一个覆盖“一带一路”全部国家和地区的跨境出口 B2C 零售平台。2018 年，全球速卖通平台上 56%的买家来自“一带一路”共建国家和地区，这些地区的消费者贡献了全球速卖通平台 57%的订单量和 49%的交易金额。

全球速卖通在 2012 年进入俄罗斯市场，俄罗斯买家数已达 2 200 万人，即每 6 个俄罗斯人里就有 1 个在使用全球速卖通。俄罗斯人最爱从全球速卖通网购的中国商品是：手机、女装、汽车电子设备、男装、时尚饰品。全球速卖通在本土进行了相关布局。搭建俄罗斯物流体系：2018 年 6 月 19 日，全球速卖通同全球知名物流服务商 DPD 合作，在俄罗斯 100 座城市和哈萨克斯坦、白俄罗斯等其他关税同盟国新增 2 000 个自取提货网点；基于“海外仓”，2018 年 7 月，全球速卖通联合菜鸟在俄罗斯正式推出“当日达”服务，为莫斯科消费者提供免费当日配送。

数据显示，2018 年双十一，韩国消费者在全球速卖通上的消费额同比上一年增长超过 100%。而 2018 年一整年，全球速卖通在韩国的整体增长约达 60%。中国的高尔夫周边产品、骑行装备、滑雪装备等运动用品也大受韩国人欢迎。

2018 年上半年全球速卖通非洲国家的买家数平均增长近一倍。其中埃及、埃塞俄比亚、突尼斯、肯尼亚、乌干达、安哥拉、莫桑比克、摩洛哥的买家增长率超过 100%。全球速卖通 2018 年双十一非洲国家成交额同期增长 78%，其中北非增速最快，高达 156%，东非国家的交易额最高。有 23 个非洲国家的同期增速超过 100%，非洲小国圣多美和普林西比的成交额相比上一年暴增 10 倍。从订单数看，非洲地区排名前十的国家，大多数是沿海国家、岛屿国家或者经济较为发达的国家，比如南非、埃及、加纳、摩洛哥、佛得角、毛里求斯等，但也包括一些欠发达和政局不太稳定的地区，比如尼日利亚。非洲地区比较受欢迎的是生活 DIY 类产品，比如假发、蔬菜水果种子、美甲类、衣服上的亮片、串珠、种花用的水晶土等。按销量统计卖得最好的是女装、配饰、美甲等类目。全球速卖通一直持续投资搭建非洲国家的物流、支付基础设施。全球速卖通建立了中非之间的跨境专线，全球速卖通上的物流时效从平均三四十天缩短到平均 5~7 天。

全球速卖通数据显示，中亚、南亚地区有超过 2 000 万人次的消费者通过阿里巴巴全球速卖通网购。其中，吉尔吉斯斯坦的买家 3 年增长 4 倍，成为电商普及增速最快的国家。当地 25~30 岁的年轻人已经成为“键盘经济”的主力军，网上购买机票、分期付款购物乃至网购海外商品已成为一种新时尚。在全球速卖通上，服饰和配饰、手机和零配件、消费电子、化妆品等是中亚、南亚地区消费者最喜爱的“中国制造”商品。

全球速卖通正以土耳其为试点，进行海外商品“卖全球”的尝试。此前，全球速卖通和土耳其邮政合作，帮助土耳其邮政系统把跨境 B2C 出口的包裹处理能力从日处理 20 单提升到 1 000 单，足足翻了几十倍。2019 年 1 月 29 日，全球速卖通上的土耳其商店 Trendyol 正式开业，24 小时内便迎来全球 58 个国家的消费者争相采购，三天卖到 90 多个国家去。最远卖到了地球背面的阿根廷和智利。

电子商务基金会（Ecommerce Foundation）的西班牙国家电商报告显示，全球速卖通在西班牙当地拥有超过 770 万个注册用户，App 下载量突破千万次。在 Facebook、Twitter、Instagram 等社交媒体上，全球速卖通的西班牙粉丝近 200 万人。在东欧市场的核心波兰，全球速卖通增长率超过 50%。波兰主流财经商业媒体 Puls Biznesu 称，每四个波兰人中，就有一人使用全球速卖通进行网购。

(2)跨境电商 B2C 平台：亚马逊

亚马逊公司（Amazon，简称“亚马逊”），1994 年 7 月 5 日由杰夫·贝索斯（Jeff Bezos）创立，一开始叫 Cadabra，是美国最大的一家网络电子商务公司，位于华盛顿州的西雅图，1995 年第一个网站主页上线，是网络上最早开始经营电子商务的公司之一。一开始只经营网络的书籍销售业务，现在则扩及了范围相当广的其他产品，已成为全球商品品种最多的网上零售商和全球第二大互联网企业。

根据亚马逊披露过的收益数据，粗略估算，亚马逊平台 2020 年的整体商品交易总额达

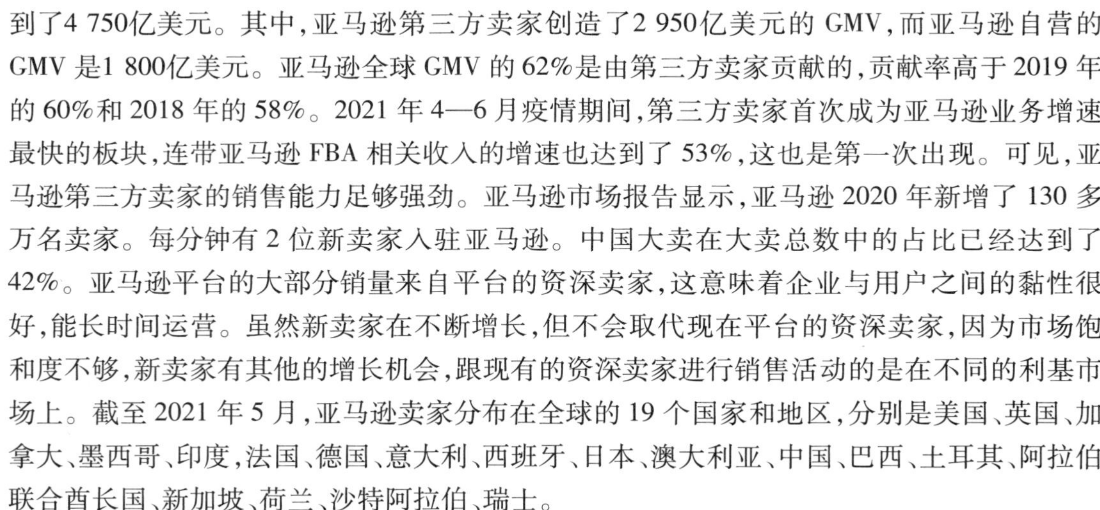

到了4 750亿美元。其中，亚马逊第三方卖家创造了2 950亿美元的 GMV，而亚马逊自营的 GMV 是1 800亿美元。亚马逊全球 GMV 的 62%是由第三方卖家贡献的，贡献率高于 2019 年的 60%和 2018 年的 58%。2021 年 4—6 月疫情期间，第三方卖家首次成为亚马逊业务增速最快的板块，连带亚马逊 FBA 相关收入的增速也达到了 53%，这也是第一次出现。可见，亚马逊第三方卖家的销售能力足够强劲。亚马逊市场报告显示，亚马逊 2020 年新增了 130 多万名卖家。每分钟有 2 位新卖家入驻亚马逊。中国大卖在大卖总数中的占比已经达到了 42%。亚马逊平台的大部分销量来自平台的资深卖家，这意味着企业与用户之间的黏性很好，能长时间运营。虽然新卖家在不断增长，但不会取代现在平台的资深卖家，因为市场饱和度不够，新卖家有其他的增长机会，跟现有的资深卖家进行销售活动的是在不同的利基市场上。截至 2021 年 5 月，亚马逊卖家分布在全球的 19 个国家和地区，分别是美国、英国、加拿大、墨西哥、印度，法国、德国、意大利、西班牙、日本、澳大利亚、中国、巴西、土耳其、阿拉伯联合酋长国、新加坡、荷兰、沙特阿拉伯、瑞士。

亚马逊销售品类覆盖面比较全面，包括办公用品、家装建材、工具类、电子类、计算机、电脑、照相器材、汽配用品等。亚马逊有 10 万台以上的物流 FBA 机器人，FBA 是亚马逊提供的代发货服务，卖家把货物发往 FBA 的仓库，亚马逊提供包括仓储、拣货打包、派送、收款、客服、退货处理一系列服务。

亚马逊的快速发展离不开飞轮理论。这个理论是杰夫·贝索斯用一张餐巾纸画出来的亚马逊整体运营逻辑，后来演变成了亚马逊运营核心思想。飞轮理论是可以从任何一个点开始，却没有终点的闭环逻辑，也就是无限模型。以用户体验为起点，如果做好用户体验，在普遍传播下，流量会增加，可以吸引更多供应商加入平台销售产品，就意味着平台商品更加丰富，有更高的性价比，由此会带来新一轮的用户体验。下一个循环就会开始；从卖家角度，以供应商为起点，不断优化自己的供应链，研发生产出品质更好、价格更低的产品，让买家买到更好的产品，从而吸引更多的买家。

(3)跨境电商 B2B 平台：阿里巴巴国际站

阿里巴巴国际站是阿里巴巴集团最早创立的业务站点，是目前全球领先的跨境 B2B 电子商务平台，服务全世界数以千万计的采购商和供应商。作为全球最大的 B2B 跨境电商平台，阿里巴巴国际站物流已覆盖全球 200 多个国家和地区，将与生态合作伙伴融合共振，通过数字化重新定义全球货运标准。“门到门”服务能力是重点方向之一：货物从工厂拉到境内港口、报关，通过海陆空进入境外港口，清关、完税，最后完成末端配送。阿里巴巴国际站提供一站式的店铺装修、产品展示、营销推广、生意洽谈及店铺管理等全系列线上服务和工具，帮助企业降低成本、高效率地开拓外贸大市场。

(4)跨境电商 B2B 平台：敦煌网

敦煌网是中国领先的 B2B 跨境电商在线交易服务平台。为跨境电商产业链上中小微企业提供“店铺运营、流量营销、仓储物流、支付金融、客服风控、关检汇税、业务培训”等全链路赋能，帮助中国制造对接全球采购，实现“买全球，卖全球”。自 2004 年成立以来，敦煌网已经取得这些成绩：十七年外贸电商品牌；100 条以上的物流专线；10 个海外仓；海量 B 类买家

覆盖全球 223 个国家和地区。敦煌网成立于 2004 年,是全球领先的在线外贸交易平台,致力于帮助中国中小企业通过跨境电子商务平台走向全球市场,开辟一条全新的国际贸易通道,让在线交易不断地变得更加简单、安全、高效。多年的专业与口碑使得敦煌网目前有 120 多万个国内供应商、3 000 多万种商品,遍布全球 224 个国家和地区,以及 1 000 万名买家在线购买的规模。每小时有 10 万名买家实时在线采购,每 3 秒产生一张订单! 敦煌网是国内首个为中小企业提供 B2B 网上交易的网站,它采取佣金制,免注册费,只在买卖双方交易成功后收取费用。敦煌网是在线外贸交易额中亚太排名第一、全球排名第六的电子商务网站,其在 2011 年的交易达到 100 亿规模。

9.2.2 跨境电商运营相关理论研究

1)跨境电商店铺运营模式的研究

在不同平台开店,抑或自营独立站,运营模式也不能照搬照抄,不同运营模式适应性是不同的。从发货模式来分,有自发货和海外仓模式,详细阐述在第 9 章展开。从选品思路来分,有两种模式:铺货模式和精细化运营模式。

“铺货”,顾名思义就是通过平台大批量地上传产品,以量取胜,这样能让店铺快速成长起来。

优点是:简单易操作;每天只需要上新,上传更多的产品;产品上市更快,每天批量地上传新品,比其他非铺货模式产品上市要快;有利于建立稳定的销售网点,其意就相当于“先入为主”,过早地了解市场的规则和动态,遇到不同的情况也能及时应对。

缺点:工作量大,需要大量上新,即使有各种辅助软件也会有些吃力;对供应商的时效要求高,产品数量过多,无法一一去对应供应商,容易出现客户下单却无法确定货源等问题;店铺定位风格混乱,无法有效分析店铺的规划方向和进行店铺定位;考验创业者心理,产品多了也就意味着需要下架的产品也更多,重复多次后,会影响创业者的心态,以至于无法坚持。

精细化运营就是结合货源渠道、转化流程和用户行为数据,对流失率较高的用户环节展开针对性的运营活动,以提升整体的目标转化率。

优点:注重单品的运营,容易将产品打造成爆款、热卖品。可以着重研究数据,产品量少,工作量相对铺货模式会少些,便于分析数据,进行产品优化,数据优化,成本优化和价格优化。了解产品与市场的符合度,通过分析成本优势,产品卖点、优点,更好地了解产品在市场的定位,进行更好的推广,让产品更上一层楼。

缺点:对经营人的数据分析能力要求比较高,如果没有基础,就谈不上精细化运营,上传的可能是垃圾产品,不可能把它打成爆款;对经营人的供应链要求比较高,还必须要有较大的成本优势,源头厂家,还要有较强的谈判能力。积压库存,对资金要求比较高,我们在铺货的过程中不需要库存,精细化运营需要把某个产品快速“打爆”,出货速度要快,数据分析精确,平台上很需要,竞争又不是很激烈,这个产品才可能爆单。

2)跨境电商店铺运营的流程

跨境电商店铺运营围绕店铺的主要业务工作展开,其运营流程包括五个模块(图 9-5):

开通账号、新品开发、产品上架、物流与供应链、运营与优化。开通账号包括准备开店资料、注册开店、品牌备案。新品开发包括选品、关键词分析、成本核算、包装;产品上架包括产品拍摄、文案策划;物流与供应链包括采购与供应链、价格谈判、备货、物流;运营与优化包括广告、视觉营销、数字营销、运维优化、客户服务。对于一款具体产品,模块之间的业务总体上是按照图 9-5 从左到右的顺序展开的,但是在时间上各项业务会存在并行和交叉重叠,比如运维优化就是一个持续往复的过程,品牌备案可以在任何时候进行,而且是对系列产品起到长期作用的。

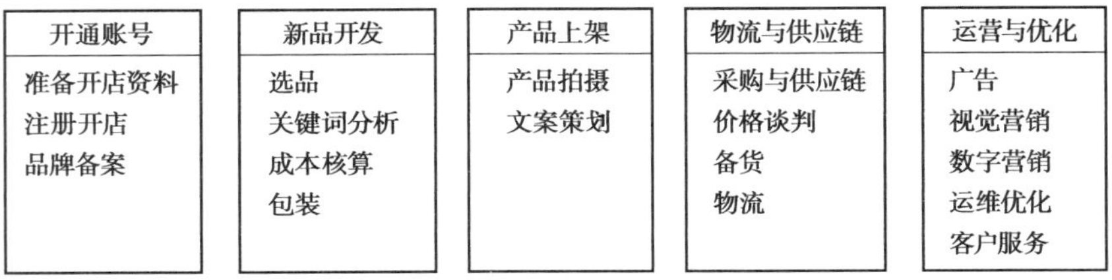

开通账号	新品开发	产品上架	物流与供应链	运营与优化
准备开店资料 注册开店 品牌备案	选品 关键词分析 成本核算 包装	产品拍摄 文案策划	采购与供应链 价格谈判 备货 物流	广告 视觉营销 数字营销 运维优化 客户服务

图 9-5　跨境电商店铺运营流程

3)跨境电商选品概念及原则研究

(1)跨境电商选品概念

跨境电商选品是指从供应市场中,通过市场调研、大数据分析等方法,选择适合目标市场需求的产品,在店铺中进行销售。

众所周知,选品不仅是挑选产品本身,更是通过选品来发现目标消费群体、产品利润点、产品自身优势、产品对应的行业特征及产品的价格等。对于传统转型企业、个人创业者、国内/国外经销商而言,选品尤为重要,对于一些刚刚起步的独立站平台,选品更加是攸关平台存亡的事情。

(2)跨境电商选品基本原则

不同企业,其产品定位是不同的,其选品思路亦是千差万别,但是都需要遵循跨境电商选品的五大基本原则。

①目标市场最适合原则。

跨境电商市场非常广阔,全球性的跨境电商平台用户几乎覆盖了全世界各个国家所有地区。卖家之间经常谈起红海市场和蓝海市场,例如,北美市场、欧洲市场、日本市场等跨境卖家选择的主流市场属于红海市场;澳大利亚市场、中东市场、东南亚市场等近几年热度开始攀升,蕴含着巨大的市场潜力,属于蓝海市场。

目标市场的选择,首先要考虑企业自身的特点和所处的产业、物流环境,才能明确选择合适的目标国家市场。对于跨境电商企业来说,没有最好的市场,只有最适合的市场。红海市场竞争激烈,但也存在流量和利润优势,对应的销售市场一般都是发达国家;反之,蓝海市场相对一些新手会更加友好一些,入驻跨境平台的门槛相对较低,对应的市场一般都是发展中国家居多。最终确定选择哪个目标市场,是分析了产业链优势、物流的便利性、企业自身运营团队的专业特性和资金成本等综合因素后确定的,切不可跟风与盲目上阵。

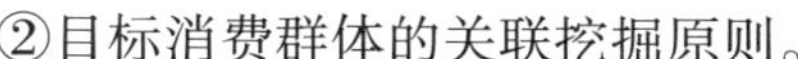

②目标消费群体的关联挖掘原则。

确定了目标市场后,需要了解产品销售的目标客户究竟是谁。如果你的目标群体是一些没有消费能力的小孩或者老年人,由于这类人群消费能力有限,网络购买行为也不是很普遍,显然不能直接成为目标客户。但是,当你把这类群体背后的关联群体找到,例如他们的父母或者他们的子女,那么这类消费群体就能给你带来意想不到的销售体验,因此小孩的父母和老人的子女才是我们的目标客户。

因此,通过选品后,首先要了解并分析出这个产品究竟要卖给谁,这类消费者一般都是在什么场景下选择消费,或者这类消费者自身是否有消费能力,又或者究竟什么关联消费者在协助消费。同样,对于同一类目标客户,也要细分客户群体的类别,例如同样是男性消费者,卖给十七八岁的男孩和卖给已经步入职场的男性所推广的产品是不一样的,同时在不同群体和目标客户中的销售难度也不一样。

③消费者心理需求原则。

目标消费群体在购买产品时,对目标产品的需求是明确的。根据消费者需要理论,消费者心理有四种类型:急切需求型、一般需求型、引导消费型、可有可无型。

急切需求型:是指消费者自身对产品的需求十分急切。正因为消费者有这样的急切需求,所以只要产品适合消费者,订单的转化就会变得相对容易。例如,一位买家电脑键盘坏了需要更换。因为工作或者娱乐都需要使用电脑键盘,采购目标非常明确,即选择一款适合自己的电脑键盘。消费者上网检索时只要目标明确,一旦检索到合适的产品,就会比较快转化为订单。所以针对急切需求型客户,首要选品思路就是产品要符合客户需求目标,并能满足客户对产品的外观、功能、性能等方面的需求。这一类产品在市场上推广时就相对较为容易,所需要付出的市场推广成本也相对低一些。

一般需求型:与急切需求型有明显的不同,一般需求型客户本身对于产品有一定的需求但是并没有那么强烈。例如,一般需求型的消费者正在使用的键盘能够正常使用,对无线或者炫酷带光类电脑键盘有购置需求,采购的可能性和采购时间都不明确,这一类需求属于一般需求。

引导消费型:这类消费者对于产品的需求并不明确,产生需求的原因是外部引导和刺激。如近几年非常火的网红直播带货,通过明星的个人直播引导其粉丝进行转化并达到高额盈利。2020 年网红直播带货的头部主播,一场直播带动可能几个亿甚至几十亿元的销售额。观看直播的很多客户原本并没有确定要购买的产品,但是通过个人网红的直播引导后,很大程度地促成了消费。

可有可无型:这类消费者相比较而言会更偏理性,可有可无型客户对于产品所提供的优势点一般抱着无所谓的态度,有也行无也行。这类消费群体对产品更新换代和优势创新需求度不高,其采购产品为市场滞销产品偏多。

④产品所在行业发展阶段变化原则。

产品所在行业发展分为几个阶段:初创阶段、成长阶段、成熟阶段、混战阶段、衰退阶段。选品时要结合产品所处的发展阶段的动态变化情况而定。

初创阶段,即行业对应市场处于开始阶段。这一阶段,市场、行业、产品较为粗放,卖家与卖家之间的竞争意识相对不强,在产品的选择、定价、物流、包装、广告投放、知识产权等方面都处于起始阶段。市场上未出现较强的竞争对手,产品利润空间非常大。

成长阶段,行业经过初创阶段逐步慢慢发展,在巨大的市场空间面前,大量的卖家涌入,竞争激烈。此时多店铺运作,海量铺货,产品价格战等竞争手段层出不穷。成长阶段是所有阶段中行业发展最快的时候,在互相较量中也会涌现出大量的优秀企业和爆款产品。

成熟阶段:行业竞争升级,不少卖家为寻求新的突破,开始注重品牌建设和整合品牌供应链,并迅速与成长阶段的卖家拉开距离,得到新的发展,谋求更大的发展空间。

混战阶段:当越来越多卖家意识到品牌所带来的价值后,出现了两类品牌的竞争,一类是依托跨境电商迅速发展起来的跨境电商新品牌,另一类是国内外知名的传统品牌,因此品牌竞争风险随之而来。亚马逊平台要求卖家在开店后必须注册品牌,并做好品牌备案,这也是平台方为了降低因为跟卖所带来的品牌恶性竞争的风险而制定的平台政策。

衰退阶段:经过混战阶段后,大批没有实力的或者运营能力不足的卖家被淘汰出局,留下少数行业头部企业占领市场,此时行业门槛相对较高。

⑤产品无价格对比优先原则。

日常消费类产品,在消费者心中有的价格定位往往比较固定,高一点或低一点价格波动,消费者都比较敏感,例如我们经常购买的矿泉水、面包等。客户主观认知价格比较稳定,多一点和少一点都会影响其购买。而有的产品在消费者心中没有固定的参照产品价格,价格高或低就不会过多影响消费者的购买决策。

选择无价格参考对比的产品会比一个有价格参考对比的产品更加容易推广,并且无论在国内或国外电商平台,价格已经成为很多消费者购买决策首先要考虑的条件之一。例如,很多卖家经营了一段时间的店铺,有流量,有点击量,有收藏及加购物车,唯独没有转化,究其原因是不合理价格(一般是价格过高)影响了最终转化。

4)选品方法及工具

根据跨境电商选品基本原则,在选品时运用互联网思维和大数据选品工具,有以下几种选品方法:

①看产品趋势。看产品趋势可以直观地判断这个产品是否是季节性产品,是否曾经销售,是否有着稳定的增长等。常用的工具有 Google Trends、trendhunter.com 等。

②关键词分析。通过关键词分析,可以了解到行业内热词的点击情况、销售情况、市场竞争度等。常用的工具有 Google Adwords、Ahrefs、Merchant words、KWFinder 等。

③电商平台交叉对比。在通过各种热销榜单、评论等找到了目标产品后,可以在 Amazon、AliExpress、Shopee、eBay、Wish 等平台上进行交叉对比,来验证产品是否能够热销。

④社交媒体热门内容选品。可以通过 Facebook、Twitter、Pinterest 等社交媒体中近期用户关注的热门内容来进行选品,常用工具有 BuzzSumo、Ecomhunt 等。

⑤亚马逊头部店铺监测。可以跟踪亚马逊头部卖家的店铺来查看某一产品品类的销售和评论,常用工具有 Keepa、Jungle Scout 等。

⑥分析创意产品网站。一些创意 idea 网站可以成为选品的来源，达人们会在 ThisIsWhyImBroke、Coolhunting 等网站上对有创意的产品进行对比、分析，他们通常也会引领时尚产品趋势。

⑦关注产品测评。关注产品的测评也是选品的好方法，将买家 reviewer 作为测评重点关注跟踪内容。

⑧大数据选品法。使用编程语言编写程序或者大数据选品工具选品，如第三方数据平台：海鹰数据、易选品、卖家网、牛魔王、芒果选品等。

9.2.3 跨境电商物流运输及通关研究

1）跨境电商物流研究

（1）跨境电商物流的基本概念

跨境电商物流是指网上平台销售的物品从供应地到不同国家地域范围接收地的实体流动过程，包括国际运输、包装配送和信息处理等环节。

在跨境电子商务的发展过程中，跨境电商物流是跨境电商的基础设施。跨境电商物流成本直接关系到跨境电商的销售成本，跨境电商物流送达范围的广度决定跨境电商的销售区域，跨境电商物流的通畅度和时效性反映了跨境贸易的便利度和客户的体验。跨境电商物流包含了境内配送、跨境运输、境内外仓储、境外本地配送、退换货、退运等多元化的服务，成为跨境电商链条上的交付环节。

（2）跨境电商物流的现状

①物流成本相对较高。

在我国跨境电商物流的发展过程中，基础设施不完善及体系不完整，物流的成本较高。从成本来看，我国跨境电商物成本远远高于其他国家甚至国际标准。跨境电商物流需要考虑的问题多而复杂，涉及国内物流、国内海关、国际运输、国外海关、国外物流众多环节。在实际操作中风险很大，因此，在一定程度上大大增加了跨境电商的物流成本。要想跨境电子商务物流稳定运行，不仅需要建立一个完整的跨境物流网络，还有必要将跨境货物的关税、商品检验、快递等成本分类到考虑范围内。目前，跨境物流的运输过程比较麻烦，导致跨境物流耗费成本是运输总成本的 30%～40%。在国内外物流、跨境海关检查等众多交通环节中，海关和商检也存在很大的操作难度和一定的风险。消费者偏好、地理距离、文化差异、语言障碍、信息摩擦都会对跨境电商出口产生阻碍（Blum and Goldfarb，2006①；Hortacsu et al.，2009②）。基础设施建设水平、通关便利化程度和金融可达性程度等也会从供给侧角度影响跨境电商的出口（Ho et al.，2007）③。

① BLUM B S，GOLDFARB A.Does the Internet defy the law of gravity? [J].Journal of international economics，2006，70(2)：384-405.

② HORTACSU A，MARTINEZ-JEREZ F A，DOUGLAS J.The Geography of Trade in Online Transactions：Evidence from eBay and MercadoLibre[J].American Economic Journal.Microeconomics，2009，1(1)：53-74.

③ HO S C，KAUFFMAN R J，LIANG T P.A growth theory perspective on B2C e-commerce growth in Europe：An exploratory study[J].Electronic Commerce Research & Applications，2007，6(3)：237-259.

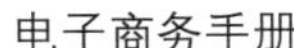

②跨境物流周期长。

跨境物流的产业链和环节包括国内和国际物流和海关运输。中间环节太多、物流周期太长,导致顾客不能及时收货,因而消费者对跨境电商物流存在消极的主观印象,这影响消费行为的发生。然而,物流周期长是不可避免的,跨境电商固有的特点也对物流的中心环节起着决定性的作用。不仅如此,由于海关和商检的时间较长,跨境电子商务物流导致物流周期长。

③退货和换货物流实现困难。

在跨境电商的发展过程中,由于其涉及的环节较多,在每个环节都会产生相对应的退换货情况,而跨境物流周期长导致隐藏和存在多种风险,货品的丢失、海关和商检的风险、错误的配送地址等问题大大制约了退货和换货。再者,在我国跨境物流中缺乏完善的退货通道,难以实现退换货。

④物流信息难以实现全程追踪。

在中国国内物品的物流运输中,对包裹从下单到收货的全程追踪已常态化,是对商家最基本的要求。由于跨境电商物流地区广,不能做到每个跨境物品的全程追踪,在中国国内,信息追踪可以实现,而当包裹出境后,由于信息水平的限制,很难对其再进行继续追踪。虽然目前在一些发达国家可以实现全程追踪,但在信息化程度不高的国家难以实现,大大制约了跨境交易及跨境物流的发展。这是由于电商物流企业无法与其他国家物流企业构建起物流信息共享网络,因此对出境的货物进行全程追踪服务很难实现。

(3)跨境电商物流的分类

按照备货模式分类,跨境电商物流出口主要有直邮和海外仓两种类型(图 9-6)。

直邮业务是跨境物流服务商完成跨境电商件门到门/门到仓的全流程跨境物流环节;消费者从网上下单,卖家线上填写物流运单,快递上门揽收,交接到跨境物流商(货代),经过国内运输,将跨境电商件运输到出口口岸,通过海关清关后出关,包裹到达进口口岸,经过目的国海关报关清关后,进入目的国国内运输阶段。进入尾程承运阶段,通过邮政网络等,进行尾程配送,将商品送达消费者手中。

海外仓模式以备货模式为主,跨境物流服务商通过将跨境电商件运至目的国的仓库后,如果目的国有相关商品的订单,再通过目的国物流服务商由海外仓直发海外消费者。跨境电商出口物流业务模式各有不同,但其核心出发点是为了帮助跨境电商平台实现对货物运输环节的管控以及改善优化海外消费者消费体验。海外仓模式经历的环节大部分与直邮出口是一致的,对比之后发觉,出口海外仓模式等进口到达目的国以后,快递件先进入海外仓,等买家下单后,卖家从海外仓发货。再经过物流运输送达消费者。

(4)跨境电商物流运输一般流程

跨境电商物流比国内电商物流复杂很多,因为所成交的商品需要通过关境进出口,货品进出境的方式决定了跨境物流的运作方式和复杂程度。对于出口跨境电商而言,不论什么模式,其运作流程关键环节是类似的。出口商发布产品,境外买家网上购买并支付,通过邮政或快递企业申报出境,货物装车,通过机场快件监管中心(分拣)或邮政快件监管中心(分拣)或邮政国际邮件处理中心(分拣),经过空运或陆运口岸出境,电商企业集中报检报关,最后进行结汇、退税。

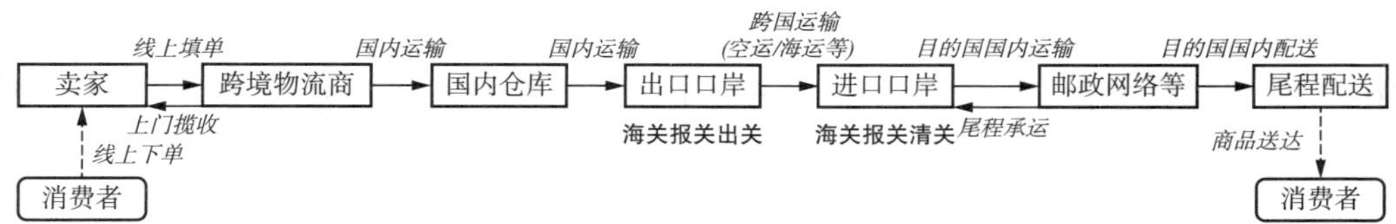

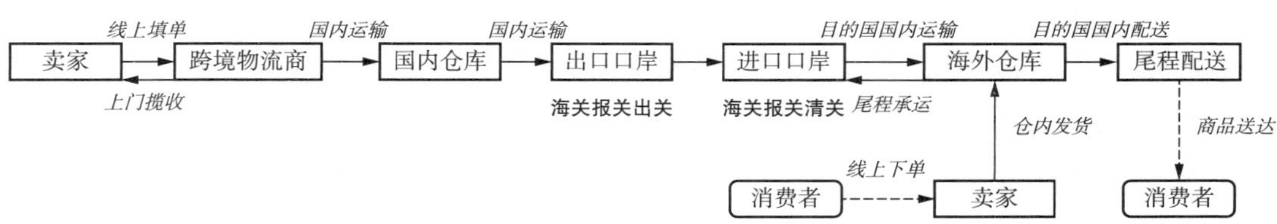

图 9-6　跨境电商物流直邮和海外仓模式流程

2)跨境电商通关方式研究

跨境电商业务在进出口方面的监管方式,针对不同的业务有不同的监管方式。清除监管障碍,简化跨境电商现有流程规制,缩小跨区域的监管差异对促进跨境电商交易规模增长具有重要意义①。

(1)跨境电商出口通关

与跨境电商进出口通关直接相关的通关模式主要有七种,分别是 9610、1210、1239、0110、1039 和 9710、9810(图 9-7)。

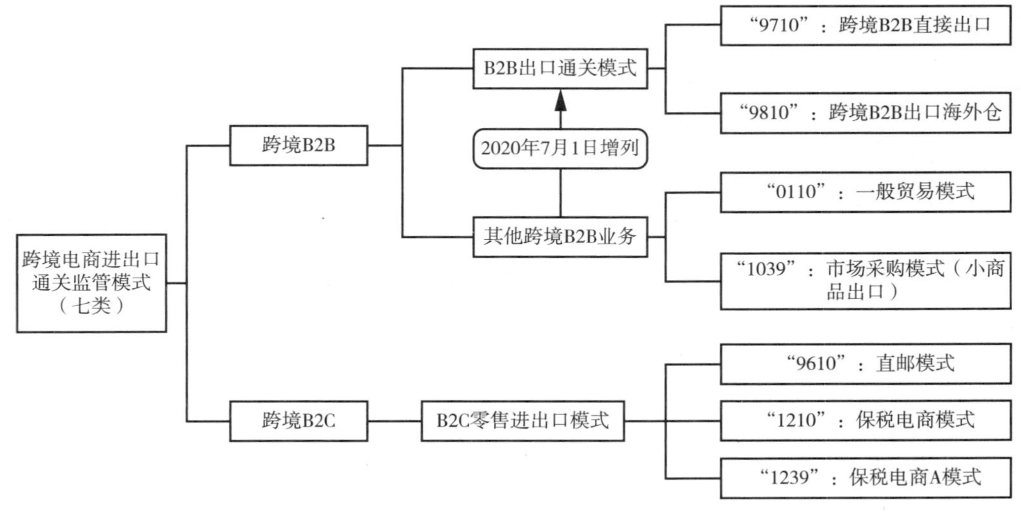

图 9-7　通关模式关系图

首先四位代码,其中前二位是按海关监管要求和计算机管理需要划分的分类代码,后二

① KIM T Y, DEKKER R, HEIJ C. Cross-Border Electronic Commerce: Distance Effects and Express Delivery in European Union Markets[J]. International Journal of Electronic Commerce, 2017, 21(2): 184-218.

位为海关统计代码。“96”应该代表“跨境”，“12”应该代表“保税”。其他类似的代码还有“0110”，代表的是一般贸易。针对跨境电商 B2C 模式，海关总署制定了代码“9610”和“1210”的海关监管方式。跨境电商 B2B 出口主要包括两种模式（“9710”和“9810”），企业可根据自身业务类型，选择相应方式向海关申报。

①“9610”全称“跨境贸易电子商务”，简称“电子商务”，俗称“集货模式”，即 B2C（企业对个人）出口。

该监管方式适用于境内个人或电子商务企业通过电子商务交易平台实现交易，并采用“清单核放、汇总申报”模式办理通关手续的电子商务零售进出口商品。该模式能够化整为零，灵活便捷满足境外消费者需求，具有链路短、成本低、限制少的特点。也就是说，“9610”出口就是境内企业直邮到境外消费者手中。

②“1210”全称“保税跨境贸易电子商务”，简称“保税电商”。

该监管方式适用于境内个人或电子商务企业在经海关认可的电子商务平台实现跨境交易，并通过海关特殊监管区域或保税监管场所进出的电子商务零售进出境商品。“1210”相当于境内企业把生产出的货物存放在海关特殊监管区域或保税监管场的仓库中，即可申请出口退税，之后按照订单由仓库发往境外消费者。

③“9710”全称“跨境电子商务企业对企业直接出口”。

该监管方式适用于跨境电商 B2B 直接出口的货物。具体是指境内企业通过跨境物流将货物运送至境外企业或海外仓，并通过跨境电商平台完成交易的贸易形式，包括亚马逊、eBay、Wish、全球速卖通、阿里巴巴、敦煌网等电商平台以及自建站。商家通过跨境电商平台完成交易，通过跨境物流将货物运送至境外企业或海外仓就适用“9710”。

④“9810”全称“跨境电子商务出口海外仓”。

该监管方式适用于跨境电商出口海外仓的货物，也就是亚马逊 FBA、第三方海外仓或者自建海外仓都包含在内。

⑤“0110”是境内外企业通过传统贸易方式达成交易的方式，也就是一般贸易出口，企业需要随附委托书、合同、发票、提单、装箱单等单证。

表 9-3　四种监管类型比较

	跨境电商 B2B 出口 9710、9810	跨境电商 B2C 出口 9610	一般贸易出口 0110
企业要求	参与企业均办理注册登记 出口海外仓企业备案	电商、物流企业办理信息登记 办理报关业务的注册登记	企业注册登记
随附单证	9710：订单、物流单（低值） 9810：订舱单、物流单（低值） （委托书首次提供）	订单、物流单、收款信息	报关委托书、合同、发票、提单、装箱单等
通关系统	“H2018 通关管理系统” “跨境电商出口统一版” （单票<5 000 元，不涉检、证、税）	“跨境电商出口统一版”	“H2018 通关管理系统”

续表

	跨境电商 B2B 出口 9710、9810	跨境电商 B2C 出口 9610	一般贸易出口 0110
简化申报	在综合试验区所在地海关通过“跨境电商出口统一版”申报,符合条件的清单,可按照 6 位 HS 编码简化申报	在综合试验区所在地海关通过“跨境电商出口统一版”申报,符合条件的清单,可按照 4 位 HS 编码简化申报	—
物流	转关 直接口岸出口 全国通关一体化(通过 H2018 申报的)	转关 直接口岸出口	直接口岸出口 全国通关一体化
查验	优化安排查验	—	—

代码“0110”:一般贸易出口“0110”适用境内企业与境外企业通过传统贸易方式达成交易。

代码“1210”:“1210”海关监管方式适用于境内个人或电商企业在经海关认可的电商平台实现跨境交易,并通过海关特殊监管区域或保税监管场所进出的电商零售进出境商品。简言之,消费者在购买海外产品时选择了保税的发货模式,即“1210”。

代码“9610”:跨境电商 B2C 出口“9610”适用境内跨境电商企业与境外消费者通过跨境电商销售平台达成交易。

代码“9710”:跨境电商 B2B 直接出口“9710”,适用于跨境电商 B2B 直接出口的货物。

代码“9810”:跨境电商出口海外仓“9810”,适用于跨境电商出口海外仓的货物。

(2)跨境电商进口的“三单对碰”的实现

“三单对碰”是海关总署的明确要求,海关总署在 2014 年第 12 号、2014 年第 57 号公告中提出,开展跨境电商进口业务的企业应当按照规定向海关传输交易、支付、仓储和物流等数据。由海关校验每一笔交易订单信息和消费者信息的真实性,促进跨境电商合规化发展。“三单”信息就是海关公告中的交易信息、支付信息、物流信息。相对应的“三单”就是订单、支付单、运单(也叫物流单),是在消费者下单后由不同类型主体的企业分别推送的。

订单信息包括订购人信息、订单号、支付单号、物流单号及商品信息等,由电商企业推送电子订单数据;支付单信息包括支付人信息、支付金额、订单号、支付单号等,由支付企业推送支付单数据;运单信息包括分物流单号、订单号、商品信息、收货人等,由仓储物流服务商推送运单数据。

“三单”中包含很多重要信息,我们可以看到有些信息是“三单”共有的,其中订单编号就是主键,用来确认这“三单”属于同一笔订单。海关收到上述“三单”后,仓储物流服务商需要把该订单的清单推送给海关,海关将订单、支付单、运单中的订购人信息、收件人信息,商品及价格信息和清单中的订购人信息、收件人信息,商品及价格信息进行数据校验比对。这个校验比对的过程就是“三单对碰”。

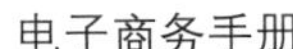

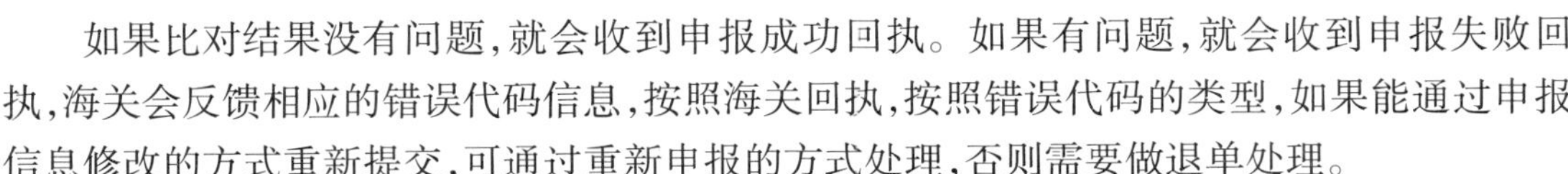
如果比对结果没有问题，就会收到申报成功回执。如果有问题，就会收到申报失败回执，海关会反馈相应的错误代码信息，按照海关回执，按照错误代码的类型，如果能通过申报信息修改的方式重新提交，可通过重新申报的方式处理，否则需要做退单处理。

9.2.4　跨境电商法律法规研究

2008 年，始于美国的次贷危机向全球蔓延，最终演变成国际金融危机，实体经济受到严重打击，国际贸易面临前所未有的严峻形势：发展低迷，增长乏力，各国进出口额都大幅下降。在此背景下，跨境电子商务因减少中间环节、降低交易成本、受各国贸易壁垒和限制少等特点而迅速崛起，成为外贸发展的新业态、经济增长的新引擎。跨境电子商务行业的迅猛发展离不开相关政策与法律法规的支持；随着其进一步深入发展，相关政策措施、法律法规亦需与之配套，促进跨境电子商务行业规范、健康、有序发展。

1）跨境电商法律法规概述

（1）跨境电商法律法规的内涵

跨境电商法律法规是指规范、监管、完善、促进跨境电子商务行业健康有序发展的相关法律和规章制度。

跨境电商的快速发展，为社会创造了大量的就业岗位，为经济向好向上发展打下了坚实的基础，但是跨境电商在发展的过程中能否长久稳定运行，离不开相关法律法规的有效规范与监管。

（2）跨境电商法律法规的范围

借助于互联网、移动端、5G、大数据、云计算等新技术手段，跨境电商实现了买全球、卖全球的宏伟目标，各国纷纷发展跨境电商以促进经济发展，由此在全球范围内产生了各种各样的法律问题、矛盾纠纷，国际组织、各国都制定和出台了相关法律规范和规章制度，从制定的主体这一角度来看，跨境电商法律法规覆盖的范围有两类：一是主要的国际组织，包括联合国、世界贸易组织、经济合作与发展组织、亚太经济合作组织等；二是主要的国家和地区，包括欧盟、美国、澳大利亚、新加坡、日本、韩国、俄罗斯、巴西、中国等。

（3）跨境电商法律法规的体系

从涉及的行业领域来划分，将跨境电商法律法规的体系分为以下几个方面：跨境电商贸易、商务、运输相关的法律法规；跨境电商监管的法律法规，包括通关、检验检疫、金融、税收等方面；知识产权与平台责任的法律法规；一般的电子商务法律法规。

（4）跨境电商法律法规的特点

①制定的主体多、涉及的行业广、覆盖的范围大。

跨境电商的法律法规制定的主体有国际组织，包括联合国及其相关部门、世界贸易组织、经济合作与发展组织、亚太经济合作组织，世界各国政府及其部委（商务部、海关、外汇管理局、财政部、税务总局），还有地方政府等。跨境电商法律法规对产品制造业，跨境电商企业，跨境电商平台企业，物流、支付、仓储、运输、信息技术等众多行业都具有规范、约束的效力，覆盖全球的范围。

②法规的法律地位相对较低。

跨境电商的相关法律地位最高，法规以部门规章制度、办法、文件、通知、指导意见等形式出台，其法律地位相对较低。

③需要及时更新。

由于跨境电商受新的信息技术及手段的影响以及国际国内发展出现的新形势，跨境电商的法律法规需要与时俱进，不断修正及增加新的内容以适应由新技术、新环境、形势的变化所产生的新需求。

2）主要国家和地区制定的跨境电商法律法规

（1）欧盟

欧盟始终将规范电子商务活动作为发展电子商务的一项重要工作，先后制定了一系列用来规范和指导欧盟各国电子商务发展的指令，以保障和促进联盟内部电子商务的发展。

1997 年 4 月，欧盟委员会提出了著名的《欧洲电子商务行动方案》，为欧洲的电子商务立法确定了宗旨和立法原则，明确指出了欧洲究竟能在多大程度上受益于电子商务，取决于是否具备满足企业和消费者需要的法律环境。

1997 年 5 月 20 日，欧盟通过了《关于远距离合同订立过程中对消费者保护的指令》，为消费者网上交易的合法权益保护规定了多项措施；2011 年 11 月 22 日，欧盟公布了《消费者权利指令》，其重点突出了对互联网交易问题的关注，规范网络交易市场，增加网络消费的信心。

1997 年 12 月，欧盟委员会针对信息社会的著作权问题，提出《关于信息社会的版权与邻接权指令》的立法草案，其对欧盟成员国范围内统一协调著作权及邻接权保护的法律规范做出了相应的规定，以适应电子商务条件下与知识产权有关的产品及服务的发展需要，欧盟于 1998 年 12 月通过了该法案。

1998 年 7 月 20 日，欧盟委员会通过《关于内部市场中与电子商务有关的若干法律问题的指令》，目的是保障内部市场的良好运行，重点在于保障信息服务在成员国之间自由流通。

1999 年 12 月 13 日，欧盟议会和理事会共同制定和颁布了《关于在欧盟范围内建立有关电子签名共同法律框架的指令》，为在欧盟范围内电子签名的法律制度协调一致和运转与发展提供了有力的保障。

（2）美国

美国是全球电子商务发展最早最快的国家，它不仅是世界上最大的在线零售市场，也是全球最受欢迎的跨境市场，美国政府出台了一系列的法律和文件，采用鼓励投资、税收减免等措施，营造促进电子商务发展的便利环境。

1997 年 9 月 15 日，美国颁布了《全球电子商务纲要》，这是美国电子商务发展的一个里程碑。其他跨境电商相关法律主要有：《个人隐私保护法》《电子信息自由法案》《公共信息准则》《1996 年电信法》《计算机保护法》《网上电子安全法案》《统一电子交易法》《国际国内电子签名法》等。

(3)日本

日本在跨境贸易方面制定了一系列法律法规，包括《外汇及对外贸易管理法》《进出口交易法》《贸易保险法》和《日本贸易振兴会法》等.根据有关进出口法律，日本政府还颁布了《输入贸易管理令》和《输出贸易管理令》，日本经济产业省则颁布了具体的《输入贸易管理规则》和《输出贸易管理规则》。

《外汇及对外贸易管理法》规定日本的对外交易活动可自由进行，政府部门仅在必要时采取最低限度的管理和调控。《进出口交易法》允许日本的贸易商在价格、数量等贸易条件方面进行协同以及结成诸如进出口协会之类的贸易组织，必要时政府可以通过行政命令对外贸进行调控。该法同时确立对外贸易的秩序，以实现对外贸易的健康发展。在此基础上，日本政府制定了《输入贸易管理令》和《输出贸易管理令》对货物进行具体分类加以管理。

(4)俄罗斯

在电子商务方面，俄罗斯是世界上最早进行立法的国家之一，颁布了一系列法律法规，包括《俄罗斯信息、信息化和信息保护法》《电子商务法》《电子合同法》《电子文件法》《俄联邦因特网商务领域主体活动组织的建议》《电子商务组织和法律标准》《提供电子金融服务法》《利用全球互联网实现银行系统的信息化法》《国际信息交流法》《俄联邦电子商务发展目标纲要》《国家支付系统法》《电子签名法》《电子一卡通法》及电子商务税收有关的法律等。

(5)巴西

巴西外贸委员会是巴西对外贸易政策的最高决策机构，发展、工业和外贸部是对外贸易政策的执行部门。巴西联邦税务总局是海关事务的主管部门，隶属于财政部，负责制定和执行海关政策、征收关税以及实施海关监管制度等。巴西中央银行是外汇兑换的管理部门。

巴西主要的海关程序都包含在 2002 年 12 月 26 日的第 4543 号法令中，其后的 5138 号法令对其进行了修改。关税管理的主要法律制度是 1994 年 12 月 23 日第 1343 号法令。主要的进口措施都编撰在 2003 年 12 月 1 日的《进口管理规定》。出口措施都包括在 2003 年 9 月 3 日的第 12 号《出口管理规定》中。

(6)韩国

韩国于 2002 年颁布了《电子商业基本法》，对电子商务涉及的多方面法律问题进行了较为原则性的规范，包括电子信息、数字签名、电子认证、电子商务安全保证、消费者权益保护、行业促进政策制定等。对电子商务安全性的规定，包括对保护个人信息的规定和对电子交易者保证电子信息交易系统安全的规定；对保障消费者权益的规定，既规定了政府在保护电子交易消费者的合法权益方面的责任，还特别规定了电子交易者和网上商店经营者等成立损害赔偿机构的责任；对促进电子商务发展的规定，包括政府应制定促进电子商务发展的政策和方案，该法对方案的具体内容做出了规范；采取促进电子商务标准化的措施；加强多方面的信息技术开发；税收优惠和补贴政策。此外，还包括国际合作、机构成立及职责设置等规范。

(7)新加坡

1998年新加坡为了推动本国电子商务的发展,颁布了《电子交易法》。该法主要涉及电子签名、电子合同的效力、网络服务提供者的责任等三个与电子商务有关的核心法律问题,明确了电子签名的效力、规定了特定类型的安全电子签名技术及其法律意义、使用电子签名者的义务、电子签名安全认证机构的义务等重要问题;明确了电子合同的法律有效性,合同不能仅因采用电子形式效力就受到影响;明确了网络服务提供者的责任,对于其无法控制的第三方电子形式的信息造成的问题,不应让网络服务提供者承担民事或刑事责任,即便第三方利用网络服务提供者的网络系统传播了违法或侵权的信息。

新加坡于2000年8月31日发布了电子商务的税收原则,确认了有关电子商务所得税和货物劳务税的立场。

(8)印度

为促进电子商务的发展,印度于1998年制定了《电子商务支持法》,内容涉及电子商务具体的交易形式,以及证据、金融、刑事责任方面的内容,具有较强的操作性。该法在亚洲是制定得较早的电子商务法案,在体例上也具有明显的独特性,它从法律上明确了针对传统交易方式制定的法律不能因电子商务的新型交易方式而造成障碍,而且在证据、金融、刑事责任方面该法也有具体的规定,有很强的操作性。

为了给电子商务中基于电子数据交换的交易行为提供法律支持,印度信息产业部于1999年以联合国《电子商务示范法》为蓝本制订了《信息技术法》,该法明确了电子合同、电子签名的法律效力,规定了网络民事和刑事违法行为的法律责任,以保障电子商务的安全性和便捷性。2003年,印度政府又对《信息技术法》进行了修订,明确了电子票据的法律效力。2008年12月印度政府对《信息技术法》再次进行修订,通过《信息技术(修订)法案》,对不适应电子商务发展的规定进行了修订,如将"数字签名""数字认证"修订为"电子签名""电子认证"等,同时针对一些新出现的网络违法犯罪形式,增加了网络犯罪的种类。

3)中国跨境电商法律法规

近年来,我国跨境电子商务规模呈爆发式增长,其增速明显高于传统外贸,这使得传统外贸企业加快了向跨境电商企业转型的步伐。我国从信息、支付、清算、物流、税收等多方面出台相关法律法规,支持与监管跨境电子商务行业,推动其健康发展和规范有序运营与管理。

我国跨境电子商务涉及的法律法规可以分为四类。第一类是跨境电子商务涉及的贸易、商务、运输类,这一类主要是针对跨境电子商务活动中的跨境贸易属性,解决涉及贸易的基础问题,尤其适用于B2B模式的跨境电子商务;第二类是跨境监管对应的有关法律法规,此类主要是针对跨境电子商务过程中的通关、商检、外汇、税收等问题,对各种模式的跨境电商交易都具有约束力;第三类是跨境电子商务知识产权保护的法律法规,主要涉及商品的专利、商标、著作权等问题的规范;第四类是电子商务活动相关的法律法规,重点在于电子商务本身的一般性法律问题,其关键在于电子信息技术带来的新空间、新模式。

(1)中国跨境电商政策发展概述

跨境电商行业的高速发展离不开相关政策的支持,从2012年8月商务部颁布《关于利用电子商务平台开展对外贸易的若干意见》以来,针对跨境电商行业的配套政策和措施纷纷出台。从现已颁布的政策来看,各相关部门工作的主要目的是:大力支持跨境电商新兴业态的发展,积极引导跨境电商运营的规范化。目前,涉及跨境电商政策制定的部门包括:国务院、海关总署、商务部、国家发展改革委、财政部、国家税务总局、国家市场监督管理总局、中国人民银行和国家外汇管理局等部门。

这些政策深入跨境电商的方方面面,大到总体制度、环境建设,例如开展跨境电子商务综合试验区试点,小到跨境电商的具体环节,例如税收、支付、通关、海外仓等方面,为跨境电商的发展扫除障碍,创造各种有利条件来推动其快速发展。

(2)中国跨境电商政策发展历程

随着我国跨境电子商务的发展,其政策制定呈现出明显的阶段性特征。综合考虑我国跨境电子商务政策阶段性特点、年度发布数量以及关键政策发布节点,可将跨境电子商务政策发展过程划分为蓄势萌芽期、红利爆发期、监管过渡期、规范发展期四个阶段。

①蓄势萌芽期(2004—2012年)。

我国跨境电子商务起步于20世纪末,以阿里巴巴国际站、中国制造网等为代表的平台为跨境出口企业提供在线展示、交易撮合等信息服务,不提供在线交易业务,2004年敦煌网上线,标志着跨境电子商务从单纯的信息服务升级为交易、支付、物流、通关等全流程电子化的在线交易。在此期间,国家相继出台《中华人民共和国电子签名法》《国务院办公厅关于加快电子商务发展的若干意见》等法规和政策,电子商务法规环境与支撑体系逐步建立,电子商务创新应用不断加强,跨境电子商务作为电子商务领域的新兴业态逐步兴起。《跨境贸易人民币结算试点管理办法》《物流业调整和振兴规划》等两项跨境电子商务政策措施发布,规范跨境结算业务,发展国际物流,鼓励企业利用电子商务平台开展对外贸易,为跨境电子商务行业大发展积蓄产业力量和政策基础。这一时期跨境电商主要政策见表9-4。

表9-4 中国2004—2011年跨境电商政策

发布时间	政策/文件名称	核心内容	发布单位
2004.08.28	电子签名法	针对经营者使用可靠的电子签名与提供电子认证服务	国务院办公厅
2005.01.08	关于加快电子商务发展的若干意见	电子商务综合法规	国务院办公厅
2007.12.13	关于促进电子商务规范发展的意见	推动网上交易健康发展,规范网上交易行为	商务部
2009.07.01	跨境贸易人民币结算试点管理办法	对跨境贸易人民币结算试点的业务范围、运作方式、试点企业、清算渠道等做了具体规定	中国人民银行

续表

发布时间	政策/文件名称	核心内容	发布单位
2009.11.30	商务部关于加快流通领域电子商务发展的意见	扶持传统流通企业应用电子商务开拓网上市场培育一批管理运营规范、专业网络购物企业	商务部
2010.05.31	网络商品交易及有关服务行为管理暂行办法	规范网络商品交易及有关服务行为，保护消费者和经营者合法权益，促进网络经济健康发展	国家工商行政管理总局
2010.06.14	非金融机构支付服务管理办法	规范非金融机构支付服务行为，规范支付风险	中国人民银行
2010.06.24	关于促进网络购物健康发展的指导意见	拓宽网络购物领域，规范交易行为	商务部
2010.09.15	跨境贸易人民币结算试点管理办法实施细则	推动跨境贸易电子商务发展，海关总署启动 5 个跨境贸易电子商务服务试点城市（上海、杭州、重庆、宁波、郑州）	中国人民银行
2011.11.04	关于支付机构客户备付金管理规定和办法	规范支付机构客户备付金的管理，保障当事人合法权益，促进支付行业健康发展	中国人民银行
2012.01.05	支付机构互联网支付业务管理办法	针对支付机构，为规范和促进互联网支付业务发展，防范支付风险	中国人民银行
2012.02.06	关于促进电子商务健康快速发展有关工作通知	八部委从多方面推动电子商务健康快速发展	国家发展改革委等八部委
2012.03.12	关于利用电子商务平台开展对外贸易若干意见	增强电子商务平台的对外贸易功能，提高企业利用电子商务开展对外贸易的能力和水平	商务部
2012.03.27	电子商务“十二五”发展规划	全面贯彻《2006—2020 年国家信息化发展战略》《国民经济和社会发展第十二个五年规划纲要》和《国务院办公厅关于加快电子商务发展的若干意见》	工业和信息化部
2012.05.08	关于组织开展国家电子商务示范城市电子商务试点专项的通知	组织开展电子商务试点工作，推动电子商务的有关政策在局部地区取得突破性进展	国家发展改革委办公厅
2012.12.19	国家跨境贸易电子商务服务试点工作部署会议	明确试点建设任务和工作计划	海关总署

②红利爆发期（2013—2015 年）。

2013 年被称为我国跨境电商发展的元年，这一年国务院办公厅转发《关于实施支持跨境电子商务零售出口有关政策的意见》，提出要在示范城市完善支付、税收、检验检疫等支持

政策，国家外汇管理局、原国家质量监督检验检疫总局、国家税务总局等部门迅速响应，出台相关措施推动跨境电子商务零售出口业务发展。2014 年，海关总署相继出台 12 号、59 号、56 号、57 号文等，把跨境电子商务正式纳入海关监管，并创新性地提出跨境电子商务零售进口商品应按照个人物品进行监管。2013 年和 2014 年，跨境电子商务服务试点城市从 2012 年的上海、重庆、杭州、宁波和郑州 5 个城市扩容增加了广州、深圳、苏州、青岛、长沙、平潭、银川、牡丹江、哈尔滨、烟台、西安、长春 12 个城市。2015 年，国务院同意设立中国（杭州）跨境电子商务综合试验区，同年商务部印发了《2015 年电子商务工作要点》，表明我国已将跨境电子商务作为对外贸易的一部分并给予了更多的关注。2015 年 1 月，国家外汇管理局发布《关于开展支付机构跨境外汇支付业务试点的通知》。2015 年 1 月至 2016 年 6 月，《电子商务法》起草组开展并完成电子商务法草案的起草工作。2015 年 3 月 23 日，国家质量监督检验检疫总局出台《关于深化检验检疫监管模式改革支持自贸区发展的意见》进一步规范了海关检验的工作，支持跨境电子商务的发展。

在跨境交易、支付、物流、通关、退税、结汇等环节监管模式与信息化建设的政策红利下，跨境进出口平台不断涌现，跨境电子商务进口迅速发展。

③监管过渡期（2016—2018 年）。

跨境电子商务在政策引导下迅速发展。2016 年 2 月，我国开始实施无纸化通关，大大减少了海关的工作量，并且加快了跨境电子商务货物的通关速度。2016 年 3 月，财政部、海关总署、国家税务总局联合发布《关于跨境电子商务零售进口税收政策的通知》，实施跨境电子商务零售进口税收新政，把之前的个人行邮税调整为按（消费税+增值税）×70%的标准征收。政策规定，在跨境电子商务零售进口监管过渡期内，对保税进口和直邮进口商品按税收新政征税。2016 年 4 月，我国开始实施跨境电子商务零售进口税收政策，并调整行邮税政策。2016 年 5 月，我国对跨境电子务零售进口有关监管要求给予一年的过渡期，之后，经有关部门同意，这一过渡期延长至 2018 年年底。2016 年 3 月，电子商务立法已列入第十二届全国人民代表大会常务委员会五年立法规划。2016 年 12 月 19 日，在第十二届全国人民代表大会常务委员会第二十五次会议上，全国人民代表大会财政经济委员会提请审议《电子商务法》草案。

同时，设立跨境电子商务综合试验区，重点针对企业到企业（B2B）出口业务相关环节，在技术标准、业务流程、监管模式、信息化建设等方面先行先试，将两平台六体系等成熟做法向全国复制推广。在监管过渡期内，跨境电子商务综合试验区进一步扩容，自 2015 年杭州被设立为全国首个跨境电子商务综合试验区以来，至 2020 年国务院已经分批次设立了 105 个跨境电子商务综合试验区，覆盖 30 个省、自治区和直辖市，充分体现了国家对跨境电子商务新业态、新模式包容审慎的监管态度。

④政策规范发展期（2019 年至今）。

跨境电子商务零售进口监管过渡期后，海关、税收、检验检疫等各环节的监管进一步规范。2016 年 12 月 27 日至 2017 年 1 月 26 日，在中国人大网公开向全国征求电子商务立法意见。2018 年 6 月 19 日，《电子商务法》草案三审稿提请第十三届全国人民代表大会常务委员会第三次会议审议。2018 年 8 月 27 日至 8 月 31 日举行第十三届全国人民代表大会常务委员会第五次会议,对《电子商务法》草案进行了四审。2018 年 8 月 31 日,第十三届全国人民代表大会常务委员会第五次会议表决通过《电子商务法》。《电子商务法》自 2019 年 1 月 1 日起施行,明确了跨境电子商务经营者、平台经营者等的权利和义务,积极推动跨境电子商务各环节监管的规范化和信息化发展。2018 年 11 月 28 日,商务部、国家发展改革委、财政部、海关总署、国家税务总局、国家市场监督管理总局联合印发《关于完善跨境电子商务零售进口监管有关工作的通知》,对监管过渡期后的跨境电子商务零售进口监管工作做了进一步安排,规定自 2019 年 1 月 1 日起正式实施,明确跨境电子商务企业、跨境电子商务平台及境内服务商、消费者、政府部门等各参与主体的责任和义务,为保障政策规范实施和进行有效监管提供决策依据。制定法律是为了更好地发展跨境电子商务,国家出台相关法律法规和政策,使得跨境电子商务向着更加法律化、合理化、正式化的方向发展。这对我国跨境电子商务发展是非常有利的,也有助于我国对外贸易的发展。

9.3 理论与实践结合案例

9.3.1 中国跨境电商综试区的实践与经验——杭州跨境电商综试区

根据艾瑞咨询《2012—2013 年中国跨境电商市场研究报告》数据,2012 年中国跨境电商进出口贸易额为 2.3 万亿元,同比增长 31.5%,占整体进出口贸易额的 9.5%。2012 年进、出口贸易额分别为 12.3 万亿元和 13.9 万亿元,同比增长 8.6%和 12.4%,增速分别下滑 10.9 个百分点和 2.8 个百分点。导致 2012 年中国进出口贸易额下滑的原因:一是外部市场需求环境变化;二是随着中国劳动力、土地、资源能源等要素成本和资产价格的显著持续上升,以及人民币持续升值等,使中国出口综合成本过快上涨,削弱了中国的出口竞争优势;三是针对中国的贸易摩擦持续增加。

在此背景下,跨境电商的快速发展将对维持中国进出口贸易稳定增长产生深远意义和价值。一方面,相较于传统外贸,跨境电子商务能有效压缩中间环节、化解产能过剩,重塑国际产业链、促进外贸发展方式转变,增强国际竞争力;另一方面,电子商务网站集合海量商品信息库、个性化广告推送、智能化商品检索、口碑聚集消费需求、支付方式简便等多重优势,为中小企业提供发展之道。此外,跨境电子商务面对的是全球 200 多个国家和地区的商家和消费者,市场潜力巨大,而在中国政府和企业的大力推动下,已经围绕整个跨境贸易形成了一条从营销到支付、物流和金融服务的清晰、完整的产业链,为中国跨境电子商务的进一步发展奠定基础。

为促进中国跨境电商行业更好更快地发展,国家决定设立跨境电商综试区,作为中国对外开放的重要改革试点,在新常态下探索经济增长的新模式。

1) 中国跨境电商综试区的内涵及作用

中国跨境电子商务综合试验区是中国设立的跨境电子商务综合性质的先行先试的城市

区域，旨在跨境电子商务交易、支付、物流、通关、退税、结汇等环节的技术标准、业务流程、监管模式和信息化建设等方面先行先试，通过制度创新、管理创新、服务创新和协同发展，破解跨境电子商务发展中的深层次矛盾和体制性难题，打造跨境电子商务完整的产业链和生态链，逐步形成一套适应和引领全球跨境电子商务发展的管理制度和规则，为推动中国跨境电子商务健康发展提供可复制、可推广的经验。

跨境电商综试区的设立显著提升了地区行业出口的扩展边际和数量边际，助力地区外贸创新发展（马述忠和郭继文，2022）①。跨境电商综试区的建设能够有效促进农村中小企业数字化转型，从而加强其在跨境贸易市场中的竞争力（Li et al.，2018）②。从产业扩散理论角度看，跨境电商综试区的建立促进产业集聚，帮助各类服务逐渐形成产业链，进而提高供应链效率（He et al.，2021）③。最终体现在生产成本的降低、商业运作效率的提升以及国际贸易交易量的增加。

2）中国跨境电商综试区的发展历程

中国跨境电子商务综合试验区是中国继跨境电子商务试点城市之后，针对跨境电子商务发展提出的又一试点项目，是中国设立的综合性质的跨境电子商务试点性城市区域，构建一个服务于跨境电子商务的生态系统，抑或打造一个完整的跨境电子商务生态系统。

2015 年，国务院同意设立杭州跨境电子商务综合试验区。2016 年，在上海、广州、天津、郑州、深圳、成都等 12 个城市设立第二批跨境电子商务综合试验区。2018 年，国务院批复同意在北京、呼和浩特、沈阳、长春、哈尔滨等 22 个城市设立第三批跨境电子商务综合试验区。2019 年，国务院同意在石家庄、太原、赤峰、抚顺、珲春等 24 个城市设立跨境电子商务综合试验区。2020 年，国务院同意在雄安、大同、满洲里、营口、盘锦、吉林等 46 个城市和地区设立跨境电子商务综合试验区。2022 年开年，国务院在已有五批 105 个跨境电商综试区城市的基础上，再批复新增第六批、第七批综试区，至此全国综试区数量已达 165 个，已覆盖全国 31 个省、自治区和直辖市。跨境电子商务综合试验区经过几年的运行发展，为中国跨境电商行业发展做出了应有的贡献，助推了经济的增长。

3）杭州跨境电商综试区发展经验及启示

（1）构建了线上线下深度融合的跨境电商生态圈

杭州综合试验区先行先试，在构建线上线下深度融合的跨境电商生态圈方面，形成可供参考借鉴的先进经验。在线上环节，杭州重点建立了覆盖 B2C 和 B2B 业务的“单一窗口”；在线下环节，采取“一区多园”的方式进行整体布局。其中，跨境电商发展“核心区”包括：上城、下城、江干、拱墅、西湖、滨江等六大城区，重点是加快产业集聚；跨境电商产业应用“经济

---

① 马述忠，郭继文.制度创新如何影响我国跨境电商出口?：来自综试区设立的经验证据[J].管理世界，2022，38（8）：83-100.

② LI L，SU F，ZHANG W，et al.Digital transformation by SME entrepreneurs：A capability perspective[J].Information Systems Journal，2018，28（6）：1129-1157.

③ HE Y G，WU R H，CHOI Y J.International Logistics and Cross-Border E-Commerce Trade：Who Matters Whom？[J].Sustainability，2021，13（4）：1745.

圈”，包括富阳、萧山、余杭、下沙、大江东，重点是推进传统外贸企业转向新型外贸企业；跨境电商产业“发展带”，主要包括淳安、桐庐、建德、临安四个城市，重点是推动区域特色优势与跨境电商融合发展。通过“核心区”“经济圈”“发展带”，打造了全域覆盖的综试区总体布局，构建了线上线下深度融合的跨境电商生态圈。

(2)打造了“六体系两平台”的全方位服务体系

作为2015年在全国设立的首个跨境电商综试区，杭州跨境电商综试区(以下简称“杭州综试区”)经过探索，建立了适应跨境电商发展的新型监管服务体系，形成了“六体系两平台”(图9-8)的顶层设计框架。

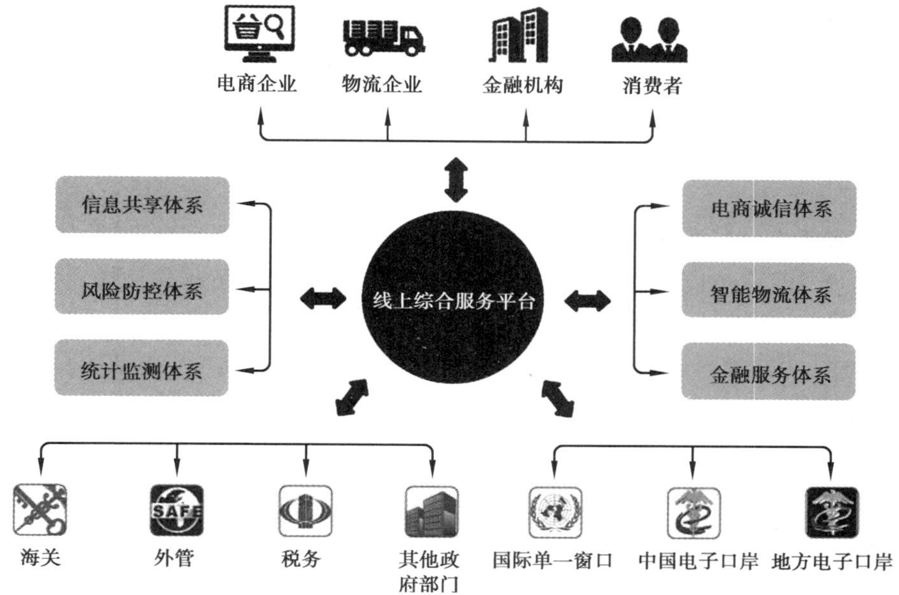

图 9-8　杭州跨境电商综试区“六体系两平台”

“六体系两平台”是杭州综试区最为重要的试验内容，也是其在全国范围内复制推广最为广泛的经验。其中“六体系”包括信息共享体系、风险防范体系、统计监测体系、电商诚信体系、智能物流体系、金融服务体系。“两平台”包括线上“单一窗口”和线下“综合园区”，所谓单一窗口就是一个电子信息化综合服务平台，目前主要包括B2B和B2C业务，从而实现政府部门间信息互换、监管互认、执法互助、汇聚物流、金融等配套设施和服务，为跨境电商打造完整产业链和生态圈。六体系两平台相辅相成，利用互联网思维、大数据手段便利了企业同时利好了监管部门。通过六体系两平台的建设，做到了电子商务的三流，即资金流、信息流、货物流的合一。

①信息共享体系。

杭州综试区通过建立统一信息标准规范、信息备案认证、信息管理服务，构建“单一窗口”平台，打通了关、税、汇、检、商、物、融之间的信息壁垒，实现了监管部门、地方政府、金融机构、跨境电子商务企业、物流企业之间的信息互联互通，为跨境电子商务资金流、信息流、货物流的“三流合一”提供数据技术支撑。杭州综试区制定了全国首个跨境电商B2B出口

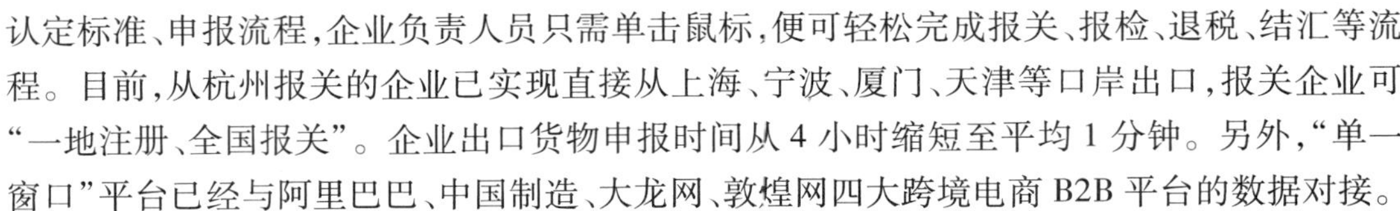

认定标准、申报流程，企业负责人员只需单击鼠标，便可轻松完成报关、报检、退税、结汇等流程。目前，从杭州报关的企业已实现直接从上海、宁波、厦门、天津等口岸出口，报关企业可“一地注册、全国报关”。企业出口货物申报时间从 4 小时缩短至平均 1 分钟。另外，“单一窗口”平台已经与阿里巴巴、中国制造、大龙网、敦煌网四大跨境电商 B2B 平台的数据对接。

②风险防范体系。

杭州综试区建立风险信息采集机制、风险评估分析机制、风险预警处置机制、风险复查完善机制，以流程节点风险防控为重点，开展跨境电商全流程的专业风险分析，有效防控综合试验区非真实贸易洗钱的经济风险，数据存储、支付交易、网络安全的技术风险，以及产品安全、贸易摩擦、主体信用的交易风险，为政府监管提供有效的技术支撑、决策辅助和服务保障。杭州市人民政府出资与阿里巴巴集团合作共建了跨境电商信用保障资金池，为供应商背书，引导企业通过诚信经营积累信用，为 4 000 多家杭州企业提供超过 8.5 亿美元的信用保障额度。杭州综试区联合金融机构搭建符合跨境电商特点的金融账户体系；对接杭州市市场监督管理局征信系统，依据企业诚信记录，从源头监控企业主体风险；与杭州市公安局合作；对消费者个人信息进行印证与追溯，确保市场交易主体的真实性；发挥阿里巴巴的平台作用，建立境外买家征信体系，并将物流、验货等跨境环节纳入风险防控体系；针对跨境电商产业快速发展过程中暴露的纠纷等问题，联合杭州市中级人民法院组建中国首个“互联网法庭”，通过法律手段加强风险监管力度，探索争端解决机制；建立跨境电商商品质量安全国家（杭州）监测中心，将国际“互认机制、采信机制、追溯机制、预检机制”应用于进口敏感产品的监管实践，把控产品质量安全风险，并率先制定了全国首个与跨境电商有关的地方性法规《杭州市跨境电子商务促进条例》。

③统计监测体系。

利用大数据、云计算技术，对各类平台的交易、物流、支付等海量数据进行分析与运用，建立跨境电商大数据中心，实现跨境电商数据的交换汇聚；发布“跨境电子商务指数”，建立健全跨境电商统计监测体系，完善跨境电子商务统计方法，为政府监管和企业经营提供决策咨询服务。

④电商诚信体系。

杭州综试区构建跨境电商信用数据库和信用评价系统、信用监管系统、信用负面清单系统等“一库三系统”，从企业外部环境、企业资质、经营管理、历史信用记录、发展前景、企业财务状况、企业实体考察这 7 个方面出发，结合政府部门数据，构建跨境电商信用评级指标体系；整合产品上下游供应链，与跨境电商企业共建跨境电商溯源体系。

⑤智能物流体系。

杭州综试区运用云计算、物联网、大数据等技术，充分利用现有物流公共信息平台，构建互联互通的物流智能信息系统、衔接顺畅的物流仓储网络系统、优质高效的物流运营服务系统等，实现物流供应链全程可验可测可控，探索建立高品质、标准化、规范化的跨境电子商务物流运作流程，形成布局合理、层次分明、衔接顺畅、功能齐全的跨境物流分拨配送和运营服务体系。杭州综试区整合跨境物流资源，实现运能最大化：通过增加新航线、新设接转专线、增加来往卡班、使用水陆空联运等方式,延长长三角区域城市和综试区跨境园区的一体化物流通道;建设机场航空物流平台,实现与航空公司、海关系统以及部分货代系统的互联互通,航空物流相关节点实现管理全程信息化,出台海外仓扶持政策,积极与国际龙头企业合作,推进跨境物流项目建设。

⑥金融服务体系。

杭州综试区鼓励金融机构、第三方支付机构、第三方电商平台、外贸综合服务企业之间规范开展合作,利用跨境电商信息可查询、可追溯的特点,为具有真实交易背景的跨境电子商务交易提供在线支付结算、在线融资、在线保险等完备便捷、风险可控的"一站式"金融服务。杭州综试区联合中国出口信用保险公司浙江分公司推出"跨境保"产品,开展跨境电商线上融资及担保方式创新试点,为跨境电商企业量身定做收款安全保障方案;联合中国建设银行设立"跨境电子商务金融中心",并率先与杭州综试区"单一窗口"平台进行数据对接,提供账户管理、支付结算、结售汇、监管信息报送等标准化服务;简化名录登记手续,电商企业通过综试区"单一窗口"平台一次性办理国家外汇管理局名录登记;简化个人电商开立外汇结算账户程序,境内个人电商在"单一窗口"备案后可开立外汇结算账户,不受个人年度等值 5 万美元的结售汇总额限制。

⑦"单一窗口"建设。

"单一窗口"坚持"一点接入"原则,建立数据标准和认证体系,与海关、检验检疫、税务、外汇管理、商务、工商、邮政等政府部门进行数据交换和互联互通,实现政府管理部门之间"信息互换、监管互认、执法互助",实现通关全程无纸化,提高通关效率,降低通关成本。同时,通过连接金融、物流、电商平台、外贸综合服务企业等,为跨境电商企业和个人提供物流、金融等供应链商务服务。

9.3.2 跨境电商卖家实践案例——Shein

希音(Shein)是典型的中国跨境电商独角兽公司,在欧美地区极有人气。在短短几年内业绩连续翻番,市值最高达近千亿元。Shein 早期的经营模式是用网络爬虫从亚马逊等平台上抓取好卖的款式,然后让买手采购回再进行销售,效率非常高。

1)营销方式创新

Shein 在营销方面作出与众不同的创新,其通过大量的 KOC(时尚网红)在 YouTube 和 ins 上用换装的方式来推广服装(在平台上有大量名为 lookbook 的换装视频,普遍的浏览量都超过 10 万人次,如果有特色的网红换装,浏览量可轻松上百万人次),除了用网红推广的方式,使用技术 SEO 引擎优化也是其快速推广市场的手段。

2)小单快返模式创新

首先广州作为服装中心,有大量服装类的供应商,所以 Shein 快速整合这些供应商,让他们按 Shein 的要求提供产品。然后,华南作为重要的外贸基地,也有极其丰富的物流和进出口经验,Shein 也在佛山建立自己最大的物流仓,从而保证物流的稳定,最后利用当地的人才

和政策优势，得到融资和资源的扶持。

Shein 非常重视供应链的整合。注重产品上新速度以及质量提升，让品牌能被消费者认可。Shein 为了提高上新速度，增加数量，提出一个小单快返的策略。即让供应商只生产很少量的货，比如 100 件服装先投放市场看看反应，如果卖得好则马上加单，反之就不再生产。Shein 通过数据抓取早早确定目前流行的面料，供应商不需要花太多的心思去准备原材料，只需要按照 Shein 的要求生产出相应的款式即可，所以最早愿意接受小单快返的供应商在产品投放获得很好的反馈后，加大了生产把之前小单亏的钱赚回。在多个供应商与 Shein 合作获得甜头后，珠三角众多的服装加工厂跟这个市场新玩家进行合作。除了用爬虫技术抓取畅销款式，还会进行定点的投放，比如一款针对大码女生的服装会先投放到美国肥胖者集中的区域，一般是以黑人和拉丁类有关人群为主，如果一旦反应不错，就会把相关产品推荐到对应的国家或地区，比如墨西哥、南非等地。这种测试投放方式不但效率高，而且成本极低，若投放失败，大不了损失有限的产品，反之，成功的话会获得极大空间，所以 Shein 把服装生意做成了互联网产品迭代的模式。在小单快返的模式下，Shein 很快迎来爆发式增长，连续四年的增幅都超过 100%。

Shein 注重持续优化，不仅体现在供应链效率上，还包括对新品迭代效率的不断追求。通过不断改进供应链流程、加强供应商合作、提高生产效率以及不断精进产品开发流程，Shein 致力于在市场竞争中保持领先地位，确保顾客获得更快速、更多样化的产品选择，同时也实现了企业的可持续增长。

3）Shein 商业模式的三点经验启示

（1）从自身最擅长的优势切入

擅长产品的公司提供优秀的产品和良好的体验从而影响市场，比如特斯拉、苹果这类公司，而擅长市场和客户的公司用市场需求重新包装和设计产品，用于真正满足市场需求，比如理想汽车、小罐茶这类公司。那些拥有强大资源或技术领先的公司，则通过技术来推进业务，Shein 正是这类公司的代表。

所以企业在自身业务发展过程当中，更重要的是围绕自身的优势来进行定位，而非看到什么热门就去做，运用自己最擅长的优势切入，在激烈的市场竞争当中才能立于不败之地。

（2）跨界学习而非自建围墙

很多企业做到一定体量的时候，喜欢学习行业领先者，但当自身已经到达较高的位置时，本行业几乎没有可以参考之处，而这个时候真正的创新很有可能并非来自本行业，而是其他行业。比如苹果早期的营销方式主要是参考迪士尼的饥饿营销，Shein 参照的也是 Zara 这种传统公司，而非同行业的外贸公司。

所以多对不同行业的产品以及模式进行跨界并思考，或许能创造出更有竞争力的新模式。

（3）更早进行风险规避

很多企业在业务初期并不会考虑税务、环保、用工问题等风险，但企业高速发展过程中前期没做好的风险管理可能会成为企业发展的阻碍。

Shein 在 2022 年曾经准备进行 IPO，但在这个过程中，环保和用工问题阻碍了 IPO 顺利进展。为了稳步前进,所有高速增长企业都需要逐步完善这类问题的可持续管理。因此,提前规避风险虽然可能对初期业务没有明显帮助,但无疑会为未来的发展带来巨大益处。

9.3.3 跨境电商人才培养的实践案例——浙江外国语学院

浙江外国语学院(浙外)充分发挥多语种专业优势,在全国首个跨境电子商务综合试验区——杭州综试区的指导下,于 2015 年通过教育部审核备案,设立电子商务(跨境电商)专业,开启了跨境电商人才培养的新历程,2019 年成为全国首批获教育部批准设立跨境电子商务专业的七所院校之一。2020 年由浙外承办的全国第一届跨境电商专业研讨会和 2022 年首届跨境电商教育与电子商务发展论坛并推出“跨境电子商务专业人才培养标准(建议版)”,为专业建设建立首个指引性的标准和规范,为全国高校搭建起了一个跨境电子商务教学、研究与未来发展的学术交流平台。

浙外聚焦新文科内涵特色,为企业培养所需、能用、好用的定制化专业人才。邀请用人企业参与到人才培养体系的修订过程,共同完善“多语种+多学科”交叉复合的专业生态,形成四层次立体式“1-2-4-16”人才培养体系(图 9-9),已经培养各类毕业生 1 000 余名。1 年制“3+1”实验班培养精语言懂运营的战略型高端商务人才,2 年制专升本班定位实战型操盘手商务人才,4 年制本科班重在培养厚基础、有潜力、会决策、通晓国际规则的跨境电商管理层人才,全校性 16 学分拓展模块在于培养各专业复合跨境通识知识的能力。其中,1 年制“3+1”班学生,可以用企业实习替换部分学分,实现企业定制化的人才培养。

与全球顶级跨境电商平台合作,培养专业运营国际化商务人才。2016 年,国内唯一一个阿里巴巴全球速卖通“鑫校园”实验班顺利招生,学生实习阶段大部分能独立负责企业一个国家站点的运营;2017 年,浙外成为 Wish 星青年计划 1.0 首次落地高校,培养出一批优秀创业学生,其中的典型代表有被人民日报报道的创业青年,以及被雨果网报道的“亿万先生”;2018 年,亚马逊全球开店 101 · 时代青年计划在浙外首次试航,试航成功后,2019 年开始推广到全国其他高校。2019 年与教育部合作共建“跨境电子商务产业中外人文交流研究院”,同时依托杭州、宁波、义乌三个国家级跨境电子商务综合试验区及学校国别区域研究中心、中国文化走出去协同创新研究中心等,对拉美院校输出“跨境电商 2+2 国际班”,与全球 150 多所高校建立互派交流机制,创建“丝路电商产教融合国际共同体”和“丝路电商学院”。

加强“政产学研用”协同,成效明显。办学以来,“跨境物流与供应链管理”等五门课程电商课程被评为省一流课程;8 个跨境电商类项目被立项为教育部产学研合作项目;出版《跨境电子商务概论》等 8 本跨境电商核心课程教材。2020 年,获杭州综试区 100 万元奖励;2022 年 11 月,浙外与浦江县政府签订合作协议,成立跨境电商浦江研究院,为浦江提供全方位的研究咨询与人才培养服务。2023 年,浙外入选省级产教融合示范基地、省级校外实践基地和杭州市产学研协同创新基地,被杭州综试区授予跨境电商人才培养杰出贡献奖。暑期期间总计服务地方跨境直播 600 余场次,助力乡村振兴和企业数字化出海取得良好成效,受到学习强国、中国教育在线等媒体报道。

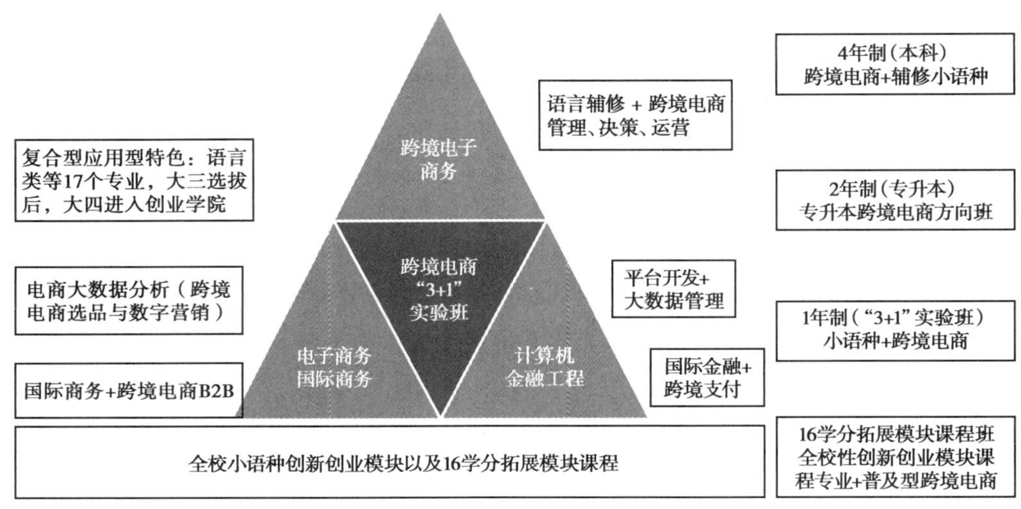

图 9-9　四层次立体式"1-2-4-16"多学科复合型人才培养体系

9.4　未来展望

9.4.1　RCEP 框架下跨境电商的数字化升级

《区域全面经济伙伴关系协定》(RCEP)的成功签署和正式生效为我国跨境电商的发展注入了新的动力，尤其是"电子商务章节"中的相关条款，如促进国际合作与交流、无纸化贸易、数据跨境流动等为应对跨境电商发展挑战提供了解决方案。跨境电商开始告别"野蛮生长"的井喷时期，伴随着数字技术和贸易的深度融合，正处于数字化转型升级、迈向全球数字贸易的关键发展阶段。RCEP 的签署将极大增加中国跨境电商进出口规模，改善跨境电商发展环境(郑春芳和肖旭，2021)①。

1)**跨境电商数字化升级的具体内涵**

跨境电子商务是互联网等数字技术发展下的新兴产物，其本质正是传统贸易产业的数字化升级。所以，对于已经具备一定数字化基础的跨境电商来说，其数字化升级的内涵是指在已经形成的数字化平台和应用、数字化服务体系、数字营商环境的基础上，进一步触及核心要素和业务，以数据资源为关键要素，以现代信息网络为重要载体，形成各环节互联互通的数字化生态圈，不断提升效率和优化经济结构，最终实现向数字贸易蜕变的过程。

跨境电商数字化升级内涵可以从微观、中观、宏观三个层面概括为跨境电子商务平台建设、企业数字化转型、专业化人才、金融数字化、物流数字化、营销数字化、通关数字化、产业集群建设、供应链数字化、技术设施支撑、政府治理完善、全球经济治理完善等 12 个类别的内容。

---

① 郑春芳，肖旭.RCEP 的签署对中国跨境电商发展的六大影响[J].经济研究参考，2021(11)：116-127.

2)RCEP 对跨境电商数字化升级的影响机制分析

根据 RCEP 文书内容,RCEP 中有关跨境电商发展的主要举措包括寻求国际合作与共识、贸易便利化、个人权利保护、数据跨境流动四个方面。

随着 RCEP 政策红利的释放,跨境电商在全球范围内迅速发展起来,其数字化升级的进程也在进一步加快。接下来将从跨境电商数字化升级的关键影响因素、重要影响因素、次要影响因素三个方面来阐述 RCEP 下中国跨境电商数字化。

(1)关键影响因素

推动技术合作与设施建设,加强技术设施支撑。RCEP 致力于促进成员国之间的对话与合作,为中国跨境电商发展带来了新的增长空间。一方面,RCEP 将促进我国技术的更新迭代。在与他国经贸往来过程中引入先进技术、产品以及新型经营和服务理念,借学习效应之力,提高跨境电商企业竞争力和产业发展水平。另一方面,跨境电商相较于传统产业,不同环节之间的联系更加紧密,与技术的融合程度也更深,难以从单一领域进行技术突破。而 RCEP 协定为国际技术合作提供了契机,在协议“经济与技术合作”章节中专门对成员国之间开展经济技术合作的目标、合作范围等事项作出了规定。这将有利于我国在区域框架下与各国合作开展技术研发活动,为跨境电商数字化升级提供更加有效的技术解决方案。

RCEP 能够完善各国基础设施建设。RCEP 在协定中明确指出要通过技术援助、多边论坛等机制和手段为落后国家提供切实可行的帮助。这将有助于完善发展中国家的基础设施建设,包括“陆海天网”四位一体的联通,从而打通跨境电商的交易渠道,为我国跨境电商打开了更为庞大的海外市场,大大激发跨境电商数字化升级的动力和积极性。

推动海外仓投资建设,加快物流数字化。RCEP 提出快运货物的方案,有利于提高产品跨境运输的效率。同时随着 RCEP 区域内关税和非关税壁垒的渐进式降低,政策红利将在更大范围内释放,区域内资金、技术、商品、人才等生产要素的流动也将更加便利。这能够增强我国企业“走出去”的信心,加快我国跨境电商企业海外仓建设的步伐,从而使国内物流和国外物流有更多的一体化,让智慧物流的链条辐射到国外仓储、国外配送等更多场景,加快物流数字化的进程。另外,通过在东南亚加大物流和仓配的投资力度,加快我国智慧物流体系在全球的布局。

推动规制互认与融合,促进全球经济治理完善。RCEP 通过在区域内制定统一的规则,包括线上消费者信息保护、数据本地化限制等规定,降低了企业的跨境交易成本,减少了跨境电商企业经营的不确定性风险,为跨境电商数字化升级创造了稳定、良好的营商环境。

(2)重要影响因素

整合区域资源,推动供应链数字化。一方面,为了更好地利用区域内的资源,产业链上下游企业会推进数字化的进程,提高整合利用资源的能力,抢抓 RCEP 带来的红利,从而在整体上推动跨境电商供应链数字化;另一方面,区域内资金、商品、技术、人才流动的便利化有利于我国跨境电商打造更有韧性的区域供应链,并依托区域供应链突破低端价值锁定,缓解外部环境的不确定性所带来的负面影响,最终提升我国跨境电商在全球价值链中的地位。

无纸化贸易推进,加快通关数字化。RCEP 提出的无纸化贸易、电子认证、电子签名极

大简化了通关流程，通关文件都可以以数据形式上传到信息系统中，减少了不同部门重复审核和交接的工作，实现了部门间的信息共享，加快了通关数字化的进程。

(3)次要影响因素

市场扩大与开放，推进企业数字化转型。RCEP 协定中规定，超过 90%的货物贸易将在区域内实现零关税进出。高标准的关税减让措施将从两方面对跨境电商企业产生影响。一方面，减免关税有利于跨境电商企业开拓国际市场。跨境电商企业可以在没有关税负担的情况下以更有竞争力的价格出口商品和服务，吸引更多国外消费者。而随着消费者的接入，跨境电商平台上消费者的数据越发庞大，为了充分挖掘数据背后的商业价值，为消费者提供更加智能的个性化产品和服务，跨境电商企业会更加积极应用数字技术，提高采集、分析数据的能力，为占据更大的市场份额做准备。另一方面，RCEP 的关税减免是双向的，即中国市场也将以更大的力度开放给他国企业。

跨境电商全球扩张，助推一体化平台建设。RCEP 在协定中增加的电子商务章节为跨境电商的全球扩张提供了契机，而跨境电商平台作为跨境电商生态圈的核心，无疑将在此过程中实现转型升级。

3)RCEP 对跨境电商数字化升级路径探索

以下将对影响因素进行分析，从关键影响因素、重要影响因素、次要影响因素三个层次来阐述如何紧抓 RCEP 机遇，推进跨境电商数字化升级进程。

(1)关键影响因素

①深化技术合作与输出，加强技术设施支撑。

RCEP 由日韩等发达国家和东盟等发展中国家组成，中国根据成员国的跨境电商发展水平和技术设施条件在 RCEP 框架内积极寻求合作。一方面，与日本、韩国、澳大利亚、新西兰等发达国家在 RCEP 框架内合作研发高新技术，通过共同设立技术研发基金为研发机构和人员提供资金支持，激发区域内技术创新与合作的积极性。同时也可以主动发起建立技术论坛的倡议，为各国分享跨境电商最佳实践，定期进行经验交流提供平台和窗口。另一方面，我国可以积极发挥数字经济的先行优势，在数字基础设施建设等具有比较优势的领域进行制度竞争和制度引领，以帮助 RCEP 发展中国家弥合数字鸿沟为契机，输出我国发展跨境电商的“中国式模板”，提高我国跨境电商在全球价值链中的地位。

②推进智慧物流体系建设，加快物流数字化。

尽管 RCEP 协定推动了中国物流企业在海外的投资建设，但是由于各国物流水平参差不齐，跨境物流还存在不畅通、协同差、效率低等问题。为实现跨境电商数字化升级目标，建议采取以下措施。首先，依托 RCEP 协定建立区域物流信息共享平台。利用大数据、人工智能、物联网等技术合理收集各国物流信息并上传至平台，供用户实时获取和查询所需信息，减小信息不对称带来的负面影响。其次，我们的跨境电商企业应把握 RCEP 政策红利，通过推进海外仓建设打通 RCEP 成员国物流渠道，提高跨境物流效率，加快布局海外市场的步伐。最后，单一的物流模式已经难以满足跨境电商企业和消费者的需求，应借力 RCEP 带来的超大交易规模，推动跨境物流模式的创新。例如，第三方物流企业可以通过大数据技术收集企业个性化的物流需求，以需求为导向为其提供柔性化的物流解决方案，从而加快物流数字化的进程。

③打造多元协同的人才培养体系，填补专业人才缺口。

近年来跨境电商人才培养的滞后和体系的不完善造成了行业发展现状与人才供应不匹配的现象。为此，建议着手打造多元协同的人才培养体系，以填补专业人才的巨大缺口。从短期来看，我国可以制定更具吸引力的人才引进政策来满足大型跨境电商企业的急迫需求。从长期来看，建议注重跨境电商专业人才的培养。一方面，高等院校应担负起制定和优化跨境电商课程体系的责任，通过理论实践两手抓的培养模式为跨境电商行业打造更高质量的复合型人才储备库。另一方面，要深度实施校企合作，充分发挥企业人才需求导向作用和高校人才培养专业优势，提高人才与产业发展的适配度。

④以数字化升级引领品牌出海，实现营销数字化。

首先，中国跨境电商企业应充分利用大数据、人工智能等数字技术，实时追溯消费者需求的动态变化，以消费者数据反哺产品开发和品牌建设。随着短视频、直播等的兴起，社媒营销越来越受海外消费者青睐。建议跨境电商企业应广泛开展全球社交媒体营销，借助社媒的传播力度大、黏性强、互动多等特点与海外消费者建立更深的联系，提升品牌曝光度和知名度。

⑤制定统一规则和标准，促进全球经济治理完善。

RCEP 对于跨境电商的规制还存在盲区。比如各国对于电子传输是否永久性免征关税、是否坚持数据完全自由跨境流动还存在较大分歧。我国应协调各方诉求，尽量在区域内形成较为完善统一的跨境电商规则体系，为我国跨境电商发展创造良好的国际环境。凝聚发展中国家的诉求和力量，反对不公平不普惠的主张，坚持为发展中国家发出声音，致力于完善全球经济治理。

(2)重要影响因素

①建立健全政策和监管体系，推进政府治理完善。

跨境电商的数字化升级离不开政府的政策支持和监管体系的保障。在政策支持方面，RCEP 协定带来的市场开放既扩大了跨境电商企业的市场机遇，也增加了竞争压力。我国应根据不同企业的发展水平建立多层次的政策支持体系。对于大型跨境电商企业来说，政府应落实数字政务建设和技术设施支撑，畅通大型企业的交易渠道，推动品牌出海。对于中小微企业来说，政府应鼓励金融机构为其提供更具针对性的信贷服务，降低进入市场的门槛，缓解资金约束以支持长远发展。在监管体系保障方面，随着 RCEP 区域内贸易量的激增，关于知识产权保护、商品质量等方面的问题也会更加突出。一方面，我国要在借鉴他国政府治理经验的基础上，结合国内实际情况来完善国内监管体系；另一方面，在 RCEP 区域框架下探索监管合作机制，通过建立区域信息共享平台来为跨境电商提供更完善的营商环境。

②构建智能服务系统，加快供应链数字化。

为了更有效地整合区域供应链资源，跨境电商企业可以利用区块链、大数据等技术来构

建智能化的服务系统。首先,跨境电商企业可以将区域内的合作供应链信息录入系统,包括其产品种类、生产能力和交付时间等,提高供应商管理效率。其次,企业可以利用区块链技术将材料采购、产品生产、通关物流、营销等全环节信息写入系统,实现全流程的追踪和监控。最后,企业可以根据系统销售数据、交付时间等信息来管控库存,调整产品开发和销售计划。综上所述,跨境电商企业应根据自身需求和能力,打造数字化的供应链体系,以充分发挥 RCEP 区域资源的整合效应。

③把握贸易便利化措施,推进通关数字化。

RCEP 协定中已经明确认可电子认证、电子签名的合法性,我国政府应该强化政策对接,以无纸化贸易为基础,简化通关手续、整合通关环节,大力推动通关数字化的进程。同时,海关监管部门可以设计更符合跨境电商交易特点的物流检验和流通模式,减少跨境电商企业通关时间和成本,吸引更多的中小微企业参与到跨境电商市场中来。

④构建稳定的金融生态,推进金融数字化。

RCEP 成员国由于经济发展水平不同,跨境电商的支付方式也存在较大差异,呈现高度分散化的特点。例如,新加坡消费者偏爱信用卡支付方式,而泰国和马来西亚热衷银行转账。支付方式的不统一增加了区域内跨境电商经营的风险,RCEP 区域内亟须构建稳定的金融生态。首先,我国可以与成员国合作建立统一的第三方支付系统,并先在意愿强烈的国家或地区进行试点测试系统稳定性,在确保系统可靠安全的基础上再推广至其他国家乃至整个 RCEP 区域。其次,中国正在加快数字人民币的研发并在 RCEP 区域内积极推广应用,以此提高人民币的国际影响力,增强我国跨境电商企业走出去的信心。

(3)次要影响因素

①倡导多方共建,加强产业集群建设。

为了发挥跨境电商产业集群的规模经济和范围经济效应,我国设立了诸多跨境电商综合试验区和跨境电商产业园区。它们为跨境电商提供了贸易便利、资金支持和技术设施支撑,但也存在同质化严重、服务成效低等问题。为此,我国应探索建立国务院、地方政府、行业协会等多主体协同推进综试区建设的治理模式。不同部门和主体应联合协作,积极总结提炼综试区的优秀举措并向其他地方推广开去,最终形成有特色、可复制、可推广的"中国方案"。另外,针对综试区建设同质化的问题,地方政府应结合本地跨境电商发展特色,瞄准当地发展痛点,聚焦开放合作、业态创新、对接国际规则等主题,做好综试区的差异化发展。

②推动技术和思维革新,加快企业数字化转型。

RCEP 中双边市场开放的举措,激发了跨境电商企业通过数字化转型来提高自身竞争力的动力。在技术应用方面,跨境电商企业既要提高使用新兴技术的能力,将大数据、人工智能等技术与生产、营销、物流等业务活动深度融合,以提高运营效率和满足消费者的个性化需求,又要建立相配套的数据安全保障机制,避免数据泄露引发安全风险。在数字化管理思维方面,跨境电商企业要实现以产品为中心到以消费者为中心的理念转变,将数据视为核心要素,深度挖掘消费者数据背后的商业价值,并以此来指导企业各项业务的规划。

③集聚 RCEP 区域资源,推进跨境电商平台建设。

跨境电商平台作为跨境电商生态圈的核心物种,引领着跨境电商的发展。要实现跨境电商数字化升级,关键的是推进跨境电商平台建设。首先,推动平台全球化建设。平台可以招聘不同国家的专业人员组成全球团队进行平台功能、页面的设计,以迎合来自不同文化背景消费者的需求,克服原有的文化偏见,提高我国跨境电商在区域内乃至全球的影响力。其次,推动平台智能化建设。利用大数据、云计算、人工智能等技术精准匹配买卖双方需求,为消费者提供个性化的产品和服务。最后,推动平台生态化建设。依托平台的网络效应吸引金融、物流、营销等不同行业领域的企业,整合政府部门、行业协会以及高等院校的资源,与他们协同建设跨境电商生态,为中小企业提供一揽子的数字化解决方案,为消费者提供多元、精准的服务。

9.4.2 跨境电商品牌出海

1)品牌出海的定义

(1)品牌的概念

品牌指消费者对产品及产品系列的认知程度。一般意义上的定义,品牌是一种名称、术语、标记、符号和设计,或是它们的组合运用,其目的是借以辨认某个销售者或某销售者的产品或服务,并使之同竞争对手的产品和服务区分开来。

品牌的本质是品牌拥有者的产品、服务或其他优于竞争对手的优势能为目标受众带去同等或高于竞争对手的价值。其中价值包括:功能性利益、情感性利益。广义的"品牌"是具有经济价值的无形资产,用抽象化的、特有的、能识别的心智概念来表现其差异性,从而在人们意识当中占据一定位置的综合反映。品牌建设具有长期性。狭义的"品牌"是一种拥有对内对外两面性的"标准"或"规则",是通过对理念、行为、视觉、听觉四方面进行标准化、规则化,使之具备特有性、价值性、长期性、认知性的一种识别系统的总称。这套系统也称为CIS(corporate identity system)体系。现代营销学之父科特勒在《市场营销学》中给出的定义:品牌是销售者向购买者长期提供的一组特定的特点、利益和服务。品牌是给拥有者带来溢价、产生增值的一种无形的资产,它的载体是用于和其他竞争者的产品或劳务相区分的名称、术语、象征、记号或者设计及其组合,增值的源泉来自消费者心智中形成的关于其载体的印象。品牌承载的更多是一部分人对其产品以及服务的认可,是一种品牌商与顾客购买行为间相互磨合而衍生出的产物。

(2)品牌出海的定义

品牌出海可以理解为中国企业通过品牌国际化建设走出国门争取海外市场以及相关的概念延伸。

朱铮和沈炳熙早在《"出海"战略的比较和选择》中表示要将出海与企业联合起来,以企业自身优势为原点寻找新的优势,利用别人的优势实现全球化经营,走向国际市场。而随着我国"走出去"战略和"一带一路"倡议的提出,品牌出海不只是经济层面的选择,还融合了政治、文化等各种因素。因此针对跨境企业品牌出海的认定不仅要从企业自身的经营状况入手,也要对其品牌意识等精神文化予以关注。

2) DTC 品牌

Direct to Consumer(DTC),直达消费者。DTC 模式即直接面向终端消费者出售商品或服务的商业模式。DTC 品牌就是直接面对终端消费者的品牌,又称为 DNVB(Digitally Native Vertical Brand),即数字原生垂直品牌,源于互联网,因此又称网生品牌;其实可以被理解为"自营品牌",也被称为轻品牌。近年来,通过独立站运营自己的 DTC 品牌成为跨境卖家的优先选择。

(1) DTC 品牌的优势

①直达消费者,与消费者产生互动,专注某一特定品类,深度解决客户痛点;

②整合化的数据驱动营销,尤其是社交化媒体运营,善于利用 KOL(网红营销)进行引导消费;

③品牌故事包装,抓住客户的心智,极致的消费者体验;

④先线上后线下,先网店后实体店,快速裂变式增长。

(2) DTC 品牌出海

DTC 品牌出海的路径是以品牌为核心进行塑造—传播—转化。即利用轻品牌塑造企业形象,利用社媒软件进行传播,通过独立站、亚马逊等方式进行转化,建立三位一体的全链条海外营销系统,帮助品牌与用户沟通,走向全球。

DTC 品牌出海迎来重要时机,2020 年以来,DTC 品牌的销售收入数据呈现出了逆势上升的态势。在这样的时代契机下,独立站为品牌出海打开了新的机会窗口,而蓬勃发展的社交媒体使得媒体流量大幅度增加,加快了 DTC 品牌发展速度;跨境电商服务商之间密切合作,打通内容端、信息端、服务端存在的障碍,在品牌网站建设、海外社媒账户管理、海外媒体投放及运营等方面为跨境电商卖家打造一站式服务,为 DTC 品牌营造了便利的营商环境。主要表现在以下三个方面:

一是海外电商渗透率飙升。有数据显示,在 2020 年的前 2 个月,美国电商渗透率就已从 2019 年的 16%增加至 27%,仅用 8 周时间就完成了过去 10 年的增幅,涨势惊人。

二是海外跨境电商基础设施逐步完善,各类服务商的出现使得出海的门槛与试错成本更低,尤其是众多独立站建站 SaaS 服务商的入场,大幅降低企业出海的技术门槛,让中小卖家也可以轻松搭建品牌独立站。

三是随着 Google、Facebook、Twitter、TikTok 等头部海外媒体的兴起,跨境品牌的营销生态愈发成熟,独立站的引流获客更加便捷。Digital 数据显示,2021 年全球范围内社交媒体用户的数量已经达到 42 亿,相当于世界总人口的 53%。而这些庞大的用户群体已逐步习惯了从社交媒体"种草",甚至直接下单购物。

对于中小型卖家而言,DTC 品牌出海是最合适的独立站运营模式,拥有自有的产品和知识产权,品牌可塑性强,品牌建立后有较高的竞争壁垒。

DTC 品牌出海关键在于产品。它对产品的研发、设计,以及自有产品的产权都有一定的要求,并且卖家拥有一定产品研发能力和品牌营销意识。海外主流消费者在线上购物时最注重产品的三个要素:品质、价格和体验。对于中国的卖家来说,强大的供应链能让中国卖家提供具有更高性价比的产品，这让中国卖家在填补海外大品牌与低端产品中间所形成的空白区域时拥有更大优势。垂直类精品的打造必须建立在消费者的需求之上，在设计产品前，务必进行充分的市场调研。同时卖家通过不断地调研和测试，来进一步精准定位产品，减少不确定性并降低风险。

DTC 品牌出海同时也面临一些挑战和问题。一是经营困难。引流成本高昂，海外营销经验不足，难以平衡不同渠道的投入产出，对海外用户偏好了解不够深入，客户体验跟不上，各国市场的合规政策情况复杂，风险性较大。二是盈利压力大。DTC 品牌一般是通过前期的资金投入和产品的高性价比吸引用户，因此前期的资金压力巨大，长远来看，品牌的溢价能力的建立和维系都需要源源不断的研发投入、规模效应的实现以及品牌资产的投入，使得 DTC 品牌的亏损局面短期内难以扭转。三是面临很大的创新压力。新一代消费者期望越来越高，数字化创新节奏越来越快，消费者需求喜好复杂多变，不断挑战 DTC 品牌的创新能力。

9.4.3 数字营销

1）数字营销的含义

曾有人向“现代营销学之父”菲利普·科特勒（Philip Kotler）请教：哪一个词语可以精准地定义营销？大师给出的答案是：Demand Management——需求管理；识别未满足的用户需求，估计需求量大小，从而确定细分人群和目标市场，并进入之，利用 4P 战术组合最终实现营销目标。

4P 是美国营销学学者杰罗姆·麦卡锡教授在 20 世纪 60 年代提出的“产品（product）、价格（price）、渠道（place）、促销（promotion）”4 大营销组合策略，四个单词的第一个字母缩写为 4P。

产品（Product）——注重开发的功能，要求产品有独特的卖点，把产品的功能诉求放在第一位。

价格（Price）——根据不同的市场定位，制定不同的价格策略，产品的定价依据的是企业的品牌战略，注重品牌的含金量。

渠道（Place）——企业并不直接面对消费者，而是注重经销商的培育和销售网络的建立，企业与消费者的联系是通过分销商来进行的。

促销（Promotion）——企业注重销售行为的改变来刺激消费者，以短期行为促成消费的增长，吸引其他品牌的消费者或引导提前消费来促进销售的增长。

所谓数字营销，英文名称 Digital Marketing，又称数字化营销，就是指借助互联网络、电脑通信技术和数字交互式媒体来实现营销目标的一种营销方式，是在互联网蓬勃发展和数字技术广泛应用的基础上应运而生的。数字营销将尽可能地利用先进的计算机网络技术，以有效且低成本的营销方式，开拓新的市场和挖掘新的客户。

2)跨境电商数字营销的含义

跨境电商数字营销就是跨境企业利用数字渠道,如搜索引擎、社交媒体、电子邮件等方式,与现有和潜在的跨境客户建立联系,开拓市场的一种营销方式。在跨境电商中,数字营销成为跨境电商营销的主要营销方式。跨境电商平台通过提供相对完善且对称的供需信息,通过关键词引导用户至所需产品的页面,从而降低搜索成本(Dinerstein et al.,2018)①。

数字营销有三个要素——内容、载体和渠道。与公司和产品有关的文字、图片和视频等,都是内容;而载体是用来承载内容展示和传递的,比如平台的店铺、独立站、社交媒体的专区等;而渠道最终实现了向目标客户的展示和推广,但是如果内容做得不够吸引人,载体选择不合适,渠道的推广效果就会大打折扣,因此要有效推进跨境电商营销,三者相辅相成、密不可分。

3)数字营销的兴起与发展

1994 年 10 月,全球第一个标准 Banner 网络广告在美国诞生。中国的第一个商业性的网络广告也于 1997 年 3 月出现。数字营销的雏形也发端于这个时期。而数字营销的概念成型于千禧之年之后,2005 年左右 Digital 与 Marketing 关联,被赋予更深层次的含义。2010 年之后,在互联网技术与商业模式的驱动下,数字营销发展日趋成熟,并成为主流的营销方式。在 2020 年暴发的疫情催化下,跨境电商中对于数字营销的应用更是越来越广泛和深入。有关数据显示,数字营销支出将超过所有其他营销方式总和。

2021 年 8 月,全球以数据为驱动、技术为依托的高效能数字营销服务商美库尔集团正式发布 2021 年第二季度《数字营销报告》,报告显示 2021 年 Q2 各大媒体平台表现强劲反弹,亚马逊、谷歌、Facebook 和 Instagram 等均出现同比飙升,具体表现如下:

①亚马逊广告业务:亚马逊 Sponsored Products 广告支出同比增长,销售额小幅度上涨。由于 Prime Day 会员日以及 CPC 上涨,亚马逊 Sponsored Products 广告的支出同比增长较大。

②付费搜索广告业务:Google 搜索 CPC 广告大幅度增长。从 2021 年第一季度开始,Google 搜索 CPC 广告整体搜索广告支出增长放缓,尽管点击增长率下降,但年度支出同比增长,CPC 同比增长较大。

③付费社交媒体广告业务:Facebook 上的广告支出同比增长较快。

Facebook 上的广告支出大幅增长。Facebook 在 2020 年第二季度的支出同比增幅 4%。在经历了前所未有的门店关闭和各种业务受到限制之后,广告主加大了社交力度,推动了 Facebook 上个季度竞争力和展示广告费用的增高。

4)数字营销的原理与价值

(1)数字营销的原理

数字营销的目标是让产品用最低的成本和最快的速度走向市场、满足客户的需求。

---

① DINERSTEIN M,EINAV L,LEVIN J,et al.Consumer Price Search and Platform Design in Internet Commerce[J].American Economic Review,2018,108(7):1-13.

实现数字营销的目的,在数字营销中应用最为广泛的原理是营销漏斗模型理论。漏斗的五层对应了数字营销的各个环节,反映了从展现、点击、访问、咨询,直到生成订单过程中的客户数量及流失情况。在营销过程中,将用户打开页面、点击广告、添加到购物车、支付、完成的订单等用户行数据,整理成图表的形式展现出来,呈现一个倒三角形的"漏斗"图(图 9-10)。这个漏斗图就是数字营销的漏斗模型理论。

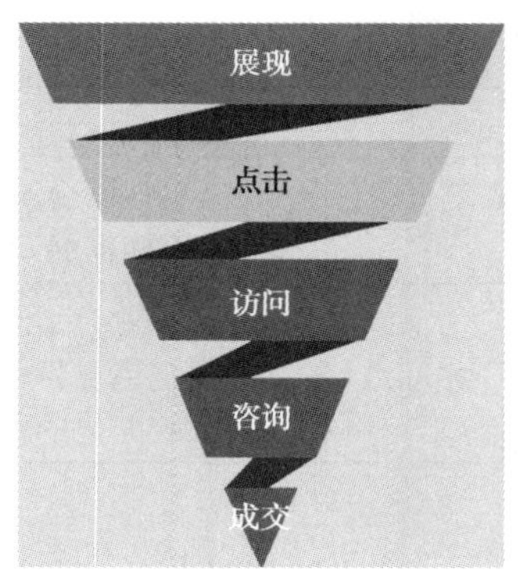

图 9-10　漏斗营销模型

依据漏斗模型理论,可以有针对性地对每个环节进行分析和优化,当展示量较低时,说明需要提高广告的预算和广告竞价来提高广告曝光量;当点击量、访问量和咨询量较低时,需要优化商品详情页(美化图片,优化产品详情页);当成交量较低时,需要考虑到产品自身的竞争力问题还有价格的吸引力等问题。

Google 是跨境电商数字营销中广泛应用的平台,Google Ads 是一种典型的利用 Google 平台的数字营销应用,因此我们通过对 Google 数字营销的原理的应用,来剖析数字营销的原理的作用机理。一般情况下,在 Google 搜索某一些内容的时候,你会发现相同的搜索内容,不同的人会获得不同的搜索结果,这是为什么呢? 答案是:具体取决于信号。信号就是我们在互联网上留下的痕迹。比如我们在被告知的情况下,填写的个人信息(年龄、性别、籍贯等)、兴趣爱好、关注的话题或人物等;再比如上网地点、搜索关键词、浏览内容和广告的次数以及与它们互动的次数。Google Ads 的推广原理就是通过海外客户数据(即持续不断更新的信号),结合机器学习,更精准地洞察海外客户,实施推广策略,进而实现推广目标。与此同时,谷歌为了保护用户隐私权及对隐私的控制权,给予了用户随时通过 Google 账号控制数据隐私设置的权利,包括但不限于:提高账户安全性、控制哪些数据和活动记录可用于投放个性化广告、控制搜索记录、控制位置记录、删除活动记录、删除历史数据等。

作为全球最大的社交媒体平台,Facebook 数字营销的原理和 Google 类似。在 Facebook 上,人们会自我描述,留下各种各样的痕迹来显示他们的兴趣。根据 Facebook 官方的介绍,主要数据来源为:用户在 Facebook 分享的信息(例如:你点赞的主页)、来自用户 Facebook 账户的其他个人信息(例如:年龄、性别、位置和访问 Facebook 所用的设备等)、广告主和市场营销合作伙伴分享的关于用户的信息,如用户的电子邮箱、用户在 Facebook 之外的网站和应用中的活动等。Facebook 将这些数据与它收集的其他数据进行匹配进而精准营销。Facebook 的广告系统提供了基于地理位置、个人兴趣、特征和行为的方法,包括在其他互联网服务上的活动,甚至在线下的活动。广告主根据以上信息"命中"目标用户,比如:用户是否喜欢慢跑、远足或打猎;用户喜欢什么样的啤酒……诸如此类的信息。如果广告主提供了一个电子邮件地址列表,Facebook 可以尝试将这些地址所有者作为目标。用来进行"相似匹配"。然后根据 Facebook 算法会向被认为与这些地址所有者类似的用户提供广告。

(2)数字营销的价值

传统营销与数字营销相比,有不同的表现形式,也有各自的优缺点(表 9-5)。

表 9-5　传统营销与数字营销的异同点

	传统营销	数字营销
表现形式	户外广告牌、公交车/出租车身广告、海报、印刷品、橱窗展示、展会广告等	平台站内广告、搜索引擎广告、社交媒体广告、内容营销、电子邮件营销等
相同点	1.都是企业为了开展营销活动,达成营销目标可以采用的营销方式。 2.都要把满足目标客户的需求作为一切营销的出发点。 3.在预算充足的情况下,两者需要组合互补才能发挥更大的功效。	

与传统营销相比,数字营销更具针对性,更具成本效益,更易衡量,数字营销的价值表现在以下几个方面。

①精准触达目标客户,更具针对性。

针对细分人群的定制化营销正是数字营销擅长的领域,可以仅针对最有购买力的产品或服务的潜在客户精准投放广告。

在电视、杂志或广告牌上等传统媒体投放广告,对于谁能看到广告的控制是很困难的,虽然可以针对该杂志的典型读者,或广告牌覆盖地区的人口进行统计,但这在很大程度上仍然是非常模糊的。

数字营销可以帮助你在海量的受众中精准识别并锁定高度特定的受众,并向该受众发送个性化、高转化率的营销信息。比如,你可以利用社交媒体的定位功能,根据年龄、性别、位置、兴趣、网络或行为等变量,向特定受众投放和展示社交媒体广告;在针对参加某次展会的买家营销的时候,你可以锁定该展馆方圆 1 千米范围内的买家投放谷歌广告。

②实时结果辅助,动态调整策略,更具成本效益。

数字营销是一种更具成本效益的解决方案,可以提供独特的机会,以确保获得最大的收益。首先,投放者对数字营销有完全的控制权,你可以选择把钱花在哪里,比如日预算设置多少,什么时间段设置多少预算等。

其次,数字营销使你能够每天跟踪活动,如果它没有显示出高投资回报率,就可以关闭广告停止投放,确保不会把钱浪费在那些表现不佳的渠道上。

③通过数据分析,让投资回报率可衡量。

数字营销可以实时提供展示量、点击量、点击率、转化率、浏览量和页面停留时间等衡量指标,用于效果的衡量。比如:我们在投放谷歌广告的时候,一般会用点击率来衡量广告的投放效果,然后用转化率来衡量投入产出情况。

基于数据的分析与预测,数字营销常常为跨境企业洞察新市场与把握经济走向提供决策依据,帮助跨境企业制定下阶段精准的营销策略。

正是因为数字营销有以上价值,使得它在营销实践中得到迅速推广,一些中小企业更是借此机会通过战略性的数字营销计划赶超大公司。比如:选择与产品或服务相关的长尾关键词进行广告投放,同时创建高质量的内容来帮助在搜索引擎上获得更好的排名。因为搜索引擎并不关心哪个品牌大,而是会优先考虑与目标受众产生最佳共鸣的内容。

4) AI 数字人跨境直播新趋势

在卖家们关注 AI 智能为跨境行业带来的巨大冲击之时,已有一部分人把 AI 运用到直播之中。据艾媒咨询相关数据,2022 年虚拟主播(数字人主播)企业注册增加数就高达 948 家,增速达 68%。

数字人直播带来的成效也非常诱人。月薪 2 万元的真人主播,换上一个数字人主播,一年就能省下数十万元的成本;并且数字人虚拟主播无须休息,可以连续 7×24 小时不间断"超长待机运行";各国语言多语种应有尽有,还不需要付费翻译和高价值聘请语言翻译专业人士;无须担心用心捧红的真人主播一旦离职大量粉丝会跟着走,数字人主播不存在粉丝归属权纷扰。

数字人直播技术发展到 2025 年,已趋向成熟,主要体现在两个方面:一方面,数字人的样貌仿真度已经上升数个等级,相似度非常接近真人。例如国内知名 MCN 遥望科技,就为旗下达人@瑜大公子打造了一款数字人模型,还将数字人和真人一起搬到直播间进行 PK,直播间内的粉丝一时间难以区分谁是真人谁是数字人;另一方面,技术的成熟也让技术成本下降不少。已由最初的动辄几十万元下降到如今的几千元,中小商家也能用得起数字人直播。

AI 数字人直播在海外还是一片未完全开发的新领域,"新"往往伴生着"机遇"。

(1)"零成本"入局跨境直播

由于补贴政策的推出,可稳定地保证用户购买设备后的产出回报,从 2023 年 11 月的市场价格来看,平均下来约 8 000 元就可以配置一个不错的数字人模型。然而拥有了数字人模型还不够,相比购买成本,后续的人力运营成本或许才是卖家更需要关心的问题。最新产品推出的一键式托管服务无须用户操心,所有的账号运营都由专业技术团队配合运营团队按程序有条不紊地自动化分配。

(2)引入 AI 技术,降本增效

AI 数字人技术包括 ChatGPT、AIGC、换脸技术等,AI 数字人已将直播间接入 ChatGPT,最新开发的 AI 数字人主播已经能够针对评论区进行实时对话问答。引入 AI 模型大幅度降低公司运营成本,提高直播间的运营效率,达到降本增效的效果。

(3)数字人解决效率及流量问题

AI 数字人虽然能够 24 小时不停歇进行直播,完美解决人工效率低下的问题,但是什么样的内容更能吸引粉丝,什么样的热点能够带动产品销售,如何持续涨粉等,这些流量问题就需要运营团队来解决。由专业的团队设计模式让 AI 数字人自主学习并给予数据反馈,来不断优化 AI 数字人的智库从而达到最理想的效果。

AI 数字人直播正在中国高速发展中,AIGC 功能模块接入了 ChatGPT 等智能机器模型,进一步实现了从文本、音频等低密度的模态向图像、视频、实时交互等信息密度更高模态的转化,并结合多模态智能算法,完成了互动直播功能的落地。一些专业技术公司已经布局第四代 AI 数字人,并经过技术团队反复调试与 AI 智能学习,已经先后在 TikTok、Facebook 等平台进行现场直播。

可以预见，随着越来越多数字人跨境直播的应用，AI 虚拟直播未来的发展空间极大。

参考文献

[1] 鞠雪楠，赵宣凯，孙宝文.跨境电商平台克服了哪些贸易成本?：来自“敦煌网”数据的经验证据[J].经济研究，2020，55(2)：181-196.

[2] 马述忠，房超.跨境电商与中国出口新增：基于信息成本和规模经济的双重视角[J].经济研究，2021，56(6)：159-176.

[3] 马述忠，郭继文.制度创新如何影响我国跨境电商出口?：来自综试区设立的经验证据[J].管理世界，2022，38(8)：83-100.

[4] 郑春芳，肖旭.RCEP 的签署对中国跨境电商发展的六大影响[J].经济研究参考，2021(11)：116-127.

[5] ACEMOGLU D，AUTOR D.Skills Tasks and Technologies Implications for Employment and Earnings[J].Handbook of Labor Economics，2011，4(B)，1043-1171.

[6] BLUM B S，GOLDFARB A. Does the Internet defy the law of gravity? [J]. Journal of international economics，2006，70(2)：384-405.

[7] CHEN M X，WU M.The Value of Reputation in Trade：Evidence from Alibaba[J].Review of Economics and Statistics，2021，103(5)：857-873.

[8] CHEN P Y，WU S Y，YOON J. The Impact of Online Recommendations and Consumer Feedback on Sales[J].ICIS 2004 Proceedings，2004：58.

[9] DINERSTEIN M，EINAV L，LEVIN J，et al.Consumer Price Search and Platform Design in Internet Commerce[J].American Economic Review，2018，108(7)：1-13.

[10] ELLISON G，ELLISON S F.Search，Obfuscation，and Price Elasticities on the Internet[J].Econometrica，2009，77(2)：427-452.

[11] FREUND C L，WEINHOLD D.The Effect of the Internet on International Trade[J].Journal of International Economics，2004，62(1)：171-189.

[12] FREUND C L，WEINHOLD D. The Internet and International Trade in Services[J].American Economic Review，2002，92(2)：236-240.

[13] GOMEZ-HERRERA E，MARTENS B，TURLEA G.The drivers and impediments for cross-border e-commerce in the EU[J].Information Economics and Policy，2014，28：83-96.

[14] HO S C，KAUFFMAN R J，LIANG T P.A growth theory perspective on B2C e-commerce growth in Europe：An exploratory study[J].Electronic Commerce Research & Applications，2007，6(3)：237-259.

[15] HORTACSU A，MARTINEZ-JEREZ F A，DOUGLAS J.The Geography of Trade in Online Transactions：Evidence from eBay and MercadoLibre[J]. American Economic Journal.Microeconomics，2009，1(1)：53-74.

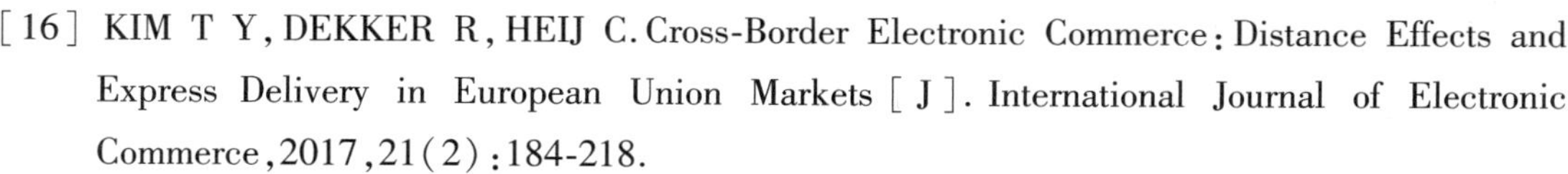

[16] KIM T Y, DEKKER R, HEIJ C. Cross-Border Electronic Commerce: Distance Effects and Express Delivery in European Union Markets [J]. International Journal of Electronic Commerce, 2017, 21(2): 184-218.

[17] LENDLE A, OLARREAGA M, SCHROPP S, et al. There Goes Gravity: eBay and the Death of Distance[J]. The Economic Journal, 2016, 126(591): 406-441.

[18] LI L, SU F, ZHANG W, et al. Digital transformation by SME entrepreneurs: A capability perspective[J]. Information Systems Journal, 2018, 28(6): 1129-1157.

[19] MA S, CHAI Y, ZHANG H. "Rise of Cross-border Ecommerce Exports in China[J]. China & World Economy, 2018, 26(3): 63-87.

[20] WANG Y, LI J. ICT's Effect on Trade: Perspective of Comparative Advantage[J]. Economics Letters, 2017, 155: 96-99.

[21] HE Y G, WU R H, CHOI Y J. International Logistics and Cross-Border E-Commerce Trade: Who Matters Whom? [J]. Sustainability, 2021, 13(4): 1745.

第 10 章
电子商务与国际化

10.1 本领域国内外研究前沿

自 20 世纪末以来，随着全球贸易、金融市场、技术交流和人员流动的增加，全球经济活动呈现出日新月异的趋势。其中，随着经济全球化的全面开展，国际化电子商务也得到了蓬勃发展。国际化电子商务不仅为企业提供了全球市场的无限潜力，还为消费者提供了更广泛的选择和便捷的购物体验。这一趋势反过来又进一步推动了全球市场的一体化，促使国际贸易的规模不断扩大，对全球经济活动和商业实践产生了的深远影响。

10.1.1 全球化发展与电子商务国际化

根据联合国发展计划署（UNDP）的定义，全球化被描述为世界范围内信息、通信、交通和贸易的扩展，这些过程导致了国家和地区之间在经济、社会和文化方面的相互联系和相互依赖程度的增加。全球化进程延续至今，已经深刻改变了人类社会的发展轨迹。在 21 世纪之前，全球化进程主要经历了商品全球化、资本全球化和信息全球化三个阶段，而随着 21 世纪的到来，全球化的进程也被按下了加速键。

首先，信息通信技术的飞速发展是全球化的重要助推力之一。互联网、移动通信、数字化和自动化技术的广泛应用推动了信息的即时传播，改变了商业、社交和文化活动的方式，以及生产过程的全球化。其次，贸易自由化政策的推行也推动了全球化的发展。国际贸易协议、关税和非关税贸易壁垒的降低，以及多边贸易机构的建立，如世界贸易组织（WTO），为国际贸易的增长和全球价值链的形成创造了有利条件。这促使了商品和服务在全球范围内的自由流通，鼓励了国际分工和资源配置的最优化。此外，国际政治合作和国际关系的演变也是全球化的重要推动力。国际组织、地区合作机制都在应对全球性问题如合作与发展、气候变化、恐怖主义和贫困等方面发挥了关键作用。全球化已经成为全球经济格局中的显著特征，对经济活动产生了多方位和深远的影响，主要体现在以下几个方面，第一，全球化通过促进跨国贸易的增加，扩大了市场范围，为生产者提供了更广泛的销售机会，从而刺激了全球贸易的增长。国际贸易的扩展不仅推动了国内生产和出口的增加,还为企业降低了生产成本,通过全球供应链的建立,实现了生产要素的高效配置。第二,全球化鼓励了资本流动,使得资本可以在全球范围内迅速流动,为投资提供更多机会。这不仅有助于资源的有效配置,还为新兴市场和发展中国家提供了资本和技术转移的机会。第三,全球化也推动了劳动力流动,通过国际移民和外包,实现了全球范围内的劳动分工,提供了就业机会,但也引发了有关移民和劳动市场的复杂问题。第四,全球化还影响了金融市场,国际金融一体化的加深导致了金融市场的互联互通,所以也应注意金融风险的传播和国际金融危机的可能性。

总的来说,经济全球化扩大了市场范围,提高了金融流通性,加速了全球供应链的整合和促进了数字技术的发展,这一系列因素构成国际化电子商务兴起和发展的推动力,通过互联网和数字技术,突破了时间和空间的限制,促进了不同地区间的商品、资金和信息流动,进一步加强了全球范围内的经济联系和交流。如今,电子商务国际化已成为全球商业活动中不可或缺的组成部分。

10.1.2 数字经济与电子商务国际化

“信息和数字技术正在迅速改变国际商务活动的面貌,将基于互联网的数字技术应用于商品和服务的生产与贸易的数字经济正成为全球经济中越来越重要的一部分。”①数字经济的快速发展在全球范围内改变了商业和经济活动的本质,同时也对国际化电子商务产生了深远的影响。移动互联网的普及和便携式设备的广泛使用为全球消费者提供了访问在线市场的便捷途径,加速了国际电子商务的普及。

首先,全球范围内的在线市场和电子商务平台的崛起已经大大扩展了市场范围。企业利用互联网和数字技术,无须通过传统实体店铺,就可以轻松触及全球消费者,从而加速了全球市场的整合。其次,全球支付和金融系统的国际化促使电子商务活动跨越国际边界。国际信用卡、电子货币、多元化的支付方式等因素推动了全球范围内的跨境交易。这增加了国际电子商务的便捷性,客户可以轻松进行在线支付,从而扩大了国际市场的可及性。最后,数字经济为电子商务平台的兴起提供了动力。电子商务平台,如亚马逊、全球速卖通、阿里巴巴等提供了全球销售基础设施,允许企业以更低的成本和更少的风险进入国际市场,同时借助平台的广泛用户基础和市场资源开拓市场。

数字经济的发展为国际化电商提供了机会和便利的同时,也改变了国际贸易的方式,使国际交易更加便捷、高效和可信赖。企业可以充分利用数字经济的工具和资源,扩展其国际电子商务业务,吸引更多国际客户,提高销售和盈利潜力。目前,全球跨境电商市场不断壮大,越来越多的消费者选择在海外购买商品和享受服务。根据市场研究机构 eMarketer 的报告,2022 年,全球电商销售额首次突破 5 万亿美元,占整体零售总额的 1/5,2025 年,预计这个数字将突破 7 万亿美元。疫情为全球经济带去不确定性,但电商市场却迎来了高速增长期。预计到 2025 年,全球电商市场将继续保持增长态势。

① 柴宇曦,张洪胜,马述忠.数字经济时代国际商务理论研究:新进展与新发现[J].国外社会科学,2021(1):85-103,159.

10.1.3 全球各区域的电子商务国际化发展进程

伴随着全球化和数字化加速的经济背景,电子商务已经成为全球经济发展的重要推动力之一。在过去的几十年中,信息和通信技术(ICT)的快速发展,特别是互联网和移动通信技术的普及,为电子商务的兴起提供了技术支持和发展土壤。同时,全球贸易的自由化和经济一体化进程也为电子商务的全球化发展提供了重要机遇。在这个背景下,北美、亚洲、非洲、欧洲等地区的电子商务发展呈现出不同的趋势和特点。北美地区是全球电子商务发展最早的地区之一,其市场规模和交易额均居世界前列。在2022年全球数字贸易行业企业TOP10(上市公司)中就占据了7家(表10-1)。欧洲地区的电子商务市场则相对成熟,但各国之间仍有差异。亚洲地区的电子商务市场则呈现出快速增长的态势。电子商务在拉丁美洲和中东地区的发展也非常迅速,呈现出多样化、地域性强和数字化程度高的特点,发展潜力巨大。非洲地区的电子商务市场相对较小,移动支付和在线购物等领域的应用逐渐普及,具备一定潜力。电子商务的全球化发展已经成为促进全球经济繁荣和发展的重要力量。

表10-1 2022年全球数字贸易行业企业TOP10(上市公司)

排名	企业名称(缩写)	国家和地区	行业
1	亚马逊	美国	零售
2	沃尔玛	美国	零售
3	家得宝	美国	零售
4	开市客	美国	零售
5	百思买	美国	零售
6	阿里巴巴集团	中国内地	电子商务
7	京东	中国内地	电子商务
8	拼多多	中国内地	电子商务
9	Alphabet	美国	IT软件及服务
10	微软	美国	IT软件及服务

1)北美市场

北美是全球最大的电商市场之一,根据Statista数据,2022年北美电商市场已达到9 440亿美元的规模,预计2027年将达到1.7万亿美元规模,年复合增长率高达14.3%。北美地区包括美国、加拿大、格陵兰岛、圣皮埃尔、百慕大群岛,其中美国是最主要的经济体之一,人口达到3.32亿人。北美市场以美国为主导,美国电商巨头占据了绝对优势。其中亚马逊作为北美最大电商平台,2022年市场占比高达37.8%,沃尔玛以6.3%的市场占有率排名第二,故本文将以美国为代表介绍北美市场的电子商务国际化进程。

(1)美国国际化电子商务发展沿革

美国作为电商业先驱,其跨境电商历经多年发展,品类广泛、交易规模较大、物流支持相对完善,总体水平领先于其他地区。如图10-1所示,其跨境电商发展历程可以分为以下几个阶段:

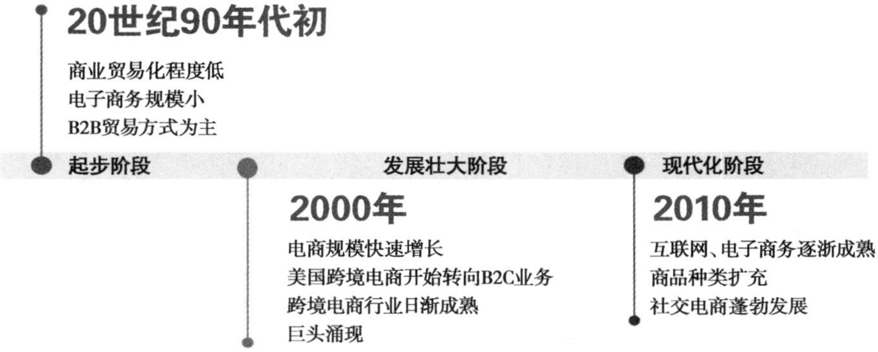

20世纪90年代初

商业贸易化程度低
电子商务规模小
B2B贸易方式为主

起步阶段　发展壮大阶段　现代化阶段

2000年

电商规模快速增长
美国跨境电商开始转向B2C业务
跨境电商行业日渐成熟
巨头涌现

2010年

互联网、电子商务逐渐成熟
商品种类扩充
社交电商蓬勃发展

图 10-1　美国国际电子商务发展沿革

①起步阶段:20 世纪 90 年代初。

20 世纪 90 年代初,互联网刚刚兴起,美国跨境电商也才刚刚起步。1994 年,亚马逊成立,开始在线销售图书,奠定了在线零售的基础。1995 年,eBay 成立,推动了在线拍卖的兴起。当时,美国跨境电商以 B2B 贸易方式为主,主要涵盖了 IT 硬件、软件、电子元器件、化工产品等领域。这时的跨境电商交易平台都是以美国互联网企业为主,呈现出的特征是商业贸易化程度低,电子商务的规模还较小,没有形成完整的电商体系。

②发展壮大阶段:21 世纪初至 2010 年。

随着科技的进步和全球电子商务网络的完善,美国跨境电商发展迎来了快速增长期。21 世纪初期,美国跨境电商开始转向 B2C 业务,网络购物市场开始形成。亚马逊、沃尔玛等电商巨头开始兴起,发展驶入快车道。2005 年,eBay 收购 PayPal,巩固了其在线支付领域的地位。2006 年,亚马逊推出了 Amazon Web Services(AWS),成为云计算领域的领导者。同时,跨境电商行业也日渐成熟,中国、韩国等其他国家的电商企业也开始大举进入美国市场。跨境电商交易额大幅增长,经济效益明显。为了应对跨境电商市场的快速增长,各大物流企业纷纷加强了运输、物流配送领域的服务,从而大大加快了物流配送速度和安全性。同时,对跨境电商的监管逐渐被纳入国家重点领域,各种制度和规章也逐渐落地实践。

③现代化阶段:2010 年至今。

20 世纪 90 年代,互联网、电子商务已经逐渐成熟。2016 年,亚马逊启动了 Amazon Global Selling 计划,帮助美国卖家拓展国际市场。美国跨境电商的品类越来越丰富,商品涵盖了服装、数码产品、日用品等各个领域。而且,越来越多的跨境电商平台采用网红直播的销售方式,社交媒体平台(如 Instagram 和 Facebook)提供了新的销售渠道,推动了社交电商的发展,直播带货逐渐成为跨境电商业增长的重要驱动力。总的来说,目前美国的跨境电商市场经济基础雄厚,市场体量大,居民消费水平高。同时电商市场成熟度高,B2C 市场更为活跃,具有完善的物流与支付服务体系和丰富的渠道平台①。同时,美国电商企业在产品上也进行了大量创新,在国际市场上具有较强的竞争力。

---

①　参见 21 财经网:《征战电商热土,2023 年北美电商市场研究报告重磅发布》。

(2)美国国际化电子商务相关政策

美国是跨境电子商务的积极推动者和倡导者,拥有3.15亿居民、2.55亿网民、1.84亿在线购买者,电子商务交易额约占全球电子商务交易额的25%,为跨境电子商务发展奠定了坚实的基础,在促进跨境电子商务发展方面也采取了一系列措施。

①法律体系。

美国有完善的电子商务法律体系,包括《互联网商务标准》《电子签名法》《网上电子支付安全标准》和《互联网保护个人隐私法案》等。同时,美国还积极主导建立跨境电子商务的国际规则。美国的《全球电子商务纲要》确立了发展跨境电子商务的五大原则,即互联网独特性质、企业主导、政府规避不恰当限制、政策可预测以及全球视野,并将之推广到世界贸易组织132个成员国签署的《关于电子商务的宣言》和经济合作与发展组织(简称OECD)部长级会议讨论的《全球电子商务行动计划》中。

②政策体系。

美国的《全球电子商务框架》报告对发展电子商务的关税、电子支付、安全性、隐私保护、基础设施、知识产权保护等进行了规范,明确了美国对于无形商品或网上服务等经由网上进行的交易一律免税,对有形商品的网上交易,其税赋应比照现行规定办理。这些准则成为美国制定跨境电子商务政策的依据。

③税收体系。

美国政府率先实现网上贸易免税政策,并主张和推动各国对网上贸易免征关税。美国与欧盟发表了有关电子商务的联合宣言,就全球电子商务指导原则达成协议,承诺建立"无关税电子空间"。同时,美国国会通过了《因特网免税法案》,该法案明确了"信息不应该被课税";美国众议院通过了"永久性互联网免税法"的法案。

④物流体系。

美国物流行业市场结构已趋于成熟,特别是在航空快递领域,诞生了影响全球的两大巨头,FedEx(联邦快递)和UPS(联合包裹)。美国长期实行运输、仓储等物流业私有化。从20世纪70年代开始,美国政府逐步放宽对公路、铁路、航空、航海等运输市场的管制,通过激烈的市场竞争降低运输费率,提高服务水平。同时不断完善物流相关法规,如1977—1978年制定《航空规制缓和条款》;1991年颁布《多式联运法》,大力提倡多式联运的发展;1996年出台《美国运输部1997—2002年财政年度战略规划》。

2)欧洲市场

欧洲的电子商务发展起步较早,较为成熟。但由于欧洲有着丰富的文化多样性,如不同的语言、宗教、习俗等,这也导致了欧洲内部的市场分割比较明显。各个区域跨境电商的发展差距较大,比如西欧是欧洲地区电商交易额最大的地区,而东欧地区所占比重最小(图10-2),仅仅占到了欧洲市场总额的2%①。欧盟作为欧洲最重要的经济和政治联盟之一,其成员国的经济总量和人口数量都占据了欧洲的大多数,因此本部分选择欧盟的情况进行重点介绍。

① 参见Ecommerce Europe发布的《EUROPEAN E-COMMERCE REPORT 2023》。

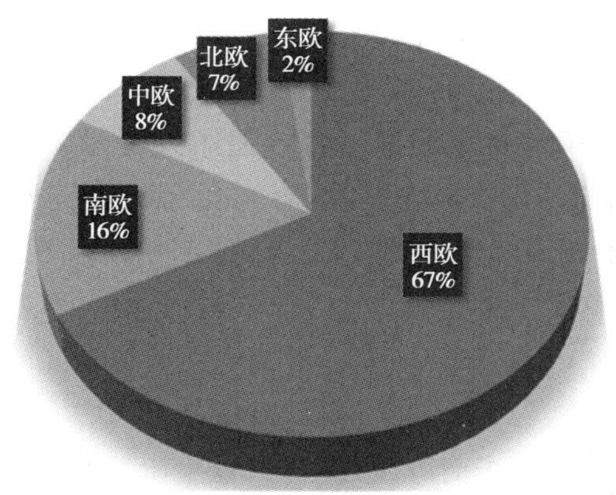

图 10-2　2022 年欧洲各地区电子商务总营业额占比
(据 EUROPEAN E-COMMERCE REPORT2023)

(1)欧洲国际化电子商务发展沿革(图 10-3)

1995—1998年
互联网普及率低
以B2B模式为主
试图建立线上销售渠道
初期探索阶段

B2B电子商务的快速发展阶段
1998—2005年
欧洲EDI标准规范促进信息交互
互联网普及率提升
生产、流通、供应业务流程优化
激发了B2B的积极性

2005年至今
制定一系列电子商务合同和指导纲要
客户信任度提高
B2B和C2C发展迅速
B2B和C2C快速发展阶段

图 10-3　欧洲国际电子商务发展沿革

①初期探索阶段:1995—1998 年。

1992 年伴随着互联网的广泛应用,美国的电子商务如火如荼地展开了,而欧盟国家的电子商务起步比美国晚,到 1995 年才正式起步。当时,欧盟国家的互联网普及率相对较低,基础设施有限。欧洲企业和消费者开始意识到互联网的潜力,但对在线购物和在线交易持怀疑态度。这一阶段主要是少数大型公司和创新者,以 B2B 模式为主在电子行业产业链上逐步展开电子商务,他们试图克服技术和法规上的障碍,开始在互联网上建立线上销售渠道。

②B2B 电子商务的快速发展阶段:1998—2005 年。

1998 年欧盟参照美国的 EDI(电子数据交换标准)思想提出了欧洲 EDI 标准规范,为更广泛的企业间信息交互提供了可能。1999 年,一些互联网服务提供商(如英国 Freeserve)推出了免费互联网接入服务,吸引了数百万新用户,推动了欧洲的互联网普及率的增长。2000 年,欧盟发布了《电子商务指令》,建立了在线服务的欧盟内部市场框架。2002 年,欧洲电子商务在企业间数据存储与共享方面处于世界领先阶段,企业在库存管理方面的精准化大大降低了流通成本,实现企业间生产、流通、供应的业务流程优化,激发了欧洲企业在 B2B 平台发展的积极性。

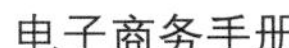

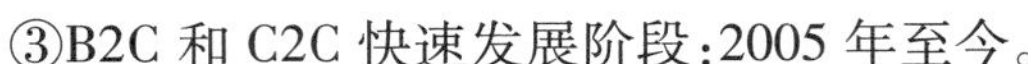
③B2C 和 C2C 快速发展阶段:2005 年至今。

2005 年开始,欧盟制定了一系列包括运营、支付、法律文件等方面的相关电子商务合同和指导纲要,提供了法律保障和规范运作,包括《通用数据保护条例》《电子商务增值税条例》《在线平台公平与透明交易保护条例》等。客户对网购的信任度提高,B2C 和 C2C 发展迅速。近年来,欧洲的电子商务市场持续扩大,涵盖了各种产品和服务领域,包括电子支付、在线市场、云计算和物联网等。创业公司和初创企业也开始涌现,推动了电子商务创新的浪潮。

(2)欧盟推动电子商务相关政策

欧盟主张采取自由化跨境电子商务发展战略,催生出一套完善的出口跨境电商交易机制,使欧洲跨境电子商务更加便利。欧盟发展跨境电子商务的诸多举措包括:

①法律体系。

欧盟的《电子商务行动方案》明确了欧盟应在信息基础设施、管理框架、技术和服务等方面为发展电子商务奠定基础。欧盟的《电子商务指令》全面规范了关于开放电子商务市场、电子交易、电子商务服务提供者的责任等关键问题。

②税收体系。

欧盟个人从境外邮购的商品,价格在 150 欧元以下的免征关税;商品价值在 150 欧元以上的,按照商品在海关关税目录中规定的税率征收关税。关税的税基是商品附加值加进口增值税的总额,而非仅仅商品价值;报关单的申报价值需与账单金额一致,否则需补交进口增值税和关税。增值税方面,欧盟对企业通过网络购进商品征收增值税。根据欧盟《关于保护增值税收入和促进电子商务发展的报告》,不论供应者是欧盟网站还是外国网站,一律征收 20%增值税,并由购买者负责扣税。

③电子支付体系。

欧盟国家拥有非常高的信用卡和借记卡的普及率,银行业的渗透率高,互联网和移动电话的普及率高。欧盟除了为单一欧洲支付地区的倡议提供法律基础,还鼓励非银行机构进入支付市场;建立了一个有着高透明度的共同支付标准;在欧盟及其他地区执行最大限度使用欧元和其他欧洲货币支付的履行时间;鼓励更多更有效的支付种类等。

④监管体系。

《欧盟知识产权海关保护条例》中规定了对假冒和盗版的少量货物采用“特殊销毁程序”,使海关有权以简单快捷方式迅速销毁侵权货物。该特别程序是权利人在其边境保护申请中已提出总请求的条件下,允许各具体案件在没有权利人个案申请的情况下销毁涉嫌货物,并由权利人承担实施该特殊程序的费用。

3)亚洲市场

随着移动电子商务的普及,亚洲地区电子商务市场呈现出快速增长的态势,其中中国和东南亚国家等地区的电商市场规模和发展速度尤为突出,日本的电商竞争环境也十分激烈,本部分以日本、东南亚和中国为例介绍亚洲市场的跨境电商情况。

（1）日本

日本作为新兴市场，逐渐受到各电商巨头的关注，目前，日本已经成为亚马逊除北美外的第二站点，具备成熟的电商环境、极高的网络普及率及良好的线上购物需求，快速跻身跨境电商强国行列。

①日本国际化电子商务发展沿革。（图 10-4）

日本的跨国电商从 20 世纪末期开始，经过了筹备期、起步期和成长期，现在已经步入了全面发展阶段。

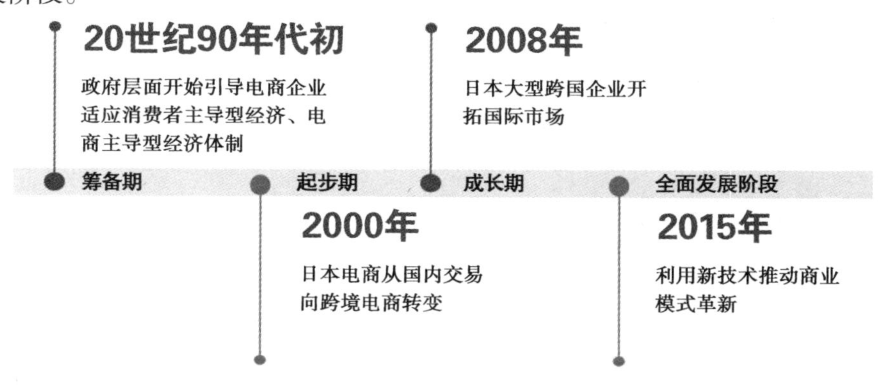

图 10-4　日本国际电子商务发展沿革

a.筹备期（20 世纪 90 年代初）。

日本的跨国电子商务首先在乐天公司和雅虎公司（日本）建立和运作。到 1998 年底，已有 300 个商店入驻乐天集团网站，电商销量达到 645 亿日元。在这个时期，政府层面开始引导电商企业适应消费者主导型经济、电商主导型经济体制，提炼日本型电商发展模式，并不断完善通信基础设施，为日本跨境电商提供了良好的发展条件。

b.起步期（21 世纪初至 2008 年）。

2000 年亚马逊登陆日本并在第二年开设了跨境电商商城。在这个时期，日本政府推出了一系列政策以促进国内企业进行经营改革、强化企业间合作、提升企业国际竞争力及营造安全安心的网络交易环境。2008 年乐天推出“tenso.com”服务，将跨境电商对象从海外日本人扩大到全球消费者，提供包括日语在内的 25 种语言，并在中国台湾地区等开设分公司。日本电商逐渐从国内交易向跨境电商转变。

c.成长期（2008—2015 年）。

随着中国等新兴国家的迅速发展，以及新一轮科技革命和产业变革的推动，日本大型跨境电商企业以设立独资公司或与当地企业合作等形式开拓国际市场，中小企业利用政府的海外拓展支援服务等开拓海外市场。经过这一阶段，日本跨境电商逐渐形成了在国内开设电商网站、利用国内电商平台店铺、利用东道国 C2C 电商平台、利用东道国 B2C 电商平台和在东道国开设电商网站五种发展模式。

d.全面发展阶段（2015 至今）。

2015 年以来，日本跨境电商持续保持快速增长趋势。日本以多种形式支持中小型企业进行跨境贸易，出台了有关外汇清算的相关法律，为国内和国际贸易提供便利，同时，积极运用人工智能和5G等技术进行商业模式的革新。目前，日本已经成为亚马逊除北美以外的第二大站点，其成熟的电商环境、极高的网络普及率及良好的线上购物需求，均为日本的跨境电商发展提供了有力支持。经过这一阶段的发展，日本成功形成了国内自建跨境电商网站模式、利用国内跨境电商平台模式、利用国外跨境电商平台模式、利用保税区的跨境电商模式、一般贸易型跨境电商模式、境外自建跨境电商网站模式共六种不同的发展模式。

②日本国际化电子商务相关政策。

日本政府在规范跨境电商活动中积极发挥作用，早在2000年日本政府就发布了《数字化日本之发端——行动纲领》，明确了在跨境电子商务中的合同文本及纠纷处理程序。后在2001年实行《电子签名及认证业务相关的法律》《电子契约法》，2003年颁布《个人信息保护法》并修订《电商交易准则》等推行电商标准化活动，完善跨境电商结算方式，打造更加优质的数字服务环境。

2009年，日本政府推出“I-Japan”计划，力争在5年之内打造更优质的数字服务环境。日本经济产业省在2015年举办的首届“日本跨境电商节”中，要求日本企业加速推进线上业务转型，大力发展对外电子商务。在整个日本跨境电商发展过程中，日本政府在调动企业积极性、优化跨境电商政策等方面发挥显著作用，为日本跨境电商发展保驾护航。

(2)东南亚

市场研究公司eMarketer发布的《2023年全球零售电商预测报告》显示，2023年，东南亚电商市场规模增速在全球排名第一，至此东南亚已经连续3年成为全球电商规模增长最快的地区，亚马逊、eBay、阿里巴巴、京东等跨境电商平台纷纷进入该市场，以在当地市场上获得更大的市场份额。

①东南亚国际化电子商务发展沿革。(图10-5)

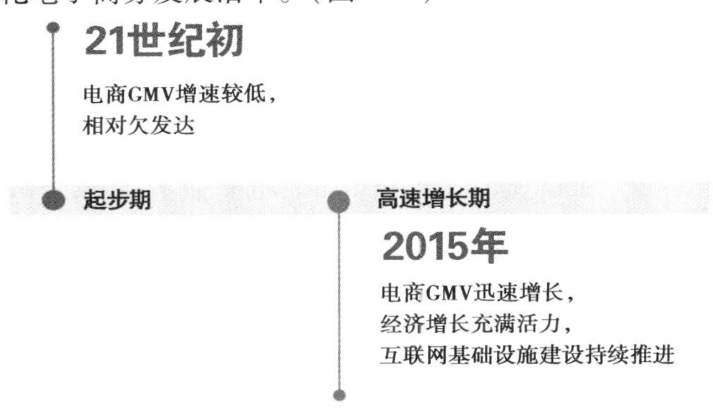

图10-5　东南亚国际电子商务发展沿革

东南亚电商从21世纪初开始发展，在各种红利和机遇下，过去5年，东南亚一直是全球电子商务增长最快的地区之一。东南亚跨境电商发展主要经过以下两个阶段：

a.起步期(21世纪初至2015年)。

根据A.T.kearney和联昌国际(CIMB)东盟研究所的报告，至2015年，相比欧洲、中国和美国占零售总额6%~8%的比重，东南亚的电商只占零售总额不到1%，电商GMV增速较

低,相对欠发达。

b.高速增长期(2015 年至今)。

2016 年,阿里巴巴收购 Lazada,京东开始发展东南亚自营电商业务;2018 年腾讯开始投资 Shopee,伴随着中国企业的迅速入局,东南亚跨境电商迎来了高速增长期,行业竞争者增多,发展空间较大。东南亚六国(新加坡、马来西亚、印度尼西亚、泰国、菲律宾、越南)电商活跃用户数从 2015 年的 4 900 万增长到 2019 年的 1.5 亿人,电子商务 GMV 迅速增长,2015 年到 2019 年,印度尼西亚和越南都有超过 80%的年化增长。目前,东南亚地区人口结构年轻、经济增长充满活力、互联网基础设施的建设以及各类政策的颁布为东南亚电子商务及跨境电子商务的发展提供了充足的动力。此外,东南亚得天独厚的地理位置,也使它成为中国周边外交的优先方向,在“一带一路”的发展中起着举足轻重的作用,中国互联网巨头对东南亚本土电商平台的投资也为东南亚市场带来了新活力。2022 年 1 月 1 日,《区域全面经济伙伴关系协定》(RCEP)正式生效,全球最大的自由贸易区正式形成,各成员国将在数字经济领域创造更多贸易机会,也将为东南亚跨境电商发展注入新的动力。

②东南亚国际化电子商务相关政策。

东盟作为东南亚地区最具影响力的国际组织,其政策在很大程度上反映了大部分东南亚国家的共识与合作方向,表 10-2 梳理了东盟在国际化电子商务方面的相关政策。

表 10-2 东盟国际化电子商务相关政策

年份	政策	主要内容
2018	《东盟数字一体化框架》	1.促进无缝贸易 2.保护数据,同时支持数字贸易和创新 3.实现无缝的数字支付 4.拓展数字人才 5.培养创业精神 6.协调行动
2019	《东盟电子商务协定》	跨境电子商务促成,包含: 1.无纸化贸易 2.电子认证和电子签名 3.网上消费者保护 4.跨境电子信息交换 5.网络个人信息保护 6.信息处理设备的存放地
2021	《东盟数字总体规划 2025》	指引东盟 2021 年至 2025 年的数字合作,将东盟建设成一个由安全和变革性的数字服务、技术和生态系统所驱动的领先数字社区和经济体
2022	《区域全面经济伙伴关系协定》正式生效	1.促进无纸化贸易 2.推广电子认证和电子签名 3.保护电子商务用户个人信息 4.保护在线消费者权益 5.加强针对非应邀商业电子信息的监管合作

2018—2019 年，东盟接连批准了《东盟数字一体化框架》以及《东盟电子商务协定》，推动电子认证和电子签名的应用，促进跨境电商业务的发展。2021 年，东盟举行首次数字部长会并发布了《东盟数字规划 2025》，为未来 5 年东盟数字发展明确了目标和路径，对促进东盟地区数字一体化发展具有重要意义。2022 年《区域全面经济伙伴关系协定》正式生效，2023 年 6 月 2 日，《区域全面经济伙伴关系协定》对菲律宾正式生效，标志着 RCEP 对东盟 10 国和澳大利亚、中国、日本等 15 个签署国全面生效，这体现了 15 方支持开放、自由、公平、包容和以规则为基础的多边贸易体制的决心和行动，将为区域经济一体化注入强劲动力，全面提升东南亚贸易投资自由化便利化水平，助力地区和全球经济长期稳定发展。

(3) 中国

1995 年马云创办中国黄页，它成为中国最早为企业提供网页创建服务的互联网公司，中国电子商务开启工具预探索时期。至 2000 年，中国基础设施仍较落后，国际化程度较低，电子商务平台仍主要面向国内市场，国际交易规模很小。经历二十余载，中国国际化电子商务发展速度十分迅猛。2023 年上半年中国跨境电商在“买全球、卖全球”方面的优势和潜力继续释放，进出口达 1.1 万亿元，同比增长 16%，持续保持良好发展势头，有效助力了中国外贸稳规模优结构①。

①中国电子商务国际化发展沿革。

梳理历史沿革，其发展大致可分为以下四个阶段，如图 10-6 所示。

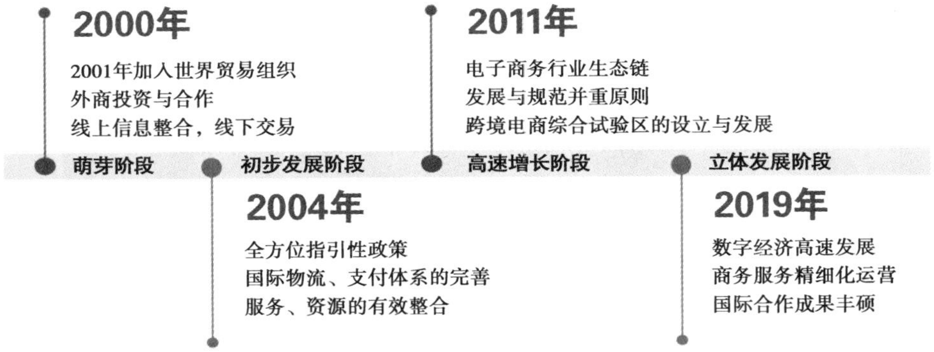

图 10-6　中国国际电子商务发展沿革

a.国际化萌芽阶段(2000—2004 年)。

2001 年 12 月 11 日，中国加入世界贸易组织，这意味着中国正式加入国际分工、融入国际经济社会，为中国企业尤其是中小企业提供了良好的发展机遇。

得益于此阶段优良的投资环境以及廉价的资源优势，中国企业不断获得来自国际市场的投资和商业合作，大量中小企业得以成立外贸公司；在取得出口经营权的基础上，很多生产企业也通过与外资合作，扩大了生产规模。随着国内电子商务平台的搭建，小型企业开始通过阿里巴巴等与国际市场产生商务连接，加入国际贸易。

① 参见中国新闻网：《海关总署：上半年跨境电商进出口 1.1 万亿元同比增长 16%》。

然而,这一时期中国的电子商务仅以互联网作为展示信息的黄页,线上整合信息,线下完成交易,尚未涉及现代意义上电子商务的核心内容。但中国企业获得了来自国际市场的最新商业资讯和产品、经营理念,为后续企业规模扩大、产业升级奠定了基础。

b.初步发展阶段(2004—2011 年)。

本阶段是中国电子商务国际化的关键时期。一方面,中国政府加大对电子商务的支持力度,致力于打造良好的国际电子商务发展环境。例如在 2005 年 1 月 8 日,中国出台了第一个专门指导电子商务发展的政策性文件——《国务院办公厅关于加快电子商务发展的若干意见》,从法律法规、政策、财税、投融资、信用、认证、标准、支付、物流、企业信息化、技术与服务体系、宣传教育培训、国际交流与合作等多个层面明确了国家推动电子商务发展的具体措施。这份文件结束了中国电子商务缺乏明确指引的摸索阶段,对推动中国跨境电商全面健康地发展具有重要的意义。

另一方面,中国的国际物流和支付体系不断改善,在该阶段真正实现了线下交易、支付、物流等流程的电子化,并通过服务和资源整合有效打通了上下游供应链。此阶段主要存在 B2B 和 B2C 两类跨境平台模式。其中,B2B 为主流模式,盈利方式从之前的以信息整合为主发展为以交易佣金为主,同时提供增值服务,直接对接中小企业,缩短产业链,提升利润空间,其中典型 B2B 平台为阿里巴巴国际站;B2C 企业也持续涌现,盈利模式是收取佣金和服务费。在此阶段,一些 B2C 企业的成功上市让小额外贸开始成为中国的中小外贸企业和政府关注的焦点,中国小额外贸由此开启了一段摸索道路。

c.高速增长阶段(2011—2019 年)。

随着移动互联网的普及和消费者购买力的提升,中国电子商务国际化进入高速增长阶段。在这个阶段,中国国际化电子商务行业生态持续完善,涌现大量较为成熟的平台型跨境电商企业;如 2010 年 4 月,阿里巴巴推出了全球速卖通,2015 年京东也上线了海外购业务。不仅中国消费者可以通过这些平台便捷地获取来自世界各地的产品和服务,世界各地的品牌也得以通过规范发展的中国电子商务环境顺利进入中国市场。在这一时期,也有很多电商企业通过海外收购、开设线下店铺等方式加速增加了中国商务活动的国际化影响力。

这些成果都与中国政府在此阶段坚持发展与规范并重原则息息相关,如:区域发展上,设立跨境电商综合试验区;流程管理上,出台政策规范从信息接入、快递物流到跨境支付的各个环节,促进国内建立完善的国际物流、跨境支付等服务体系;国际交往上,以合规政策作为重要切入口,推动跨境电商发展。在此阶段,中国的跨境电商经过几年的发展基本形成了包括支付、物流、在线信用融资、第三方培训服务等一整套的产业生态链。

d.立体发展阶段(2019 年至今)。

2019 年是《电子商务法》实施的第一年,各个电商平台开始其规范化管理之路,电子商务服务进入精细化运营阶段。2021 年国务院发布的《关于加快发展外贸新业态模式的意见》为电子商务在外贸领域的发展全方面提出了要求、明确了方向①。跨境电商服务新生态

① 参见由中国(杭州)跨境电子商务综合试验区建设领导小组办公室和亿邦动力研究院编写的《跨境电子商务创新研究报告》。

开始成型，涌现了一系列跨境电商供应链综合服务供应商。

同时，中国的数字经济展现出很大的活力。在2019年，中国数字经济规模已经达到35.8万亿元，占GDP的比重达到36.2%。这意味着，以云计算、大数据、人工智能、区块链为代表的数字技术不仅极大升级了传统货物贸易的服务过程，更是提升了产业链上诸如营销、支付、仓储、供应链金融、结汇等所有环节，进一步催生了如跨境支付、海外仓、跨境电商语言、跨境电商数据服务等电商服务新领域。在疫情背景下，这些发展成果更是促成了在线服务电商、社交电商和海外独立站的爆发式发展。

在此阶段，中国跨境电商政策持续优化、"丝路电商"国际合作不断取得成果。中国的国际化电子商务不断向精细化、数字化、多元化方向发展，生态链持续优化升级，电子商务合作加速推进。

②中国国际化电子商务相关政策。

中国电子商务发展迅猛，在世界的经济舞台上处于领先地位。中国电子商务国际化方面也出台了一系列推进政策和制度。尤其值得一提的是，近10年来，中国特别建立了与跨境电商相关的重大支持战略。

a.自贸区跨境电商政策。

自贸区，狭义上，"指一国的部分领土，在这部分领土内运入的任何货物就进口关税及其他各税而言，被认为在关境以外，并免于实施惯常的海关监管制度"。[①] 其核心是"境内关外"。中国的自由贸易区就是指在境内划分出一部分区域，在区域内，货物可以在没有关税及海关干预的情况下自由进口、制造、出口。自贸区以税收优惠、政策的先行先试等方式达到贸易和投资的自由化与便利化，促进进出口贸易的发展。2013年9月开始，中国分6批设立了上海、广东、辽宁、海南、山东、北京等21个自贸试验区，形成了覆盖东西南北中，统筹沿海、内陆、沿边的改革开放创新格局。

自贸区跨境电商平台是指中国在自贸区内设立的跨境电商平台，可以享受自贸区的一些优惠政策，如税收优惠、贸易便利化等，以促进跨境电商的发展，目的是提高自贸区的贸易水平。不同自贸区对跨境电商的利好政策也不同。近年来，中国在自贸区的建设上取得了很大的进展，为跨境电商行业提供了更为宽广的发展空间以及政策扶持。自贸区内如负面清单、出口清关、保税进口、"单一窗口"等一系列政策措施的实行，有效降低了跨境电商企业的物流、通关等成本。

b.跨境电商综合试验区。

中国跨境电子商务综合试验区是我国设立的一个先行先试的城市区域，目的在于先行先试跨境电子商务交易、支付、物流、通关、退税、结汇等方面的技术标准、业务流程、监管模式和信息化建设等。通过创新制度、管理和服务，解决跨境电子商务发展中的深层次矛盾和体制性难题，打造完整的跨境电子商务产业链和生态链。同时，逐步形成适应和引领全球跨境电子商务发展的管理制度和规则，为推动中国跨境电子商务健康发展提供可复制、可推广

① 1973年国际海关理事会签订的《京都公约》中关于自由贸易区的定义。

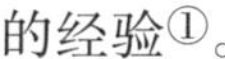

的经验①。

在 2015 年 3 月，第一个跨境电子商务综合试验区——中国(杭州)跨境电子商务综合试验区成立。其目标是通过杭州跨境电商综合试验区的建设，进行制度建设、政府管理和服务集成的创新，并且从该试验区取得的经验能够规范并发展跨境电商新业态，并在全国范围内推广和复制②。商务部海关总署、国家税务总局等部门出台了一系列支持跨境电商综合试验区发展的政策，其中具备重要作用的主要有无票免税、所得税核定征收、通关便利化和放宽进口监管等方面③。

2016 年 1 月，国务院将杭州综试区的经验推广复制，新设天津、合肥等 12 个综试区，同时宣布推广杭州“六体系+两平台”的做法。最近一次扩围时，全国范围内经国务院批复设立的跨境电子商务综合试验区已经达到 165 个，实现了除港澳台外，内地 31 个省级行政区全覆盖。全国跨境电商综试区获批情况如表 10-3 所示。之后成立的跨境电商综试区，不论是总体的制度设计还是具体的落地措施，基本借鉴了杭州跨境电商综试区的先行先试经验。

表 10-3　中国电子商务综合实验区获批情况

获批时间	数量	城市
2015 年 3 月	1	杭州市
2016 年 1 月	12	天津市、上海市、重庆市、合肥市、郑州市等
2018 年 7 月	22	北京市、呼和浩特市、沈阳市、长春市、哈尔滨市等
2019 年 12 月	24	石家庄市、太原市、赤峰市、抚顺市、珲春市、绥芬河市等
2020 年 4 月	46	雄安新区、大同市、满洲里市、营口市、盘锦市、吉林市、黑河市等
2022 年 1 月	27	鄂尔多斯市、扬州市、镇江市、泰州市、金华市、舟山市等
2022 年 11 月	33	廊坊市、沧州市、运城市、包头市、鞍山市、延吉市、同江市、蚌埠市等

4)拉丁美洲市场

拉美地区许多国家正在积极发展和推动电子商务行业，以适应现代化的商业环境和数字经济的发展趋势。虽然与欧美等成熟市场相比，拉美地区的跨境电商市场还较为初级，但近几年也经历了快速增长。本部分介绍了拉美跨境电商的发展特点，以及各国政府的政策支持。

(1)拉美国际化电子商务发展现状

拉美地区由于电子商务产业整体起步较晚，历史比较简单。然而，拉美地区发展速度迅猛，目前已成为全球电商行业的一个重要区域，是业内公认的蓝海市场，拥有 6.5 亿名消费者。作为全球增长最快的电子商务市场之一，2022 年，拉美电商的增速为 20.4%，仅次于东

① 马述忠，郭继文.制度创新如何影响我国跨境电商出口？——来自综试区设立的经验证据[J].管理世界，2022，38(8)：83-100.

② 王利荣，芮莉莉.跨境电商综合试验区对地区经济的影响及差异性分析——基于“反事实”视角[J].南方经济，2022(3)：53-73.

③ 参见新华网发布的《设立跨境电子商务综合试验区能给东营带来啥》。

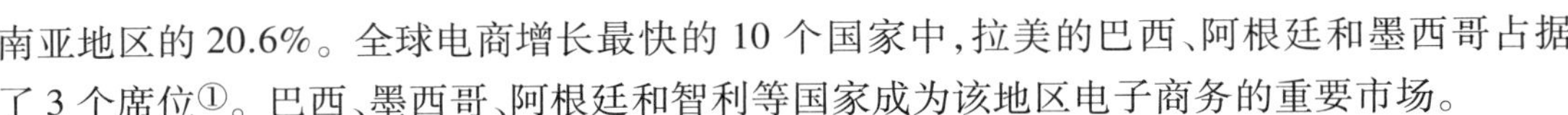

南亚地区的20.6%。全球电商增长最快的10个国家中，拉美的巴西、阿根廷和墨西哥占据了3个席位①。巴西、墨西哥、阿根廷和智利等国家成为该地区电子商务的重要市场。

拉美地区有着庞大的潜在消费者市场，一个重要特点是中产阶级崛起。根据预测，到2025年，拉美地区的中产阶级人口将达到2.25亿人，他们对品质和多样性有着更高的要求，电商平台可以通过提供多元化的产品和个性化的服务来满足他们的需求。

拉美地区的移动互联网使用率高，智能手机尤其得到极大普及。Covid-19期间，电子商务发展迅速，手机开始成为拉美消费者的首选购物方式。相关调查称，73%的拉美网购消费者在疫情期间下载了手机端的购物应用程序，秘鲁和哥伦比亚的手机网购比例达到了七成，这为电商提供了巨大的机遇。尤其是，拉丁美洲的人口结构与世界其他地区略有不同，50岁以上成年人的比例仅为23.4%，远小于欧美国家，更高比例的年轻人意味着消费者将更熟悉互联网并容易受到网络信息的影响。

社交媒体在拉美地区的普及程度很高。电商平台可以利用社交媒体的影响力来推广产品和服务，与消费者建立更紧密的联系。到2022年，拉丁美洲的网民人数已超过5.433 9亿人，是全球社交媒体市场的第五大区，仅巴西一国就有1.65亿人。Insider Intelligence数据显示，Facebook在拉美地区的渗透率为77.8%，是最受欢迎和访问量最大的社交媒体平台，预计2023年该地区的用户将超过3.72亿人。Instagram紧随其后，是拉美地区的第二社交平台。短视频平台TikTok在拉美的用户超过1.36亿人，并表示拉丁美洲是其全球增速第三快的地区，预计2025年将达到1.73亿人。随着短视频TikTok和长视频YouTube平台的发展，越来越多的人喜欢上了视频消费，2022年拉美对在线视频广告的投资约达到44.4亿美元。可见，拉丁美洲是电子商务发展非常有潜力的地区，跨境电商企业可以重点关注。

(2)拉美国际化电子商务政策支持

拉丁美洲跨境电商市场的快速发展离不开当地政府的政策支持。近年来，拉美国家通过推进网络普及率、完善支付体系、物流体系、加强数字化人才培养等多项举措，不断促进电子商务持续发展。

为提高互联网普及率，哥伦比亚政府推出“家庭连接计划”，使得约28.2万户低收入家庭能够以合理费用享受互联网服务。2019墨西哥政府推出“人人享有数字互联网”项目，为农村和硬件设施条件较差的社区，尤其是这些地区的公共空间优先接入互联网②。电子支付系统是电子商务发展的重要支柱。拉美国家通过加强相关系统建设，努力提升交易效率。2020年11月，巴西央行推出即时支付系统PIX，目前该国超过80%的电商平台将PIX作为支付选项，30%的电商客户将PIX作为最重要的支付方式。墨西哥于2019年推出CoDi数字支付平台，支持二维码支付、NFC技术、短信验证等功能，政府鼓励电子支付的普及和使用，加强对电子商务平台的监管和管理。哥伦比亚的TransfiYa、秘鲁的Yape和PLIN等数字支付平台也都吸引了大量用户③。2021年阿根廷《金融界报》中阿根廷总统表示希望在电商

① 数据来源于全球知名市场研究机构eMarketer发布的调查报告《2022年全球电子商务预测报告》。

② 参见中国服务贸易指南网发布的《拉美电子商务市场快速增长》。

③ 参见人民网发布的《拉美电子商务市场快速增长(国际视点)》。

领域寻求同中方合作,阿根廷政府已经推出了电子商务平台,并大力支持中小企业进入跨境电商平台开展贸易①。在保护消费者权益方面,智利政府 2021 年批准了《电子商务条例》,致力于提升电子商务平台发布信息的透明度,更好保障消费者的知情权和自主选择权。在墨西哥,联邦消费者检察院设立专门下属机构,来负责保障在电商平台消费的人群的合法权益,该机构负责受理消费者投诉、代表消费者开展维权等。2021 年阿根廷在海关、税收方面放宽政策,对居民跨境网购的限制显著放松。2023 年"巴西税务合规计划"开始实行,这一计划允许各大跨境电商平台在线提供税费代缴服务,与海关系统无缝对接,消费者在下单时即可了解并缴纳税款,使得购物过程更加透明,规则更清晰。

表 10-4 拉美国家国际化电子商务相关政策

国家	政策
巴西	2020 年推出即时支付系统 PIX 2023 年巴西税务合规计划(Remessa Conforme)正式生效
墨西哥	2019 年推出 CoDi 数字支付平台 2019 推出"人人享有数字互联网"项目 2023 年新税法的推行
阿根廷	2021 年税收、海关等政策放宽对居民跨境网购的限制 2021 年阿根廷总统表示希望在电商领域寻求同中方合作
哥伦比亚	2023 年电信运营商 Tigo 将移动宽带扩展到 900 多个农村地区
智利	2021 年批准了《电子商务条例》

5)中东与非洲市场

中东及非洲是 2022 年全球线上消费者增速最快的地区,发展潜力巨大。中东和非洲市场具有跨境电商发展的优良土壤,被誉为电商蓝海市场之一。随着科技的不断发展,中东和非洲的互联网渗透率逐年攀升,越来越多的年轻人使用智能手机和电子设备,这为跨境电商提供了广阔的市场空间。但两个市场跨境电商的市场特点也略有不同。本部分分析了中东和非洲市场的发展特点和相应的政府政策。

(1)中东国际化电子商务现状

与拉美地区电子商务发展较为相似,中东各国电子商务发展也起步较晚,然而,速度值得关注。根据世界银行 2021 年的统计,海湾六国的互联网渗透率已经接近 100%,是全球智能手机普及率和互联网渗透率较高的地区之一,高于美国、英国、中国,远超全球平均水平。同时,中东地区人口总数 4.54 亿,人口增长率排名世界第四。当地移动用户达 3.81 亿,占中东总人口的 64%,在整个地区人口平均年龄为 25 岁,一半以上的中东人是年轻人,而这些年轻人是跨境电商,特别是移动电商的主要消费群体②。目前,阿联酋和沙特阿拉伯人均 GDP

① 参见驻阿根廷大使邹肖力在阿根廷媒体《金融界报》发表的署名文章《共创高质量、协调、绿色发展新未来》。

② 数据来源:世界银行(Statista 分析)。

位居全球前列，本地家庭平均人口超过 5 人，产品客单价达 150 美元，意味着较强的购买力和高客单价。近年来，越来越多的中国跨境电商企业开始发力中东市场。

中东跨境电商市场的显著特征是女性消费者购买力强。作为中东地区消费力最强的国家之一，沙特阿拉伯近几年来逐步放宽对女性的限制，为整个中东地区的“她经济”发展带来了积极影响。自那时起，沙特逐步允许女性驾驶汽车、观看体育赛事等，对女性的限制不断放宽。随着沙特女性地位的提高，这一人口群体的消费潜力将得到进一步发掘和提升。女性是家庭物资购买主力，在中东地区，尽管女性就业率持续攀升，但仍有相当一部分女性扮演着家庭主妇的角色，全身心投入照顾家庭。据统计，84%的中东地区妇女表示她们在家务和食物准备方面承担着共同或主要的责任。不论职业身份如何，女性在家庭物资采购方面的参与度都高于男性。她们对时尚的追求较高，虽然传统的中东女性在公共场合通常身着长袍，但在长袍之下往往隐藏着精美的服饰。她们对时尚服饰、美容产品、香水和奢侈品的需求往往远超男性。海湾国家女性每人每月平均花费 2 400 美元用于购买美容用品、时尚服饰和礼品①。约 78%的受访者表示，紧跟时尚潮流对她们至关重要②。

(2) 中东国际化电子商务政策支持

中东各国政府为了推动经济发展和提高国际竞争力，纷纷出台了支持跨境电商的政策措施，为跨境电商企业提供了良好的发展环境。

表 10-5 中东国家国际化电子商务相关政策

国家	政策
阿联酋	2020 年推出迪拜跨境电子商务平台 2021 年建立中东第一个电商自贸区
沙特	2019 年成立电商委员会，推出 39 个行动倡议和第一部电商法 2021 年批准对电商快递的保险服务
卡塔尔	2019 年推出电商认证制度

除此之外，2021 年，中国和阿拉伯国家联盟共同发表《中阿数据安全合作倡议》，阿拉伯国家成为全球首个与中国共同发表数据安全倡议的地区。2022 年，由巴林、约旦、科威特、巴基斯坦和沙特联合创建的数字合作组织推出“提升 50”倡议，支持 50 000 家中小型企业在未来 3 年内实现互联网在线销售。该倡议还预计通过电商创造 5 000 个工作岗位，尤其关注女性和年轻人创业③。

(3) 非洲国际化电子商务现状

近年来，非洲政府对电子商务的发展越来越重视，并出台了一系列支持政策。例如，肯尼亚政府提出的“数字肯尼亚”计划，南非政府制定的“数字南非”计划，以及非洲联盟（AU）

① 数据来源：《Women Across Africa and the Middle East Are Pushing for Progress-Nielsen》。

② 数据来源：《2023 中东跨境电商白皮书》。

③ 参见人民日报的《中东电子商务发展势头强劲（国际视点）》。

提出的"非洲电子商务倡议"。这些政策为非洲跨境电商市场提供了良好的政策环境。

对于中国而言,非洲跨境电商拥有以下几大优势:首先,人口红利上,非洲人口结构年轻化且增长迅速,对商品的需求十分强烈。数据显示,目前非洲整体人口数量在 14 亿左右,90%的人口都是不到 50 岁的中青年人,年轻人口占比高达 70%;同时,非洲的互联网普及率约为 40%,约有 4.65 亿互联网用户。由于智能手机和移动设备的广泛扩张,互联网普及率一直在上升,预计到 2025 年,这一数字将达到近 5 亿。其次,发展前景上,非洲绝对是个大市场。根据 StockApps.com 公布的数据:2021 年非洲电商市场收入达到了 280 亿美元;2022 年收入预计为 333 亿美元;2024 年收入预估将达到 423 亿美元;从 2017 年的 77 亿美元,行业市场规模将在 7 年内增长约 500%,复合增长率超过了任何一个大洲。此外,2024 年非洲电商用户将达到 4.765 亿。最后,营商环境上,非洲整体营商环境比较友好。加上"一带一路"倡议的推动下,中非经贸合作不断深化,双方政府对跨境电商的政策支持力度也在加大,中国连续多年成为非洲第一大贸易伙伴。

10.2　本领域的重要科学研究问题

本部分将分别从理论研究基础、国际化电子商务的进入策略和模式主要组成部分和风险与挑战介绍切入,探究国际化电子商务领域的重要科学研究问题。

10.2.1　理论研究基础

这一部分总结了国际化电子商务的基本概念、基础构架和相关经典理论。国际化电子商务是指通过互联网和数字技术实现跨国交易的过程,涉及信息流、资金流和物流等关键生产要素以及安全、标准化建设和政策法规等支持条件,较为经典的理论有比较优势理论、全球价值链理论和平台经济理论,理解这些概念对于推动国际化电子商务的发展具有重要意义。

1)国际化电子商务的基本概念

关于国际化电子商务的定义,美国政府问责局(Government Accountability Office,GAO)早在 2002 年发布的报告"International Electric Commerce Definitions and Policy Implications"就指出,当前国际社会上对于国际化电子商务并没有一个统一的定义,但为了便于收集统计数据,一些政府部门或企业已经给出了国际化电子商务的功能定义,普遍认为是通过电子商务网站向国外买家销售产品的业务①。比如,美国国际贸易署(International Trade Administration)就将国际化电子商务理解为客户从境外购买商品;荷兰在报告"Cross-border E-Commerce Guidebook"中将其定义为通过互联网直接从国外零售商和供应商处购买海外产品,而不需要再设立中间商业实体的过程。这些定义普遍将国际化电子商务局限在购买和销售行为上,但事实上,电子商务包括在线商业活动的各个方面——采购、销售、跟踪库存、

① 参见美国政府问责局网站:OFFICE USGA.International Electronic Commerce:Definitions and Policy Implications | U.S. GAO.

管理生产、处理物流以及提供通信和支持服务等，因此，美国政府问责局进一步指出，国际电子商务作为整个电子商务的一个子集，一般可以定义为涉及在线购买并导致商品和服务的进口或出口的任何交易，包括国际贸易、国际供应链管理、跨文化营销等多个方面。

在我国，自 2013 年以来，国务院及各部委相继出台了一系列的法规政策，支持并规范国际化电子商务行业的发展。我国政府对国际化电子商务的界定主要是指利用跨境电子商务平台开展跨境业务的市场主体以及业务的主要环节，涉及对外贸易的外汇支付、供应链建设及管理、税收等业务关键环节也都包含在国际化电子商务的内涵之中。

在学术界，学者们对国际化电子商务的定义普遍是基于传统电子商务的内涵而来，比如，有学者指出，国际化电子商务代表分属不同国家和地区的贸易双方通过互联网等关键信息技术完成交易的过程，是电子商务的一种更高级的应用形式①。虽然学者们没有给出国际化电子商务的明确定义，但他们大都强调了以跨境交易平台为代表的信息技术对国际化电子商务的助力，并指出这一新技术的使用拓展了贸易的范围，将营造全新的市场。另外，也有学者对国际化电子商务的主要环节进行了描述和分析，包括物流与支付新模式、跨境网络零售业务的分类和流程以及跨境 B2B 业务新的发展等②，也为其定义提供了一定的启示。

总的来说，国际化电子商务是指跨境电子商务活动，通过互联网和数字技术，企业和个人能够在全球范围内实现在线销售、交易、物流和市场营销等活动。这一概念强调了电子商务的全球化特性，以满足不同国家和地区的市场需求，涉及面向全球客户、处理跨国界交易、解决国际法规和文化差异等多方面问题。国际化电子商务是全球经济中重要的组成部分，为企业提供了扩展国际市场的机会，同时也要求企业适应多元化的全球市场环境。

2）电子商务国际化的基础构架

3F+ 2S + P 框架常被用于描述电子商务的整体框架。这个框架涵盖了信息流（Information Flow）、资金流（Capital Flow）和物流（Goods Flow）这三个关键流（3F），2S 和 P 分别表示安全（Security）和标准化（Standardization）建设以及政策法规（Policy），他们是实现电子商务的基础和支持条件。信息流是指涉及商品信息、促销营销、技术支持和售后服务，以及双方之间的能力和信誉信息等。资金流则关注资金的转移，与电子商务支付方式的发展紧密相关。物流是指商品和服务的流通，涉及运输、储存、配送、装卸搬运、保管和物流信息管理等各种活动。底层法律法规和技术规则以及二者的标准化建设作为两大支柱，支撑了上层建设，使信息发布、传输、商业服务成为现实，保证了商流的不断流转。这个基础结构框架同样适用于国际化电子商务，国际化电子商务同样涉及法律基础、技术支持、标准化建设、资金流、物流、信息流的各个层面，只是在此基础上进一步增添了国际化的要求，主要包括：

跨国支付系统：提供安全、便捷的支付方式，包括信用卡、电子钱包、支付宝等，需要满足不同国家和地区的支付需求。

跨境物流系统：为跨国电子商务提供快速、可追踪的物流解决方案，包括国际运输、关务

① 张滨，刘小军，陶章.我国跨境电子商务物流现状及运作模式［J］.中国流通经济，2015，29（1）：51-56.

② 黎孝先，王健.国际贸易实务［M］.7 版.北京：对外经济贸易大学出版社，2020.

清关、仓储和配送等环节。

跨国税务与合规:确保电商企业在不同国家和地区遵守当地税务和法规要求,避免跨境交易中的合规风险。

跨文化用户体验:提供多语言、多货币、多时区的界面和支持,以满足全球用户的需求,并确保用户在不同文化背景下的顺畅体验。

跨国市场推广:通过搜索引擎优化、社交媒体营销、跨境平台推广等手段,流通信息,扩大电商企业在全球市场的曝光度和影响力。

数据安全与隐私保护:确保用户个人信息的安全性和隐私保护,遵守不同国家和地区的数据保护法律和规定。

这些组成部分作为基本要素,共同构成了一个完整的国际化电子商务基础结构框架,为跨国电商企业提供了稳定、高效的基础设施支持,促进了全球电子商务的发展。

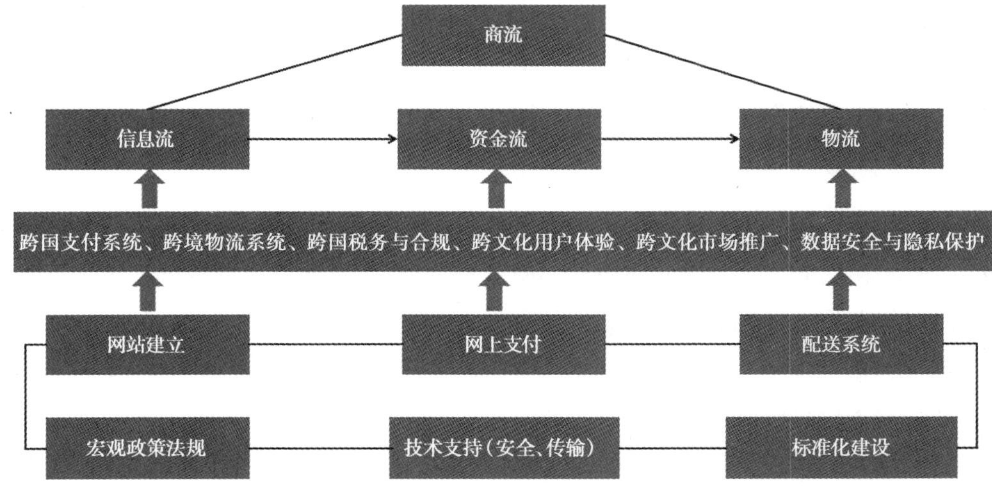

图 10-7　国际化电子商务的基础构架

3)电子商务国际化的理论基础

国际化电子商务除了包括商务活动的电子化(技术、流程、构架,相关构架已在上一节中介绍),也强调电子商务活动的国际化部分,关注电子商务在国际化环境中的应用和影响,包括国际商务理论、国际贸易理论、跨文化管理等,这些理论都对推动电子商务国际化发展具有重要意义,以下介绍三个较为经典的理论模型。

①比较优势理论:是基于国家情景的古典贸易理论。其核心概念是相对成本差异,核心思想为国家应该专注于生产其相对比较优势的商品或服务,然后通过国际贸易来获取其他商品或服务。该理论提供了国家之间进行贸易原因的可能性解释,以及在这种贸易中每个国家能够获得的好处,即使一个国家在所有商品或服务的生产上都具有绝对优势,国际贸易仍然是有利可图的。在跨境电商情景下,该理论可以帮助企业确定相对优势和劣势,对市场进入与产品策略有一定的指导意义。也为国家之间的贸易提供了一个有益的框架,为现今愈加密切的国家间合作和互助现象提供了理论解释。

②全球价值链理论：全球价值链理论关注企业在全球范围内如何分工和合作，以实现最佳的资源配置和降低成本。该理论认为，企业可以利用全球化的机会，在不同国家和地区之间组织和协调生产活动，以获得全球竞争优势。借助该理论，企业可以识别出自身在价值链中的核心环节和竞争优势领域，可以为国际化电子商务战略制定提供指导。产业链搭建的关键在于建立合作和协调机制，以确保供应商的合作、物流的管理、信息系统集成等各个环节之间的顺畅合作和高效沟通。通过搭建良好的产业链，企业可以实现全球范围内的资源整合和市场扩展，增强竞争力。

③平台经济理论：将平台被定义为连接供应方和需求方的中介机构，具有规模效应、网络效应和多边市场特征。平台经济模式包括交易型平台（如电商平台）、媒体平台（如社交媒体平台）、创新型平台（如共享经济平台）等。而平台经济的核心优势是通过网络效应和规模经济实现市场份额的快速增长和竞争优势的形成。平台的价值取决于平台上的参与者数量和质量。而电商平台就是一种基于互联网技术的新型商业模式，平台经济理论研究平台的价值创造、平台治理和平台生态等问题，可以帮助平台电商、新兴社区电商理解平台的特点和运营模式，研究平台治理与规则，思考平台经济的重大影响，从而更好地实现商业价值。

10.2.2 国际化电子商务的进入策略

企业进入国际化电子商务领域是一个多因素和多策略的决策过程。这个过程受到企业自身的内外部环境，包括市场条件、竞争态势、法规、文化差异等多种因素的影响。企业可以根据其独特情况，采用不同的方式来进入国际化电子商务领域。

1）跨国并购

近年来，随着国家综合实力的提升以及“一带一路”倡议的开展，跨国并购已经成为我国企业快速获取优质资源、进军国际市场的一种重要手段。全球著名的财经评论杂志《Fortune》上有一篇题为“China buys the world”的文章，就是在形容中国企业席卷全球的跨国并购活动。跨国并购是指一家公司（被称为收购方或买方）购买另一家位于不同国家的公司（被称为目标公司或被收购公司）的股权或资产，以实现业务扩张、增强市场份额、获得新技术、降低成本等战略目标。

通过跨国并购，企业可以绕过初入他国市场面临的关税问题、管理问题等困难，快速继承目标企业在东道国丰富的资源，包括成熟完善的销售网络、稳定的原材料供应体系等，从而迅速进入他国市场并扩大其市场份额。例如，阿里巴巴集团就通过收购和股权投资方式进入东南亚电商市场，通过收购东南亚本土知名度较高的电商企业 Lazada，阿里巴巴得以先发制人，快速抢占和开拓东南亚市场。亚马逊通过收购中东地区最大的电商平台 Souq，迅速在当地拓展其销售网络①；沃尔玛以 160 亿美元收购印度最大电商平台 Flipkart 约 77% 股权，进一步拓展了其国际电商业务②。

① 参考 Uhaveshop 网：一个时代的落幕：“亚马逊中东 Souq”。

② 参考新华财经中国金融信息网：TECHWEB.沃尔玛宣布 160 亿美元收购印度电商 Flipkart 约 77%股权。

2)合资企业

合资企业,也称为合资公司或联营企业,是由两个或多个独立的公司或实体共同出资并合作经营的企业实体。这种合作关系允许参与方共同分享业务项目、资源、风险和回报。在国际市场扩张和一些较为复杂的项目中,合资企业是一种非常常见的战略合作形式,它使不同企业能够共同利用各自的资源和专长,降低风险,并实现共同的商业目标。

通过合资企业进行电子商务国际化拓展,可以有效降低企业在国际市场运营中所面临的风险,这一点在涉及不熟悉的国际市场或复杂的商业环境中显得尤为重要。同时,企业还可以通过这种方式了解目标市场的文化、法规、市场需求和消费者习惯,更好开展营销活动。此外,合资企业通常能够分摊运营成本,包括生产、市场营销、销售和分销等方面的费用。这降低了企业在国际市场运营中的成本负担,同时还可以有效整合各种资源,提高生产效率和市场覆盖。例如,阿里巴巴与俄罗斯国有基金、俄罗斯"腾讯"Mail.Ru、俄罗斯"移动联通"MegaFon 成立的合资公司——全球速卖通,就是通过合资企业开拓国际化市场的一个成功案例;此外,京东集团、京东金融和泰国零售企业尚泰集团在泰国共同投资 5 亿美元成立两家合资公司,分别提供电商服务和金融科技服务。泰国尚泰集团是东南亚最大的零售商之一,这为京东进一步深耕东南亚电商市场提供了帮助。①

3)基于跨境电商平台的在线商店

互联网的普及和技术的进步使得在线购物成为众多消费者的优先选择。对于在线销售,企业可以通过入驻亚马逊、全球速卖通等第三方平台进行销售。这些平台已经拥有广泛的用户基础,这意味着企业可以迅速触及大规模的受众,提高了品牌的可见性,无须耗费大量时间和资源来建立自己的客户群。同时,加入知名的第三方平台通常会带来信任和信誉的好处。这些平台在市场上享有良好的声誉,客户通常更容易信任在这些平台上出售的产品。因此,企业可以受益于平台的信誉,建立客户信任,这对于成功的国际销售至关重要。此外,第三方平台还提供了便捷的销售基础设施,包括在线支付、物流、订单处理和客户支持。这减轻了企业的运营负担,使其能够更专注于产品开发和市场推广。

4)跨境电商独立站

除了加入第三方平台,企业还可以建立自己的独立站,其相比于第三方平台有一些自身的优势。首先,它赋予企业品牌掌控权,允许自主制定品牌策略、定价策略和产品呈现,从而形塑独特的品牌形象。其次,独立站提供更高的利润率,因为企业不需要支付第三方平台的佣金或手续费,这对于企业的盈利潜力非常有利。此外,企业可以自主收集和管理客户数据,建立深入的客户关系,实施个性化市场营销,提高客户忠诚度。独立站还具有灵活性,企业可以自行决定网站的设计、功能和特性,以适应不同市场需求。然而,跨境电商独立站也需要更多的资源和管理,包括网站建设和维护、数字营销、物流和客户服务等方面。此外,企业还需要满足不同国际市场的法规和合规性要求,因此建立独立站需要深思熟虑地计划和

① 参考赛氪网:一周互金|中国三大比特币平台将全部关停;京东金融与泰国尚泰集团成立合资公司-36 氪。

执行。例如,Shein通过建立独立站点成功进入国际电商市场,注重多语言支持、多货币支付选项以及高效的国际物流,吸引了全球购物者。专注于智能配件和智能硬件的中国企业安克创新(Anker),通过亚马逊和独立站网站同时进行产品销售,现已成为国内营收规模最大的出海消费电子品牌企业之一①。

10.2.3 国际化电子商务模式的主要组成部分

随着跨境电子商务的蓬勃发展,越来越多的企业都开始涉足该市场,跨境电商由传统国际化电子商务衍生出越来越多的新兴模式,包含社交媒体和网络直播销售、独立电商网站、跨境合作与跨区域合作等。掌握国际化电子商务的传统与新兴模式,是了解电子商务国际化发展的重要内容。

1)传统国际化电子商务模式的主要组成部分

(1)跨境电商平台

跨境电子商务的蓬勃发展离不开电子商务平台的大力支持。跨境电商平台是企业与企业、企业与消费者之间的桥梁与连接,它具有独特的作用:企业和消费者不仅集聚于此,而且须以此为入口,通过平台所提供的信息发布、在线支付和跨境物流等集成化的综合服务,实现跨境网络交易。因此,跨境电商的建设水平和服务的质量,将直接影响到企业及顾客对其的购买意向,进而影响到整个产业的发展。当前,国内的跨境电商平台主要有以下几种运作方式②:

按交易主体属性划分,可分为B2B平台、B2C平台和C2C平台。B2B指不同关境的企业与企业之间通过互联网平台确认交易意愿,并通过跨境物流收发商品、完成支付的国际商业模式,具有代表性的是阿里巴巴(特指阿里巴巴集团旗下的1688全球购物网站)。B2C主要为个人消费者提供电子商务产品和服务,具有代表性的B2C平台有天猫国际、京东全球购、Amazon等。跨境C2C是指分属不同关境内的个人卖家和买家通过互联网平台进行交易和支付报酬,由个人卖家通过第三方电商平台发布产品和服务的信息和价格等内容,个人买方根据需求进行选择,通过跨境物流进行商品的配送,最终通过电商平台达成交易、完成支付结算,并通过跨境物流送达商品、完成交易的一种国际商业活动模式。具有代表性的C2C平台有阿里全球速卖通(成立之初为C2C模式,后于2016年向B2C主营方向转型)、美丽说、海蜜等。

以进出境角度划分,可分为进口平台(如洋码头、跨境通等)和出口平台(如敦煌网、中国制造网等)。

(2)跨境支付解决方案

目前跨境电商支付方式主要有以下几类③:

①国际信用卡支付。即使用国际信用卡组织或国内商业银行发行的具有国际支付功能

① 参考雨果网:亚马逊起家的Anker,他的独立站是怎么做的?

② 吕雪晴,周梅华.我国跨境电商平台发展存在的问题与路径[J].经济纵横,2016(3):81-84.

③ 陈欢欢,管晓永.跨境电商支付信用风险形成机制[J].科技导报,2021,39(4):65-73.

的信用卡支付。使用信用卡支付都会受到一定的使用范围和限额的约束。目前使用最多的是 VisaCard、MasterCard、JCBCard 和中国银联国际卡等。

②第三方机构兑付。即由依照所在国法律依法成立的具有国际货币兑换和跨境支付牌照的第三方在线支付服务机构所完成的支付。例如美国的 Paypal（支持 eBay、Etsy、Airbnb 等）和 Payoneer（支持 Amazon、Wish 等）、英国 WF（支持 Amazon、Wish、CD 等）。

③商业银行的汇付。即通过国内商业银行换汇和汇款支付（结算）。汇付及其清算一般通过环球同业银行金融电讯协会的 SWIFT 系统完成。由于该种方式的跨境支付速度慢、成本高，跨境电商支付较少使用。

④区块链数字转付。即借助于市场信用较高的数字货币，例如比特币、以太坊、瑞波币等，通过区块链点对点或作为中间媒介实现跨境电商支付。目前，区块链数字转付的应用尚处于起步阶段，但由于其具有安全性、保密性、跨境性、便捷性和价格低廉等优点，未来前景较好。

（3）全球物流和仓储服务

跨境电商物流的特点是不确定因素较多、成本较高、必需的环节更复杂等，所以跨境电商商家对物流的需求更加复杂且多元化，因此也派生了多种跨境电商物流模式。

①国际邮政包裹。

以万国邮政联盟系统为基础的商品进口与出口即为国际邮政包裹，跨境电商物流很大程度上依赖于邮政快递系统。有关数据显示，中国跨境电子商务中国际邮政系统承担了进出口包裹量的七成左右，其中一半左右是中国邮政承担的。

②国际快递。

国际快递模式通过自建的全球网络、强大的 IT 系统和遍布世界各地的本地化服务，能够为跨境电商带来及时、准确、全程化的服务。国际快递提供的国际快递服务主要有 FedEx、UPS、DHL 等。国际快递收费相对较高，一般用于时效要求高、货值高的商品。

③跨境专线物流。

针对某些地区或国家专门制定的跨境专用物流线路即为跨境专线物流，物流的路线、环节、周期、运输方式等都较为固定。目前包括航空专线、铁路专线、大陆桥专线、海运专线与多式联运专线。跨境专线物流模式可以通过规模效用降低成本，适用于集中大批量货物的运输。目前，最常用的专线物流是美国专线、欧洲专线、大洋洲专线、俄罗斯专线等。

④海外仓。

海外仓是指设置在境外的仓储设施。海外仓模式，指的是商家在企业所在国境外提前建立或租赁仓库，随后将待售商品提前运输至离境外消费者更近的海外仓库，在接到订单后直接从海外仓将货发送给买家的方式。海外仓模式都能够有效降低物流成本，缩短物流过程所需时间，方便客户退换货等；但是同时海外仓模式需要投入更高的成本，对销售预测也提出了更高的要求。典型公司包括递四方、出口易等，目前海外仓主要集中在美、德、英、日、澳等电子商务较发达国家。

⑤自贸区物流与保税区。

自贸区物流与保税区指的是通过国际货运事先将商品运至自贸区仓库或保税区，通过

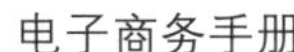

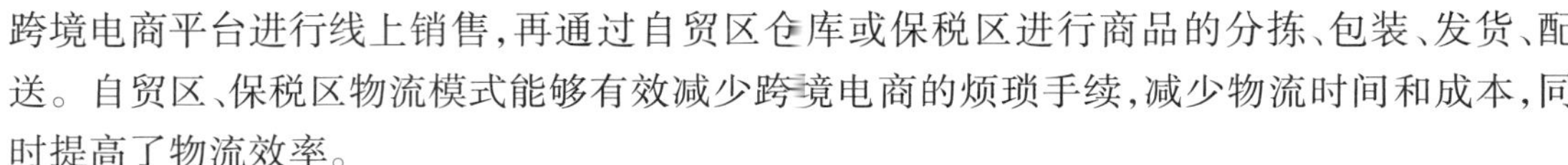
跨境电商平台进行线上销售，再通过自贸区仓库或保税区进行商品的分拣、包装、发货、配送。自贸区、保税区物流模式能够有效减少跨境电商的烦琐手续，减少物流时间和成本，同时提高了物流效率。

⑥物流联盟模式。

由于跨境电商物流业务主体是不同国家之间的需求者，因此跨境物流在运输国际货物时需要面临更加复杂且烦琐的中间运输与中间管理环节，而许多物流企业由于企业规模以及技术的限制，无法单独完成一个完整的跨境物流业务，因此许多中小型物流企业选择组成联盟的形式开展跨境物流业务。在这种情况下，供应链中的各个企业都能通过资源共享来进行最优分配，充分利用自己的优势，互相学习，从而获得更多的利润。

(4)跨境市场营销活动

电子商务国际化背景下，公司之间的竞争愈加激烈，跨境电商营销活动给企业宣传推广提供了新的机遇。全球数字营销是一种复杂而多维的市场营销策略，旨在在全球范围内通过数字媒体和在线渠道推广品牌、产品或服务。强调了数字技术和全球互联网的崛起为企业提供了跨越国界吸引国际受众的机会。全球数字营销的特点包括多渠道的使用，包括搜索引擎、电子邮件、社交媒体、内容营销、电子商务平台和在线广告，以确保覆盖广泛的数字领域。下面详细地介绍几种常见的营销方式。

①搜索引擎营销。

搜索引擎营销是企业网站通过改变自身在搜索结果页面出现的位置，来利用搜索引擎推广产品和服务的营销活动①。当今主流的搜索引擎营销模式有两种，付费搜索广告和搜索引擎优化。在付费搜索广告模式下，企业按照自己的商品和服务特征，向搜索引擎供应商采购关键字；而搜索引擎优化则是使公司的站点更易于被搜索引擎所接纳，在使用者利用搜索引擎进行查询时，能够在查询结果中取得较好的排名，从而实现对网站的宣传。

②电子邮件营销。

电子邮件营销是指在获取客户同意的情况下，以电子邮件形式向目标客户定向传递产品或服务信息，以达到营销目的②。按照营销周期，电子邮件营销通常分为不定期邮件营销和长期邮件营销。不定期邮件营销是以一些临时性的目标为基础，在较短时间内进行的电子邮件市场推广，例如新产品推广、产品市场调查、节假日促销等；长期邮件营销是一种长时间持续实施的邮件营销活动，具体的表现方法有电子杂志，定期的新闻邮件等，以体现客户关怀、展示企业品牌形象。

③社交媒体营销。

社交媒体营销是利用在线社区、社交网络、博客、论坛等社会化媒体平台的营销，是企业为开展营销活动而对社会化媒体技术的运用③。与传统营销相比，社会化媒体的普及使企业和客户之间的联系更加紧密，同时也扩大了客户与客户之间的联系。常见的社交媒体有

---

① 李凯，邓智文，严建援.搜索引擎营销研究综述及展望[J].外国经济与管理，2014，36(10)：13-21.

② 安娜.许可式邮件营销及其在电子商务中的应用问题探究[J].价格月刊，2015(4)：78-81.

③ 朱明洋，张永强.社会化媒体营销研究：概念与实施[J].北京工商大学学报(社会科学版)，2017，32(6)：45-55.

Facebook、Twitter、Tumblr 等。

除此之外，本地化是全球数字营销需要着重考虑的一个要素，它要求内容和广告在不同国家和地区进行本地化，以适应当地文化、法规和市场特点。Stripe 发布的关于 2020 年欧洲交易结算状况的报告①表明，其调研的欧洲网站中 74%的结算页面并未翻译成本地语言。这一疏忽导致在消费者购买过程的最后阶段跳出率上升，这是企业在进行电子商务国际化过程中应当尽力避免的问题。

2）新兴国际化电子商务主要模式

（1）社交电商

社交媒体是采用移动技术和网页技术而创建的高度互动平台，个体间和社群间都可以通过该平台分享、共创、讨论和修改原创内容②。时至今日，社交媒体在现代生活中无处不在，社交媒体上的内容也包括了图片、音视频、文本等多种变现方式的混搭。全球范围来看，社交媒体平台欣欣向荣、各具特色：有代表圈子社交平台的 Facebook 和微信；有代表公众社交平台的 Twitter 和微博，有垂直领域的社交平台 LinkedIn 和知乎；有媒体分享平台 YouTube 和爱奇艺；有协作项目（Wikipedia 和百度百科）、点评网站（Yelp 和大众点评），以及虚拟世界（Second Life 和魔兽世界）等，人们可以在这些社交媒体平台上创作、修改、分享并且讨论一切信息。

社交媒体逐渐加入电子商务元素，社交媒体电商是指利用社交媒体平台进行商品销售和推广的电商模式。社交媒体平台拥有大量的用户和流量，可以为商家提供广泛的潜在客户群体。社交电商逐渐兴起，成为新经济领域中备受关注的一部分。社交电商是将社交媒体和电子商务结合起来，利用社交媒体平台的人际关系和信任传播，为用户提供商品销售、推广等服务。社交电商模式在传统电商模式基础上融入了社交元素，将消费者转变为商品的推广者，从而打破了传统电商的信息孤岛。社交媒体电商的典型代表是微信小程序和微信公众号。商家可以通过微信小程序和微信公众号发布商品信息、提供购物功能和客户服务，同时利用微信的社交关系链进行商品推广和分享。社交媒体电商的优势在于可以利用社交网络的传播和分享特性，提高商品的曝光度和销售量。

（2）直播电商

购物直播作为一种新兴的社交电商形式，正在逐渐崛起，成为社交电商产业数字化趋势的一个重要表现。购物直播是指在社交网络平台上进行的实时视频直播，主要用于展示商品和服务，以及进行销售和交易。购物直播的崛起，主要得益于社交网络平台的发展和移动互联网技术的进步。随着社交网络平台的用户规模不断扩大，购物直播也得到了快速的发展。购物直播的优势在于，它可以通过实时视频直播的方式，让消费者更加直观地了解商品和服务，从而提高消费者的购物体验和满意度。此外，购物直播还可以通过主播的互动和分

---

① 参见 Stripe 网站：The state of European checkouts in 2020.

② KAPLAN A M，HAENLEIN M. Users of the World，Unite！The Challenges and Opportunities of Social Media[J]. Business Horizons，2010，53(1)：59-68.

享，让消费者更加了解商品和服务，从而增加消费者的购买意愿和购买力。此外，购物直播还可以通过社交网络平台进行精准营销和个性化推荐，从而提高消费者的购物体验和满意度。

短视频社交平台 TikTok 抖音，早在 2016 年就推出了直播功能。抖音小店和抖音直播，作为抖音平台的双轮驱动，将社交电商推向了新的高度。抖音小店和抖音直播的结合，不仅满足了用户的多样化需求，也促进了商家的多元化销售。抖音小店提供了商品的展示和销售功能，而抖音直播则提供了商品的实时展示和互动功能。通过抖音直播，商家可以向用户展示商品的使用方法和特点，增强用户的购买欲望。同时，抖音直播也为商家提供了一种创新的宣传方式，让品牌更加贴近用户，提高品牌曝光率和口碑①。

以“抖音”“快手”为首的短视频内容平台通过策略与创意的融合，凭借短视频的社交形式，精准高效地传播，将流量变现，实现商业价值最大化。“抖音”打造的“短视频+直播+电商”三合一的平台，不仅聚合了人、货、内容、场景，还实现了内容赋能传播。直播与短视频平台结合，发挥 1+1>2 的营销效能。随着直播电商的兴起，“短视频+直播+电商”已经成为广告主增长路径的新核心主线，直播成为受众转化加速器，大幅度缩短了用户决策路径，直接推动消费。

10.2.4 国际化电子商务的风险与挑战

日渐完善的国际支付手段、物流仓储体系等重要基础设施以及相关的政策法规建设为电子商务的国际化发展构成坚实的支撑底座。当跨境电商开启了新的产业全球化发展阶段，世界各地都被卷入其中，各国都要建立起符合自身特点的跨境电商产业，但这个过程中也将面临各方面的问题与挑战。

1）电子商务相关政策不完善

不同国家在跨境电商领域所实施的政策存在很多不一致、不协调或不完善的情况。如不同国家的海关和税务规定可能存在差异，这可能会增加企业跨境电商的运营成本，增加进出口复杂性和风险。在数据保护和隐私政策上，不同国家对隐私和数据保护的规定可能存在差异，导致跨境电商企业需要满足不同国家的法律要求。这可能涉及数据存储、传输和处理等方面的问题。另外，不同国家对消费者权益保护的规定可能存在差异，包括产品质量标准、退货和退款政策等方面。这可能造成消费者在跨境购物时的不确定性和风险。而且，不同国家的电子支付和结算系统可能存在差异，包括货币种类、支付方式和费用等方面。这可能给跨境电商企业带来支付和结算上的不便和额外成本。

2）国家之间信息化水平发展不平衡

不同国家、地区间贸易程度和科技发展水平不一。一些发达国家拥有先进的电商基础设施、便捷的物流网络和成熟的电子支付系统，使得跨境电商在这些地区得到快速发展。而

① 范瑞真.内容电商时代：企业如何玩转抖音带货[J].中国眼镜科技杂志，2020(10)：15-17.

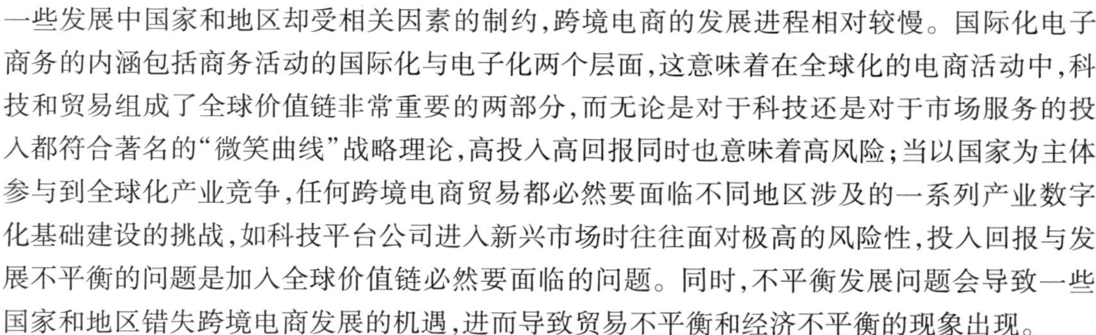

一些发展中国家和地区却受相关因素的制约，跨境电商的发展进程相对较慢。国际化电子商务的内涵包括商务活动的国际化与电子化两个层面，这意味着在全球化的电商活动中，科技和贸易组成了全球价值链非常重要的两部分，而无论是对于科技还是对于市场服务的投入都符合著名的“微笑曲线”战略理论，高投入高回报同时也意味着高风险；当以国家为主体参与到全球化产业竞争，任何跨境电商贸易都必然要面临不同地区涉及的一系列产业数字化基础建设的挑战，如科技平台公司进入新兴市场时往往面对极高的风险性，投入回报与发展不平衡的问题是加入全球价值链必然要面临的问题。同时，不平衡发展问题会导致一些国家和地区错失跨境电商发展的机遇，进而导致贸易不平衡和经济不平衡的现象出现。

3）**跨境物流和通关风险**

跨境物流以及海外仓储是电商企业国际化发展的重要环节，也是面临的一大挑战。不同国家的海关政策、物流运输要求等都存在差异，如何优化物流供应链，降低交易成本，提升仓储和配送效率是一项复杂的工作。同时，受电子化水平、清关时效、商品的本身特点、购买者信息等多种因素的影响，海关商检效率差异较大，可能在清关过程中遇到某些国家海关通关效率低而带来的产品无法及时送达的风险。此外，由于一些跨境电商客户不了解东道国的法律，不注意知识产权侵权等问题，容易发生跨境商品商标的知识产权侵权问题，这也导致商品无法申报，进而带来海关通关风险。

4）**跨境支付环境与汇率风险**

不同国家的金融支付环境和汇率波动都会对电商企业国际化拓展产生一定影响。电商企业需要解决支付环境的问题，确保跨境交易的顺利进行。虚拟性和开放性是电子商务在网络环境下特有的属性。如果跨境电商环境中存在信用不良的参与主体，就可能导致跨境交易产生风险。此外，跨境物流过程也常常容易出现信息不对称、信息造假以及黑客攻击等情况，由此带来了跨境支付环境的风险。

此外，在进行跨境电子商务交易时，还需面对各国之间货币汇率的问题及币种价值问题。汇率时而变动，加之电商平台缺乏交易结算时能够进行货币汇率换算的能力，使得跨境电商企业无法顺利快速进行线上支付。同时，目前外汇市场的波动随地缘政治有所放大，紧张的国际局势可能导致大宗商品价格从短期内暴涨转变为长期维持在高位。对跨境企业而言，大宗商品的价格上涨势必会推动上游原材料价格的上涨，进而增加跨境出口商的采购成本。

5）**国家文化差异及本土化风险**

不同国家和地区的文化、语言、社会习俗等差异给电商企业的国际化拓展带来了挑战。例如，产品在不同国家的市场定位和营销手段需要因地制宜，加强对目标市场文化背景的研究，并进行有效的沟通与交流。进入海外市场，跨境电商企业需要面对来自本土竞争对手的竞争压力，海外消费者可能更加倾向于选择本土知名品牌，因此电商企业在国际扩张中面临着国际文化差异和本土化的风险，需要积极寻找自身定位，提升品牌认可度，获得消费者的信任与支持。

10.3 理论与实践结合——国际化电子商务企业案例

国际化电子商务在当今全球化的时代里扮演着重要角色。阿里巴巴、Shein 和 TikTok 作为具有巨大影响力的企业，以其独特的特点和突出的国际化战略引领着电商行业的发展。这三个案例展示了如何借助技术创新、强大的全球网络和深入了解国际市场的能力，成功进军全球市场。通过总结这些成功案例，我们可以看到电子商务的国际化趋势以及如何在全球市场中取得成功。

10.3.1 阿里巴巴(Alibaba)

随着当前互联网+、"一带一路"政策红利的释放和国内消费转型升级的带动，中国的跨境电子商务市场正在迅速发展。据海关统计数据，近五年来，我国跨境电商进出口增长近10倍。2022年我国跨境电商进出口总额为2.11万亿元，同比增长9.8%，预计2024年有望达到2.95万亿元。中国跨境电子商务大有作为，其中阿里巴巴集团采取适合自身的国际化发展战略，高歌猛进，一跃成为中国跨境电商的领军企业，为全球买家提供了性价比高、品类丰富、及时配送的在线购物体验。不同的平台，如淘宝全球购、天猫国际和一淘网，各有分工，合作互补，构建了阿里巴巴完备的跨境电商体系。同时，阿里巴巴集团平台多元，业务范围广泛，涉足第三方支付平台、在线贸易平台、云服务等业务，深入娱乐、金融、生活服务等领域，打造以电商为核心的多元化大生态。2022年，阿里巴巴以营收1 329.357亿美元第六次入选《财富》世界500强排行榜。从2017年第一次上榜时的第462名，到2022年位列第55位，阿里巴巴以阿里"加速"模式引领世界电子商务企业发展。研究阿里巴巴如何进入国际市场、扩展全球业务，并与各国的企业合作进行跨境电子商务的发展，有助于深入了解中国电商巨头的国际化策略。

1)阿里巴巴发展概况

阿里巴巴成立于1999年，是中国电商行业最早的进入者之一。在初期，阿里巴巴以B2B模式为主，为国内外供应商和买家提供联系和交流的平台。随后，逐渐扩展了其业务领域，包括B2C、C2C等多元化模式。经过二十多年的发展，阿里巴巴已经发展成为全球买家访问量最高的B2B批发型交易平台之一，服务了来自世界各地的供应商和买家，在全球200多个国家和地区积累了20万个卖家和2 000多万个买家①。随着技术的不断创新，阿里巴巴不仅是一个在线市场，还涉足了在线支付、云计算、数字媒体和金融等多个领域。此外，阿里巴巴还推动了"双十一"购物狂欢节，成为全球最大的购物节之一，市场影响力进一步扩大。

从2016年开始，阿里巴巴从展示型网站转变为具有支付、交易、结算功能的全链接跨境贸易网站，买卖双方可以在其中完成担保交易。它在中国的主要城市配置了30个仓库，覆

① 吴少博，谢德鑫.中国跨境电商国际化发展策略分析——以阿里巴巴集团为例[J].商业创新期刊，2019(2):1-15.

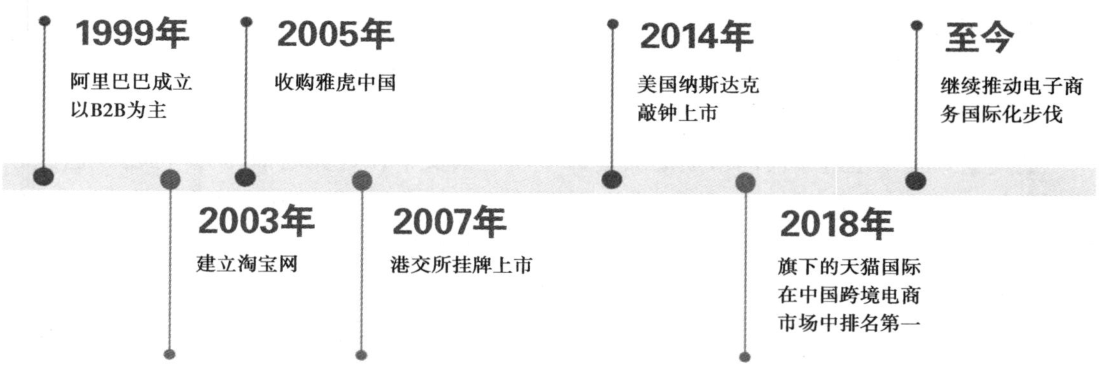

图 10-8 阿里巴巴发展概况

盖了全球的 20 多条物流线路。阿里巴巴作为国内最早一批进军零售电商的龙头企业,早期的进入使其能够把握规模经济,从低成本结构中获利。阿里巴巴不仅在电商领域有强大的市场覆盖,还整合了上下游产业链,构建了全球分销能力,同时与多家国际物流公司合作,使跨境物流覆盖全球 224 个国家和地区。同时,阿里巴巴也着力于打造全球速卖通、淘宝全球购和天猫国际版等平台,加速国际化步伐。2014 年,阿里巴巴在美国纳斯达克敲钟上市,成为美国历史上价值最高的一笔 IPO,为其国际化布局提供了坚实的基础。2018 年中国跨境电商交易规模达 9 万亿元,在第三季度,市场中的头部厂商继续扩大了份额的优势:阿里巴巴旗下的天猫国际排名第一,份额提高至 30.2%。

然而,由于阿里巴巴国际化布局起步稍晚,作为新进入者,难以在短时间内建立竞争优势,承受着巨大的风险和挑战。同时其国际业务主要集中在印度、巴西、俄罗斯等新兴工业化国家和发展中国家,对于欧美发达国家的布局仍不完善,市场份额较小,而欧美购物平台 Amazon、eBay 等仍占据着本国市场的主导地位,如 2018 年,30%的美国电商零售交易发生在 Amazon 平台上。传统百货 Walmart 等也纷纷转型,依靠原有客户资源,布局在线零售业务。因此,阿里巴巴目前仍面临着来自这些老牌电商巨头的激烈竞争,需要不断努力来建立竞争优势。

2)阿里巴巴业务布局

(1)融资国际化

2000 年 1 月,阿里巴巴获得了日本软银集团的 2 000 万美元融资,招募全球化的高素质人才,开始走上国际化道路。同年,阿里巴巴在美国的硅谷成立第一家海外分公司,成立人才中心广纳人才,开启了阿里巴巴国际化进程的起步阶段。2005 年 8 月,阿里巴巴换购了雅虎中国的全部资产,这笔交易的代价是出让了阿里巴巴 40%的股权,但这也使得阿里巴巴成功地获得了来自雅虎中国成熟的搜索技术、营销模式及 IT 团队。另外,阿里巴巴还获得雅虎中国 10 亿美元的投资①。2007 年阿里巴巴正式在香港联交所上市,获得融资 17 亿美元,市值约 280 亿美元,助力阿里布局全球业务。2014 年 9 月 19 日,阿里巴巴在美国纽交所上

① 杜荣飞.阿里巴巴收购雅虎中国启示录[J].新理财,2007(6):64-65.

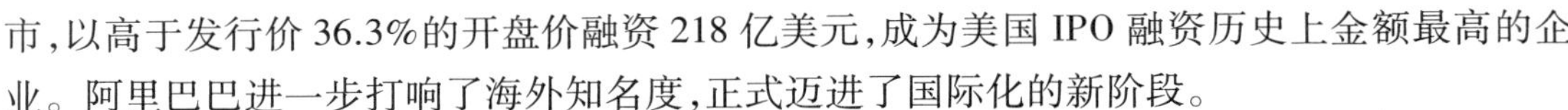

市，以高于发行价 36.3%的开盘价融资 218 亿美元，成为美国 IPO 融资历史上金额最高的企业。阿里巴巴进一步打响了海外知名度，正式迈进了国际化的新阶段。

（2）投资国际化

赴美上市是阿里进军美国市场的关键一步。但其实早在赴美之前，阿里巴巴就已经在美投资了物流商 ShopRunner 等企业，为其在美发展打下基础。从 2014 年开始，阿里巴巴集团便把“全球化”作为公司战略的重中之重，阿里巴巴持续加大在全球尤其是东南亚地区的新零售布局。2016 年阿里巴巴投资 10 亿美元实现控股 Lazada，2017 年投资 10 亿美元增持股权至 83%。2018 年 3 月，阿里巴巴继续追加投资 20 亿美元，全面推进改造扩容 lazada 整个平台体系项目。此外，2017 年阿里还领投 11 亿美元入股印度尼西亚最大电商 Tokopedia。在 2019 年第一财季，更是一举全资收购了巴基斯坦电商平台 DarazGroup。据阿里巴巴集团 2019 年第二财季财报，阿里巴巴国际电商零售额达到人民币 44.64 亿元，同时国际市场份额进一步扩大，跨境电商和国际零售业务增长明显，逐步打造国际竞争优势。

（3）贸易国际化

阿里巴巴的国际电商平台从出口和进口两个角度最有代表性的是全球速卖通和天猫国际。全球速卖通是阿里巴巴旗下的面向国际市场打造的跨境电商平台，被广大卖家称为“国际版淘宝”，是中国最大的跨境出口 B2C 平台之一，同时也是在俄罗斯、西班牙排名第一的电商网站。全球速卖通将中国的大型出口商和小型零售商与主要为国外批发商和个人消费者的全球消费者群体对接，实现了我国众多中小商家拓展出口业务的想法，增加我国小型企业的出口业务量。天猫国际则是为国内消费者提供一个直接购买全球商品的电子商务平台，发展至今也已成为中国消费者购买海外进口商品的主要渠道之一。通过合理地减少关税和其他费用，降低交易成本，推动跨国 B2B 贸易的顺利进行。

（4）物流国际化

2010 年，阿里巴巴和全球最大快递承运商与包裹递送公司 UPS 达成战略联盟，将整合其运输技术为旗下全新在线商务平台提供服务。同年，阿里巴巴收购为中小企业提供外贸综合服务的物流平台一达通。2014 年，阿里巴巴集团和澳大利亚邮政签订合作协议，澳大利亚邮政与天猫国际正式展开合作，同年 5 月，阿里巴巴以 2.49 亿美元认购新加坡邮政的股票，意在打造一个横跨中国和新加坡的跨境物流平台；同年 6 月，阿里巴巴与中国邮政达成战略合作，邮政网点将与菜鸟网络相结合，打造覆盖全国的社会化物流网络；同年 7 月，阿里巴巴宣布与承接巴西物流 75%跨境订单的巴西邮政达成战略合作，这是阿里集团布局世界邮政体系的又一重要出手，阿里欲借助万国邮政联盟打造全球化物流平台。2015 年 9 月，菜鸟网络联合全球通上线“无忧物流”服务，进行最优化的跨境物流整合服务。2016 年，为降低贸易成本、减少中小企业参与全球价值链阻碍，阿里巴巴又提出全球电子贸易平台（e-WTP）计划。2018 年，菜鸟网络与马来西亚当局合作，首个海外 e-WTP 数字中枢落地马来西亚，这成为菜鸟全球智能物流骨干网络的重要中转站。菜鸟物流从赋能大物流公司进一步升级成为赋能全物流产业，结合阿里巴巴的云计算、物联网等高新技术，使其物流体系迈入了智慧物流新时代。

3) 阿里巴巴发展战略

(1) 国际市场进入模式

阿里巴巴的国际化战略基于多样的市场进入模式。其中，跨国并购是其关键策略之一。举例来说，阿里巴巴在加强东南亚市场的竞争力方面，通过收购 Lazada 取得了 51%的控股权，并追加了 10 亿美元的投资，最终控制了 83%的 Lazada 股份。此举加强了阿里巴巴在东南亚的市场地位，充分利用了当地知名品牌、支付系统和物流基础设施；此外，从 2015 年开始，阿里巴巴耗资巨大，先后收购了印度电商 Snapdeal、印度移动支付平台 Paytm 公司、第二大在线票务平台 TicketNew 的大部分股权及物流集团 XpressBees，完成了在印度市场集中于电商领域的支付、物流等完整部署。2018 年，阿里巴巴看重土耳其市场巨大的发展潜力，又以 7.28 亿美元收购了土耳其电商公司 Trendyol，目前持有其 86.5%的股份。

此外，阿里巴巴也采用合资企业的方式来进入国际市场。例如，在俄罗斯，阿里巴巴与俄罗斯国有基金、Mail.Ru、MegaFon 成立了合资公司——全球速卖通（俄罗斯）。该公司整合了超过 1.4 亿俄罗斯人口的在线市场，打造了一站式服务平台，将电子商务、社交媒体和娱乐相结合。扩大了阿里巴巴的国际影响力，实现全产业链布局；2023 年 5 月，阿里巴巴旗下土耳其电商公司 Trendyol 又与阿塞拜疆最大控股公司之一的 PashaHolding 签订了合作协议，将成立一家合资企业，在阿塞拜疆开展电子商务活动，加速其在中东市场的布局。

(2) 国际市场营销战略

在国际市场营销战略方面，阿里巴巴公司强调品牌建设，以促进其在国际市场的扩张并获得全球消费者的认可。该公司致力于在国际市场建立强大的品牌形象，并通过采取一系列策略来实现这一目标。举例而言，早在 2017 年 1 月的达沃斯论坛上，阿里巴巴就与国际奥委会签署了一项为期长达 12 年的赞助协议，跨越了三届夏季奥运会和三届冬季奥运会，协议一直延续至 2028 年。根据协议，阿里巴巴成为奥运会的官方合作伙伴，提供“云服务”和“电子商务平台服务”，同时也成为奥林匹克频道的创始合作伙伴。此外，阿里巴巴在 2018 年平昌冬奥会上首次推出了名为“相信小的伟大”（“To the Greatness of Small”）的全球营销活动，该活动通过电视广告、广告投放、社交媒体互动和奥运展馆等方式在全球范围内传播品牌形象①。通过借助奥运这一全球性的符号，阿里巴巴能够向数十亿名观众展示其技术实力和企业价值观，从而成功扩大其在中国以外市场的影响力，并有助于推动业务的国际化进程。

(3) 数字化技术开发与应用

通过数字化手段销售产品、抢占买家，是目前外贸新业态模式快速转型创新的重中之重。因此，利用互联网和数字基础设施来重构传统外贸公司的客户获取方式和重构自身的合同履行方式，对于在下一轮变革中取得成功至关重要。

早在 2017 年，阿里巴巴就宣布成立了“达摩院”，并投资 150 亿美元用于机器智能、物联网、金融科技等全球研究项目。目前，“达摩院”已经在全球各地组建了前沿科技研究中心，

① 参见 CSOFT International Blog：阿里巴巴如何实现其全球化梦想。

并设立了不同研究方向的实验室。自新冠疫情以来,全球电子商务数字化程度进一步加强,且这种数字化是不可逆转的,线下外贸业务的更替成为一个更彻底的过程。针对这一趋势,阿里巴巴也制定了若干策略来优化其平台中的用户体验。例如,通过数字化技术监管工作,包括通关、结汇和退税等,使得供应商可以在线进行操作。阿里巴巴也为工厂提供在线验厂服务,通过360度全景视角对样品间的商品进行全面数字化,通过直播、短视频拍摄等方式帮助买家了解工厂实力。此外,阿里巴巴还为一些外贸商家提供数字化技术支持。例如,采取"无忧起航"策略:阿里巴巴向愿意转型线上但缺乏相应人才的商家承诺,会在签订合同三十天内将商家所有产品数字化,帮助外贸商家完成冷启动。同时,在最初的2到3个月内,所有商家的流量权益可以达到星级商家的水准。这些举措降低了初始阶段的风险,为外贸企业提供了更多信心和支持。

10.3.2 希音(Shein)

Shein是一家2008年成立的中国电子商务B2C公司,专注于时尚服装和相关商品的在线销售,以"人人尽享时尚之美"为品牌理念。目前,Shein已经成为中国跨境电子商务的龙头企业,因其快速的增长速度和广泛的产品闻名国际。

1)Shein发展概况

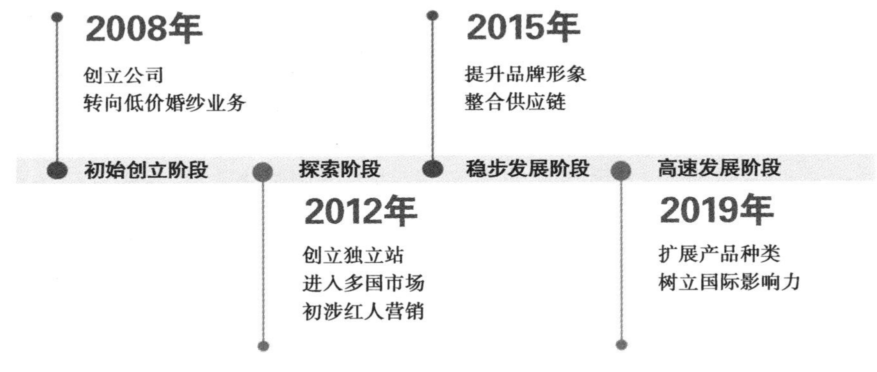

图10-9 Shein发展概况

2008—2012年是Shein初始创立期,创始人从外贸公司的SEO(搜索引擎优化)起家,2008年创立南京点唯信息技术有限公司,2009年转向低价婚纱的跨境电商业务。在这一时期,其创始人的SEO业务经验和服装行业经营经验为其后来成长为服饰电商行业的龙头公司打下了坚实基础。

2012—2015年是Shein进军服饰跨境电商行业的探索阶段。2012年,Shein创始人许仰天放弃婚纱业务,利用中国服饰行业的优势转型女装跨境电商,购买域名Sheinside.com,并建立了首个独立站美国站。2013年,陆续建立了德国、意大利等多个独立站点。2014年,Sheinside更名为SHEIN。2015年,Shein进入中东市场。在这一阶段,Shein初步奠定了其在营销方面的市场优势,如开始利用KOL红人营销。

2015—2019年,Shein进入稳定发展期,主要发展战略为提升品牌形象和建设供应链。

在品牌形象提升上，Shein 通过收购深圳库尚，优化移动互联网布局；收购 Romwe 和 Make Me Chic，进一步提升品牌知名度和市场占有率。同时，公司进一步投资互联网营销，积累品牌资源。在供应链建设方面，2015 年，公司在广州番禺完成供应链核心布局，充分利用番禺地区服装制造的产业优势，并完成了“小单快反”和信息化供应链的建设。

2019 年至今，Shein 进入了高速发展期。2019 年，Shein 开始向男装、童装等市场扩展，逐步完成了服装市场的全品类产品覆盖，后期又向宠物等多个行业进军。凭借着前期积累的流量优势、产品优势和供应链优势，以及疫情带来的跨境电商市场发展，Shein 发展迅猛，销售额达 100 亿美元。2022 年，Shein 入选《时代杂志》2022 年全球 100 大最具影响力企业，已成为国际知名企业。

作为服饰时尚品类的顶尖企业，Shein 抓住了疫情期间的流量红利，积极开拓全球市场。目前已覆盖到了全球 150 多个国家和地区，吸引了广泛的消费者。Shein 凭借着运营模式、海外营销策略、产品、全球供应链建设、本土化建设与数字化转型的多方优势，成功完成了全球布局，成为中国跨境电商企业国际化的典型案例。

2）Shein **国际化产品策略**

Shein 在海外成功也离不开其产品策略。Shein 为了适应其主要消费者群体 Z 世代收入与购买力较低的特征，在打开国际市场时选择了低价策略，这帮助 Shein 树立起了物美价廉的品牌形象，快速打开了下沉市场。同时，Shein 通过了解不同国家和地区的时尚趋势和市场需求，有针对性地推出产品，以满足不同客户的需要，提升客户忠诚度和留存率。在网站设计上，Shein 提供了多语种的网页和多货币支付选项，方便不同国家的消费者购买，优化多国消费者的购物体验。在销售之后，Shein 也十分重视消费者的反馈。Shein 会重视网红及其消费者粉丝对产品的评价，积极改进产品设计及生产，提升消费者的满意度。

此外，Shein 具有较快的产品更新速度。Shein 每日都有新产品推出，单日上新版型超 3 000件的情况也时有发生。在如此高的上新速度下，Shein 凭借着强大的设计团队，仍能保证上新产品的质量。所以，通过快速的产品更新，Shein 可以为消费者提供多样化的选择，保持消费者对品牌的新鲜感。

3）Shein **跨境电商运营策略**

（1）国际化运营模式

与大部分出海企业不同，Shein 没有选择亚马逊、Ebay 等成熟电商平台，而是选择了新兴的独立站。随着跨境电商的发展和商家需求的提升，独立站的技术渐趋成熟，建站以及维护工具较为完善，并且能给商家提供多样化方案，以适应商家不同发展阶段的需求。同时，对于 Shein 等已具有一定品牌知名度的企业，独立站的运营模式可以为其带来更多的流量。在独立站模式下，Shein 通过将高效营销获得的流量变现，逐步积累起自己的品牌资源，成功构建了 DTC 模式，已经成为独立站下的头部企业。

（2）全球供应链建设

由于 Shein 推行快速上新的产品策略，因此，Shein 提出了“小单快反”的生产体系，即推

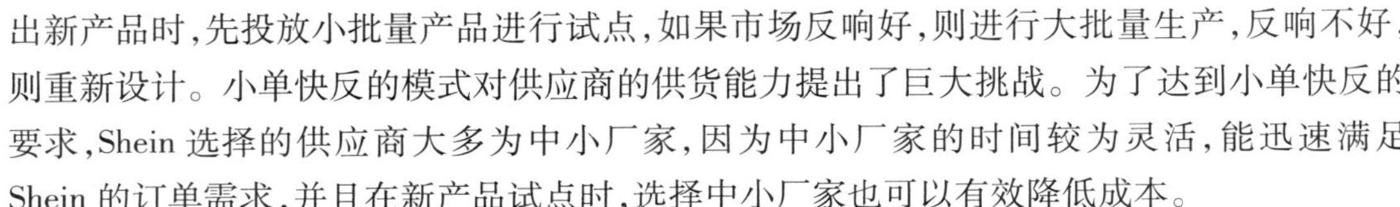

出新产品时，先投放小批量产品进行试点，如果市场反响好，则进行大批量生产，反响不好，则重新设计。小单快反的模式对供应商的供货能力提出了巨大挑战。为了达到小单快反的要求，Shein 选择的供应商大多为中小厂家，因为中小厂家的时间较为灵活，能迅速满足 Shein 的订单需求，并且在新产品试点时，选择中小厂家也可以有效降低成本。

在供应商生产管理上，Shein 构建了数字化的生产管理系统，实时监控工厂生产情况，并进行数字化订单管理，根据算法对供应商自动派单或支持供应商自主抢单，极大地提高了生产效率。同时，Shein 通过开发及优化零售系统，使供应商可以根据系统中的销售数据和库存数据，自主调整产量，从而提升了供应商的反应速度，有效降低断货风险，推动数字化柔性供应链的建设。Shein 还建立了数字化的库存管理系统，能够使 Shein 实时掌握库存余量，减小库存清理压力，降低仓储成本。

4）Shein 国际化推广策略

使用其他第三方电商平台相比，独立站的难点在于初期的品牌营销和流量获取，但 Shein 凭借其多渠道、个性化的全面营销策略保持着亮眼表现，这离不开其成功的海外营销策略。

首先，Shein 使用了互联网网页端+App 的营销布局策略。虽然目前服饰时尚品类企业的主要流量来源仍为互联网网页端，但 Shein 凭借着中国移动电商的优势，已经开始积极发掘 App 端的流量。2015 年，Shein 开发了自己的 App，SHEIN。2020 年，Shein 超 70%的流量来自 App，在服饰时尚品类企业中位于领先位置。网页与 App 结合的模式，拓宽了 Shein 的流量来源渠道与消费者购买渠道，为其保持高访问量与流量增长提供了路径。

同时，Shein 根据其用户定位，开展了个性化的精准营销。Shein 选择的主要客户群体为欧美地区的 Z 世代，其特点为网络依赖性强，喜欢个性化产品并活跃于各大社交平台。因此，Shein 积极探索 KOL 红人营销，利用网红推荐构建互联网粉丝群，向其目标客户传递品牌信息。由于早期红人营销成本较低，Shein 迅速积累了一系列领先于竞争对手的“网红”资源，并且积极布局多个社交媒体平台，构建社交媒体矩阵，包括 Facebook、Instagram、YouTube、TikTok 等，为后期大规模利用红人营销，构建品牌声誉打下了基础。目前，Shein 在海外社交媒体中已经拥有了超千万的粉丝，网红推荐已经成为 Shein 推销产品和服务的有力方式。

随着网红经济热度的提升，网红经济的成本逐年增加，流量红利逐渐消退。为了适应新时期网红经济的变化，Shein 推出了联盟营销计划和梯队式的营销策略，以保持其在营销方面获得的市场优势。一方面，Shein 积极与头部的明星红人合作，如邀请美国著名歌手 Katy Perry 参与全球直播活动等，利用明星巨大的社会影响力和粉丝效应为其引流。另一方面，Shein 积极与关键意见消费者（KOC）合作，即邀请普通用户参与其社交媒体互动，从而有效提升消费者的参与感，进一步为其社交媒体账号吸引关注。

除了大量的线上营销内容，Shein 在线下也开展了一系列优质的宣传活动。从 2018 年起，Shein 开始在线下设置快闪店。在线下快闪店的互动中，Shein 保持了自己在线上平台积累的优势，邀请了众多博主、明星在开业前为店铺预热，设置打卡区方便消费者拍照并上传到社交平台等，将线下线上的宣传活动充分结合，最大化吸引消费者关注。

10.3.3 抖音(TikTok)

TikTok 是中国互联网企业字节跳动推出的一款专门面向国际市场的社交类短视频平台产品,也是承载字节跳动公司国际化战略的核心产品。自 2017 年 TikTok 在全球范围内上线以来,目前已经涵盖超过 150 个国家和地区。数据显示:2020 年 4 月,抖音及国际版 TikTok 在全球 App Store 和 Google Play 的总下载量已经突破 20 亿次,在全球疫情大规模暴发、"宅经济"、数字经济逆势上扬的情况下,抖音及国际版 TikTok 也因此迎来了下载量高峰。同时,为了更好地在海外发展,字节跳动通过投资和并购的方式,获取海外用户数据,以此优化海外推荐系统。正是以这样的方式,TikTok 在海外得到了较快发展①。

1)TikTok 发展概况

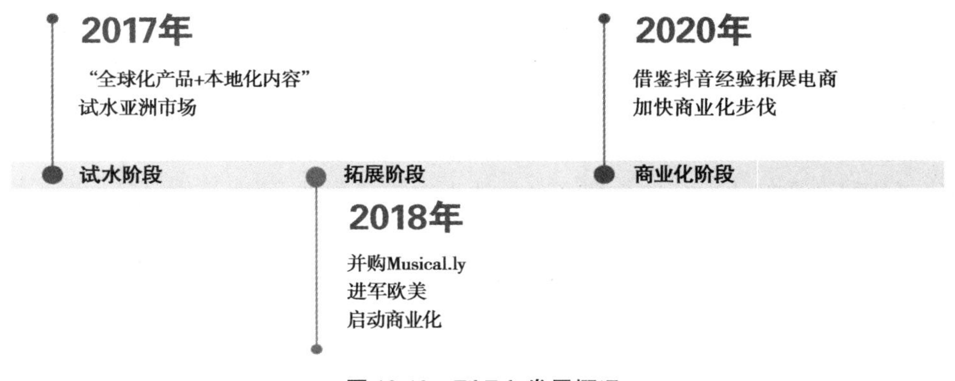

图 10-10 TikTok 发展概况

(1)试水阶段

TikTok 确立"全球化产品+本地化内容"的出海策略,采用"标准化元素"(字节的技术中台和算法推荐系统)与"本地化元素"(本地化运营内容和用户)相结合的方式率先在韩日及东南亚市场试水。2017 年 8 月,TikTok 登陆日本,三个月后登顶日本 App Store 免费榜;2018 年 1 月登顶泰国 App Store 免费榜;在印度尼西亚、越南、马来西亚和菲律宾等国也位列下载榜单前十。

试水阶段,TikTok 主要靠自然增长和口碑传播打开市场,同时邀请本地明星及 KOL 入驻提升知名度,并未在广告营销上重金投入。此外,运营团队不断推出适合本地市场的标签赛活动,并鼓励用户分享至其他社交媒体,增强 TikTok 的社交属性。

(2)拓展阶段

这一阶段,TikTok进一步推进全球化布局。一方面,通过并购美国短视频应用 Flipagram 和 Musical.ly,收获大量美国、拉美、欧洲地区的用户,缩短冷启动周期;另一方面,进军印度市场,并依靠人口红利收获海外最多下载量,直到封禁前一直是海外下载量最大的地区。

产品端,TikTok 不断丰富新功能,提高用户参与度和增加社区内容生态。营销端,

① 高娜.国际视听媒体融合发展现状及特点——以 Netflix 和 TikTok 为例[J].视听界,2021(1):54-59.

TikTok 开始重金投放广告。除了延续邀请本土明星或 KOL 入驻,还将广告投放到世界各地的地标建筑上。据 MediaRadar 数据,2018 年 TikTok 在美国的广告支出为 10 亿美元,2019 年再翻两番。也是在这一阶段,TikTok 开始商业化尝试,包括开通直播打赏,内测广告,向品牌开放广告位等动作。并将原 Musical.ly 联合创始人 Alex Zhu、Fccebook 原全球副总裁 Blake Chandlee、YouTube 原全球创意主管 VanessaPappas 和付费订阅项目负责人 Stefan Heinrich 等外籍高管纳入麾下,加速商业化进程。

(3)商业化阶段

2020 年初,新冠疫情全球蔓延,TikTok 抓住机会迅速扩张。但在 6 月,印度政府封杀包括 TikTok 在内的 59 个中国 App,TikTok 失去海外最大市场;8 月,美国总统特朗普又接连发布两道总统令宣布对 TikTok 实行政治制裁。多方地缘风险压力之下,TikTok 坚定了拓展新兴市场的决心,开始将目光投向拉美、中东及东南亚等市场。团队上,TikTok 还聘请了具有政商背景的外籍高管,以便于与政府更好地沟通。

这一阶段,TikTok 发力加速商业化进程。广告方面,TikTok 搭建起海外版巨量引擎 TikTok for Business 和海外版星图 Creator Marketplace,为企业提供综合的数字化营销服务和帮助商家选择最合适的达人合作并在平台与达人对接。此外,还在日本、印度尼西亚、泰国等国家陆续开放豆荚(抖音的 Dou+)功能。

随着直播和广告业务的日益成熟,TikTok 电商业务开始启动,陆续在印度尼西亚、英国、越南、泰国、菲律宾、新加坡、美国上线 TikTok Shop 业务,并基本按照国内抖音的步调发展。目前,TikTok 电商业务分为 TikTok Shop、TikTok Shopping 和 Fanno 三部分,分别对标国内抖音小店、抖音橱窗、抖音盒子。

2)TikTok 国际化产品策略

(1)短视频模式

TikTok 作为一个短视频平台,其最基础也最受欢迎的功能就是短视频发布。商家可以通过发布有趣的短视频内容,吸引用户的关注和喜爱,进而提高品牌曝光度和用户黏性。在跨境电商中,商家可以通过发布有关产品介绍、使用教程、用户评价等内容的短视频,吸引目标客户,提高销售额。

(2)直播带货模式

直播带货是近年来火遍全球的一种电商模式。在 TikTok 上商家可以通过直播的方式,向用户展示产品的特点、使用方法和优惠政策等,吸引用户的关注和购买欲望。同时,商家还可以通过直播与用户互动,及时了解用户需求并进行反馈,提高客户满意度。

(3)网红合作模式

网红合作是一种非常有效的推广方式。在 TikTok 上商家可以与拥有大量粉丝的网红或意见领袖进行合作,通过他们的影响力和号召力吸引更多用户关注和购买自己的产品。同时,网红合作还能提高品牌的信誉度和口碑效应,进一步增强用户信任和忠诚度。

(4)UGC 模式

用户生成内容(UGC)是一种非常有价值的内容形式,TikTok 中的商家可以鼓励用户参与到产品的设计、制作和推广中,以此提高用户的参与度和黏性。例如,可以邀请用户分享自己使用产品的经验和创意,或者开展用户调研活动,了解用户需求和反馈,进而改进产品和服务。

3)TikTok **商业模式创新**

(1)营销模式创新

创新性营销是在不断变化的市场中取得成功的关键之一。在所有数字平台中,TikTok无疑是最具创新性的平台之一,为品牌提供了很多机会来实现创新性营销。

①虚拟现实技术。虚拟现实技术是创新性营销的一个重要组成部分。通过虚拟现实技术,品牌可以创建一个仿佛逼真的虚拟世界,让用户体验不同的环境和情境。这样的体验不仅能够提高品牌的关注度,还可以让用户更好地理解产品或服务。

②增强现实技术。增强现实技术是另一个创新性营销的重要组成部分。与虚拟现实技术不同的是,增强现实技术可以将虚拟内容融合到现实世界中。

许多品牌已经在TikTok上实施了创新性营销策略,并获得了很大的成功。芝加哥动物园在TikTok上发布了一个与猩猩互动的视频,并邀请用户在视频中参与游戏,从而与品牌进行互动;Nike在TikTok上推出了一项名为"Just Do It"的活动,邀请用户分享自己的身体锻炼方式,并通过一个增强现实的互动体验来增强活动的互动性;Gymshark利用虚拟现实技术创建了一个名为"Gymshark AR"的应用程序,让用户可以在虚拟的健身房中进行训练,并尝试品牌的产品;Fenty Beauty在TikTok上推出了一个名为"Fenty Face Filter"的增强现实滤镜,让用户可以在视频中试用品牌的化妆品。

(2)运营模式创新

TikTok挑战赛是一种非常受欢迎的内容形式,在跨境电商中也有着广阔的应用空间。商家可以发起有奖挑战赛,邀请用户参与并发布相关视频,以此提高品牌曝光度和用户黏性。

首先,TikTok以其简单易用的创作工具和特效功能,鼓励用户展现自己的创意。无论是舞蹈、音乐、喜剧还是其他形式的创作,TikTok提供了多种多样的工具和特效,让用户能够轻松制作独特、有趣的视频内容。这种简单且有趣的创作过程激发了用户的创意,让他们愿意尝试新的创作方式和内容。

其次,TikTok的挑战活动成为用户创意和合作的平台。挑战活动是TikTok上的一种流行形式,创作者发布特定的挑战主题或舞蹈动作,其他用户可以参与挑战并发布自己的视频作品。这种形式激发了用户之间的创意碰撞和合作,每个人都可以根据自己的想法和风格创作独特的作品。挑战活动还促进了社区的互动和分享,让用户感受到参与的快乐和成就感。

此外,TikTok上的合作视频也成为用户之间创意和合作的方式。用户可以通过合作视频与其他创作者一起创作内容,共同展示各自的才华和创意。合作视频不仅可以拓宽创作者的创作领域,还可以促进创作者之间的交流和合作,打破地域和语言的限制,让创意更加多元和丰富。

总结起来,TikTok通过其简单易用的创作工具和特效、挑战活动、合作视频等创新方式,激发了TikTok用户的创意和合作。这种创新推动了用户之间的创意碰撞和合作,让他们能

够展示自己的才华和创意，并与其他创作者进行交流和合作。同时，这也加强了 TikTok 社区的凝聚力和互动性①。

10.4 未来展望

随着全球互联网普及程度的提高，越来越多的人在全球范围内通过互联网进行购物，国际化电子商务高速发展。对消费者而言，电子商务的快速发展让生活变得更加便利，这种便利且丰富的体验是只有在互联网技术、物流技术、电子支付技术等各类技术得到充分发展，在各类政策法规能够充分推动与保障顺畅的电子商务活动，在各个企业能够充分打通上下游，合作共赢，构建完善产业链的背景下，才能体验到的；对企业而言，国际化电子商务是企业进入全球市场的关键途径。相较传统的出口，它消除了地理障碍，降低了市场进入门槛，使得中小型企业也能够在国际市场上竞争，从而促进全球商业的多元化。因此，国际化电子商务将继续在全球商业中发挥重要作用，产生的影响重点体现在以下几个方面。

①消费者行为变化：随着数字化技术的不断进步，消费者对购物的期望也不断提高，包括更快的交货速度、更多的选择、个性化的体验等。国际化电子商务将越来越注重满足消费者的需求，提供更加智能化和个性化的购物体验。

②数据驱动的决策：国际化电子商务提供了大量的数据，包括消费者行为数据、市场趋势数据等。未来，企业将更加重视数据的分析和利用，通过科学的数据分析，做出更准确的决策，提高运营效率和竞争力。

③技术创新：随着人工智能、物联网、大数据等新兴技术的发展，国际化电子商务也将不断进行技术的创新和应用。例如，人工智能用于个性化推荐和智能客服；大数据分析帮助企业更好地了解市场和消费者需求等。

④跨境电商生态系统：以跨境电商平台为核心，整合生态圈资源，线上线下虚实结合、境内境外互联互通、内贸外贸相互交融，促进系统协同发展。打造跨境电商生态链有助于促进国际贸易合作和经济发展，促进不同国家之间的经济合作，推动贸易自由化和经济全球化的发展。

⑤跨境电商的精细化运营：随着消费者的需求越来越多样化，他们希望能够获得更加个性化的购物体验。因此，跨境电商平台将更加关注消费者需求的洞察和个性化推荐，提供更精准的商品选择和定制化的服务。

⑥合规和安全问题是跨境电商的关键：随着国际贸易的增加，监管和安全问题也变得愈加重要。跨境电商平台需要遵守各国法律法规，加强数据保护和消费者隐私的安全措施，以确保用户的利益和安全。

在未来，跨境电子商务在国际市场上的挑战和机遇并存。在互联网技术创新和安全领域，各国应加强核心技术创新，通过支持创新生态系统和培养科技人才来提高国际竞争力。

---

① 张闯，孙冬白，单宇，等.数字平台国际化与生态优势构建的协同演化——基于 TikTok 的案例研究[J].经济管理，2023，45(11)：27-47.

同时,应强化个人隐私保护法规,提高信息安全监管水平,以适应不断增长的数字化风险。最后,各国企业需积极应对金融支付环境和汇率波动,采取有效的风险管理措施,以确保跨境交易的顺利进行。随着跨界电商行业的不断发展,各国电子商务企业将逐步克服这些挑战,实现更可持续的国际化发展,为全球数字经济的发展做出积极贡献。

参考文献

[1] 柴宇曦,张洪胜,马述忠.数字经济时代国际商务理论研究:新进展与新发现[J].国外社会科学,2021(1):85-103,159.

[2] 马述忠,郭继文.制度创新如何影响我国跨境电商出口?——来自综试区设立的经验证据[J].管理世界,2022,38(8):83-100.

[3] 王利荣,芮莉莉.跨境电商综合试验区对地区经济的影响及差异性分析——基于“反事实”视角[J].南方经济,2022(3):53-73.

[4] 张滨,刘小军,陶章.我国跨境电子商务物流现状及运作模式[J].中国流通经济,2015,29(1):51-56.

[5] 黎孝先,王健.国际贸易实务[M].7 版.北京:对外经济贸易大学出版社,2020.

[6] 吕雪晴,周梅华.我国跨境电商平台发展存在的问题与路径[J].经济纵横,2016(3):81-84.

[7] 陈欢欢,管晓永.跨境电商支付信用风险形成机制[J].科技导报,2021,39(4):65-73.

[8] 李凯,邓智文,严建援.搜索引擎营销研究综述及展望[J].外国经济与管理,2014,36(10):13-21.

[9] 安娜.许可式邮件营销及其在电子商务中的应用问题探究[J].价格月刊,2015(4):78-81.

[10] 朱明洋,张永强.社会化媒体营销研究:概念与实施[J].北京工商大学学报(社会科学版),2017,32(6):45-55.

[11] KAPLAN A M,HAENLEIN M.Users of the World,Unite! The Challenges and Opportunities of Social Media[J].Business Horizons,2010,53(1):59-68.

[12] 吴少博,谢德鑫.中国跨境电商国际化发展策略分析——以阿里巴巴集团为例[J].商业创新期刊,2019(2):1-15.

[13] 杜荣飞.阿里巴巴收购雅虎中国启示录[J].新理财,2007(6):64-65.

[14] 高娜.国际视听媒体融合发展现状及特点——以 Netflix 和 TikTok 为例[J].视听界,2021(1):54-59.